Werner Dettmar · Die Zerstörung Kassels im Oktober 1943

Werner Dettmar

Die Zerstörung Kassels im Oktober 1943

Eine Dokumentation

Hesse GmbH

Herausgeber und Gesamtherstellung:
Druckerei Hesse GmbH, 34277 Fuldabrück
Grafische Gestaltung: Norbert Städele
Printed in Germany
ISBN 3-924259-00-3

Vorwort

Als ich am Abend des 22. Oktobers 1943 im Luftschutzkeller unseres Hauses von den Detonationen der Luftminen geschüttelt wurde und wir alle nicht mehr hoffen konnten, den Angriff lebend zu überstehen, war ich sechzehn Jahre alt.

Im Juli war unsere Schulklasse als Luftwaffenhelfer zu einer Flakbatterie in Obervellmar eingezogen worden, und wir waren stolz darauf, unsere Heimatstadt mit der Waffe verteidigen zu dürfen.

An diesem Abend hatte ich Urlaub bekommen, und ich war tief enttäuscht, daß ich untätig im Keller sitzen mußte, während meine Kameraden sich wehren konnten. Für die Angst meiner Hausbewohner hatte ich kein Verständnis, für mich war dies einfach Krieg, dessen Folgen man zu tragen hatte.

Als wir unser Haus jedoch noch während des Angriffs wegen der starken Brände verlassen mußten und ich das ganze Ausmaß der Vernichtung um mich herum sah, war ich tief betroffen. Feuer überall, einstürzende Häuser, verbrannte und erschlagene Menschen; die ganze Stadt, in der ich aufgewachsen war, ein verkohltes Trümmerfeld.

An diesem rauchverhangenem, düsteren Morgen tauchte erstmals bei mir die Frage nach dem Warum auf. Warum mußten alle die Menschen, die da vor mir lagen, sterben? Warum wurde eine Stadt, die tausend Jahre lang wachsen konnte, in Stunden vernichtet?

Anfang 1945 wurde ich als Soldat in den Vogesen schwer verwundet und erlebte Kriegsende und Gefangenschaft in einem Lazarett. Acht Monate lang hatte ich Zeit, über die Geschehnisse und über die Unsinnigkeit eines Krieges nachzudenken.

Damals habe ich mir vorgenommen, den großen Luftangriff, der das alte Kassel in einer Nacht ausgelöscht hat, in seiner ganzen Tragweite für die Geschichte unserer Stadt festzuhalten.

Die jahrelange Arbeit an dieser Dokumentation hat einen tiefen Eindruck auf mich hinterlassen.

Ich möchte sie meinen 10000 Kasseler Mitbürgern widmen, die bei dem Angriff ums Leben gekommen sind. Ihr sinnloser Tod sollte uns allen eine ständige Mahnung sein.

Werner Dettmar

Dank

Diese Dokumentation war nur durch die bereitwillige Hilfe und Mitarbeit vieler Institutionen und Personen möglich.

Ich danke für die Überlassung von dokumentarischem Material, Aufzeichnungen und Fotos dem Stadtarchiv Kassel, dem Public Record Office London, dem Imperial War Museum London, dem Vermessungsamt der Stadt Kassel, dem Brandschutzamt, der Air Photo Library der University of Keele, dem Militärarchiv Freiburg, dem Ministry of Defence London, der British Newspaper Library Hendon und der Royal Air Force Association.

Ulf Balke, Freiburg; Dr. Richard Baum, Kassel; Georg Breidenbach, Kassel; Helmut Brier, Kassel; Birgit Dettmar, Kassel; Stan Fautley, Romford; Eric Freeman, Norwich; Werner Girbig, Hattersheim; Wolfgang Hermsdorff, Kassel; Ursula Hillmer, Kassel; E. Hine, London; Oberst de Jong, S'Gravenhage; William Kenton, Kassel; Klaus Kirchner, Erlangen; Elisabeth Kupfer, Fuldabrück; Eugen Lux, Offenbach; Dr. Karl-Heinz Mistele, Bamberg; Gebhard Niemeyer, Liebenau; Emil Nonnenmacher, Eppstein; Gerhard Raiss M.A., Frankfurt; Don Richardson, Salisbury; Heinz Riediger, Albstadt; Roswitha Schäfer, Kassel; Hans-Jürgen Schlemeier, Kassel; Dr. Helmut Schnatz, Koblenz; Norbert Städele, Fuldatal; Werner Stäudlen, Vellmar; John Tyler, Chipping Ongar; Karlheinz Woll, Hannover.

Besonders zu danken habe ich Herrn Willi Hesse, durch dessen Initiative die Drucklegung möglich wurde.

August 1983 Werner Dettmar

Inhaltsverzeichnis

Berichte, die im Wortlaut des Originals, bzw. in deutscher Übersetzung wiedergegeben werden, sind grau unterlegt. Die Bildqualitäten entsprechen dem damaligen Stand der Technik.

Vom Flugapparat zum Bomber

Als es Hans Grade 1910 auf dem Kasseler Forst gelang, sich mit seinem Flugapparat einige Meter in die Luft zu erheben, konnte keiner der nahezu hunderttausend begeisterten Zuschauer ahnen, daß Flugzeuge ihrer Stadt wenige Jahrzehnte später das Verderben bringen würden.

Der jahrhundertealte Wunsch der Menschheit, fliegen zu können, war endlich in Erfüllung gegangen. „Dieser Wunsch", schrieb der Amerikaner Wilbur Wright, der sieben Jahre zuvor als erster Mensch einen bemannten und gesteuerten Motorflug durchgeführt hatte, „ist eine Idee, von der schon unsere Vorfahren begeistert waren, welche in früherer Zeit auf mühsamen Wanderungen durch unwegsames Gelände neidvoll zu den Vögeln aufgesehen hatten, die mit hoher Geschwindigkeit über alle Hindernisse hinweg auf der endlosen Straße der Luft frei ihre Bahnen zogen".

Aber schon bald erkannten die Militärs die Verwendbarkeit von Flugzeugen als Luftaufklärer, und es war bei der rapiden technischen Entwicklung nur noch ein kleiner Schritt bis zu ihrem Einsatz als Bomber. Nach dem Ersten Weltkrieg erklärte der damalige britische Premierminister Stanley Baldwin, daß „es vieles gäbe, aufgrund dessen er sich wünschte, das Fliegen wäre nie erfunden worden".

Aber noch wußten die Kasseler 1910 auf dem Forst nichts von der schrecklichen Zerstörungskraft von zukünftigen Bombenflugzeugen, und man feierte das neue Verkehrsmittel als willkommenen Helfer zur Überwindung von Zeit und Raum, das dem Menschen unter anderem die Möglichkeit eröffnete, seine Heimatstadt aus der Vogelperspektive zu betrachten.

Kassel 1929,
Fuldabrücke.

Links:
Altstadt mit Marställer Platz und Brüderkirche.

Unten:
Friedrichsplatz.

Rechts:
Martinskirche,
im Hintergrund
die Artillerie-
Kaserne.

Unten:
Ständeplatz mit
Kulturhaus und
Ständehaus.

Links:
Königsplatz
mit Hauptpost.

Unten:
Holländischer
Platz, rechts
das Henschel-
Verwaltungs-
gebäude.

Rechts:
Lutherplatz, im
Hintergrund
die Altstadt.

Acht Jahre nach dem Flugtag landete im November 1918, nach der Demobilisation des deutschen Heeres, an der Sandershäuser Straße ein 'Zeppelin-Staaken' Bombenflugzeug mit 8 Mann Besatzung, das während des Krieges über London, Paris und Calais 25000 Kilogramm Bomben abgeworfen hatte.

Ein Besatzungsmitglied wohnte in Kassel. Aber für einen Start reichte das Gelände nicht aus, und so mußte es abgewrackt werden.

Die Deutschen hatten bereits im Dezember 1914 versucht, den Feind in seinem eigenen Land aus der Luft zu bombardieren. In der Nähe von Dover fiel die erste Bombe. Kurz darauf griffen Zeppeline die Stadt Yarmouth an, warfen 9 Bomben und töteten 2 Menschen. Bei den folgenden Angriffen auf London richteten die Zeppeline große Verwüstungen an; 556 Menschen wurden getötet. Da jedoch die Luftschiffe einer immer stärker werdenden Abwehr ausgesetzt waren, wurden sie im letzten Kriegsjahr durch die riesigen, zweimotorigen Doppeldecker vom Typ Gotha G IV ersetzt, von denen jeder eine Bombenlast von 500 Kilogramm befördern konnte. Sie begannen ihre Angriffe im Mai 1917 mit Bombenabwürfen auf die Stadt Folkstone und töteten 95 Personen. Einen Monat später warfen 17 Gothas am Tage fast 5 Tonnen Bomben auf London ab. Der Angriff forderte 162 Menschenleben, davon 18 Kinder in einer Schule. Dieser Luftangriff kann als der Beginn der strategischen Bombardierungen der folgenden Jahrzehnte angesehen werden: Angriffe der Luftstreitkräfte über die Frontlinien hinweg mit dem Ziel, das Hinterland und damit die Moral der feindlichen Nation zu treffen. Die politischen Auswirkungen dieses Angriffs führten zur Gründung der Royal Air Force.

Während des Ersten Weltkrieges warfen deutsche Flieger über England ca. 9000 Bomben (280 to) ab, davon allein 50 Tonnen auf London. 1413 Menschen wurden getötet. Bei britischen und französischen Luftangriffen auf deutsches Reichsgebiet kamen 746 Deutsche ums Leben.

Mehrere Versuche in den zwanziger Jahren, Bombenangriffe gegen die Zivilbevölkerung zu unterbinden, „scheiterten jedoch schon an der Frage, welche Form der Kriegführung moralisch vertretbar sei." (Irving)[1]

So hieß es, daß es „unter den Bedingungen moderner Kriegsführung keine wirklich unverteidigten Städte gäbe und keine Stadt, die militärisch völlig bedeutungslos genannt werden könne. Die Zerstörung öffentlicher und privater Gebäude einer Stadt wurde stets als ein legitimes Mittel angesehen, den Zweck ihrer Aufgabe zu erreichen."

Der britische Historiker David Irving[2] spricht aus, was in der Folge passieren sollte und was damals noch hätte verhindert werden können: „das nun nach internationalem Recht nicht mehr inkriminierbare Auftauchen schwerer Bomber über dichtbesiedelten Städten im Schutze der Nacht und der Abwurf von je drei bis vier Tonnen Spreng- und Brandbomben mitten in die Stadt hinein mit der eindeutigen Absicht, möglichst viele Gebäude in Feuer aufgehen zu lassen und die Einwohner zu demoralisieren[3]. Natürlich war es möglich, auch eigentlich 'zivile' Ziele als 'militärisch' zu deklarieren. Stellt ein Panzer auf dem Schlachtfeld einwandfrei ein militärisches Ziel dar, das deswegen mit Recht angegriffen werden darf, so bleibt die Frage offen, ob dies nicht auch für die Fabrik gilt, in der dieser Panzer produziert wird. Oder: Ein Soldat im Kampf ist ohne Zweifel ein militärisches Ziel. Gilt dies nicht auch für den Mann, der das Gewehr herstellt?"[4].

Anfang der dreißiger Jahre war das Schreckgespenst eines zukünftigen Bombenkrieges vor allem bei den westlichen Nationen allgegenwärtig. Baldwin, ehemaliger britischer Premierminister, bestätigte im November 1932 die schlimmsten Befürchtungen der Welt in einer Ansprache im Unterhaus: „Ich glaube, es wird Zeit, daß sich der Mann auf der Straße darüber klar wird, daß keine Macht der Welt ihn davor schützen kann, bombardiert zu werden. Was ihm auch die Leute darüber erzählen mögen, ein Bomber kommt immer durch. Die einzige Verteidigung liegt im Angriff. Das bedeutet, daß man mehr Frauen und Kinder schneller töten muß, als der Feind es kann, wenn man sich selbst retten will. Ich möchte dies nur erwähnen . . . damit die Bevölkerung sich vorstellen kann, was sie im nächsten Krieg erwartet. Man kann nicht umhin, sich zu vergegenwärtigen, daß nach Hunderten von Millionen Jahren, seitdem die Menschheit auf dieser Erde existiert, es unserer Generation vorbehalten war, die Luft zu erobern. Ich weiß gewiß nicht, was die Jugend der Welt fühlt, aber es ist kein guter Gedanke für die Älteren von uns, daß wir nun daran gehen, die Erde aus der Luft genauso zu zerstören, wie wir es verstanden haben, den Boden zu zerstören in all den Jahren, in denen Menschen auf ihm gelebt haben. Aber dies ist mehr eine Frage an die Jüngeren, als an uns. Sie sind die Männer, die in der Luft fliegen."[5)]

Spektakel zum Flugtag 1933: „Bomben auf Kassel"

Ein Jahr nach diesen vorausahnenden Worten Baldwins findet auf dem Flugplatz Waldau ein Großflugtag statt, für den unter dem Motto 'Bomben auf Kassel' geworben wird. Am Rande des Flugfeldes waren der Kasseler Altstadt nachempfundene Häuser aus Holz und Papier aufgebaut, die als Abschluß und Höhepunkt des Flugtages, wie die 'Kasseler Post' es seinerzeit formulierte, 'unter Bomben verenden' sollten. Starker Regen machte jedoch die Erwartungen der Zuschauer zunichte, die aufgeweichten Papierfassaden waren schon vom Wind zerrissen. Dieses makabre Spektakel, zur Unterhaltung der Kasseler Bürger inszeniert, sollte zehn Jahre später grausame Wirklichkeit werden: Am 22. Oktober 1943 wurde die Altstadt in ihrer gesamten Ausdehnung durch Bomben verbrannt, zehntausend Menschen fanden den Tod.

Stadtteil Rothenditmold
Kath. Kirche
Marien kranken haus
Vellmarsche str.
Rothenberg
Friedhof
Kirche
Bg. Schule
Wolfhager Str.
Neumburger Str.
Philippistr.
Sportpl.
Sport Platz
Angersbach str.
Sportpl. Spielverein
Sport Platz Reichsbahn
Rad renn bahn
Steinäcker
Knaust
wiesen
Kasseler
Feld
Maulhaufen
Finkenloh
Fohlenäcker
Gerlandstr.
Tannenwäldchen
Wasser behälter
Groß Jugend herberge
Emmerichstr.
Lessingstr.
Berliner Pl.
Kölnische
Rundstr.
Auguste
Viktoria Str.
Malsburgstr.
Hessische str.
Stadthalle
Weyrauchstr.
Tannenkuppenstr.
Tennis Pl.
Kath. Kirche
Hindenburg
Platz
Evgl. Kirche
Landgrafenstr.
Amt
Parkstr.
Adolf Hitler Ober-real-Schule
Hohenzollern Str.
Reginastr.
Erlöser Kirche
Kaiserstr.
Skagerrakplatz
Admiral-Scheer-Strasse
Malvida v. Meysen-bug Schule
Goethe Anlage
Hessisch Diakonissen haus
Bg. Schule 13
Evgl. Kirche
Landesfinanzamt
Feuer-Wache
Bg. Schule 3
Herkules Strasse
Herkulesstr.
Germaniastr.
Luisen
Luisenschule
Kreuz Kirche
Stadt. Ent-bindungs Anstalt
Wilhelmshöher Allee
Wilhelms
Virchowstr.
Krankenhaus Rotes Kreuz
Hindenburg heim
Bergmannstr.
Bg. Schule 14
Philosophenweg
Emilienstr.
Kantstr.
Bg. Schule
Grüner Waldweg
Kohlenstr.
Wiesen
Schönfelder
Am Heimbach
Friedhof
Sternbergstr.
Stadtteil Wehlheiden
Adolfstr.
Schillingsstr.
Schubert

PLAN
DER STADT KASSEL
1936 1 : 10 000

Alt-Kassel. Oberste Gasse.

Alt-Kassel Druselgasse mit Blick auf Druselturm

Kassel. Friedrich-Wilhelms-Platz mit Blick in die Schomburg-, Gr. Rosen- und Kölnische Straße

Kassel. Königsplatz

Kassel. Friedrichsplatz mit Museum Fridericianum, Kath. Pfarrkirche u. Preußisches Staatstheater

Kassel. Schöne Aussicht

Kassel. Hauptbahnhof

Kassel. Rathaus

Kassel. Preußisches Staatstheater

Kassel. Hohenzollern-Straße mit Postamt

Kassel
Admiral-Scheer-Straße und Hohenzollernstraße

Kassel. Schöner Fachwerkbau in der Klosterstraße

Kassel. Altmarkt mit Blick in die Brüderstraße

Kassel, Wildemannsgasse mit „Pinne"

Kassel. Blick vom Zwehrener Turm

Alt-Kassel. Obere Kettengasse

Alt-Kassel. Marktgasse mit Grimms Märchenhaus.

Kassel. Freiheiter Durchbruch mit Blick auf Altmarkt

Bei einem Gang durch die Innenstadt am Freitag, dem 22. Oktober 1943, einem schönen Herbsttag, konnte man nur wenig davon sehen, daß sich Kassel im fünften Kriegsjahr befand. Die Straßen boten das gewohnte Bild, durch die Königsstraße fuhren vollbesetzte Straßenbahnen, die Menschen gingen ihren gewohnten Beschäftigungen nach, und auch an die vielen Uniformen hatte man sich gewöhnt. Während Großbritannien bereits 1940 und 1941 unter schweren Angriffen der deutschen Luftwaffe zu leiden hatte – allein in London waren 20000 Menschen ums Leben gekommen – und infolge der Ereignisse gezwungen war, mit dem totalen Kriegseinsatz zu beginnen und strengste Rationierung aller Verbrauchsgüter einzuführen, war in Deutschland noch immer ein besserer Lebensstandard zu verzeichnen.

In der Kurhessischen Landeszeitung vom 22.10.1943 konnte man dem Spielplan des Staatstheaters entnehmen, daß in dieser Woche 'Der Barbier von Sevilla', 'Zar und Zimmermann', 'Der Vetter aus Dingsda' und die 'Walküre' aufgeführt würden.

Kassel. Preußisches Staatstheater

Das UFA-Theater am Königsplatz zeigte den Farbfilm 'Münchhausen' mit Hans Albers, die Universum-Lichtspiele in der Hohenzollernstraße 'Liebespremiere' mit Hans Söhnker und Kirsten Heiberg, das Palast-Theater am Bahnhof 'Zwei glückliche Menschen' mit Magda Schneider und Wolf Albach-Retty und die Filmbühne Bürgersäle in der Oberen Karlsstraße 'Himmel - wir erben ein Schloß'. Die Anfangszeiten des Theaters und der Kinos waren jedoch bereits im Hinblick auf die vielen Fliegeralarme in den Abendstunden so vorverlegt, daß die letzte Vorstellung um 17.30 Uhr begann, eine Vorsichtsmaßnahme, die an diesem Abend vielen Menschen das Leben retten sollte.

Durch seine Größe und das Ausmaß der Rüstungsindustrie wurde Kassel in die Kategorie 'Luftschutzort (LO) I. Ordnung' eingestuft. Diese Orte waren durch Luftangriffe besonders gefährdet, und zu ihrem Schutz wurden umfangreiche militärische und zivile Maßnahmen ergriffen.

Die deutsche Abwehr

Flak

Die Reichsluftverteidigung war zunächst im wesentlichen Aufgabe der Flakartillerie. Sie stand, ab 1941 in eigenen Großverbänden zusammengefaßt, unter dem Befehl der Luftgaukommandos. Gegliedert nach Divisionen, Brigaden und Regimentern, bestanden letztere aus vier bis sechs Abteilungen. Diese waren die Grundeinheit der Flak. Es gab vier verschiedene Arten: Schwere, Leichte, Gemischte und Scheinwerfer-Abteilungen. Fest stationierte Abteilungen, wie sie zur Objektverteidigung in Kassel eingesetzt waren, bestanden aus folgenden Einheiten: als Schwere Flak-Abteilung aus vier Batterien, als Leichte aus drei oder vier Batterien, als Gemischte Abteilung aus drei Schweren und zwei Leichteren Batterien. Eine Scheinwerfer-Abteilung hatte drei oder vier Batterien. Die britischen Nacht- und die amerikanischen Tagesangriffe auf deutsche Städte wurden hauptsächlich aus Höhen über 5000 Metern durchgeführt. Die im Raum Kassel in großer Zahl stationierte leichte und mittlere Flak, ausgerüstet mit 2 cm und 3,7 cm Kanonen, mit einer Höhenreichweite von maximal 3700 m bzw. 4800 m, konnte die Bomber nicht erreichen. Durch große Mengen von Leuchtspurmunition – die 2 cm-Flak hatte eine Feuergeschwindigkeit von 120 bis 180 Schuß pro Minute, die 3,7 cm-Flak 80 Schuß pro Minute – wurde jedoch den Bombern die Zielfindung wesentlich erschwert. Nicht zu unterschätzen war auch der moralische Effekt auf die Bevölkerung, die bei dem starken Geschützfeuer das Gefühl hatte, besser verteidigt zu sein. Leichte Flak war auch auf mehreren Gebäuden der Innenstadt installiert, wo sie den Bomben schutzlos ausgesetzt waren.

Effektiv eingesetzt werden konnten nur die Schweren Flak-Batterien mit ihren 8,8 und 10,5 cm Kanonen, die Ziele bis zu 11600 Metern Höhe bekämpfen konnten. Die Feuergeschwindigkeit lag zwischen 12 und 20 Schuß pro Minute. Die Bedienung bestand normalerweise aus einem Geschützführer und 6 bis 9 Mann. Verschossen wurden fast ausschließlich Hochexplosiv-Geschosse mit Zeitzünder. Feuerleitgerät war das Kommandogerät mit einem Entfernungsmesser von 4 m Grundlinie. Solange der Entfernungsmesser auf das Ziel gerichtet war, erzeugte das Kommandogerät einen dauernden Informationsfluß über den weiteren Kurs des Flugzeuges, ausgedrückt in Richtung des Rohrs, der Richthöhe und Zündereinstellung für die Granaten. Das 1943 eingesetzte Kommandogerät 40 war in der Lage, kurvende Ziele und Fluggeschwindigkeiten bis 1050 km/h zu verarbeiten. Es konnte bei Nacht und wenn die Sichtverhältnisse ein optisches Erfassen der Flugzeuge unmöglich machten, Daten von einem in der Nähe aufgestellten Funkmeßgerät (Radar) übernehmen. Die Bedienung bestand aus 5 Mann.

Im Oktober 1943 waren in Kassel 15 schwere Flak-Batterien mit je 6 Geschützen und 10 Großbatterien mit je 12 Geschützen eingesetzt. Die Lage der Batterien ist aus dem beigefügten Plan zu ersehen. Da die feindlichen Bomber Kassel aus jeder Richtung anfliegen konnten, mußten die Flakstellungen in einem Kreis um das zu schützende Objekt aufgestellt werden. Sie waren so angeordnet, daß die Bomber während ihres Zielanfluges etwa eine Minute lang beschossen werden konnten. (Ein mit 350 km/h fliegender Bomber legt in 1 Minute ca. 6 Kilometer zurück). Die Geschütze eröffneten das Feuer, wenn die Flugzeuge in ihre maximal wirksame Reichweite einflogen (etwa 10000 Meter bei der 8,8 Flak).

Das Auffinden von Luftzielen durch Flak und Nachtjäger wurde von den Scheinwerfer-Abteilungen wesentlich unterstützt. 1943 war gewöhnlich ein 200 cm-Flakscheinwerfer mit einem Funkmeßgerät gekoppelt. Dieser Scheinwerfer gab den Leitstrahl. Wenn er das Flugzeug erfaßt hatte, wurden drei weitere 150 cm-Scheinwerfer eingeschaltet, um die Maschine in ihren Kegel zu bekommen. Eine derartige Gruppe von vier Scheinwerfern war so angeordnet, daß der Hauptscheinwerfer in der Mitte lag und die drei anderen im Dreieck etwa 3 Kilometer entfernt waren. Die Scheinwerfer waren bei den Bomberbesatzungen außerordentlich gefürchtet; wenn sie einmal erfaßt waren, gab es meist kein Entrinnen. Zudem waren sie von dem grellen Licht so geblendet, daß ein Zielanflug unmöglich war.

1943 hatte der verstärkte Luftkrieg der Alliierten in Deutschland selbst eine neue Front geschaffen, an der Soldaten kämpfen mußten, die an den anderen Fronten dringend benötigt wurden. Nunmehr wurden schrittweise reguläre Flak-Soldaten durch andere Kräfte ersetzt. In diesem Jahr bekamen ortsfeste Flakeinheiten der Reichsverteidigung „hilfswillige" Kriegsgefangene, vor allem Russen, zugewiesen. Ebenfalls wurden Flakbatterien aus Abteilungen des Reichsarbeitsdienstes (RAD) aufgestellt. Deutsche Arbeiter zog man zu Nachteinsätzen in Flakbatterien in der Nähe ihrer Fabriken ein. Schließlich prüfte man die Möglichkeit, Schüler und Lehrlinge als „Luftwaffenhelfer" in Flakbatterien einzusetzen. Neben dem militärischen Einsatz sollte der Schulunterricht in modifizierter Form weitergeführt werden. Dieser konnte nachher in der Praxis jedoch nur mit Mühe und Not beibehalten werden, da vor allem der häufige Dienst bei Nacht die Jugendlichen so strapazierte, daß sie die frühen Tagesstunden zum Schlafen und Ausruhen brauchten.

Die ersten Luftwaffenhelfer des Jahrgangs 1926 wurden im Februar 1943 eingezogen. Jahrgang 1927 folgte fünf Monate später.

Mit Vorrang wurden sie in den Funktionen ausgebildet und eingesetzt, für die man aufgeweckte, intelligente und verläßliche Soldaten benötigte (am Kommandogerät, Funkmeßgerät, in der Umwertung und an allen Bedienungselementen der Geschütze). Die Zahl der im Oktober 1943 bei den Flakbatterien im Kasseler Raum eingesetzten Luftwaffenhelfer ist nicht bekannt.

Bei der 4. Batterie der Schweren Flak-Abteilung 393 in Obervellmar waren zu dieser Zeit ca. 50 Schüler des Friedrichsgymnasiums und der Oberrealschule II (Hermann-Göring-Schule) als Luftwaffenhelfer eingesetzt, das war etwa ein Drittel des Gesamtpersonals der Batterie.

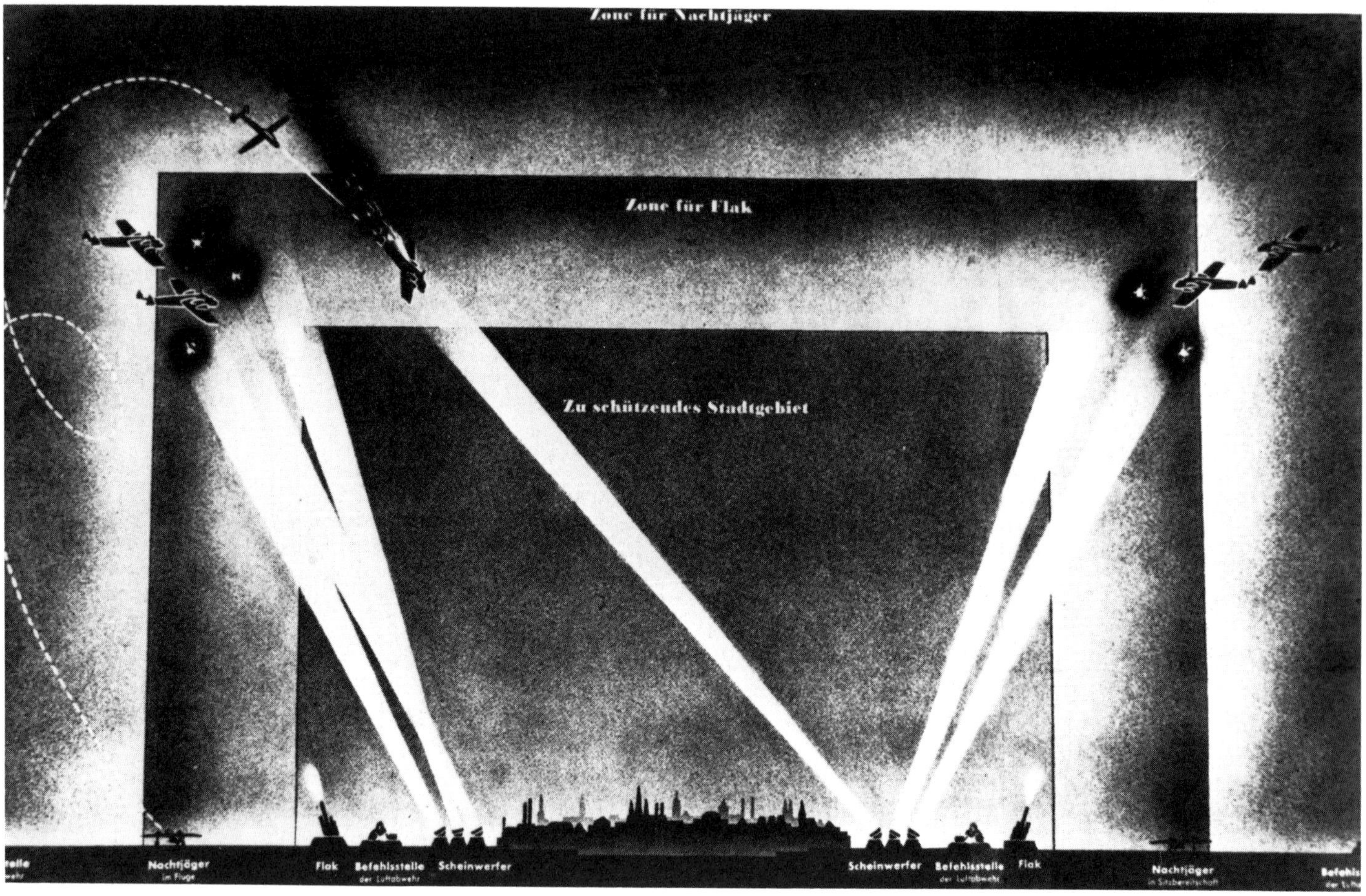

Oben:
Darstellung der kombinierten Nachtjagd. Über der Zone der Flakabwehr griffen die Nachtjäger die Bomber an. Wenn die Flak sich nicht an die Höhenbegrenzung hielt, kam es zu eigenen Verlusten.

Unten links:
Das Würzburg-Funkmeßgerät für den Einsatz bei der Flak. Es hatte eine Reichweite von 25 Kilometern.

Unten:
Luftwaffenhelfer bei der schweren Flak in Obervellmar.

Luftaufnahmen von zwei Flak-Stellungen in der Nähe Kassels. Sie wurden Ende des Krieges aufgenommen. Deutlich ist die Anordnung der Geschützstände zu erkennen.

Rechts:
Die Stellung Sichelbach hinter dem Herkules, unten bei Gut Kragenhof.

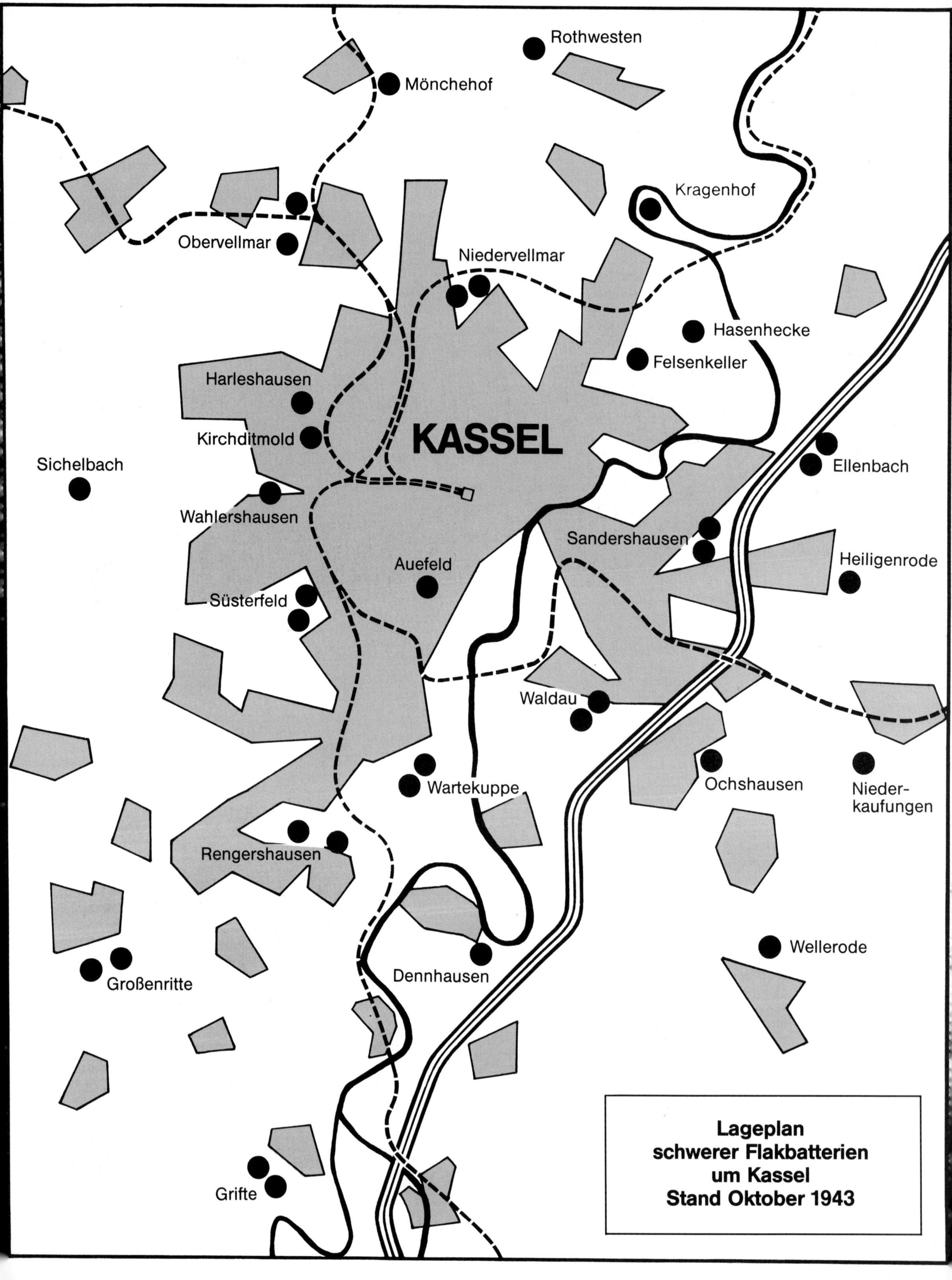

Lageplan schwerer Flakbatterien um Kassel Stand Oktober 1943

Oben:
Das Kommandogerät 40, das Standard-Feuerleitgerät der Flak.

Rechts:
8,8 cm-Flak in der Stellung Obervellmar.

Unten:
Luftwaffenhelfer am Geschütz. Links die Richtkanoniere für Höhe und Seite.

Unten rechts: Geschützexerzieren.

Oben:
Vereidigung der im Juli 1943 eingezogenen Luftwaffenhelfer des Jahrgangs 1927 in der Stellung Obervellmar.

Links:
Mündungsfeuer einer 8,8 cm-Batterie.

Rechts oben:
Scheinwerfer suchen den Himmel nach feindlichen Bombern ab.

Rechts:
Ein 200 cm-Flakscheinwerfer wird gerichtet.

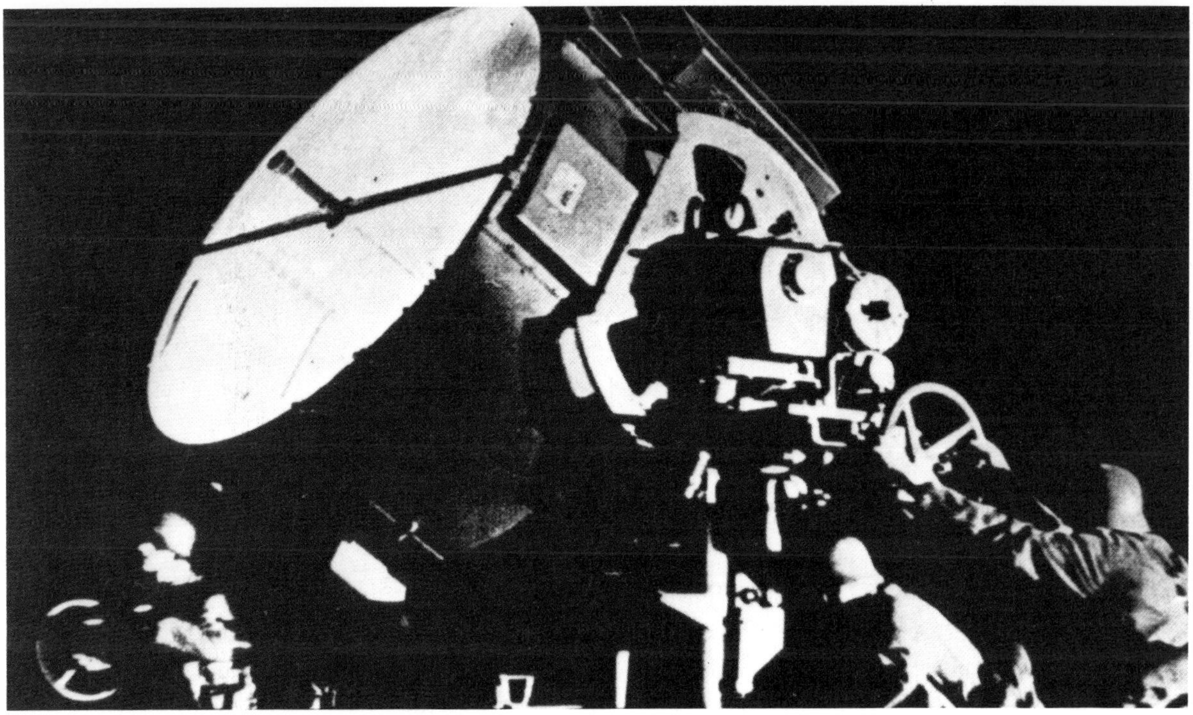

Nachtjäger

Als 1940 das Bomberkommando der Royal Air Force wegen der unerträglichen Verluste bei Tageseinsätzen auf Nachtangriffe überging, bestand die Nachtjägertruppe der Luftwaffe nur aus wenigen, einmotorigen Maschinen. Aus diesen kleinen Anfängen heraus entwickelte sich jedoch recht schnell eine einsatzfähige Gruppe, das Nachtjagdgeschwader 1.

Ende 1940 verfügte es über 165 Flugzeuge der Typen Messerschmitt BF 110 und Junkers Ju 88. Die Besatzungen griffen die Bomber nach Sicht an, wenn sie von den Scheinwerfern beleuchtet waren. Aber bald zeigte es sich, daß diese Methode ganz und gar vom Wetter abhängig war. Schon die geringste Bewölkung machte eine Verteidigung unmöglich. Um diese Beschränkung auszuschalten, wurden entlang einer Linie von Schleswig-Holstein nach Belgien, die von den einfliegenden RAF-Bombern gekreuzt werden mußte, im Abstand von jeweils ca. 30 Kilometern Bodenradarstationen eingerichtet. Jede dieser Stationen war mit einem Freya-Funkmeßgerät und zwei Würzburg-Präzisionsfunkmeßgeräten ausgerüstet. Eines davon erfaßte den Bomber, das andere den Nachtjäger. Mit den Positionsangaben der beiden Würzburggeräte, die auf einem Glastisch übertragen wurden, konnte ein Jägerleitoffizier am Boden den ihm zugewiesenen Nachtjäger über Sprechfunk in eine Schußposition hinter den Bomber dirigieren. War der Nachtjäger nahe genug heran, konnte er auch bei Dunkelheit das Ziel erkennen. Diese neue Taktik erhielt die Codebezeichnung 'Himmelbett'. 1941 und 1942 wurde die Linie der Stationen verlängert, bis sie von Nord-Dänemark bis zur Schweizer Grenze reichte.

Aber der Einsatz der Nachtjäger nach diesem System war begrenzt, da jeweils nur eine Maschine im Bereich einer Station, die lediglich einen Umkreis von 30 Kilometern erfaßte, geführt werden konnte.

Wirksam konnte diese Abwehr nur so lange sein, wie die Bomber einzeln, an verschiedenen Stellen und über mehrere Stunden verteilt nach Deutschland einflogen.

Bald wurde dem Bomberkommando klar, daß nur ein Bomberstrom – das Einfliegen aller am Angriff beteiligten Maschinen auf engstem Raum und in kürzester Zeit – die steigenden Verluste verringern konnte. Auf diese Weise wurden höchstens zwei der Nachtjagdräume durchflogen. Erstmalig wurde diese Taktik beim 1000-Bomber Angriff auf Köln im Mai 1942 angewandt.

Die Luftwaffe antwortete mit einer Erweiterung der Stationen in die Tiefe des Reichsgebietes und mit der Einführung des Bordradargerätes 'Lichtenstein', das dem Nachtjäger ermöglichte, selbst bei Null-Sicht den feindlichen Bomber auf eine Entfernung bis zu 3000 m zu erkennen.

Bis zum Sommer 1943 verursachte das Himmelbett-Verfahren bei den Nachtbombern trotz der Bomberströme immer noch erhebliche Verluste. Dann warfen die Flugzeuge des Bomberkommandos erstmalig beim Angriff auf Hamburg 'Window' ab, 30 x 1,5 cm große Aluminium-Folien, in Bündeln von 1000 Stück, in Abständen von einer Minute. (Düppelstreifen). Diese Folien störten die deutschen Radargeräte der Flak und der Nachtjäger derart, daß auf einen Schlag das gesamte Himmelbett-Verfahren ausgeschaltet wurde.

Die deutsche Entgegnung auf den Einsatz von 'Window war eine völlige Neuorganisation der Nachtjagd-Taktik.

Statt die Bomber nur beim Überfliegen der Verteidigungszonen beim Hin- und Rückflug anzugreifen, wurde den Nachtjägern nun befohlen, den Gegner über dem Ziel selbst zu stellen. Dort beleuchteten Scheinwerfer und die Zielmarkierungen der Pfadfinder-Flugzeuge den Himmel so, daß die Bomber als Silhouette zu erkennen waren und somit ohne Hilfe der gestörten Radargeräte angegriffen werden konnten.

Diese neue Taktik erhielt den Codenamen 'Wilde Sau'. Eingesetzt waren hauptsächlich einmotorige Maschinen der Typen Messerschmitt Bf 109 und Focke-Wulf 190. Bei Einsätzen der 'Wilden Sau' hatte die Flak Schießverbot über einer bestimmten Höhe, um die Jäger nicht zu gefährden.

Die mit Radar ausgerüsteten zweimotorigen Jäger wurden jetzt über die Jägerleitstände am Boden in die Bomberströme eingeschleust, nachdem deren Richtung erkannt worden war und die Nachtjäger sich vorher, über Funk- und Leuchtfeuern kreisend, gesammelt hatten. Sie griffen dann nach Sicht oder mit Hilfe des im Herbst 1943 eingeführten 'Lichtenstein SN-2'-Radargerätes an. Dieses hatte eine größere Reichweite und arbeitete auf Frequenzen, die nicht mehr durch die Düppel-Streifen gestört werden konnten.

Dieses Verfahren, 'Zahme Sau' genannt, führte beim Angriff auf Kassel zum Abschuß von 43 viermotorigen Bombern, wobei gesagt werden muß, daß die Flak wahrscheinlich an einigen dieser Abschüsse beteiligt war.

Die Anzahl, die genauen Flugwege und die Aufschlagstellen der abgeschossenen britischen Bomber können einem der Übersichtspläne entnommen werden, die der Dokumentation beigefügt sind.

Oben:
Ein „Freya“-Funkmeßgerät zur Nachtjägerführung.

Oben rechts:
Der „Würzburg-Riese“. Ein Präzisionsfunkmeßgerät mit einer Empfangsreichweite von ca. 80 Kilometern.

Rechts:
Am 22.10.1943 abgeschossener Halifax-Bomber. Aufschlag am Ortsrand von Obervellmar. 3 Besatzungsmitglieder kamen ums Leben.

Unten:
An diesem Tisch wurden die Informationen der „Würzburg“-Funkmeßgeräte in rote und grüne Punkte – von unten auf die gläserne Platte des Tisches projiziert – umgesetzt. Sie markieren die Positionen des Bombers und des Nachtjägers.

Links:
Messerschmitt Bf 110 Nachtjäger beim Start zu einem Verlegungsflug.

Links unten:
Eine Junkers Ju 88 in der Nachtjäger-version.

Rechts:
Eine Bf 110 wird aufgetankt.

Unten:
Die Maschinengewehre und Kanonen einer Bf 110 werden zwischen den Einsätzen gewartet.

Unten rechts:
Eine Bf 110 mit ihren Antennen für das „Lichtenstein"-Funkmeßgerät. Unter dem Rumpf ist die Bewaffnung zu erkennen.

Oben:
Eine Bf 110 beim Landeanflug.

Links:
Das Cockpit eines Ju 88-Nachtjägers.

JUNKERS JU 88

Ursprungsland: Deutschland
Einsatzzweck: Bomben-, Jagd-, Tiefangriffs- und Aufklärungsflugzeug.
Hersteller: Junkers Flugzeug und Motorenwerke A.G.

(Ju 88 C-6)

Triebwerke : Zwei 1420 PS Junkers Jumo 211J hängende 12 Zylinder V-Motoren mit Ringkühlerverkleidungen
Spannweite: 20,08 m
Länge: 14,96 m
Höhe: 5,10 m
Leergewicht: 8560 kg
Fluggewicht: 11850 kg
Besatzung: 3 Mann
Höchstgeschwindigkeit: 498 km/h in 6000 m Höhe
Dienstgipfelhöhe: 9920 m
Normale Reichweite: 3380 km
Bewaffnung: Drei 20 mm MG FF und zwei 20 mm MG 151 Kanonen, ein 13 mm MG 131 und drei 7,9 mm MG 17

Eine Bf 110 ist nach hartem Einsatz gelandet.

MESSERSCHMITT Bf 110

Ursprungsland: Deutschland
Einsatzzweck: Tag- und Nachtjäger, Jagdbomber
Hersteller: Messerschmitt A.G.
Im Kriegseinsatz: 1939/45

Triebwerke: Zwei 1475 PS Daimler Benz DB 605B hängende 12 Zylinder V-Motoren
Spannweite: 16,27 m
Länge: 12,64 m
Höhe: 3,99 m
Leergewicht: 5100 kg
Fluggewicht: 9400 kg

Besatzung: 3 Mann
Höchstgeschwindigkeit: 546 km/h in 7000 m Höhe
Dienstgipfelhöhe: 7940 m
Größte Reichweite: 2085 km
Bewaffnung: Zwei 30 mm MK 108 und zwei 20 mm MG 151 Kanonen und zwei 7,9 mm MG 81

Ein Divisions-Gefechtsstand der Nachtjäger. Von solchen Gefechtsständen aus leiteten die Kommandeure den Einsatz der Jäger.

(1) Platz des Kommandeurs und der Verbindungsoffiziere.

(2) Eine vierzehn Meter hohe Mattglas-Leuchtkarte, die den Gefechtsbereich dieser Jagddivision darstellt. Auf ihr wurden von Lichtwerfern, die hinter der Karte plaziert waren, grüne und rote Punkte projiziert. Sie zeigten die Position von Bombern und Nachtjägern.

(3) Von hier wurden mit Pfeilen die Flugbewegungen der Bomber auf der Karte angezeigt.

(4) Die eingehenden Meldungen wurden hier einer ersten Prüfung unterzogen.

(5) Auf der Karte ist ein feindlicher Bomberstrom markiert.

(6) Er teilt sich nach wenigen Minuten und greift eine Stadt bei (7) an.

(7) Dorthin wurden die Nachtjäger geleitet,

(8) Die beiden quadratischen Karten zeigten den Raum der Nachbardivisionen, aus dem die Bomber kamen und in den sie vermutlich wieder abbogen. Die beiden anderen Karten umfaßten das Korps-Bereich und das gesamte West-Europa.

Links:
Luftwaffen-Helferinnen mit Lichtpunktwerfern.

Unten:
Jägerleitoffiziere. Im Hintergrund Tafeln mit dem Bereitschaftsstand der Nachtjägereinheiten.

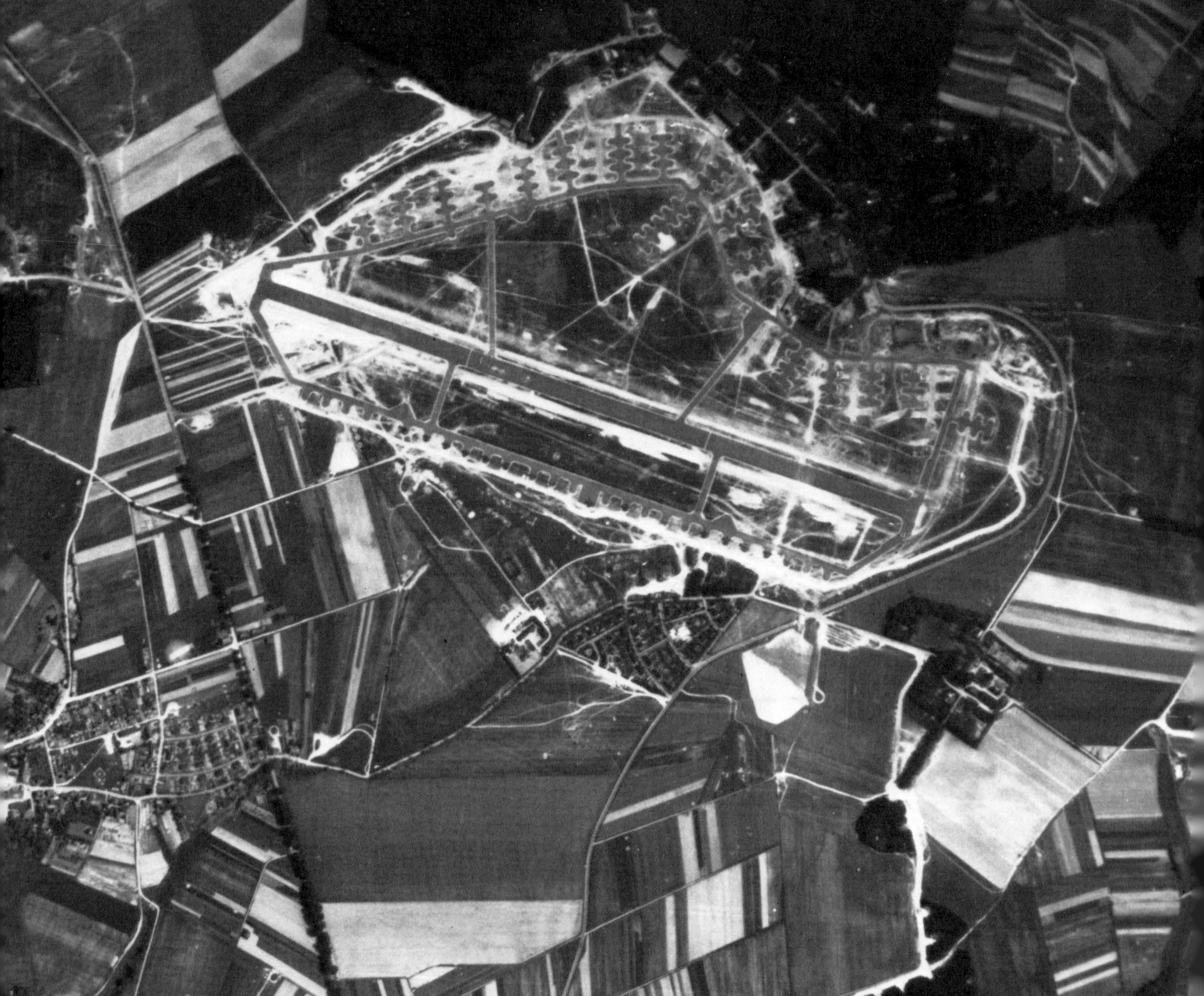

Luftaufnahme des Flugplatzes Kassel-Rothwesten nach dem Ausbau durch die US-amerikanischen Streitkräfte im Sommer 1945.

Der von der deutschen Luftwaffe bis Kriegsende als Standort der I.Gruppe des Nachtjagdgeschwaders 2 genutzte Fliegerhorst mit Grasnarbe wurde mit betonierter Start- und Landebahn und zahlreichen Abstellplätzen für die Maschinen versehen.

Ziviler Luftschutz

Bereits im Juni 1935 beschloß die damalige Reichsregierung ein Luftschutzgesetz, das alle Deutschen zu Dienst- und Sachleistungen sowie zu sonstigen Handlungen, Duldungen und Unterlassungen verpflichtete, die zur Durchführung des Luftschutzes erforderlich waren.

§ 1 der Durchführungsverordnung vom 4. Mai 1937 definierte die Aufgaben des Luftschutzes: Aufgabe des Luftschutzes ist es, das deutsche Volk und das Reichsgebiet vor den Folgen von Luftangriffen zu schützen, insbesondere Maßnahmen zu treffen, um

a) Bevölkerung, Dienststellen und Betriebe zu warnen (Luftschutzwarndienst),
b) bei Personen- und Sachschäden Hilfe zu leisten und bei der Aufrechterhaltung der öffentlichen Sicherheit und Ordnung, soweit sie durch Luftangriffe gestört oder gefährdet wird, mitzuwirken (Sicherheits- und Hilfsdienst, später Luftschutzpolizei),
c) industrielle und gewerbliche Betriebe und die in diesen tätigen Personen zur Aufrechterhaltung eines ungestörten Ganges des Betriebes zu schützen (Werkluftschutz),
d) öffentliche und private Gebäude, Dienststellen und Betriebe sowie die in ihnen befindlichen Personen zu schützen (Selbstschutz),
e) öffentliche und private Dienststellen und Betriebe, soweit für sie der Selbstschutz nicht ausreicht, ein Werkluftschutz aber nicht notwendig ist, sowie die in ihnen befindlichen Personen zu schützen (erweiterter Selbstschutz).

Die Organisation des Luftschutzes gliederte sich demnach in den hoheitlichen Luftschutz, (Luftschutzwarndienst und Sicherheits- und Hilfsdienst) und den Selbstschutz auf privater Ebene.

In weiteren Durchführungsverordnungen wurden luftschutzmäßiges Verhalten und bauliche Maßnahmen geregelt. Darunter fielen die Verdunklung, die Entrümpelung von Bodenräumen wegen der erhöhten Feuergefahr, das Absichern von Kellerräumen gegen Einsturz und Splitter und die Einrichtung von öffentlichen Luftschutzräumen zum Schutz der Straßenpassanten im gesamten Stadtgebiet. Für jede Luftschutzgemeinschaft innerhalb eines Hauses mußten Selbstschutzgeräte bereitgestellt werden; hierzu gehörten eine Hausapotheke und Feuerlöschgeräte. In regelmäßigen Abständen wurden Luftschutzübungen durchgeführt, um die Bevölkerung einzuweisen.

Als zu Beginn des Zweiten Weltkrieges der Luftschutz aufgerufen wurde, traten alle Bestimmungen der Gesetzgebung in Kraft. Neben der Verdunklung wurden in den meisten Häusern Mauerdurchbrüche geschaffen – Verbindungsöffnungen in den Kellergeschossen zwischen aneinandergrenzenden Häusern – um die Fluchtmöglichkeiten aus den Schutzräumen ins Freie zu verbessern. Im folgenden wird auf die Mauerdurchbrüche, die Tausenden von Menschen bei den Luftangriffen das Leben gerettet haben, noch ausführlich eingegangen.

Mit dem Bau von Hoch- und Tiefbunkern und Stollen wurde begonnen. 1943 standen der Bevölkerung folgende Bunker-Bauwerke zur Verfügung:

1 Rettungsstelle und Wohnbunker Agathofstraße für 280 Personen
2 Wohnbunker Leipziger Straße 225 für 930 Personen
3 Verkehrs- und Wohnbunker Bahnhofplatz für 2800 Personen
4 Rettungsstelle und Wohnbunker am Karlshospital für 600 Personen
5 Wohnbunker Gräfestraße für 630 Personen
6 Krankenhausbunker im Stadtkrankenhaus für 600 Personen
7 Wohnbunker Grebensteiner Straße für 600 Personen
8 Krankenhausbunker Marienkrankenhaus für 360 Personen
9 Weinbergbunker für ca. 3000 Personen
10 Wohnbunker Hafenstraße für 630 Personen

Für einige dieser Bunker, z. B. Hochbunker Karlshospital, wurden Platzkarten für in der Nähe wohnende Familien ausgegeben, die in ihren Kellern unzureichende Schutzräume hatten.

Kassel war nach dem Grad seiner Luftgefährdung als Luftschutzort I. Ordnung eingestuft worden. In diesen Orten gab es einen Sicherheits- und Hilfsdienst, der sich auf der Polizeiorganisation der Stadt aufbaute. Zuständig war für

Sicherheitsdienst:	Polizei,
Feuerlöschdienst:	Berufs- und freiwillige Feuerwehren
Luftschutz-Instandsetzungsdienst:	Technische Nothilfe
Luftschutz-Entgiftungsdienst:	Straßen- und Reinigungsbetriebe
Luftschutz-Sanitätsdienst:	Öffentliche Gesundheitseinrichtungen und das Rote Kreuz
Luftschutz-Veterinärdienst:	Tierärztliche öffentliche und private Anstalten und Organisationen

Die Verantwortung für den koordinierten Einsatz trug der örtliche Luftschutzleiter. Die Befehlsstelle befand sich im Keller des Polizeipräsidiums. Unterste Befehlsstelle war das als 'Luftschutzrevier' bezeichnete Polizeirevier. Diesem waren je ein Feuerwehr- und Bergungstrupp, ein Sanitätstrupp und zwei Gasspürer zugeteilt. Auf den Einsatz des Luftschutzes und die Aufgaben des Luftschutzwarnkommandos wird im folgenden noch eingegangen.

Luftschutzübung am Altmarkt im Jahre 1939. Einsatzbesprechung von Polizei und Feuerwehr.

Freiwillige Helfer im Sanitätsdienst.

Luftschutz-Sanitätsdienst am Altmarkt. Im Hintergrund die Hirsch-Apotheke, Ecke Marktgasse.

Lageplan des Weinberg-Bunkers an der Frankfurter Straße mit seinen zehn Eingängen. Er war bombensicher und bot Tausenden von Einwohnern Schutz.

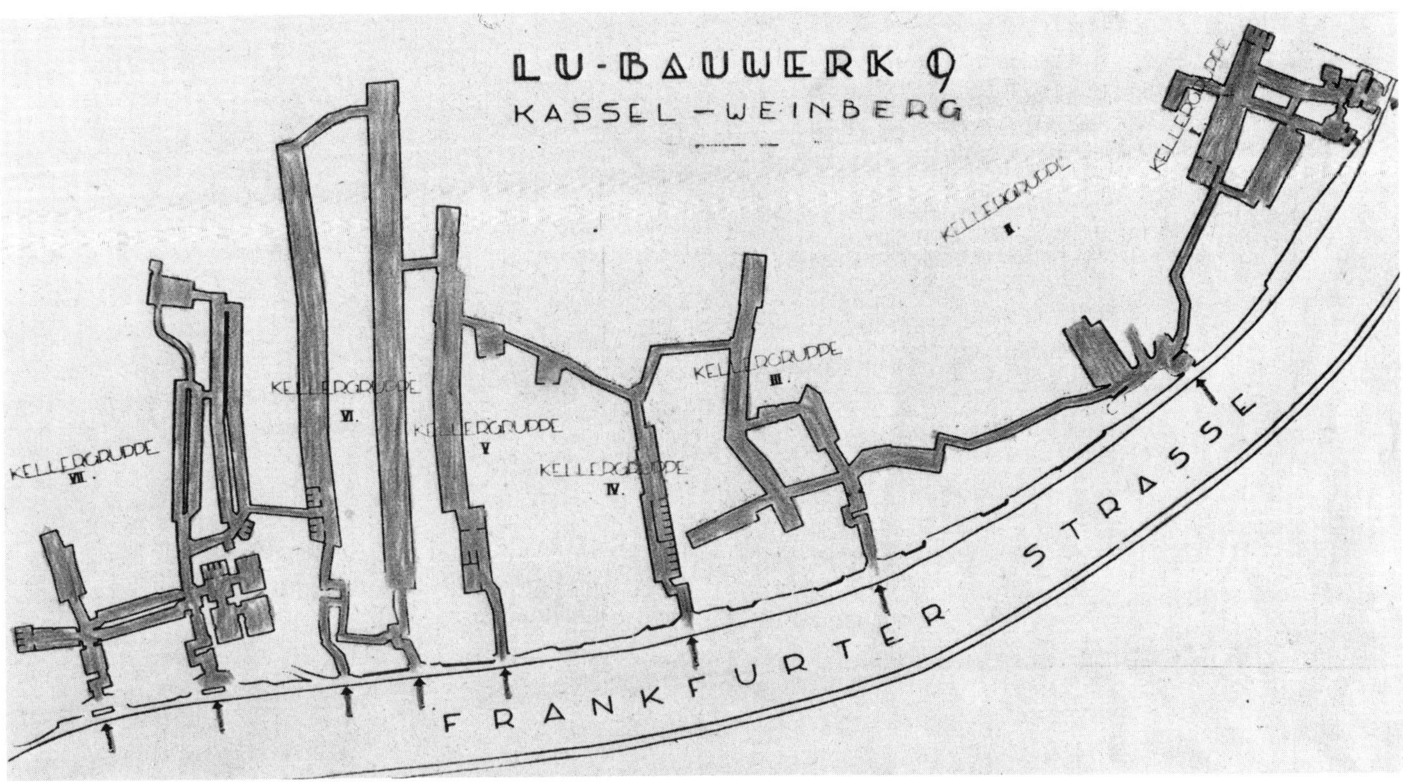

Handzettel dieser Art wurden nach dem Aufruf des zivilen Luftschutzes bei Kriegsbeginn ständig an die Bevölkerung verteilt.

Was der Luftschutz von Euch fordert!

Macht Euer Haus luftschutzbereit!

Der Hausboden

Sorgt für restlose Entrümpelung des Hausbodens!

Stellt reichlich Sand- und Wasservorräte für die Brandbekämpfung bereit!

Entfernt alles, was im Notfall hindernd sein könnte (Verschläge usw.)! Jeder Winkel des Hausbodens muß zugänglich sein.

Vermeidet es, abends auf den Hausböden Wäsche zum Trocknen hängen zu lassen! Sie bildet eine große Brandgefahr und hindert bei der Brandbekämpfung. Nehmt auch die Wäscheleinen ab!

Die Wohnung

Stellt noch mehr Wasser und Sand zur Brandbekämpfung bereit! Wasser auch in den Badewannen!

Überprüft immer wieder die Verdunklungseinrichtungen! Licht ist nach wie vor das beste Bombenziel.

Zieht abends die Gardinen und Fenstervorhänge möglichst weit vom Fenster zurück, damit sie nicht vom Funkenflug entzündet werden können! Noch besser ist völliges Entfernen der Gardinen und Fenstervorhänge.

Nehmt bei Doppelfenstern die inneren Fenster heraus und verwahrt sie bruchsicher, damit Ihr bei Zerstörung der Außenfenster noch Ersatzfenster habt!

Haltet bei Alarm die Türen unverschlossen oder übergebt Eure Schlüssel dem Luftschutzwart zur Mitnahme bei den Kontrollgängen, damit im Falle des Einschlagens von Brandbomben die Bekämpfung ungehindert aufgenommen werden kann!

Der Luftschutzraum

Sorgt für die Anfertigung von Lageplänen der Luftschutzräume und für deren Hinterlegung bei der Nachbarluftschutzgemeinschaft und dem Luftschutzrevier!

Zusätzlich könnt Ihr die Lage Eures Luftschutzraumes zur schnellen Auffindung dadurch kennzeichnen, daß Ihr Pfeile an der Außenwand Eures Hauses anbringt. Verwendet hierfür möglichst Leuchtfarbe!

Schafft Brandmauerdurchbrüche, kennzeichnet sie und haltet die Zugänge zu ihnen immer frei! Der Brandmauerdurchbruch muß leicht und schnell zu öffnen sein. Stellt daneben Gerät zum Durchstoßen bereit und unterrichtet Euch darüber, wie es im Nebenhaus aussieht, durch das Ihr Euch im Notfalle in Sicherheit bringen sollt! Verschließt den Brandmauerdurchbruch nach Verlassen Eures Luftschutzraumes sofort wieder, damit Feuer und Rauch nicht in das Nebenhaus eindringen können.

Entfernt Fenstervergitterungen, die Euch im Notfall das Verlassen des Luftschutzraumes verwehren könnten!

Sorgt für Notbeleuchtung, damit Ihr jederzeit den Weg zum Brandmauerdurchbruch und zu den Ausgängen Eures Luftschutzraumes finden könnt. Haltet Kerzen und Streichhölzer bereit und kennzeichnet die Wege durch Leuchtfarbenanstrich.

Haltet auch in den Luftschutzräumen außer den vorgeschriebenen Selbstschutzgeräten viel Wasser und Sand zur Brandbekämpfung bereit! Versorgt Euch mit Decken und Tüchern, die Ihr im Notfall mit Wasser tränken müßt, um Euch gegen Funkenflug und strahlende Hitze zu schützen, wenn Ihr den Luftschutzraum verlassen müßt!

Legt Euer Luftschutzgepäck rechtzeitig bereit! Hierbei Mundvorrat (z. B. Essen, Trinken, unzerbrechliches Eßgeschirr und Eßbestecke) nicht vergessen!

Der Hof und der Garten

Sorgt für Durchbrüche durch Gartenmauern und Zäune, damit Ihr Euch, falls die Straße versperrt ist, durch Hof und Garten ungehindert in Sicherheit bringen könnt und damit auch Hilfskräfte von dort aus Euer Haus erreichen können!

Liegt Euer Luftschutzraum über Erdgleiche, so schüttet Erde an die Außenmauer und schrägt sie ab! Über die Art der Ausführung geben Euch die Luftschutzreviere und Dienststellen des Reichsluftschutzbundes Auskunft.

Macht Euch selb

Je sorgfältiger Ihr die Luftschutzgebote befolgt, d
Gut zweckmäßig zu schützen.

Jeder muß jeden Raum und jeden Winkel, jeden

Nehmt Verbindung auf mit Euren Nachbarluftsc
über die Lage und Beschaffenheit der Luftschutzrä

Pflegt Eure Volksgasmaske! Gewöhnt Euch durc
und nehmt sie bei Fliegeralarm mit in den Lu
Rauch, Phosphordämpfe und Trümmerstaub.

Schutz gegen Rauch und Staub bieten im Notfalle

Kleidet Euch zweckmäßig! Derber Stoff und de
Funkenflug. Leichte seidene oder kunstseidene K
gefährlich.

Unterrichtet den Luftschutzwart, wenn Ihr nacht

Meldet Euch zurück, wenn Ihr bei kürzerer Abwe
Ihr erleichtert damit die Rettungsarbeiten.

Beachtet bei Fliegerc

Sucht unverzüglich den Luftschutzraum auf! He
Müttern kleiner Kinder! Löscht das Licht in de
störung von Fenstern kein Lichtschein nach auß
angriffs sorgfältig auf den Einschlag von Brandbo
Ruhe und Besonnenheit bei der Brandbekämpfu

Die Gerüchte über das Abregnen von Phosphor sind
brandbombe dient nur als Zündmittel für die Bra
Stabbrandbombe — gelöscht werden, da die bein
nachläßt.

Habt Ihr das Feuer niedergekämpft, entfernt den
versteckte Brandnester und Phosphorreste, die
Funkenflug, der von anderen brennenden Gebäu

Haltet die gefährdeten Stellen naß!

Könnt Ihr trotz aller Anstrengungen des Feuers
so verlaßt es und bringt Euch in Sicherheit! Aber
Anordnungen Eures Luftschutzwartes!

Meldet sodann Euer Verbleiben unverzüglich be
damit Ihr nicht vergeblich gesucht werdet! Wenn
wand, daß Ihr gerettet seid und wo Ihr Euch b
der Umstände in Eurem Luftschutzraum einges

Es wird zu Eurer Rettung alles getan. Gebt in re
usw.). Das erleichtert die Arbeit der zu Eurer R

Laßt den Mut nie sinken! Wenn Ihr auf Euch
anderen mit einstehen muß, dann werdet Ihr ge

Herausgegeben vom Reichsminister der Luftfahr

ftschutzbereit!

seid Ihr in der Lage, Euch und Euer Hab und

nd jeden Ausgang im Hause kennen.
schaften und unterrichtet Euch wechselseitig
randmauerdurchbrüche und der Rettungswege!
Übung an das längere Tragen der Gasmaske
m! Die Volksgasmaske schützt Euch gegen

feuchtete Tücher, über Mund und Nase gelegt.
schützen Euch am besten gegen Hitze und
ch Strümpfe) ist stark brennbar und deshalb

Hause seid oder wenn Ihr Gäste beherbergt!
n einem Fliegeralarm überrascht worden seid!

folgende Gebote!

ten und gebrechlichen Volksgenossen und den
gen, auf Fluren und Treppen, damit bei Zer-
Überwacht Euer Haus während des Flieger-
nehmt sofort ihre Bekämpfung auf! Bewahrt
eine Furcht vor Phosphor!
geringe Zusatz von Phosphor in der Phosphor-
Diese kann mit Wasser und Sand — wie jede
der Bombe starke Feuererscheinung schnell

Brandschutt! Überwacht die Brandstelle auf
lammen können! Achtet sorgfältig auf den
und Euer Haus gefährdet!

werden und Euer Haus nicht mehr halten,
i bewahrt Ruhe und Besonnenheit! Folgt den

ndigen Polizeidienststelle oder Sammelstelle,
vermerkt auch durch Aufschrift an der Haus-
ltet Ihr durch eine unglückliche Verkettung
n, so müßt Ihr auch dann Ruhe bewahren.
Abständen Zeichen (Klopfen, Rufen, Pfeifen
esetzten Kräfte.
ut und Euch bewußt seid, daß einer für den
ch der Schwierigkeiten Herr werden!

ehlshaber der Luftwaffe — September 1943

Q/0723

Reichsluftschutzbund
Ortsgruppe Kassel

Kassel, Tag der Ausgabe

Der Zivile Luftschutz ist aufgerufen!

Es sind sofort sämtliche Luftschutzwarte auf dem Wege über Reviergruppe, Untergruppe, Block hiervon zu benachrichtigen!

Es ist von jetzt ab jederzeit mit einem Angriff feindlicher Flieger zu rechnen. Darum ist es erforderlich, daß der Luftschutzwart endgültig die Einteilung der Selbstschutzkräfte vornimmt und sie über ihre Tätigkeiten unterweist.

Die Luftschutzgemeinschaft muß **sofort** luftschutzbereit gemacht werden und in spätestens 2 Stunden einsatzbereit sein. Hierzu gehört:

1. **Verdunkelung vorbereiten, bei Dunkelheit durchführen.**
2. **Dachböden von überflüssigen und brennbaren Gegenständen räumen, besonders Ecken und Winkel freimachen.**
3. **Löschwasser bereitstellen.**
4. **Selbstschutzgerät bereithalten.**
5. **Luftschutzraum herrichten, Gasschleuse einrichten, vorgeschriebenes Gerät in Luftschutzraum bringen.**

Das Heulen der Sirenen (gleichmäßig an- und abschwellender Ton) bedeutet

Fliegeralarm!

Luftschutzwarte! Handelt ruhig und besonnen. Tragt dazu bei, daß jede Panik vermieden wird. Durch Euer bestimmtes Auftreten und Eure richtigen Befehle gebt Ihr unsicheren und ängstlichen Menschen einen Halt und seid für die Euch unterstellten Selbstschutzkräfte der richtige Führer. Von Eurer Tatkraft hängt die Sicherheit Eurer Luftschutzgemeinschaft ab. Vergeßt nie, daß Ihr Soldaten des Führers seid!

Der Ortsgruppenführer!

Die Bekämpfung von Brandbomben und Bränden war die Hauptaufgabe des Selbstschutzes. Jeder Bürger sollte durch Informationen und praktische Übungen in die Lage versetzt werden, Brände schon bei der Entstehung zu löschen. Durch den Abwurf von schweren Sprengbomben zu Beginn und während der Luftangriffe, die ein Verlassen der Luftschutzkeller unmöglich machten, waren Löscharbeiten jedoch praktisch ausgeschlossen.

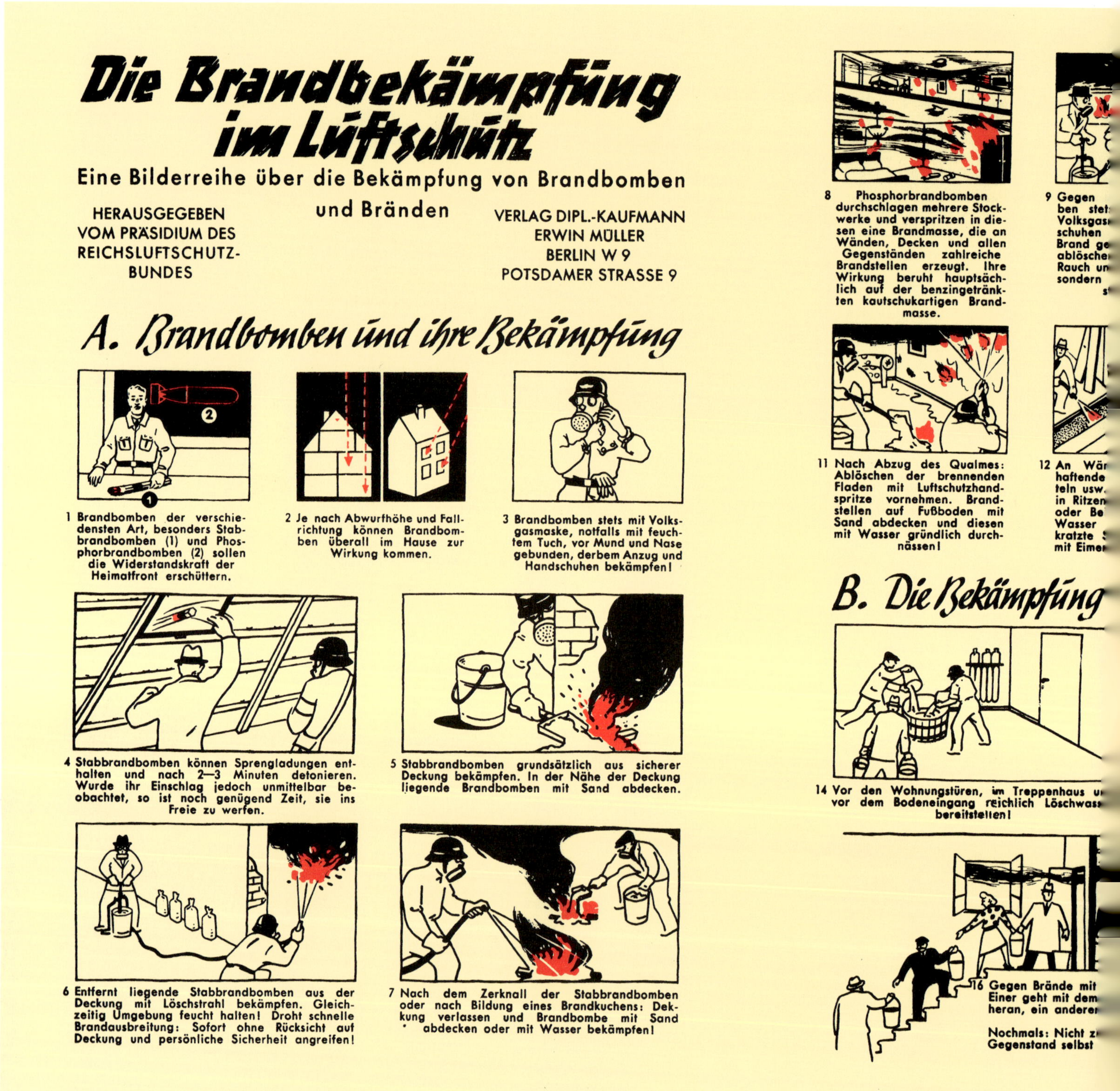

andbom-
und mit
e Hand-
Erst in
enstände
innlos in
spritzen,
Gegen-

10 Nach Ablöschen der größten Flammen für Durchlüftung des Brandraumes sorgen. Fenster im Brandraum öffnen, notfalls einschlagen, damit Qualm und Rauch abziehen können!

en usw.
Spach-
Spritzer
mit Axt
und mit
Abge-
Fladen
schaffen.

13 Die Fladen können Phosphorbestandteile enthalten. Da sie sich deswegen vielfach wieder von selbst entzünden, muß der Raum bis zur endgültigen Vernichtung des Phosphors ständig beobachtet werden!

...ntstehungsbränden

Eindringen in Brandräume: Tür vorsichtig öffnen und Deckung benutzen!

...zhandspritze richtig und überlegt vorgehen:
...bückt und möglichst dicht an den Brandherd
...die übrigen tragen in Eimern Wasser herbei
(Eimerkette).
... und Flammen spritzen, sondern brennenden
...ualmabzug durch Öffnen der Fenster sorgen!

17 In Hohlräumen und Verschalungen versteckte Brandnester freilegen und ablöschen!

18 Gefahr eines Wiederaufflackerns des Feuers (Phosphorspritzer!) durch Überwachung der Brandstelle ausschalten.

C. Die Bekämpfung von fortschreitenden und größeren Bränden

19 Ist ein Eindringen in brennende Räume vorerst nicht möglich, so muß durch Schließen der Türen und Naßhalten von außen eine Ausbreitung des Brandes verhindert werden.

20 Auch Nachbargebäude sind auf diese Art gefährdet. Daher gefährdete Stellen auf den Dächern mit Luftschutzhandspritzen und Feuerpatschen naß halten!

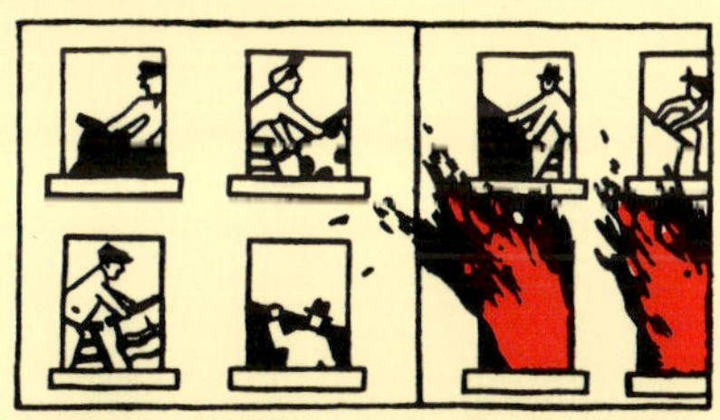

21 Gardinen, Vorhänge und Verdunklungsvorrichtungen der in der Umgebung des Brandes zerstörten Fenster abnehmen (Brandübertragung durch strahlende Hitze und Funkenflug!).

22 Sind Räume ausgebrannt, sofort Brandschutt ablöschen und entfernen, damit Durchbrennen nach tiefer gelegenen Räumen verhindert wird.

23 Besteht trotzdem Gefahr des Durchbrennens, dann aus unteren Räumen Möbel entfernen und in nicht gefährdete Räume bringen. (Treppenhaus und Straße freihalten!)

Der Feind sieht Dein Licht!
Verdunkeln!
DPA
Sander-Herweg

Brandbomben
mit Wasser oder Sand bekämpfen

Dieses Haus ist schlecht verdunkelt!

Dadurch sind nicht nur seine Bewohner, sondern auch die Nachbarn gefährdet. Der Feind wirft seine Bomben dort ab, wo er einen Lichtschein bemerkt.

Luftschutzwart und Hausbewohner werden aufgefordert, selbst dafür zu sorgen, daß auch in diesem Hause die Verdunkelung schnellstens und restlos durchgeführt wird.

Dieser Anschlag wird erst entfernt werden, wenn alle Wohnungen und das Treppenhaus — auch nach der Hofseite — einwandfrei verdunkelt sind.

DER ORTSPOLIZEIVERWALTER

Festgestellt am: ______________________

Unbefugte Entfernung dieses Anschlages wird bestraft

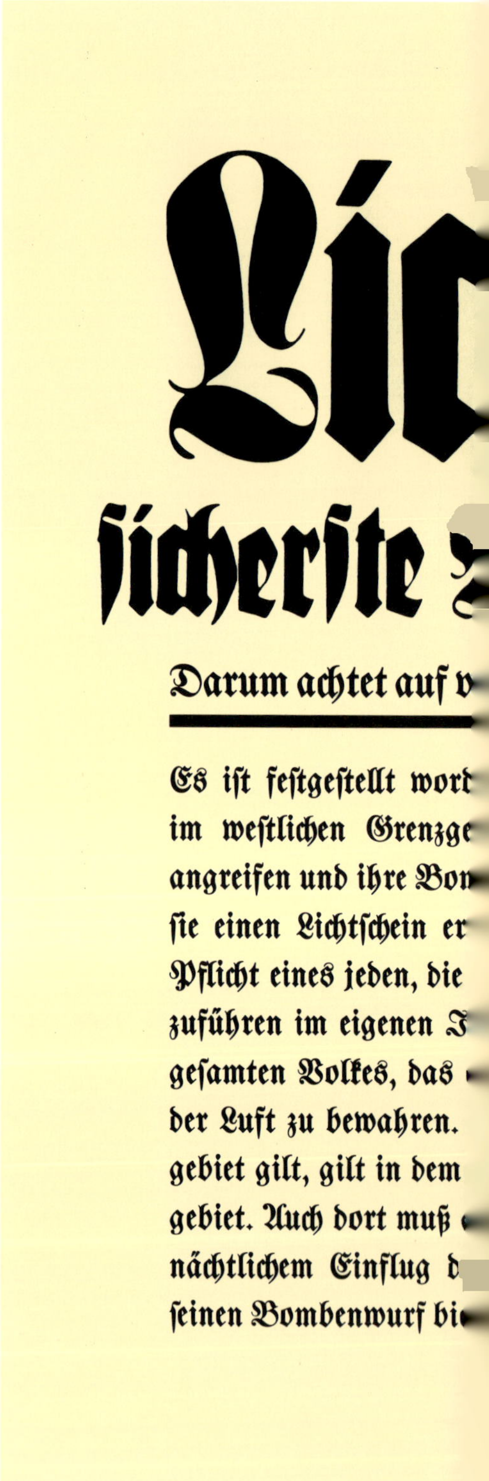

Lic

sicherste

Darum achtet auf v

Es ist festgestellt word
im westlichen Grenzge
angreifen und ihre Bom
sie einen Lichtschein er
Pflicht eines jeden, die
zuführen im eigenen
gesamten Volkes, das
der Luft zu bewahren.
gebiet gilt, gilt in dem
gebiet. Auch dort muß
nächtlichem Einflug d
seinen Bombenwurf bi

...t ist das
...ombenziel
...ndige Verdunklung!

...ß die feindlichen Flieger ...st ausschließlich nachts ...rt planlos abwerfen, wo ... können. Es ist deshalb ...nklung schärfstens durch- ..., sowie im Interesse des ... vor jedem Schaden aus ...esonders für das Grenz- ... Maße für das Heimat- ...rmieden werden, was bei ...ners irgendein Ziel für ...nte.

Der Polizeipräsident in Kassel Kassel, den 26. 8. 1939

S. Lu. 54⁰⁰.

An

Herrn
Frau
Fräulein Gottanroth Hermann

in **Kassel**

Wiesenstr. 17/4 IV
(Straße u. Hausnummer)

Polizeiliche Verfügung.

Auf Grund der §§ 2 und 5 des Luftschutzgesetzes vom 26. Juni 1935 (RGBl. I S. 827) in Verbindung mit den §§ 9 und 23 der I. Durchführungsverordnung zum Luftschutzgesetz vom 4. Mai 1937 (RGBl. I S. 559) werden Sie hiermit zur Dienstleistung im

~~Flugmeldedienst,~~*)
~~Luftschutzwarndienst,~~
~~Sicherheits- und Hilfsdienst~~ I. Ordnung,
~~Werkluftschutz,~~
Selbstschutz,
~~Erweiterten Selbstschutz,~~

herangezogen.

~~Sie haben sich zur Entgegennahme näherer Anweisungen am~~ ....

~~um .... Uhr bei~~ ....

~~einzufinden. Dabei ist der in der Anlage beigefügte Vordruck wahrheitsgemäß ausgefüllt mitzubringen.~~

Diese Heranziehung verpflichtet Sie zur gewissenhaften Erfüllung aller Dienstobliegenheiten, insbesondere zur Teilnahme an Ausbildungsveranstaltungen und Übungen. Den Anordnungen der mit der Durchführung des Luftschutzes beauftragten Personen haben Sie Folge zu leisten.

Gegen diese Verfügung ist Ihnen nach § 21 der I. Durchführungsverordnung zum Luftschutzgesetz das Rechtsmittel der Beschwerde gegeben. Sie ist innerhalb 2 Wochen schriftlich oder zur Niederschrift während der Dienststunden von 8⁰⁰ bis 13⁰⁰ bei der unterzeichneten Behörde in Kassel 5. Pol. Revier einzulegen. Die Beschwerde hat keine aufschiebende Wirkung.

Zuwiderhandlungen gegen diese Verfügung werden nach § 9 des Luftschutzgesetzes in Verbindung mit § 17 der I. Durchführungsverordnung zum Luftschutzgesetz bestraft. Unbeschadet der strafrechtlichen Verfolgung werden nach § 55 des Polizeiverwaltungsgesetzes für den Fall der Zuwiderhandlung gegen diese Verfügung die Anwendung unmittelbaren Zwanges oder ein Zwangsgeld von 5,— bis 50,— RM im Nichtbeitreibungsfalle 1 bis 7 Tage Haft angedroht. Sie werden außerdem darauf hingewiesen, daß Sie die durch Ihre Tätigkeit im Luftschutz erlangten Kenntnisse, soweit sie nicht für die Öffentlichkeit freigegeben sind, geheimzuhalten haben. Die Pflicht der Geheimhaltung besteht auch nach Ablauf der Heranziehung fort (siehe Rückseite).

F. d. R.

Polizeipräsident in Kassel – 5. Polizeirevier

Im Auftrage:
Hollnack

~~Polizei-Meister~~

*) Nichtzutreffendes ist zu streichen.

Wenden!

Waisenhaus-Buchdruckerei Kassel

Flugblätter

Im Rahmen der psychologischen Kriegsführung wurde auch im Zweiten Weltkrieg von allen kriegführenden Nationen Propagandamaterial in Form von Flugblättern eingesetzt.

Die auf den folgenden Seiten abgedruckten Blätter und Zeitungen wurden von den britischen Bombern am 22. 10. 1943 zu Tausenden über Kassel abgeworfen.

Flugblätter mußten von der Bevölkerung bei Polizeidienststellen oder anderen Behörden abgeliefert werden. Auf ihre Verbreitung standen hohe Strafen.

Der Inhalt der folgenden Publikationen ist sehr informativ und spricht für sich selbst.

DIEU ET MON DROIT

AN DIE ZIVILBEVÖLKERUNG DER DEUTSCHEN INDUSTRIEGEBIETE

Am 10. Mai 1942 hat Premierminister Churchill alle deutschen Städte, in denen sich die Rüstungsfabriken der deutschen Kriegsmaschine befinden, öffentlich zum Kriegsgebiet erklärt und die deutsche Zivilbevölkerung aufgefordert, diese Städte zu verlassen.

Diese Warnung ist der Bevölkerung der deutschen Industriegebiete von der deutschen Regierung verschwiegen worden. Die deutsche Regierung hat es auch über ein Jahr lang in verbrecherischer Weise unterlassen, hinlängliche Vorkehrungen zur Evakuierung der Bevölkerung aus diesen Gebieten zu treffen. Die Folgen fallen auf das Haupt der deutschen Regierung.

Der Verlauf unserer Luftoffensive in den Sommermonaten des Jahres 1943 hat gezeigt, dass die Luftwaffe nicht in der Lage ist, selbst das verhältnismässig kleine Gebiet West- und Nordwestdeutschlands zu schützen, das in den kurzen Sommernächten von England aus erreichbar ist. Jetzt erweitert sich mit dem Längerwerden der Nächte der Angriffsbereich der RAF allwöchentlich um 100 Kilometer. Binnen kurzem wird fast das ganze Reichsgebiet innerhalb dieses Bereichs liegen. Das bedeutet eine weitere Zersplitterung der bereits unzulänglichen Verteidigung. Sämtliche deutschen Industriegebiete sind wehrlos.

Es ist unser fester Entschluss, die Industrien der deutschen Kriegsmaschine zu vernichten, und wir besitzen die Mittel, diesen Entschluss durchzuführen. Wir werden unsere Angriffe solange fortsetzen und steigern, bis jede Kriegsproduktion in Deutschland aufgehört hat. Nur die bedingungslose Kapitulation der Regierung Hitler kann diesem Prozess ein Ende setzen.

Solange diese bedingungslose Kapitulation nicht erfolgt ist, stellen sämtliche deutschen Industriestädte einen Kriegsschauplatz dar. Jede Zivilperson, die sich auf diesem Kriegsschauplatz aufhält, läuft selbstverständlich ebenso Gefahr, ihr Leben zu verlieren, wie jede Zivilperson, die sich unbefugt auf einem Schlachtfeld aufhält.

Was die Frauen und Kinder betrifft, so haben sie auf einem Schlachtfeld nichts zu suchen. Was die Belegschaften der Rüstungswerke selbst betrifft, so sind sie in der Lage von Soldaten einer Armee, deren Verteidigung zusammengebrochen und deren Vernichtung unvermeidlich ist. Soldaten in solcher Lage können ohne Schmälerung ihrer Ehre den Kampf einstellen.

Wer diese Warnung missachtet, hat sich die Folgen selbst zuzuschreiben.

LONDON, 1. SEPTEMBER 1943

Um Zeit zu gewinnen

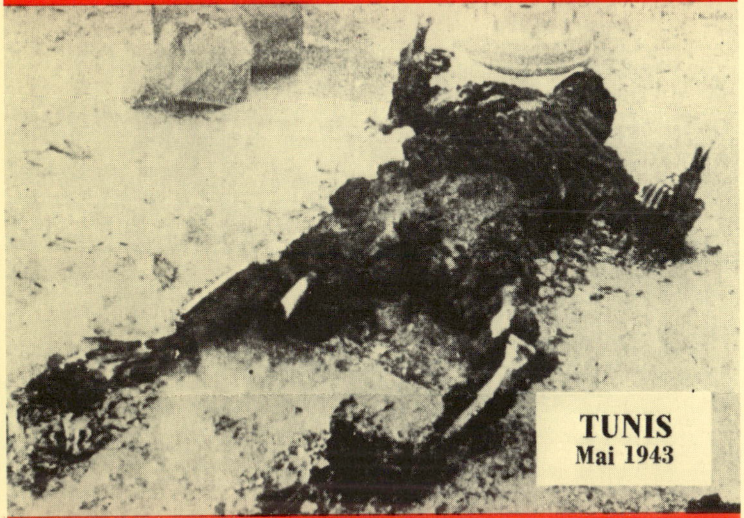

Um Zeit zu gewinnen

Um Zeit zu gewinnen–

–Zeit zur Vernichtung Deutschlands

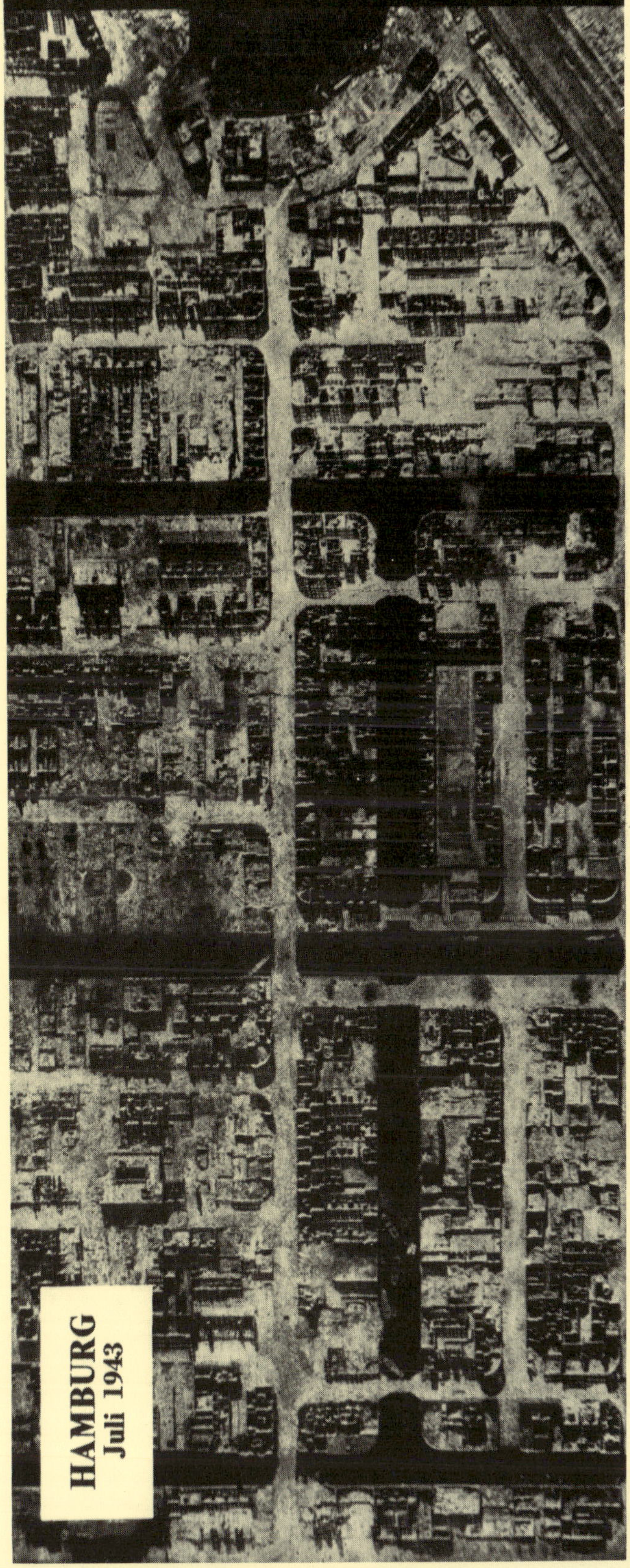

Luftpost

London, 20. September 1943

- **Italiens Kampf gegen die deutsche Besetzung S.1**
- **Die deutsche Luftverteidigung hat Fortschritte gemacht. Trotzdem steht Deutschland der schlimmste Winter im Luftkrieg bevor S.1**
- **Die drei Stadien der Schlacht im Osten S.2**
- **6 Millionen britische Arbeiter verlangen freie Gewerkschaften für Deutschland S.4**

ITALIEN

Ein Volk will Frieden

WAS geht in Italien vor? So sah es dort Mitte September aus:

Die 5. amerikanische und 8. britische Armee haben sich vereinigt und formen eine zusammenhängende Front vom Tyrrhenischen Meer bis zur Adria, von Salerno bis Bari. Kesselrings Versuch, die Landung der 5. Armee, zu verhindern, ist blutig gescheitert. Vier Tage nachdem der deutsche Rundfunk von einem „zweiten Dünkirchen" und „einem schief gegangenen Waterloo" sprach, sind die deutschen Truppen auf dem Rückzug nordwärts, hart bedrängt zu Lande, • aus der Luft und von der See.

Die italienische Kriegsflotte, bestehend aus weit mehr als 100 Einheiten, darunter 5 Schlachtschiffe, 8 Kreuzer, 27 Zerstörer und 19 U-Boote, ist zu den Alliierten übergegangen. Italienische Kriegsschiffe und italienische Marineinfanterie haben die Inseln im Golf von Neapel zurückerobert.

Gemeinsam mit britischen Truppen kämpfen italienische Verbände gegen ihre früheren Bundesgenossen nördlich Tarent. Zwei italienische Divisionen haben Sardinien, die, zweitgrösste Mittelmeerinsel, von ihrer deutschen Besatzung befreit und die Deutschen zum Rückzug nach Korsika gezwungen, wo sie von Franzosen, Italienern und korsischen Patrioten gemeinsam bekämpft werden. In einem grossen Teil Mittelitaliens und in ganz Südostitalien haben sich die italienischen Truppen mit den Alliierten gegen die Faschisten verbündet.

In Norditalien dauern Streiks und Unruhen an. Die deutschen Besatzungsbehörden müssen eine feindselige Bevölkerung niederhalten. Auf den oberitalienischen Bahnen halten deutsche Eisenbahner einen Notverkehr aufrecht. Die Deutschen konnten nicht verhindern, dass der Mont Cenis-Tunnel in die Luft gesprengt wurde.

In Bari, Brindisi und Tarent wurden den Alliierten die Hafenanlagen in unversehrtem Zustand übergeben; in Sizilien arbeiten Italiener Tag und Nacht an der Wiederherstellung der beschädigten Häfen und Verkehrswege.

Warum hat sich Deutschlands Freund und Verbündeter mit einem Schlag in seinen Feind verwandelt? Die Behauptung der deutschen Propaganda und der neofaschistischen Schattenregierung von dem tückischen Verrat einer winzigen reaktionären Klique ist durch die Tatsachen widerlegt. Eine ganze Wehrmacht, ein ganzes Volk legt nicht die Waffen nieder, weil ein paar Reaktionäre glauben, dass ihre Zeit gekommen sei.

Wenn auch der Duce von seinen Komplizen — vorläufig — der Bestrafung entzogen wurde, und wiewohl einige faschistische Bonzen entschlossen sind durchzuhalten — das System hat abgewirtschaftet. Mussolini und sein Klüngel klammern sich an Deutschland, weil sie wissen, dass sie in einem freien Italien verloren sind. Ihr in 20 Jahren aufgehäufter Reichtum, ihre Industriepositionen und Bankguthaben, ihre Villen und Paläste, ja ihre Freiheit und ihr Leben hängen an einem deutschen Sieg. Sie kämpfen für sich — mit Deutschland gegen ihr eigenes Volk.

Das italienische Volk aber will Frieden. Es weiss, dass jeder Erfolg, den Hitler heute in Italien gewinnen würde, nur den Krieg dort verlängern müsste, während jede deutsche Niederlage ihn verkürzt. Und weil die Italiener entschlossen sind, den Krieg in ihrem Land nach Möglichkeit zu verkürzen, arbeiten sie in den von den Alliierten besetzten Gebieten mit den Siegern zusammen; während sie in den von den Deutschen mühsam niedergehaltenen Provinzen schweigend und verbissen Widerstand leisten.

Das italienische Volk hat genug von Hitlers und Mussolinis Krieg; genug von unmenschlichen Entbehrungen, und genug von der Korruption der faschistischen Parteiamtswalter. Dass es nichts mehr wissen wollte von Krieg und Faschismus, das war der Grund für den Zusammenbruch des Systems.

Die Italiener wissen, dass Deutschland am Verlieren ist, und dass es ihr Land gegen die Überlegenheit der Alliierten nicht halten kann. Sie haben erkannt, dass ihnen nur ein Weg offensteht, um den Krieg abzukürzen: die deutsche Niederlage zu beschleunigen. Und diesen Weg haben sie beschritten.

LUFTKRIEG

Harris gegen Weise

AM 9. August 1939 erklärte Göring: "Das Ruhrgebiet werden wir auch nicht einer einzigen Bombe feindlicher Flieger aussetzen". Am 10. September 1943 erklärte Hitler: „Die technischen und organisatorischen Voraussetzungen sind im Entstehen, um die Terrorangriffe endgültig zu brechen". Was bildet den tatsächlichen Hintergrund dieser Versprechen? Was wird wirklich gespielt?

Seit 1939 hat die Luftverteidigung Deutschlands zwei Hauptstadien durchgemacht: Verteidigung durch Flak und Verteidigung durch Nachtjäger und Fernortung. Dies bedeutet einen klaren Fortschritt gegen das vorherige Stadium.

Aber zugleich hat die Taktik und Technik der Bombenangriffe ebenfalls mehrere Stadien des Fortschritts durchlaufen — mit dem Ergebnis, dass heute trotz ständig verbesserter deutscher Luftverteidigung die britischen Bombenangriffe eine viel tödlichere Gefahr für Deutschland bilden als je zuvor.

1939 besass Deutschland keine Nachtjäger. Die ganze Luftverteidigung bestand in Flak, die um das Zielgebiet einen Feuervorhang legte. Unterstützt wurde die Flak von einem ziemlich primitiven Flugmeldedienst, der mit Abhorchgeräten arbeitete. Sicherheit gab diese Art der Verteidigung selbstverständlich nicht. Als Göring seine bekannte Versicherung abgab, er würde das Ruhrgebiet keiner einzigen feindlichen Bombe aussetzen, bluffte er. Womit er rechnete, war nicht seine Luftverteidigung, sondern einfach die Schwäche der Gegner Deutschlands. Er hoffte, der „Blitzkrieg" würde gewonnen sein, ehe irgendwelche nennenswerten Luftangriffe gegen Deutschland beginnen könnten.

Die Flakverteidigung brach vollständig zusammen, als im Mai 1942 Luftmarschall Harris, der neuernannte Chef der britischen Kampfflieger, die ersten Kaskadenangriffe organisierte. Als am 31. Mai 1942 zum ersten Mal 1.500 Tonen Bomben binnen 90 Minuten auf

G78

Köln niedergingen, wurde die Flak einfach ausgelöscht. Dieselbe Erfahrung—die „Sättigung" der Flakverteidigung — wiederholte sich bei allen folgenden, noch konzentrierteren Kaskadenangriffen. Seit Mitte 1942 ging darum die Hauptrolle in der Luftverteidigung von der Flak auf den Nachtjäger über.

Dieser Übergang war nicht einfach. Mitten in einem Angriffskrieg fand sich Deutschland mit den ganz andersartigen Problemen eines Verteidigungskriegs konfrontiert. Eine geeignete Nachtjägermaschine, wie etwa England sie in der Beaufighter und im Mosquito entwickelt hatte, war nicht da. Man musste versuchen, Angriffsmaschinen auf Nachtverteidigung, für die sie ursprünglich nicht gemeint waren, umzustellen. Deutschlands Hauptnachtjäger wurden die Ju 88 und die Messerschmitt 110 — die erste ursprünglich ein Kampfflugzeug, die zweite ein Tageszerstörer, der nachts schwer zu manövrieren ist.

Im Laufe des Jahres 1942 aber kam Zug in die deutsche Nachtverteidigung. Generaloberst Weise, der Chef der deutschen Verteidigung, hatte seine Pläne fertig, sein Material war aus dem Experimentierstadium heraus, und die Nachtjägerverteidigung wurde in grossem Stil aufgebaut. Anfang 1943 ruhte die deutsche Luftverteidigung auf einem grossen Nachtjägernetz, ausgebreitet von Brest bis zur Ostseeküste, tief inland gestaffelt auf vielen Flugplätzen, bedient und gelenkt von modernen Fernortungsgeräten am Boden sowie in den Maschinen selbst. Göring erklärte:

„Die Flak werden wir weiter und weiter vergrössern, sie bekommt bessere Instrumente zum Schiessen, ihre Erfolge werden sich zusehends steigern. Die Nachtjäger, die heute noch nur in gewissen Gebieten fliegen, werden über das ganze deutsche Reich ausgedehnt".

Dann begann, mit dem Angriff auf Essen am 5. März 1943, Harris' grosse Frühjahrs- und Sommeroffensive auf die Industriestädte West- und Nordwestdeutschlands. Die deutsche Luftverteidigung versagte kläglich. Mehr als 85 Millionen Kilo Bomben gingen in den ersten 8 Monaten auf die Angriffsziele nieder, die Verluste der Angreifer aber blieben durchweg unter 5%. Wie kam das?

Im Wesentlichen waren es drei Ideen, die im Frühjahr und Sommer 1943 zu dem grossen Siege Harris' über Weise führten. Die erste war die Konzentration des Angriffs, die zweite war der gleichzeitige Störangriff gegen Nachtjägerflugplätze, und die dritte waren neue Peilmethoden, verbunden mit dem Gebrauch von Störgeräten.

1. Die Nachtjäger müssen ein sehr grosses Gebiet decken — sagen wir, von Brest bis Stettin — denn die Engländer können überall auf dieser weiten Strecke einfliegen. Infolgedessen müssen sie sehr dünn verteilt sein. Wenn nun der Angriff so konzentriert ist, dass er in 40 bis 50 Minuten vorbei ist, so gibt das nur den verhältnismässig wenigen Jägern, die gerade um das Angriffsziel herum stationiert sind, Gelegenheit zum Eingreifen.

2. Die Störangriffe — ganz abgesehen davon, dass sie Nachtjäger von der Fährte des Hauptangriffs abziehen — setzen oft eine Reihe Jagdflugplätze ausser Betrieb, in erster Linie natürlich die, die auf dem Wege des Kampffliegerverbandes liegen. Auf diese Weise wird die Hauptangriffsgruppe auf dem Hin- und Rückweg gegen Nachtjägerangriffe geschützt.

3. Die Konzentrierung der Angriffe, verbunden mit dem massierten Einsatz von Störgeräten, überwältigt das Fernortungssystem, gerade so wie es die Flak und ihre Geräte über dem Ziel selbst „sättigt". Die Fernortung wird auf ganz ähnliche Weise ausser Betrieb gesetzt, wie Radioempfang durch eine schwere Netzstörung unmöglich gemacht wird. Andererseits haben neue Methoden wie die „Pfadfindertakik" den britischen Kampffliegerverbänden das Auffinden ihres Ziels auch bei unsichtigem Wetter ermöglicht.

Die Katastrophe dieses Sommers führte zu fieberhaften neuen Massnahmen in der deutschen Luftverteidigung. Zum Teil sind diese Massnahmen noch, wie Hitler sagt, „im Entstehen". Was man bisher davon gesehen hat, war nicht aufregend. Versuche, durch Leuchtkugeln Tageslichtbedingungen zu erzeugen, führten zu nichts, da sie den Kampffliegern ebenso sehr halfen wie den Nachtjägern.

Gegen diese neuen Massnahmen hat Harris eine Anzahl Gegenmassnahmen technischer und taktischer Art in Vorbereitung, die die Winterschlacht über Deutschland möglicherweise ebenso verschieden von der Frühjahrs-und Sommerschlacht 1943 machen werden, wie es diese von den vorangehenden Luftangriffen waren.

Die meisten dieser Neuerungen können heute noch nicht öffentlich erörtert werden. Aber eines liegt klar vor aller Augen: Mit der Benutzung italienischer Flugfelder kann eine zweite Offensive gegen Süd- und Südostdeutschland in Gang gesetzt werden, die diesen bisher unversehrten Gebieten das Schicksal des Ruhrgebiets bereiten wird.

Das bedeutet, dass das schon jetzt überbeanspruchte Abwehrsystem noch weiter gestreckt werden muss. Das wird nicht leicht sein. Die ganze deutsche Fernortung z.B. steht mit der Front nach Nordwesten. Sie kann nicht ohne weiteres „umgedreht" werden. Genau so knapp wie Maschinen und Piloten ist geschultes Bodenpersonal — für Flugplätze sowie für Fernortungsgeräte. Die Verteidigung des Südens und Südostens wird daher zum mindesten in diesem Winter eine ziemlich improvisierte Angelegenheit sein.

Alles, was sich daher bisher über die kommende Winterschlacht sagen lässt, ist:

1. In diesem Winter sind die alliierten Angriffskräfte weit grösser als je zuvor, und Deutschland muss mit weit schwereren Luftangriffen rechnen.

2. Deutschland wird in diesem Winter zum ersten Mal mit gleichzeitigen Angriffen von Westen und von Süden rechnen müssen.

Die schwersten Luftangriffe von 1940 bis August 1943

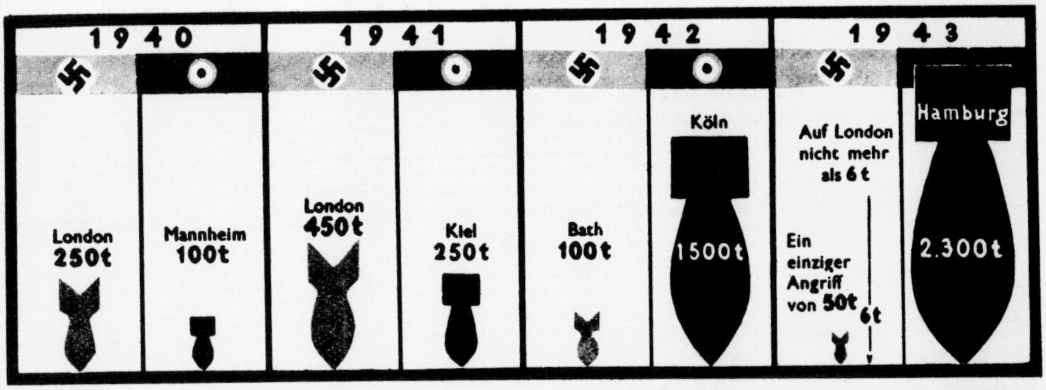

OSTFRONT

Vom Donetz zum Dnjepr

DIE lange angekündigte deutsche Sommeroffensive 1943 in Russland begann am 5. Juli. Ihr Zusammenbruch und der Übergang der Initiative in russische Hände kamen so schnell, dass diese Offensive heute fast vergessen ist. Tatsächlich stellte sie, zwar nicht an Umfang, aber an Intensität, alles in den Schatten, was die deutsche Wehrmacht je vorher unternommen hat. Auf dem engen Raum des Kurskbogens war die grösste Panzermasse der Kriegsgeschichte konzentriert. Das Schlachtfeld nordöstlich von Bielgorod, wo die deutsche Armee in den 7 Tagen vom 5. bis zum 12. Juli etwa 20 Kilometer weit vordrang, stellt noch heute das absolut verwüstetste Stück Erde dar, das es gibt. Nicht nur jedes Haus, sondern buchstäblich jeder einzelne Baum ist in diesem Gebiet zu Brei geschossen, der Boden ist meilenweit Meter für Meter von Artilleriegranaten umgepflügt, und Kriegsberichterstatter, die Anfang September das Schlachtfeld besuchten, berichteten, dass noch jetzt, acht Wochen nach der Schlacht, intensiver Leichengeruch meilenweit über der ganzen Gegend stand. Über 70.000 Deutsche sind in 16 Tagen auf diesem Schlachtfeld gefallen.

Die äusserste Grenze der deutschen Vorwärtsbewegung war am 12. Juli erreicht. Am 21. Juli waren die Deutschen überall zurück in ihren Ausgangsstellungen. Von nun an begannen die Russen, immer noch gegen den erbittertsten Widerstand der stärksten deutschen Kraftzusammenballung, die Deutschen Schritt für Schritt zurückzudrücken. Am 5. August fielen Orel und Bielgorod, nach zähestem und verlustreichstem Widerstand. Kurz darauf begann eine russische Offensive am anschliessenden südlichen Frontabschnitt, gegen Charkow. Hitler befahl, Charkow um jeden Preis zu halten. Erbitterte und furchtbar

LONDONER RUNDFUNK

Sendungen in deutscher Sprache

Deutsche Zeit	
1 Uhr	Nachtsendung für die deutsche Wehrmacht
2 Uhr	Morse Sendung
4.45—5 Uhr	Frühsendung für den deutschen Seemann
5 Uhr	Arbeiterprogramm
6 Uhr	Nachrichten
7 Uhr	Nachrichten für die Frau
8 Uhr	Amerika ruft Europa
10 Uhr	Nachrichten und Vorträge
10.15—10.30	(Nur Mittwochs) Religiöse Sendung
11 Uhr	Nachrichten für die Frau
13 Uhr	Nachrichten (Sonntags: Katholisches Programm)
15 Uhr	Sendung der R.A.F. für die Luftwaffe
17 Uhr	Sendung für die deutsche Wehrmacht
18 Uhr	Sendung für den deutschen Seemann
19 Uhr	Nachrichten (Montags und Donnerstags: Arbeiterprogramm).
20 Uhr	Amerika ruft Europa
21 Uhr	Nachrichten und Vorträge
23 Uhr	Nachrichten und Vorträge
24 Uhr	Nachrichten

Wellenlängen: 1500, 373, 285, 261, 49, 41, 31 25, 16 Meter.

kostspielige deutsche Gegenangriffe folgten, für die der Preis bald darauf an anderen Abschnitten bezahlt werden musste: Aber am 23. August fiel Charkow.

Bis hierhin tragen die Kämpfe an der Ostfront den Charakter eines erbitterten Leib-an-Leib-Ringens zweier bärenstarker Gegner, in dem sich ganz langsam, Zentimeter für Zentimeter, der Stärkere durchsetzt. Jetzt aber ist ein Punkt erreicht, wo in der deutschen Widerstandskraft eine Feder springt, und plötzlich, vom 24. August ab, wird die russische Überlegenheit überwältigend. Die russische Offensive wächst auf einmal zugleich in die Breite und in die Tiefe. Ein blitzschneller Stoss nach Süden schneidet die vier Divisionen starke Garnison von Taganrog ab. Sie wird vernichtet. Zugleich bricht die Mius-Front zusammen, und russische Armeen fluten ins Donetzbecken. Ein mächtiger Stoss bringt die deutsche Front bei Sevsk zum Einsturz und russische Panzermassen fluten in die Nordukraine. Zugleich wankt die deutsche Front zwischen Wjasma und Smolensk und nördlich von Briansk.

September findet die gesamte deutsche Front südlich von Smolensk im Rückfluten. Am 8. September ist das gesamte Donetzbecken mit seinen wichtigen Kohlengruben, Industrie- und Getreidegebieten zurück in russischer Hand. Das Tempo der russischen Offensive hier im Süden zeigt eine paradoxe Eigenheit: während Offensiven sonst immer nach einer gewissen Zeit durch das Längerwerden der Verbindungslinien an Tempo verlieren, wird hier der Vormarsch immer schneller, je weiter er vorschreitet.

Zwischen dem mittleren Donetz und dem mittleren Dnjepr, südöstlich Charkow und nordwestlich der Linie Krementschug — Dnjepropetrowsk, hält die deutsche Front noch und weicht nur schrittweise. Aber weiter nördlich, in der Nordukraine, an der unteren Desna, ist sie klaffend aufgerissen, und die russischen Panzerstossgruppen stürmen in einem Tempo von 20 bis 25 km. pro Tag westwärts in der allgemeinen Richtung Kiew. Die Front hier zeigt ein Bild wie die Westfront in den Tagen vom 15. bis 28. Mai 1940; ein tief vorspringender Keil, der wie eine Springflut weiterrollt, unbekümmert um die offenen Flanken: Zeichen des operativen Durchbruchs.

Am 20. September — Datum der Niederschrift — läuft die Front ähnlich wie Ende September 1941. Fast alles seither von den Deutschen eroberte Gebiet ist verloren. Irgendein deutscher Stand östlich der Dnjeprlinie ist nicht abzusehen. Es droht indessen, durch den russischen Durchbruch in Richtung Kiew, eine völlige Durchtrennung der Verbindung zwischen der nördlichen und der südlichen deutschen Heeresgruppe. Es droht ferner der völlige Verlust der rund 120.000 auf der Tamanhalbinsel zurückgelassenen deutschen Truppen, die gerade ihren letzten Stützpunkt, Novorossisk, verloren haben.

Die Dnjeprlinie bietet keine kürzere Front als die Donetzlinie, die die Deutschen in diesem Frühjahr hielten. Sie wird von weit schwächeren deutschen Kräften gehalten werden müssen. Diese Linie dürfte der Ausgangspunkt der russischen Winteroffensive werden.

U-BOOT KRIEG

Mehr U-Boote als Handelsschiffe versenkt

AUS den amtlichen Bekanntmachungen über den Seekrieg, die England und Amerika in regelmässigen Abständen veröffentlichen, ergibt sich das folgende Bild:

In den Monaten Mai, Juni und Juli wurden mehr als 90 deutsche U-Boote, also durchschnittlich eines am Tag, versenkt. (Die Verluste innerhalb der entsprechenden drei Monate des Jahres 1918 betrugen 23 U-Boote.)

Im August wurde der Kampf erfolgreich fortgeführt. **In diesem Monat wurden mehr U-Boote vernichtet als alliierte Handelsschiffe.** Wo immer sie sich zeigten, wurden sie verjagt. Überwasserschiffe und Flugzeuge haben in diesen Kämpfen in der Form von Geleit-, Erkundungs- und Angriffsoperationen wirksam zusammengearbeitet. Dabei waren vom Lande aus operierende Langstrecken-Kampfflugzeuge und Flugzeugträger von derselben Wichtigkeit.

Zwischen Juni und Mitte September ist im Nordatlantik kein einziges Schiff versenkt worden. In den ersten zwei Septemberwochen ist auf allen Weltmeeren kein alliiertes Schiff durch U-Boote versenkt worden.

Die alliierten Schiffsverluste sind derart zurückgegangen, dass der Nettozuwachs der alliierten Schiffstonnage schon für die ersten achteinhalb Monate des Jahres 1943 **mehr als sechs Millionen Tonnen betrug.**

Im August waren weniger U-Boote auf hoher See als früher. Von deutscher Seite wird dies z.T. damit begründet, dass die übriggebliebenen in den Stützpunkten aufgelegt werden mussten, um mit neuen Waffen ausgerüstet zu werden. Das ist zweifellos notwendig geworden, weil die Kriegsschiffe und Flugzeuge der alliierten U-Bootabwehr ihre Angriffswaffen wie ihre Abwehrtaktik kürzlich so hoch entwickelt haben, dass dem O.K.M. nichts übrig blieb, als eine Pause in der Atlantikschlacht eintreten zu lassen. Nun sollen die zurückgezogenen Boote eine Bewaffnung erhalten, die der übermächtigen Abwehr gewachsen ist.

Die Zurückhaltung der U-Boote erklärt sich aber auch noch anders: Mit den in den drei Sommermonaten versenkten 90 U-Booten hat die U-Bootwaffe weit über 4.000 ausgebildete und kriegserfahrene Offiziere und Mannschaften eingebüsst: sie sind entweder untergegangen oder befinden sich in Kriegsgefangenschaft. Das Tempo der U-Boot-Neubauten kann mit dem der Versenkungen schon längst nicht mehr Schritt halten.

Das O.K.M. ist nach dem schweren Versagen der Dönitz-Offensive einfach gezwungen, eine Pause einzulegen. In dieser unfreiwilligen Ruhepause müssen die verlorengegangenen Mannschaften durch beschleunigte Ausbildung ersetzt werden. Das heisst jedoch, dass junge unerfahrene Leute, meist aus der HJ kommend, jetzt in den U-Bootdienst eingestellt, überstürzt ausgebildet und dann so rasch wie möglich auf Feindfahrt geschickt werden.

Wenn das O.K.M. den Befehl ausgeben wird, die allgemeine U-Bootaktivität wieder aufzunehmen, wird es sich zeigen, ob diese Neulinge den verstärkten Kräften und verbesserten Mitteln gewachsen sind, mit denen die Alliierten die alten, sorgfältig ausgebildeten U-Bootsfahrer geschlagen haben.

AUS DER GESELLSCHAFT

Die Hauptsache

DIE Protokolle des italienischen Untersuchungsausschusses gegen die faschistische Korruption enthalten bemerkenswerte Einzelheiten wie diese:

Farinacci, der zur Zeit des Marsches auf Rom nicht einen roten Heller hatte, hat sich durch Fleiss und Sparsamkeit ein Vermögen von fünf Millionen Lire erworben, das er bei einer Mailänder Grossbank deponiert hatte. Die Aussagen der Sekretärin und Geliebten Farinaccis, Maria Antonioli, führten ferner zur Entdeckung eines seiner geheim gehaltenen Banksafes, das Wertpapiere, Schmuck und Edelsteine von hohem Wert enthielt.

In der Privatwohnung des faschistischen Gauleiters von Turin, Gazzotti, wurden bei seiner Verhaftung durch die Polizei goldene Eheringe im Gewichte von 30 Kilogramm gefunden. Erst zerbrach man sich den Kopf über ihre Herkunft. Dann fiel den Behörden der abessynische Krieg und Mussolinis Aufforderung an alle italienischen Ehepaare ein, ihre Eheringe einschmelzen zu lassen, getreu dem deutschen Vorbild: Gold gab ich für Eisen.

Die erste Massnahme der deutschen Besatzungsbehörden in Mailand, Genua und den anderen besetzten norditalienischen Städten war die Wiedereröffnung der gesperrten Bankguthaben faschistischer Ex-Würdenträger.

Wohnungsnot

Das Schloss Rheydt ist von der NSDAP ihrem Reichspropagandaleiter kürzlich als Gästehaus zur Verfügung gestellt worden. Die umfangreichen Erneuerungsarbeiten, die trotz Mangels an Arbeitskräften durchgeführt wurden, nahmen fast ein Jahr in Anspruch. Die Partei hatte die Spendierhosen an und bezahlte einfach alles: Fussboden-

heizung im ganzen Schloss, neue Parkettböden in allen Räumen, Restaurierung der Rittersäle — alles erstklassig.

Schloss Rheydt war nur ein bescheidener Beitrag der Partei, um die ständig vorhandene Wohnungsnot des Reichsministers für Volksaufklärung zu lindern. Dr. Goebbels besitzt bereits ein Landhaus am Wannsee, ein Haus in Berlin und einen Waldhof am Bodensee.

Da auch dies nicht genug war, hat die dankbare Stadt Berlin ihrem Gauleiter ein Schloss bei Bernau geschenkt, dessen Neuherrichtung 1.200.000 Mark gekostet hat. Als die Berliner Ratsherren wegen der hohen Kosten murrten, erhielten sie plötzlich feste Monatsgehälter. Diese scheinen ihr Gewissen besänftigt zu haben.

Trautes Heim, Glück allein : wie glücklich muss erst Herr Dr. Goebbels mit seinen fünf trauten Heimen sein ! Und dass er das Glück auch wirklich allein geniesst, geht aus der Tatsache hervor, dass bisher keine ausgebombte Familie unter den Dächern des Herrn Reichsministers für Volksaufklärung Schutz gefunden hat.

„*Wir wissen jetzt, was wir zu tun haben. Das deutsche Volk will eine spartanische Lebensführung für alle, für Hoch und Niedrig, für Arm und Reich*“.

Goebbels im Berliner Sportpalast am 18. Februar 1943.

KURZE NACHRICHTEN

Bis zum 1. September 1943 hat Amerikas Industrie produziert und abgeliefert : 123.000 Flugzeuge ; 349.000 Flugzeugmotoren; 53.000 Panzer; 93.000 Geschütze ; 9.500.000 Maschinengewehre, Gewehre und Handfeuerwaffen ; 1.233.000 Lastkraftwagen ; 2.380 Kriegsschiffe ; 13.000 Sturmboote.

★ ★ ★

Australische Truppen nahmen Mitte September Lae und Salamaua, die wichtigsten japanischen Stützpunkte im früheren Kaiser-Wilhelmsland auf New Guinea. Vier japanische Divisionen wurden eingekesselt. Ihre Vernichtung ist im Gange.

★ ★ ★

Der Kurs der Reichsmark ist in Lissabon von 9,80 Escudos im September 1939 auf 0,50 Escudos im September 1943 gefallen. Die Kursentwicklung im einzelnen war ; Dezember 1941 (nach dem Kriegseintritt Amerikas) 1,50 ; Dezember 1942 (nach El Alamein und Algiers) —0,90 ; Juli 1943 (nach der Invasion Siziliens) — 0,80 ; August 1943 (nach dem Sturz Mussolinis) —0,70 ; September 1943 —0,50. Selbst zu diesem Kurs übersteigt das Angebot die Nachfrage.

★ ★ ★

Der Papst hat es abgelehnt, der Bitte des Feldmarschalls Kesselring um eine Audienz stattzugeben. Die deutschen Militärbehörden haben einen Jesuitenpater in Rom erschiessen lassen, weil er unter den deutschen Besatzungstruppen für den Frieden warb.

★ ★ ★

Die ungarische Regierung hat die Rede des Primas von Ungarn, Kardinal Szeredy, in der er kürzlich vor der St. Stephansgesellschaft in Budapest, die ideologischen Grundlagen des Nationalssozialismus feierlich verdammte, in englischer Sprache abdrucken und im Ausland verbreiten lassen.

★ ★ ★

Zur Hinrichtung des Regierungsrats Korselt aus Rostock erfährt die schwedische Zeitung *Nya Dagligt Allehanda*, dass der Angeklagte seinem 24 jährigen Sohn an der Ostfront einen Brief gesandt hatte, in dem es hiess ; „Ich hoffe zu Gott, dass *Dein* Opfer wenigstens nicht mehr notwendig sein wird“. Dies wurde als Wehrkraftzersetzung angesehen, und Korselt vom Volksgerichtshof zum Tode verurteilt. Die Ablehnung seines Gnadengesuchs war Himmlers erste Amtshandlung. Korselt wurde am Morgen nach der Ablehnung hingerichtet.

NACH DEM KRIEGE

Erklärung des britischen Gewerkschaftskongresses

DER britische Gewerkschaftskongress, der mehr als 6 Millionen Arbeiter vertritt, behandelte in seiner Septemberkonferenz die Frage der Verantwortlichkeit an Krieg und Kriegsverbrechen.

Jack Tanner, der Präsident des Metallarbeiterverbandes, erklärte:

„Der Gewerkschaftskongress hat stets klar und deutlich ausgesprochen, dass er keinen Streit mit dem deutschen Volk als solchem hat. Wir haben das Beispiel des italienischen Volkes vor uns, das sich sofort zum Kampf gegen seine faschistischen Herren bereit zeigte, als es die Möglichkeit dazu bekommen hatte.“

In einer mit überwältigender Mehrheit angenommenen Erklärung stellte der Kongress fest:

„Nicht das deutsche Volk, sondern die Nazis sind für den Krieg und für die in Deutschlands Namen begangenen Kriegsverbrechen verantwortlich.

Nach vier Jahren des furchtbarsten Krieges der Weltgeschichte, in dessen Verlauf die Nazis unmenschliche Verbrechen gegen die Völker aller besetzten Länder und gegen die jüdische Rasse begangen haben, erneuert der britische Gewerkschaftskongress sein Versprechen, den Kampf bis zur bedingungslosen Kapitulation Deutschlands und Japans fortzuführen.

Der Kongress gelobt ferner : Es wird die erste Pflicht der internationalen Gewerkschaftsbewegung sein, dafür zu sorgen, dass die Gewerkschaften in den unterdrückten wie auch in den feindlichen Ländern ihre volle Freiheit und Unabhängigkeit wiedererlangen“

Erklärung Roosevelts

„Ausser den verantwortlichen faschistischen Führern braucht niemand in den Ländern der Achse die bedingungslose Übergabe zu fürchten. In alle Gebiete, die von den Vereinten Nationen befreit werden, werden wir Lebensmittel für die Hungernden und Medikamente für die Kranken bringen. Wir haben dies in Nordafrika getan, und wir tun es in Sizilien. Wir werden es in allen Gebieten tun, sowie sie befreit werden, um den wirtschaftlichen Zusammenbruch zu verhindern und den Menschen in in den befreiten Gebieten wieder auf die Beine zu helfen.

Die Bevölkerung der von der Achse kontrollierten Länder kann sich darauf verlassen:

Bedingungslose Übergabe bedeutet nicht, dass sie Elend für Tyrannei eintauscht. Das Ziel der Vereinten Nationen ist, den befreiten Völkern den Weg zu öffnen zu einem freiheitlichen politischen Leben, das sie sich selbst aufbauen können, und zu wirtschaftlicher Sicherheit. Aber bis der Tag der bedingungslosen Übergabe gekommen ist, werden die Vereinten Nationen unablässig auf den Feind einhauen.“

KINDERSPIELE

In dem Dorf Pochlowitz bei Königsberg an der Eger spielten die Buben Krieg. Der 9jährige Sohn des Briefträgers Lohwasser musste den bolschewistischen Feind darstellen. Er wurde gefangen genommen, gebunden und in die Jauchegrube geworfen. Einige Stunden später zogen ihn die Eltern heraus. Wiederbelebungsversuche waren erfolglos.

Auch in den Strassen von Warschau spielen die Kinder Krieg. Sie verwerten dabei ihre Erfahrungen. Eine Gruppe von Jungen bildet ein Hinrichtungskommando, einer wird als Geisel mit verbundenen Augen an eine Hauswand gestellt, die Schützen zielen mit ihren Stöcken, und wenn das Kommando „Feuer!“ ertönt, lässt sich das Opfer zu Boden fallen mit dem Ruf: „Es lebe die Freiheit!“

Luftpost

Extrablatt

London, 25. September 1943.

CHURCHILL ÜBER DIE KRIEGSLAGE

RAF. allein 50% stärker als Luftwaffe

Englisch-amerikanische Flugzeugproduktion viermal so gross wie deutsche

Volle alliierte Beherrschung des deutschen Luftraums in Sicht

Vier Monate lang kein Schiff auf dem Nordatlantik versenkt

Alliierter Schiffsraumgewinn in neun Monaten: 6 Millionen Tonnen

Japan in die Verteidigung gedrängt

CHURCHILL PROKLAMIERT DIE ENGLISCHE POLITIK:

"Wir kämpfen nicht gegen Völker als solche"

Rettung und Freiheit für Italien

Verführten und Eingeschüchterten steht der Rückweg offen

Das Kriegsziel: Vernichtung der Nazi-Tyrannei und des preussischen Militarismus

Premierminister Churchill sprach am 21. September 1943 vor dem Britischen Parlament. Er führte aus:

AUF unserer Konferenz im Juni 1942 beschlossen Präsident Roosevelt und ich, Französisch-Nordwestafrika zu besetzen. Eine amerikanische Armee und ein starkes britisches Kontingent wurden dafür ausersehen. Später wurde der 8. November 1942 als Datum der Landung festgesetzt.

Ich habe diesen Afrikanischen Feldzug niemals als Ersatz eines direkten Angriffs auf die Deutschen in Frankreich und den Niederlanden betrachtet. Im Gegenteil, die Eröffnung dieser neuen Mittelmeerfront wurde von ihren Planern stets als ein notwendiges Vorspiel betrachtet — ein Vorspiel zu dem Hauptangriff auf Deutschland und sein Glacis von Unterjochten oder Vasallenstaaten.

Damals, vor mehr als 15 Monaten, wurden keine festen Beschlüsse über die Besetzung Nord-Afrikas hinaus gefasst.

Unmittelbar darauf — noch während meines Aufenthalts in Washington — folgte das Debacle bei Tobruk, der Verlust von 80.000 Mann, der 600-Kilometerrückzug unserer Wüstenarmee bis zum Vorfeld von Kairo und Alexandria. Dies stellte uns vor schicksalsschwere Fragen: Das Niltal und der Suezkanal waren gefährdet. Zugleich entwickelte sich die deutsche Kaukasus-Offensive. Die lebenswichtigen Ölfelder bei Baku, in Irak und in Persien schienen bedroht.

In Moskau aber fand ich Premierminister Stalin zuversichtlich. Er fühlte sich imstande, die deutsche Offensive aufzufangen, und er setzte mich von dem Gegenschlag in Kenntnis, mit dem er Stalingrad zu entsetzen und womöglich die deutsche Armee vor Stalingrad zu vernichten plante.

In Kairo wurden General Alexander und General Montgomery eingesetzt. Beträchtliche Verstärkungen, die England mehrere Monate zuvor verlassen hatten, trafen ein. Pläne wurden fertiggestellt, Rommels bevorstehende neue Offensive abzuschlagen und anschliessend das Gesetz des Handelns an uns zu reissen. Diesen Plänen war Erfolg beschieden.

Am 23. September 1942 begannen die schweren Kämpfe, die Rommel endgültig zum Stehen

G.79

brachten. Einen Monat später siegte die Wüstenarmee in der langen, blutigen Schlacht bei El Alamein und trat ihren unsterblichen Marsch an — einen Marsch, der noch im Gange ist.

Von dieser Zeit an für nunmehr ein ganzes Jahr haben wir und unsere grossen Alliierten fast ununterbrochen Erfolge gehabt — zu Land, zur See und in der Luft. **Während die Wüstenarmee ihren grossen Vormarsch durchführte und während Nordwestafrika und Sizilien erobert wurden, sind die russischen Armeen auf einer Front von 1.600 Kilometern von der Wolga bis fast zum Dnjepr vorgerückt, vielfach über 800 Kilometer weit, und haben die deutschen Horden, die in ihr Land eingefallen waren und so viele und unbeschreibliche Greueltaten an der Bevölkerung verübt hatten, vor sich hergetrieben und in Massen niedergemacht.**

Als ich das nächste Mal mit Präsident Roosevelt zusammentraf — in Casablanca im Januar 1943 — hatte der grosse Szenenwechsel des kriegerischen Dramas bereits stattgefunden. Bis dahin war keine Entscheidung getroffen worden, über Nordafrika hinauszugehen. Jetzt aber stand die Wüstenarmee vor den Toren von Tripolis ; eine Viertelmillion Mann waren im Anmarsch. Jetzt konnten wir darangehen, Afrika nicht als einen Ruhesitz, sondern als ein Sprungbrett zu benutzen. Wir beschlossen demgemäss, noch während die Eroberung von Tunis vonstatten ging, alles für die Invasion Siziliens vorzubereiten. Der Endsieg in Tunis folgte im Mai 1943. Alle feindlichen Streitkräfte in Afrika — fast eine halbe Million Mann — waren vernichtet oder gefangen.

Als ich den Präsidenten aufs neue besuchte — im Mai 1943 in Washington — konnten wir unsere Pläne erweitern. Wir stellten nunmehr als unser nächstes Ziel auf, Italien dieses Jahr ganz und gar aus dem Kriege herauszuschlagen. Niemand, hätte damals erwartet, dass es so schnell vollbracht sein würde.

Am 10. Juli landeten britische und amerikanische Armeen in Sizilien. Ihre Stärke war im ganzen ungefähr eine halbe Million. Die erste Welle kam in über 2.700 Schiffen und Sturmbooten. In einem Feldzug von 38 Tagen war ganz Sizilien erobert. Der Feind verlor 165.000 Mann an Toten, Verwundeten und Gefangenen — mehr als das Vierfache unserer Verluste.

Während dieses Siegesjahrs wuchs und wuchs die britische, amerikanische und russische Luftherrschaft über Europa. Ich will nur von unserer eigenen Luftmacht sprechen.

Zwei Jahre Ostkrieg — das Ergebnis

Luftkrieg

Die Bombenlast, die die R.A.F. in den letzten 12 Monaten auf Deutschland abgeworfen hat, ist dreimal so gross wie in den vorangehenden 12 Monaten. Die Bombenlast der letzten 3 Monate ist anderthalbmal so gross wie die der vorangehenden 3 Monate. Auch die Treffsicherheit hat erheblich zugenommen, dank technischen Neuerungen. Die Verlustrate in den ersten 8 Monaten 1943 ist geringer als in derselben Periode des vorigen Jahres, und der Kampfgeist unserer Kampfflieger steht sehr hoch.

Die fast vollständige, systematische Zerstörung der deutschen Kriegsindustriezentren schreitet fort, in immer grösserem Stil und in immer rascherem Tempo. Die Zerstörung ist unbeschreiblich, und die deutsche Kriegsproduktion in allen ihren Formen ist schwer mitgenommen, ebenso wie das Gesamtleben und die Wirtschaft des deutschen Staats, der die Schuld am Kriege trägt.

Die Energie Deutschlands ist in hohem Maasse von den Kampffronten abgezogen und auf die innere Verteidigung hingelenkt, und die Angriffskraft des Feindes ist dadurch erheblich geschwächt. Die deutsche Luftwaffe befindet sich mehr und mehr in der Defensive. Der Feind ist mehr und mehr gezwungen, sich auf Jäger- und Nachtjägerproduktion zu konzentrieren, auf Kosten der Erzeugung von Kampfmaschinen.

Er ist ausserdem gezwungen, mit seinen vorhandenen Luftstreitkräften an der Front haushälterisch umzugehen, und sich mit sehr viel geringerer Fliegertätigkeit zu begnügen, als wir und unsere Verbündeten im Gange halten. Das wirft eine immer grössere Kampflast auf seine voll in Anspruch genommenen Landstreitkräfte. **Die Royal Air Force setzt zur Zeit fast 50% mehr Frontmaschinen ein als Deutschland auf allen Kriegsschauplätzen. Das ist die Royal Air Force allein, ausser Russland.**

Und zu dieser bereits grossen Übermacht kommt, nun die rapide wachsende Luftmacht Amerikas hinzu. Schon jetzt spielt sie eine grosse Rolle, sowohl hier wie im Mittelmeer. Die amerikanische Taktik des Tagesangriffs macht es möglich, ausgesuchte Ziele mit grosser Genauigkeit zu treffen ; ausserdem führt sie zu heftigen Luftkämpfen, und die Verluste, die die feindlichen Jagdstreitkräfte dabei erleiden, erschweren es Deutschland, seinen Jägerbestand zu vermehren. **Hinter den britischen und amerikanischen Luftwaffen rollt ein immer breiterer Strom neuer Flugzeuge heran, der die entsprechende deutsche Neuerzeugung bereits um mehr als das Vierfache übertrifft.**

Dieses immer stärkere Anschwellen der englisch-amerikanischen Luftüberlegenheit, mit dem man Monat für Monat rechnen kann, eröffnet die Aussicht auf „Sättigung" der deutschen Luftverteidigung, trotz der verzweifelten Anstrengungen des Feindes, diese Verteidigung entsprechend der wachsenden Wucht des Angriffs zu verstärken.

Nun hat dieser Begriff „Sättigung" im Luftkrieg eine ganz besondere Bedeutung. Wenn ein bestimmter Grad von Sättigung erreicht ist — und wir dürfen sicher sein, er wird erreicht werden, wenn auch erst nach einem harten und erbitterten Kampf mit der feindlichen Luftverteidigung — werden sich Folgen von ausserordentlicher Tragweite einstellen. Wir werden dann eine Sachlage geschaffen haben, in der es mit ganz geringen Verlusten für uns möglich sein wird, jedes Gebäude, das im weitesten Sinne von kriegswichtiger Bedeutung ist, zu zerstören: bei Tag und bei Nacht, genau und methodisch.

Eine solche vollständige strategische Luftbeherrschung Deutschlands durch die anglo-amerikanischen Luftstreitkräfte kann möglicherweise bereits im Laufe des Jahres 1944 erreicht werden ; die Folgen, wenn sie erreicht ist, sind unabsehbar und müssen jedenfalls tiefgehend sein.

Deswegen sind unsere Gefahren noch nicht vorüber. Im Gegenteil. Wir müssen erwarten, dass der schreckliche Feind, auf den wir so fürchterlich einschlagen, krampfhaft versuchen wird, zurückzuschlagen. Die Reden der deutschen Führer, von Hitler abwärts, enthalten geheimnisvolle Anspielungen auf neue Methoden und neue Waffen, die nächstens gegen uns angewandt werden sollen. Es wäre freilich nur natürlich für den Feind, so etwas auszustreuen, um das eigene Volk aufzumuntern. Aber wahrscheinlich ist mehr dahinter.

Zum Beispiel hat der Feind neuerdings begonnen, eine neue Art Bomben bei Angriffen auf unsere Schiffe in Küstennähe anzuwenden — eine Art Segelbombe mit Raketenzündung. Es ist durchaus möglich, dass die Deutschen auch noch andere neuartige Waffen entwickeln, in der Hoffnung, bis zu einem gewissen Grade zurückzuzahlen, was sie Tag für Tag von uns empfangen. Ich kann nur sagen, dass wir nicht schlafen, und dass alle diese Möglichkeiten mit der grössten Intensität studiert werden. Bisher haben wir immer noch zu jedem Problem, das uns gestellt wurde, die Antwort gefunden.

VOR NEUEN AUFGABEN

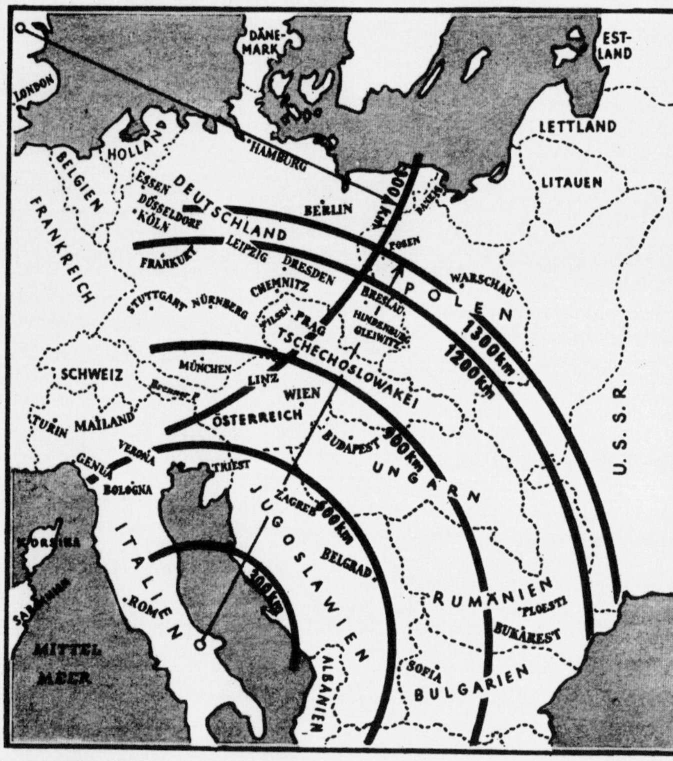

Die bereits bis zum äussersten gestreckte deutsche Luftverteidigung wird künftig gezwungen sein, gleichzeitig Angriffen von Westen und Süden zu begegnen

U-Boot Krieg

Soviel über den Luftkrieg. Nicht weniger wichtig ist die Umwälzung, die sich in der Kriegslage zur See vollzogen hat. Ich habe wiederholt erklärt, dass unsere grösste Gefahr in diesem Kriege, seit die Invasion so viel unwahrscheinlicher geworden ist, die U-Boot-Offensive gegen unsere und die alliierte Schiffahrt war.

Hier muss man drei Fragen stellen. Erstens Wieviele von unsern Schiffen werden versenkt? Zweitens: Wieviele U-Boote versenken wir? Drittens: Wieviele Schiffe werden neu gebaut?

Dem grossen Sieg, den unsere nordatlantischen Geleite und ihre Begleitschiffe und -flugzeuge im Mai erfochten, folgte ein geradezu grossartiger Fall in Schiffsversenkungen. **In den 4 Monaten bis zum 18. September versenkte der Feind kein Handelsschiff im Nordatlantik.** August sah die geringsten Schiffsverluste seit Amerikas Kriegseintritt, und weniger als die Hälfte des alliierten Verlustdurchschnitts in den 15 Monaten vor Amerikas Kriegseintritt. **In den ersten zwei Septemberwochen wurde überhaupt kein alliiertes Schiff in irgendeinem Teil der Welt durch U-Boote versenkt. Das ist ohne Beispiel in der gesamten Geschichte des U-Bootkrieges, sei es in diesem oder im vorigen Kriege.**

Selbstverständlich will ich nicht für einen Augenblick den Eindruck aufkommen lassen, diese Immunität könnte andauern. Letzte Woche ist ein neues U-Bootrudel in den Atlantik ausgelaufen, zweifellos mit allem ausgerüstet, was als das letzte Wort in U-Bootausrüstung gilt. Wir unsererseits sind inzwischen auch nicht faul gewesen, und wir erwarten die Wiederaufnahme dieses Kampfes mit nüchterner Zuversicht. Ein Geleit wird gerade jetzt von U-Booten angegriffen. Wenn sie herauskommen und die Geleite angreifen, geben sie uns Gelegenheit, die U-Boote anzugreifen.

Obwohl seit dem Mai-Massaker weniger U-Boote am Werk gewesen sind, ist kaum ein Tag vergangen, an dem wir nicht eins dieser glücklosen Fahrzeuge erlegt haben.

Überdies haben unsere und die amerikanischen Luftangriffe auf deutsche Stützpunkte, Werften und die Fabriken, wo U-Bootsteile hergestellt werden, die U-Boot-Produktion empfindlich vermindert. Das Massensterben zur See ist nicht ohne Wirkung auf den Kampfgeist der U-Bootbesatzung geblieben. Viele der erfahrensten U-Bootkapitäne sind ertrunken oder sind Kriegsgefangene.

Drittens — ich sagte, man muss drei Fragen stellen — die Schiffsneubauten der Vereinigten Staaten haben alle Hoffnungen erfüllt und übertroffen. Auch wir bauen unsern regelmässigen Teil hier auf unserer Insel, und der kanadische Schiffsbau — eine ganz neue Industrie für Kanada — ist ebenfalls bemerkenswert. **Der Überschuss der Neubauten über Verluste aller Art, einschliesslich durch Havarien, seit Anfang dieses Jahres — also der Nettozuwachs — überschreitet bereits 6 Millionen Tonnen. Wenn die Gunst der Lage anhält, werden wir bald sämtliche Verluste aller Vereinten Nationen seit Kriegsbeginn gut gemacht haben.**

Es wird niemanden überraschen, dass wir die Pause im U-Bootkrieg benutzt haben, um so viele Geleite wie nur möglich hereinzubringen und alle Vorräte auf dieser Insel aufzufüllen. Insbesondere unsere Ölvorräte haben nahezu eine Rekordhöhe erreicht. Selbst in der schlimmsten Zeit waren wir nie bis zum richtigen Gefahrenpunkt herunter, aber jetzt haben wir jedenfalls einen ansehnlichen Spielraum.

Ich wiederhole wie immer, und wie es meine Pflicht ist, meine Warnung, dass keine Garantie für eine Fortdauer dieser günstigen Lage gegeben werden kann. Aber diesmal will ich doch soviel sagen: Verlieren können wir jetzt durch die U-Boote nur noch wenn wir uns schwerer Pflichtverletzung in Werft oder auf hoher See schuldig machen, oder wenn unsere wissenschaftlichen und technischen Fähigkeiten, die uns bisher gute Dienste geleistet haben, uns plötzlich in unentschuldbarer Weise abhanden kommen.

Japan

Nun zu einem andern Weltteil. Auf der Konferenz in Quebec wurde unsere Kriegführung gegen Japan eingehend erörtert. Eine Offensive erheblichen Ausmasses ist in mehreren Abschnitten des Pazifischen Kriegsschauplatzes bereits im Gange. Das Hauptgewicht der Offensive liegt zur Zeit in den Salomonen und in Neu Guinea, wo General MacArthur kommandiert. Der erste Schritt war die Vertreibung der Japaner aus Papua und Guadalcanal. Dieser Erfolg wurde ausgenutzt durch neue Landungen in Neu Georgia am 30. Juni, und in der Huon Bucht, nordöstlich von Lae, am 4. September. Neu Georgia ist jetzt vom Feinde gesäubert, und die Zwillingsstützpunkte Lae und Salamaua sind erobert. Diese Operationen zeigten bemerkenswerte neue Entwicklungen in der Technik des Landangriffs von der See und aus der Luft. Sie enthalten grosse Versprechen für die Zukunft.

Während wir noch in Quebec waren, kam die Nachricht von der Vertreibung der Japaner von den Aleuten und der Besetzung von Kiska durch amerikanische und kanadische Truppen. Dies folgte auf die Vernichtung der japanischen Garnison auf der Insel Attu und das Bemerkenswerte daran war, dass die Japaner, die mehr als 10.000 Mann auf Kiska hatten, den Angriff nicht abwarteten, sondern vorher bei Nacht und Nebel flohen. Hier zeigt sich ein neuer Zug in der japanischen Verteidigung. Bisher waren wir daran gewohnt, dass sie sich bis zum letzten Mann niedermachen liessen. Aber in Kiska, und ebenso bis zu einem gewissen Grade bei Lae und Salamaua, scheint ein etwas anderer Geist über sie gekommen zu sein. Räumung und Rückzug zur Vermeidung von schweren Verlusten scheinen jetzt unter ihre Kampfmethoden aufgenommen worden zu sein. Wir müssen abwarten, ob diese Neigung sich verstärkt. Wenn ja, wird es am Resultat nichts ändern, aber Mühe und Kosten sparen.

Das wichtigste Ereignis im Kriege gegen Japan ist indessen die ständige Verringerung des japanischen Schiffsraums. Es ist wichtig insbesondere, wenn man die Aufgaben bedenkt, die Japans Kriegführung dem japanischen Schiffsraum auferlegt hat. Die Länder, die Japan erobert hat, liegen weit zerstreut ; sie sind von einem bestimmten Minimumschiffsraum abhängig. Ohne dieses Minimum ist es ganz unmöglich für Japan, die weiten Gebiete die es besetzt hat, zu halten. **Nun überschreiten die Schiffsverluste der Japaner ständig ihre Ersatzmöglichkeiten. Dasselbe gilt von der japanischen Luftwaffe, die nur mit Mühe ihre ursprüngliche Stärke aufrechterhält, und jetzt gegen den enormen amerikanischen Flugzeugbau Monat um Monat weiter zurückfällt.** Auf diesen beiden entscheidenden Gebieten, von denen die Erhaltung der japanischen Eroberungen abhängt, ist somit ein ständiger Zermürbungsprozess am Werke, und die Stärke Japans ist wie Inflationsgeld : Sie nimmt täglich ab.

Dies war ein allgemeiner Überblick über den Weltkrieg. Ich halte einen solchen Rundblick für unentbehrlich, wenn man irgend ein bestimmtes Ereignis richtig beurteilen will. Nur so kann man die einzelnen Ereignisse im richtigen Zusammenhang und in der richtigen Perspektive sehen. Nunmehr komme ich zu den gegenwärtigen Ereignissen im Mittelmeer, unter deren frischem Eindruck wir alle stehen.

Italien

Der 25. Juli 1943 war ein historischer Tag. Bevor wir noch die Eroberung Siziliens vollendet oder das italienische Festland betreten hatten, wurde der Diktator Mussolini gestürzt, und das faschistische

Regime, das 21 Jahre lang gedauert hatte, wurde von der Gesamtheit des italienischen Volkes in Stücke gerissen und leidenschaftlich verdammt. **Die Regierung Badoglio wurde gebildet in der Absicht, gemäss dem Willen des ganzen Volkes Frieden zu machen.** Aber überall sassen bedrohlich die deutschen Eindringlinge, und die Regierung hatte die grösste Schwierigkeit, sich gegen ihren verhassten Druck zu halten.

Alsbald wurden von der neuen italienischen Regierung Fühler ausgestreckt. Man fragte nach unseren Bedingungen und erklärte die tödlichen Schwierigkeiten, mit denen die italienische Regierung zu tun hatte. Diese Schwierigkeiten bestanden darin, dass das ganze Land, und sogar die Behörden und Regierungsstellen selbst, von deutschen Soldaten, Polizeispitzeln, Agenten und Spionen durchsetzt waren. Wir hatten Verständnis für diese Schwierigkeiten. Die Hauptschwierigkeit bestand darin, dass die Italiener machtlos waren, bis wir in voller Stärke landeten, und wir konnten ihnen das Datum unserer Landung nicht gut sagen. Daher beschlossen wir, den Waffenstillstand erst zu einem Zeitpunkt bekanntzugeben, der uns die beste militärische Chance gab, und den Italienern die beste Chance, sich der deutschen Umklammerung zu entziehen. Das bedeutete, dass der Waffenstillstand erst unmittelbar vor unserer Hauptlandung in Kraft treten konnte. Wir hätten gern mehr getan, wenn es möglich gewesen wäre, um dieser unglücklichen Regierung zu helfen, die sich auf allen Seiten unlösbaren Problemen gegenüber sah, und die sich uns gegenüber seither nach besten Kräften als mutig und ehrlich erwiesen hat. Die Waffenstillstandsbedingungen wurden in Syrakus in der Nacht zum 3. September unterzeichnet.

Halten wir hier einen Augenblick inne, um die Handlungsweise der italienischen Regierung, die vom ganzen italienischen Volke gedeckt und begrüsst wurde, zu betrachten und zu beurteilen. Herr Hitler hat uns keinen Zweifel darüber gelassen, dass er das Verhalten Italiens als im höchsten Grade verräterisch und gemein betrachtet; und von Verrat und Gemeinheit versteht er etwas. Aber andere mögen anderer Ansicht sein. **Sie mögen finden, dass der wirkliche Verrat begangen wurde, als die faschistische Clique, mit Mussolini an der Spitze, um schnöden Gewinns willen über das fallende Frankreich herfiel,** und so die Feindschaft des britischen Weltreichs über Italien brachte, das so lange die Sache der Freiheit Italiens zu seiner eigenen gemacht hatte, und später auch noch die Feindschaft der Vereinigten Staaten von Amerika, wo 6 oder 7 Millionen Italiener ein glückliches Heim gefunden haben. Das war das Verbrechen.

Alliierte Truppen landen von neuartigen Sturmbooten bei Salerno

Gewiss, es kann nicht ungeschehen gemacht werden. Gewiss, Völker, die ihre ewigen Rechte und unveräusserlichen Freiheiten zur Beute von Tyrannen werden lassen, müssen für die Verbrechen dieser Tyrannen schwer büssen. Und doch, ich kann die italienische Handlungsweise in den letzten Wochen nur als natürlich und menschlich ansehen. Möge es das erste Beispiel von nationaler Selbsterlösung und eigener Entsühnung sein. Mögen viele ihm folgen.

Das italienische Volk hat bereits Furchtbares durchgemacht. Seine jungen Männer liegen tot in Russland und Afrika — weggeworfen für nichts. Seine Soldaten sind von ihrem Verbündeten im Feld im Stich gelassen worden; das haben wir mit eigenen Augen gesehen. Seine Ersparnisse sind vertan und vergeudet worden. Sein Kolonialreich ist verloren — unwiederbringlich verloren. Jetzt muss auch noch sein eigenes schönes Heimatland zum Schlachtfeld werden — für deutsche Nachhuten.

Noch mehr Leiden stehen bevor. Hitlers Wut und Rachsucht wird dafür sorgen, dass die Italiener ausgeplündert und terrorisiert werden. Aber die Armeen des Britischen Weltreichs und der Vereinigten Staaten sind auf dem Marsch. Sie werden vorwärtsmarschieren durch Italien, und sie werden das italienische Volk aus seiner Knechtschaft und Erniedrigung befreien. **Und das gerettete Italien wird ohne Säumen instand gesetzt werden, seinen Platz wieder einzunehmen — seinen gebührenden Platz inmitten der freien Demokratien der modernen Welt.**

Kriegsziele

Man wird mich fragen: Gilt dasselbe auch für das deutsche Volk? Ich muss sagen, der Fall liegt anders.

Zweimal zu unsern Lebzeiten und dreimal zur Zeit unserer Väter hat Deutschland den Frieden der Welt gebrochen, um Eroberungs- und Angriffskriege zu führen. Die Deutschen vereinigen in todbringender Weise Kriegergeist und Knechtsinn. Für sich selbst legen sie keinen Wert auf Freiheit, und andere frei zu sehen, empört sie. Sobald sie stark werden, gehen sie auf Beute aus und folgen mit eiserner Disziplin jedem, der sie dabei führt.

Der Stahlkern Deutschlands ist Preussen. Hier ist der Herd der immer wieder ausbrechenden Pestilenz. **Aber wir führen keinen Krieg gegen Völker als solche.** Wir führen Krieg gegen Tyrannei, und für unsere eigene Selbsterhaltung. Die Briten, Amerikaner und Russen haben nun zweimal in einem Vierteljahrhundert, der teutonischen Herrschbegier wegen, masslose Opfer, masslose Gefahren, massloses Blutvergiessen auf sich nehmen müssen. Ich bin überzeugt, dass sie diesmal Schritte ergreifen werden, die es Preussen, oder auch ganz Deutschland, unmöglich machen, sie wiederum mit kaltgestellter Rache und langgereiften Plänen anzufallen. Nazi-Tyrannei und preussischer Militarismus — das sind die beiden Züge im Leben Deutschlands, die absolut zerstört werden müssen. Sie müssen mit der Wurzel ausgerodet werden, wenn Europa und der Welt ein dritter, noch grausigerer Krieg erspart werden soll.

Burke hat gesagt: „Man kann nicht ein ganzes Volk schuldig sprechen". Es wird viel darüber gestritten, ob er damit recht oder unrecht hat. Dieser Streit ist zwecklos und rein theoretisch. Hier sind zwei klare Ziele, auf die wir unser Feuer richten sollen und praktischerweise richten können: Nazi-Tyrannei und preussischer Militarismus. Richten wir jedes Geschütz auf sie, setzen wir jeden Mann, der marschieren kann, gegen sie in Marsch.

Wir dürfen unsere Aufgabe, und die Bürde, die unsere Soldaten tragen, nicht nutzlos erschweren. Verführten oder eingeschüchterten Vasallenstaaten brauchen wir den Rückweg nicht zu versperren, wenn das den Krieg verkürzen kann. Aber die Doppelwurzel aller Übel, Nazi-Tyrannei und preussischer Militarismus, muss ausgerodet werden. Bis das getan ist, werden wir kein Opfer scheuen und vor keiner Gewaltanwendung zurückschrecken.

Noch ein Wort. Heute, da ich als alter Mann, ein wenig Einfluss auf die Staatsgeschäfte habe, möchte ich noch einmal betonen: Ich werde den Krieg nicht einen Tag länger dauern lassen, als nötig ist.

Und wenn Sieg dem britischen Volk die hohe Verantwortung auferlegt, die Zukunft der Welt gestalten zu helfen, so hoffe ich, werden wir dieselbe Balance und dasselbe Maass zeigen, wie in der Stunde unserer tödlichen Gefahr.

DIE FRONT RÜCKT NÄHER

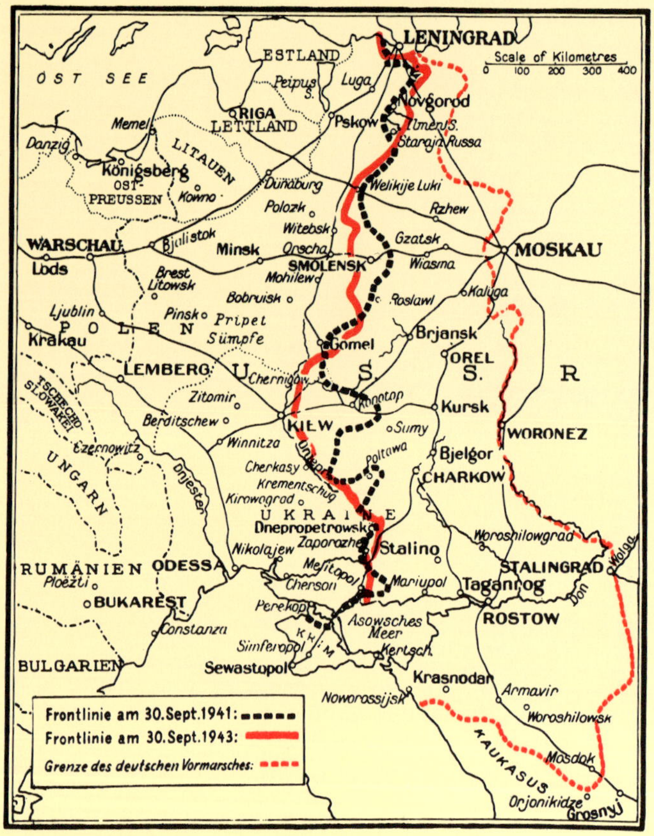

Der Weg von Stalingrad bis vor Kiew, den die Russen in 10 Monaten zurückgelegt haben, ist weiter als der Weg von Kiew nach Breslau.

UMSONST

Die Ostfront

Diese Karte zeigt den Verlauf der Ostfront am 30. September 1943 und am 30. September 1941.

Zwei Jahre, nachdem der Reichspressechef Dietrich nach seiner Rückkehr von der Ostfront verkündet hatte: „Der Feldzug im Osten ist siegreich beendet", sind die deutschen Truppen ungefähr auf die gleiche Linie zurückgeworfen worden, die sie 3 Monate nach ihrem Angriff auf Russland erreicht hatten.

Das heisst: Millionen deutscher Soldaten sind umsonst gefallen oder zu Krüppeln geschossen worden, weitere Tausende fallen täglich — und dennoch rücken die Sowjetheere, schon lange vor Einbruch des Winters, unaufhaltsam, unerbittlich vorwärts.

Alle Opfer sind umsonst gebracht worden.

Und der U-Bootkrieg

In den drei Monaten Mai, Juni und Juli wurden mehr als 90 U-Boote versenkt. Im Monat August wurden mehr deutsche U-Boote versenkt als alliierte Handelsschiffe. Und es vergeht kaum ein Tag, an dem nicht einer von Dönitz' schwimmenden Särgen auf den Meeresgrund geschickt wird. In den vier Monaten von Juni bis September wurde kein einziges alliiertes Schiff im Nordatlantik versenkt: wenn dies so weitergeht, ist es nur eine Frage der Zeit, wann die Alliierten alle ihre Schiffsverluste seit Kriegsausbruch durch Neubauten ersetzt haben werden.

Mit anderen Worten: *alle Opfer des U-Bootkrieges sind umsonst gewesen.* Und auch alle künftigen Opfer können an der Lage nichts mehr ändern. Genau wie im ersten Weltkrieg so hat auch in diesem die U-Bootwaffe versagt.

Und die Südfront

Und wie die Kampfkraft des Reiches an der Ostfront und im U-Bootkrieg erlahmt, so hat die Wehrmacht auch an der Südfront ein Jahr ununterbrochener Niederlagen hinter sich. Die deutschen Truppen, die noch vor Jahresfrist am Nildelta standen, sind den langen blutigen Weg von El Alamein über Libyen, Tunis und Sizilien zurückgewichen. Sie versuchen heute verzweifelt, den weiteren Vormarsch der Alliierten auf dem Kontinent aufzuhalten. Sie kämpfen jetzt in den Hafengebieten, von denen sie auszogen, um den Schwarzen Erdteil zu erobern.

Blutige Niederlagen. Schwere Entbehrungen. Tausende von Toten und Krüppeln.

Auch diese Opfer sind umsonst gebracht worden.

Und der Luftkrieg

Die Luftwaffe hat mit überlegenen Kräften den Angriffskrieg begonnen. Heute ist sie selbst für den Verteidigungskrieg zu schwach geworden. Schon heute setzt die RAF über den Fronten gegen zwei deutsche Flugzeuge drei eigene ein. Und für jedes neue deutsche Flugzeug bauen Engländer und Amerikaner vier. Dazu kommt noch die gewaltige russische Erzeugung.

Im vierten Kriegsjahr hat die RAF fast 100.000 Tonnen Bomben auf Deutschland abgeworfen. Das ist dreimal so viel wie im dritten Kriegsjahr. Und der alliierte Vormarsch im Süden Europas bringt jetzt auch die Süd- und Südosthälfte des Reichs in den Bereich der alliierten Bomber.

Die Luftwaffe kann schon heute weder die Kampffront noch die Heimat schützen. Bald werden die Alliierten in der Lage sein, jedes kriegswichtige Ziel inner-und ausserhalb Deutschlands zu zerstören. Und darum werden auch alle Opfer, zu denen das deutsche Volk immer wieder aufgerufen wird, umsonst sein.

Hitler weiss, dass er den Krieg verloren hat. Er verlängert ihn nur, weil er weiss, dass das Kriegsende sein eigenes Ende bedeutet. Um sein Ende hinauszuschieben, werdet ihr geopfert.

**Ihr kämpft, um Zeit zu gewinnen:
Zeit für Hitler—und Zeit
zur Zerstörung Deutschlands.**

Luftpost

London, 6. Oktober 1943

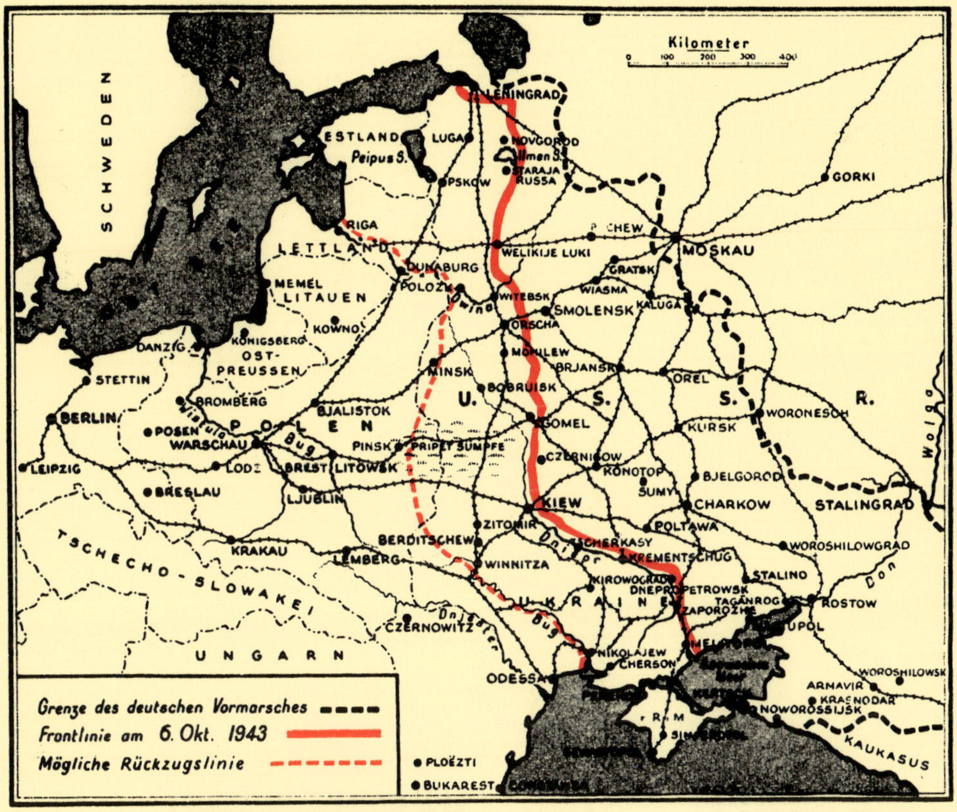

OSTFRONT

Kann die Front gehalten werden?

DIE Härte, mit der um die Dnjepr-Übergänge gekämpft wird, lässt keinen Zweifel offen: das OKW hat sich zu dem Versuch entschlossen, die russische Sommer- und Herbstoffensive hier zum Stehen zu bringen und die ganze Dnjepr-Linie zu halten — koste es, was es wolle.

Die Vorteile, die das Festhalten dieser Linie mit sich brächte, liegen auf der Hand: in der so gewonnenen Atempause könnte die Wehrmacht ihre Kräfte zur Abwehr der bevorstehenden russischen Winteroffensive reorganisieren; sie könnte Objekte von hoher wehrwirtschaftlicher Wichtigkeit wie die Gruben von Krivoi Rog, die letzten Getreidefelder der Ukraine, das Manganerz von Nikopol in der Hand behalten. 60 v. H. alles Mangans, das Deutschland zur Härtung von Panzerplatten benötigt, kommt aus Nikopol.

Diesen Vorteilen stehen wesentliche Nachteile gegenüber. Schmiegt sich die deutsche Front dem Flusslauf in seiner ganzen Länge an, dann ist sie viel länger als die alte Front von Leningrad bis Taganrog.

Zwischen Zaporosche und dem Asowschen Meer stehen deutsche Truppen in schweren Kämpfen am Ostufer des Dnjepr. Weicht die Front auch an diesem Abschnitt an den Dnjepr zurück, dann nimmt die durch den Dnjepr-Bogen bedingte Ausbuchtung der Frontlinie noch gefährlichere Dimensionen an.

Weiter nördlich am Dnjepr stehen die Russen vor Kiew. Der Fall dieser Stadt würde die Nordflanke der Armee Manstein 400 km tief im Rücken erfassen.

Noch weiter im Norden, im Schwerpunkt der ganzen russischen Front, haben die deutschen Truppen die Pripet-Sümpfe im Rücken. Die Verbände, die in diesem Raum den Dnjepr halten sollen, werden durch schlechte rückwärtige Verbindungen sehr empfindlich behindert. Die Heranführung von Verstärkungen, die Versorgung der Truppe usw. muss unter den denkbar schwierigsten Umständen erfolgen.

Wenn auch hier ein Rückzug erforderlich wird, werden diese Tatsachen den Abtransport von Truppen und insbesondere schwerem Material erheblich erschweren.

Weil es inmitten des Sumpfgeländes an Flugplätzen mangelt, kann die Luftwaffe in diesem Abschnitt nur ungenügende Entlastung bringen. Auch im Winter frieren die Sümpfe dank der Entwicklung von Sumpfgasen nicht immer zu; infolgedessen können nicht einmal Notflugplätze angelegt werden. Was aber das Fehlen einer zureichenden Luftsicherung bedeutet, haben die deutschen Verbände in Tunis erfahren.

Hinzukommt schliesslich, dass das Eisenbahnnetz hinter den deutschen Linien jetzt ungleich schlechter und unzulänglicher ist als die Bahnen, die den Russen zur Verfügung stehen. Wenn jedoch selbst die ausgezeichneten Bahnen des Donetzgebietes es der deutschen Führung schon im Sommer nicht ermöglicht haben, die russische Offensive zum Stehen zu bringen, dann wird die Schwäche der neuen Front erst recht deutlich. Hinter dieser Front verläuft eine einzige Längsverbindung, und sie ist im Raume nördlich Witebsk bereits gefährdet.

Die Front am Dnjepr kann auf die Dauer nicht gehalten werden. Früher oder später werden die deutschen Truppen weiter zurückgedrängt werden.

Im Rahmen der „elastischen Verteidigung" werden sie — im russischen Winter und im freien Gelände — schwere Rückzugsgefechte zu führen haben.

Das ist die unverfälschte Bilanz der Vor- und Nachteile des Festhaltens an der Dnjepr-Linie, deren Schwäche manchen militärischen Kreisen durchaus bewusst ist. Sie befürworten daher die weitere Zurücknahme der gesamten Ostfront auf eine Linie, die bei Riga beginnt, westlich der Pripet-Sümpfe und entlang dem Bug verläuft und bei Nikolajew endet.

Aber die Führung weiss, dass Deutschland mit einem weiteren Rückzug alle die militärischen, politischen und wirtschaftlichen Ziele aufgeben müsste, um derentwillen sie zum Überfall auf Russland angetreten ist. **Die Russen dagegen würden durch einen Vorstoss an den Bug ein Sprungbrett gewinnen, von dem aus sie Deutschland militärisch k.o. schlagen könnten, während die Rote Luftwaffe ihre Angriffe auf den Osten des Reiches von viel näheren Stützpunkten aus mit erhöhter Intensität durchzuführen imstande wäre.**

ZU HAUSE

Planlose Flucht nach Osten

DER Verwaltungsapparat in den luftgefährdeten Gebieten, in denen Umquartierungsmassnahmen nötig wurden, hat versagt. Die Bevölkerung muss jetzt für Görings Bluff, dass „der Feind keine Bomben werfen könne", schwer büssen.

Göring und die andern Parteistrategen glaubten, der Blitzkrieg werde bereits gewonnen sein, ehe wirksame Luftangriffe auf Deutschland überhaupt beginnen könnten. Daher hielten sie es für einen überflüssigen Luxus, ernsthafte Vorbereitungen für den zivilen Luftschutz zu treffen.

Jetzt verspürt jeder Deutsche in den luftgefährdeten Gebieten am eigenen Leib, wohin diese Luftschutzpolitik, die keine war, geführt hat.

In seiner letzten Rede beklagte sich Goebbels darüber, dass die Volksgenossen nicht genügend Verständnis für diese Umquartierungsmassnahmen aufbrächten. Es fehlt ihnen allerdings das Verständnis für die planlose Evakuierung der Reichshauptstadt, die der Berliner Gauleiter und Verteidigungskommissar Dr. Goebbels am 4. August — nach den furchtbaren Katastrophen in Hamburg und im Ruhrgebiet — plötzlich anordnete: Hals über Kopf sollten die Berliner mit Kind und Kegel einen Unterschlupf bei Ver-

G.84

wandten und Freunden auf dem Lande suchen.

Wie anders waren englische Städte wie London, Portsmouth und Coventry auf Luftangriffe vorbereitet. Für jeden, der in den grossen Städten nichts zu suchen hatte, wurde bereits zu Beginn des Krieges alles vorbereitet, was zur Evakuierung, Versorgung und Unterbringung nötig war. Schulen und Kinder waren auf dem Lande, lange bevor die schweren Luftangriffe des Jahres 1940 einsetzten.

Sofort am 5. August befolgten mehr als eine Million Berliner den Rat Dr. Goebbels' und verliessen Berlin in beinahe panischer Eile. Auf sämtlichen Bahnhöfen herrschte unbeschreibliches Chaos. Viele Tausende mussten 24 Stunden und länger auf ihren Zug warten. Wenn man endlich wirklich abfuhr, war es noch lange nicht gewiss, wo man landen würde. Manchmal wusste das nicht einmal der Zugführer: er hatte einen versiegelten Befehl mitbekommen, den er erst öffnen durfte, wenn er ein gehöriges Stück aus Berlin heraus war.

Seltsam und teilweise grotesk waren die Folgen. Firmen verschwanden über Nacht, ohne dass die Kunden oder das Personal wussten, wohin sie sich begeben hatten. Reichsministerien, die es vielfach besonders eilig hatten, waren nun zur Hälfte in Berlin und zur anderen Hälfte über ein halbes Dutzend Vororte verteilt. Manche Abteilungen konnten tagelang nicht aufgefunden werden. Hier sass der Chef, dort die Registratur, und das Personal war über ganz Deutschland verteilt. Tagelang waren die Fernkabel verstopft, weil Ämter, Organisationen und Firmen im ganzen Reich herumtelefonierten, um herauszufinden, wo ihr Personal und ihre einzelnen Abteilungen gelandet waren.

Die allgemeine Verwirrung wurde noch gesteigert durch die allabendlichen Ausflüge derjenigen Berliner, die in der Reichshauptstadt zurückblieben und nun wenigstens für eine Nacht Ruhe und Schlaf in der Umgebung suchten. **Jeden Abend um 18 Uhr 30 verlässt beispielsweise eine Karawane von Autobussen die Reichshauptstadt und bringt Beamte der Gestapo, die der ungestörten Nachtruhe bedürfen, in ein märkisches Dorf hinaus.**

Ein wesentlicher Fehler war es auch, mit der Durchführung der Räumung so viele verschiedene Behörden und Organisationen zu befassen, dass Kompetenzstreitigkeiten nicht ausbleiben konnten.

Wohin man die Verschickten eigentlich bringen sollte, darüber hatten sich die Behörden nicht die geringste Sorge gemacht. Im Osten werde schon Platz sein, dachte man. Dass die unterdrückte Bevölkerung in diesen Gebieten die Verschickten mit offenen Armen empfangen würde, konnte man nicht gut erwarten. Die ungebetenen Ankömmlinge waren schliesslich doch die Frauen und Kinder eines Volkes, das ihre eigenen Angehörigen brutal niedergemacht und ermordet hatte.

Die Organisation für die Aufnahme der Bombenflüchtlinge klappte genau so wenig wie die Organisation ihrer Verschickung. Wo kein Plan existiert, versagt auch die beste Behörde. In einigen Aufnahmegebieten ergab sich, da nicht für extra Lebensmittel gesorgt worden war, sehr bald die Notwendigkeit einer weiteren Evakuierung: Obdachlose, hungrige Menschen begaben sich auf die Suche nach Brot und Unterkunft.

Besonders skandalös war in vielen Fällen die Unterbringung. In Pommern wurden Frauen und Kinder notdürftig in Scheunen und Kuhställen einquartiert. In einigen polnischen Gebieten brachte die plötzliche Überfüllung und das Fehlen geeigneter hygienischer Massnahmen die Gefahr einer Flecktyphus-Epidemie und der Verbreitung anderer ansteckender Krankheiten mit sich. Die Ärzte waren auf diesen Notfall genau so wenig vorbereitet wie der ganze übrige Apparat.

Drei und vier Jahre hat die Führung Zeit gehabt, Pläne für angemessene und vor allem sichere Unterbringung der Menschen aus den luftgefährdeten Gebieten zu machen. Sie hat es nicht getan. **Die Folge dieser Leichtfertigkeit ist die überstürzte, wilde Bombenflucht nach dem Osten. Das vollkommene Versagen des deutschen Behördenapparates müssen die Flüchtlinge, die man jetzt in den Osten hineinjagt, mit schweren Sorgen und Leiden bezahlen.**

ITALIEN

Was Foggia bedeutet

Mit der Eroberung von Foggia haben die Alliierten ein strategisches Objekt in die Hand bekommen, dessen Bedeutung nicht nur für den Krieg in Italien, sondern für die Gesamtentwicklung kaum überschätzt werden kann.

Foggia war der stärkste und modernste Stützpunkt der italienischen Luftwaffe. Von seinen zahlreichen, den neuesten Anforderungen der Starttechnik entsprechenden Flugplätzen werden nicht nur Jagd- und mittelschwere Kampfflugzeuge aufsteigen können, sondern auch die schwersten Bombermaschinen.

Ein Blick auf die nebenstehende Karte zeigt, dass von Foggia aus ganz Süd-Deutschland einschliesslich Österreichs und alle strategisch und wehrwirtschaftlich wichtigen Objekte auf dem Balkan in den Bereich der englisch-amerikanischen Kampfflugzeuge gelangt sind. Ziele, die von England aus bisher nicht erreichbar waren, können von Foggia aus angegriffen werden. Foggia in alliierter Hand wird bedeuten, dass es in Europa kaum noch eine Stelle gibt, wo die deutsche Kriegsmaschine vor den Angriffen der alliierten Bombengeschwader sicher ist.

POLITIK

Wer ist der Nächste?

Es ging nicht gerade hoch her bei dieser Festfeier. Ein Dreierpakt ohne Dritten ist aber auch eine verdriessliche Angelegenheit! Dazu kam die melancholische Stimmung der Gastgeber in der Wilhelmstrasse: ihre Verbündeten hatten Churchills letzte Rede aufmerksam angehört, und wer von ihnen wartete nicht bloss auf eine Gelegenheit, aus dem Bündnis mit dem Reich auszuspringen, um sich rechtzeitig etwas günstigere Friedensbedingungen zu sichern?

Italien ist für Deutschland weggefallen, Japan führt nur mehr einen Verteidigungskrieg — wie steht es mit dem Rest der Verbündeten?

FINNLAND: Je weiter die deutschen Heere zurückweichen, desto entschiedener möchte man den bankrotten Partner loswerden. Die militärischen Operationen der finnischen Wehrmacht gegen die Sowjetunion sind längst zum Stillstand gekommen. Das Thema „Sonderfrieden" gehört zum täglichen Stoff der finnischen Presse. Die schlechten Kriegsaussichten Deutschlands werden offen erörtert.

Am 11. September erklärten finnische Regierungskreise in der ausländischen Presse, dass Finnland an kein Bündnis gebunden und in seiner Aussenpolitik völlig unabhängig sei. In seiner letzten Rede hat Minister Tanner nachdrücklich versichert, die finnische Regierung wisse ganz genau, dass ein tiefes Bedürfnis nach Frieden im Volke herrsche.

KROATIEN: Auch der Schattendiktator Pavelitch beginnt um seine Herrlichkeit zu bangen. Seine Macht reicht gerade so weit wie die Panzerwagen der Ustaschi. Weite Gebiete sind im unbestrittenen Besitz der Freiheitskämpfer, deren Reihen von Italienern aufgefüllt werden.

UNGARN: Die Waffenstreckung Italiens hat auf das mit ihm in traditioneller Freundschaft verbundene Ungarn eine tiefe Wirkung ausgeübt.

Ungarn unterhält weiterhin diplomatische Beziehungen zum italienischen Königshaus und zur Regierung des Marschalls Badoglio.

An der Ostfront stehen die ungarischen Divisionen schon lange nicht mehr in der Kampflinie,

FAST SO GUT WIE NEU!

das ungarische Parlament hat beschlossen, seine Zustimmung zu weiteren Kriegsoperationen zu verweigern. Den rumänischen Ansprüchen auf Siebenbürgen dagegen widersetzt man sich aufs Entschiedenste: Honveds, die in starken Verbänden zusammengezogen wurden, haben feldmässige Abwehrstellungen bezogen.

Der englandfreundliche frühere Ministerpräsident Graf Bethlen tritt wieder mehr in den Vordergrund. Zwei Reden, in denen der Primas von Ungarn, Kardinal Seredi, die ideologischen Grundlagen des Nationalsozialismus verdammte, wurden von der Regierung in englischer Sprache im Ausland verbreitet. **Ungarn weigert sich, ausgebombte deutsche Industriewerke aufzunehmen, und verständigte London, Washington und Moskau davon, dass Budapest deutschen Wehrmachtstellen kein Obdach gewähren wird.**

RUMÄNIEN: Nun, da die Sowjetarmeen zwei Drittel des Weges von der Wolga bis zur rumänischen Grenze zurückgelegt haben, fragt man sich in Bukarest, wie lange Deutschlands schwindende Kraft die Sicherheit Rumäniens noch garantieren kann. Gefahr droht aber auch von Südwesten. Seit der Besetzung der Flugplätze von Foggia sind die Ölfelder von Ploesti jetzt auch in bequeme Reichweite der anglo-amerikanischen Bomber gekommen. Die nationalistische Rechte fordert die Rückgabe Siebenbürgens, das durch den Wiener Schiedsspruch an Ungarn gefallen ist, und verlangt, **dass die rumänischen Truppen nicht mehr an die Ostfront gesandt, sondern an der ungarischen Grenze aufgestellt werden. Die Linke will Frieden mit den Westmächten und der Sowjetunion.**

BULGARIEN: Das Volk will am Ende dieses Krieges nicht wieder im Lager der Besiegten stehen. Als nach dem Thronwechsel ein deutschfreundlicher Regentschaftsrat eingesetzt wurde, strömten Zehntausende von bewaffneten Bauern und Militärurlaubern in Sofia zusammen, um gegen die Politik der Regierung zu protestieren. Das bulgarische Volk fühlt sich durch alte Bande mit dem slawischen Brudervolk der Russen eng verbunden.

★ ★ ★

Die Interessengemeinschaft der Verbündeten Deutschlands ist somit klar. Ihr gemeinsames Interesse ist es, das deutsche Lager zu verlassen und dem Beispiel Italiens zu folgen.

Wer immer auch der Nächste ist: er wird nicht der Letzte sein.

WEHRMACHT

Stalingrad-Helden gegen Hitler

Generäle, Offiziere und Soldaten der sechsten deutschen Armee, die die Hölle von Stalingrad überlebten und sich in russischer Kriegsgefangenschaft befinden, haben sich mit einem Aufruf an das deutsche Volk und das deutsche Heer gewandt. Hier ist ihre Botschaft:

„Wir können nicht länger schweigen. Wir haben wie niemand sonst das Recht zu sprechen, nicht nur im eigenen Namen, sondern im Namen unserer toten Kameraden, im Namen aller Opfer von Stalingrad. Das ist unser Recht und unsere Pflicht.

Die seit Beginn dieses Jahres eingetretenen schweren Misserfolge auf militärischem und politischem Gebiet sowie die ständig zunehmende Verschlechterung der deutschen Wirtschaft lassen uns die Aussichtslosigkeit der Lage Deutschlands erkennen. Stalingrad war der Wendepunkt. Es folgten Kaukasus und Kubangebiet, Afrika und Sizilien, der Zusammenbruch Italiens — Schlag um Schlag. Die Sommeroffensive der deutschen Wehrmacht ist gescheitert. Die Rote Armee hat Orel und Bjelgorod, Charkov, Taganrog und das Donezbecken zurückgewonnen und stösst gegen den Dnjepr vor. Die Heimat wird von schwersten Luftangriffen erschüttert. Der Zweifrontenkrieg steht unvermeidlich bevor. Der Sturz Mussolinis, die Auflösung der faschistischen Partei, das Ausscheiden Italiens aus dem Krieg, der mit Sicherheit zu erwartende Abfall Finnlands, Ungarns und Rumäniens sind Etappen auf dem Wege zur vollkommenen Isolierung Deutschlands, verhängnisvoller als 1918.

Jeder denkende deutsche Offizier versteht, dass Deutschland den Krieg verloren hat. Das fühlt auch das Volk. Das wissen auch die regierenden Kreise, die das Unheil heraufbeschworen haben. Hitler als Staatsmann hat die mächtigsten Staaten der Welt zu einer erdrückenden Koalition gegen Deutschland zusammengeschweisst. Hitler als Feldherr hat die deutsche Wehrmacht in schwerste Niederlagen geführt. Er hat in Stalingrad und in Afrika deutsche Elitetruppen seinem Prestige geopfert. Jetzt gilt es, ganz Deutschland vor einem gleichen Schicksal zu bewahren.

Der Krieg wird ausschliesslich im Interesse Hitlers und seines Regimes, ohne Rücksicht auf Volk und Vaterland fortgesetzt. Die Fortsetzung des sinn-und hoffnungslosen Krieges kann jeden Tag die nationale Katastrophe hereinbrechen lassen. Das jetzt noch zu verhindern, ist vaterländische Pflicht für jeden verantwortungsbewussten Deutschen.

Wir wenden uns daher an Volk und Wehrmacht. In Eurer Hand liegt eine grosse Entscheidung. Deutschland erwartet von Euch den Mut, die Wahrheit zu sehen und demgemäss kühn und unverzüglich zu handeln. Das nationalsozialistische Regime wird niemals bereit sein, den Weg, der allein zum Frieden führen kann, einzuschlagen. Diese Erkenntnis gebietet Euch, dem verrotteten Regime den Kampf anzusagen und eine vom Vertrauen des Volkes getragene Regierung einzuführen. Nur eine solche Regierung kann die Bedingungen für einen ehrenvollen Ausweg unseres Vaterlandes aus dem Krieg herbeiführen und einen Frieden sichern, der nicht das Elend Deutschlands und den Keim neuer Kriege in sich birgt.

Nehmt die Initiative in Eure Hand! Fordert den sofortigen Rücktritt Hitlers und seiner Regierung! Kämpft, um Hitler und sein Regime zu entfernen und Deutschland vor Chaos und Zusammenbruch zu bewahren. Die Kämpfer der sechsten deutschen Armee, der Stalingrad-Armee, und alle in Russland mitgefangenen deutschen Soldaten und Offiziere erheben ihre Stimme in dem Bewusstsein, dadurch ihre heiligste Pflicht gegenüber der Nation zu erfüllen.“

Über 100 Unterschriften stehen unter dem Aufruf. Die lange Reihe wird eingeleitet durch:

General der Artillerie Walter von Seydlitz, Kommandeur des 51. Armeekorps; Generalleutnant Alexander Edler v. Daniels, Kommandeur der 376. Infantriedivision; Oberst Hans Günther v. Hoven, Nachrichtenführer der Sechsten Armee; Oberst Luitpold Steidle, Kommandeur des 767. Grenadierregiments; Generalmajor Dr. Otto Korfes, Kommandeur der 295. Infantriedivision; Generalmajor Martin Lattman, Kommandeur der 14. Panzerdivision; Major Egbert v. Frankenstein und Proschnitz, Commodore des 51. Luftgeschwaders; Andreas von Kirschhofer, Oberstleutnant in der 44. Infantriedivision.

DÄNEMARK

Eine deutsche Offensive

In Dänemark sind die Deutschen zum Grossangriff gegen die dortigen Juden angetreten. 1.800 Juden wurden verhaftet und in Massentransporten über Gdingen nach Polen verfrachtet. **Unter den Verhafteten befanden sich u.a. die Pfleglinge eines**

LONDONER RUNDFUNK

Sendungen in deutscher Sprache

Deutsche Zeit	
1 Uhr	Nachrichten
2 Uhr	Nachtsendung für die deutsche Wehrmacht
3 Uhr	Morse Sendung
5.45 Uhr	Frühsendung für den deutschen Seemann
6 Uhr	Arbeiterprogramm
7 Uhr	Nachrichten
8 Uhr	Nachrichten für die Frau
9 Uhr	Amerika ruft Europa
11 Uhr	Nachrichten und Vorträge
11.15 Uhr	(Nur Mittwochs) Religiöse Sendung
12 Uhr	Nachrichten für die Frau
14 Uhr	Nachrichten (Sonntags: Katholisches Programm)
17 Uhr	Sendung der R.A.F. für die Luftwaffe
18 Uhr	Sendung für die deutsche Wehrmacht
19 Uhr	Sendung für den deutschen Seemann
20 Uhr	Nachrichten (Montags und Donnerstags: Arbeiterprogramm)
21 Uhr	Amerika ruft Europa
22 Uhr	Nachrichten und Vorträge
24 Uhr	Nachrichten und Vorträge

Wellenlängen: 1500, 373, 285, 261, 49, 41, 31, 25, 16 Meter.

Vom deutschen Rückzug in Italien

Deutsche Gefangene aus den Kämpfen um Neapel

Altersheimes bei Kopenhagen, Männer und Frauen zwischen 70 und 90 Jahren, darunter Dänemarks älteste Einwohnerin, die 101 jährige Frau Texiere. Nur etwa 1.000 Juden konnten sich durch die Flucht nach Schweden vor dem Terror der Gestapo retten.

Die nicht-jüdische dänische Bevölkerung unterstützte die Juden in jeder Weise. Schiffe, die zum Abtransport der Juden bestimmt waren, wurden im Kopenhagener Hafen von dänischen Saboteuren versenkt. In anderen Fällen, beispielsweise in Hellerup, wurden die deutschen Verhaftungskommandos überwältigt und so lange aufgehalten, bis die bedrohten Juden entkommen waren.

Die Aktion war sorgfältig vorbereitet. Einige Tage vorher waren die Büroräume der Jüdischen Gemeinde in Kopenhagen gewaltsam besetzt und die Listen der jüdischen Gemeindemitglieder beschlagnahmt worden. Anhand dieser Listen führte dann die Gestapo ihre Engros-Verhaftungen durch.

AUS DER PARTEI

Die Wahrheit über Hess

KÜRZLICH hat die englische Regierung ihre erste ausführliche Schilderung der Ankunft von Rudolf Hess in Grossbritannien gegeben.

Hess legte den Flug in einer Me 110 zurück und landete am Abend des 10. Mai 1941 mittels Fallschirms in Schottland. Hess, der die Uniform eines Hauptmannes der Luftwaffe trug, nannte sich Alfred Horn und verlangte, „in besonderem Auftrag" den Herzog von Hamilton zu sprechen.

Am folgenden Morgen, Sonntag den 11. Mai um zehn Uhr morgens, wurde Rudolf Hess am Orte seiner einstweiligen Internierung dem Oberstleutnant der Royal Air Force, Herzog von Hamilton, vorgeführt. Hess, der behauptete, den Herzog von den Olympischen Spielen her zu kennen — woran der Herzog sich allerdings nicht erinnern konnte — erklärte, sein Besuch sei seiner Sorge um das Schicksal der Menschheit entsprungen. Hitler wisse mit Bestimmtheit, er werde früher oder später siegen; Hess aber wolle unnötiges Blutvergiessen vermeiden.

Der Herzog von Hamilton erstattete Bericht über diese Unterhaltung. Darauf flog ein Beamter des Britischen Aussenamtes, Kirkpatrick, der Hess von Berlin her kannte, nach Schottland. Er bestätigte, der Kriegsgefangene sei der Stellvertreter des Führers. Während dreier Besprechungen erklärte Hess den Zweck seines Besuches. Er erklärte, Deutschland verfüge über eine gewaltige Luftmacht und eine grosse U-Boot-Flotte, die später noch anwachsen werde: Englands Niederlage durch Bomben und Blockade sei unabwendbar. England könne daher nichts Klügeres tun, als mit Deutschland Frieden zu schliessen. Als Grundlage für einen solchen Frieden schlug Hess folgende Lösung vor:

1. Deutschland hat in Europa freie Hand.
2. England behält sein Weltreich; nur die deutschen Kolonien fallen wieder an Deutschland zurück.
3. Russland soll in Zukunft als Teil des asiatischen Raumes betrachtet werden. Deutschland habe bestimmte Forderungen an Russland zu stellen, die entweder im Verhandlungswege oder durch Waffengewalt durchgesetzt werden müssten. Es sei jedoch nichts Wahres an den Berichten, dass Hitler Russland angreifen wolle.
4. England muss den Irak räumen.
5. Friedensverhandlungen sind mit einer neuen englischen Regierung zu führen. Churchill und seine Minister kommen als Verhandlungsgegner nicht in Frage.

Hess schloss mit der Warnung: Wenn England diese letzte Gelegenheit zu einem Verhandlungsfrieden nicht nütze, so werde Hitler es als seine Pflicht ansehen, Grossbritannien völlig zu zerstören und nach dem Krieg in dauernder Unterwerfung zu halten.

Trotz der damaligen Kriegslage lehnte die britische Regierung es ab, mit Hitler oder seiner Regierung zu verhandeln.

Heute, zweieinhalb Jahre später, berichtet der schwedische Journalist Gunner T. Pihl, der grade aus Berlin zurückgekehrt ist, dass es in Deutschland noch immer Kreise gäbe, die heute genau so wie damals Hess die Hoffnung hegen, Hitler werde den Krieg doch noch mit einem Verhandlungsfrieden beenden können.

Und dies in einem Augenblick, da die Alliierten überall von Sieg zu Sieg schreiten!

Sauckel, Schieber & Co.

Generalbevollmächtigter für den Arbeitseinsatz zu sein, ist ein Beruf, der seinen Mann ernährt.

Der Herr Generalbevollmächtigte, Reichsstatthalter, SS-Obergruppenführer Fritz Sauckel, hat sich bekanntlich nicht nur die Aktienmehrheit der Suhler Waffenfabriks-A.G. angeeignet; er hat dieses Unternehmen mit vielen anderen, von ihm „kontrollierten" Betrieben in der Dachgesellschaft Gustloff-A.G. Weimar vereinigt.

Wo Profite winken, sammeln sich die Schieber. Zum Generaldirektor der Gustloff-Werke hat Sauckel seinen Günstling, den Gauwirtschaftsberater Dr. Walter Schieber ernannt.

Im Nebenberuf leitet dieser Staatsrat Schieber die Zentralstelle für Generatoren. Ohne Schiebers Genehmigung darf kein neues Generatorenpatent erteilt werden. Das hat der Generalbevollmächtigte für den Arbeitseinsatz persönlich so befohlen.

Der Zusammenhang ist offensichtlich: An der Spitze der deutschen Generatorenerzeugung stehen heute die Gustloff-Werke. Ihr Hauptaktionär ist Reichsstatthalter Fritz Sauckel, ihr Generaldirektor ist Dr. Schieber.

Damit haben sich Sauckel & Schieber das Monopol für die Erzeugung von Generatoren im Grossdeutschen Reich zugeschoben.

KURZE NACHRICHTEN

Die letzten Vorbereitungen für eine Konferenz der drei Aussenminister Englands, der Vereinigten Staaten und Russlands, die demnächst in Moskau stattfindet, sind im Gange.

Die alliierten Staatsmänner werden sich nicht nur mit der unmittelbaren Kriegführung befassen, sondern auch mit Fragen der alliierten Politik gegenüber einem besiegten Deutschland nach dem Kriege.

Andere unmittelbare und gemeinsame Fragen werden bereits von der Alliierten Mittelmeer-Kommission in Algier behandelt, einer ständigen Körperschaft, in der England durch H. Macmillan, die Vereinigten Staaten durch E. C. Wilson und Russland durch A. Y. Vyschinski vertreten sind.

Nachdem in vier Monaten nicht ein einziges alliiertes Schiff im Nord Atlantik versenkt worden war, behaupet die deutsche Propaganda jetzt, dass deutsche U-Boote Ende September in einer siebentägigen Schlacht mit zwei alliierten Geleitzügen, ausser 9 Handelsschiffen mit zusammen 46,500 BRT auch 12 Zerstörer versenkt und 3 weitere Zerstörer wahrscheinlich versenkt hätten.

Tatsächlich wurden ausser 6 Handelsschiffen nur 1 Zerstörer, die „St. Croix", und 2 kleinere Sicherungsfahrzeuge verloren.

★ ★ ★

In Deutschland ist die Brotration um 100 Gramm pro Woche erhöht worden.

In England ist Brot auch heute im fünften Kriegsjahr noch immer unrationiert und in jedem Bäckerladen in beliebiger Menge für rund 40 Pfennig pro Brot zu haben.

★ ★ ★

Die folgenden Zahlen zeigen die sich ständig steigernde Konzentration der britischen Luftangriffe auf Deutschland.

		Tonnen pro Minute
5. März	Essen	25
26. April	Duisburg	30
23. Mai	Dortmund	33
11. Juni	Düsseldorf	34
25. Juli	Essen	40
27. Juli	Hamburg	51

Trotz des erhöhten Einsatzes lagen die Verluste der RAF unter 5 v.H. Im Verhältnis zu der erhöhten Zahl eingesetzter Maschinen und Besatzungen haben die Verluste der RAF gegenüber dem Vorjahr abgenommen.

Warum der Krieg für Deutschland verloren ist

> „Dass Kriege, die mit der ganzen Schwere der gegenseitigen Volkskraft geführt werden, nach anderen Grundsätzen eingerichtet sein müssen als solche, wo alles nach dem Verhältnis der stehenden Heere zueinander berechnet wurde, ist leicht einzusehen." **Clausewitz**
>
> „Unsere Kriege müssen kurz und scharf sein." **Moltke**
>
> „Wir können unsere Chance immer nur im schärferen Hieb, niemals im längeren Atem sehen." **Metzsch**

IM Siebenjährigen Kriege war Preussen bekanntlich imstande, mit einer Einwohnerzahl von ungefähr 4 Millionen einer feindlichen Koalition standzuhalten, die über mehr als die zehnfache Menschenzahl verfügte. Also, folgert Hitler, muss es heute Deutschland mit seinen Verbündeten und seinen Unterworfenen erst recht möglich sein, einer feindlichen Koalition standzuhalten, die nur über ungefähr die fünffache Menschenzahl verfügt.

Wie im Siebenjährigen Krieg?

Ein Fehlschluss. Hitler hätte seinen Clausewitz besser lesen sollen. Der gegenwärtige Krieg ist ein totaler Krieg, „der mit der ganzen Schwere der gegenseitigen Volkskraft geführt wird". Der Siebenjährige Krieg war, wie alle Kriege des 18. Jahrhunderts, ein Krieg mit begrenztem Einsatz, „wo alles nach dem Verhältnis der stehenden Heere zueinander berechnet wurde". Vergleicht man aber das stehende Heer Preussens mit den stehenden Heeren seiner damaligen Gegner, so ergibt sich, dass das Stärkeverhältnis keineswegs 1:10, sondern beinahe ausgeglichen war.

Preussen war ein Militärstaat. Es hatte einen für damalige Verhältnisse unerhörten Prozentsatz seiner Volks- und Arbeitskraft in Wehrkraft umgesetzt. Mochte sein Gebiet und seine Bevölkerungszahl auch klein sein, seine Armee war eine der grössten der Welt; und da Kriege damals eben nur mit den Armeen, nicht „mit der ganzen Schwere der gegenseitigen Volkskraft" geführt wurden, so hatte es jede Chance, einen Krieg gegen grössere Länder mit verhältnismässig kleineren Armeen unentschieden zu machen.

Die heutige Lage Deutschlands ist von der damaligen Lage Preussens vollkommen verschieden. Damals war es selbstverständlich, dass k e i n Staat seine g e s a m t e Volkskraft für Kriegszwecke mobilisierte. Heute ist es im Gegenteil selbstverständlich, dass j e d e r Staat, wenn er einmal Krieg führt, seine gesamte Volkskraft mobilisiert. Es ist kindlich, wenn Hitler ausruft: „Und ich kann Ihnen versichern — bei uns ist diesen Sommer gearbeitet worden!" Als ob in Amerika, in Russland und im britischen Weltreich nicht gearbeitet würde. Im totalen Krieg gibt es keinen Spielraum mehr für rücksichtsloseren Einsatz, weil alle sowieso alles einsetzen.

Paris 1940

Tunis 1943

G.30

Amerika allein produziert heute mehr Flugzeuge als die gesamten Achsenländer zusammen. Die R.A.F. allein ist heute stärker als die deutsche und italienische Luftwaffe zusammen.

Amerikanische Fliegende Festungen

Der deutsche Kriegsplan

Deutschland hatte in diesem Kriege nur e i n e Chance, und die hat es verpasst: nämlich, seine grossen Gegner nicht voll ins Spiel kommen zu lassen, den Krieg zu beenden, ehe das britische Weltreich, Russland und Amerika ihre unendlich grössere Volkskraft in militärische Schlagkraft umgesetzt hatten. Tatsächlich war der ganze deutsche Kriegsplan hierauf angelegt. Man muss sich diesen Plan klarmachen, wenn man das scheinbar Unerklärliche verstehen will, dass Deutschland — genau wie 1914-18 — drei Jahre lang Sieg auf Sieg erfocht und nun plötzlich gegen dieselben Gegner, die es vorher immer geschlagen hatte, zu verlieren beginnt.

Totale Mobilmachung ist ein Vorgang, der Jahre erfordert. Früher brauchte ein Land nur ein paar Wochen zur Mobilmachung, weil es sich nur darum handelte, Reservisten einzuziehen und Waffendepots zu öffnen. Heute, im totalen Krieg, müssen ganze Industrien neugeschaffen, andere umgestellt, Arbeiter an- oder umgelernt, ein Heer von Ingenieuren geschult werden, um ein Land auf Kriegsfuss zu bringen. Das dauert, wie die Erfahrung lehrt, drei bis vier Jahre.

Und noch etwas: In diesem Prozess totaler industrieller Mobilmachung gibt es zunächst einen „toten Gang". Ehe Waffen hergestellt werden können, müssen die Fabriken und Maschinen hergestellt werden, in und mit denen man die Waffen macht, und das dauert allein ein, zwei, drei Jahre, in welchen die angespannteste Arbeit der ganzen Nation zunächst keinen merklichen Zuwachs an militärischer Schlagkraft einbringt. Denn mit Maschinen kann man nicht schiessen.

Ein Land, dem es gelingt, ein paar Jahre Vorsprung in der totalen Mobilmachung zu gewinnen, gewinnt damit für eine gewisse Zeit eine ungeheuerliche Überlegenheit über andere, „an sich" ebenso starke Mächte. Innerhalb dieser Zeit hat es eine Chance, diese andern Mächte in Blitzfeldzügen, die wie Hexerei wirken, k.o. zu schlagen.

Auf diese Chance war Hitler's Plan abgestellt.

Und tatsächlich ging zunächst alles planmässig. Es gelang Hitler, seinen Vorsprung zu gewinnen. Als er seine totale Mobil-

Der Schlüssel zum Kriegsverlauf

machung begann, rüsteten die Westmächte jahrelang nicht mit — und fanden sich daher bei Kriegsbeginn zunächst fast hoffnungslos unterlegen.

Deutschland begann die totale Mobilmachung 1935, England 1938, Frankreich 1939, Amerika 1940. Nur e i n Land rüstete, so gut es konnte, mit Deutschland mit: Russland. Wenn man diese fundamentale Tatsache im Auge behält (die man in keiner deutschen Zeitung erwähnt finden wird), hat man den Schlüssel zum ganzen Kriegsverlauf in der Hand. Man versteht, warum Frankreich fast kampflos fiel. Man versteht, warum England 1940 gerade mit knapper Not den Todesstoss abwehren konnte, aber auf seinen kontinentalen Expeditionen zweimal den kürzeren zog. Man versteht, warum Deutschland fast ganz Europa erobern konnte. Umgekehrt versteht man auch, warum es in Russland auf einen ganz andern Widerstand traf als in Frankreich: Russland hatte eben mitgerüstet.

Man versteht ferner, warum der Krieg trotz aller Siege für Deutschland verloren war, als sich zeigte, dass es weder 1940 England, noch 1941 Russland k.o. schlagen konnte. Damit war Hitlers Rechnung fehlgeschlagen: denn England und Amerika hatten jetzt die Zeit gewonnen, die sie brauchten, um ihrerseits ihre totale Mobilmachung durchzuführen.

Diese Zeit haben sie genützt. Während Deutschland sich drei Jahre lang verblutet hat, sind die ungeheuren unverbrauchten Kräfte Amerikas und des britischen Weltreiches mobilgemacht worden. England steht heute da, wo Deutschland im Winter 1939-40 stand.

1918 und heute

Deutschland dagegen hat jetzt, wie 1918, einen Punkt erreicht, wo gerade jener Vorsprung in der totalen Mobilmachung, der zunächst seine grosse Trumpfkarte war, beginnt, sich verhängnisvoll auszuwirken. Denn die krampfhafte Anspannung aller Volkskräfte, die eine totale Mobilisierung verlangt, ist ein Zustand, den kein Land unbegrenzt aushalten kann. An einem bestimmten Punkt beginnen sowohl die Menschen wie die Maschinen zu ermüden. Der übermässigen Kraftanspannung folgt, nach einem allmählichen Nachlassen, ein Zustand äusserster Schwäche. Diese rückläufige Bewegung hat jetzt in Deutschland eingesetzt.

Selbst die grössten Anstrengungen haben heute in Deutschland, militärisch wie industriell, nicht mehr dasselbe Leistungsergebnis wie 1940-41. Genau derselbe Punkt war Anfang 1918 erreicht, aber es besteht ein wesentlicher Unterschied gegenüber 1918: damals hatte Deutschland die Ostfront liquidiert und konnte alle seine verbleibenden Kräfte — schon nachlassende, aber immer noch erhebliche Kräfte — auf eine letzte gewaltige Offensive im Westen konzentrieren. Diesmal ist der Ostkrieg nicht gewonnen worden, und es sind die Engländer und Amerikaner, die im Westen die Offensive ergreifen.

Und noch ein Unterschied besteht zwischen 1918 und heute: Damals war das deutsche Volk noch Herr seines eigenen Schicksals und konnte den verlorenen Krieg abbrechen, ehe Deutschland Kriegsschauplatz wurde. Diesmal ist Deutschland in der Hand von Desperados, die den Krieg verlängern müssen, um ihr Leben zu verlängern.

Festung Europa

Das soll die Invasion im Westen aufhalten . . .

Die zerstörte Festung Pantellaria

. . . und das sollte die Invasion im Süden aufhalten

Die R.A.F. ist heute stärker als die deutsche und die italienische Luftwaffe zusammen. Die amerikanische Flugzeugproduktion ist grösser als die Deutschlands, Italiens und Japans zusammen.
Die R.A.F. warf in der Nacht vom 23. zum 24. Mai 1943 in einer Stunde doppelt so viele Bomben auf Dortmund, wie die Luftwaffe in den sechs Monaten vom 1. Januar bis zum 30. Juni 1943 auf ganz England warf.

Die Festung Europa hat kein Dach

Die Luftangriffe auf Kassel beginnen

Seit Kriegsbeginn wurde in Kassel schon 218 mal Fliegeralarm gegeben. Ein Alarm dauerte in den ersten Jahren oft mehr als drei Stunden, da die Bomber über einen längeren Zeitraum einzeln einflogen und ihr Ziel suchten. Bevor es elektronische Hilfsmittel zur Zielfindung gab, waren die bei den Nachtangriffen angerichteten Schäden verhältnismäßig gering, jedoch bedeuteten die ständigen Fliegeralarme eine erhebliche Belastung der Bevölkerung.

Der erste britische Bombenangriff auf Kassel erfolgte in der Nacht vom 21. zum 22. 6. 1940 auf den Flugplatz Waldau. Der angerichtete Schaden war unerheblich.

Weitere 12 Angriffe folgten:
22.07.1940 (0.29 - 2.37 Uhr). Etwa ein Dutzend Flugzeuge warfen Leuchtbomben und griffen das Industriegebiet in Bettenhausen an; 20 Sprengbomben und etwa 600 Brandbomben richteten dort und an einigen Stellen der Unterneustadt nicht unerhebliche Schäden an. Etwa 600 Personen wurden obdachlos.

24.07.1940 (0.26 - 2.57 Uhr). Etwa 10 Flugzeuge warfen wiederum Spreng- und Brandbomben auf Bettenhausen.

16./17.08.1940 (23.41 - 3.45 Uhr). Zwischen 8 und 14 Flugzeuge warfen nur 2 Sprengbomben. Dabei wurden in der Gräfestraße zwei Personen getötet und elf Personen verletzt. Sie waren die ersten Opfer des Bombenkrieges in Kassel.

16./17.10.1940 (22.02 - 1.13 Uhr). Zwei Sprengbomben richteten in der Nähe der Jägerkaserne unerheblichen Sachschaden an.

Fast ein Jahr lang blieb Kassel ohne Angriffe, dann erfolgte am

08.09.1941 (23.31 - 3.00 Uhr) der erste Großangriff.

Bei mondhellem Wetter und leichtem Nordwind warfen zirka 60 Flugzeuge, die in drei Wellen anflogen, nachdem sie das Zielgebiet wieder durch zahlreiche Leuchtbomben erhellt hatten, etwa 270 Sprengbomben und mehr als 6000 Brandbomben verschiedener Art vorwiegend auf die Innenstadt (Geschäfts- und Wohngegend).

Oberste Gasse am 9. 9. 1941.

Schwere Schäden waren die Folgen: Getötet wurden 15 Personen, verwundet 39. Von den Gefallenen wurden verschiedene während den Löscharbeiten getötet.

Neben schwerer Beschädigung von Verkehrs- und Versorgungsanlagen und -leitungen, von öffentlichen Gebäuden (besonders Bahnhof, Rotes Palais, Landesbibliothek) und industriellen Anlagen (Credé, Niederzwehren; Fennel, Königstor) wurden 11 Wohn- und Geschäftshäuser durch Spreng- und Brandbomben völlig zerstört, 77 schwer, 300 leichter beschädigt; außerdem traten in 600 Häusern Glasschäden ein. 290 Wohnungen waren mehr oder weniger zerstört, doch konnten 200 davon im Laufe des Jahres wieder aufgebaut werden, 90 waren in absehbarer Zeit nicht wieder herzustellen. Die Zentren der Zerstörungen innerhalb der Stadt waren:

a) Hauptbahnhof; der war von zahlreichen Brandbomben getroffen. Der Südflügel (Bahnpostamt) und der südliche Teil des Mittelgebäudes (Wartesäle 2. und 3. Klasse) standen in Flammen.

b) Friedrichsplatz; hier brannten infolge Massenabwurfs von Brandbomben auf der Südseite des Platzes das Haus Pfennig, das völlig zerstört wurde, und das Gebäude der Ortskrankenkasse (Ecke Schöne Aussicht, obere Stockwerke) aus. Auf der gegenüberliegenden Seite brannte die Landesbibliothek und das Rote Palais aus. Da gleichzeitig in der Königsstraße das Gebäude des Hackerbräu und in der Unteren Karlsstraße das Haus Nr. 1 mit seinen Hintergebäuden in Brand geraten war, entstand hier schon damals die Gefahr eines Flächenbrandes, der von der Feuerwehr nur durch starken Einsatz (20 Rohre) gelöscht werden konnte.

Trotz Einsatz aller verfügbaren Feuerlöschkräfte brannte das Fridericianum aus. Die Bestände der Landesbibliothek wurden zum größten Teil vernichtet.

Abbildungen Seite 73:
Aufräumungsarbeiten am Friedrichsplatz. Noch kamen Hunderte von Schaulustigen, um sich die in der Nacht verursachten Schäden anzusehen.

Am 3. Oktober 1943 wurde Kassel vom britischen Bomberkommando ausgesucht, durch einen Flächenangriff zerstört zu werden

24./25.10.1941 (22.37 - 0.21 Uhr). Einige Flugzeuge warfen aus großer Höhe Spreng- und Brandbomben in die Nähe der Wegmann'schen Obstplantage.

Im Jahr 1942 erfolgte nur ein Angriff auf Kassel, der jedoch schwere Schäden verursachte. Erstmals wurden dabei 77 Luftminen von 40 Ztr. Gewicht abgeworfen.

28.08.1942 (0.25 - 1.35 Uhr) 274 Bomber griffen das gesamte Stadtgebiet an, wobei militärische Einrichtungen, Industrieanlagen, Krankenhäuser und Wohnviertel getroffen wurden. 43 Tote wurden gezählt, 251 Einwohner wurden verwundet. Im Juli des folgenden Jahres griffen erstmalig amerikanische Bomber am Tage Industrieziele in Bettenhausen an.

28.07.1943 (10.50 - 11.05 Uhr)

30.07.1943 (9.10 - 9.50 Uhr). Beide Angriffe, am 28. mit ca. 50 und am 30.7. mit ca. 150 Bombern ausgeführt, trafen die Produktionsstätten von Junkers, Fieseler und die Spinnfaser. Von über 1000 Spreng- und Brandbomben trafen etwa 145 ins Ziel. Getötet wurden insgesamt 129 Personen, 253 Verwundete kamen in Krankenhäuser.

Bereits 1942 hatte das Bomberkommando der Royal Air Force auf Veranlassung von Churchill Weisungen für einen verschärften Bombenkrieg gegen Deutschland erhalten. Nicht die Industrieanlagen, sondern die am engsten bebaute Fläche der Wohnbezirke sollte der Zielpunkt für die Angriffe sein. Luftmarschall Harris, seit Februar 1942 Chef des Bomber Command, bestimmte präzise den Stadtkern zum Bombenziel; dort standen die Häuser am engsten, hier trafen die Bomben nach seiner Vorstellung die Moral der Bevölkerung am stärksten.

Flächenangriffe, hauptsächlich mit Brandbomben, auf Lübeck, Rostock, Köln, Wuppertal und Hamburg entfachten Feuerstürme von verheerender Wirkung und forderten Zehntausende von Menschenleben.

Luftmarschall Harris bekannte in seinen Erinnerungen: „Der überwiegende Teil der (deutschen) Rüstungsindustrie war dort zu finden, wo er in jedem Lande zu finden ist, in den Städten selbst. Es muß mit Nachdruck gesagt werden, daß wir außer in Essen niemals ein besonderes Industriewerk als Ziel genommen haben. Die Vernichtung von Werken in den Städten sahen wir immer als Extraprämie an. Unser Hauptziel war stets die Innenstadt."

03. 10. 1943

Am 3. Oktober 1943 wurde Kassel vom britischen Bomberkommando ausgesucht, durch einen Flächenangriff zerstört zu werden. Der Zielpunkt war der Martinsplatz. Als Beginn des Angriffs war 22.15 Uhr festgelegt, mit einer Angriffsdauer von 27 Minuten. Der britische Bericht über den Angriff führt aus: „540 schwere Bomber mit 7 Mosquitos als Kursmarkierer wurden eingesetzt, um Kassel zu bombardieren. Die zur Zielmarkierung eingesetzten Maschinen verfehlten jedoch den Zielpunkt in südöstlicher und östlicher Richtung mit dem Ergebnis, daß das außerhalb liegende Stadtviertel Bettenhausen schwer beschädigt und das nahe gelegene Dorf Sandershausen halb zerstört wurde. Eine spätere Verschiebung nach Norden beschädigte die Dörfer Wolfsanger und Ihringshausen schwer.

49

Außerhalb des Wohngebietes wurde der Industrie schwerer Schaden zugefügt, hauptsächlich den Lokomotiv- und Rüstungswerken von Henschel & Sohn; ein großes Munitionsdepot westlich von Ihringshausen wurde zu 75% zerstört. 24 Bomber gingen verloren, 3 feindliche Jäger wurden abgeschossen."

Bei dem Angriff wurden 118 Menschen getötet, ca. 300 verwundet. 382 Wohngebäude wurden zerstört. 7 Großschadenstellen entstanden:

Fieselerwerk I und Spinnfaser, Henschelwerk I und Umgebung, Holländischer Platz, Bernhardistraße, Salzmann & Co., Sandershäuser Straße, Schüle Hohenlohe, Vogts Mühle und Umgebung, Weserstraße, Mönchebergstraße, Ihringshäuser Straße, Fasanenhof, Franzgraben, Wolfsanger.

Teile der Fieseler-Werke nach dem Angriff.

Luftwaffenhelfer Gebhard Niemeyer, eingesetzt bei einer Schweren Flakbatterie in Obervellmar, schreibt in seinem Tagebuch über diesen Angriff:

Sonntag — Oktober 3

Heute ist Erntedanktag; Erntedanktag 1943! --- Tagsüber keine besonderen Ereignisse

Vormittags und einmal auch nachmittags Alarmbereitschaft. Abends, kurz vor Zapfenstreich, schrieb ich noch einen kurzen Brief an Bertram; u.a.: In den beiden vorangegangenen Nächten kamen die Feinde nahe an Kassel heran; auf 40–30 Km. In der Nacht zum 3. Oktober fielen sogar ein paar Schuss der Flak --- allerdings auf eigene Jäger!?! Wörtlich schrieb ich: In jener Nacht war München Angriffsziel. Es ging gerade noch einmal an Kassel vorbei! Ich ahnte ja da noch nicht nicht, in jenem Augenblick, wo ich schrieb, dass die Luftpiraten nur 80 Min später in Kassel ihr Vernichtungswerk begannen!

Weniger später, ~~etwa~~ um 21^{18} gab es Alarm= und um 21^{36} Feuerbereitschaft. Wir liefen wie stets hinauf in die Stellung. -- Genau um 22^{00} gab es in Kassel Flieger=alarm, zu gleicher Zeit als von Westen bereits Flugzeuggeräusch gemeldet wurde.

Dann ging alles sehr schnell: Etwa 22^{10} fielen über Kassel die ersten Leuchtbomben: Zielmarkierungsbomben. Dann folgten die Christbäume, Kaskaden, abgesprühter Phosphor; und Brand= und Sprengbomben fielen. Andererseits knallte auch unsere Flak ganz gewaltig. Deutsche Jäger erschienen über Kassel; zu diesem Zwecke, d.h. um unsere eigenen Nachtjäger nicht zu gefährden, hatten wir für bestimmte Höhen Feuerverbot.

Etwa bis 3/4 23 Uhr tobten die Feinde sich über unserer Stadt aus. In hellen Flammen stand der ganze Horizont und liess einen immer wieder das Schlimmste für zu Hause befürchten!

Während des Angriffes nun sahen wir drei Ma=

(Diesen Tagebuchbericht habe ich erst am 24.II.1944 nachgetragen, und zwar diente als Unterlage ein Brief an Bertram, den ich am 15. Okt. 43 an Bertram absandte. Dieser Brief ist hier meist wörtlich wiedergegeben! Schlüchtern, d. 24.II.44.)

schinen abstürzen, lichterlohbrennend. Das war jedesmal ein stolzer Anblick.

Die eine Maschine stürzte ~~st~~ etwa in südlicher Richtung von uns ab: Wir vermuteten etwa am Bahnhof Harleshausen, da auch die Entfernung nicht allzu gross war; die zweite Maschine stürzte über der Stadt ab (wie man später, in den folgenden Tagen, in Erfahrung brachte, ist sie im Philippinenhof aufgeschlagen!); von der dritten Maschine will ich nun berichten:

Scheinwerfer hatten nördlich von uns eine Maschine aufgefasst; im Nu richteten wir die Maschine an: optisches Schiessen dann. Wenig später flogen unsere ersten Gruppen dem Feind entgegen. Da begann die Maschinen zu brennen, und bald stürzte sie ab. Das war zweifellos unser Werk! Unser erster Sieg; unser erster Abschuss! Ob wir ihn wohl zuerkannt kriegen?

Allmählich ging der Angriff zu Ende; da flog im Osten von uns etwa gegen 23 Uhr die Munitionsanstalt Ihringshausen in die Luft, eine fürchterliche Stichflamme, eine gewaltige Explosion und ein ungeheuerer Luftdruck; noch viele Sekunden später hörte man das Rollen und Grollen der schrecklichen Detonation in weiter Ferne immer und immer wieder! Wir sahen in eine blutrote Wand am Himmel. Der Widerschein der Brände stieg hoch empor! Bis senkrecht über uns spiegelten sich die Feuersbrünste; es ist nicht schwer zu ermessen, was das heisst; denn wir waren 10 Km z.T. von den eigentlichen Brandherden entfernt, und direkt über uns sahen wir dies.

Noch während der Feuerbereitschaft machte sich von unserer Batterie ein Suchkommando unter Führung des Uffz. Lorenz auf den Weg, um die – wir glauben das fest – von uns abgeschossene Maschine zu suchen.

Ich bewarb mich auch darum, mitzudürfen. Jedoch kam das garnicht in Frage, grundsätzlich schon, weil ich heute als B5 am Gerät eingeteilt war.

Das muss ich übrigens noch berichten: Ich durfte in jener Nacht am Kdo. Ger. den B5 (Bedienungsmann 5: Einschalten des Gerätes, Ermittlung ~~aus~~ und lautes Ausrufen der vh [Geschwindigkeit des Flugzeuges in der Horizontalen] sowie der Zielhöhe. Ein Posten, auf den ich mit Recht stolz sein konnte!

Dann schossen wir Sperrfeuer; hier kannte ich mich – war ich doch das erste Mal B5 – in den Schalterstellungen nicht ganz aus; ich wollte nun keinen Unsinn machen und liess die meinen Posten an den ehemaligen B5, den Geräteführer, Obgefr. Körber, übergehen.

Schade, denn es war eine einmalige Gelegenheit, die sich mir durch Zufall (unser B5, LwH. Peter war auf Urlaub) bot! Als nicht mehr Sperrfeuer geschossen wurde, machte ich wieder B5; doch war der Angriff da schon zu Ende; alles, was wir anrichteten, waren nur noch eigene Maschinen!

Noch vor Mitternacht wurde die Feuerbereitschaft aufgehoben. Das erste, was wir nun taten, war, dass wir oben auf den Bahndamm gingen: Von dort bot sich sich uns ein schauerlicher Anblick. Eine ungeheuere Feuerwand sahen wir – einem Kreise bzw. einem Halbkreise gleich – Schon aus der Stellung konnten wir direkt über dem Bahndamm diese Brandwolken sehen; jedoch ~~stand~~ unsere B I zu nah an dem hohen Bahndamm, um die Brandherde am Horizont selbst sehen zu können. Das aber sehen wir nun umso besser oben vom Bahn~~hof~~damm herab. Wir versuchen in diesem Chaos nun die einzelnen Brandherde zu orten, was jedoch in der Dunkelheit sehr schwer hält. Wir sind also der Meinung: Ganz links, etwa Richtung 3, scheint eine grosse Halle des Flugplatzes Rothwesten zu brennen, der Schein dieses Brandes trifft direkt zu uns und wirft scharfe Schatten von uns! Dann ziehen sich die Brände im Halbkreis weiter hinüber. Dort, wo noch dauernd Munition in die Luft fliegt, dort ist natürlich die Munitionsanstalt Ihringshausen, -- bzw. ist gewesen. Die Hauptbrände, die dann weiter rechts wüten, vermuten wir in den Henschelwerken, es ist direkt die Richtung zur Innenstadt! Und eben das beunruhigt uns alle; wüssten wir doch nur, ob zu Hause etwas passiert ist. Doch bin ich voller Zuversicht! Bis hoch über uns ist der hohe Himmel blutrot gefärbt vom Widerschein der Feuersbrünste. Es ist ein gigantischer, furchtbarer Anblick!

Dann laufen wir vom Bahndamm runter: Lobert u. ich; Lobert holt seinen Photo. Unten in der Baracke sehen wir, dass nach der Bahndammseite hin manche Scheibe zerbrochen ist; eigen=

Die Aufnahme zeigt die Fulda zwischen Hafen (unten im Bild) und dem brennenden Wolfsanger. Auf den Wiesen sind Sprengbombeneinschläge zu erkennen.

Der Angriff am 03.10.1943 hatte sein Ziel, die Zerstörung der Kasseler Innenstadt, nicht erreicht. Zwar waren, durch Zufall, Industrieanlagen und eine Munitionsfabrik getroffen worden, aber die am nächsten Tag gemachten Aufklärungsfotos zeigten die Stadt selbst fast unversehrt.

Die beiden Luftaufnahmen decken die Innenstadt ab. Noch ist die Altstadt unversehrt. Einzelne Brände sieht man am Holländischen Platz, am Wall, in der Weserstraße und in Bettenhausen. Es waren die letzten Aufklärungsfotos der RAF vor dem 22.10.1943.

Kassel war auf der Prioritätenliste der alliierten Luftkriegsziele ganz oben eingestuft

Wie aus der 'Kassel & District Target Map No. 45' (Zielkarte von Kassel und Umgebung) ersichtlich ist – als Grundlage diente eine deutsche Generalstabskarte – waren die industriellen und militärischen Ziele in Kassel sowie die Schlüsselpunkte des Verkehrswesens der britischen Aufklärung in allen Einzelheiten bekannt. Die Fulda und das östlich der Stadt verlaufende helle Band der Reichsautobahn erleichterten selbst bei Nacht die Orientierung. In dem zu der Karte gehörigen Informationsblatt sind alle Ziele genau erklärt.
Die entsprechenden Übersetzungen folgen auf Seite 82 und 83.

S E C R E T — NOT TO BE TAKEN INTO THE AIR.

KASSEL and DISTRICT

(District Target Map No. 45)

Target Information Sheet dated:- 28.10.42.

NOTE: Station List Targets are underlined.

1. GENERAL

Kassel, the capital of Hessen-Nassau, is situated in the Fulda valley and has an estimated population (1941) of 216,000. It is an important railway centre and in peace time was chiefly noted for the production and maintenance of railway engines and trucks.

2. TRANSPORTATION

Kassel is one of the best known railway towns in Europe, but its importance is due to the presence of the Henschel works, the largest locomotive factory on the continent of Europe, rather than to the volume of traffic passing through the town.

The main transportation targets lie close together near the Henschel works and not far from the centre of the town. Kassel, being the centre of the Reichsbahndirektion bearing its name, will presumably be well equipped with railway administrative offices.

Traffic passing through Kassel is of moderate importance but would become of first importance if either the main line from the Ruhr to Halle, Leipzig and the east, the main line from Frankfurt to Berlin or that from Frankfurt and Munich to Hannover and Hamburg were to become overcrowded or blocked.

The line from Hannover to Frankfurt via Kassel passes from north to south on the West side of the town not far from its centre; the targets which lie near this point consist of the main goods station, the marshalling yard, the spur line to the main passenger station and the junction of the spur line with the main line (GH 637A which also includes the main passenger station, a terminus). On the west side of the northerly part of this target there are important railway workshops dealing with locomotives and passenger waggons and which in 1937 employed nearly 1500 people (GH 637D). A line from the main passenger station passes to the West of the marshalling yard and joins the Hannover line a short distance further north.

3. POWER

There are two electricity power plants in the district. The larger, which supplies power to the town, is situated between Kassel and Bettenhausen (GO 1240) and is a medium-sized plant of 20-50,000 kw. The second one lies to the south of the Henschel works (GH 637B) and is included within the target area of that plant. There is only one gas works (GY 4766B) which is also of medium size.

KASSEL & DISTRICT TARGET MAP Nº45 NOT TO BE TAKEN INTO THE AIR

SECRET

0 MILES 1 2 3 4 5 6 7

GEHEIM — DARF NICHT AUF FLÜGE MITGENOMMEN WERDEN

KASSEL UND UMGEBUNG

Informationsblatt zum Zielgebiet vom 28.10.1942

Achtung: Aufgelistete Ziele sind unterstrichen

1. Allgemeines
Kassel, die Hauptstadt von Hessen-Nassau, liegt im Tal der Fulda und hat eine geschätzte Einwohnerzahl (1941) von 216 000. Es ist ein wichtiger Eisenbahnknotenpunkt, und es war in Friedenszeiten hauptsächlich bekannt durch die Herstellung von Lokomotiven und Lastwagen und deren Instandsetzung.

2. Verkehrswesen
Kassel ist eine der bekanntesten Eisenbahnstädte in Europa, aber seine Wichtigkeit begründet sich mehr auf die Henschel-Werke, der größten Lokomotivfabrik auf dem europäischen Kontinent, als auf den Verkehr, der durch die Stadt hindurchgeht.

Die hauptsächlichen Verkehrsziele liegen nahe zusammen bei den Henschelwerken und nicht weit vom Stadtzentrum entfernt. Kassel, das Zentrum der nach ihr benannten Reichsbahndirektion wird mit Eisenbahnbehörden gut ausgestattet sein.

Der Kasseler Durchgangsverkehr ist von durchschnittlicher Stärke, dürfte aber außerst wichtig werden, falls entweder die Hauptlinie von der Ruhr nach Halle, Leipzig und dem Osten, die Hauptlinie von Frankfurt nach Berlin oder die von Frankfurt und München nach Hannover und Hamburg überlastet oder blockiert würde.

Die Strecke von Hannover nach Frankfurt über Kassel verläuft von Norden nach Süden westlich der Stadt nicht weit vom Zentrum; Die Ziele, die nahe diesem Punkt liegen, sind der Hauptgüterbahnhof, der Verschiebebahnhof, die Zufahrt zum Hauptbahnhof und die Kreuzung der Nebenlinie mit der Hauptlinie (GH 637A), das auch den Hauptbahnhof, einen Sackbahnhof, umfaßt). Auf der Westseite des nördlichen Teils dieses Ziels befindet sich ein wichtiges Ausbesserungswerk für Lokomotiven und Waggons, in dem 1937 fast 1 500 Arbeiter beschäftigt waren (GH 637D). Westlich vom Verschiebebahnhof verläuft eine Linie vom Hauptbahnhof zur Strecke Hannover, die sich nördlich davon mit ihr verbindet.

3. Energieversorgung
In dem Bezirk gibt es zwei Elektrizitätswerke. Das größere, welches die Stadt mit Energie versorgt, liegt zwischen Kassel und Bettenhausen (GO 1240) und ist eine mittelgroße Anlage mit einer Kapazität von 20 - 30 000 KW. Das zweite befindet sich südlich der Henschelwerke (GH 637B) und ist im Zielgebiet dieser Fabrikanlage enthalten. Es gibt nur ein Gaswerk (GY 4766B), welches ebenfalls von mittlerer Größe ist.

4. Industrie
Kassel hat zwei Hauptindustriegebiete:
I. bildet eine dicht zusammengesetzte Gruppe, die im Westen und im Süden von dem Verschiebebahnhof, dem Ausbesserungswerk und dem Hauptbahnhof (GH 637 A+D) begrenzt wird. Sie umfaßt die drei Werke von Henschel, nämlich das ursprüngliche Werk (GN 3819), das Lastwagen und Lokomotiven herstellt, (GH 637 B), das ebenfalls Lokomotiven produziert, und (GH 637C), Hersteller von Panzerfahrzeugen und Lastwagen.

Das letztgenannte Werk ist durch fünf große Hallen wesentlich erweitert worden und ist somit das größte Einzelunternehmen in diesem Gebiet.

II. befindet sich in Bettenhausen. Das Gebiet ist voll industrialisiert und schließt auch die Fieseler Flugzeugbau GmbH., die städtischen Gaswerke und die Kunstseidenfabrik der Spinnfaser AG (GY 4766 A,B+C) mit ein. Die übrigen Betriebsanlagen sind meist klein, jedoch müssen folgende Unternehmen wegen ihrer Bedeutung erwähnt werden: Wachstuch und Kunstleder AG. (GC 5653), Salzmann & Co., Webereien (GS 5264).

5. Außerhalb liegende Ziele
Die beiden wichtigen Ziele außerhalb sind die Henschel-Flugzeugmotorenwerke in Altenbauna (GY 4681 A+B) und die Fieseler Flugzeugrumpfbau- und Montagewerke (GY 4809 A+B)

6. Auflistung der Ziele
Vorrangige Ziele sind unterstrichen.

Geheim — **Darf nicht auf Flüge mitgenommen werden**

Auflistung der Ziele (D.T.M. Nr. 45)

Bezeichnung	Ziel-Nr.	Erzeugnisse, Leistungsfähigkeit und Besonderheiten	Lage
A. Verkehrswesen und Energieversorgung			
Verkehrswesen			
Hauptbahnhof, Güterbahnhof, Anschlußgleiß, Verschiebebahnhof	GH 637A	2300 Waggons in 24 Stunden – maximale Leistung des Verschiebebahnhofs	Kassel

Bezeichnung	Ziel-Nr.	Erzeugnisse, Leistungsfähigkeit und Besonderheiten	Lage
Eisenbahnausbesserungswerk	GH 637D	Belegschaft 1937: 1500	Kassel
Energieversorgung			
Kraftwerk	GO 1240	20–30000 kw. Versorgt die Stadt	Kassel-Bettenhausen
Städtische Gaswerke	GY 4766B		Kassel-Bettenhausen
B. Vorrangige industrielle Ziele			
Führende Maschinenbau- einschließlich Rüstungsbetriebe			
Henschel & Sohn Werk 1	GN 3819	Deutsches Hauptwerk für Lokomotivbau (Leistung: 200 Hauptstreckenlokomotiven im Jahr). Ebenso bedeutender Hersteller von Panzern mit 20, 35 und 50 Tonnen. Nach neuesten Meldungen auch Versuche mit 80-Tonnen-Panzern; bedeutender Hersteller von Militärfahrzeugen und schweren Lastwagen.	Kassel
Henschel & Sohn Werk 2	GH 637B	Lokomotivbetriebe stellen jetzt angeblich Panzerkampfwagen und Dampfkessel her. Aufgrund wichtiger Regierungsaufträge seit 1939 wesentlich vergrößert.	Kassel-Rothenditmold
Henschel & Sohn Werk 3	GH 637C	Militärfahrzeuge, Panzerkampfwagen und LKWs, große Zylinder für Motoren. Verkleidungen für Lokomotiven, Maschinenbauteile. Umfaßt auch die Maschinenprüfstellen: Abteilung für Fahrgestellbau; Kraftwerk; Laboratorien; Ausbildungszentrum für Lehrlinge und Reparaturwerkstätten. Belegschaft schätzungsweise über 3000.	Kassel-Mittelfeld
Gebr. Credé & Co. Waggonfabrik	GH 395	Eisenbahnwaggons, Speise-, Schlaf- und Postwagen. Soll angeblich auch Panzer produzieren. (Könnte durch Linke-Hofmann, Breslau, verwaltet werden) 800 Beschäftigte.	Kassel Niederzwehren
Flugzeugindustrie			
Fieseler-Flugzeugbau G.m.b.H.	GY 4766A	Hauptbauteile für die von Fieseler produzierten Flugzeuge Fi. 156 und Fi. 157 und ME 109. In den drei Werken sind mehr als 5000 Arbeiter beschäftigt.	Kassel-Bettenhausen
Fieseler Flugzeugbau G.m.b.H.	GY 4809A	Flugzeugrümpfe für die Fi. 156, die Fi. 167 und ME 109.	Kassel-Waldau
Fieseler Flugzeug G.m.b.H.	GY 4809B	Montage der eigenen Flugzeugtypen und der ME 109, die in den beiden anderen Zweigwerken von Fieseler hergestellt werden. Produktionsausstoß: 70 ME 109 im Monat.	Kassel-Waldau
Henschel Flugzeugmotorenbau G.m.b.H.	GY 4681	Flugmotoren. 250 Daimler-Benz-Motoren im Monat.	Altenbauna
Lederherstellung			
Wachstuch und Kunstleder A.G.	GC 5653	Kunstleder, Kapital 765000 RM. Eine der führenden Firmen in Deutschland auf diesem Gebiet.	Kassel-Bettenhausen
Textilindustrie			
Spinnfaser A.G.	GY 4766C	Textilfaser. Kunstseide. Im Besitz der Ver. Glanzstoffabriken A.G. in Wuppertal-Elberfeld. Kapital: 15000000 RM. Diese Fabrikanlagen sind während der letzten Jahre wiederholt vergrößert worden.	Kassel-Bettenhausen
Salzmann & Co.	GS 5264	Segeltuchwebereien. Zeltstoffe, Bettwäsche, Uniformstoffe usw. Wagenbespannungen. Äußerst wichtiger Zulieferer für die Reichswehr.	Kassel-Bettenhausen
Chemische Industrie			
Dr. Riehm & Doege G.m.b.H.	GQ 1539	Teerdestillate	Kassel-Grifte
Flughäfen			
Kassel-Waldau Werkflugplatz	GY 4809C		
Kassel-Rothwesten Militärflugplatz	GU 4217		

Das Bomberkommando der Royal Air Force

Das britische Bomberkommando verfügte im Jahre 1943 in Ost- und Mittelengland über 52 Flugplätze, auf denen je eine bis zwei Squadrons (Staffeln) mit je 20 bis 30 Bombern stationiert waren. Das Hauptquartier befand sich in High Wycombe in der Nähe Londons. Es war von dem am weitesten entfernten kanadischen Flugplatz Middleton in Yorkshire über 300 Kilometer entfernt.

Etwa 12 Squadrons waren zu einer Group (Geschwader) zusammengefaßt. 1943 hatte das Bomberkommando sechs Groups im Einsatz, von denen Bomber an dem Angriff auf Kassel beteiligt waren. Die Flugplätze befanden sich in den Grafschaften Yorkshire, Lincolnshire und East Anglia und waren in der Nordsüd-Richtung über 200 Kilometer voneinander entfernt. Die kanadischen Plätze lagen am weitesten nördlich, so daß diese Maschinen entsprechend früher starten mußten, um bei einem Einsatz die englische Küste mit denen der anderen Groups gleichzeitig zu erreichen.

Die Besatzungen der schweren, viermotorigen Bomber der Typen Lancaster und Halifax bestanden in der Regel aus dem Piloten, der gleichzeitig Kommandant war, dem Navigator, dem Bombenschützen, dem Funker, dem Bordmechaniker und zwei Bordschützen.

Es waren ausschließlich Freiwillige – meist zwischen 19 und 25 Jahren – die aus dem gesamten britischen Empire und aus anderen alliierten Ländern kamen. Das Motiv ihrer Meldung zu den fliegenden Einheiten der Royal Air Force, deren Verluste erschreckend hoch lagen, war sicher bei manchem der Wunsch, Europa von der Nazi-Diktatur zu befreien und Vergeltung für die deutschen Luftangriffe zu üben. „Die Propaganda ihrer eigenen Nation hatte großen Erfolg darin gehabt, das unter ihnen liegende Deutschland als das Waffenlager des Nazi-Europa erscheinen zu lassen, als Wiege der Gestapo und Wegbereiter des Blitzkrieges der Luftwaffe, zusammen mit Millionen hysterischer, kampfbereiter Anhänger.

Das Bomberkommando weitete seine Angriffe erst dann auf Wohngebiete aus, als bereits 30 000 Menschen in Großbritannien durch deutsche Bomben umgekommen waren und weite Teile der City Londons, von Coventry und Southampton und einer Reihe anderer Städte schon in Trümmern lagen. Die Besatzungen des Bomber Command waren jung und entstammten einer Generation, die es gewohnt war, sich einer Autorität zu beugen. Sie wurden dafür geschult und damit beauftragt, nach Deutschland zu fliegen und ihre Bombenladung an einem bestimmten Punkt abzuwerfen. Man hatte ihnen gesagt, daß sie damit einen lebenswichtigen Beitrag zum Erfolg der Kriegshandlungen leisten würden.

So brachen die meisten von ihnen Nacht für Nacht mit großer Furcht in ihren Herzen zum Einsatz auf, um nicht mehr und nicht weniger zu tun, als ihr Auftrag war. Die Vorstellung, dabei vereinzelt oder massenhaft deutsche Zivilisten zu töten, belastete nur die allerwenigsten von ihnen. Denn auch der mitfühlendste junge Engländer mußte entdecken, daß er weder Schuld noch Bestürzung über seine Bombenabwürfe empfand, weil seine höheren oder menschlichen Gefühle einfach in der Angst untergingen."(41)

Auch die jungen Männer, die sich aus reiner Abenteuerlust, Interesse an der Technik und dem Wunsch zu fliegen, freiwillig gemeldet hatten, bekamen diese Angst nach ihren ersten Einsätzen zu spüren. Die normale Einsatzzeit für Besatzungen waren dreißig Feindflüge. Diese zu überleben war für den einzelnen reine Glückssache. 1943 betrug die Verlustrate des Bomber Command 4% der eingesetzten Bomber. Nur drei von zehn Besatzungen konnten damit rechnen, daß sie ihre erste Einsatzzeit überleben würden.

Schon der Start des Bombers war ein Risiko ersten Ranges. Überladen mit 6 Tonnen Spreng- und Brandbomben, Munition für die Maschinengewehre, Leuchtbomben und Tausenden von Litern hochexplosivem Benzin, brauchte nur ein Motor auszufallen, ein Reifen zu platzen oder die Maschine von der Startbahn abzukommen, und die sieben Mann Besatzung kamen in einem riesigen Feuerball ums Leben.

Beim Steigflug und in den Sammlungsräumen kollidierten Flugzeuge. Auf dem Weg zum Angriffsziel forderten Flak und Vereisung in großer Höhe ihre Opfer. In Gewittern und Stürmen stürzten Maschinen ab. Über dem Ziel, angegriffen von Flak und Nachtjägern, befanden sich oft Hunderte von Bombern gleichzeitig, gestaffelt zwischen 5 000 und 7 000 Metern Höhe, und warfen ihre Last ab. Dabei wurden tiefer fliegende Maschinen von den eigenen Bomben getroffen. Beim Rückflug erfolgten Abschüsse durch Nachtjäger. Bei schlechtem Wetter gab es Schwierigkeiten, den eigenen Platz zu finden und zu landen. Bei Nebel und tiefliegenden Wolken gingen viele Flugzeuge zu Bruch.

Rechts oben:
Das Ziel wurde von den Bomberverbänden aus verschiedenen Höhen angegriffen. Dabei befanden sich manchmal Dutzende von Maschinen zur gleichen Zeit übereinander im Luftraum, um ihre Bomben abzuwerfen.

Der Rumpf dieser Maschine wurde über dem Ziel von einer 10 Ztr. Bombe eines höher fliegenden Bombers durchschlagen. Es erreichte trotzdem seinen Heimatflugplatz.

Rechts unten:
Eine durch Flak schwer beschädigte LANCASTER, die nach dem Angriff trotzdem England erreichen konnte. Der Turm mit dem Heckschützen ist weggebrochen.

Die RAF bereitet den Angriff vor

Der Befehlsraum des Hauptquartiers des britischen Bomberkommandos in HIGH WYCOMBE. Hier wurden die Entscheidungen über die Angriffe auf die deutschen Städte getroffen.

HANDLEY PAGE HALIFAX

Ursprungsland:	Großbritannien
Einsatzzweck:	Schwerer Bomber
Hersteller:	Handley Page Ltd.
Spezifikation:	P 13/36
Im Kriegseinsatz:	1940/45

Triebwerke: Vier 1650 PS Bristol Hercules XVI Doppelsternmotoren
Spannweite: 31,75 m
Länge: 21,37 m
Höhe: 6,32 m
Leergewicht: 17400 kg
Fluggewicht: 24700 kg
Besatzung: 7 Mann

Höchstgeschwindigkeit: 435 km/h in 4110 m Höhe.

Dienstgipfelhöhe: 7320 m

Normale Reichweite: 1650 km

Bewaffnung: Neun 7,7 mm-Browning-Maschinengewehre; bis zu 5900 kg Bombenzuladung.

Die am Angriff beteiligten britischen Bomber

Halifax Mark II-Bomber

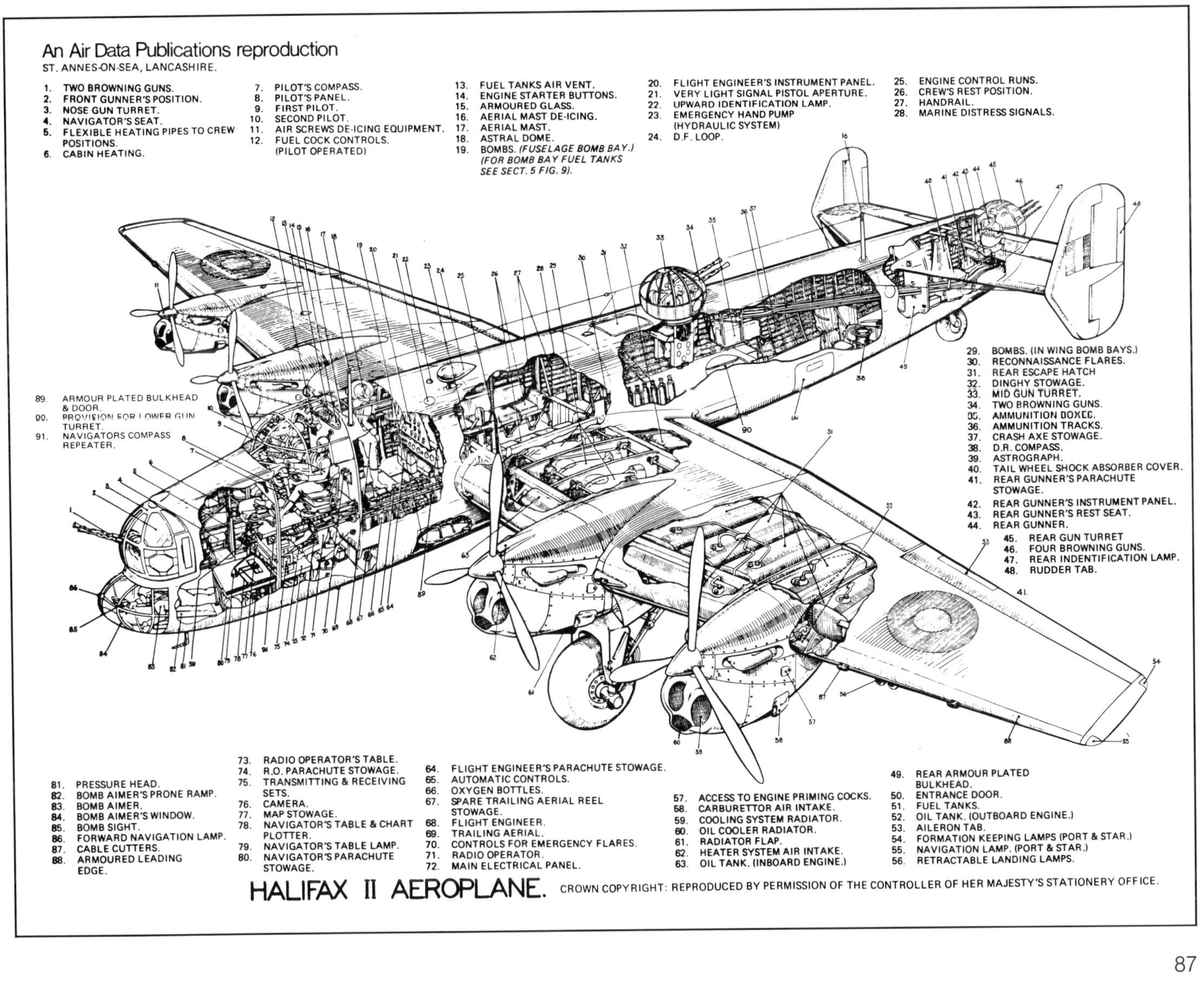

Lancaster Mark III (Avro) 619. Squadron, Dunholme Lodge, Lincolnshire.

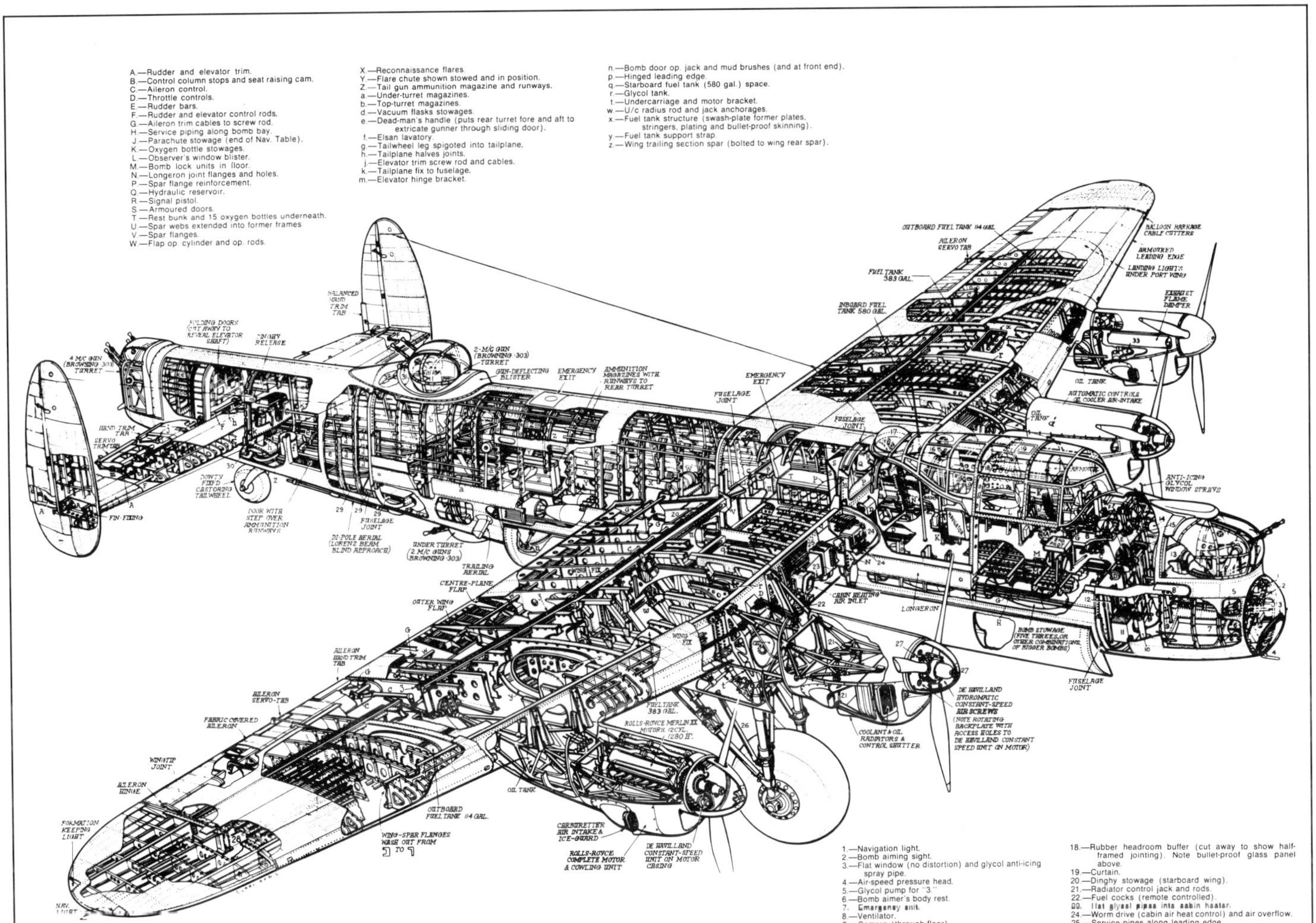

THE AVRO LANCASTER I (four 1,280 h.p. Rolls-Royce Merlin XX motors)

AVRO LANCASTER

Ursprungsland: Großbritannien
Einsatzzweck: Schwerer Bomber
Hersteller: A.V. Roe & Co. Ltd.
Im Kriegseinsatz: 1942/45

Triebwerke: Vier 1460 PS Rolls-Royce Merlin 20 oder 22 oder 1640 PS Merlin 24 12-Zyl.-Motoren.
Spannweite: 31,09 m
Länge: 21,11 m
Höhe: 6,00 m
Leergewicht: 16700 kg
Fluggewicht: 31000 kg (31800 kg mit der „Grand Slam"-Bombe).

Besatzung: 7 Mann

Höchstgeschwindigkeit: 460 km/h in 3500 m Höhe.

Dienstgipfelhöhe: 7400 m
Größte Reichweite: 2660 km

Bewaffnung: Zehn 303 Browning-Maschinengewehre (7,6 mm), normal bis zu 6350 kg Bombenlast.

Links:
Ein Halifax Bomber wird mit ca. 1200 Stab- und Phosphorbrandbomben beladen.

Unten:
Luftmine mit einem Gewicht von 2 t (4000 lb) „Wohnblock-Knacker“ vor dem Beladen einer Lancaster.

Oben:
Ein Zug Sprengbomben auf dem Weg zu den Maschinen.

Oben rechts:
Stabbrandbomben werden zum Einfüllen in Container vorbereitet.

Rechts:
Ein 500-Pfünder wird in den Bombenschacht gezogen.

Größenvergleich britischer Sprengbomben und Minen.
Gewichtsangaben in engl. Pfund (0,45 kg).

Ein Container ist mit 90 Stabbrandbomben gefüllt worden. Bis zu 20 dieser Behälter konnte eine Maschine mitführen.

Brandbombencontainer werden auf Transportwagen verladen.

Beladen einer Halifax mit Brandbombenbehältern und Sprengbomben.

Oben links:
Die 7köpfige Besatzung eines Halifax-Bombers.

Oben:
Die Besatzung eines Lancaster-Bombers beim Besteigen der Maschine.

Links:
Luftaufnahme eines typischen britischen Bomberflugplatzes mit drei sich überschneidenden Startbahnen von ca. 2000 und je 1400 Metern Länge und Abstellplätzen für ca. 30 Flugzeuge.

Rechts oben:
Lancaster-Bomber rollen zur Startbahn.

Rechts:
Bei jedem Start fanden sich Angehörige des Bodenpersonals ein, um die Besatzung zu verabschieden.

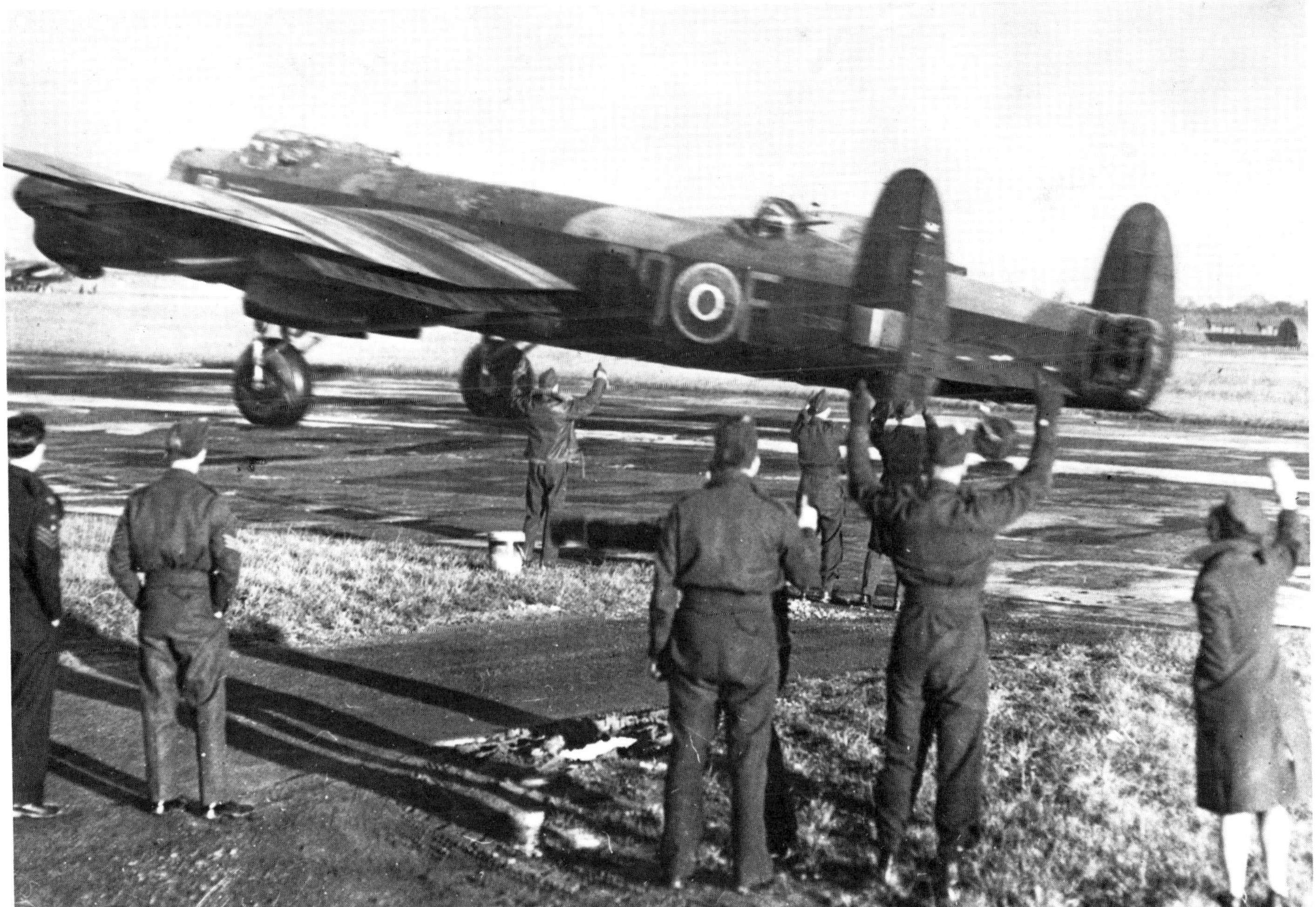

Planung und Einsatz der Pfadfinder-Verbände

Am Morgen des 22. Oktober 1943 schloß die deutsche Funküberwachung aus dem starken Abstimmungsverkehr der Funkgeräte in den Maschinen auf den Flugplätzen in Ost- und Mittelengland, daß ein Großeinflug bevorstand.

Nachdem Wetterflugzeuge eine günstige Wetterlage für den Anflug und über Mitteldeutschland gemeldet hatten, entschied Luftmarschall Harris im Hauptquartier des Bomberkommandos in High Wycombe, westlich von London, daß an diesem Abend Kassel endgültig zerstört werden sollte. Fernschreiber übermittelten die Einsatzbefehle an 38 Flugplätze. 569 viermotorige Bomber der Typen Lancaster und Halifax wurden bis zum frühen Nachmittag betankt und mit Bomben beladen. Die Maschinen faßten eine Bombenladung bis zu je 6 300 kg.

Für einen Flächenangriff war die übliche Beladung einer Lancaster eine 40 Ztr. Luftmine und 12 Container mit je 90 Stabbrandbomben (1,7 kg) oder 8 Phosphorbrandbomben (13,5 kg).

Der Ablauf des Angriffs soll im folgenden anhand zweier Originaldokumente, dem Bomber Command Report on Night Operations 22/23rd October 1943 vom 06.01.1944 und dem Erfahrungsbericht des Polizeipräsidenten in Kassel als örtlicher Luftschutzleiter vom 07.12.1943, und ergänzender Dokumente rekonstruiert werden. Die nur geschätzten deutschen Angaben über Einsatz und Bombenmengen der RAF wurden unter den einzelnen Abschnitten berichtigt.

MOST SECRET

NIGHT RAID REPORT NO. 45

COPY No. 16

7 JAN 1944

BOMBER COMMAND REPORT ON NIGHT OPERATIONS

22/23rd OCTOBER, 1943

KASSEL: FRANKFURT: Knapsack: Dortmund: Minelaying: Leaflets:

STRENG GEHEIM
NACHTANGRIFFS-BERICHT Nr. 45
BERICHT DES BOMBERKOMMANDOS ÜBER NACHTEINSÄTZE
22/23 OKTOBER 1943
KASSEL: FRANKFURT: Knapsack: Dortmund: Verminung: Flugblätter

KASSEL

PLAN OF ATTACK

8. Route East Coast-52°15'N. 03°00'E - 51°49'N. 03°51'E - 50°30'N. 06°10'E -
50°33'N. 07°15'E - KASSEL - 52°36'N. 08°29'E - 53°13'N. 04°52'E - N. end of Texel.
East Coast.

Angriffsplan
8. Kurs Ostküste – 52°15'N. 03°00'0 – 50°30'N. 06°10'
50°33'N. 07°15'O – Kassel – 52°36'N. 08°29'0 – 53°13'N. 4°52'O
– Nördl. Ende Texel – Ostküste.

9. Route-marking 9 blind-markers and 13 backers-up were to drop yellow T.I. at 16 miles/153°/Bremen on the way out, and at 37 miles/205°/Bremen on the return route.

9. Kursmarkierung 9 Radarbeleuchter und 13 Nachmarkierer sollten bei 16 Meilen/153°/ Bremen auf dem Hinflug und bei 37 Meilen/205°/ Bremen auf dem Rückflug gelbe Zielmarkierungsbomben (T.I. = Target Indicator = Zielmarkierungs-Bombe) werfen.

Da es äußerst schwierig war, in der Dunkelheit Hunderte von schweren Bombern, die von Dutzenden von Flugplätzen gestartet waren, in einem kompakten 'Bomberstrom' auf einem genau vorgeschriebenen Kurs zum Ziel zu bringen, warfen Pfadfinder-Flugzeuge an den Wendepunkten Markierungen ab, um den auseinandergezogenen Strom wieder zu sammeln. Hierzu wurden Zielmarkierungsbomben verwendet.

Diese, bei der deutschen Bevölkerung als 'Christbäume' bekannt und als die Vorboten eines Luftangriffes gefürchtet, waren bis zu 2,5 Zentner schwere Bomben mit einer Barometerzündung. In einer vorher festgelegten Höhe (meist 700 Meter) explodierte eine Sprengladung, die das Leitwerk absprengte und 60 Leuchtstäbe freigab. Diese entzündeten sich und sanken mit dem Geräusch von abbrennenden Feuerwerkskörpern auf die Erde herab, um dort einen kilometerweit sichtbaren roten, grünen oder gelben Farbfleck, mit einem Durchmesser bis zu 100 Metern, zu bilden. Die Brenndauer der Stäbe auf der Erde betrug 3 Minuten; dann wurden sie durch weitere Abwürfe erneuert.

Für die einzelnen Bombenschützen war die Erde in dunkler Nacht aus 6 - 7000 Metern Höhe kaum zu sehen. Es war deshalb erforderlich, das Ziel im Stadtgebiet mit farbigen Leuchteffekten so zu markieren, daß es von dem Bomberstrom gut auszumachen war. Die Zielmarkierung wurde von den Pfadfinderverbänden durchgeführt, in denen besonders erfahrene Besatzungen zusammengefaßt waren.

Die ersten, dem Verband vorausfliegenden Pfadfinder-Maschinen, waren sogenannte 'Blind-Markierer'. Sie waren mit einem Bord-Radargerät (englische Bezeichnung H2S, deutsch 'Rotterdam-Gerät') ausgerüstet, das auch bei Bewölkung auf einem Bildschirm die groben Umrisse des überflogenen Gebietes zeigte. Besonders gut waren Flüsse auf dem Radarschirm zu erkennen, was die Identifizierung des Kasseler Zielgebietes leicht gemacht hat.

Im Einsatzbefehl an die 9 Pfadfinder-Staffeln des Bomberkommandos vom Morgen des 22. Oktober 1943 ist festgelegt:

Blindmarkierer

„Markieren den Zielpunkt mit Hilfe ihrer Spezialgeräte mit gelben Zielmarkierungen. Sie werfen gleichzeitig eine Reihe Leuchtbomben ab."

Der Angriffsbeginn war auf 20.55 Uhr festgesetzt. (Englische Bezeichnung Zero hour = Stunde Null).

Als Blind-Markierer waren 11 Halifax- und 3 Lancaster-Bomber eingesetzt. Sie hatten ihre Bomben um 'zero - 6', also 6 Minuten vor Angriffsbeginn, um 20.49 Uhr abzuwerfen.

Ihnen folgten 2 Minuten später 2 Halifax und 8 Lancaster als Sicht-Markierer, die den Zielpunkt mit Hilfe der bereits abgeworfenen Leuchtmittel identifizieren und markieren mußten.

Sicht-Markierer

„Markieren den genauen Zeitpunkt nach eindeutiger visueller Identifikation mit roten Zielmarkierungsbomben. Diese dürfen nicht ausgelöst werden, wenn über den Zielpunkt Zweifel bestehen. Sie führen ein Bündel weiße Leuchtbomben mit sich, die auf Anforderung der Kommandanten zur besseren Identifikation abgeworfen werden. Wenn sie das Ziel nicht ausmachen können, sind die roten Bomben zurückzuhalten. Sie haben dann mit ihren grünen Zielmarkierungsbomben in das geschätzte Zentrum aller gelben zu zielen, mit einer Verzögerung von einer Sekunde."

Den Sicht-Markierern folgten 'Backers-up', Nach-Markierer, welche die nach einigen Minuten abgebrannten Zielmarkierungen erneuern mußten.

Backers-up

„Markieren den Zielpunkt weiter. Sie zielen mit ihren grünen T. I. (Zielmarkierungsbomben) auf die roten T. I., sofern diese zu Beginn des Angriffs sichtbar sind. Später eintreffende Backers-up zielen ihre T. I. grün auf das geschätzte Zentrum aller T. I. grün, mit einer Verzögerung von einer Sekunde. Wenn trotz Ankunft zur korrekten Zeit frühe Backers-up keine T. I. rot sehen, müssen sie ihre T. I. grün auf das geschätzte Zentrum aller sichtbaren T. I. gelb zielen."

Als Nachmarkierer waren vorgesehen:

1 Halifax + 3 Lancaster um Null minus 2 (20.53 Uhr)
4 Lancaster um Null minus 1 (20.54 Uhr)
17 Lancaster von Null bis Null plus 16 (21.11 Uhr) (1 pro Minute)

IMMEDIATE
SECRET NOT W/T

DSO
B4/3

GPH SRL B 188
GRY 19 T 35 SQUADRON
GSD 84 T 405 SQUADRON
OAK 57 T 7 SQUADRON
WTN 9 T 83 AND 139 SQUADRONS
BOU 77 T 97 SQUADRON
WBS 94 T 156 SQUADRON
MAR 50 T 105 AND 109 SQUADRONS
HBC T HQBC

H.Q. No. 8 GROUP, (P.F.F.)
ROYAL AIR FORCE
22 OCT 1943
SIGNALS SECTION

V GPH GPH 23/22 221338A 1338.
FROM PATHFINDERS O-P
TO 35,405,7,83,97,156,105,109 AND 139 SQUADRONS
INFO HQBC

SECRET QQX BT

A. FORM ''B'' NO .456
B. DATE 22ND OCTOBER 1943
C. 474 HEAVIES OF 1,3,4,5 AND 6 GROUPS + 79 P.F.F. WILL TAKE PART IN ANØ ATTACK ON BREAM T.O.T. Z-6 TO Z+16. 36 AIRCRAFT OF P.F.F. WILL TAKE PART IN A SPOOF ATTACK ON S O L E.
AIRCRAFT OF 109 AND 105 SQUADRON WILL CARRY OUT TRAINING ATTACKS ON GO1237 AND 1 SPECIAL AIRCRAFT OF 139 SQUADRON WILL CARRY OUT AN EXPERIMENTAL ATTACK ON S P R A T T .

D. INTENTION
---------- TO GROUNDMARK THE AIMING POINT.

METHOD
-----
(1) ROUTEMARKERS
------------ 1 T.I. YELLOW LB WILL BE DROPPED AT POSITION. 5033N 0715E BY BLIND MARKERS OF 7 SQUADRON ON BOTH MAIN AND SPOOF TARGETS. THESE WILL BE BACKED UP BY BACKERS UP OF 97 SQUADRON.

(2) BLIND MARKERS
------------- WILL MARK THE AIMING POINT WITH T.I. YELLOW BLINDLY BY MEANS OF THEIR SPECIAL EQUIPMENT.
THEY WILL ALSO RELEASE A STRING OF FLARES, TO BE DROPPED AS DETAILED LATER.
NO ILLUMINATING FLARES TO BE DROPPED IF CLOUD CONDITIONS ARE MORE THAN 7/10THS.

(3) VISUAL MARKERS
------------- WILL MARK THE EXACT

---------------- WILL MARK THE EXACT AIMING POINT WITH T.I. RED AFTER DEFINITE VISUAL IDENTIFICATION. THEY WILL NOT REPEAT NOT DROP THEIR T.I. RED UNLESS THEY ARE ABSOLUTELY CERTAIN OF THE AIMING POINT.
THEY WILL CARRY 1 BUNDLE OF FLARES WHITE TO BE USED TO ASSIST VISUAL IDENTIFICATION AT THE CAPTAINS DESCRETION.
IF THEY ARE UNABLE TO IDENTIFY VISUALLY THEY MUST RETAIN THEIR T.I. RED, AND AIM THEIR T.I. GREEN AT THE ESTIMATED CENTRE OF ALL THE T.I. YELLOW SEEN WITH AN OVERSHOOT OF 1 SEC:

(4) BACKERS -UP
------------WILL KEEP THE AIMING POINT MARKED, AIMING THEIR T.I. GREEN AT THE T.I. RED IF SEEN IN THE EARLY PART OF THE ATTACK.
LATER BACKERS UP WILL AIM THEIR T.I. GREEN AT THE ESTIMATED CENTRE OF ALL THE T.I. GREEN SEEN WITH AN OVERSHOOT OF 1 SEC:
IF ON ARRIVAL AT THE CORRECT TIME, EARLY BACKERS-UP SEE NO T.I. RED THEY MUST AIM THEIR T.I. GREEN AT THE ESTIMATED CENTRE OF ALL THE T.I. YELLOW SEEN WITH AN OVERSHOOT OF 1 SEC:

(5). SUPPORTERS
----------- ARE PERMITTED TO IDENTIFY VISUALLY FOR TRAINING PURPOSES. IF THEY ARE UNABLE TO DO SO, THEY WILL AIM THEIR BOMBS AT THE T.I. RED OR AT THE ESTIMATED CENTRE OF ALL THE T.I. YELLOW SEEN.

(6) ALL QUALIFIED 'Y' AIRCRAFT ARE TO CARRY 1 FLARE RED WITH GREEN STARS INTERNALLY TO BE USED IF CLOUD CONDITIONS MAKE IT NECCESSARY IN ACCORDANCE WITH THIS HQ. SIGNAL A014 OF 14TH AUGUST 1943. TIMING FOR WANGANNI AS DETAILED BELOW.

(7) ROUTEMARKERS
------------- 1 T.I. YELLOW L.B. WILL BE DROPPED AT POSN. 5236N 0829E BY BLIND MARKERS OF 7 SQUADRON ON BOTH MAIN AND SPOOF TARGETS. THESE WILL BE BACKED UP BY BACKERS-UP OF 97 SQUADRON.

(8) SPOOF TARGET

(A) BLIND MARKERS WILL MARK THE AIMING POINT WITH T.I. RED EITHER BLINDLY BY MEANS OF THEIR SPECIAL ~~XXXXXXXXXX~~ EQUIPMENT OR AFTER DEFINITE VISUAL IDENTIFICATION. THEY WILL ALSO RELEASE A STRING OF FLARES AS DETAILED LATER.

(B) MOSQUITOES OF 139 SQUADRON

Die aus ca. 8000 Metern Höhe aufgenommene Luftaufnahme von Kassel macht deutlich, daß die Innenstadt mit dem mittelalterlichen Kern ein geradezu ideales Ziel für einen Flächenangriff bot. Der Zielpunkt des Angriffs, der Martinsplatz, war so gewählt, daß die Masse der abgeworfenen Spreng- und Brandbomben in ein Gebiet fallen mußte, das eine rapide Ausdehnung von Bränden begünstigte.

Neben den gelben, roten und grünen Zielmarkierungsbomben und Leuchtbomben führten die Pfadfinder-Flugzeuge Luftminen und schwere Sprengbomben mit sich. Vor und zu Beginn des Angriffs abgeworfen, sollten sie mit ihrer gewaltigen Druckwirkung Dächer abdekken, Fenster zersplittern, an Fachwerkhäusern das Holz freilegen, das Zielgebiet also 'auflockern', um den großen Mengen der folgenden Brandbomben Nahrung zu geben und das schnelle Entstehen von Flächenbränden zu ermöglichen.

Den Pfadfindern folgte die 'Main Force', das Gros der Bomber mit 225 Halifax- und 255 Lancaster Maschinen in einem Strom von ca. 150 Kilometer Länge und 30 Kilometer Breite. Sie sollten Kassel von 20.55 Uhr bis 21.11 Uhr in vier Wellen bombardieren.

Bei einer durchschnittlichen Geschwindigkeit von 350 km/h befanden sich beim Angriffsbeginn die letzten Maschinen des Bomberstroms noch im Raum Bonn - Koblenz. Soweit der Plan des Angriffs.

Alle nachstehend erläuterten Kurse der deutschen und britischen Flugzeuge sind auf den beigefügten Karten 1 und 2 zu verfolgen.

Der Start der Armada erfolgte von den Einsatzhäfen in den Grafschaften Yorkshire, Lincolnshire und East Anglia zwischen 17.30 Uhr und 18.30 Uhr.

Die Flugplätze, auf denen je 20 bis 30 Bomber stationiert waren, lagen in der Nordsüdrichtung über 200 Kilometer voneinander entfernt.

Die im Norden gelegenen kanadischen Einheiten mußten daher entsprechend früher starten, um in der vorgeschriebenen Zeit die englische Küste zu erreichen. Die schwerbeladenen Bomber brauchten über eine Stunde, um auf 6000 Meter Höhe zu kommen, in welcher die holländische Küste über der Scheldemündung überflogen werden sollte.

Bis zu diesem Zeitpunkt, etwa 20.00 Uhr, waren bereits 48 Maschinen wegen technischer Mängel oder Bedienungsfehler der Besatzungen zu ihren Flugplätzen zurückgekehrt. Um sicher landen zu können, warfen sie ihre Bombenladungen zum größten Teil im Notwurf über der Nordsee ab. Weitere 22 Maschinen kehrten kurze Zeit später wegen starker Vereisung um, so daß die geplante Einsatzstärke schon um 70 Flugzeuge reduziert war.

Bereits nach dem Start in England waren die Bomber von den an der holländischen und belgischen Küste stationierten deutschen Frühwarn-Funkmeßgeräten vom Typ 'Wassermann' und 'Freya' und vom Funkhorchdienst erfaßt worden. Meldungen, daß sich an die 400 feindliche Maschinen über Südostengland, mit Kurs auf die Scheldemündung sammelten, gingen an die Gefechtsstände der fünf Jagddivisionen, die über den Einsatz der Nachtjäger zu entscheiden hatten. Schon um 19.00 Uhr wurden die Besatzungen der Me 110 und Ju 88 auf ihren Plätzen im Reichsgebiet alarmiert, und als die Spitze des Bomberstroms die holländische Küste erreichte, waren die Nachtjäger der am vermuteten Einflugkurs liegenden Flugplätze schon in der Luft und sammelten sich über den Funk- und Leuchtfeuern, um von den Leitoffizieren der Gefechtsstände in den Bomberstrom eingeschleust zu werden.

Der Einsatz der gesamten Nachtjagd hing jetzt von der Beurteilung der Lage durch die Divisionsstäbe ab. 238 zweimotorige Jäger der Typen Me 110 und Ju 88 und 53 einmotorige Me 109 und FW 190 waren an diesem Abend einsatzbereit, jedoch mußten zu entfernten, möglichen Angriffszielen weite Flugstrekken zurückgelegt werden.

Die Meldungen der Radarstationen, Luftraumbeobachter und Flugwachen ließen bis in den Raum von Aachen einen nach Süddeutschland gerichteten Kurs erkennen. Dann jedoch, etwa um 20.15 Uhr, drehte der Bomberstrom in Richtung Koblenz, und Frankfurt wurde als mögliches Ziel angenommen. Dies war von den Planern des Bomberkommandos beabsichtigt. Laut Einsatzbefehl sollten 15 Blind-Markierer und weitere 21 Maschinen, darunter 8 zweimotorige Mosquitos, mit roten und grünen Zielmarkierungsbomben und Leuchtbomben ab 20.30 Uhr einen Scheinangriff auf Frankfurt unternehmen. Sie waren auf einem geraden, schnelleren Kurs geflogen.

Eine weitere Kursänderung des Bomberstroms in der Nähe von Koblenz, diesmal direkt in Richtung Kassel, wurde vom Flugmeldedienst nicht erkannt. Diese Tatsache, verbunden mit falschen englischen Durchsagen in deutscher Sprache auf den Nachtjägerfrequenzen, führte dazu, daß ein großer Teil der Nachtjäger nach Frankfurt geleitet wurde.

Erst als die Motorengeräusche der Anfangswellen im Raum Gießen - Marburg mit Kurs Nordost zu hören waren und schließlich die ersten Leucht- und Zielmarkierungsbomben aufleuchteten, war das Ziel des Angriffs eindeutig: Kassel. Auch die Luftbeobachtungsflugzeuge der Jagdgeschwader erkannten nun bei wolkenlosem Himmel und klarer Sicht den Angriffsbeginn, und die sich im Anflug auf Frankfurt befindlichen Nachtjäger drehten nach Norden in Richtung Kassel. Da die geplante Angriffsdauer von nur knapp 20 Minuten von einem großen Teil der Bomber wegen der schlechten Wetterbedingungen auf dem Anflug und damit verbundenen zeitweisen Motorausfällen durch Vereisung nicht eingehalten werden konnte, kamen fast doch noch alle Nachtjäger zum Einsatz.

Die um Kassel stationierten Scheinwerfer- und Flakbatterien hatten schon um 19.51 Uhr Alarmbereitschaft erhalten. Folgende Eintragungen sind dem Gefechtsbericht der 4. Batterie der Schweren Flakabteilung 393 in Obervellmar entnommen, einer der mit 8,8 oder 10,5 cm Geschützen ausgerüsteten Batterien, die zum Schutze von Kassel eingesetzt waren:

19.58 Starke Einflüge in breiter Front in mehreren Wellen über die Scheldemündung

20.01 Feuer- und Leuchtverbot
R. 8 200 km, feindlich
(Anmerkung: Die verwendeten Zahlen für die Himmelsrichtungen entsprechen den Ziffern einer Uhr. 12 = Norden, 3 = Osten, 6 = Süden, 9 = Westen. Richtung 8 also Südwestwest)
Weitere Einflüge über Scheldemündung
Flukobereich Dortmund (Fluko = Flugwachkommando, eine Einheit der Luftnachrichtentruppe, die Flugmeldungen sammelte, auswertete und weitergab): viele feindliche Flugzeuge
Weitere Einflüge über Scheldemündung

20.09 Feuerbereitschaft

20.10 R. 9 80 km
4. Batterie feuerbereit

20.17 Sprechprobe auf Flaksender
R. 8 100 km fdl.
R. 10 60 km fdl.

20.18 R. 9 40 km fdl.
R. 10 60 km fdl.

20.20 4. Batterie: FuMG. aufgefaßt: R.7, 14 km (Anmerkung: FuMG = Funkmeßgerät. Bodenradargerät mit einer Reichweite von ca. 30 km. Eingesetzt bei Scheinwerfern und schweren Flakbatterien zum Auffassen von Luftzielen. Deckname 'Würzburg'. In diesem Fall muß ein deutscher Nachtjäger aufgefaßt worden sein, da die britischen Maschinen noch weiter entfernt waren)

20.23 R. 11 80 km

20.25 4. Batterie: FuMG Ziel aufgegeben

20.27 R. 9 50 km fdl.
R. 8 70 km
R. 9 50 km fdl.

20.28 Einflüge halten an

20.30 R. 6 40 km fdl.

20.31 Feuer frei bis 5500 m

20.35 4. Batterie: FuMG Ziel aufgefaßt: 18 km, 6000 m Höhe
Feuer frei bis 7000 m. Nur auf als einwandfrei feindlich erkannte Maschinen.

20.35 Vermutlicher Angriffsschwerpunkt Frankfurt/Main

20.38 4. Batterie: FuMG Ziel aufgefaßt: R. 9 15 km
FuMG Ziel aufgegeben
R. 7 40 km fdl.
Bombenabwürfe in Frankfurt/Main

20.42 4. Batterie schießt!

Das Luftschutzwarnkommando Kassel, untergebracht in Kellerräumen des Hessischen Landesmuseums, hatte die Aufgabe, Industrie und Bevölkerung vor drohenden Luftangriffen so rechtzeitig zu warnen, daß alle noch erforderlichen Luftschutzmaßnahmen bis zum Einsetzen des Luftangriffs durchgeführt werden konnten. Die laufend eingehenden Meldungen des Flugmeldedienstes wurden ausgewertet und die jeweiligen Positionen feindlicher und eigener Flugzeuge in die Luftlagekarten, die einen Umkreis von 200 Kilometern umfaßten, eingezeichnet. An das LS-Warnkommando Kassel waren ca. 60 'Warnstellen' angeschlossen, Industriebetriebe, Krankenhäuser, Reichsbahn, Reichspost und Verwaltungen, die über Fernsprech-Rundspruchschränke vor dem eigentlichen Fliegeralarm über die Luftlage informiert und gewarnt wurden. Die Warnmeldungen begannen mit L 30 (Luftgefahr 30, was bedeutete, daß die feindlichen Maschinen noch 30 Minuten von Kassel entfernt waren. Bei einer durchschnittlichen Geschwindigkeit der Bomber von 350 km/h waren das ca. 175 Kilometer). Eine Reihe von Rüstungsbetrieben und die Reichsbahn hatten Verdunkelungserleichterungen, um effektiv arbeiten zu können. Diese Betriebe mußten je nach Wetterlage und Sichtverhältnissen beim Näherkommen der Flugzeuge, also bei L 25, L 20 und L 15 aufgefordert werden, schrittweise zu verdunkeln, wobei die Lichter der Reichsbahn erst voll gelöscht wurden, wenn sich die Maschinen unmittelbar vor Kassel befanden.

Das Auslösen des akustischen Alarms zur Warnung der Bevölkerung war obligatorisch bei Luftgefahr 10. Die Flugzeuge waren dann noch zwischen 50 und 60 Kilometern entfernt.

An diesem Abend waren die eingehenden Luftlagemeldungen so widersprüchlich, daß der Leiter des LS-Warnkommandos sich entschloß, bereits um 20.17 Uhr den Fliegeralarm auszulösen.

Der Leiter des LS-Warnkommandos Kassel, Hauptführer Wilhelm Dettmar, mit dem Autor als Luftwaffenhelfer im Sommer 1943.

Datum	Ablsg	Lfd Nr.	Gr. Mitte Kassel Nr.	A	Lz	Gr. Nord Hofgeismar Nr.	A	Lz	Gr. Ost Witzenhausen Nr.	A	Lz	Gr. Süd-Ost Eschwege Nr.	A	Lz
4.10.43	I ÖLW	356				251	0938	1040						
4.10.43	I	357	226 129	1107	1141	252	1126	1151	185	1110	1141	181	1110	1141
4.10.43	III	358												
5.10.43	III ÖLW	359	227	1128	1148	253	1129	1148	186	1128	1148	182	1128	1148
7.10.43	I ÖLW	360	228	1047	1106				187	1047	1100			
7.10.43	II ÖLW	361	229	1335	1433	254	1328	1449	188	1336	1449	183	1338	1449
9.10.43	II	362	230 195	0145	0224	255	0140	0236	189	0140	0224	184	0148	0224
9.10.43	II ÖLW	363	231	1224	1257	256	1224	1259						
10.10.43	{ A ÖLW }	364	232	1515	1535	257	1512	1552	190	1517	1534	185	1517	1534
12.10.43	III ÖLW	365	233	1405	1450	258	1401	1516	191	1410	1502	186	1410	1502
13.10.43	III ÖLW	366	234	1127	1144	259	1130	1147	192	1126	1158	187	1126	1158
14.10.43	I	367												
14.10.43	I	368												
16.10.43	III	369	235 170	2023	2040	260	2015	2047						
18.10.43	III	370	236	1601	1648	261	1604	1650	193	1601	1643	188	1601	1643
18.10.43	III/I	371	237	2035	2113	262	1954	2118	194	2026	2110	189	2035	2110
20.10.43	III ÖLW	372	238	0900	0917	263	0903	0917	195	0903	0915	190	0903	0915
20.10.43	II	373	239	1955	2021	264	1953	2024	~~196~~	~~2107~~	~~2225~~	~~191~~	~~2107~~	~~2225~~
20.10.43	II	374	240	2120	2230	265	2115	2245	196	2107	2225	191	2107	2225
21.10.43	I	375	241	2020	2044	266	2019	2050						
22.10.43	III	376	242	2017	2305	267	2017	2305	197	2029	2305	192	2029	2305
24.10.43	II	376	243 ~~1000~~	1000 ~~143~~	1133									
24.10.43	I	377	244	2039	2113	268	2039	2110						
30.10.43	II ÖLW	378				269	0909	0929						
	45		199											

Einsatzraum des Luftschutzwarnkommandos im Keller des Landesmuseums mit Luftlagekarten und Kartentisch.

Luftschutzwarnkommando Kassel. Weitergaberaum mit Klappenschränken. Von hier wurden die Luftlagemeldungen an Krankenhäuser, Fabriken usw. gegeben.

Links:
Auszug aus dem Alarmbuch des Luftschutzwarnkommandos. Unter Nr. 376 ist der Beginn des Alarms um 20.17 Uhr verzeichnet.

VNOT

Links:
Lancaster-Bomber der 5. Gruppe, 50. Squadron aus Skellingthorpe, Lincolnshire.

Unten:
GEE-Navigationsgerät zur Positionsbestimmung.

Oben:
Die wichtigsten Instrumente für den Piloten eines Halifax-Bombers. In der Mitte die vier Gashebel.

Unten:
Der Bomberschütze eines Lancaster-Bombers im Bug des Flugzeuges mit dem Auslöseknopf.

Ein Teil der Kasseler Innenstadt im Scheine von Leuchtbomben („Christbäumen"). Im grellweißen Magnesiumlicht sind Straßen und Plätze deutlich zu erkennen. Unten links im Bild der Holländische Platz mit den Henschel-Werkhallen. Nach schräg rechts abzweigend die Holländische Straße. In der Bildmitte der Hauptfriedhof und links daneben der Unterstadtbahnhof.

Mombachstr.
Hanauer Str.
Ziegenhainer Str.
Friedhof
Mombachstr.
Kirche
Westring
Wolfhager Strasse
Leichenhalle u. Krematorium
Grabensteiner Str.
Karolinenstr.
Militär Friedhof
Henkerstr.
Hilfs-Schule
Giessberg Str.
Holländische Str.
Westring
Mombachstr.
Schlacht- u. Viehhof
Ludwigstr.
Gutenberg Str.
Moritz Str.
Kap. Apostol. Gem.
Schlachthofstr.
Henschelstr.
Moritz
Asyl
155
160

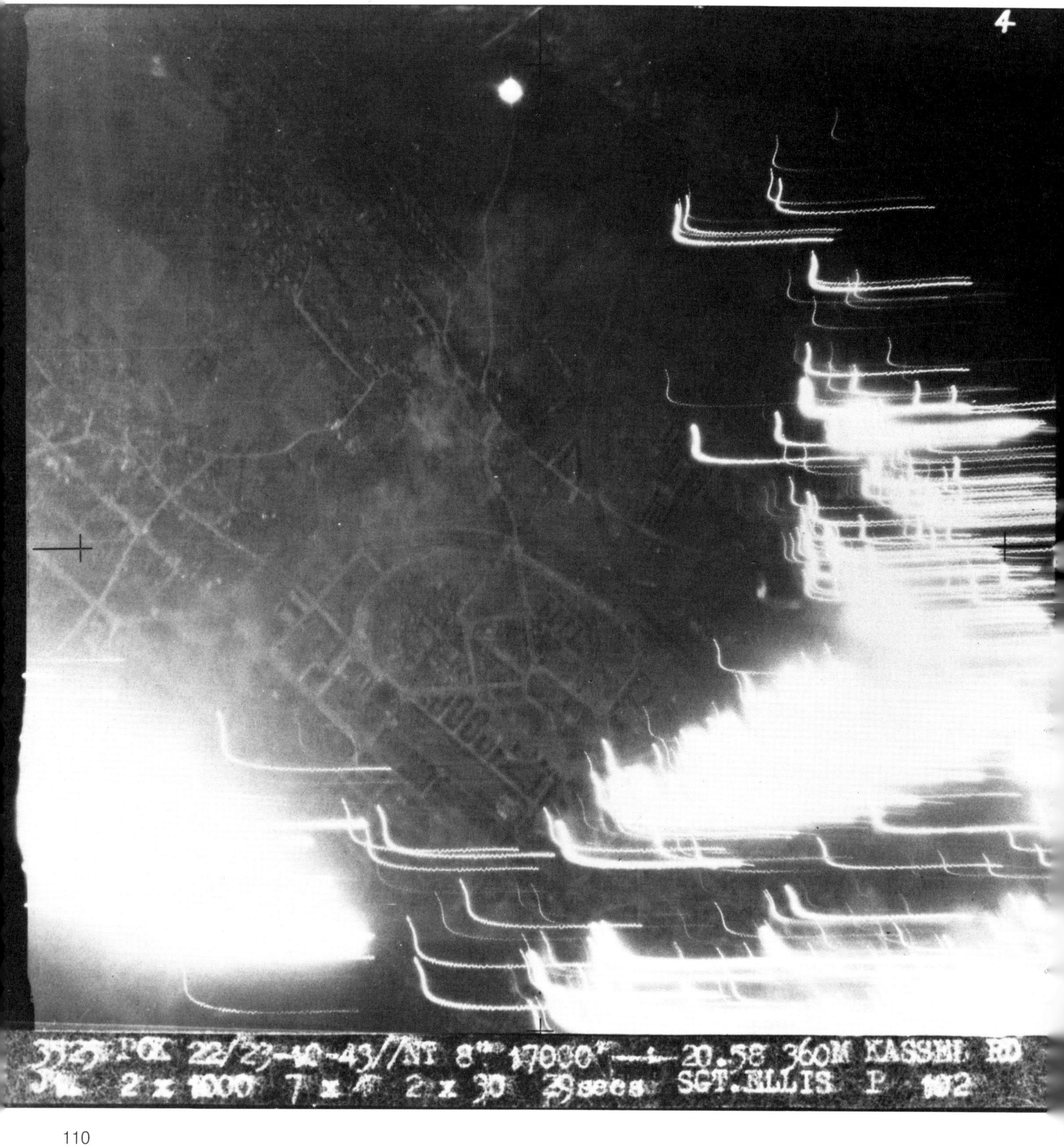
4
22/23-10-43//NT 8" 17000' 20.58 360M KASSEL
2 x 1000 2 x 30 SGT.ELLIS

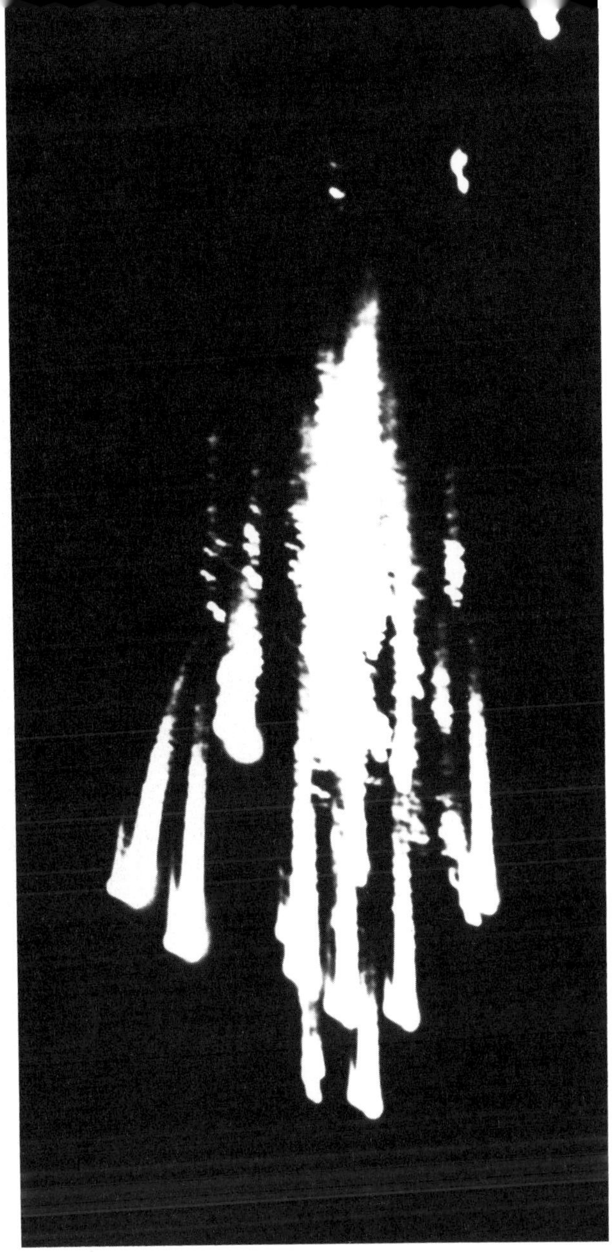

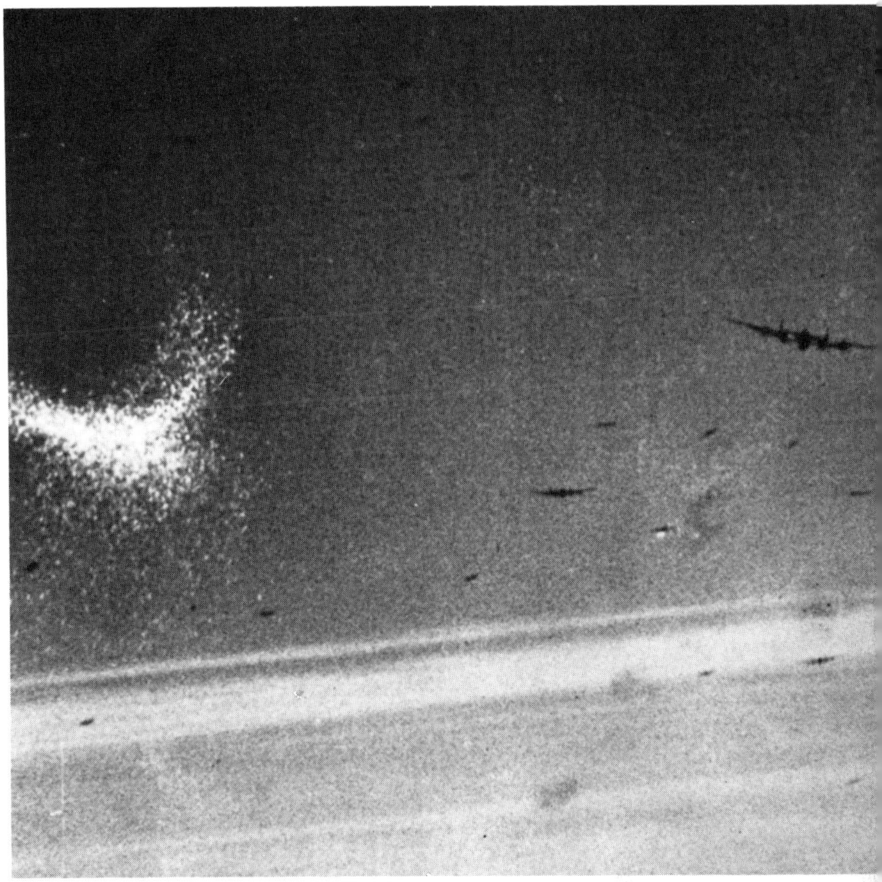

Links:
Die britischen Bomber führten Kameras mit sich, die während des Angriffs das Gebiet fotografierten, welches das betreffende Flugzeug bombardiert hatte. Mit den Bomben wurde eine Blitzlichtbombe abgeworfen, die, durch einen Barometerzünder ausgelöst, das Zielgebiet taghell erleuchtete. So konnte bei der Auswertung der Fotos kontrolliert werden, ob und an welcher Stelle die Maschinen die Stadt getroffen hatten. Auf diesem Foto, das aus ca. 5000 Metern um 20.58 Uhr aufgenommen wurde, ist in der Bildmitte das Gebiet um die Stadthalle zu erkennen. Der vorgegebene Zielpunkt (Martinsplatz) wurde von dieser Maschine um ca. 3 Kilometer verfehlt.

Oben:
Britische Leuchtbomben, von der Bevölkerung „Christbäume" genannt.

Oben rechts:
Anfliegende Bomber werfen Aluminiumfolien (Düppelstreifen) ab, um die Radar-Frequenzen der deutschen Abwehr zu stören.

Rechts:
Der Auslöseknopf für die gesamte Bombenladung von ca. 5 Tonnen.

Oben:
Die Stabbrandbombenladung eines Lancaster-Bombers wird über dem Ziel abgeworfen.

Links:
Leuchtbomben über der Stadt. Im Lichtschein oben Kondensstreifen der Bomber.

Lancaster DV 227 und seine Besatzung

Von dem Lancaster Bomber DV 227, stationiert bei der 50. Squadron in Skellingthorpe/Lincolnshire, ist von dem Angriff auf Kassel am 22.10.1943 das Logbuch erhalten (Abb. Seite 114 und 115). Geführt wurde es vom Navigator der Maschine, Sergeant Don Richardson. Es war sein zweiter Einsatz beim Bomberkommando. Drei Tage zuvor war er über Leipzig.

Jahrgang 1922, meldete er sich 1941 freiwillig zur RAF und wurde im Oktober eingezogen. Die Grundausbildung erhielt er in Essex, die Schulung als Navigator war im Juni 1942 in Eastbourne beendet. Dann Überfahrt mit dem Schiff nach New York und weitere Ausbildung bei der privaten Fluggesellschaft Pan American Airways in Florida, Kurse an der Universität von Miami und Instruktionsflüge mit jeweils 10 Navigatoren in Flugbooten.

Rückkehr nach England im November 1942, zusammen mit 17000 Soldaten, meist Amerikanern, auf der Queen Elisabeth.

Im März 1943 Ende der Ausbildung als Navigator und Beförderung zum Sergeant. Im April zu einer Schulungseinheit, bei der die Besatzungen zusammengestellt wurden. Das Foto zeigt die Besatzung – alle etwa 21 Jahre alt – außer dem Bordmechaniker, der später dazu kam. Es wurden damals nur wenige Fotos von Besatzungen gemacht, da dies vor der Beendigung der Einsatzzeit als böses Omen galt. Mit insgesamt 40 Flugstunden Ausbildung kam die Besatzung im September 1943 zu ihrem Einsatzhafen in Skellingthorpe.

Nach den Eintragungen im Logbuch wurde der Kurs der Maschine DV 227, mit Sergeant Lloyd als Pilot, auf einer der drei Übersichtskarten, die dieser Dokumentation beigefügt sind, rekonstruiert. Die jeweiligen Positionsbestimmungen wurden teilweise nach dem elektronischen Verfahren GEE oder nach Koppelnavigation vorgenommen. Start um 18.19 Uhr in Skellingthorpe. Um 21.06 Uhr sollte die Maschine über Kassel sein, wegen zeitweiser Vereisung der Motoren wurde das Ziel jedoch erst um 21.27 Uhr erreicht. Auf dem beim Bombenabwurf aufgenommenen Blitzlicht-Zielfoto ist zu erkennen, daß der Zielpunkt um ca. 6 km in östlicher Richtung verfehlt wurde.

Bei der Rückkehr lag der Heimatflugplatz in dichtem Nebel. Die Maschine wurde nach West Schottland umgeleitet und landete um 01.10 Uhr nach fast sieben Stunden Flugzeit in Silloth. Es gab in der Lancaster nur einen Piloten – und fast die gesamte Strecke wurde im Blindflug nach Instrumenten zurückgelegt.

Die Lancaster DV 227 wurde – mit einer anderen Besatzung – im Mai 1944 bei einem Einsatz über Frankreich abgeschossen. Die Besatzung Lloyd überlebte ihre 30 Einsätze.

TIME	RQD. TRACK (T)	W/V USED AND D.R. DRIFT	Course (T)	Course (M)		NAVIGATIONAL OBSERVATIONS (Pin-points, Fixes, Position Lines, Actual T.M.G., Actual Drift, G/S and W/V, Manoeuvres, etc.)	GENERAL OBSERVATIONS (Met. Conditions, Bombing, Intelligence, Enemy Action, etc.)	R.A.S.	HEIGHT & A. TEMP.	T.A.S.	D.R. G/S	DIST. TO RUN	D.R. TIME	E.T.A
23 23			255			FIX 53 31N 03°20E E	I.F.F ON							
23 28		228/40	255			FIX 53° 31N 02° 55'E								
23 33						FIX 53° 25N 02° 38'E		169	8000	190				
2345						FIX 53° 20'N 01 35E 137/45	Diversion to Silloth - Restart Air Plot		0					
0000						FIX 53° 15'N 00 20E	- ENGLISH COAST. - ON TRACK							
						W/V 146 / 30 AIR PLOT								
0002			300	311	311	Approx Course for SILLOTH								
0014	309	146/30	307	318	318	DR 53°37 N 0042W A/c SILLOTH		169	8000	190	220	137	37½	00 51½
0016						FIX 53°38'N 00 48W			0.					
						W/V 150 /25 AIR PLOT								
0028						FIX 5300N. 01°35 W	3 Engines					94	25½	0053½
						W/V 146 /20 AIR PLOT		142						
0040						FIX 54 21N 02 21W.	2 Engines		12000		210	54	15½	0055½
0053						G FIXES TO SILLOTH on G CHART.	3 Engines.							
0056						10/10 Undercast. Decide to come in on Controlled Descent								
0100						QDM's for Controlled Descent								
0104						Aerodrome Sighted.								
0110						LANDED AT SILLOTH								
						FORM 2330 HANDED IN AT SILLOTH MET OFFICE	D Richardson SGT.							

SQUARE SEARCH Signed.........................Navigator

HEIGHT			VAR.			W/V			VIS.			T.A.S.	
Track T	Course M	D.R. G/S	DIST.	D.R. TIME	T.T.T.	DIST.	D.R. TIME	T.T.T.	DIST.	D.R. TIME	T.T.T.		
			2V			6V			10V				
			2V			6V			10V				
			4V			8V			12V				
			4V			8V			12V				

MEMORANDA

ASTRO
STARS ALTAIR DENEB VEGA DUBHE POLARIS
SETT. LONG 07 04'E

R of A
Tr 294 Co 284 - 19 mins 50'
Tr 114 Co 124 - 16 mins 50'
35 mins

FORM 441

SQUADRON 50 A/C NUMBER DV 227 LETTER F. 2 DATE OCTOBER 22/23 1943

CAPTAIN SGT LLOYD NAVIGATOR D. RICHARDSON SGT. A/B 2nd PILOT DEWHIRST.

CREW F/SGT HEWSON W/OP; SGT AVENELL ENGINEER; SGT BACON REAR GUNNER; SGT McCARTHY M-UP

KASSEL

4th WAVE

SPECIAL ORDERS
WINDOW TO AREA A, A AREA C FROM D-H
ZERO 2055. SPOOF AT FRANKFURT RHS. 165
CONC TIMES 2038.-21 33.
SISTERS (1) No 2 (2) Dots (3) 1 RED STAR
POSNS X P C D T E F
WANGANUI - RED FLARES, GREEN STARS + WHITE BURNING UNDER 040 (M) TAS
True Height Zero Wind
S/L at MABLETHORPE 290 (T) 070 EL

AIRBORNE 18 14
S/C 18 53
A 1938
B 1951
C 2030
D 2042 Yellow T.I.
TARGET 2107-21.11 RED T.I. GREEN
E 2137 Yellow T.I.
F 22 30
G 22 42
BASE 2342

SUN		MOON		TWILIGHT	
RISES	SETS	RISES	SETS	A.M.	P.M.
		2303.			

WATCH.................Fast/Slow RATE..............secs./hour Gaining/Losing

AT .... G.M.T.

FROM / TO	W/V USED	HEIGHT FT.	T.A.S.	RQD. TRACK (T)	COURSE (T)	VAR. W	COURSE (M)	D.R. G/S	DIST.	TIME
X BASE / A 52 15N 03 00E	230/55	10 000 - 20,000	200	114	128	10	138	219	164	1853 45 1938
5215 03 00E / B 51 49 03 51E	230/65	20,000	212	128	146	8	154	217	46	13 1951
51 49 03° 51E / C 50 30N 06°10'E	230/65	20000	212	132	149	8	157	211.	136	38½ 2029½
50 30N 06°10E / D 5033N 07 15 E	230/55	20.000	212	086	095	7	102	254	47	11 2040½
D 5033N 07°15'E / TARGET.	230/55	20,000	212	062	065	6	071	265	112	25½ 21.06
TARGET / E 52°36N 08 29E	230/65	23,000	223	335	319	6	325	231	97	25 21 35
52°36N 08 29E / F 5313N 0452E	230/65	23 000	223	286	272	7	279	180	158	52½ 2227½
53 13N 04·52E / G 53 20N 0350E	230/70	23000	223	280	267.	8	275	178	44	15 2242½
53 20N 03 50E / BASE	230/50	20000.	223	267	257	10	267	169	184	65 2347½

FORECAST WINDS

STAGE FROM / TO	2,000 FT. FROM T.	SPEED	6,000 FT. FROM T.	SPEED	10,000 FT. FROM T.	SPEED	15,000 FT. FROM T.	SPEED
BASE - / 53°N. 05°E.	230 / 230	25 / 20	230	35	230	45	230	55
	20 000: 230	65	25 000: 230	85				
05°E / TARGET	210	20	220	30	230	40	230	50
	20.000: 230	55	25 000: 230	70				

WEATHER FORECAST

COLD WARM.
FL 6000
20000 -35°

CHAIN	CHART	STWD	OPERATING	J BEAMS
				A 105
				B 064
EAST.	NORMAL	25/4/6	All Night	C 162
	XF	25/5/1	19 25 - 22 25	D 084
	XF	24/5/5	19 25 - 21 25	

1, Level
2, Set Lat 90
3, Set 360 on Bearing Plate
4, Align Sights
5, Read True Course

6000	-1°
10,000	-6°
15000	-16°
20 000	-29°
25 000	-36°

TIME	REQ. TRACK (T)	W/V USED AND D.R. DRIFT	Course (T)	Course (M)		NAVIGATIONAL OBSERVATIONS (Pin-points, Fixes, Position Lines, Actual T.M.G., Actual Drift, G/S and W/V, Manoeuvres, etc.)	GENERAL OBSERVATIONS (Met. Conditions, Bombing, Intelligence, Enemy Action, etc.)	R.A.S.	HEIGHT & A. TEMP	T.A.S.	D.R. G/S	DIST. TO RUN	D.R. TIME	E.T.A.
1817						WATCHES SYNCHRONISED	PITOT HEAD CHECK							
1819						Airborne	X.O.K. IFF ON							
18 24						BASE S/C - Radius of Action	Very Pistol Loaded							
18.27			284			FIX 53 18½N 00 40' W	Circling Drome for Height							
18 31			304			To Avoid Cu								
18 33								142.	4000	150				
18.34			264						+6					
18 37			284											
18 38														
18 39			124											
18.42						FIX. 53 21'N 01 13W.								
18 45							MONICA ON.	142	8000					
18 48½									-2					
18.51							Compasses Checked							
18 53	114	230/55	128	138	138	BASE S/C POSN A.		147	15.000	184	207	164	48	1941
18 54														
						FIX 53° 10'N. 00 20'E.								
19.03								147	16000	174				
19 09						FIX 52°55'N 00 22'E	NAV Lights Out		-7					
						W/V 188 / 25 AIR PLOT	RESN " "							
1915														
1915							Compasses Checked	146	14000	180				
19 21.						FIX. 52°52'N 01°05'E			-12					
						W/V 186 / 28 AIR PLOT								
19 27.			120			A/c To Regain Track								
19 31.						FIX 52 36'N 01 40E						62	18	1949
19 36			120			FIX 52 28'N 02 08E		150	19000	200		40	11½	1847½
						W/V 195/37 AIR PLOT.			-20					
1946						FIX 52 32N 02 50E W/V 110/ 45								
19 47	128		146			DR POSN A A/c POSN B								
19 49			~~160~~			FIX 193/42 AIR PLOT								
19 51			160											
1957						FIX 52°05'N 03°51'E								
2004			180.											
2007.			160			FIX. 51° 48N 04°02E		150	21000	204				
2014						FIX 51° 35N 04° 15E			-20					
20 19						FIX 51°24'N 04°25E W/V 192/50	to POSN C.	160.		220	192	98	30½	20 49½
20 22			149			A/c 149	Use Interpolated W/V 200/50							
						TMG 138								
20 37	120	192/50	133.	140	140	DR POSN 50 49N 05°18'E A/c POSN C					202	43	13	20 50.
20 45						AACHEN FLAK ABEAM						14.	4	20 49
20 50	086	200/50	097	103	103	DR POSN C S/c POSN D					225	47	12½	21.02½
~~2054~~						~~DR POSN~~								
2052						TI'S APPROX 5' to N W/V 245/ 95 ?								
20 59			057			To Avoid Koblenz - DR POSN D	S/C TARGET.					112		
21 08			090			" " Flak Area								
21 12			057			Resume Original Course								
21 22			035			A/C TARGET VISUALLY								
21.25			045			A/c " "								
21 27			025			TARGET								
21 27½			025			BOMBS GONE	(PILOT I CAN ALT)		19000					
						W/V 228 / 45 AIR PLOT			-19					
21 29.	335	200/50	326	332	332.	TARGET S/C POSN E	Interpolated W/V 228/60			220	252	97.	23	21.52
21 41								150	25000	220				
21 50		228/60				DR POSN 52°28'N 08 41'E			-27		235	12	3.	21 53
21 53	285	228/60	272	278	278	DR POSN E S/C POSN F	Compasses Checked - OK.				180	158	52½	22.45½
2205						DR POSN 52°45N 07°40'E		154	26000	228	190	122	38½	22 43½
									-30					
22 43½	280	228/60	267	275	275	DR POSN F A/c POSN G					195	44	13½	22.56½
22 56½	267	228/60	255	264	265	DR POSN G A/c BASE		154	26000	228	178	184	62	00 05½
									-30					
23 07						FIX 53° 25'N 03° 50'E.								

Ein Halifax Bomber wird abgeschossen

Bericht des Funkers S. Fautley

Angriff auf Kassel – Freitag, 22. Oktober 1943

Halifax II (HR.911)DY L, 102. Squadron, stationiert in Pocklington, Yorkshire.

Start um 17.30 Uhr zu einem Bombenangriff auf Kassel mit folgender Besatzung:

Pilot-Officer (Leutnant)	D. W. Brookes,	Pilot
Pilot-Officer (Leutnant)	J. H. Walton,	Navigator
Sergeant (Feldwebel)	S. Fautley,	Funker
Flight Sgt. (Oberfeldwebel)	W. A. Spencer,	Bordschütze
Sergeant (Feldwebel)	K. G. Sewell,	Bordschütze
Squadron Leader (Major)	A. Abels,	Bombenschütze
Sergeant (Feldwebel)	R. Sykes,	Bordwart

„Nach dem Flugplan war unsere Maschine in der ersten Angriffswelle. Der Anflug war ohne besondere Ereignisse, jedoch konnten Flak und Scheinwerfer um das Ziel beobachtet werden. Bei der Annäherung an Kassel waren keine Zielmarkierungen sichtbar; doch kurz vor dem Ziel wurde plötzlich eine Markierung gesetzt, so daß wir darauf zielen konnten. Wir waren deshalb eine der ersten Maschinen über Kassel. Ein paar Minuten später wurden wir von einem Nachtjäger angegriffen.

Ich kann unseren ‚Abschuß' nur aus meiner Position als Funker schildern. Während des Zielanfluges überwachte ich auf meinem Empfänger die Nachtjägersprechfunkfrequenzen und störte sie mit einem Spezialsender.

Mit einem kleinen Schalter konnte sich der Funker von der Bordverständigungsanlage abschalten, um das Funkgerät bedienen zu können. Nach dem Bombenabwurf war es üblich, das Flugzeug mit noch offenen Bombenschächten in Schräglagen zu bringen, um sicherzustellen, daß alle Bomben die Maschine verlassen hatten. Als wieder eine waagerechte Fluglage eingenommen war, schaltete ich mich in die Sprechanlage ein und bat um die Genehmigung, die Schleppantenne auszufahren. (Bevor die Klappen zum Bombenschacht geöffnet wurden, mußte sie eingezogen werden, um ein Einklemmen beim Schließen der Klappen zu vermeiden.) Während ich die Antenne ausfuhr, vernahm ich in meinem Kopfhörer ein heftiges Knacken, das ich auf atmosphärische Störungen zurückführte. Dazwischen hörte ich jedoch Zurufe der anderen Besatzungsmitglieder, die mir klarmachten, daß wir angeschossen worden waren. Der Pilot sagte, irgendwo an Bord sei ein Feuer. Da wurde mir bewußt, daß die ‚atmosphärischen Störungen' tatsächlich Einschläge von Kugeln oder Granaten gewesen waren. Gleich links von mir war ein kleines, quadratisches Fenster. Ich zog den Vorhang zur Seite und sah, daß der linke Innenmotor brannte. Ich meldete dies dem Piloten. Versuche, das Feuer zu löschen, waren ergebnislos, und es kam der Befehl, abzuspringen.

Mein Notausstieg war eine Luke unter dem Tisch des Navigators, den man zurückklappen mußte. Ich trug bereits meinen Fallschirm, den ich schon bei Zielanflug in die Gurte eingehakt hatte. Ich sah weder den Navigator noch den Bombenschützen und nahm an, daß sie bereits das Flugzeug verlassen hatten. Ich war gerade dabei, mich dem Ausstieg zu nähern, als die Maschine anfing, heftig zu trudeln. Dies preßte mich auf den Boden. Die Zentrifugalkraft war so stark, daß ich noch nicht einmal meine Arme bewegen konnte, um mich durch die Klappe zu ziehen. Die geringste Bewegung war unmöglich, und mein Aufschlag mit der Maschine schien unvermeidlich. Dann jedoch befand ich mich auf unerklärliche Weise in der Luft, ohne daß das Flugzeug irgendwo zu sehen gewesen wäre. Ich zog die Reißleine und landete unversehrt in einem Feld nahe einer Hecke. Während des Niederschwebens am Fallschirm hielt ich nach einem brennenden Flugzeug Ausschau, konnte jedoch keines entdecken.

Später, im Vernehmungslager Frankfurt, traf ich meinen Navigator und den Bombenschützen und erfuhr von ihnen, daß sie das gleiche Phänomen erlebt hatten wie ich. Zur gleichen Zeit als ich mich nicht rühren konnte, um den Notausstieg zu erreichen, waren sie in der Plexiglaskanzel festgehalten. Auch sie fanden sich dann plötzlich außerhalb der Maschine wieder.

Die deutschen Behörden fanden die Leichen der restlichen vier Besatzungsmitglieder in den Überresten des Flugzeuges.

Nachdem ich festen Boden unter den Füßen hatte, nahm ich meine Fallschirmgurte ab und versteckte sie zusammen mit dem Fallschirm in einem Graben neben der Hecke. Ganz in der Nähe war ein Bauernhof. So nahe, daß ich Leute herauskommen sah. Ein Mann ging ein paar Schritte in meine Richtung. Ich drückte mich bewegungslos in das Gras. Glücklicherweise war es sehr dunkel, und er ging zurück in das Haus.

Ich setzte mich in Marsch in nordwestlicher Richtung mit dem Ziel Holland. Ich hätte mich auch westlich nach Frankreich wenden können, jedoch wollte ich nicht riskieren, in einem eigenen Angriff auf das Ruhrgebiet zu geraten. Es war um 21 Uhr, als ich in Deutschland landete, und ich marschierte die ganze Nacht hindurch bis zum Morgengrauen. Der größte Teil des Weges führte durch bewaldetes Gelände, an einer Stelle kam ich an einen schmalen Fluß, oder besser Bach. Ich trank von dem Wasser. Dann kam ich an eine Straße, auf der es sich besser gehen ließ. Kein Mensch war zu sehen. Bei Tagesanbruch versteckte ich mich in einem Waldstück, um die Dunkelheit abzuwarten. Als ich mich zwischen Buschwerk sicher genug fühlte, legte ich mich hin und schlief ein.

Geweckt wurde ich von Kindern mit einem Hund, der wie verrückt bellte und die Kinder in meine Richtung zog. Als sie mich sahen, rannten sie zu einem in der Nähe stehenden Haus. Durch diesen Vorfall war eine Suchaktion abzusehen. Deshalb lief ich weiter, kam jedoch sofort an eine Straße, auf der sich ein deutscher Truppentransport bewegte. Gegenüber lag der Bauernhof – also konnte ich nur zurück in den Wald.

Bald darauf näherte sich ein Suchtrupp, der in einer Reihe in breiter Front auf mich zukam. Ich wurde entdeckt und gefangen genommen.

Man brachte mich zur Polizeistation des nächsten Dorfes, wo ein Zivilist mit etwas Englischkenntnissen als Dolmetscher fungierte. Danach wurde ich in einer Art Zelle eingeschlossen. Dies war eine hochgelegene Art Holzverschlag, den man auf einer geraden Holztreppe erreichen konnte. Es war Stroh auf dem Fußboden und es befand sich ein vergittertes Fenster darin.
Etwas später war ich verblüfft, als mich eine junge Stimme in Englisch rief. Ich ging zum Fenster, sah hinunter und entdeckte einen acht bis neun Jahre alten Jungen. „Hallo", sagte er. „Are you an English Gentleman?" Ich entgegnete, daß ich ein englischer Flieger sei. Er rief zurück, daß sein Großvater ein „Englischer Gentleman" sei. Dann ging er weg.

Als schließlich die Tür geöffnet wurde, gab man mich in die Obhut eines Luftwaffensoldaten, der mich mit dem Zug nach Frankfurt brachte. Während wir im Wartesaal des Bahnhofs auf den Zug warteten, kaufte er mir ein Bier, das er „Dunker" nannte.
Obwohl keiner von uns beiden die Sprache des anderen sprach oder verstand, konnte ich aus seinen Gesten entnehmen, daß vier meiner Kameraden tot waren. Er lieferte mich im Vernehmungslager DULAG-Luft in Frankfurt ab."

(Nachforschungen haben ergeben, daß die Maschine nahe Silixen bei Rinteln aufschlug. Augenzeugen sahen, daß der Bomber noch in der Luft explodierte und auseinanderbrach. Sergeant Fautley, der Navigator und der Bombenschütze haben diesem Umstand ihr Leben zu verdanken. Sie wurden an der Bruchstelle aus dem Rumpf geschleudert.)

Auszug aus der offiziellen Liste der abgeschossenen Bomber.
Die Halifax HR 911 ist bei der 102. Squadron aufgeführt.

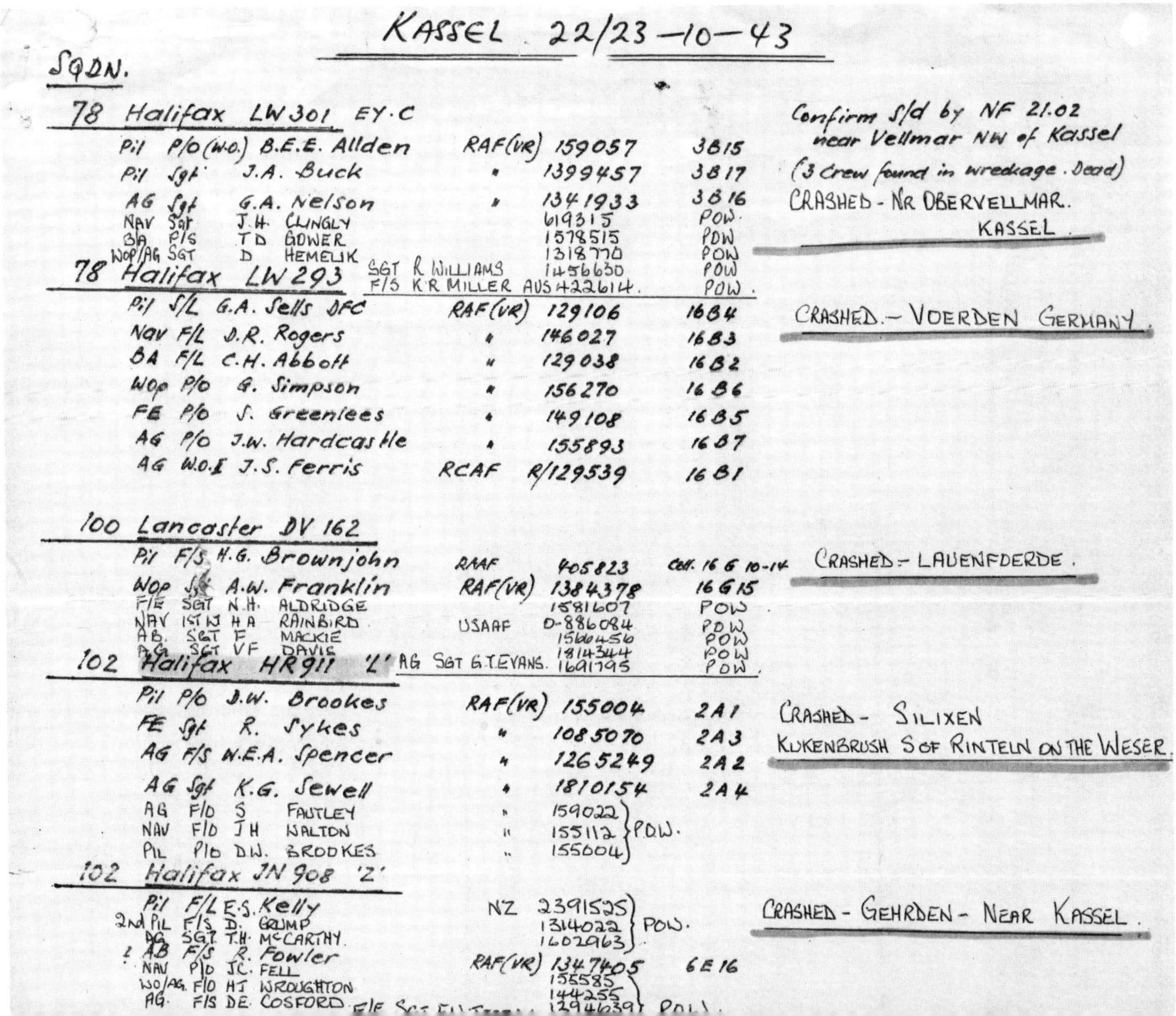

KASSEL 22/23-10-43

SQDN.

78 Halifax LW301 EY·C — Confirm S/d by NF 21.02 near Vellmar NW of Kassel (3 Crew found in wreckage. Dead) CRASHED - NR OBERVELLMAR. KASSEL.
Pil P/O (W.O.) B.E.E. Allden RAF(VR) 159057 3B15
Pil Sgt J.A. Buck " 1399457 3B17
AG Sgt G.A. Nelson " 1341933 3B16
NAV Sgt J.H. CLINGLY 619315 POW.
BA F/S T.D. GOWER 1578515 POW
WOP/AG SGT D HEMELIK 1318770 POW
SGT R WILLIAMS 1456630 POW
F/S K.R. MILLER AUS 422614. POW.

78 Halifax LW293 — CRASHED. - VOERDEN GERMANY.
Pil S/L G.A. Sells DFC RAF(VR) 129106 16B4
Nav F/L D.R. Rogers " 146027 16B3
BA F/L C.H. Abbott " 129038 16B2
Wop P/O G. Simpson " 156270 16B6
FE P/O J. Greenlees " 149108 16B5
AG P/O J.W. Hardcastle " 155893 16B7
AG W.O.I J.S. Ferris RCAF R/129539 16B1

100 Lancaster DV 162 — CRASHED - LAUENFDERDE.
Pil F/S H.G. Brownjohn RAAF 405823 Coll. 16 G 10-14
Wop Sgt A.W. Franklin RAF(VR) 1384378 16G15
F/E SGT N.H. ALDRIDGE 1581607 POW.
NAV 1ST LT H A RAINBIRD USAAF 0-886084 POW
AB. SGT F MACKIE 1566456 POW
AG. SGT VF DAVIS 1814344 POW
AG SGT G.T. EVANS. 1691795 POW.

102 Halifax HR911 'L' — CRASHED - SILIXEN KUKENBRUSH S OF RINTELN ON THE WESER.
Pil P/O D.W. Brookes RAF(VR) 155004 2A1
FE Sgt R. Sykes " 1085070 2A3
AG F/S W.E.A. Spencer " 1265249 2A2
AG Sgt K.G. Sewell " 1810154 2A4
AG F/O S FAUTLEY " 159022 } P.O.W.
NAV F/O J H WALTON " 155112 } P.O.W.
PIL P/O D.W. BROOKES " 155004 } P.O.W.

102 Halifax JN 908 'Z' — CRASHED - GEHRDEN - NEAR KASSEL.
Pil F/L E.S. Kelly NZ 2391525 } POW.
2nd PIL F/S D. GRUMP 1314022 } POW.
AG SGT T.H. McCARTHY 1602963 } POW.
AB F/S R. Fowler RAF(VR) 1347405 6E16
NAV P/O J.C. FELL 155585 } POW.
WO/AG F/O H.T. WROUGHTON 144255 } POW.
AG F/S D.E. COSFORD 1294639 } POW.
F/E SGT [illegible]

Der Angriff beginnt

Nach dem Abklingen der Sirenen breitete sich eine unheimliche Ruhe über der Stadt aus. Es war noch früher Abend, und obwohl das Staatstheater und die Kinos schon geschlossen hatten, waren doch noch viele Menschen unterwegs. Die Restaurants und Cafés der Innenstadt waren gut besucht; im Residenzcafé am Friedrichsplatz spielte eine Damenkapelle vor einem Publikum, das zum größten Teil aus Fronturlaubern bestand. Am Hauptbahnhof wurden Durchreisende aufgefordert, den Bunker unter dem Bahnhofsplatz aufzusuchen.

Überall nahmen die Menschen nun ihr Luftschutzgepäck und suchten die Schutzräume in ihren Kellern auf. Andere hasteten durch die Straßen, um einen der öffentlichen Luftschutzräume oder Bunker zu erreichen. Über der Stadt, die den Atem anzuhalten schien, war ein klarer Sternenhimmel.

Menschen, die sich noch außerhalb der Häuser befanden, hörten jetzt von Südwesten kommend Motorengeräusche, Scheinwerfer leuchteten auf, ein Flugzeug in großer Höhe wurde von ihnen aufgefaßt. Die Schwere Flak begann zu schießen. Oskar W., Geschützführer bei einer auf dem Regierungsgebäude am Schloßplatz stationierten Leichten Flakbatterie, erinnerte sich kurz nach dem Angriff: „Dann erschienen auch die allbekannten Christbäume am Himmel. Aus dem einzelnen Flugzeug sah man eine Leuchtbombe herauspendeln. Nach dem Explodieren dieser Bombe war dann der Himmel und die Stadt von kleineren Leuchtzeichen taghell erleuchtet. Man konnte die Zeitung lesen, so hell war es. Den ersten Christbaum sahen wir dann in der Gegend vom Holländischen Platz. Und was sich dann ereignet hat, das ging so rasend schnell, wir wurden mit Brand- und Sprengbomben gewissermaßen zugedeckt. Das Dach mit dem Teerbelag fing sofort an zu brennen. Kurz nach Angriffsbeginn schlugen schon die ersten Flammen aus den Dächern der Altstadt. Durch die Sprengbomben flogen die Dächer und die Häuser auf, das wirbelte nur so in der Luft herum. Wir bekamen dann den Befehl, weil das Verbleiben auf dem Dach unmöglich war, die Stellung zu räumen."

G. Niemeyer vermerkte in seinem Tagebuch: „Der Himmel über der Stadt begann sich schon bald zu röten. Es war ein schauriges Bild, wie die Zielmarkierungen über der Stadt herniedergingen: wie eine Unzahl von Sternen breitete sich das Zeug in verschiedenen Farben – grün und rot – aus: überall. Dann wieder Leuchtbomben, dann wieder Markierungen. Wenn sie sich entfalten wollten, dann sah es zunächst aus, als ob ein Leuchtsignal abgeschossen würde. Dann zerfielen sie aber in tausend kleine Sterne und senkten sich langsam herab. Dann wieder dröhnte und grollte es ganz unheimlich, man versuchte, sich unwillkürlich zu decken: das waren die Luftminen."

Im englischen Angriffsbericht ist über den Beginn des Angriffs zu lesen: „Die Blind-Markierer warfen zu spät ab und plazierten die meisten ihrer Leuchtbomben 1 1/2 - 5 Meilen jenseits des Zielpunktes. Aber zumindest zwei Reihen von Leuchtbomben brannten um Null minus 5 Minuten über dem Zielpunkt, und diese ermöglichten es allen Sichtmarkierern, den Zielpunkt genau auszumachen. Die Sichtmarkierung war bemerkenswert genau, und um Null minus 2 Minuten brannten 80 rote Zielmarkierungen in einer kompakten Gruppe 750 Meter südöstlich des Zielpunktes. Diese brannten ungefähr bis Null plus 4 Minuten, dem Zeitpunkt, bis zu dem bereits ein Drittel der Hauptgruppe bombardiert hatte; die Wirkung konzentrierte sich westlich der Zielmarkierungen und umfaßte das gesamte bebaute Gebiet."

Über die innerhalb der nächsten halben Stunde abgeworfenen Bombenmengen sagt der Bericht des Polizeipräsidenten folgendes aus:

Der Bericht des Kasseler Polizeipräsidenten

Abwurfmittel

Die hohe Zahl der abgeworfenen Bomben kann nur geschätzt und entsprechend der Anzahl der Flugzeuge ungefähr errechnet werden. Danach wurden im Teppichwurf abgeworfen

etwa	100	Minenbomben 36 Ztr.,
etwa	100	Minenbomben 18 Ztr.,
etwa	850	Sprengbomben 10 Ztr.,
etwa	150000	Stabbrandbomben 1,7 kg
etwa	40000	Phosphorbrandbomben 14 kg

ferner die üblichen Leuchtmittel, von denen die Zielmarkierungsbombe auch als Brandbombe zu werten ist. Außerdem mehrere Zentner Flugblätter in vier verschiedenen Arten. Zahlreiche Langzeitzünder detonierten in den ersten Stunden nach dem Angriff. Sprengbombenblindgänger wurden insgesamt bis jetzt 36 festgestellt und beseitigt. Die Dichte des Bombenabwurfes wurde an einigen Stellen mit 2 Stabbrandbomben auf 1 m² festgestellt. Die Angaben über die abgeworfene Anzahl Bomben sind eher zu niedrig als zu hoch bemessen.

Nach britischen Dokumenten wurden tatsächlich abgeworfen:

294	Leuchtbomben	
197	Zielmarkierungsbomben	
33	Sprengbomben GP	500 lb (5 Zentner)
79	Sprengbomben MC	500 lb (5 Zentner)
69	Sprengbomben GP	1000 lb (10 Zentner)
413	Sprengbomben MC	1000 lb (10 Zentner)
64	Luftminen	HC 2000 lb (20 Zentner)
285	Luftminen	HC 4000 lb (40 Zentner)
3	Luftminen	HC 8000 lb (80 Zentner)
386747	Brandbomben	4 lb (Stabbrandbomben 1,7 Kilo)
10743	Brandbomben	4 lb 'X' (Stabbrandbombe mit Sprengsatz)
19366	Brandbomben	30 lb (Flüssigkeitsbrandbombe 14 Kilo)

Gesamtzahl der abgeworfenen Bomben: 418293

Zahl und Ausdehnung der Brände:

Es entstanden 2 Flächenbrände, die sich nach rechts und links der Fulda ausdehnten. Der größte der Flächenbrände erstreckte sich links der Fulda – Gebiet der Alt- und Innenstadt – und wurde umgrenzt von den Straßen an der Schlagd (Fulda), Tischbeinstraße, Am Weinberg, Am Fürstengarten, Humboldtstraße, Marienstraße, Wilhelmshöher Allee, Weigelstraße, Hermannstraße, Königstor, Murhardstraße, Hohenzollernstraße, Annastraße bis ausschließlich Parkstraße, Viktoriastraße, Bahnhofsplatz, Ottostraße, Freytagstraße, Schillerstraße, Reuterstraße, Wolfhager Straße, Westring, Holländische Straße, Mombachstraße, Liebigstraße, Moritzstraße, Möncheberg-straße, Magazinstraße, Weserstraße, Finkenherd, Fulda.

Der Flächenbrand rechts der Fulda wurde umgrenzt von den Straßen Fulda-Schleuse, Salztorstraße, Hafenstraße, Scharnhorststraße, Sommerweg, Tapsgasse, Oehlmühlenweg, einschließlich Gasanstalt, Yorkstraße, Schwanenweg, Kleiststraße, Arndtstraße, Jahnstraße, Fulda.

Gesamtausdehnung der Flächenbrände etwa 4,7 km.

Außerdem entstanden:

Total- bzw. Großbrände	in	815 Fällen,
Mittelbrände	in	567 Fällen,
Kleinbrände	in	2042 Fällen.

Entstehung der Flächenbrände

Die auf das Innenstadtgebiet und teilweise auf die Außenbezirke zerstreut abgeworfenen zahlreichen Minen- und schweren Sprengbomben übten auf die umliegenden Häuser schwere Druck- und Sogwirkungen aus, so daß im Umkreis von je etwa 500 m um die Einschlagstelle kein Haus ohne Beschädigung blieb. Häuser wurden abgedeckt, Fensterrahmen und Türen herausgerissen und leicht gebaute Zwischenwände stürzten zusammen. Flure, Treppen und sonstige Zugänge wurden so schwer passierbar gemacht.

Dazwischen fielen Stab- und Phosphorbrandbomben in einer so großen Anzahl, daß auf die meisten Gebäude der Innenstadt neben zahlreichen Stabbrandbomben auch mindestens je 2 Phosphorbrandbomben kamen. Die Phosphorbrandbomben durchschlugen regelmäßig die Zwischendecken, so daß Brände in mehreren Stockwerken gleichzeitig ausbrachen. Durch den immer wiederkehrenden Abwurf von Minen- und Sprengbomben wurde dem Selbstschutz die Löscharbeit während des Angriffs ungemein erschwert.

Der Abwurf von Brandbomben erfolgte in einer derart hohen Zahl, daß innerhalb von 15 Minuten die Häuser der Innenstadt in hellen Flammen standen und Fachwerkhäuser bereits lange vor Beendigung des Angriffs mit Getöse einstürzten. So kam es zu einer außerordentlich schnellen Entwicklung der Flächenbrände. Die Brände haben sich nicht von Einzelbränden zu Block- und dann zu Flächenbränden ausgedehnt, sondern die Flächenbrände hatten dadurch, daß jedes Haus von Brandbomben entzündet wurde, gleich innerhalb der ersten 1 1/2 Stunden den späteren Umfang.

Die eingespielte Organisation des Luftschutzes, insbesondere der örtlichen Luftschutzleitung mit der Luftschutzpolizei, kam von der ersten Luftlagemeldung an bis etwa 20 Minuten nach Beginn des Angriffs, also bis zum Ausfall des gesamten Fernsprechnetzes, planmäßig zum Einsatz, wurde dann jedoch überrannt von der übermächtigen Wucht des pausenlosen bisher relativ schwersten Terrorangriffes und zu improvisierten Maßnahmen gezwungen. Manche Luftschutzanordnungen haben sich bewährt, andere wieder wurden bei der Wirkung dieses Angriffes hinfällig und überholt.

Daß die Luftschutzpolizei Kassel zu schwach sein würde, um bei einem schweren Luftangriff die Schadensbekämpfung erfolgreich durchzuführen, war bekannt und planspielmäßig des öfteren nachgewiesen. Dem LO Kassel wurde zufolge der Bedeutung seiner Industrie und im Hinblick auf seine isolierte Lage (etwa 200 km von den nächsten Großstädten entfernt) vom Luftgaukommando VI besondere Beachtung geschenkt. So wurden vom LGK eine LS-Abteilung motorisiert und auf meinen Antrag vom Ido eine Kompanie eines Feuerschutzpolizeiregiments in die Umgebung Kassels gelegt; weitere LS-Abteilungen motorisiert wurden in Marsch gesetzt, sobald ein Angriff auf den LO Kassel vermutet wurde. Andererseits ist ebenfalls schon in Planbesprechungen zum Ausdruck gebracht worden, daß alle größeren auswärtigen Feuerlöscheinheiten, insbesondere die LS.-Abt. mot. in Kassel immer zu spät eintreffen werden, um eine wirksame Schadensbekämpfung durchführen zu können. Diese Einheiten können nur noch zum Schwarzmachen von Brandstätten, zum Abriegeln von Großschadensgebieten und zum Ablösen bisher tätiger Kräfte eingesetzt werden. Beim Angriff vom 22.10.1943 wurde dieser Tatbestand erneut bestätigt.

Bis 22.00 Uhr, also 10 Minuten vor Beendigung des Angriffes, waren alle örtlichen Feuerlöschkräfte restlos eingesetzt. Bis zum Eintreffen größerer auswärtiger Einheiten etwa um 23.00 Uhr fehlte jede weitere Einsatzmöglichkeit.

Die Führung während des Angriffes war stark beeinträchtigt durch die 20 Minuten nach Beginn des Angriffs eingetretenen Umstände. 21.05 Uhr fielen alle Fernsprechleitungen aus. Alle auswärtigen Kräfte waren jedoch bereits angefordert worden, da der Angriff auf Kassel trotz des Scheinangriffs auf Frankfurt/Main rechtzeitig erkannt worden war. Da mir 5 LS-Abteilungen mot. schon zu diesem Zeitpunkt nicht auszureichend schienen, habe ich beim LGK noch 2 weitere angefordert und erhalten. Für den Ausfall des Fernsprechverkehrs stand eine größere Anzahl Kradmelder in der Lu.-Leitung einsatzbereit. Die Befehlsübermittlung durch Kradmelder versagte aber zuerst auch, da der Ausgang aus der Befehlsstelle durch brennende Trümmer versperrt war und die Kräder – obwohl sie dezentralisiert aufgestellt waren – bei dem Massenabwurf von Spreng- und Brandbomben zum großen Teil zerstört und verschüttet wurden.

Die Freilegung des Ausgangs und das Herbeiholen von Reservekrädern erforderte erhebliche Zeit. Auch die weitere Befehlsübermittlung durch die Kradmelder stieß auf große Schwierigkeiten, da die Straßen von Bomben aufgerissen, von den Trümmermassen eingestürzter Häuser und von brennenden Balken übersät waren. Außerdem war der Feuersturm so heftig, daß die Kradmelder kaum ihre Kräder halten konnten. Die Fahrer mußten, wenn sie nicht mehr weiter konnten, ihre Kräder über die brennenden Balken und Schuttmassen tragen, um weiterzukommen. Es mußten große Umwege gemacht und Feldwege benutzt werden, da es nicht mehr möglich war, die Verkehrswege durch die Stadt zu benutzen. Dadurch traten große Verzögerungen bis zu 1 1/2 Stunden in der Befehlsübermittlung ein. Als die ohne Einsatzbefehl gebliebenen Feuerlöschkräfte des LS.-Ortes Kassel einschließlich der Freiwilligen Feuerwehr Kassel erkannten, daß keine Verbindung mehr mit der Lu.-Leitung bestand, haben sie sich an den Schadensstellen ihres Bereichs selbständig eingesetzt. Dies war bis gegen 22.00 Uhr überall erfolgt.

Die Feuerlöschkräfte der 15 km-Zone sind zwischen 22.30 Uhr und 23.30 Uhr eingetroffen, die der 50 km-Zone zwischen 22.30 Uhr und 0.50 Uhr. Infolge der restlosen Zerstörung der Nachrichtenmittel konnte der Einsatz der auswärtigen Feuerlöschkräfte von der Lu.-Leitung im einzelnen nicht mehr erfolgen. Die Lotsenstellen erhielten den Befehl, die dort eintreffenden Kräfte im Zuge der Einfallstraßen sofort in Marsch zu setzen. Die Kräfte sollten sich rechts und links der Einfallstraßen bis zum Stadtinneren vorkämpfen zur Freihaltung der Fluchtwege und Rettung der Menschen. Dies ist von den eintreffenden Einheiten befolgt worden, soweit nicht im späteren Verlauf einzelne Einsatzbefehle noch durch Kradmelder anlangten. Eine sichere Durchführung der Einsätze durch die Lu.-Leitung war aber nicht mehr möglich.

Nach Ausfall der Fernsprechleitungen trafen nur noch einige allgemein gehaltene Schadensmeldungen von einigen B.-Stellen ein, die aber kein Bild der Lage ergaben. Es wurden daher Offiziere zur Erkundung eingesetzt. Der Kommandeur der Feuerschutzpolizei verschaffte sich persönlich einen Überblick über die Lage in der Stadt und stieß bis zum Lutherplatz vor. Er stellte dabei fest, daß die ganze Innenstadt von einem Flächenbrand erfaßt war und starker Feuersturm herrschte. Da auch weiterhin keine Möglichkeit bestand, von der Lu.-Leitung aus die Feuerlöschkräfte einzusetzen, begab sich der Kommandeur zur Lotsenstelle Holländische Straße, um von dort den Einsatz der LS-Abteilung mot. zu regeln. Dies konnte mit gutem Erfolg geschehen.

Vor Ankunft der LS.-Abteilung mot. erschien der Regimentskommandeur in der Befehlsstelle der örtlichen Luftschutzleitung. Ich besprach mit ihm ausführlich den Einsatz aller Abteilungen, der dann planmäßig und ohne den geringsten Aufenthalt erfolgte.

Den LS.-Abteilungen mot. wurden große Schadensgebiete unter der Gesamtführung (Hauptbefehlsstelle) des Regimentskommandeurs zugewiesen, mit der ausdrücklichen Weisung, in erster Linie Menschen zu retten.

(Die motorisierten Luftschutzabteilungen der Luftwaffe waren eine mobile Ergänzung ortsgebundener Luftschutzeinrichtungen. Sie wurden zur Bekämpfung besonders schwerwiegender Luftkriegsschäden mit drohender Katastrophenentwicklung eingesetzt. Organisatorisch bestanden die Abteilungen aus 2 Feuerwehr- und Entgiftungskompanien, 1 Feuerwehrkompanie, 1 Sanitätskompanie sowie Fernsprech-, Funk- und Sprengtrupp. Die Sollstärke betrug durchschnittlich 600 Mann mit 170 Kraftfahrzeugen).

Befehlsübermittlung und Einsatz

Wie bereits gesagt, war eine ordnungsgemäße Befehlsübermittlung nur in den ersten 20 Minuten nach Beginn des Angriffs möglich. Alle Einheiten haben sich jedoch nach Ausfall der Befehlsverbindung in richtiger Weise selbst eingesetzt. Bei der Brandbekämpfung kann irgendein Erfolg nur dann erzielt werden, wenn die vorhandenen Feuerlöschkräfte in kurzer Zeitspanne an den richtigen Stellen zum Einsatz kommen, bzw. wenn genügend Feuerlöschkräfte sofort zur Verfügung stehen. Vergeht erst eine Zeit von 5 und mehr Stunden, so ist auch mit den stärksten Feuerlöschkräften nur ein beschränkter Erfolg in den Randgebieten zu erzielen.

Im übrigen wäre ein großer Teil der während des Angriffes in engbebauten Stadtteilen eingesetzten Fahrzeuge zweifellos durch die konzentrierte Wirkung des Bombenteppichs, Verschüttung, Feuersturm usw., ausgefallen.

Schlauchbrücken

Die Schlauchbrücken waren teilweise nicht genügend widerstandsfähig. Sie wurden durch die vielen schweren Fahrzeuge, welche über sie hinwegfuhren, zerstört, wobei wertvolles Schlauchmaterial beschädigt und die Löscharbeiten behindert wurden. Zudem haben rücksichtslose Fahrer oft den Anweisungen der aufgestellten Posten nicht Folge geleistet und die Leitungen angefahren. Dadurch wurde nicht nur die Wasserzufuhr zu Löschstellen behindert, sondern der Verkehr auf Straßen für längere Zeit gesperrt.

Bewährt hat sich das Herausnehmen von Pflastersteinen als Schlauchlagerrinne, doch nimmt das Herstellen von Schlauchrinnen zur Überquerung von Straßen mit Geleisen der Straßenbahn sehr viel Zeit in Anspruch. Die an einzelnen wichtigen Kreuzungspunkten vorbereiteten Unterführungen der Straßenbahngeleise, durch welche die Schläuche gezogen werden, haben sich sehr gut bewährt.

Selbstschutz

Die Einsatzbereitschaft des Selbstschutzes war im LO.-Kassel im Laufe des Jahres wesentlich verbessert worden durch die netzartig über das ganze Stadtgebiet ausgebreitete Organisation der Selbstschutzbereiche und Selbstschutztrupps, in welche die Einsatztruppe der Partei nach Vereinbarung mit der Kreisleitung eingegliedert waren. Eine großzügige Sandaktion im Verein, mit der entsprechenden Unterweisung der Bevölkerung, durch besondere Merkblätter, durch die Tagespresse und durch zahlreiche Hausunterweisungen sowie mit wiederholten Überprüfungen hatte den Erfolg, daß in allen Häusern hinreichend Vorräte an Löschsand, Löschwasser und entsprechendem Gerät vorhanden war. Bei den früheren Luftangriffen hat sich der Selbstschutz auch vielfach bewährt; so war z. B. die Altstadt durch tatkräftigen Einsatz des Selbstschutzes trotz mehrfachen Brandbombeneinfalls gehalten worden. Nicht zu verkennen ist, daß der Selbstschutz, besonders die Selbstschutztrupps, in jüngster Zeit durch Abziehen der eingesetzten Männer zu anderen Diensten (insbesondere zur Heimatflak) geschwächt worden war.

Aber selbst ein ungeschwächter, voll einsatzbereiter Selbstschutz wäre bei dem Bombardement von der Wucht, Ausdehnung und Dauer, wie es der Angriff vom 22.10.1943 gebracht hat, in Deckung und hernach zur Flucht gezwungen worden. Im Altstadt- und Innenstadtgebiet, in dem sich die Flächenbrände mit rasender Schnelligkeit entwickelten, konnte der Selbstschutz kaum zum Einsatz in der Brandbekämpfung kommen. Trotz der sehr erschwerten Verhältnisse sind auch diesmal – besonders in der Altstadt – wieder Heldentaten bei dem Versuch der Brandbekämpfung vollbracht worden. Insbesondere in den Randgebieten der Flächenbrände und in den Vororten bewährte sich Mut und Entschlossenheit der Selbstschutzkräfte bei rechtzeitigem Löschangriff und wurde durch Rettung der oft verbissen gegen Brandübergriff und Funkenflug verteidigten Gebäude belohnt.

(Nach den Durchführungsverordnungen zum Luftschutzgesetz vom Juli 1935 war der Selbstschutz Pflicht. Grundsatz war, daß bei einem Luftangriff jedes Haus sich zunächst selbst zu helfen hatte. Der Selbstschutz innerhalb der Haus- und Wohngemeinschaften war von größter Bedeutung. Der 'Hausluftschutz' umfaßte die Bestellung eines Luftschutzhauswartes, die Bildung der Hausfeuerwehr, die Einrichtung von Luftschutzräumen und die Verdunklung.)

Erweiterter Selbstschutz (ESS.)

Die Maßnahmen zu einer vorbildlichen Einsatzbereitschaft des erweiterten Selbstschutzes waren im LO.-Kassel mit ganz besonderer Sorgfalt und Energie durchgeführt worden, nachdem aus Erfahrungsberichten über Luftangriffe in anderen Städten hervorging, daß die ESS.-Betriebe vielfach infolge unzureichender Vorbereitung versagt haben. Bei allen bisherigen Luftangriffen auf den LO.-Kassel haben sich auch die ESS.-Betriebe entsprechend ihrer vorbildlichen Einsatzbereitschaft tapfer geschlagen, und der Prozentsatz der zerstörten ESS.-Betriebe hielt sich in Kassel weit unter dem sonst üblichen Durchschnitt.

Da der größte Teil der ESS.-Betriebe in engbebauten Straßen liegt, konnte bei dem Masseneinfall von Spreng- und Brandbomben beim Angriff vom 22.10.1943 eine Brandbekämpfung, auch durch starke Einsatzbereitschaften, nicht erfolgreich sein, zumal das Feuer mit rasender Schnelligkeit um sich griff. Nachbarliche Hilfe schied von vornherein aus, da alle Betriebe gleichzeitig und gleichartig betroffen waren. Die Brandwachen mußten, als die Lage aussichtslos geworden war, die Betriebe auf den vorgesehenen Fluchtwegen verlassen und sich in die Aufnahmeräume begeben, soweit sich diese Kräfte nicht zur Unterstützung der Polizei zur Flüssighaltung der Fluchtwege zur Verfügung stellten.

Von vier ESS.-Betrieben sind die Einsatzkräfte gefallen, weil sie während der Brandbekämpfung den letztmöglichen Zeitpunkt zur Räumung versäumt haben.

Die in den Gebieten mit aufgelockerter Bauweise liegenden ESS.-Betriebe konnten durch das sofortige Eingreifen der Einsatzkräfte die ausgebrochenen Brände löschen. Besonders hervorgehoben zu werden verdienen folgende Betriebe bzw. Dienststellen, deren Gebäude durch tatkräftigen Einsatz der Kräfte gerettet wurden, obwohl sie von zahlreichen Brandbomben getroffen waren und zum Teil im Flächenbrandgebiet liegen:

Wehrmachtskommandantur, Polizeipräsidium, Polizei-Kaserne, Oberfinanzpräsidium u. a.

(Öffentliche und private Dienststellen und Betriebe, soweit für sie der Selbstschutz nicht ausreichte, ein Werkluftschutz aber noch nicht notwendig war, unterlagen dem Erweiterten Selbstschutz:

Behördliche Gebäude und Betriebe
Waren- und Geschäftshäuser
Einzelhandelsbetriebe
Banken
Größere Hotels und Gaststätten
Theater
Krankenhäuser
Altersheime, Kirchen usw.)

Werkluftschutz

Werkluftschutzleiter und sonstige Kräfte, die den Auftrag hatten, bei Fliegeralarm in die Betriebe zu kommen, kamen nicht mehr durch die Stadt, wenn sie nicht in unmittelbarer Nähe des Betriebes wohnten. Durch den plötzlich einsetzenden, alle Stadtgebiete betreffenden laufend gemischten Abwurf von Spreng- und Brandbomben waren schnell die Hauptverkehrswege unpassierbar, und es wurden alle Kräfte gezwungen, Deckung zu nehmen. Die Betriebe verfügten also grundsätzlich nur über die Kräfte, die im Bereitschaftsdienst im Werk vorhanden waren.

Die Splitterschutzstände für Brandwachen in unteren Stockwerken und in Fabrikationshallen haben sich bestens bewährt, auch bei unmittelbar in der Nähe einschlagenden Sprengbomben. Vielfach sind Gebäudeteile, bei denen, durch in der Nachbarschaft einschlagende Sprengbomben, die Türen und Fenster herausgerissen waren, im Erdgeschoß in Brand geraten und zwangen die in den oberen Stockwerken stehenden Brandwachen zum Rückzug.

Der Einsatz der Werkluftschutzkräfte wird überall gut beurteilt. Er wird im Erfolg begünstigt durch aufgelockerte Bauweise und Eisenbetongerippebauten; ungünstig beeinflußt durch Gebäude in Ziegelsteinbauweise, durch Lage in eng bebautem Stadtgebiet und durch den Massenabwurf von Brandbomben, gemischt mit Sprengbomben.

In vielen Fällen ist ein nachträgliches Übergreifen des Feuers aus der Nachbarschaft festgestellt worden, vor allem in den Gebieten des Feuersturmes, nachdem durch die Werkluftschutzkräfte die entstandenen Brandherde erfolgreich bekämpft worden waren.

In zahlreichen Fällen ist trotz eigener Schäden „Nachbarschaftshilfe" geleistet worden, bis durch Staub, Funkenflug und Hitze ein weiteres Verbleiben am Schadensherd unmöglich wurde. In einem Webereibetrieb sind trotz Totalverlust die im Keller liegenden Garnlager erhalten worden. Der Keller war abgedeckt mit einer Betondecke, die Stützen waren ummantelt, und der Keller selbst in weitestgehendem Maße durch Zwischenwände unterteilt. Sämtliche Lüftungs- und Lichtschächte zu den Kellern waren mit Betonplatten abgedeckt. Diese vorbeugenden Maßnahmen haben sich ausgezeichnet bewährt.

In einer Spinnerei hat sich die Sprinkler-Anlage gut bewährt, da sie an eine unabhängige Löschwasserversorgung angeschlossen und die Pumpanlage in einem besonderen Gebäude außerhalb des Werkes untergebracht war.

(Der Werkluftschutz hatte die Aufgabe, die an den Betrieben zu erwartenden Schäden sowie den damit verbundenen Produktionsausfall auf ein Mindestmaß zu beschränken und den Arbeitsausfall durch Fliegeralarme möglichst gering zu halten.

Es gab Werkbeobachter, Brandwachen, Feuerlöschkräfte, Sanitätstrupps, Instandsetzungstrupps und Störungstrupps).

Verhalten bei Feuersturm und Strahlungshitze

Der Feuersturm trat etwa 3/4 Stunden nach Angriffsbeginn auf. Er war erheblich, aber nicht so gewaltig, daß Menschen, auch auf breiten Straßen und Plätzen, in den Brand hineingezogen worden wären. Am unerträglichsten war die Strahlungshitze.

Breite Straßen konnten während des Feuersturms von kräftigen Naturen begangen werden.

Auf Inseln im Durchmesser von 100 m und mehr konnte man sich aufhalten.

Das Begehen enger Straßen war während des Feuersturms lebensgefährlich und nur möglich, wenn es sich um kurze Straßen von etwa 30 m handelte, die im Laufschritt genommen werden mußten und dahinter wieder ein freier Platz oder eine breite Straße lag, auf denen man atmen konnte. In engen Straßen, also im Altstadtgebiet, ist ohne weiteres damit zu rechnen, daß Menschen vom Feuersturm angesogen wurden und spurlos verbrannt sind.

Die Luft war in den engen Straßen so heiß, daß man das Gefühl hatte, nicht mehr atmen zu können.

Beim Begehen der Straßen ergaben sich durch einstürzende Häuser, herabfallende brennende Balken und Mauerteile dauernd lebensgefährliche Situationen. Ständige Beobachtung der brennenden Gebäude war ein unbedingtes Erfordernis.

Über eine dreiviertel Stunde lang duckten sich die Menschen in den Kellern unter den furchtbaren Druckwellen der einschlagenden Luftminen und Sprengbomben. Häuserfassaden stürzten mit Getöse ein; Balken, Ziegeln, Steine schlugen auf das Straßenpflaster, vermischt mit Brandbomben und Flaksplittern. Staub und Rauch brannte in den Augen, und das Atmen wurde immer schwieriger. Die Luft war erfüllt von Geräuschen, wie man sie nie vorher vernommen hatte, Motorenlärm von Hunderten von Flugzeugen, das Rauschen herabfallender Bomben von der Größe einer Litfaßsäule, das immer stärker werdende Heulen des Feuersturmes. Und doch mußten jetzt schon Menschen hinaus aus der Sicherheit ihrer unversehrten Keller, weil das Haus über ihnen brannte und zusammenzustürzen drohte, weil die Hitze unerträglich wurde und sie dem Ersticken nahe waren. 6000 Meter über ihnen, unbemerkt durch den Lärm und die Eindrücke, die auf sie einstürmten, hatten die letzten Bomber den Luftraum über der Stadt verlassen.

Die Besatzungen hatten ihren Auftrag erfüllt. Sie hatten befehlsgemäß die Brände entfacht, und die mehr als tausend Jahre alte Stadt zerstörte sich nun von selbst und nahm zehntausend ihrer Einwohner, Männer, Frauen und Kinder, mit in den Tod.

Die Soldaten und Luftwaffenhelfer an den Geschützen der Flakbatterien hatten getan, was sie konnten, um das Unheil von Kassel abzuwenden, allein die 4. Batterie in Obervellmar feuerte 1171 Schuß. Aber die Funkmeßgeräte waren durch den Abwurf von Unmengen von Stanniolstreifen bei der Zielfindung stark behindert, ebenso die Scheinwerfer durch den Tausende von Metern aufsteigenden Rauch.

Aber die Nachtjäger konnten noch eingreifen. Beim Abflug von Kassel in nordwestlicher Richtung wurden bis in die Gegend von Gütersloh und Wunstorf noch 38 viermotorige Bomber abgeschossen, womit sich die Gesamtverluste der Engländer auf 48 erhöhten. Nur drei deutsche Nachtjäger gingen verloren.

Der Rückflug der Bomber über Holland, die Westfriesischen Inseln und die Nordsee war durch schlechtes Wetter und Vereisung behindert. Viele Maschinen konnten wegen starken Bodennebels auf ihren Plätzen nicht landen und wurden nach Schottland umgeleitet. Manche landeten erst nach 8 Stunden Flugzeit. Eine Lancaster raste gegen einen Hügel, als sie in hundert Meter Höhe die Wolkendecke durchstieß, eine andere mußte wegen Treibstoffmangels in der Nordsee notlanden.

Zwischen 22.00 Uhr und Mitternacht erreichte das Feuer in Kassel seine größte Ausdehnung und Intensität. Tausende von Menschen, die sich in ihren Schutzräumen sicher gefühlt oder aus Angst vor den Flammen, die in den engen Straßen aus den Fenstern und Torbögen fauchten, ihre Häuser nicht verlassen hatten, waren durch Sauerstoffmangel und Kohlenoxydvergiftung von einer bleiernen Müdigkeit befallen worden und eingeschlafen. Sie sollten nie wieder aufwachen.

Was ist zur Vermeidung hoher Personenverluste bei Flächenbrandgefahr geschehen?

Vorbereitende Maßnahmen:

Altstadtsanierung

Die in den ersten Jahren nach der Machtergreifung durchgeführte Altstadtsanierung kam beim Angriff des 22. Oktober insofern zu vorteilhafter Auswirkung, als der hierbei geschaffene Freiheiter Durchbruch vielen Tausenden von Altstadtbewohnern als Fluchtweg gedient hat und durch den Wegfall von etwa 80 Häusern und die Ausquartierung der Bewohner im Stadtrandgebiet die Bevölkerungsdichte der Altstadt um 1500 Personen vermindert worden war.

Mauerdurchbrüche

Seit Frühjahr 1941 sind im gesamten LO-Kassel etwa 9000 Mauerdurchbrüche hergestellt worden, nur etwa 80 Mauerdurchbrüche waren zur Zeit des Angriffs noch nicht fertiggestellt; diese liegen durchweg in Randgebieten. In der Innenstadt und insbesondere der Altstadt waren die Mauerdurchbrüche restlos ausgeführt.

Wie die bei der Bergung Verschütteter eingesetzten auswärtigen Spezial-Bergungskommandos bestätigt haben, ist Kassel eine der wenigen Städte, in denen die Mauerdurchbrüche und Stollen lückenlos ohne Rücksicht auf bestehende Schwierigkeiten, wie Niveauunterschiede zwischen den Kellern, Unterbrechung durch Toreinfahrten, Häuserzwischenräume usw. durchgeführt sind. Gerade im Altstadtgebiet sind die Durchbrüche in den einzelnen Häuserblocks so zusammenhängend angelegt, daß man von jedem Haus innerhalb eines Häuserblocks zu jeder Ecke desselben gelangen kann. Diese Anlage war für die Rettung von Tausenden von Menschen beim Angriff vom 22.10.1943 von ausschlaggebender Bedeutung.

Die Fälle, in denen durch Mauerdurchbrüche Rauch und Kohlenoxydgase in den Keller eingedrungen sein sollen, widerlegen nicht den Zweck und die Notwendigkeit derselben. Richtig ist allerdings, daß der Mauerdurchbruch erst dann geöffnet werden soll, wenn er tatsächlich benötigt wird. Zweckmäßig ist es auch unter Umständen, ihn behelfsmäßig (durch aufeinandergelegte Steine oder Lattengestelle mit nassen Decken) wieder zu schließen, wenn von der anderen Seite her Rauch- oder Brandgefahr besteht. Die Behauptung, daß durch die geöffneten Mauerdurchbrüche viele Menschen dazu verleitet worden seien, nicht ins Freie zu gehen, sondern von Mauerdurchbruch zu Mauerdurchbruch zu wandern, um schließlich in einem sicher erscheinenden Luftschutzraum zusammengedrängt den Tod zu erwarten, ändert nichts an der Tatsache, daß viele Menschen durch Mauerdurchbrüche ihr Leben gerettet haben.

Für viele Menschen hätte es beim Angriff vom 22.10.1943 die Rettung vor dem Erstickungstode bedeutet, wenn von dem System der Mauerdurchbrüche aus noch unterirdische Stollen aus dem Altstadtgebiet heraus auf freie Plätze bzw. an die Fulda und Aueseite geführt hätten.

Als nachteilig hat sich erwiesen, daß der Weg durch die Mauerdurchbrüche an manchen Stellen durch die Sohle der Kellertreppen geführt hat. Diese Gangteile sind vielfach durch zur Kellertreppe herabstürzende Brandtrümmer verschüttet und unzugänglich geworden. Als Gegenmaßnahme kommen Abmauerungen der Gänge nach der Kellertreppe hin in Frage.

Wo Stollen unter Toreinfahrten oder Häuserzwischenräumen hindurchgeführt waren, erwies sich deren Bauweise zu schwach. Es sind hier einige durch Haustrümmer verursachte Einstürze vorgekommen, die den Menschen den Weg abgeschnitten haben. An solchen Stellen haben die Bergungskommandos Ansammlungen von Gefallenen vorgefunden.

Evakuierungen

Nach den Tagesangriffen vom 28. und 30.7.1943 wurde die Evakuierung von Frauen und Kindern, insbesondere aus der Altstadt, auf freiwilliger Grundlage durchgeführt. Tausende Frauen und Kinder sind dadurch der Gefahr entzogen worden. Allerdings muß festgestellt werden, daß zahlreiche Evakuierte zu Beginn der Herbstzeit wieder in ihr Heim zurückgekehrt sind. In ähnlich gelagerten Fällen in anderen Luftschutzorten dürfte nur eine zwangsweise Evakuierung zu dem gewünschten Erfolge führen. Evakuierung auf freiwilliger Grundlage wird nur dann zur Wirkung kommen, wenn die Verschickung in weit entfernte Reichsgebiete erfolgt, aus denen eine Rückkehr nicht so leicht möglich ist.

LS-Bunker und Öffentliche Luftschutzräume

Zur luftschutzsicheren Unterbringung solcher Bewohner der Altstadt, in deren Häuser die vorhandenen Schutzräume nicht ausreichend waren, wurde im Altstadtgebiet ein LS-Bunker am Karlshospital, der in der Angriffsnacht mit weit über 1000 Personen belegt war, gebaut. Auch dieser Bunker mußte allerdings wegen drohenden Sauerstoffmangels und mangelnder Frischluft geräumt werden. Auf den guten Ausbau ausreichender öffentlicher Luftschutzräume wurde im Altstadtgebiet besonderen Wert gelegt. Jedoch auch in diesen öffentlichen Luftschutzräumen war der weitere Aufenthalt nach Entstehung des Flächenbrandes nicht mehr möglich.

Fluchtwege und Aufnahmeräume

In sofortiger Auswertung neuer Erfahrungen und gemäß Erlaß des Reichsministeriums des Luftschutzes (RMdL) wurden im gesamten Stadtgebiet Fluchtwege aus dichtbebauten Stadtteilen und gefahrlose Aufnahmeräume erkundet, planmäßig festgelegt und bekanntgegeben. Die Kennzeichnung der Fluchtwege war vorbereitet, jedoch zur Zeit des Angriffs noch nicht durchgeführt. Hierin kann kein Nachteil gesehen werden, denn einmal erscheint es sehr fraglich, ob die hierzu angebrachten Pfeile im grellen Flackerschein der brennenden Häuser, bei der Verschüttung der Straßen durch Ziegel, Glasscherben, Haustrümmer, brennende Balken und in der hetzenden Eile der Flucht mit vom Feuer abgewandtem Gesicht und zwinkernden Augen überhaupt wahrgenommen werden können, zum andern kann der Fluchtweg nur in Ausnahmefällen eindeutig vorher festgelegt werden (nämlich nur dann, wenn nur ein einziger Weg in Frage kommt). In den weitaus meisten Fällen muß der richtige Fluchtweg im Augenblick der Gefahr je nach Ausdehnung und Richtung des Flächenbrandes bzw. Feuersturmes, nach Windrichtung, nach Lage der nicht brennenden Gebiete, nach etwaigen Verschüttungen und etwa vorhandener Einsturzgefahr erkundet und gewählt werden. In all diesen Fällen könnte nach den Erfahrungen bei diesem Angriff eine Kennzeichnung der Fluchtwege die Menschen unter Umständen in den sicheren Tod führen.

Wichtiger als die Kennzeichnung der Fluchtwege erscheint wiederholte Aufklärung der Bevölkerung über die Fluchtmöglichkeiten und Durchführung exerziermäßiger Übungen.

Als beste Fluchtwege haben sich in Kassel die Wege an Flußläufen und entlang von Baumbeständen erwiesen. Wo solche Möglichkeiten bestehen, ist auf den Ausbau der größte Wert zu legen.

Auch die Bereitstellung von größeren Kähnen, die hier durchgeführt war, oder Flößen und deren Bemannung mit wasserkundigen Männern dort, wo flößbare Wasserläufe durch engbebaute Gebiete führen, ist ein dringendes Erfordernis. Bedenken sogenannter wassererfahrener Persönlichkeiten, daß Wasser keine Balken hat und durch Panikstimmungen noch größere Katastrophen entstehen können, sind nicht unbedingt anzuerkennen.

In Kassel war mit erheblichem Arbeitsaufwand ein Fluchtweg durch Schaffung von breiten Fußgängerbrücken bzw. Rampen von der Fuldabrücke aus zum Ufer an der Fulda geschaffen und gerade am Tage des Angriffs fertig geworden, die Tausende von Volksgenossen aus der Altstadt benutzt haben und die diesen Menschen das Leben retteten. Der Arbeitsaufwand hat sich gelohnt. Diese Maßnahme ist von der Bevölkerung hoch anerkannt worden.

Unabhängige Löschwasserversorgung

Die unabhängige Löschwasserversorgung des Flächenbrandgebietes war durch Zisternen, Feuerlöschteiche und vor allen Dingen durch die Fulda sichergestellt, jedoch war infolge der gleichzeitigen und raschen Entwicklung des Flächenbrandes, verbunden mit den durch die Wucht des Angriffes hervorgerufenen umfangreichen Verschüttungen, ein Herankommen von Feuerlöscheinheiten in größerem Ausmaße nicht mehr möglich.

Decken und Wasser

Der Bevölkerung wurde auf alle mögliche Weise (Ausbildungslehrgänge, Hausunterweisungen, Tagespresse, Merkblatt der örtlichen LS-Leitung u. a.) eingetrichtert, daß in jedem Schutzraum Decken und außer dem Löschwasser genügend Wasser zum Naßmachen der Decken vorhanden sein muß. Der Zweck dieser Maßnahmen wurde in jedem Falle eingehend dargelegt. Als besondere Erfahrung bei dem Angriff vom 22.10.1943 ist festzustellen, daß sich gewöhnliche Decken zum Schutze gegen Strahlungshitze und Feuersturm nicht so sehr eignen, wie zum Beispiel alte Mäntel, Bademäntel usw., da Decken vom Feuersturm leicht erfaßt und vom Körper gerissen bzw. beide Hände benötigt werden, um die Decke festzuhalten.

Schutzbrillen, Gasmasken

Auf gleiche Weise wie bei der Maßnahme mit den Decken und dem Wasser wurde der Bevölkerung empfohlen, zum Schutze der Augen bei Verlassen der Schutzräume Brillen bereitzuhalten. Auch der Gebrauch der Gasmasken als Schutz gegen Rauch und Staub ist empfohlen worden. Die Ausstattung der Bevölkerung mit Gasmasken wurde mit aller Energie gefördert, so daß zur Zeit des Angriffs ein weit höherer Prozentsatz der Bevölkerung, als es erlaßmäßig vorgesehen, mit Gasmasken ausgerüstet war.

Die Gasmaske mit abgeschraubtem Filter ist ein guter Ersatz für fehlende Schutzbrillen. Die wenige Wochen vor dem Angriff an die Bereichs- und Selbstschutztruppenführer sowie an die ESS.-Betriebe verausgabten Schutzbrillen haben den Besitzern wertvolle Dienste geleistet. Beschaffung solcher Schutzbrillen für alle Selbstschutzkräfte ist anzustreben. Die Ausstattung der LSP.-Kräfte, einschließlich Polizei, mit Schutzbrillen ist dringend erforderlich und war im LO-Kassel durchgeführt.

Sandbrücken

Zur Herstellung von Sandbrücken über heißgewordene oder brennende Asphaltstraßen sind große Sandreserven an den entsprechenden Stellen geschaffen worden. Diese kamen jedoch bei dem Angriff vom 22.10.1943 nicht zur Anwendung, da in keinem Fall heiße Straßendecken, die etwa nicht passierbar gewesen wären, festgestellt wurden.

Zumauern der Kellerfenster

Zum Schutze gegen den gefürchteten und trotz aller Gegenpropaganda gerüchtweise immer wieder vorhergesagten „Phosphorregen" hatte sich die Bevölkerung behelfsmäßig die Kellerfenster zum Teil zugemauert oder mit Material irgendwelcher Art oder Anschüttungen zugedeckt. Diese Behelfsmaßnahmen wurden als Schutz gegen einspritzende Brandmasse von unmittelbar vor den Kellerfenstern zum Abwurf kommenden Phosphorbrandbomben von der örtlichen LS-Leitung geduldet, jedoch wurde stets darauf hingewiesen, daß die Kellerfenster als Ausstiegsmöglichkeiten erhalten bleiben müssen und daß eiserne Vergitterungen aus demselben Grunde zu entfernen sind.

Als Erfahrung hat sich bei dem Angriff vom 22.10.1943 ergeben, daß weder „Phosphorregen", noch in die Keller hereinfließende Brandmassen vorgekommen sind, daß vielmehr die Öffnungen der Wirtschaftskeller unter Umständen für den Ausstieg aus verschütteten Schutzräumen und als Abzug von Hitze und von Gasen von Bedeutung sein können.

Anweisung der LS-Führer

Im Sommer 1943 wurden mehrere Besprechungen durchgeführt, an denen die Kreisleitung der NSDAP mit allen Ortsgruppenleitern, die Werkluftschutzbereichsstelle, die Ortsgruppe des RLB mit allen Reviergruppenführern, die Fachführer des LSP-, sämtliche Polizeioffiziere, LS.-Revierführer und Lu.-Bearbeiter der LS.-Reviere teilnahmen. In diesen Besprechungen wurden die neuesten Erfahrungen auf dem Gebiet des Luftschutzes ausführlich durchgesprochen. Insbesondere wurde allen Besprechungsteilnehmern als wichtigste Aufgabe bei einem kommenden Großangriff die der rechtzeitigen Herausführung der Menschen aus den Schutzräumen dargestellt. Die Parteiführer sowohl wie die Führer des Luftschutzes wurden ersucht, diese Pflicht den Politischen Leitern, den Amtsträgern des RLB sowie allen Unterführern im Luftschutz, besonders den Selbstschutztrupps und -bereichsführern als Befehl weiterzugeben. Dieser Befehl wurde außerdem schriftlich wiederholt und für den Vollzug ein bestimmter Termin gestellt.

Ferner wurden in den beiden LS.-Abschnitten Planspiele über „Fluchtwege" abgehalten. Eine große Übung zur Anwendung der Sandbrücken wurde im LSAK Ost mit allen Selbstschutzführern und LS.-Warten eingehend durchgespielt.

Anweisung der Ordner der ÖLSR

Mehrere Wochen vor dem Angriff wurden sämtliche Ordner der ÖLSR (Öffentlicher Luftschutzraum) und deren Stellvertreter in einer eigens hierzu einberufenen Versammlung durch den Luftschutzoffizier eingehend über das Verhalten bei der Entstehung von Flächenbränden belehrt, sie wurden für die rechtzeitige Herausführung der Insassen der ÖLSR bei Großbrandgefahr auf den vorbereiteten Fluchtwegen verantwortlich gemacht.

Zufälligerweise ist gerade der ÖLSR im Gasthaus „Pinne", aus welchem dann beim Agnriff doch sehr viele Gefallene geborgen werden mußten, als Beispiel gewählt worden.

Diese vorbeugenden Maßnahmen sind auf so breiter Grundlage vorbereitet und durchgeführt worden, daß man denken sollte, auch die restlichen 10% der Bewohner des Flächenbrandgebietes hätten noch gerettet werden müssen. Wenn dies auch trotz des heldenhaften Einsatzes vieler Männer, von dem im nächsten Abschnitt einiges berichtet wird, nicht möglich war, so läßt sich daraus nur der Schluß ziehen, daß in der Wucht des Angriffes, in der Schnelligkeit der Flächenbrandentwicklung im Altstadtgebiet und der durch beides hervorgerufenen Einschüchterung der Frauen und Kinder die Ursache zu den hohen Verlusten zu suchen ist.

Praktischer Einsatz

Noch mitten im Angriff – sobald das Ausmaß der Schadenswirkung bekannt war – kamen alle verfügbaren Polizeikräfte der Luftschutzleitung, der Abschnittskommandos, wie der einzelnen Reviere, insbesondere alle Offiziere, die in den Befehlsstellen entbehrt werden konnten, zum Einsatz im Schadensgebiet mit dem einen Ziel: „Menschenrettung". Alle Kräfte sollten auf das eine Ziel konzentriert werden: Herausführung der Schutzrauminsassen auf die Fluchtwege. Viele Tausende von Menschen konnten so noch dem sicheren Erstickungstod entrissen werden.

Einige der besonders aufschlußreichen Beispiele aus dem Einsatz der Polizeikräfte:

Der LS-Bunker am Bahnhofsplatz war bei jedem Fliegeralarm durch einen Hauptmann der Schutzpolizei besetzt worden, der die Ordnung in dem meist überfüllten Bunker zu überwachen hatte. Dieser Offizier galt zugleich als Führer-Reserve für den Fall eines Bombenvolltreffers in die Befehlsstelle der örtlichen Luftschutzleitung und einer dadurch bedingten Ausschaltung aller Führungskräfte.

Zu Beginn des Angriffs war der Bunker schon überfüllt. Bei Entwicklung des Flächenbrandes strömten aus den nahen Hotels, Gast- und Wohnhäusern soviel Menschen zu, daß die Überbelegung mit etwa 4 1/2 tausend Menschen zu bedrohlichen Verhältnissen führte. Dem Hauptmann der Schutzpolizei gelang es, nach anfänglich zu überwindenden starkem Widerstand unter Appell an die Ehre der Männer und mit Unterstützung weiterer Polizeikräfte und Wehrmachtsangehöriger, bei Frauen zum Teil unter Anwendung sanfter Gewalt, sämtliche Insassen auf einem zwar gefährlichen, aber begehbaren Fluchtweg ohne jeden Verlust im Zeitraum von 1 1/2 Stunden herauszuführen, nachdem er erkannt hatte, daß nach Zerstörung der Frischluftanlage und zunehmendem Eindringen von Rauch durch die Bunkereingänge ein längeres Verweilen dieser Menschenmassen den Erstickungstod für viele bedeutet hätte.

Auch der LS-Bunker am Karlshospital mußte aus gleichem Grunde geräumt werden. Hier gelang es einem anderen Hauptmann der Schutzpolizei nur dadurch, die Frauen zum Verlassen des Bunkers zu bewegen, daß er über 50 mal mit zwei bis drei Kindern unter dem Arm, die er den Frauen weggenommen hatte, durchs Feuer sprang. Auch diese Rettung von über 1000 Menschen gelang ohne Verlust.

Die Bewohner der „Städtischen Kaserne" – etwa 1200 Personen – waren vom Feuer eingeschlossen und wurden ebenfalls durch eine Baulücke hindurch zur rechten Zeit von Offizieren der Schutzpolizei in Sicherheit gebracht.

Bei mehreren größeren LS.-Räumen der Innen- und Altstadt gelang die Rettung von vielen Hunderten von Menschen durch rücksichtslosen persönlichen Einsatz von Führern, Unterführern und Männern der Polizei, die hierbei hauptsächlich von der Wehrmacht, aber auch in vielen Fällen von anderen beherzten Männern, von Politischen Leitern, Selbstschutzführern u. a. unterstützt wurden.

Bewährt hat sich hierbei in Fällen starken Feuersturms, daß von Männern eine Kette gebildet wurde, an der Frauen und Kinder entlanggeführt werden konnten.

Die Polizeikräfte sind zahlenmäßig zu schwach, als daß sie in der Lage wären, im ganzen Gefahrenbereich den Zeitpunkt der Räumung wahrzunehmen und die Anordnung der Räumung in die Schutzräume des gesamten Revierbereichs zu überbringen.

Die Luftschutzwarte selbst, insbesondere aber die Selbstschutztrupp- und Selbstschutzbereichsführer, müssen daher dahingehend erzogen werden, daß sie aus der Schwere des Angriffs und der Entwicklung der Brände den Zeitpunkt der Räumung selbständig erkennen und folgerichtig handeln, das heißt, aus den gegebenen Möglichkeiten den aussichtsreichsten Fluchtweg durch Beobachtung feststellen und gegebenenfalls die Räumung erzwingen müssen.

Der Einsatz von Feuerlöschkräften zur Bildung von Wassergassen bzw. zur Erkämpfung der Zugänge zu den Schutzräumen, war nur in einer beschränkten Zahl von Fällen möglich, da in dem engbebauten Stadtgebiet die Straßen in einem solchen Ausmaß aufgerissen und verschüttet wurden, daß die Heranführung von Löschfahrzeugen auf unüberwindliche Schwierigkeiten stieß. Aus alledem ergibt sich weiterhin die zwingende Lehre, die Bevölkerung selbst noch eindringlicher als bisher auf die Notwendigkeit zum schnellen Verlassen der Schutzräume bei Großflächenbränden hinzuweisen. Rücksichtnahme auf eine eventuelle Beunruhigung der Bevölkerung durch zu klare Unterrichtung ist hier nicht am Platze. Die Aufklärung kann nicht ernst und nachdrücklich genug sein. Exerziermäßiges Üben wird zum genauen Einprägen der Fluchtmöglichkeiten für notwendig erachtet.

Vergiftung durch Kohlenoxydgas

Bei 30% von der Anzahl der erstickten Gefallenen wurde als Todesursache Vergiftung durch Kohlenoxydgas festgestellt. Dieses unbemerkt tödlich wirkende Gas kann sich bei allen Bränden entwickeln und wird daher bei Großbränden stets auftreten, auch wenn keine Kohlen zur Entzündung kommen. Dies beweist das Vorkommen derartiger Vergiftungen auch in LS-Räumen ohne benachbarte Kohlenbrände. Jedoch sind Kohlenbrände als Ursache für eine große Anzahl solcher Vergiftungen nachzuweisen gewesen. Die Kohlen in den Wirtschaftskellern sind zum Teil durch herabstürzende Brandtrümmer, zum Teil durch Schrägeinfall von Brandbomben, zum Teil auch durch Selbstentzündung bei großer Hitze (schon von 80° an) zum Brennen gekommen. Zur Vermeidung derartiger Vergiftungen erscheint es zweckmäßig, die Kohlenvorräte aus den Kellern zu entfernen; sie etwa unter Bretterverschlägen in Höfen unterzubringen, wäre allerdings der Feuerbrückengefahr wegen nicht möglich, man müßte also wohl dazu übergehen, die Kohlen in kleinen Mengen vom Händler zu holen.

Über das Ergebnis einer Leichenöffnung wegen Verdachts der Anwendung eines neuen Kampfstoffes wird als Anlage 1 ein Bericht des Beratenden Pathologen beim Wehrkreis IX beigefügt.

Bergung Verschütteter

Ungeachtet der geschilderten Gefahren wurde als erste Formation zur Bergung Verschütteter der Instandsetzungsdienst noch während des Angriffs eingesetzt. Führer, Unterführer und Männer des I-Dienstes haben in pausenlosem Einsatz Tag und Nacht an vielen Hauptschadensstellen gearbeitet. Auch eine Formation der Waffen-SS wurde sofort nach Eintreffen noch in der Nacht bei den Bergungsarbeiten eingesetzt; ihr wurden die schwierigsten Schadensstellen in der Altstadt übertragen, an denen sie unermüdlich und mit großem Erfolg arbeitete. Ferner unterstützten zahlreiche ortseigene sowie auswärtige Feuerlöschformationen die Bergungsarbeiten. Bei dem planmäßigen Einsatz nach dem Angriff waren Kräfte der Wehrmacht, der Technischen Nothilfe (T.N.), des Reichsarbeitsdienstes (RAD) u. a. auf diesem Gebiet erfolgreich tätig. Die umfangreichste und zugleich schwierigste Bergungsarbeit bewältigte eine Spezialformation des OT-Regiments Speer, in Stärke von 9/57; diese Formation setzt sich aus jungen ausgesuchten Bergleuten der Grubenwehr zusammen und ist naturgemäß zu größeren Leistungen befähigt als alle anderen zur Bergung zur Verfügung stehenden Kräfte.

Die Bergungsarbeiten wurden folgendermaßen organisiert:
Die Kräfte wurden in drei Spezialkommandos, nämlich die Suchtrupps, die Freilegungstrupps und die Bergungstrupps aufgeteilt. Die Suchtrupps hatten die Aufgabe, die Schutzräume und Schadensstellen ausfindig zu machen, wo Verschüttete vermutet wurden, sowie deren Eingänge zu erkunden und nach Möglichkeit freizulegen; sie wurden von besonders ortskundigen Angehörigen der Schutzpolizei und von überlebenden Anwohnern beraten. In unmittelbarer Fühlung mit den Suchtrupps arbeiteten die Bergungstrupps, denen die Aufgabe der eigentlichen Bergung, also das Herausholen der Gefallenen zufiel. Waren umfangreiche Freilegungsarbeiten erforderlich, so traten hier die Freilegungstrupps in Aktion, die mit Hilfe anderer, weniger sachkundiger Formationen, wie Wehrmacht, Waffen-SS, RAD usw. die Eingänge zu den Schutzräumen bzw. bei Totalverschüttungen die Gefallenen freilegten. Diese Aufteilung der Aufgaben hat sich bei der überaus großen Zahl von Schadensstellen bestens bewährt. Bei den eigentlichen Bergungsarbeiten sind folgende besondere Erfahrungen gemacht worden:

Die LS-Räume bzw. Keller, aus denen der weitaus größte Teil der Gefallenen geborgen wurde, waren vollkommen unversehrt, jedoch durch den darüberliegenden Brandschutt schon so heiß geworden, daß hierdurch in einigen Fällen eine sofortige Bergung unmöglich gemacht wurde. Wesentlich hierbei ist eine möglichst rasche Bergung, da insbesondere in feucht gewesenen Kellern die warme Luft mit Feuchtigkeit geschwängert ist und hierdurch bei den Bergungsmannschaften leicht Ohnmacht durch Wärmestauung (innerer Hitzschlag) eintreten kann.

Am Kellereinstieg erscheint die Hitze, die hier konzentriert ausströmt, meist schlimmer, als sie dann im Keller selbst ist. Es gehört also besonders beim Einstieg ein gewisser Mut zur Überwindung der ersten Hitzewelle. Bei Verzögerungen im

Einsatz kann es infolge der steigenden Hitzeentwicklung zu spät werden, so daß die Schadensstelle dann mehrere Tage ruhen muß, ehe sie wieder betreten werden kann. In solchen Fällen zur Abkühlung Löschwasser auf den Brandschutt zu geben, empfiehlt sich nicht, da heiß und brüchig gewordene Kellerdecken bzw. Gewölbe bei Abkühlung sehr leicht einstürzen. Ein weit besseres Mittel zur Beschleunigung der Abkühlung ist die natürliche „Bewetterung" durch Schaffung eines zweiten Ausganges. Durch diesen zieht die heiße Luft sofort ab, so daß in solchen Kellern selbst dann gearbeitet werden kann, wenn in unmittelbarer Nähe Kohlen brennen. Auch Kohlenoxydgase ziehen bei diesem Verfahren ab oder werden so verdünnt, daß jedenfalls mehrere Stunden ohne Gefahr dabei gearbeitet werden kann. Sehr bewährt haben sich Kohlenoxydprüfgeräte (besonders das Auer CO Spürgerät), besonders für nicht fachlich geschulte Bergungstrupps, die Kohlenoxydgase nicht ohne weiteres von Heißluft unterscheiden können.

Tod durch Ertrinken ist in keinem einzigen Fall beobachtet worden. Wo Lösch- oder Grundwasser oder Wasser aus Rohrbrüchen festgestellt wurde, fand es einen Niveau-Ausgleich durch die Mauerdurchbrüche.

Baggereinsatz zur Bergung Verschütteter war im Altstadtgebiet nicht erforderlich, da die Schutzräume meist unversehrt und leicht zugänglich waren. An stark verschütteten Schadensstellen konnte der Bagger nur dort eingesetzt werden, wo Lebende mit Sicherheit nicht mehr unter den Trümmern vermutet wurden. Zur Feststellung von Lebenszeichen standen zwei Horchtrupps der Wehrmacht zur Verfügung. Von den 459 lebend Geborgenen wurden die meisten unmittelbar nach dem Angriff nach Freilegung der Schutzraumzugänge geborgen, zum Teil unter erfolgreicher Anwendung von Wiederbelebungsversuchen und Spritzen.

Die letzten Lebenden wurden am 4. Tage nach der Angriffsnacht geborgen.

Besondere Erschwerungen der Bergungsarbeiten traten vom 4. Tag ab dadurch ein, daß Leichen, die aus warmfeuchten Räumen geborgen wurden, aufgequollen und zum Teil zerflossen waren. Keller, die vollständig geräumt, bzw. durchsucht waren, wurden am Einstieg durch einen grünen Kreis bezeichnet.

Sämtliche Bergungskommandos waren mit Gummihandschuhen versehen worden. Da im LO.-Kassel für diesen starken Bedarf nicht genügend vorhanden waren, wurde Nachschub fernmündlich beim LGK. beantragt und durch Flugzeug geliefert. Zur Überwindung des nach einigen Tagen sehr starken Verwesungsgeruches wurden allen bei der Leichenbergung tätigen Kräften Kognak und Zigaretten in ausreichenden Mengen zur Verfügung gestellt; sogar Kölnisch-Wasser und besonderer Zuschuß von Seife konnte geliefert werden. Einige Bergungskräfte haben mit Gasmasken gearbeitet, bei denen anstatt des Filters ein alkoholgetränkter Wattebausch in das Anschlußstück eingeführt wurde.

Die vordringlichste Frage, die sich bei Beurteilung der durch den Luftangriff vom 22.10.1943 entstandenen Auswirkungen ergibt, ist diese:

Wie konnte es zu der hohen Zahl von bisher über 5900 Gefallenen kommen?

Um diese Frage zu beantworten, muß zunächst dargestellt werden, auf welche verschiedenen Arten die Gefallenen ums Leben gekommen sind. Als Todesursache wurde festgestellt: bei 70% Tod durch Erstickung, bei 15% durch äußere Gewalteinwirkung, 15% sind verkohlt geborgen, so daß die eigentliche Todesursache nicht mehr feststellbar war.

Die äußere Gewalteinwirkung als Todesursache wirft keine weiteren Fragen auf; hier handelt es sich in der Hauptsache um Sprengbombenvolltreffer auf kleinere Gebäude, durch welche der Schutzraum eingedrückt wurde bzw. um Gefallene, die beim Einsatz durch Volltreffer oder Splitterwirkung ums Leben gekommen sind.

Wesentlich für die Beantwortung der oben gestellten Frage ist allein der hohe Prozentsatz der durch Erstickung umgekommenen Gefallenen.

Diese Gefallenen haben einen sanften Tod erlitten; sie sind infolge des durch den Feuersturm eingetretenen Sauerstoffmangels, z.T. auch durch die Einwirkung von Kohlenoxidgas im Schutzraum ermüdet bzw. ohnmächtig geworden und schließlich ohne Kampf in den Tod hinübergegleitet.

Wie haben sich diese Menschen verhalten und wie hätten sie sich verhalten müssen?

Hier sind drei Möglichkeiten zu unterscheiden:

Die weitaus meisten dieser Gefallenen haben sich im Schutzraum sicher gefühlt (entsprechend dem 5 Jahre lang eingehämmerten Grundsatz: „Im Schutzraum bist Du am sichersten aufgehoben"), auch dann noch, als das eigene Haus und dessen gesamte Umgebung bereits in hellen Flammen stand. Die seit 1/2 Jahr gelehrte Pflicht zum rechtzeitigen Verlassen der LS.-Räume war der Bevölkerung noch nicht in Fleisch und Blut übergegangen. Da gerade im Altstadtgebiet die meisten Schutzräume unter Erdgleiche gelegen sind, also nicht so rasch von der Strahlungshitze durchzogen werden konnten, erschien der Aufenthalt im Schutzraum auch dann noch erträglich, als ein Betreten der Straße kaum mehr möglich war. Infolgedessen sind viele Menschen im Schutzraum verblieben, obwohl ihnen gesagt worden war, daß sie bei Großbrandgefahr den Schutzraum rechtzeitig zu verlassen haben. Zu diesen Personen, die infolge der noch kühlen Schutzräume zögerten, den gewagten und gefährdeten Fluchtweg anzutreten, gehören auch leider einige von den Männern, die es nach eingehender Belehrung in Luftschutzbesprechungen usw. hätten besser wissen müssen. Es sind Fälle bekannt geworden, daß Menschen den Schutzraum zu verlassen suchten, von anderen jedoch daran gehindert wurden, mit dem Hinweis auf die angebliche Sinnlosigkeit dieses Versuchs. Insbesondere Fronturlauber, die mit den neuesten Maßnahmen des Luftschutzes naturgemäß nicht so vertraut sein können, haben das Verbleiben im Schutzraum vertreten. Ehemänner brachten es andererseits in vielen Fällen weder mit Bitten noch durch Gewalt fertig, ihre Frauen zum Verlassen des Schutzraumes zu bewegen. Größere Kinder haben den LS.-Raum verlassen,

Mütter sind im Schutzraum verblieben und erstickt. Die Ermüdung durch schlechte Luft und vielleicht eingetretene Atemnot haben dazu beigetragen, daß viele Menschen nicht mehr den Entschluß zur Tat fassen konnten.

Ein anderer Teil dieser Gefallenen hat versucht, entsprechend den gegebenen Weisungen den Schutzraum zu verlassen, um sich auf Fluchtwegen in Sicherheit zu bringen. Zunächst wurde dies auf dem Weg durch die Mauerdurchbrüche versucht. Da das Altstadtgebiet von Mauerdurchbrüchen und Stollen blockweise durchzogen war, sind geradezu Wanderungen unter den Häusern auf der Suche nach einem besseren Luftschutzraum oder besseren Ausgang angetreten worden. Dabei ist es zu Ansammlungen bis zu Hunderten von Menschen gekommen. Nur so erklärt sich die Tatsache, daß Gefallene nicht in ihren eigenen, sondern in ganz fremden Schutzräumen des betreffenden Häuserblocks geborgen wurden. Ferner ist folgender, beispielsweise wiedergegebener Fall mehrfach vorgekommen: Ein Geretteter erklärt: „Im Schutzraum, aus dem ich mich retten konnte, waren bei meinem Weggehen noch fünf Personen." Bei den Bergungsarbeiten auf der Suche nach diesen fünf Personen wurden aber dann aus demselben Schutzraum 69 Personen geborgen, die sich alle erst später auf der Wanderung durch die Mauerdurchbrüche eingefunden haben. Diese Vorfälle haben das Auffinden von gefallenen Angehörigen durch Überlebende und die Identifizierung der Gefallenen sehr erschwert.

Ein weiterer Teil dieser Gefallenen hat die Flucht aus dem Schutzraum auf die Straße angetreten, jedoch etwas zu spät, so daß Feuersturm und Strahlungshitze, vielleicht auch durch Brandtrümmer versperrte Straßen, wieder zum Unterschlupf in einen anderen auf dem Fluchtweg gelegenen Schutzraum nötigten. Hierbei wurde vielfach einer der bei der Bevölkerung bekannten gut ausgebauten ÖLSR aufgesucht, wodurch es wiederum zu erklären ist, daß in diesen ÖLSR mehrere hundert Menschen vorgefunden wurden.

Es ist also nachzuweisen, daß ein sehr großer Teil der Gefallenen wohl die Absicht hatte, den Schutzraum zu verlassen und die Aufnahmeräume auf dem Fluchtweg aufzusuchen, diese Absicht jedoch nicht mehr verwirklichen konnte, weil durch die an und für sich kühlen Schutzräume der richtige Zeitpunkt, für welchen bei der rasend schnellen und gleichzeitigen Entwicklung des Flächenbrandes gerade im Altstadtgebiet nur eine geringe Zeitspanne zur Verfügung stand, versäumt wurde.

Diese Menschen hätten ihre Schutzräume zu einem früheren Zeitpunkt verlassen müssen, nämlich dann, als die Brände noch nicht die ganzen Häuser erfaßt hatten, die Straßen und Gassen der Altstadt also noch passierbar waren. Dieser Zeitpunkt lag allerdings mitten in der Angriffszeit, nämlich etwa 3½ Stunden nach Beginn des Angriffs. Es ist erklärlich, wenn viele Menschen, insbesondere Frauen und Kinder, bei dem in Gang befindlichen Bombardement des Angriffs nicht den Mut fanden, zu diesem Zeitpunkt den Schutzraum zu verlassen.

Umsomehr ist anzuerkennen, eine wie große Zahl von Bewohnern der Altstadtgebiete den Mut aufgebracht hat, den gefährdeten Fluchtweg anzutreten, obwohl der noch kühle Schutzraum einen sicheren Aufenthalt zu bieten schien.

Der hohen Zahl von Gefallenen muß hier einmal die sehr viel höhere Zahl der Geretteten gegenübergestellt werden:

Im Altstadtgebiet wohnten zur Zeit des Angriffs etwa 25000 Menschen. Gefallen sind in diesem Gebiet etwa 2500 Menschen. Da sich unmittelbar nach dem Angriff Lebende in diesem Gebiet nicht aufhalten konnten, gibt es nur die zwei Möglichkeiten „gerettet" (also aus dem Altstadtgebiet geflohen in Aufnahmeräume) oder „gefallen".

Demnach sind nicht weniger als 22500 Menschen aus diesem Gebiet, das sind 90%, gerettet, bzw. rechtzeitig herausgeführt worden. Der Prozentsatz der Geretteten wird wesentlich höher, wenn man diese Rechnung für das gesamte Schadensgebiet aufstellt. (Im Verhältnis zur Einwohnerzahl beträgt die Gefallenenzahl nach dem derzeitigen Stand 2,5%).

Identifizierung, Abtransport und Beerdigung der Gefallenen

Die zwischen der Luftschutzleitung, Kriminalpolizei und dem Bestattungsamt getroffenen Vereinbarungen über den Ablauf der Bergung, der Identifizierung, des Abtransportes und der Bestattung der Gefallenen konnten beim Umfange der Katastrophe nicht mehr angewendet werden. Aus der gegebenen Lage heraus mußten sofort neue Wege beschritten werden.

Für die gesamte Identifizierung der Gefallenen war der Zeitpunkt des Angriffs insofern äußerst ungünstig, als um diese Abendstunde viele Menschen noch nicht zu Hause, sondern bei Freunden oder Verwandten waren. Die Gaststätten waren überfüllt. Der Fundort der Gefallenen gab daher in vielen Fällen keinen Anhaltspunkt zur Identifizierung.

Die Kriminalpolizei Kassel konnte der vor ihr stehenden Aufgabe der Identifizierung von Tausenden von Gefallenen personell nicht gewachsen sein. Trotz der sofort aus anderen Städten eingetroffenen Verstärkung stellte die besonders schwierige Arbeit an jeden einzelnen Beamten äußerste Anforderung. Sowohl für die Kriminalpolizei als auch für die Beamten des Bestattungamtes und für die mit dem Abtransport beauftragten Kräfte der Schutz- und Luftschutzpolizei war es kein Leichtes, tagelang vom frühen Morgen bis zur Dämmerung nur zwischen Leichen zu arbeiten, insbesondere vom 4. Tage ab nach Zunahme des Verwesungszustandes und des intensiven Leichengeruches.

Identifizierung

Die Zusammenarbeit mit der Kriminalpolizeistelle verlief reibungslos und in kameradschaftlicher Weise. Im einzelnen wurden folgende Maßnahmen durchgeführt:

Nach Möglichkeit wurde jedem Bergungskommando ein Kriminalbeamter beigeordnet, der an Ort und Stelle die Identifizierung vornahm und jedem Gefallenen eine zu diesem Zweck vorbereitete Leichenkarte anhängte. Wo ein Kriminalbeamter nicht zugegen war, hatte das LS-Revier eine Aufsicht und

Bewachung gestellt, wie überhaupt in jedem Falle das LS-Revier dafür sorgte, daß die Leichen bis zum Abtransport unter Bewachung standen. Die Hilfe der überlebenden Anwohner, Angehörigen und Nachbarn der Gefallenen ist für eine rasche Identifizierung von unschätzbarem Wert. Deshalb wurden nur solche Passanten von den Schadensstellen ferngehalten, die dort nichts zu suchen hatten.

Angehörige, Freunde und Nachbarn der Gefallenen wurden zugelassen und ihre Angaben zur Ausfüllung der Leichenkarten ausgenutzt. Der an der Schadensstelle anwesende Angehörige des LS-Reviers sorgte außerdem für eine nach den Umständen so würdig als mögliche Form der Niederlegung der Gefallenen. Identifizierte Gefallene wurden von den noch unbekannten Gefallenen getrennt gelegt. Wertsachen, Brieftaschen, Ausweise usw. wurden bei der Identifizierung sichergestellt und in genau beschrifteten Papierbeuteln gesammelt.

Besondere Schwierigkeiten bietet die Identifizierung von Frauen, da sie wegen fehlender Kleidertaschen Ausweispapiere nicht unmittelbar bei sich zu tragen pflegen. Bei Frauenleichen ist daher die Sicherstellung von Schmuckstücken besonders wichtig. Vorsorgliche Ausrüstung der Identifizierungskommandos mit starken Beißzangen zum Ablösen von Ringen und mit Scheren zum Abschneiden von Kleiderstoffmustern ist zu empfehlen. Auch aus dem Brandschutt der Schadensstellen müssen persönliche, wenn auch teilweise verbrannte Gebrauchsgegenstände nach Möglichkeit sichergestellt werden.

Bei einem Teil der Gefallenen, die an der Schadensstelle identifiziert worden waren, ist die Leichenkarte beim Transport verlorengegangen. Diese Gefallenen mußten auf den Friedhöfen, da nunmehr nach Abnahme der Wertsachen, Ausweise usw. jeder Anhaltspunkt fehlte, als unbekannt beerdigt werden. Auf möglichst dauerhafte Befestigung der Leichenkarten ist daher größter Wert zu legen.

Die aus hygienischen Gründen erforderliche rasche Überführung der Gefallenen zu den Friedhöfen ergab für die Kriminalpolizei die Notwendigkeit, starke Identifizierungskommandos zu den verschiedenen Friedhöfen abzustellen, um vor der Beerdigung noch weitere Identifizierungen zu versuchen. Die dort noch möglichen Maßnahmen waren in der Hauptsache: Sicherstellung von Wertgegenständen und Erkennungszeichen und, soweit noch möglich, Aufnahme von Personalbeschreibungen.

Grundsätzlich wird die Erfolgsquote aller Identifizierungen von der Entscheidung abhängen, in welchem Zeitraum nach ärztlichem Gutachten Masseneinbettungen zur Verhinderung von Seuchengefahren durchgeführt werden müssen. Erkennungsdienstliche Versäumnisse, die sich durch allzu rasche Beerdigung notwendigerweise ergeben, sind praktisch kaum wieder auszugleichen. Beim Anfall von Hunderten von Leichen unbekannter Toten auf den Friedhöfen versagt bei dringender Eile auch die aufopfernde Arbeit der kriminalpolizeilichen Identifizierungskommandos. Da die Identifizierung an der Schadensstelle am leichtesten ist, empfiehlt es sich also, die unbekannten Gefallenen dort so lange liegen zu lassen, als es die Jahreszeit, das heißt der Verwesungsprozeß, gestattet. Forderungen der Pietät müssen hier hinter der, auf die Dauer gesehen, wichtigeren Forderung der Identifizierung zurückstehen.

Eingehendste Unterweisung der Bergungstrupps über die in kriminalpolizeilichem Interesse zu beachtenden Maßnahmen ist dringend erforderlich. Da nach einer Katastrophe aber nicht nur Kräfte der Luftschutzpolizei zu Bergungen eingesetzt, sondern noch alle möglichen anderen Formationen herangezogen werden, die vorher nicht instruiert sind, wird die Verteilung knapp, aber erschöpfend abgefaßter Merkblätter an die Kommandoführer vorgeschlagen. Die Bedeutung des Wertes der Identifizierungen schon am Fundort kann nicht genügend hervorgehoben werden. In diesem Zusammenhang scheint es angebracht, auch auf die Vorrathaltung ausreichender Leichenkarten hinzuweisen.

Die Unterbringung von Reservevorräten in ländlichen Ausweichstellen ist zu empfehlen.

Die in dem Merkblatt für Bergungskommandos geforderten Maßnahmen dürfen allerdings bei der Suche nach lebenden Verschütteten niemals hemmend wirken. Es muß hier ausdrücklich bemerkt werden, daß alle zu beachtenden Maßnahmen noch so gut vorbereitet sein mögen, sie werden doch im Augenblick der Katastrophe zum Teil umgestoßen und nicht beachtet werden können, weil in diesen Tagen jeder – auch der Unvorbereitete und Unkundige – willkommen ist, der hilft, Lebende zu bergen.

Zur nachträglichen Identifizierung unbekannter Gefallener wurde in Kassel erstmalig eine Effektensammelstelle eingerichtet, die sich sehr bewährt hat. Diese Ausstellung ist heute noch im Gange. Ihr Endergebnis steht daher bisher noch nicht fest, jedoch konnte die Erfolgsquote der Identifizierung um über 500 Gefallene, also 10% aller Gefallenen, gesteigert werden. Bei Abschluß des Berichtes waren 69% aller Gefallenen identifiziert.

Abtransport

Der Abtransport wurde unter Einsatz von 45 mit Planen gedeckten LKWs und unter Führung von 6 energischen Polizeioffizieren mit einer großen Zahl von Transportmannschaften (E.-Züge mit Gasschutzbekleidung) durchgeführt und ging schnell und reibungslos vonstatten. Die Anwendung von Särgen für den Transport der Gefallenen kam schon aus räumlich zeitlichen Gründen nicht in Betracht, da trotz günstiger, trockener, nicht zu warmer Witterung zur Vermeidung von Seuchengefahr die Beerdigung der Gefallenen immerhin so beschleunigt werden mußte, daß das erforderliche Tempo bei Anwendung von Särgen nicht eingehalten werden konnte.

Beim Abtransport, wie auch bei der Beerdigung, werden nach Eintreffen kriegsinternierte italienische Soldaten eingesetzt.

Beerdigung

Die Gefallenen wurden auf insgesamt sechs Friedhöfen bestattet. Eine große Anzahl Kameradschaftsgräber konnte mit Baggern ausgehoben werden. Anfangs wurden die Gefallenen nur in einer Schicht in den Kameradschaftsgräbern beigesetzt. Später mußten sie, da nicht genügend Platz zur Verfügung stand, nachdem die Kameradschaftsgräber noch um 30 cm vertieft worden waren, in zwei Schichten übereinander beigesetzt werden. Auf jedem Friedhof waren mehrere LS-Ärzte zur Feststellung des Todes der Gefallenen eingesetzt.

Ein LS-Arzt war mit der Oberleitung in Bezug auf Durchführung der hygienischen Maßnahmen im Schadensgebiet sowohl als auch auf den Friedhöfen betraut worden. Er hatte zugleich die Aufgabe, die Verbindung mit den städtischen Behörden, dem Bestattungsamt, dem Gesundheitsamt, der Vermißtenstelle und der Kriminalpolizei herzustellen und alle Zweifelsfragen zu klären. Jeden Tag 18.00 Uhr meldete er die Zahl der auf den Friedhöfen noch unbeerdigten Gefallenen, ferner die Zahl der beerdigten und die auf den Straßen liegenden, aber nocht nicht abtransportierten Gefallenen. Zu diesem Zwecke standen ihm 16 Angehörige des LS.-San.-Dienstes, die als Leichenzähler eingesetzt wurden, zur Verfügung.

Nur ein sehr geringer Teil aller Gefallenen befand sich bereits im Verwesungszustande. Diese Gefallenen wurden von dem, dem San.-Dienste der LSP angegliederten Leichenbergungstrupp geborgen. Der Leichenbergungstrupp war mit vollständiger Gasbekleidung, einem Heeresatmer und einem mit Blech ausgeschlagenen Fahrzeug ausgerüstet.

Die Desinfektion der Gummihandschuhe wurde allabendlich in der Sanitätsstelle der Schutzpolizei vorgenommen. Sämtliche Fahrzeuge, die Gefallenentransporte ausgeführt hatten, wurden jeden Abend mit Chlorkalk gereinigt und abgespritzt. Auch auf den Friedhöfen stand reichlich Desinfektionsmaterial und Waschgelegenheit zur Verfügung.

Vermißte

Die erhebliche Zahl der nicht erkannten Todesopfer und der vermißten Personen zwang zur Einführung einer Vermißtensuchstelle. Die Inanspruchnahme der bei der Stadtverwaltung eingerichteten Suchstelle ist außerordentlich. Sie entwickelte sich bereits nach wenigen Tagen zu einem Mitarbeiterstab von 150 bis 200 Personen. Die Grundlagen der Zentrale stützten sich einmal auf die Unterlagen der Ortsgruppen der NSDAP, des Bestattungsamtes, der Luftschutzleitung und der Kriminalpolizei, zum anderen ergaben sich aus dem Suchdienst wertvolle Fingerzeige und damit Hilfsmöglichkeiten.

Es wird zur Zeit angenommen, daß die noch nicht feststellbare Zahl der Vermißten sich etwa mit der Zahl der als unbekannt beerdigter Gefallenen decken wird.

Bergung und Betreuung Verwundeter und Kranker:

Allgemeines

Auch beim LS-Sanitätsdienst waren die Einheitsführer nach Ausfall der Befehlsübermittlung zu selbständigem Handeln während des Angriffs gezwungen. Hilfe von außerhalb konnte nicht mehr angefordert werden. Es muß daher die Forderung aufgestellt werden, daß auswärtige Sanitätsformationen bereits nach einem erkennbaren schweren Angriff auf einen LS-Ort selbständig und unaufgefordert herangeführt werden.

So hatte es sich bewährt, daß der Oberfeldführer des DRK, der sich zur Zeit des Terrorangriffs in Bad Wildungen aufhielt, sofort selbständig sämtliche umliegenden Einheiten des DRK alarmierte, so daß diese bereits einige Stunden nach Beginn des Angriffs in erheblicher Anzahl von auswärts in Kassel eintrafen. Von diesem Zeitpunkt an hielt sich ständig ein Verbindungsmann des DRK beim Führer des San.-Dienstes der LSP in der Befehlsstelle auf, um Befehle entgegenzunehmen und das Weitere zu veranlassen. Mehrere Stunden nach dem Angriff meldete sich auch die LW.-San.-Bereitschaft mot. 3/VIII, Essen-Kupferdreh bei der örtlichen Luftschutzleitung, ohne angefordert worden zu sein. Diese Formation führte mit ihrem ausgezeichneten Wagenpark zur Entlastung der als Folge des Terrorangriffs überbelegten Krankenanstalten des LS-Ortes I Kassel Verwundeten- und Krankentransporte in die Ausweichkrankenhäuser in der näheren und weiteren Umgebung Kassels aus.

Verwundetentransport

Die dem LS.-San.-Dienst zur Verfügung stehenden, behelfsmäßig als Krankentransportwagen ausgebauten Fahrzeuge sind, wie bekannt, völlig unzureichend. Die meisten der Fahrzeuge sind so klein, daß sie je nur 2 Tragen fassen und daher gezwungen sind, unzählige Fahrten auszuführen, um einen größeren Verwundetentransport auszuführen. Dagegen waren die Fahrzeuge des DRK ganz hervorragend ausgestattet und neuzeitlich und allen Anforderungen entsprechend eingerichtet. Ganz besonders haben sich die Großeinsatzwagen des DRK, von denen 3 dem San.-Dienst der LSP zur Verfügung standen, bewährt. Die Großeinsatzwagen konnten gleichzeitig je Fahrzeug 16 Liegende und mit Anhänger sogar 20 Liegende oder ohne Tragen 32 Sitzende befördern! Da ferner allein in der Krankentransportstaffel die Hälfte aller Fahrzeuge, obwohl diese weitauseinandergezogen auf den Plätzen und den umliegenden Straßen der Unterkunft aufgestellt waren, den Flammen zum Opfer fielen, wäre ohne auswärtige Hilfe, insbesondere ohne das frühzeitige Eintreffen der zahlreichen Fahrzeuge des DRK, der Abtransport der zahlreichen Verwundeten auf die größten Schwierigkeiten gestoßen.

Zusammenarbeit mit anderen Sanitätsformationen

Auch die Zusammenarbeit mit dem Standortarzt war ausgezeichnet. Unangefordert meldete sich bereits 0.45 Uhr die chirurgische Gruppe aus Bad Wildungen beim Führer des LS.-San.-Dienstes. Eine San.-Abteilung unter Führung eines Stabsarztes mit 11 Unteroffizieren und 23 Mann wurde zur Bergung von 33 Verschütteten eingesetzt. Ferner wurden 7 Verbandsplätze, insbesondere auf den Feuerschutzinseln, aufgemacht, die von Ärzten und San.-Dienstgraden des Standortes betreut wurden. Insgesamt wurden auf den Verbandsplätzen 4125 Verwundete, darunter 2823 Augenschäden, behandelt.

Durch die LS.-Abteilungen (mot.) 14, 19, 23 und 39 des LS-Regt. I wurden in der Angriffsnacht insgesamt 4788 Verwundete, darunter 2205 Augenschäden durch Rauchgasverätzung, behandelt und zahlreiche Transporte in die LS-Rettungsstellen und Krankenanstalten ausgeführt.

Die Luftwaffen-San.-Staffel Kassel versorgte insgesamt 291 und die Lw.-San.-Gruppe F.P.Nr. L 54244 insgesamt 913 Verwundete, unter denen sich 800 Augenschäden befanden. Ferner beteiligten sich sämtliche Formationen an der Bergung von Verschütteten und am Abtransport von Verwundeten.

Die Zahl der Augenschäden durch Rauchgasverätzung betrug insgesamt 59,2%, wogegen diejenigen durch äußere Gewalteinwirkung nur 5,6% beträgt. Dagegen liegt die Zahl der Phosphorverbrennungen unter 1% von der Gesamtzahl der Verwundeten.

LS.-Rettungsstellen

Die Einrichtung und Ausstattung der LS-Rettungsstellen hat sich voll bewährt. Die Stadtbeleuchtung fiel kurz nach Beginn des Angriffs in sämtlichen LS-Rettungsstellen aus. In einer LS-Rettungsstelle hatte sich der Motor des Notstromaggregates heißgelaufen, so daß er nur mit größeren Unterbrechungen in Betrieb gesetzt werden konnte. Bei Kerzenbeleuchtung wurden die Verwundeten in der betreffenden LS-Rettungsstelle behandelt. Kerzen standen in ausreichender Menge zur Verfügung.

Insgesamt wurden in den LS-Rettungsstellen 2950 Verwundete behandelt. Davon 20% Augenschäden durch Rauchgasverätzung und 1% Augenschäden durch äußere Gewalteinwirkung.

Infolge der ungeheuren Hitze, die durch die Flächenbrände entstanden war, mußten 2 LS-Rettungsstellen vorübergehend geräumt werden. Die Räumung wurde so rechtzeitig befohlen, daß, wenn auch unter den größten Schwierigkeiten, sämtliche Verwundete abtransportiert und das notwendigste Material in Sicherheit gebracht werden konnte. Es wurden sofort behelfsmäßige LS-Rettungsstellen eingerichtet, die ihre Arbeit in vollem Umfang wieder aufnahmen. Eine LS-Rettungsstelle fiel infolge Volltreffers, der jedoch glücklicherweise keine Personenverluste verursachte, vollständig aus. Eine andere konnte nach Räumung nicht wieder in Betrieb genommen werden, da bis auf die Kellerräume das Gebäude vollständig ausgebrannt ist und das Stadtgebiet, in dem die LS-Rettungsstelle lag, im Umkreis von mehreren Kilometern völlig zerstört und menschenleer ist. In den LS-Rettungsstellen, besonders in der letztgenannten, hatten sich 400 Obdachlose eingefunden, so daß die LS-Rettungsstelle schon aus diesem Grunde nicht mehr einsatzfähig war.

In diesem Falle war es auch nicht ohne weiteres möglich, die Obdachlosen abzuweisen, da infolge des ungeheueren Feuersturmes sie als die einzig sichere Zufluchtstätte von der Bevölkerung angesehen wurde. Mit der Räumung der LS-Rettungsstelle wurden auch die Obdachlosen auf eine Feuerschutzinsel, auf der die LS-Rettungsstelle sofort einen Verbandsplatz einrichtete, in Sicherheit gebracht.

Die vom Leitenden Luftschutzarzt entworfenen Krankenbuchblätter (Formular Nr. K-0458), die sowohl für die LS-Rettungsstelle, als auch für die Krankenanstalten, Lazarette und Verbandsplätze gedacht sind, haben sich außerordentlich bewährt, da in gewissen Abständen laufend detaillierte Auskünfte über den augenblicklichen Stand der Verwundetenzahl gegeben werden konnten. Die Führung dieser Krankenbuchblätter war den Schreibern in den LS-Rettungsstellen übertragen worden, die zuvor eingehend über die Handhabung der Führung belehrt und durch zahlreiche Übungen praktisch in der Führung der Krankenbuchblätter geschult worden waren. Durch die Einführung der Krankenbuchblätter ist eine einheitliche und übersichtliche Handhabung an allen in Frage kommenden Stellen gewährleistet. In den auf den Angriff folgenden Tagen wurden sämtliche Verwundeten, die in den Krankenbuchblättern verzeichnet waren, alphabetisch geordnet und der Vermißtenstelle zwecks Auskunftserteilung zur Verfügung gestellt. Einzelheiten konnten unter Angabe der laufenden Nummer, die durch die Vermißtenstelle den Angehörigen der Verwundeten mitgeteilt wurden, beim Leitenden LS-Arzt erfragt werden.

Krankenhäuser

Der Abtransport der Verwundeten in die beiden großen hiesigen Krankenanstalten war nur unter den größten Schwierigkeiten und nur im geringen Umfang möglich, da sämtlicheübererdigen Bauten des Stadtkrankenhauses zerstört waren und der Altbau des Marienkrankenhauses ausbrannte. Ein erheblicher Teil der Verwundeten wurde in Reserve-Lazarette überführt, da auch das Standortlazarett infolge des Luftangriffs stark in Mitleidenschaft gezogen wurde. Zur Entlastung der überbelegten, durch den Luftangriff nicht in Mitleidenschaft gezogenen Krankenanstalten wurden in den nächsten Tagen zahlreiche Verwundeten- und Krankentransporte in die bereitgestellten Ausweichkrankenhäuser durchgeführt.

Unbedingt erforderlich ist es, daß die Ausweichkrankenhäuser so vollständig eingerichtet und vorbereitet sind, daß jederzeit, auch ohne vorherige Verständigung derselben, eine Belegung vorgenommen werden kann. Eine vorherige Verständigung der Ausweichkrankenhäuser wird nach einem Luftangriff, also gerade dann, wenn die Belegung ganz vordringlich ist und keinerlei Aufschub duldet, meist unmöglich sein, da voraussichtlich sämtliche Fernsprechleitungen zerstört sein werden.

Ferner ist es notwendig, in den Krankenhausbunkern ständig mindestens 20% der Betten freizuhalten, um jederzeit nach einem Luftangriff in der Lage zu sein, die Schwerverwundeten sicher unterzubringen und der besten fachärztlichen Hilfe zuzuführen. Obwohl das Stadtkrankenhaus, als auch das Marienkrankenhaus, das Kinderkrankenhaus „Kind von Brabant", das Sophienkrankenhaus (Entbindungsheim), das Alters- und Pflegeheim und das Karlshospital völlig zerstört wurden, sind keine Gefallenen zu verzeichnen, da sich sämtliche schwer transportierbaren Kranken ständig in den Bunkern der Krankenanstalten resp. in den Kellergewölben befanden und alle gehfähigen Kranken bereits bei Luftgefahr 25 die Bunker resp. Luftschutzräume der Krankenanstalten aufsuchten. Das Entbindungsheim „Sophienhaus" war bereits vor dem Terrorangriff geräumt und anderweitig untergebracht worden. Im Karlshospital befanden sich nur noch asoziale Elemente und einige Geisteskranke, die jedoch auch noch rechtzeitig in Sicherheit gebracht werden konnten. Der Erlaß des RdLuObdL. 360/42 vom 12.6.1942 war überall durchgeführt worden.

Sämtliche Röntgenapparate und medizinisch wertvollen Apparate waren bereits vor mehreren Monaten, sofern sie nicht sicher untergebracht waren, abmontiert und sichergestellt worden. Bis zur Montage sämtlicher Röntgenapparate an sicheren Orten war nur ein älterer Röntgenapparat zur Überbrückung der Zeit bis zur Fertigstellung der Arbeiten im Stadtkrankenhaus verblieben.

Infolge der rechtzeitig durchgeführten Sicherheitsmaßnahmen sind bis auf den einen im Stadtkrankenhaus verbliebenen alten Röntgenapparat kein Röntgenapparat und auch keine sonstigen wertvollen medizinischen Apparate und Geräte zerstört worden.

So hat sich die energische und rücksichtslose Durchführung der Maßnahmen in Krankenanstalten durch die örtliche LS-Leitung aufs Beste bewährt und wurde belohnt durch die Tatsache, daß trotz 5 Totalverlusten an Krankenhäusern nicht ein einziger Gefallener oder auch nur Verwundeter in diesen Gebäuden zu verzeichnen ist.

Betreuung der Obdachlosen:

Allgemeines

Die Betreuung der Obdachlosen und der gesamten im Stadtgebiet verbliebenen Bevölkerung ist ureigenste Aufgabe der Partei und ihrer Gliederungen, die in Zusammenarbeit mit der Stadtverwaltung auch des großen Ansturmes der ersten Tage nach dem Angriff Herr werden konnte. Beweise wahrer Volksgemeinschaft und nachbarlicher Hilfe sind in großer Zahl gebracht worden. So haben verschiedene Dörfer des Landkreises in der Angriffsnacht angesichts des Feuerscheines ohne Aufforderung von sich aus eigene Fahrzeuge mit Verpflegung aller Art aus eigenen Beständen, Obst usw., beladen und erschienen in den frühen Morgenstunden zur Unterstützung der NSV bei den eingerichteten Verpflegungsstellen. Die Betreuung verlief planmäßig und reibungslos und wurde von der Bevölkerung anerkannt.

Obdachlosensammelstellen

Ihr organisatorischer Aufbau faßt die Dienststellen des Kriegssachschädenamts, Ernährungs- und Wirtschaftsamts und die Stelle für Familienunterhalt in einem Raum zusammen. Sie gestattet daher die Massenabfertigung bei der Ausstellung von Ausweisen, Gewährung von geldlicher Hilfe, Verabfolgung von Lebensmittelkarten und Abreisebescheinigungen ohne Zeitverlust und Leerlauf und wirkt in dieser Hinsicht wie ein laufendes Band. Bewährt hat sich dabei die Zahlung der ersten Hilfe in der Form von Schecks auf die Stadtsparkasse, die von allen Geldanstalten, auch außerhalb von Kassel, eingelöst werden.

Insgesamt wurden in den ersten Tagen Schecks in Höhe von 5 000 000,-- RM ausgestellt. Mit Hilfe von 15 Obdachlosensammelstellen war es daher möglich, die unvermeidlichen Stauungen der ersten Tage nach kurzer Zeit zu überwinden und den Abstrom der Volksgenossen nach auswärts in geregelte Bahnen zu lenken.

Die Obdachlosensammelstellen konnten am 6.11.1943 bereits bis auf 3 Stellen aufgelöst werden. Die Zahlungen für Familienunterhalt sind in den ersten Novembertagen, bei denen nur ⅓ der Berechtigten erschienen sind, ohne Schwierigkeiten geleistet worden. Die Verpflichtung der Landgemeinden zur Zahlung und Betreuung von abgewanderten Volksgenossen ist von verschiedenen Landbürgermeistern zum Teil nicht erfüllt, was eine vermehrte Rückkehr von abgewanderten Volksgenossen zwecks Auszahlung ihrer Bezüge in Kassel zur Folge hatte. Es ist anzunehmen, daß die Übergangsschwierigkeiten in den nächsten Wochen beseitigt werden.

Unterkunft für Obdachlose

Ummittelbar nach dem Angriff stellt sich die Notwendigkeit einer Behelfsunterkunft für total geschädigte Volksgenossen heraus, die sich zur Regelung der Angelegenheiten vorübergehend in Kassel aufhalten mußten und keine Gelegenheit hatten, bei Verwandten oder Bekannten irgendwie unterzukommen. Die wehr- und wirtschaftspolitische Abteilung konnte den Vorraum der Stadthalle an Hand der noch vorhandenen Vorräte notdürftig mit Betten und Matratzen in ausreichender Anzahl als Unterkunft einrichten.

Wohnungsvermittlung

In der Arbeit des Quartieramtes führte die große Obdachlosigkeit zu einer grundlegenden organisatorischen Umstellung.

Auf die zentrale Quartiervermittlung muß bei der Größe der Aufgaben verzichtet werden. Die Vermittlungsaufgaben mußten vielmehr auf besondere Bezirksstellen des Quartieramtes in den aufnahmefähigen Stadtteilen verteilt werden, die mit den Ortsgruppengeschäftsstellen der NSDAP auf das engste zusammenarbeiteten, wobei die Politischen Leiter die Quartiere ermitteln, während die Bezirksstellen die amtliche Beschlagnahme und die Einweisung ausführen. Die ordnungsmäßige und vor allem nach dem Gesichtspunkt des Arbeitseinsatzes vorzunehmende Einweisung steht deshalb vor erheblichen Schwierigkeiten, weil nach dem Angriff ein starker Strom von Obdachlosen in die aufnahmefähigen Stadtteile bei Verwandten und Bekannten sich selbständig untergebracht hat, der vom Standpunkt des Arbeitseinsatzes nach außerhalb hätte gelenkt werden müssen. Der Unterbringung der wieder zum Arbeitseinsatz nach Kassel zurückgerufenen Volksgenossen stehen daher erhebliche Schwierigkeiten entgegen.

Die zur Zeit unbenutzten Wohnungen, das heißt Wohnungen, deren Inhaber sich längere Zeit nicht in Kassel aufhalten, werden nunmehr mit Genehmigung des Reichverteidigungskommissars in Anspruch genommen. Die benötigten Räume werden, wenn notwendig, mit Möbeln den einzuweisenden Volksgenossen durch das Quartieramt zur Verfügung gestellt. Die übrigen Maßnahmen zur Erfassung des freien Wohnraumes sind in vollem Gange.

Über die Zahl der abgewanderten Volksgenossen lassen sich zuverlässige Angaben zur Zeit nicht gewinnen. Die Feststellung wird durch eine andauernde Hin- und Herbewegung erschwert.

Tierrettung:

Stall-Luftschutz

Die im Pferdestall der Polizeikaserne durchgeführten und mehrfach übungsmäßig erprobten LS-Maßnahmen haben sich glänzend bewährt. Obwohl das Stallgebäude durch Einfall mehrerer Brandbomben in die Heu- und Strohvorräte des Dachgeschosses in kürzester Zeit ein Raub der Flammen wurde, sind alle 30 Pferde mit allen Pferdeausrüstungsgegenständen gerettet worden, während fast alle Pferde in anderen Ställen des Schadensgebietes umgekommen sind.

Bei jedem Fliegeralarm wurden die Pferde der Schutzpolizei gesattelt, gezäumt und in dem Stande herumgedreht, so daß sie im Notfall schnell herausgeführt werden konnten.

Ferner wurde durch Einbau eines zweiten Ausganges die Voraussetzung für eine rasche Bergung der Pferde nach verschiedenen Richtungen geschaffen. Im Hof der Polizeikaserne abseits der Stallgebäude sind außerdem Anbindevorrichtungen angebracht. Für den Fall, daß zwischen Alarm und Angriff keine Zeit zum Satteln der Pferde geblieben wäre, sind sämtliche Anbindeketten mit der schnell lösbaren Sikura-Kupplung versehen. Das Stallgebäude erhält bei der Wiederherrichtung eine gemauerte und zementierte Stalldecke und ein ebensolches Dach, so daß nunmehr ein doppelter Schutz gegen Einfall von Brandbomben gegeben ist.

Kadaverbeseitigung

Der große Anfall von Tierkadavern machte eine Unterstützung des LS.-Vet.-Dienstes durch Sonderkommandos (kriegsinternierte italienische Soldaten) notwendig.

An den meisten Schadensstellen mußten die unter den Stalltrümmern verschütteten Tierkadaver in verschmortem und dampfenden Zustand nach Zerstückelung Stück für Stück herausgeholt werden. Restlose Beseitigung der Kadaver ist schon wegen des sonst verbleibenden Gestanks erforderlich und bereitete außerordentliche Schwierigkeiten. Alle noch verwertbaren Kadaverteile wurden nach der Kadaververwertungsanstalt Hofgeismar abgefahren, der Rest in einem Trichter außerhalb des Stadtgebietes vergraben.

Auch die restlose Beseitigung der Fleischteile im zerstörten Schlacht- und Viehhof erforderte große Sorgfalt.

Beseitigung von Trümmern und Einsturzgefahr (Sprengungen):

Aufräumungsarbeiten

Die Aufräumungsarbeiten wurden ausschließlich nach taktischen Gesichtspunkten gelenkt (Freilegung von Schadensstellen mit Verschütteten, von wichtigen Verkehrsstraßen, von Versorgungsanlagen).

Hierfür standen etwa 25000 Männer aller Formationen zur Verfügung. Vordringlich ist bei Aufräumungsarbeiten auch die Beseitigung der Glassplitter und Glashaufen zur Schonung der Kfz.-Reifen. Fast im gesamten Schadensgebiet gibt es infolge der Verschüttungen keine Bürgersteige mehr. Es erscheint zweckmäßig, diese sogleich mit freizulegen, da eine spätere Freilegung doppelte Arbeit verursacht. Die Freilegung der Bürgersteige ist nicht nur des Passantenverkehrs wegen, sondern auch der Zugänglichkeit der Wasseranschlußhähne wegen erforderlich.

Einsturzgefahr (Sprengungen)

Wegen der erheblichen Einsturzgefahren sind umfangreiche Sprengungen durch Pioniere, TN. und Instandsetzungsdienst vorzunehmen. Die Städtischen Werke, die Kasseler Verkehrsgesellschaft, Banken und andere Betriebe mit größeren Lägern erheben häufig Einspruch gegen die Sprengung, um weitere Schäden an ihren Einrichtungen zu verhindern. Mit dem Kommandeur der Pioniere und der Baupolizei wurde deswegen vereinbart, daß die Sprengungen nach einem täglich aufzustellenden Plan vorgenommen werden, der unter verantwortlicher Mitwirkung eines Oberingenieurs der Stadt (Statiker) und unter Beteiligung des Verkehrsoffiziers durchgeführt wird. Dieser Fachmann hat auch die Aufgabe, die Interessen der Werke, des Verkehrs und ähnliches mehr, soweit es ihm mit Rücksicht auf die Standsicherheit und den Sprengungsvorgang möglich erscheint, zu berücksichtigen.

Ferner wurde der Bezirkskonservator für Denkmalspflege eingeschaltet, um kulturell wertvolle Bauteile durch Abtragen, Fotografieren oder auf andere Weise der Nachwelt zu erhalten.

Zum Umlegen von Mauerresten oder Gebäudeteilen durch den Instandsetzungsdienst ist die Verwendung einer fahrbaren Ausziehleiter dringend erforderlich. Die zwei zur Verfügung gestellten Leitern wurden von Wehrmacht und anderen Formationen gebraucht, so daß die Arbeiten des I-Dienstes dadurch vielfach zurückgestellt werden mußten oder Verzögerungen erlitten. Es wäre anzustreben, für den I-Dienst ständig wenigstens eine Leiter verfügbar zu halten. Bei dem Umfang der Gebäudeschäden wird das Sprengen noch lange Zeit in Anspruch nehmen.

Blindgängerbeseitigung

Keine neuen Erfahrungen

Bergung von Wertsachen der Gefallenen, Luftschutzraumgepäck und Hausrat:

Wertsachen der Gefallenen

Die bei den Gefallenen vorgefundenen Wertsachen und Ausweispapiere wurden in Beuteln gesammelt. Die Beutel der identifizierten Gefallenen wurden auf den einzelnen LS-Revieren in Verwahrung genommen, während die Beutel der nicht identifizierten Gefallenen der Kriminalpolizei zur Verfügung gestellt wurden. Der Inhalt sämtlicher Beutel, in denen sich zum Teil sehr große Werte befanden, wurde von Helferinnen des San.-Dienstes der LSP identifiziert, gereinigt und in neuen Beuteln untergebracht. Die Wertsachen, Schmuckstücke und dergleichen wurden in einer Formalinlösung desinfiziert. Geldscheine wurden, nachdem sie in Formalinlösung desinfiziert, das heißt eingetaucht worden waren, zwischen Fließpapier getrocknet. Handtaschen, Geldbörsen, Aktentaschen und dergleichen wurden mit Formalinlösung abgerieben. Der Umfang dieser Arbeit war beträchtlich; in vielen Brieftaschen befanden sich mehrere Tausend Mark, Tausende von Geldscheinen mußten desinfiziert werden.

Über die Effektenausstellung zur nachträglichen Identifizierung unbekannter Gefallener wurde vorstehend berichtet.

Kofferaktion

Der Anfall von Tausenden im Flächenbrandgebiet zurückgelassenen Koffern und anderem Luftschutzgepäck machte eine besondere Aktion unter Einschaltung des Fundamtes der Polizeiverwaltung erforderlich. In den ersten Tagen wurde viel Gepäck von den Besitzern selbst weggeholt. Im Anschluß an die Bergung der Gefallenen wurde dann die Bergung der Koffer, Kinderwagen, Mäntel, Tücher, Betten, Körbe, Geschirr usw. aus den Kellern vorgenommen. Die Gegenstände, die aus trokkenen Kellern stammten, sowohl als auch die Gegenstände, die aus feuchten Kellern stammten, und die Textilien wurden jeweils gesondert gestapelt. Die Reinigung und Desinfektion dieser Gegenstände, die viele Tausend Stück betragen, wurde unter Leitung eines LS-Arztes und des Leitenden Chemikers von E-Zügen vorgenommen. Die Gepäckstücke, die aus trokkenen Kellern stammten, wurden mit Scheuerbürsten mechanisch gereinigt. Die Gepäckstücke, die aus feuchten Kellern stammten, wurden mit einer 20%igen Chloraminlösung abgescheuert und anschließend bis zum Abtransport in der Sonne zum Trocknen aufgestellt. Kartons usw., die die Reinigungsprozedur nicht aushielten, wurden vernichtet.

Geschirr (viele Tausend Teller) wurde von Helferinnen des San.-Dienstes der LSP in Sodawasser abgewaschen. Die Textilien wurden in der Desinfektionsanstalt des Standortlazarettes desinfiziert und anschließend in der Kirche des Zuchthauses niedergelegt. Dort werden die Kleidungsstücke von den Zuchthäuslern getrocknet, sortiert und ausgebessert. In einer Ausstellung aller Kleider- und Wäschestücke erhalten die Eigentümer Gelegenheit, sich ihre Sachen wiederzuholen. Was übrig bleibt, wird der NSV zur Verfügung gestellt. Die Gepäckstücke wurden nach gründlicher Reinigung und Desinfektion in Sälen gesammelt und dort vom Fundamt in Obhut genommen.

Bergung von Lebensmitteln

Gleichzeitig mit den Koffern wurden die Lebensmittel aus den Kellern der zerstörten Gebäude geborgen. Über die Behandlung, Genußfähigkeit usw. wurde hierzu ein vom Leitenden LS-Arzt in Verbindung mit dem Leitenden Chemiker gefertigtes Merkblatt herausgegeben.

Bergung von Hausrat

Bei der Bergung von Möbeln und anderem Hausrat setzten sich insbesondere die Formationen der Partei tatkräftig ein. Der Engpaß „Fahrzeuge" wurde nach einigen Tagen in der Weise überwunden, daß die Fahrzeugbesitzer der Landgemeinden, bei welchen die Obdachlosen untergebracht waren, angehalten wurden, mit ihren Fahrzeugen in die Stadt zu fahren und den Hausrat der bei ihnen untergebrachten Volksgenossen zu holen.

Allen Bergungsarbeiten kam sehr zustatten, daß das frostfreie und trockene Wetter nahezu 3 Wochen nach dem Angriff anhielt.

Melde- und Nachrichtenwesen

Alle Fernsprech-, Starkstrom- und Großalarmanlagen wurden 20 Minuten nach dem Angriff außer Betrieb gesetzt. Nur die Polizei-Funkstelle stand als einziges Nachrichtenmittel der örtlichen LU-Leitung zur Verfügung. Der vorgesehene Meldekopf in Hann.-Münden wurde sofort besetzt.

Da auch die Kradmelder aus bereits geschilderten Gründen bei einer Schadenswirkung dieses Ausmaßes nicht rasch genug zum Ziel kommen, zum Teil auch ganz ausfallen, wäre es unbedingt erforderlich, mehrere 5 Watt Tornister-Funkgeräte zur Verfügung zu haben, um den Lotsenstellen von der Befehlsstelle der örtlichen aus Befehle erteilen zu können. Wie bereits erwähnt, erscheint der Ausbau der Lotsenstellen zu kleinen Befehlsstellen zweckmäßig. Ebenfalls waren die LS-Reviere ohne jede Sprechverständigung mit der LU-Leitung. In diesem Falle sind 5 Watt Tornister-Funkgeräte für den Einsatz erforderlich. Die LS-Reviere hätten dann die Möglichkeit, sofort nach Ausfall der Fernsprechleitungen mit der örtlichen LU-Leitung zu sprechen.

Durch das Zusammenarbeiten mit der Nachrichten-Komp. 9 aus Wetzlar war es möglich, schnell ein behelfsmäßiges Fernsprechnetz aufzubauen und auch in Betrieb zu halten. Die Zusammenarbeit war hervorragend. Auch durch das Entgegenkommen der Reichspost konnten viele Fernsprechleitungen schnell und sicher verlegt werden.

Beim Bau von behelfsmäßigen Befehlsnetzen muß Rücksicht auf einstürzende Häuser oder einzeln stehende Mauern genommen werden. Durch Niederlegen von Häusern sind mehrere Feldkabelleitungen zerstört worden.

Von den 47 reichseigenen Großalarmanlagen sind 15 total zerstört; 32 konnten wieder in Betrieb genommen werden.

Anderen Luftschutzorten kann nur geraten werden, eine große Zahl von ortskundigen mutigen Meldern heranzuziehen, mit deren Bewährung bei einem Großangriff dieses Ausmaßes die gesamte Führung im Luftschutzort steht und fällt. Die HJ hat sich hier große Verdienste erworben. Sogar BDM-Melderinnen haben sich unentwegt schon während des Angriffs tapfer eingesetzt.

Versorgungsanlagen:

Strom

Hilfskräfte, insbesondere die Fachkräfte der TN standen vom ersten Tage an in ausreichendem Maße zur Verfügung. Die Technische Nothilfe besitzt zur Zeit nur einen Wiederherstellungstrupp für Freileitungen. Nach früheren Angriffen ist schon der Vorschlag gemacht, einen Trupp für Hoch- und Niederspannungskabel auszubilden. Ebenfalls war der Einsatz der Wehrmacht, insbesondere der Aufräumungstrupps, gut. Es wäre wünschenswert, wenn die Trupps jeweils mindestens 1 Woche lang den gleichen Dienststellen zur Verfügung ständen und nicht so oft gewechselt würden.

Nicht bewährt hat sich das System der Materiallagerung in geschlossenen Wohngebieten, obwohl die Lagerung aus Sicherheitsgründen an 5 verschiedenen Stellen erfolgt war. Bei dem Umfang der Zerstörungen ist die Tatsache eingetreten, daß sämtliche Läger zerstört sind. Es zeigt sich auch hier wieder die Notwendigkeit, Läger, die nicht unbedingt im Stadtgebiet verbleiben müssen, in offene Wohngebiete außerhalb der Stadt oder in Dörfer zu verlegen.

Gas

Die Gasversorung der Industrie und der Stadt wurde durch den Ausfall des Stromes für etwa 14 Tage unterbrochen, obgleich größere Schäden an den Werksanlagen nicht eingetreten sind. Die Beschaffung von Eigenerzeugungsanlagen für Strom ist daher den Gaswerken in ähnlicher Lage dringend zu empfehlen. Die völlige Wiederherstellung der Gasversorgung wird noch einige Zeit in Anspruch nehmen. Die gleichzeitige Zerstörung der Gas- und Wasserleitungen, die vielfach nebeneinander liegen, hat zur Folge gehabt, daß die Gasleitungen sich mit Wasser gefüllt haben. Das Wasser wird zur Zeit aus den Gasleitungen gepumpt. Eine weitere Verzögerung bezüglich der Wiederherstellung der Gasversorgung liegt in der Tatsache, daß, um große Gasverluste zu vermeiden, die zerstörten Häuser von der Gasleitung einzeln abgetrennt werden müssen.

Wasser

Obgleich das Hauptpumpwerk des Wasserwerks „Neue Mühle" mit Wasserkraft, Dampf und elektrischem Strom betrieben wird, fiel durch den Wegfall der Stromversorgung rund 50% der Fördermenge aus. In gleicher Weise fielen 5 weitere Pumpwerke, die ebenfalls elektrischen Antrieb hatten, aus. Durch die Erstellung einer elektrischen Stromzuführung von dritter Seite dürfte in Zukunft dieser Fall nicht mehr eintreten. Eine einheitliche Wasserversorgung des gesamten Stadtgebietes ist zur Zeit noch nicht möglich. Die großen Schuttmassen verhindern, die Beseitigung der einzelnen Wasserleitungsschäden beschleunigt vorwärts zu treiben. Es mußten daher ganze Straßenzüge abgesperrt werden. Bei der teilweisen Länge der zerstörten Straßen ist es nicht möglich, durch Überbrückung das Wasser in die betroffenen Gebiete zu leiten.

In anderen Straßenzügen wiederum ist das Absperren zur Zeit nicht möglich. Hier läuft das Wasser ungehindert aus der Leitung. Die erforderlichen Arbeiten sind in vollem Gange.

Schlachthof

Bei dem Totalverlust des Schlacht- und Viehhofes haben sich die vorgesehenen Ausweichmaßnahmen bewährt. Verteilung der Schlachtungen auf die Schlachthöfe der Nachbarstädte, also nicht Inanspruchnahme der Kleinschlachtstätten der Gewerbetreibenden der Nachbardörfer, Umleitung des Lebendviehes, Aufteilung und Entsendung der hiesigen Kopfschlachter durch Lastkraftwagen und des hiesigen Beschaupersonals dorthin. Der Restteil des Schlachthofes ermöglichte die Errichtung einer Fleisch- und Wurstverteilungsstelle, zu der die Anlieferung von den Ausweichstellen durch Lastkraftwagen des Viehhandels und des Schlachtergewerbes durchführbar ist.

Verkehrswesen

Nach vollständiger Zerstörung des Hauptbahnhofes wurde der Reichsbahnverkehr auf die Vorortbahnhöfe umgeleitet. Die Wiederaufnahme verlief Zug um Zug planmäßig. In den ersten 5 Tagen wurden 306 Regelzüge und 103 Obdachlosenzüge gefahren. Schon am 27.10.1943 konnte der D-Zugverkehr aufgenommen werden. Die Leistungen im Reisezugverkehr des RBD-Bezirks Kassel konnten in vollem Umfange durch Umleitungen über andere Strecken des RBD-Bezirkes gehalten werden. Neue Erfahrungen wurden nicht gemacht.

Straßenbahnen

Zahlreiche Omnibusse, die auf dem Wege der Reichshilfe aus Berlin und anderen Städten eingesetzt wurden, ersetzten den ausgefallenen Straßenbahnverkehr.

Zur Erleichterung des ohnehin schwierigen Straßenverkehrs der Einsatz- und Versorgungsfahrzeuge wurde sofort bei der Kasseler Verkehrs-Gesellschaft veranlaßt, unter Führung von ausreichenden Fachkräften und Gerät Störtrupps auf die einzelnen Straßenbahnlinien zur Beseitigung der in die Fahrbahnen hängenden Oberleitungsdrähte einzusetzen. Wenn auch der Strom ausgeschaltet ist, bilden doch die herabhängenden Drähte, namentlich während der Dunkelheit, eine erhebliche Verkehrsgefährdung und beeinträchtigen den Einsatz der Feuerlöschfahrzeuge. Es gehört mit zu den ersten Aufgaben in verkehrspolizeilicher Hinsicht, solche Hindernisse und Gefährdung zu beseitigen.

Das sachgemäße Entfernen zerstörter Oberleitungsanlagen ist ein wesentlicher Faktor zur Bestimmung der für den Wiederaufbau benötigten Zeit. Die Entfernung der Drähte ist daher grundsätzlich den Fachkräften der Straßenbahn zu überlassen und sollte bei Gefahr im Verzuge auch nur in dem Umfange von anderen Kräften vorgenommen werden, wie dies zur Beseitigung der akuten Gefahr im Einzelfalle erforderlich ist. Im besonderen muß bei Sprengungen im engsten Einvernehmen mit der Straßenbahnverwaltung vorgegangen werden, um vermeidbare Zerstörungen zu verhindern.

Straßenverkehr:

Allgemein

Das Ausmaß der Zerstörungen im Stadtgebiet bringt für den Verkehrsoffizier eine solche Fülle von Arbeit und Verantwortung mit sich, daß ihm sofort weitere Offiziere und Männer zugeteilt werden mußten.

Fernstraßenverkehr

Durch die sofort nach dem Angriff an der Peripherie auf den Durchgangsstraßen (Reichsstraßen) aufgestellten Verkehrsposten, die die Weisung hatten, den Fernverkehr auf einer durch Verkehrszeichen gekennzeichneten bzw. durch zusätzliche Verkehrsregelungs-Posten besetzten Umgehungsstraße umzuleiten, wurde der Stadtverkehr entlastet. Auch wurden große Verkehrsstörungen usw. dadurch vermieden.

Erfassung von Kraftfahrzeugen

Die genannten Verkehrsposten hatten die Anweisung, Kraftwagen, deren Fahrer offensichtlich aus Neugierde das Katastrophengebiet ohne Auftrag aufsuchten, unverzüglich dem ebenfalls an Einfallstraßen eingerichteten NSKK-Katastrophendienst zuführen zu lassen. Hierdurch wurde die Zahl der Einsatz-Kraftfahrzeuge vermehrt und schaulustige Kraftfahrer zur Mitarbeit veranlaßt. Die Maßnahme hat sich bewährt und dazu beigetragen, daß nach den ersten Katastrophentagen neugierige Kraftfahrer mit ihren Kraftfahrzeugen das Großschadensgebiet nicht mehr aufsuchten. Der gesamte Einsatz aller Fahrzeuge erfolgte durch das NSKK. Von den zur Verfügung gestellten Fahrzeugen waren nicht weniger als 48 reparaturbedürftig, d. h. unbrauchbar.

Kraftfahrwesen:

Einsatz der LS-Kraftfahrzeuge

Von den 162 luftwaffeneigenen Kraftfahrzeugen des LS-Ortes Kassel waren am Tage des Angriffs 155 einsatzbereit, 4 Kraftfahrzeuge befanden sich in Reparatur und 3 Lkw waren zwecks Aussonderung abgestellt.

Sämtliche LS-Einheiten hatten schon seit längerer Zeit den Befehl, bei Luftgefahr 15 die Kraftfahrzeuge aus den Garagen zu fahren und an geeigneten Stellen in unmittelbarer Nähe ihrer Unterkunft abzustellen. Durch den geballten wuchtigen Angriff war es aber nicht möglich, alle Kraftfahrzeuge zu retten und durch die schnell um sich greifenden Flammenmeere zu schleusen. Durch unmittelbare Treffer und Brandbomben wurden an luftwaffeneigenen Kraftfahrzeugen insgesamt 22 total zerstört und 17 teils schwer, teils leichter beschädigt.

Treibstoffversorgung

Von den für die Kraftfahrzeuge der LSP im Katastrophenfalle zur Verfügung stehenden 7 Tankstellen für Vergaserkraftstoff und einer Tankstelle und 2 Lager für Dieselkraftstoff fielen 3 Tankstellen durch Totalschaden und 2 Tankstellen durch starke Beschädigungen aus. Die übrigen Tankstellen waren durch die Trümmer und Feuerbrünste in den Straßen zunächst nicht zu erreichen. Die einzige Zapfstelle war die K-Staffel der Schutzpolizei in der Polizeikaserne, die noch einen Vorrat von etwa 800 Litern Vergaserkraftstoff hatte. Durch sparsamste Bewirtschaftung und die bereits rechtzeitig veranlaßten und durchgeführten vorbeugenden Maßnahmen im Falle einer solchen Katastrophe hatte die Kraftfahrstaffel-LU schon seit längerer Zeit in der Polizei-Ausweichstelle „Roter Stollen" insgesamt etwa 3000 Liter Vergaser- und 3000 kg Dieselkraftstoff sowie 500 Liter Motorenöl gelagert. Nur mit diesen Beständen war es möglich, den Einsatz sämtlicher Kraftfahrzeuge, auch auswärtiger und privater, für die ersten Stunden sicherzustellen. Eine Verbindung mit dem Wirtschaftsamt und dem Zentralbüro für Mineralöle war nicht herzustellen, da beide Dienststellen Totalschaden hatten. Da der K-Staffel bekannt war, daß in einer der DAF gehörenden Privattankstelle seit Kriegsbeginn 1000 Liter Vergaserkraftstoff lagerten, wurde diese im Einvernehmen mit der Gauleitung von der K-Staffel erbrochen und eine Menge von 810 Litern entnommen.

Ferner wurde in den Nachmittagsstunden des 23.10.1943 die auf dem Hofe der Firma Bosch-Wagener unversehrt gebliebene Zapfstelle ebenfalls erbrochen und etwa 4000 Liter Vergaserkraftstoff entnommen. Eine nachträgliche Abrechnung mit der genannten Firma ist bereits erfolgt.

Erst am Abend des 23.10. traf der erste Tankwagen aus Eisenach ein und brachte 1700 Liter Vergasertreibstoff. Am 24.10.1943 wurde durch die K-Staffel festgestellt, daß sich das Zentralbüro für Mineralöle im Lager der Firma Raab-Karcher-Thyssen am Söhrebahnhof niedergelassen hatte; von dieser wurde nun veranlaßt, daß zwei beschädigte Tankstellen sofort wieder hergestellt und zwei weitere Tankstellen, die bisher geschlossen waren, sofort geöffnet wurden. Eine dieser Tankstellen wurde von einem Kraftfahrer der LSP besetzt.

Laut Anordnung sollten vor kurzer Zeit alle außer Betrieb befindlichen Tankstellen mit Wasser gefüllt werden. Daß diese Anordnung noch nicht durchgeführt ist, war ein großer Vorteil für die Einsatzbereitschaft aller eingesetzten Kraftfahrzeuge, denn nur dadurch konnten an Stelle der ausgefallenen Tankstellen diese in Betrieb genommen werden.

Obwohl nun genügend Tankwagen vorhanden waren, ging die Füllung der 9 zur Verfügung stehenden Tankstellen schleppend vor sich. Einmal blieben die den Treibstoff von auswärts holenden Tankwagen durch die weite Anfahrt zu lange aus, und andererseits mußte der Treibstoff aus den beiden hiesigen Tanklagern in Ermangelung von Strom mittels Handpumpe in die Tankwagen gepumpt werden. Die Füllung eines etwa 5000 Liter fassenden Tankwagens dauerte ungefähr 2 - 3 Stunden. Es blieb somit nicht aus, daß zeitweise 2 - 3 Tankstellen ohne Treibstoff waren, so daß dadurch Transportstockungen, insbesondere beim Abtransport der Obdachlosen, entstanden. Ein Kradfahrer der K-Staffel war ständig als Verbindungsmann zwischen den einzelnen Tankstellen und dem Zentralbüro für Mineralöle eingesetzt, damit letzteres Kenntnis hatte, welche Zapfstellen wieder neu gefüllt werden mußten.

Bis zum 25.10.1943, 10.00 Uhr, erfolgte nach Anweisung des Zentralbüros für Mineralöl die Abgabe von Treibstoff ohne Tankausweiskarten und ohne Bezahlung, und von da ab bis Ablauf des 31.10.1943 gegen Vorlage der zur Ausgabe gelangten Tankausweiskarten der Serie „A", auch ohne Bezahlung, für alle eingesetzten Kraftfahrzeuge.

Nach Ablauf 31.10.1943 wurde durch die K-Staffel ein Verbrauch von

50 000 Litern Vergaser-
und 12 000 kg Dieselkraftstoff
sowie 1 200 Litern Motorenöl

mit dem Zentralbüro für Mineralöle verrechnet.

Von diesen Mengen wurde an der Tankstelle der K-Staffel ein großer Teil auch an Kraftfahrzeuge der Wehrmacht, der Partei und ihrer Gliederungen, des Reichsarbeitsdienstes und an private Kraftfahrzeuge ausgegeben.

Abschließend kann gesagt werden, daß im Verkehr mit anderen Dienststellen und Behörden keinerlei Reibungen entstanden und daß überall in großzügiger Weise Entgegenkommen gezeigt wurde.

Stadtverwaltung:

Allgemeines

Die Stadtverwaltung mußte für den Wiederaufbau ihrer Verwaltung auf das einzige ihr verbliebene Objekt, die Stadthalle, zurückgreifen. Auf die eingetretene Katastrophe war die Stadtverwaltung vorbereitet. Nach den vorliegenden Erfahrungen anderer Städte hatte sie alle organisatorischen und technischen Maßnahmen zur Aufrechterhaltung und zur Wiederingangsetzung der Verwaltung, zu denen sie in der Lage war, getroffen.

Eine Reihe von Maßnahmen war dabei unzulänglich, weil Auswirkung und Umfang der Katastrophe über die gewonnene Vorstellung hinausgingen. Der größte Teil dieser Maßnahmen hat sich bewährt.

Leitstelle

Der Wiederaufbau der zerstörten Verwaltungsstellen verlangt eine zentrale Einrichtung, die über den Stand, die Örtlichkeit und über sonstige Einzelheiten des Aufbaues Auskunft zu geben und damit den unaufhörlichen Strom ratsuchender Volksgenossen planvoll zu lenken vermag. Die von der Stadt schon bei früheren Angriffen geschaffene Einrichtung einer zentralen Auskunftsstelle hat sich erneut bewährt.

Die Bearbeitung aller Belange der Stadtverwaltung wurde dadurch stark beeinträchtigt, daß der Leitstelle nicht genügend Kraftfahrzeuge und Melder zur Verfügung standen.

Vorbereitende Maßnahmen

Zur sofortigen Aufnahme des Dienstbetriebes der Stadtverwaltung haben sich folgende Maßnahmen bewährt:

a) die Unterbringung von Formularen und Schreibmaterial an 10 Stellen außerhalb Kassels,

b) ein Reservelager von rund 150 000 Urlauberkarten für 7 Tage im Weinbergbunker, das sofort als erste Hilfe eingesetzt werden konnte,

c) die Unterbringung von Druckentwürfen für den vernichteten Formularbestand, von Lauflisten der einzelnen Bezirksausgabestellen und von sonstigen Unterlagen an bombensicheren Stellen.

Nicht bewährt hat sich, daß man sich in den Bezirksausgabestellen zum Teil auf den Selbstschutz der Hausbewohner verlassen hatte. Die teilweise Bergung der Karteien konnte nur durch Bezirksstellenangestellte, die zur Brandstätte geeilt waren, erfolgen.

Unterbringung auswärtiger Einsatz- und Arbeitskräfte

Ein großes Problem bei einem solchen Ausmaß der Zerstörungen ist die Unterbringung der auswärtigen Einsatz- und Arbeitskräfte. Die Schwierigkeiten auf diesem Gebiet sind außerordentlich.

In der Hauptsache kamen Schulgebäude und kleinere Gaststätten der Stadtrandgebiete in Frage, die im gleichen Maße aber von der Wehrmacht sowie für die obdachlos gewordenen ausländischen Arbeiter der Industrie in Anspruch genommen wurden. Es muß als außerordentliche Leistung bezeichnet werden, daß es den beteiligten Stellen möglich war, behelfsmäßige Unterbringungsmöglichkeiten für 13 500 Personen zu schaffen.

Für die Unterbringung der Einsatztrupps konnte auf die vorsorglich bereitgestellten Polizei-Ausweichstellen zurückgegriffen werden, die ringförmig um das Stadtgebiet herum gelegen sind. Die seit längerer Zeit durchgeführte Bereitstellung dieser Quartiere hat sich nun außerordentlich bewährt; sie wurden auch für ausgebombte Formationen als vorläufige Unterkunft in Anspruch genommen.

Die wehr- und wirtschaftspolitische Abteilung der Stadtverwaltung konnte auf auswärtige Läger zurückgreifen. Die Abteilung ist bemüht, die Unterkunft und Ausstattung für auswärtige Bauhandwerker fortlaufend zu verbessern. Nach dem Angriff beriefen sich auswärtige Bauhandwerker bei der Beanstandung ihrer Unterkünfte oft auf die Verhältnisse in anderen Städten, die bei einer Nachprüfung doch nicht besser waren als die zur Verfügung gestellten Unterkünfte in Kassel. Es muß erwartet werden, daß die Arbeitskräfte ihre Anforderungen bei dem jetzigen Grad der Zerstörung nicht zu hoch stellen und selbst zur Verbesserung bzw. Instandsetzung ihrer Behelfsunterkünfte zugreifen.

Finanzverwaltung

Die Finanzverwaltung der Stadt ist nach dem Angriff in der glücklichen Lage, das gesamte Rechnungs- und Kassenwesen auf den bestehenden Grundlagen weiterzuführen. Dieser Erfolg ist allein den umfangreichen, zeitraubenden und vorsorglichen Sicherungsmaßnahmen zu verdanken. Die mühevolle tägliche Unterbringung der 70 000 Buchungskonten in die Tresoranlagen hat sich gelohnt. Die geretteten Konten bilden nunmehr für die verschiedensten Dienststellen anstelle der vernichteten Akten die Grundlage des verwaltungsmäßigen Wiederaufbaues.

Ausgebrannt sind die Räume und damit die neuzeitliche Anlage der Stadtkasse. Die Einrichtung der großen Kassenräume hat sich in dieser Hinsicht als nachteilig erwiesen, weil keine Zwischenwände vorhanden waren, die die Ausbreitung des Feuers zu einem Flächenbrand wahrscheinlich verhindert hätten. Vermutlich hätten auch Läden aus Eisenblech an den Fenstern das Eindringen des Feuers vermieden.

Die von der Stadtsparkasse getroffenen Maßnahmen haben sich bewährt. Zur Sicherung der Konten wurden Jahressalden und tägliche Fortschreibungen im Weinberg-Bunker untergebracht. Bei der Hauptstelle der Sparkasse hat sich die Zweckmäßigkeit des Betonbaues erwiesen.

Adremazentrale

Durch den Feindangriff ist die gesamte neuzeitliche Adremaanlage mit Platten- und Suchkarteien und allen Maschinen vernichtet. Die Splitterschutzwände an den Außenseiten des Gebäudes haben in dieser Beziehung ihren Zweck nicht erfüllt. Es wäre voraussichtlich richtiger gewesen, die Anlage weniger gegen Splitter als gegen Feuer zu sichern.

Auf Grund der hier festgestellten Erfahrungen ist anderen Städten in ähnlicher Lage zu empfehlen, diese Anlage nach außerhalb zu verlegen. Der Wiederaufbau der Anlage ist an Hand der geretteten Abdrücke möglich, läßt sich aber bei dem Mangel an Maschinen und sonstigem Material im wesentlichen erst nach dem Kriege durchführen.

Weitere Belange der Stadtverwaltung sind in den einzelnen Abschnitten bereits behandelt worden.

Luftschutzbauwesen

Außer den in den einzelnen Abschnitten oben schon geschilderten Erfahrungen im Luftschutzbauwesen sind noch folgende Vorschläge zu machen:

LS-Bunker

Bei starkem Andrang vor den LS-Bunkern oder bei rascher Räumung derselben haben sich die Zugangstüren zum Teil als zu schmal erwiesen.

Die Spülklosetts in den LS-Bunkern (wie auch in den Rettungsstellen) haben sich nicht bewährt. Da die Wasserspülung bald versagte, liefen die Klosetts in Kürze über, so daß die Umgebung völlig verschmutzte. Die in den Bunkern befindlichen Menschenmassen verrichteten ihre Notdurft in die Gänge und Ecken oder auch dort, wo sie gerade standen. Die Reinigung sämtlicher Bunker erforderte eine sich über mehrere Tage erstreckende besondere Aktion. Es wird als zweckmäßig erachtet, in allen LS-Bunkern und Rettungsstellen Trockenaborte mit Torfmull in großer Zahl aufzustellen.

Öffentliche LS-Räume

Die eisernen Türen an Gasschleusen, Notausgängen und Notausstiegsöffnungen hatten sich durch einschlagende Minen oder Sprengbomben zum Teil so verkantet, bzw. waren so eingedrückt, daß für die in diesen Luftschutzräumen eingeschlossenen Personen keine Möglichkeit bestand, die Türen von innen zu öffnen. In den Gasschleusen hatten sich teilweise beide Türen verklemmt. Durch Einsturz waren die Türen teilweise von außen verschüttet, so daß ein Öffnen von innen nicht möglich war. Eine Anfertigung aller Türen, die nach innen zu öffnen sein müssen, aus Holz oder Kunststoffplatten in eisernen Rahmen wird für zweckmäßig erachtet, um sie notfalls mit Kreuzhacke oder Beil einschlagen zu können. Auch die Verschlüsse von Notausstiegen müssen nach innen zu öffnen sein, da im umgekehrten Fall bei Verschüttungen ein Ausstieg nicht mehr möglich ist.

Die Notausgänge und Mauerdurchbrüche werden teilweise zu klein gebaut. Auch Splitterschutzmauern sind vielfach zu dicht vor den Ausstiegsöffnungen angebracht, so daß bei Benutzung dieser Ausstiege Personen zwischen Öffnungen und Splitterschutz eingeklemmt werden und infolge nachdrängender Personen nicht mehr in den Kellerraum zurückkommen. Wo Mauerdurchbrüche zu hoch über den Kellerfußböden liegen, so daß alte und behinderte Personen sie nicht bequem benutzen können, sind Treppen anzubringen. Es empfiehlt sich, sowohl Notausstiege als auch Durchbrüche so groß anzulegen, daß Stauungen im Ernstfall vermieden werden.
Als Dichtung von Türen hat sich Gummi in vielen Fällen nicht bewährt, da er in der Hitze schmort oder verbrennt. Hier sollte ein dichtendes, aber nicht brennbares Material zur Anwendung kommen (vielleicht Asbest?).

Baracken

Wie bereits erwähnt, gehören Holzbaracken nicht in das Weichbild der Stadt, keinesfalls in dicht bebautes Stadtgebiet; insbesondere stören sie am Rande von Fluchtwegen oder gar in Aufnahmeräumen.

Luftschutzräume bei Vorortbahnhöfen

Da nach schweren Terrorangriffen Vorortbahnhöfe erhöhte Bedeutung gewinnen und den mehrfachen als den normalen Verkehr aufweisen, empfiehlt es sich, in ihrer Nähe vorsorglich ausreichende Schutzräume bzw. Deckungsgräben zu erstellen.

Latrinen

Die restlose Zerstörung der Abortanlagen im ganzen Stadtgebiet und die Störung der Wasserversorgung machte die sofortige Anlage von öffentlichen Latrinen auf freien Plätzen, Schulhöfen, in der Nähe von LS-Bunkern, LS-Rettungsstellen und Dienststellen mit starkem Verkehr usw. erforderlich. Die Überprüfung dieser Latrinen in hygienischer Hinsicht übernahm der LS-San.-Dienst.

Luftschutzgerät, Bekleidung

Die Auflockerung und Auslagerung der luftwaffeneigenen Luftschutzgeräte haben sich im LO-Kassel bewährt. Bei Auslagerung ist zu beachten, daß jede Geräteart in mindestens 2 - 3 Lagern untergebracht wird.

Durch Totalverlust des I-Parkes sowie zahlreicher Lager anderer Formationen und fast sämtlicher Bauhöfe im Stadtgebiet entstand ein Mangel an Arbeitsgerät für Aufräumungsarbeiten, zumal da die Wehrmachtshilfskommandos, teilweise auch die Hilfskräfte der TN sowie die internierten italienischen Soldaten ohne Gerät zum Einsatz kamen. Nach sofortiger Anforderung traf das benötigte Gerät auf Anordnung des LGK VI in kürzester Zeit auf LKW ein.

Wegen der voraussichtlichen Zerstörung der Bauhöfe und Lager im eigenen Stadtgebiet empfiehlt sich die Erkundung von Freimachungsgerät auf Bauhöfen und in Lagern von Nachbarstädten.

Als Hilfsgerät für Bergungsmannschaften empfiehlt sich die Bereitstellung von Seilen in den LS-Revieren und in ÖLSR. Die Seile sollen dazu dienen, den ersten Mann beim Einsteigen in gefährdete Schutzräume zu sichern.

Für den I-Dienst ist Ausstattung mit einer größeren Zahl von Sturmlaternen mit weißem Glas erforderlich, der Einsatz von Scheinwerfern ist während des Angriffes nicht möglich.

Eine überaus starke Abnutzung des Schuhzeugs der Einsatzkräfte durch Betreten und Arbeiten auf glutheißen Trümmerstellen sowie der Arbeitskleider machte die Errichtung und Verstärkung polizeieigener Schuh- und Kleiderwerkstätten unter Einsatz entsprechender Handwerker aus den Reihen der kriegsinternierten italienischen Soldaten notwendig.

Verschiedene Luftschutzmaßnahmen:

Bewährung der Feuerschutzmittel-Aktion 1943

Von einer Bewährung der Feuerschutzmittelaktion kann bei derartigen Flächenbränden selbstverständlich nicht mehr gesprochen werden. Der Anstrich der Dachstühle mit feuerhemmenden Mitteln hat sich jedoch bei dem vorletzten Angriff auf den LO-Kassel am 3.10.1943 und auch am Rande des Schadensgebietes beim Angriff vom 22.10.1943 sehr bewährt. Es sind zahlreiche Fälle nachgewiesen, bei denen sowohl Stabbrandbomben wie Phosphorbrandbomben auf Dachböden vollkommen ausgebrannt sind, ohne zu zünden, insbesondere aber ist die hemmende Wirkung des Anstriches, die bei der Brandbekämpfung durch Selbstschutzkräfte eine große Hilfe bietet, vielfach nachgewiesen. Ein Bildbericht hierüber wurde der technischen SS- und Polizei-Akademie vorgelegt.

Das Niederlegen bzw. Durchbrechen von Hofmauern und Gartenzäunen zur Erleichterung der Flucht aus Brandgefahr hat sich erneut bewährt. Nachlässigkeit auf diesem Gebiet kann sich bitter rächen.

Bewährung der LS-Räume

Die Bewährung der LS-Räume als sicherster Aufenthalt bei Luftangriffen steht nach wie vor – ungeachtet der Räumungspflicht bei Brand und Hitze usw. – außer Zweifel. Der Abwanderung gewisser Volkskreise ins Freie bzw. Unbefugter in LS-Bunker ist auf das entschiedenste entgegenzutreten.

Schließen der Gas- und Wasserhähne

Obwohl Ersticken durch ausströmendes Gas und Ertrinken durch Wasserrohrbruch als Todesursache nicht festgestellt werden konnte, empfiehlt sich doch bei Fliegeralarm, die Gas- und Wasserhauptleitungen in den Kellern abzusperren. Die Tatsache, daß die Anschlüsse zu den beiden Leitungen meist in den Bürgersteigen liegen, führt dazu, daß nunmehr vor der endgültigen Wiederversorgung der Stadt mit Gas, Wasser und Licht zum Teil die Bürgersteige von Schuttmassen geräumt werden müssen, um die Abstellung der Anschlüsse vornehmen zu können.

Räumung der Theater

Bewährt hat sich im LO-Kassel die auf eigene Verantwortung des örtlichen Luftschutzleiters getroffene Anordnung, das Staatstheater wegen unzureichender Luftschutzräume bei Luftgefahr 20 zu räumen bzw. die Spielzeiten des Theaters und der Lichtspieltheater so früh zu legen, daß zu der üblichen Alarmzeit die Theater geleert sind. Dieses war am Angriffstage der Fall. Die letzte Vorstellung der Lichtspieltheater war um 19.30 Uhr beendet, so daß die Theater bei Alarm sämtlich geräumt waren. Höhere Personenverluste wären sonst mit Sicherheit eingetreten.

Sicherstellung von Büromaterial

Wie bereits an anderer Stelle erwähnt, empfiehlt sich die Sicherstellung des nötigsten Büromaterials, der wichtigsten Akten, Karteien usw. (gegebenenfalls in Duplikaten) im Stadtrandgebiet oder außerhalb des Stadtgebietes.

Erfahrungen mit Tresoren und Geldschränken

In 60 - 65% aller Fälle ist der Inhalt von Geldschränken vollständig verkohlt, während der Inhalt von Tresoren fast durchweg erhalten blieb. Sehr bewährt hat sich die Aufstellung von Wasserbehältern in Tresoren und Geldschränken.

Verhalten der Bevölkerung:

Allgemein

Trotz des überaus schweren Angriffes war die Haltung der Bevölkerung ruhig und gefaßt. Der planmäßige Ablauf der Schadensbekämpfung und der umfangreichen Hilfsmaßnahmen hat viel zu dieser Haltung beigetragen. Am empfindlichsten wurde die Betreuung der Bevölkerung durch den Mangel an Hilfskräften beeinträchtigt, der nach Abzug der Hauptmasse der eingesetzten Hilfskräfte naturgemäß eintrat.

Meldung nach Luftangriffen

Die Gefolgschaftsmitglieder von Betrieben und Behörden aller Art sind anzuhalten, sich unter allen Umständen so schnell wie möglich bei ihrer Dienststelle zu melden, auch wenn sie total bombengeschädigt sind. Nur dann ist eine gerechte Beurlaubung zur Wahrnehmung persönlicher Belange durchzuführen.

Verhalten von Einsatzkräften

Es muß besonders hervorgehoben werden, daß die Einsatzkräfte aller Formationen ihren Dienst pflichtgetreu unter Hintansetzung eigener Interessen versehen haben. So geht z. B. aus zahlreichen Tätigkeitsberichten von Polizeiangehörigen hervor, daß sie in Ausübung ihres Dienstes am eigenen brennenden Haus eisern vorbeigefahren oder -gelaufen sind und daß sie tage- und nächtelang im Einsatz blieben, ohne sich um ihre Angehörigen kümmern zu können, obwohl sie wußten oder vermuteten, daß diese gefallen seien oder nichts von ihnen wußten. 100 Angehörige der Schutz-, Feuerschutz- und Luftschutzpolizei haben ihre nächsten Familienangehörigen, Frauen, Kinder oder Eltern verloren und trotzdem keinen Tag und keine Stunde ihren Dienst versäumt.

Auswirkung des Angriffs.
Personenschäden
Gefallene (Stand vom 6.12.1943)

	Namentlich erkannte							
	Reichsdeutsche	%	Ausländer	%	Unerkannte	%	Summe	%
Männer:	1280	22	94	1,61	147	2,5	1521	26,11
Frauen:	1817	31,1	8	0,13	642	11	2467	42,23
Kinder:	811	14	2	0,03	223	3,8	1036	17,83
	3908	67,1	104	1,8	1012	17,3	5024	86,17
					Nicht erkennbare Gefallene		806	13,83
							5830	

Identifizierte Gefallene	4012 = 68,8 %
Nicht identifizierte Gefallene	1818 = 31,2 %
	5830

In obiger Summe enthalten sind etwa 150 Gefallene der Wehrmacht, 5 der Ordnungspolizei und 9 der Luftschutzpolizei.

Unter Einbeziehung aller vorhandenen Dokumente und Zahlenangaben hat der Angriff annähernd 10 000 Todesopfer gefordert.

Eine Liste der namentlich registrierten Toten befindet sich am Ende dieser Dokumentation.

Verwundete

Schwerverwundete innerhalb des LSR.	317		
Leichtverwundete innerhalb des LSR.		1076	
Augenschäden innerhalb des LSR.			402
Schwerverwundete außerhalb des LSR.	483		
Leichtverwundete außerhalb des LSR.		1711	
Augenschäden außerhalb des LSR.			7682
zusammen:	800	2787	8084

Verschüttete

Die Anzahl der eigentlichen Verschütteten kann nicht angegeben werden, da die meisten Gefallenen in unbeschädigten Schutzräumen durch Erstickung infolge Sauerstoffmangels und Kohlenoxydgases (70%) oder durch Detonationsdruck zu Tode gekommen sind. Vielfach erfolgte die Verschüttung erst durch herabfallende Bautrümmer der brennenden Gebäude. 15% aller Gefallenen sind durch äußere Gewalteinwirkung zu Tode gekommen. 15% sind völlig verkohlt. 459 Personen wurden lebend geborgen. Etwa 100 werden noch unter Trümmern vermutet.

Vermißte

In der Vermißten-Suchstelle werden zur Zeit etwa 3 000 Suchzettel bearbeitet. Es wird angenommen, daß die endgültige Zahl der Vermißten diejenige der unbekannten Gefallenen (1800) nicht wesentlich überschreiten wird.

Obdachlose

Die Zahl der Obdachlosen und Umquartierten wird mit etwa 150 000 geschätzt. Das sind bei einer Einwohnerzahl von 230 000 rund 3/4 der Bevölkerung Kassels.

Sachschäden

Von sämtlichen Gebäuden im LO-Kassel sind etwa 80% zerstört. Von etwa 55 000 Wohnungen sind etwa 35 000 = 65% nicht mehr bewohnbar. Das Hauptgeschäftsviertel der Stadt ist vollständig zerstört. Verschiedene Geschäftszweige sind 100% ausgefallen. Zerstört sind ferner sämtliche Kulturbauten bis auf Schloß Wilhelmshöhe, alle Theater und Lichtspielhäuser, Hotels, Waren- und Kaufhäuser und die meisten Behördengebäude. Zahlenmäßig sind zerstört oder schwer beschädigt:

- 10 000 Wohngebäude
- 81 größere Wirtschaftsgebäude
- 128 öffentliche Gebäude
- 115 industrielle Werke, Versorgungsbetriebe und Verkehrsanlagen
- 38 Betriebsgebäude der Landwirtschaft mit den untergebrachten Ernte- und Futtermittelvorräten

Im einzelnen wurden u. a. zerstört oder schwer beschädigt:

Gebäude der öffentlichen Verwaltung und öffentlich-rechtlicher Organisationen

Gauleitung, Kreisleitung, Oberpräsidium, Regierung, Rathaus, Landratsamt, Landesverwaltung, Kulturamt, Justizgebäude, Landeswirtschaftsamt, Städt. Wirtschaftsamt, Gauwirtschaftskammer, Gauwaltung der DAF., HJ.-Heim, Reichspropagandaamt, Finanzamt-Innenstadt, Arbeitsamt, Stadtsteueramt, Katasteramt, Landeskirchenamt, Gerichtsgefängnis, Bezirksgruppe und Ortsgruppe des RLB., Reichsnährstand, Raiffeisen, Landesleihhaus, Gaustabgebäude und 4 Dienstgebäude mit Gaugerätekammer des RAD., Reichsautobahn Oberste Bauleitung, Baubevollmächtigter im Reichsministerium Speer, Gaubeauftragter des Generalbevollmächtigten für die Regelung der Bauwirtschaft im Gau Kurhessen.

Kulturbauten

Preuss. Staatstheater, Gemäldegalerie, Landgrafenmuseum, Tapetenmuseum, Naturkundemuseum, Murhard-Bibliothek, Kulturhaus, Weißes Schloß, Rotes Palais, Orangerieschloß, Prinzenhaus, Waitz'sches Palais, Palais Bellevue, Schlößchen Park Schönfeld, Nahl'sches Haus, Alte Kriegsschule, Gebr. Grimm Haus, Renthof, Marstall (SA.-Standarte), ferner das KdF.-Theater und sämtliche Lichtspieltheater. Fast sämtliche Kirchen (18), darunter als Kulturdenkmale besonders wertvoll: Martinsdom, Karlskirche, Elisabeth-Kirche, Brüderkirche.

Die beweglichen Kulturwerte von Rang, insbesondere die wertvollen Bestände der Gemäldegalerie, der Städtischen Galerie, das Landgrafen-Museums usw. sind dank rechtzeitiger Auslagerung oder Sicherung in LS.-Bunkern gerettet worden.

Gemeinnützige Anstalten

Stadtkrankenhaus, Marienkrankenhaus, Elisabethkrankenhaus, Karlshospital, Sophienhaus, Kinderkrankenhaus „Kind von Brabant", Auguste-Förster-Haus, 2 Altersheime, Klinik Dr. von Both (dank der vorschriftsmäßig durchgeführten Luftschutzmaßnahmen ist in den Krankenhäusern kein Personenverlust zu beklagen). Fast sämtliche Schulen (23), mehrere Kindergärten und Mütterheime der NSV.

Werkluftschutzbetriebe

Von 83 Werkluftschutzbetrieben waren nach dem Angriff am 3.10.1943 bereits 4 Betriebe total zerstört. Von den 79 Restbetrieben wurden beim Angriff vom 22. 10. 1943 betroffen:

58 Betriebe (50 Firmen) = 74%
21 Betriebe = 26% wurden nicht betroffen.

Von den betroffenen Betrieben bleiben nach bis jetzt vorliegenden Feststellungen 37 = 64% im LO-Kassel, teilweise verbleiben hier 5 Betriebe, nach auswärts verlagert werden 11 Betriebe, unbestimmt ist die Lage noch bei 10 total beschädigten Betrieben.

Erweiterte Selbstschutzbetriebe

Von insgesamt 220 ESS-Betrieben sind 156 = 70% zerstört bzw. schwer beschädigt worden. In den am meisten betroffenen LS-Revieren ist der Prozentsatz der zerstörten ESS-Betriebe 95%.

Versorgungsanlagen

Störung der Stromversorgung durch schwere Beschädigungen im Lossewerk, Totalverlust der Städtischen Werke und zahlreiche Kabeldefekte.

Störung der Wasserversorgung durch Brüche der Niestewasserleitung, Ausfall der elektrischen Pumpwerke und Absinken des Fuldastaues infolge Beschädigung des Walzenwehrs.

Störung der Gasversorgung durch Ausfall von 3 Gasbehältern, Beschädigung der Hauptversorgungsleitung und Störung der Wasser- und Stromversorgung.

Verkehrsanlagen

Störung des Reichsbahnverkehrs durch Zerstörung des Hauptbahnhofes und schwere Schäden in den Bahnhöfen: Verschiebebahnhof, Unterstadtbahnhof, Bettenhausen und Wilhelmshöhe sowie im Reichsbahnausbesserungswerk; Fracht-, Express- und Gepäckverkehr vorläufig gesperrt.

Störung des Straßenbahnverkehrs durch Ausfall der Stromversorgung und zahlreiche Zerstörungen der Oberleitung.

Störung des Straßenverkehrs durch Verschüttung in der gesamten Innenstadt.

Störung des Post- und Fernsprechverkehrs durch Beschädigung von 7 Dienstgebäuden (darunter die beiden Hauptpostämter) der Reichspost und zahlreiche Leitungen.

Tierverluste

Tot oder Notgeschlachtet: 108 Pferde, 26 Rinder, 68 Schweine, 3 Kälber, 6 Ziegen, 1 Schaf, 8 Hunde und zahlreiches Kleinvieh.

Wehrmachtsanlagen

Total zerstört oder schwer beschädigt etwa 50 verschiedene Gebäude der Husarenkaserne, des Heereszeugamtes, des EVM., der Heeresstandortverwaltung, der Wehrmachtskommandantur, der Hindenburgkaserne, der Jägerkaserne und der Standortambulanz; ferner die Wehrersatzinspektion, die Rüstungsinspektion, das Rüstungskommando, die Alte Kriegsschule, das Soldatenheim Bahnhofstraße, das Wehrbezirkskommando und das Reservelazarett 7.

Polizeigebäude und -Anlagen

Inspekteur der Ordnungspolizei:	Sehr schwer beschädigt
Polizeipräsidium:	Schwer beschädigt
Abschnittskommando Ost einschließlich 3. Polizeirevier:	Total zerstört
4. Polizeirevier:	Total zerstört
5. Polizeirevier:	Mittelschaden
6. Polizeirevier:	Mittelschaden
Feuerschutzpolizei Wache I:	Schwer beschädigt
Feuerschutzpolizei Wache II:	Total zerstört
Polizeikaserne, Pferdestall:	Schwer beschädigt
Instandsetzungspark:	Total zerstört
LS.-Rettungsstelle 2:	Mittelschaden
LS.-Rettungsstelle 5:	Total zerstört
LS.-Rettungsstelle 7:	Total zerstört
Krankentransportstaffel:	Total zerstört
Luftschutzgerätelager:	Seitenflügel ausgebrannt
Entgiftungspark:	Mittelschaden
14 Unterkünfte der LSP.	Total zerstört oder stark beschädigt

Etwa 40 Kraftfahrzeuge der Polizei- und Luftschutzpolizei zerstört.

34 öffentliche LS.-Räume dauernd, 46 vorübergehend ausgefallen.

Schlußbemerkung

Aus den in diesem Bericht dargestellten Folgen des Terrorangriffs vom 22.10.1943 sowie aus zahlreichen Beurteilungen von fachkundiger Seite geht hervor, daß der LO-Kassel nach dem Verhältnis zwischen Abwurfmenge und betroffenem Raum den bisher härtesten Schlag des Luftkrieges hinzunehmen hatte. Durch die Vielzahl der Minen und Sprengbomben wurden

1. die Häuser aufgerissen, der Brandeinwirkung zugänglich gemacht,
2. durch die Trümmer der Häuser die Schutzräume und Straßen verschüttet, die Fluchtwege abgeschnitten und die Beweglichkeit der Einsatzkräfte behindert,
3. die Selbstschutzkräfte in die Keller gezwungen und an der Brandbekämpfung gehindert,
4. die Bevölkerung durch die laufend detonierenden LZZ über das Ende des Angriffs getäuscht, verängstigt und stellenweise von rechtzeitiger Flucht abgehalten.

Die Masse der Brandbomben verursachte schlagartig entstehende Flächenbrände, Groß- und Kleinbrände.

Daß trotz der verhältnismäßig großen Ausdehnung des engstbebauten und höchst brandgefährlichen Stadtgebietes bei diesem teuflischen Vernichtungsanschlag doch noch ein so hoher Prozentsatz von Menschen dem Erstickungs- und Verbrennungstod entrissen werden konnte, ist ein Erfolg der vorbereiteten Luftschutzmaßnahmen und des todesmutigen Verhaltens vieler Einsatzkräfte.

Die sofortige Wiederherstellung der Luftschutzbereitschaft auf allen Gebieten des Luftschutzes im betroffenen Stadtgebiet, sowohl wie in den wenigen nicht betroffenen Stadtteilen, ist eine Selbstverständlichkeit. Die Überbelegung der Gebäude in erhaltenen Stadtgebieten fordert Sofortmaßnahmen zum Ausbau zusätzlicher LS-Räume, bzw. Stollen und Deckungsgräben sowie weitere Feuerlöschteiche. Die Einwohnerzahl des LO-Kassels ist zwar nach Abzug der Obdachlosen verringert; jedoch wohnen zahlreiche Arbeitskräfte der Kriegsindustrie und Wirtschaft außerhalb Kassels und kommen täglich zur Arbeit, sind also luftschutzmäßig gesehen doch anwesend und entsprechend zu berücksichtigen. Die Schnellkommandos, deren Fahrzeuge zum großen Teil zerstört und deren Kräfte (HJ) zum Teil evakuiert sind, müssen neu aufgebaut werden.

Ferner muß die Organisation des Selbstschutzes überprüft und zum Teil neu aufgestellt werden. Diese und weitere Luftschutzmaßnahmen werden mit allem Nachdruck durchgeführt, so daß der LO-Kassel bei kommenden Luftangriffen entsprechend gewappnet sein wird.

m.d.F.b.:
gez. Schoenherr

Verteiler:

An den Höheren SS und Polizeiführer im Wehrkreis IX, Inspekteur der Ordnungspolizei mit Nebenabdrucken für vorgesetzte Dienststellen	30
An den Herrn Regierungspräsidenten in Kassel	15
An die NSDAP – Gauleitung Kurhessen	1
An das Reichspropagandaamt Kurhessen	1
An die NSDAP – Kreisleitung Kassel	1
An das Stellv. Generalkommando IX, A.K. Kassel	1
An die Wehrmachtskommandantur	2
An die Rüstungsinspektion	1
An das Rüstungskommando	1
An die Wehrersatzinspektion (Dienstsitz: Fulda)	1
An die Flakgruppe Kurhessen, Kassel	1
An das Flugwachkommando Kassel	1
An das LS-Warnkommando Kassel	1
An den Reichsarbeitsdienst – Arbeitsgau XXII, Hessen-Nord	1
An die Reichsbahndirektion Kassel	1
An die Reichspost Kassel	1
An die Reichsautobahn – Oberste Bauleitung Kassel	1
An die Reichswasserstraßenverwaltung Kassel	1
An das Wasserstraßenamt Hann.-Münden	1
An die Geheime Staatspolizei Kassel	1
An die Kriminalpolizeistelle Kassel	1
An den Herrn Oberbürgermeister der Stadt Kassel	2
An das Arbeitsamt Kassel	1
An die Gauwirtschaftskammer Kurhessen	1
An die Werkluftschutz-Bereichsstelle Kurhessen und Ortsstelle Kassel	2
An die Bezirksgruppe des RLB Kassel	1
An die Ortsstelle des RLB Kassel	1
An den Gebietsbeauftragten – Bau Kassel	1
An den Landrat des Landkreises Kassel	1
An das Deutsche Rote Kreuz, Kreisstelle IX, Kassel	1
An die Technische Nothilfe, Landesgruppe Kassel	1
An die Technische Nothilfe, Ortsgruppe Kassel	1
An die LS-Abschnitte Ost und West	2
An die Fachführer der LSP	5
An die LS-Reviere 1 - 9	9
Kriegstagebuch	1
Z.d.A.	1
Reserve	30
Gesamt	125

Anlage 1

zum Erfahrungsbericht über den Luftangriff auf den LO.-Kassel vom 22.10.1943 S.Lu. 55.60 Tgb.Nr. 443/43 g vom 7. Dezember 1943

Abschrift

Beratender Pathologe beim
Wehrkreisarzt IX — Gießen, den 1. Nov. 1943

An den
Korpsarzt b. stellv. Gen. Kdo. IX
Wehrkreisarzt IX
KASSEL

Bericht über die in Kassel am 30.10.1943 ausgeführten Leichenöffnungen.

Von den vom Polizeiarzt Kassel, Herrn Polizeioberstabsarzt Dr. Fehmel, ausgesuchten Leichen wurden auf dem Friedhof zu Kassel 5 seziert. Die Leichen betrafen Menschen, die beim Terrorangriff auf Kassel am 22.10.1943 ums Leben gekommen und nach mehreren Tagen tot aus Kellern geborgen worden waren. Genauere Personalien sind nicht bekannt. Zwei Leichen waren männlichen Geschlechtes und etwa 18 - 20 Jahre alt; drei betrafen Frauen, von denen die eine etwa 50 - 60 Jahre, die anderen beiden etwa 30 Jahre alt waren.

Äußere Verletzungen waren an den Leichen nicht nachweisbar. Die leichen waren im Zustand hochgradiger Fäulnis. Ein sog. durch Fäulnisbakterien hervorgerufenenes Leichenemphysem hatte neben inneren Organen insbesondere die Haut an Kopf, Brust und unteren Extremitäten ergriffen, an den einzelnen Leichen in etwas verschiedener Ausbreitung. Teils war die Haut infolge der eingetretenen Haemolyse gleichmäßig rot, in großer Ausdehnung war sie aber bereits grün verfärbt. Diese Grünfärbung beruht auf der Verbindung des von den Fäulnisbakterien produzierten Schwefelammoniums mit dem reduzierten Haemoglobin, das ja infolge der vorausgegangenen Haemolyse gleichmäßig die Haut durchtränkt hatte. Diese Grünfärbung, auf die hinsichtlich ihrer Aufklärung in den Besprechungen in Kassel besonderer Wert gelegt worden war, ist als solche sicher allein eine postmortale Leichenerscheinung und ist nicht mit besonderen chemischen Giften in Zusammenhang zu bringen, die etwa von Feindesseite bei dem Terrorangriff verwendet worden wäre.

Bei den Leichenöffnungen fand sich auch sonst kein Anhalt für von Feindesseite gebrauchte besondere chemische Gifte, insbesondere auch nicht an den Atmungsorganen. Die Lungen waren bei geringem Oedem auffällig blutreich. Das Blut war im Körper flüssig; im Herzen fanden sich keine Speckgerinsel. Das von einem Fall mitgenommene und im Hessischen chemischen Untersuchungsamt zu Gießen von Direktor Dr. Wrede untersuchte Blut ergab nach dessen mir gemachter fernmündlicher Mitteilung sowohl spektroskopisch wie chemisch einen hohen Gehalt an Kohlenoxyd. So ist der Tod in diesem Fall sicher und mit größter Wahrscheinlichkeit auch in den anderen Fällen auf eine Kohlenoxydgasvergiftung zurückzuführen. Erwähnen möchte ich, daß in einem Falle noch eine größere Lungenzerreißung festzustellen und auch ein geringer Bluterguß in der zugehörigen Pleurahöhle vorhanden war. Es ist wahrscheinlich, daß die sogenannte Zerreißung durch den Sog nach einer schweren Explosion vielleicht infolge einer sogenannten Luftmine hervorgerufen worden war.

Die oben erwähnten Kohlenoxydgasvergiftungen erklären sich ohne weiteres durch die durch abgeworfene Phosphorbomben hervorgerufenen Häuserbrände, die den Terrorangriff in Kassel besonders auszeichneten. In anderen Fällen mag die Sauerstoffverarmung und die Hitzwirkung und mögen auch Rauchgasschädigungen eine Rolle spielen. Auch wird ein sog. Hitzschlag in vielen Fällen die Todesursache sein, wenn man die enormen Hitzegrade bedenkt, die sich zunehmend in den Kellern entwickelt haben müssen und die bei der Begehung der Keller am 30.10. noch sehr spürbar waren.

Im Anschluß hieran sei kurz der Fall eines 60jährigen Majors erwähnt, der von meiner militärischen Dienststelle aus am 30. Oktober in Hersfeld seziert worden war. Dieser Major war in Kassel im Keller seines Hauses mit dem Kopf zwischen brennendes Balkenwerk geraten. Bei der Sektion bot die Haut des Kopfes ausgedehnte Verbrennungen dar und wurden ferner schwere Nekrosen und beginnende oberflächliche Geschwürsbildungen an der Schleimhaut der Luftröhre und ihrer Äste sowie eine konfluierende Lobulärpneumonie festgestellt. Zweifellos waren die Nekrosen und die Geschwürsbildungen lediglich die Wirkung der flammenden Hitze.

Schließlich sei von dem Fall des Feuerwehrmannes gesprochen, über den Prof. Foerster-Marburg Herrn Polizeioberstabsarzt Dr. Fehmel berichtet hatte und der Ausgangspunkt für die Untersuchungen und Besprechungen am 30. Oktober gebildet hatte. Nachdem am Samstag eine Verbindung mit Herrn Prof. Foerster nicht erreicht worden war, habe ich heute von Gießen aus mit Herrn Prof. Foerster fernmündlich gesprochen. Prof. Foerster teilte mir mit, daß dieser Feuerwehrmann vor einigen Wochen mehrere Tage, nachdem er den Angriff auf Mannheim mitgemacht hatte, gestorben war. Da der Verdacht auf Aeroleinvergiftung aufgetaucht war, wurde er von Prof. Foerster in Frankfurt/M. seziert. Prof. Foerster hat nach seiner mir gemachten Mitteilung ausdrücklich gesagt, daß dieser Feuerwehrmann nicht an einer Aeroleinvergiftung gestorben sei, sondern seines Erachtens die Einatmung hoher Temperaturen die gefundenen Lungenveränderungen zur Folge gehabt hat. Auch war bei diesem Mann keine Grünfärbung der Haut vorhanden gewesen. Sonach spielt dieser Fall keine weitere Rolle.

Ich wiederhole zum Schluß nochmals, daß die Grünfärbung der Haut an den Kasseler Leichen lediglich Leichenerscheinungen waren und sich auch schon bei den Leichenöffnungen kein Anhalt dafür gefunden hat, daß von Feindesseite besondere chemische Gifte gebraucht worden sind.

gez. Prof. Herzog
Oberstabsarzt d. Res. z. V.,
Beratender Pathologe beim
Wehrkreisarzt IX

Abschrift

Der Direktor des Hessischen
Chemischen Untersuchungsamtes — Gießen, den 1. 11. 43

An den Beratenden Pathologen beim Wehrkreisarzt IX (Kassel)
Herrn Universitätsprofessor Dr. Herzog, Gießen

In dem mir übersandten Leichenblut, das von einem beim Bombenangriff auf Kassel Getöteten stammte, konnte sowohl auf chemischem Wege als auch durch spektroskopische Untersuchung das Vorhandensein von Kohlenoxyd einwandfrei nachgewiesen werden.

gez. Wrede

Anlage 2

zum Erfahrungsbericht über den Luftangriff auf den LO.-Kassel am 22.10.1943 S.Lu. 55.60 Tgb.Nr. 443/43 g vom 7. Dezember 1943

Behandlung von Lebensmitteln und dergleichen, die aus Luftschutzräumen, in denen sich Gefallene befunden hatten, geborgen worden sind.

1. Kartoffeln, die in Kellern gelegen haben, in denen Wasser gestanden hat, das mit Leichen in Berührung gekommen ist, sind für menschliche Ernährung unbrauchbar. Können jedoch zur Fütterung von Vieh verwendet werden.
2. Es bestehen keine Bedenken, Kartoffeln, die aus trockenen Kellern, in denen sich Leichen befunden haben, geborgen werden, der menschlichen Ernährung zuzuführen. Erwünscht ist es jedoch, diese Kartoffeln vor dem Kochen gründlich abzuwaschen und dick zu schälen.
3. Für Obst gilt das Gleiche wie für Kartoffeln. In rohem Zustand ist das Obst nicht zu genießen.
4. Gegen den Genuß von Konserven und Eingemachtem bestehen keine Bedenken, sofern die Gläser und Gefäße unbeschädigt sind.
5. Spirituosen, Fruchtsäfte und dergleichen sind wie Konserven zu behandeln.
6. Gurken, Sauerkraut und dergleichen, das in irdenen Töpfen aufbewahrt wird, ist, sofern die Töpfe nicht unter Wasser gestanden haben, nach gründlicher Reinigung genießbar. Die obersten Schichten sind jedoch vorsichtshalber zu entfernen.
7. Zwiebeln, die aus trockenen Kellern, in denen sich Gefallene befanden, geborgen wurden, können ohne Bedenken der menschlichen Ernährung zugeführt werden, wenn sie zuvor längere Zeit der Luft ausgesetzt wurden und die äußeren Schichten entfernt werden.
8. Bohnenkaffee, nachdem er nochmals gebrannt wird, kann ohne weiteres verwendet werden.
9. Eingelegte Eier können, sofern sie unter Garantol oder Wasserglas liegen, in gekochtem oder gebratenem Zustand unbedenklich genossen werden.
10. Alle übrigen Lebensmittel, wie Brot, Wurst, Käse, Butter, Schmalz usw. sind zu vernichten.

KASSEL
Report No K/1796/
Neg. No 31536
2
3
4
5
6
7
8
9
10
11
12
13
14
26
27
28
29
30
31
32
34

Erst am 30. Oktober 1943 konnten die ersten Aufklärungsfotos von britischen Flugzeugen gemacht werden. Bis zu diesem Zeitpunkt verhinderten die noch schwelenden Trümmer der Innenstadt deutliche Aufnahmen. Eine Analyse der Fotos ergab, daß der Grad der Zerstörungen noch größer war, als man angenommen hatte. Die Ziffern auf dem Bild weisen auf öffentliche Gebäude hin. Die umrandeten Gebiete wurden einzeln vergrößert, um detaillierte Schäden feststellen zu können (siehe nächste Seite).

Britische Analysen des Angriffs

Auswertung von Blitzlicht- und Aufklärungsfotos

Die von den einzelnen Maschinen während des Angriffs aufgenommenen Fotos werden am nächsten Tag den Besatzungen gezeigt. Sie können jetzt selbst sehen, ob sie den Zielpunkt getroffen haben.

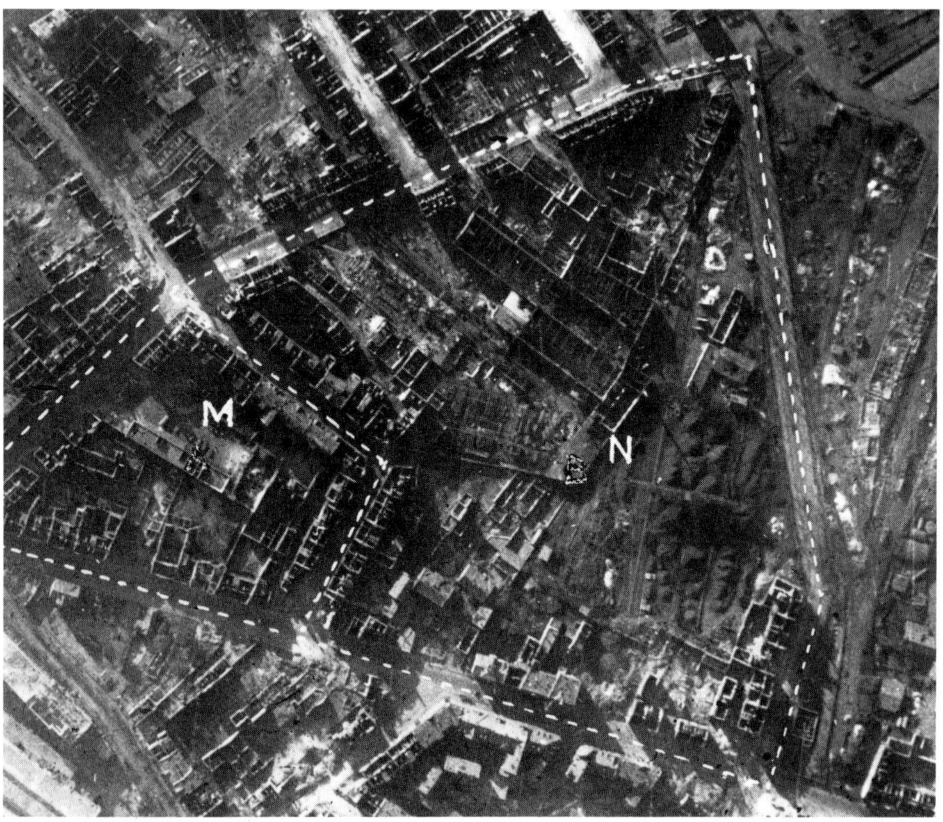

Die Ausschnittvergrößerung der Gebiete M und N zeigt die Zerstörung im Dreieck Wolfhager Straße, Westring und Holländische Straße.

Auf diesem Plan wurden nach der Auswertung der Fotos die Stellen eingezeichnet, an denen die Zielmarkierungen der Pfadfinder-Maschinen den Boden erreichten.

Die quadratischen Symbole der Blind-Markierer zeigen, daß die ersten drei Maschinen den Zielpunkt in nördlicher Richtung verfehlten; 4, 5 und 6 jedoch genau im Zentrum liegen. Die Symbole der Sicht-Markierer liegen genau in der Innenstadt. Die kleinen Pfeile in den Symbolen deuten die Flugrichtung zur Zeit der Aufnahme an. Danach kamen die Maschinen, wie vorgesehen, aus südlicher Richtung.

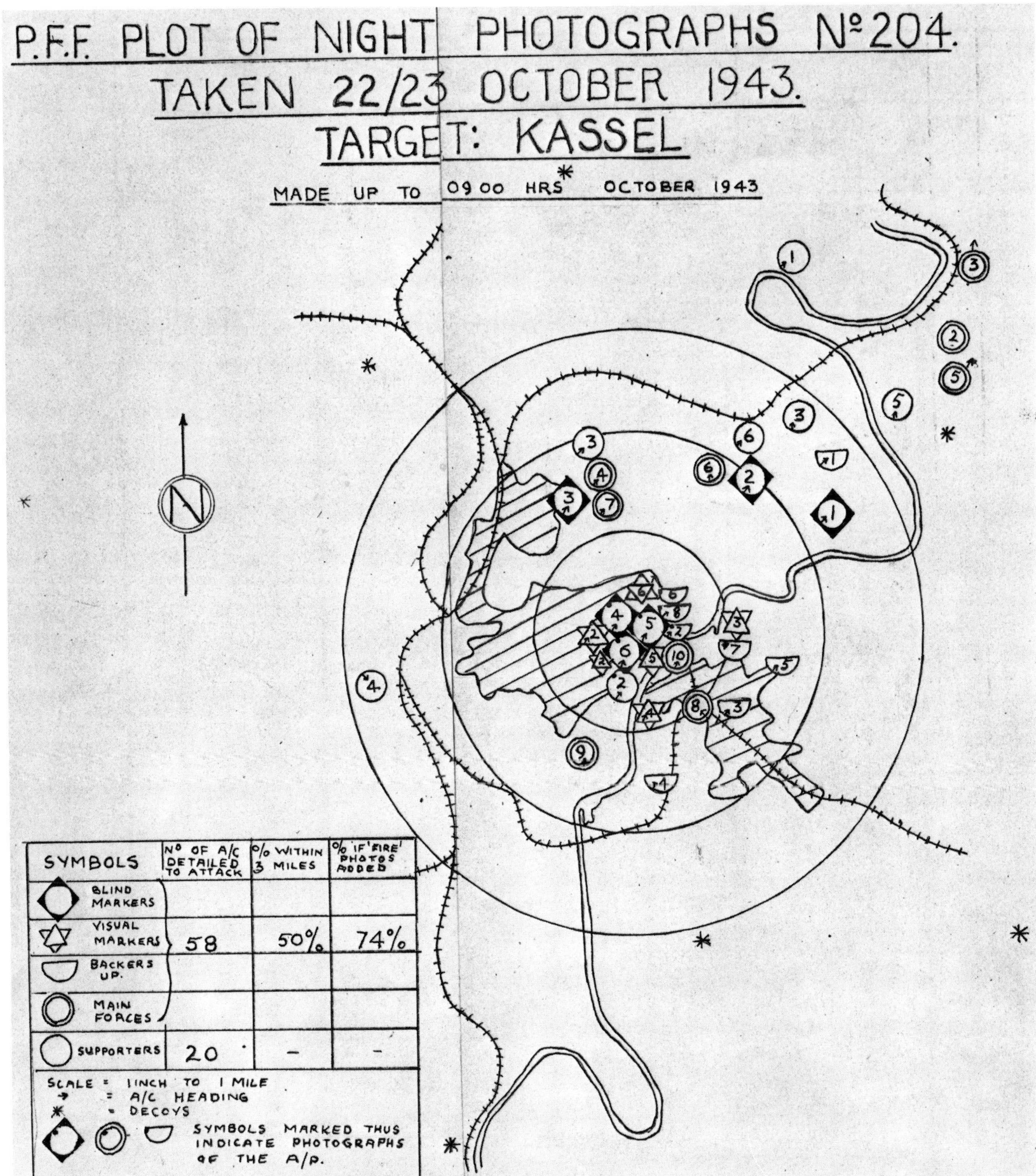

Zusammen mit Bomben und Zielmarkierungen wurde von jedem Flugzeug des Bomberkommandos eine Blitzlichtbombe abgeworfen, die es ermöglichte, die Umgebung der Einschläge zu fotografieren.

Die Auswertung der Fotos zeigt, daß die Masse der Einschläge in einem Radius von zwei Kilometern um den mit einem Dreieck gekennzeichneten Zielpunkt herum liegen.

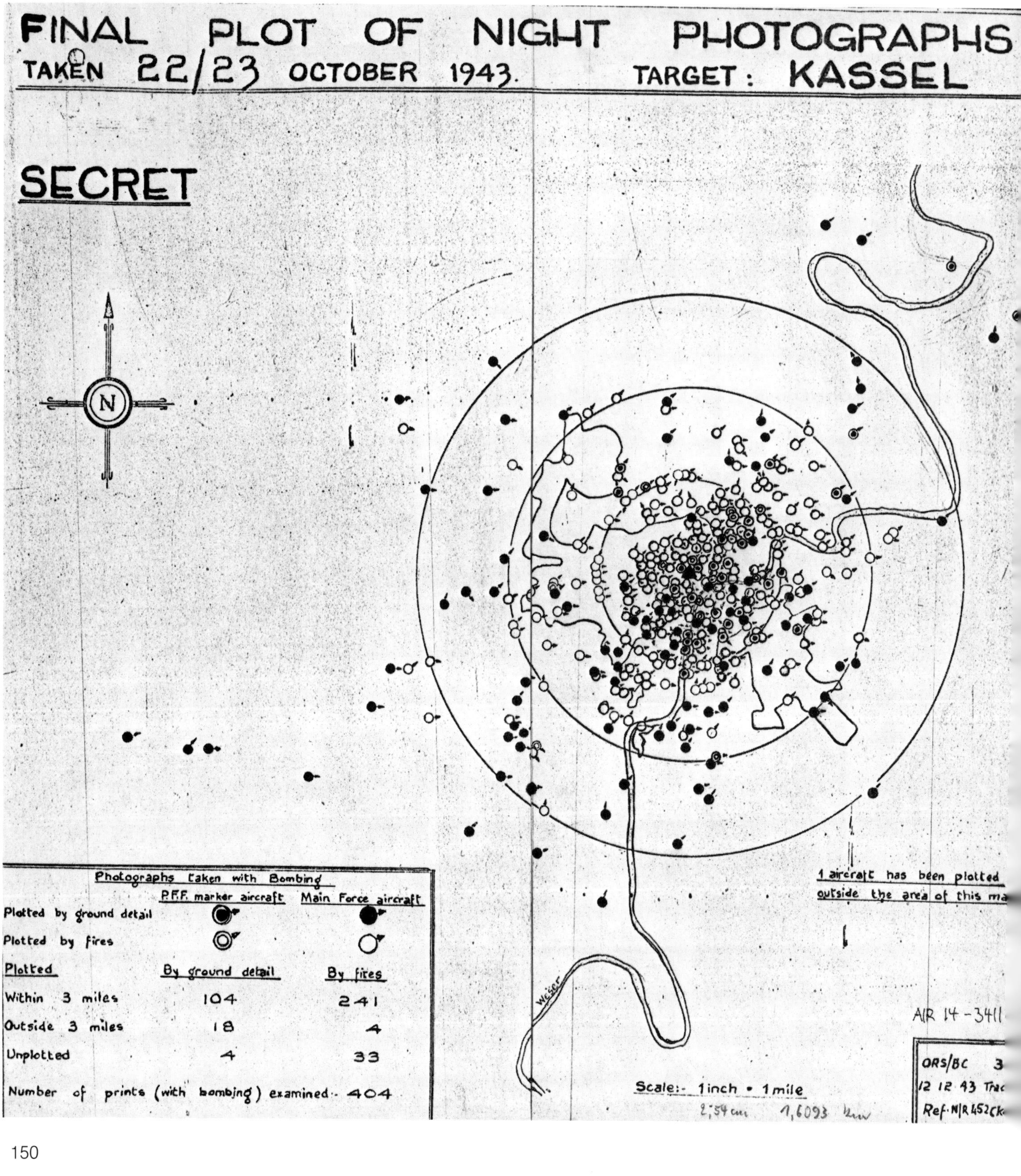

THE SUNDAY EXPRESS LONDON OCTOBER 24 1943

JOINT ANGLO-U.S. NIGHT AND DAY BOMBING IS CRUSHING GERMANY'S WAR INDUSTRIES, EXHAUSTING THE LUFTWAFFE

KASSEL (1,500 TONS) IS LATEST R.A.F. TARGET

American 8th Air Force Chief says:

'We shall break them'

Hitler's war industries are being systematically blotted out by the co-ordinated strategy of the British and U.S. Bomber Commands, whose successive night-and-day onslaughts are straining the German defences to the limit. In the past week the R.A.F. have carried out five heavily destructive attacks, culminating in a 1,500-ton raid on Friday night on the railway and factory centre of Kassel.

R.A.F. photographs of the damage done in four great centres — Frankfurt, Hagen, Bochum and Kassel, each of them an important part in the German war machine—afford clear evidence of the effectiveness of the attacks.

In Frankfurt, 37 factories have been wrecked or damaged. River communications have been upset by direct hits on a harbour dam and an important sluice. In Hagen, where 39 factories were hit, two steel factories and 11 factories engaged in specialised steel and iron work have been damaged.

Three big steel plants were affected in Bochum, where the output of three "priority" coal mines, which were also hit, has been seriously impeded. A large oil plant was also extensively damaged. In Kassel, 30 factories and industrial premises were destroyed or damaged in attacks previous to that of Friday night.

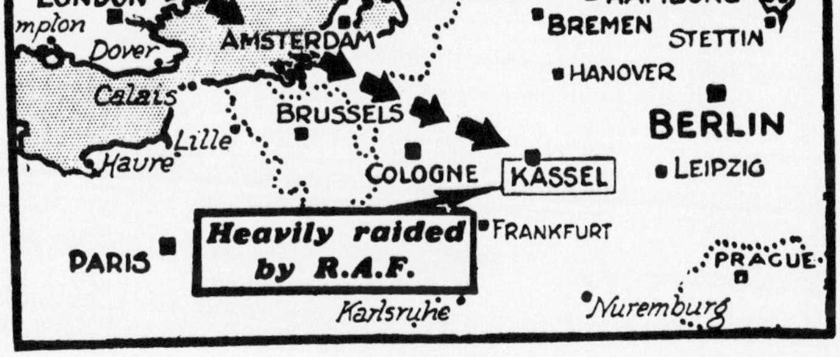

FLAMES ROSE UP 4,000 FT.

Sunday Express Air Reporter

R.A.F. LANCASTER STATION, Saturday.

SELDOM, if ever, has a force composed solely of four-engined bombers been used against a single target in such strength as that which last night showered its heaviest bombs on Kassel, capital of the twin provinces of Hesse and Nassau.

In 35 minutes they dropped a load of more than 1,500 tons. To reach this important and heavily defended railway and industrial centre (population 216,000) the armada of Lancasters, Stirlings and Halifaxes made a round trip of 1,000 miles.

They flew most of the way through violent electrical storms, heavy rain and ice-laden cloud, but found clear skies within 50 miles of Kassel, and bright moon above their target.

Kassel as a railway centre ranks with Swindon. It links central and western Germany. War supplies for the Russian front have passed through it on a colossal scale.

There are vast marshalling yards at the western end of the city, and close to them, yet away from the residential area, are two enormous factory groups employing many thousands of war workers.

Not heavy loss

From preliminary reports there is good reason to believe the target was very successfully dealt with, and the loss of 44 bombers is not considered unduly high for results achieved.

Two terrific explosions, one giving an orange flash which rose to 4,000 feet above the target, were mentioned by nearly every crew.

Many large fires were started, and there are unanimous reports of a 12,000ft. column of thick black smoke as the raiders turned for home.

A description of fighter flare lanes and how they are laid was given me by Flying Officer Thomas Nelson, former golf professional of North Berwick, who was mid-upper gunner last night in W for William.

Fighters wait until our bombing has actually started. As soon as the target to be defended has been identified they can be seen streaking towards it.

They start by laying clusters of bright yellow flares over the target. Then they lay lanes and avenues of them criss-crossing its approaches and surroundings for a distance of perhaps 20 miles.

Frankfurt was also attacked, while Mosquitos bombed targets at Cologne, and other formations laid mines.

Die Zeitung „The Sunday Express“ berichtet am 24. 10. 1943 über den Angriff auf Kassel

Aufeinander abgestimmte anglo-amerikanische Bombenangriffe bei Tag und Nacht zerschmettern Deutschlands Rüstungsindustrie und zermürben die Luftwaffe

Kassel (1 500 Tonnen) jüngstes Ziel der RAF

Kommandeur der Achten US-AIRFORCE: „Wir werden sie zur Strecke bringen”

Hitlers Rüstungsindustrie wird durch das koordinierte strategische Vorgehen der britischen und amerikanischen Bomberkommandos systematisch ausgelöscht, wobei die deutsche Verteidigung durch die erfolgreichen Großoffensiven bei Tag und Nacht an die Grenze ihrer Belastbarkeit stößt. Vergangene Woche führten fünf RAF-Angriffe zu schweren Zerstörungen, die mit dem 1500 Tonnen-Angriff auf die Eisenbahn- und Industriezentren von Kassel in der Nacht zum Samstag ihren Höhepunkt erreichten.

Fotos der RAF von den Schäden in den vier bedeutendsten Zentren – Frankfurt, Hagen, Bochum und Kassel, jedes von ihnen ein wichtiger Bestandteil der deutschen Kriegsmaschinerie – liefern eindeutige Hinweise für den durchschlagenden Erfolg der Einsätze.

In Frankfurt wurden 37 Fabrikanlagen zerstört oder beschädigt. Durch genaue Treffer auf die Kaianlagen und auf eine bedeutende Schleuse kam es zu einschneidenden Störungen des Verkehrs auf den Wasserwegen. In Hagen wurden 39 Fabriken getroffen, wobei auch zwei Stahlwerke und 11 Betriebe, die mit einem hochentwickelten Stahl- und Eisenherstellungsverfahren arbeiten, beschädigt wurden.

In Bochum wurden drei große Stahlwerke in Mitleidenschaft gezogen, als durch folgenschwere Treffer auf drei „erstrangige” Kohlebergwerke die Fördermengen dort stark zurückgegangen waren. Eine große Ölraffinerie erlitt ebenfalls schwere Schäden. In Kassel kam es auch bei anderen Angriffen, die dem in der Nacht zum Samstag vorausgingen, bei 30 Fabrikanlagen und Industriegeländen zu Zerstörungen und Schäden.

FLAMMEN BIS ZU 4000 FUSS (1300 m) HÖHE

Luftexperte des Sunday Express berichtet

RAF-LANCASTER-Einsatzflugplatz am Samstag

Selten, vielleicht bisher überhaupt noch nicht, wurde ein nur aus viermotorigen Bombern bestehender Verband in einer derartigen Stärke gegen ein einzelnes Ziel eingesetzt, wie in der vergangenen Nacht, als Kassel, die Hauptstadt der Doppelprovinz Hessen-Nassau, von Bomben schwersten Kalibers nur so übersät wurde.

In nur 35 Minuten wurde eine Ladung von mehr als 1500 Tonnen abgeworfen. Um dieses bedeutende und bestens verteidigte Eisenbahn- und Industriezentrum (Bevölkerungszahl 216 000) zu erreichen, hatte die Armada der Lancaster, Stirling (Anmerkung des Autors: Short-Stirling Bomber waren an dem Angriff vom 22.10.1943 nicht beteiligt, jedoch am 3.10.1943) und Halifaxes eine Flugstrecke von insgesamt 1000 Meilen (1610 km) zu bewältigen.

Den größten Teil der Flugstrecke hatten sie mit Gewittern, schweren Schauern und Vereisungen in den Wolken zu kämpfen, trafen jedoch innerhalb 50 Meilen um Kassel auf klare Sichtverhältnisse und auf helles Mondlicht über dem Ziel.

Kassel kann in seiner Bedeutung als Eisenbahnzentrum mit Swindon verglichen werden. Es bildet das Verbindungsstück zwischen Mittel- und Westdeutschland. Hier werden auch die in enormen Umfang stattfindenden Kriegslieferungen für die russische Front durchgeschleust.

Westlich der Innenstadt befinden sich ausgedehnte Verschiebebahnhöfe und daran grenzend, aber immer noch entfernt von den Wohngebieten, stehen zwei enorme Werksanlagen, die mehrere Tausend Rüstungsarbeiter beschäftigen.

„Keine schweren Verluste”

Ausgehend von der unmittelbaren Berichterstattung besteht Grund zu der Annahme, daß das Ziel mit gutem Erfolg angegangen worden ist, wobei ein Verlust von 44 Bombern in Anbetracht des Erfolges als nicht übermäßig hoch bezeichnet werden kann. Zwei enorme Explosionen, von denen eine über dem Ziel einen orangen Feuerblitz von mehr als 4000 Fuß Höhe erzeugte, wurden von fast allen Besatzungen beobachtet.

Zahlreiche Großbrände wurden entfacht und es wurde übereinstimmend davon berichtet, daß sich bei Abflug der Bomber eine dicke schwarze Rauchsäule von 12000 Fuß (4000 m) erhob.

Eine Beschreibung von Jägerleuchtpfaden und wie sie angelegt werden, konnte mir von Oberleutnant Thomas Nelson gegeben werden, ehemaliger Golf-Profi in Nord-Berwick und gestern abend Bordschütze im oberen Gefechtsstand der Maschine mit dem Code-Buchstaben 'W' wie William.

Die Jäger warten so lange bis unser Bombenabwurf tatsächlich eingesetzt hat. Sobald das zu verteidigende Ziel erkannt wurde, kann man beobachten, wie sie sich diesem blitzartig nähern.

Ihr Einsatz beginnt mit dem Abwurf ganzer Bündel gelber Leuchtbomben über dem Ziel. Dann legen sie auf diese Weise Leuchtpfade und breite Leuchtstreifen an, die sich in ihrer Nähe und in einer Umgebung von etwa 20 Meilen mehrfach kreuzen.

Frankfurt wurde ebenfalls angegriffen, während einige Mosquitos gleichzeitig Ziele in Köln bombardierten und andere Formationen Minen legten.

Im Absatz 18 des offiziellen Berichtes des Bomberkommandos heißt es:

DAY RECONNAISSANCE

18. 7 days after the attack fires were still burning in Kassel and a smoke haze lay over the smouldering ruins of the town. The central city area presented a scene of utter devastation, and damage extended to the industrial districts on both sides of the river Fulda, as well as to the suburbs. In the oldest part of the town, the main business and shopping centre between the river and the Konigs Platz, no building was left intact and few remained standing. In the adjacent districts of Altstadt, Ober Neustadt, where there are many public and administrative buildings, and Unter Neustadt, which is highly commercialised, 96% of all property was destroyed. Flanking this area and extending westwards immediately south of the main station are residential districts laid out in a more modern and less congested pattern; and here the destruction of property amounted to over 48%.

Tagesaufklärung

7 Tage nach dem Angriff brannten noch Feuer in Kassel, und ein Rauchdunst lag über den schwelenden Ruinen der Stadt. Das Gebiet der Innenstadt bot eine Szene äußerster Verwüstung, und die Zerstörungen erstreckten sich bis zu den Industriezentren beiderseits der Fulda und bis in die Vororte. Im ältesten Teil der Stadt, dem Hauptgeschäfts- und Einkaufszentrum zwischen dem Fluß und dem Königsplatz, war kein Gebäude mehr intakt, und nur wenige standen noch. In den angrenzenden Teilen der Altstadt und der Oberneustadt, wo sich viele öffentliche- und Verwaltungsgebäude befanden, und der Unterneustadt, in der viele Geschäftsbetriebe angesiedelt waren, waren 96% des gesamten Besitzes zerstört. An dieses Gebiet anschließend, und sich direkt südlich des Hauptbahnhofes nach Westen erstreckend, befinden sich moderne und weniger zusammengedrängte Wohngebiete, wo sich die Zerstörung auf über 48% beläuft.

Kassel, am Morgen des 23. 10. 1943

Die folgenden drei Aufnahmen wurden am 23.10.1943, morgens um 10.05, von Flugkapitän Anton Riediger bei einem Flug mit einer KL 107 vom Flugplatz Kassel-Waldau nach Rothwesten aufgenommen. Auf dem Friedrichsplatz sammeln sich Hilfsmannschaften.

Brennende Häuser an der Blücherstraße. Links die Drahtbrücke.
Im Hintergrund Rondell und Brüderkirche.

Oben:
Über Nacht hat sich das Leben der Bewohner Kassels auf unfaßbare Weise geändert.

Links oben:
Blick auf die Tischbeinstraße und Terrasse. 23.10.1943.

Links:
Hohenzollernstraße (heute Friedrich-Ebert-Straße) in Richtung Stadtmitte.

Oben:
Hohenzollernstraße vor dem Angriff.

Hohenzollernstraße nach dem Angriff in Höhe der Murhardstraße.

Überlebende mit den Resten ihrer Habe auf dem Holländischen Platz.

Der Marställer Platz am Morgen des 23. 10. 1943. Die ersten Busse mit Bergungstrupps sind eingetroffen.

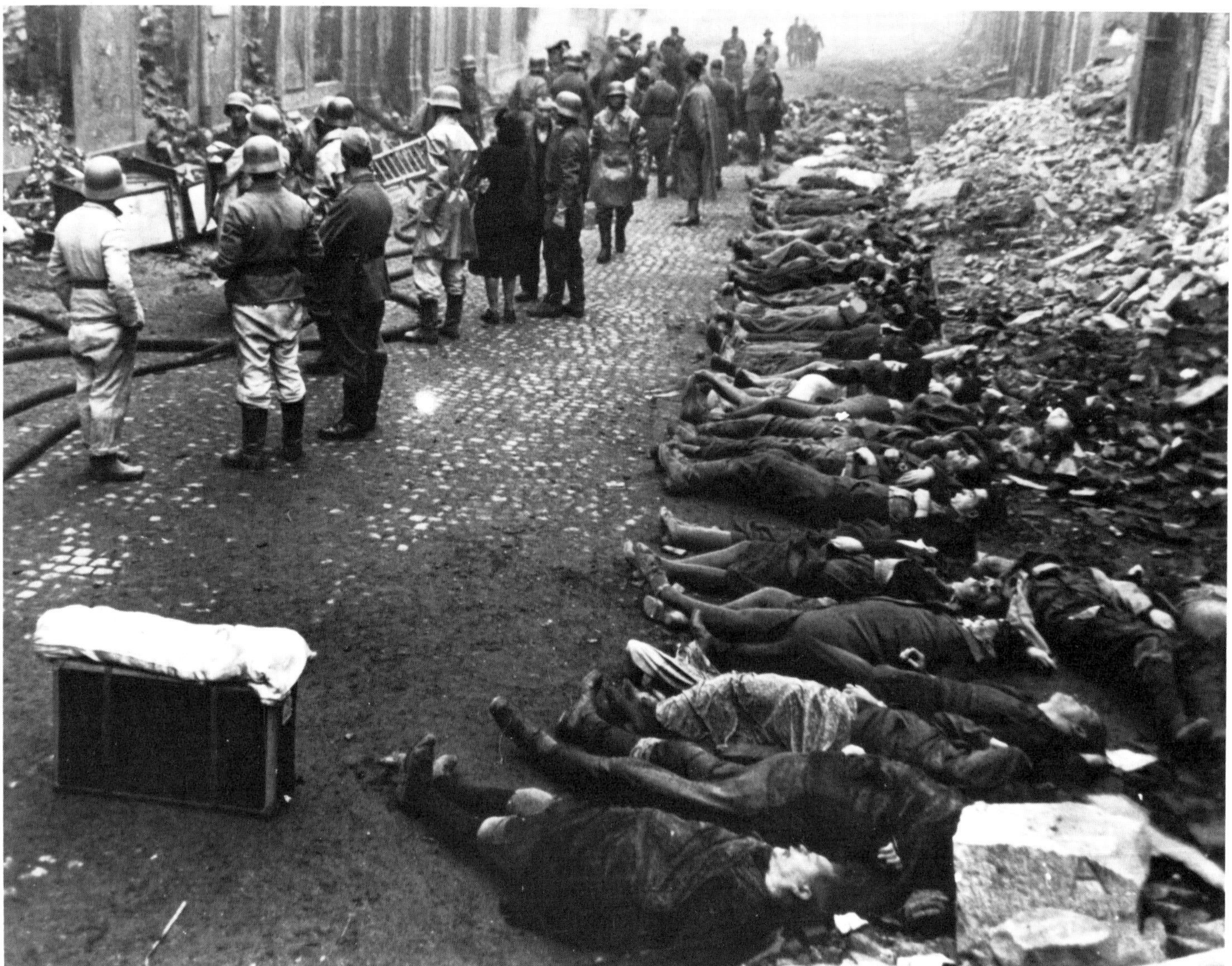

Oben:
In der Oberen Karlsstraße werden Opfer des Angriffes geborgen.

Rechts:
Opfer des Luftangriffes vom 22. Oktober 1943 nach der Bergung aus dem Öffentlichen Luftschutzraum Bürgersäle in der Oberen Karlsstraße.

„Ich suche Frau Hartmüller“

Ein Blick in die Vermißtenzentrale / Zwischen Hoffen und Harren

An langen Tischen sitzen die Beamten und Angestellten der Stadtverwaltung im großen Saal der Stadthalle, wo die Vermißtenzentrale ihren Betrieb eingerichtet hat. Von A bis C, von D bis E und so fort sind die Tische bezeichnet, an die so viel von banger Hoffnung getragene Wünsche herangetragen werden. Wünsche, den Verbleib eines Familienangehörigen oder Verwandten, eines Freundes oder Bekannten zu erfahren, den die schreckensvollen Stunden des Terrorangriffs erfaßten und irgendwohin verschlugen.

Es ist ein ständiges Kommen und Gehen, ein unaufhörliches Fragen und auf jede Frage wird, soweit es möglich ist, die Antwort erteilt, die eine Hoffnung erfüllt oder auch zerbricht, die aber auch manchen vertröstet, wieder zu kommen und erneut nachzufragen.

Viele Volksgenossen führte der erste Weg nach dem Angriff zu dieser sofort eingerichteten Stelle. Bevor sie daran dachten, wo sie Verpflegung oder neue Ausweispapiere erhalten konnten, lenkten sie ihre Schritte zur Vermißtenzentrale. Denn hier war die einzigste Möglichkeit, vielleicht sofort zu erfahren, wo sich die von ihnen gesuchte Person befände.

Die Einrichtung der Stelle war nicht ohne Schwierigkeiten, aber wie so vieles andere auch, wurde improvisiert und somit überhaupt ein Anfang gemacht. Statt der festen Karten taten einfache Zettel vorerst dieselben Dienste. Während der ersten Stunden und Tage füllten sich die kleinen Zettelkästen mit den Namen derer, die von den Suchenden vermißt wurden. Dabei ergab es sich, daß, während ein Vater nach seiner Tochter fragte, diese Tochter nur wenige Schritte entfernt stand, um sich nach dem Vater zu erkundigen. In diesem Falle war die Lösung schnell und auf die schönste Art gegeben.

Liegt über den Gesuchten keine Angabe vor, weil noch keine Nachfrage nach ihm gehalten wurde, dann wird der kleine weiße Zettel mit seinem Namen und Geburtsdatum, der früheren Wohnung und allen Angaben, die Aufschluß geben über Ort und Zeit, wo er zuletzt gesehen wurde, versehen und eingeordnet. So ist ein neues Meldeamt im Entstehen, an dessen Vervollkommnung ständig gearbeitet wird. Viele heute noch offenen Fragen werden beantwortet werden können, wenn in den nächsten Tagen die Meldungen von den Landgemeinden über die bei ihnen untergebrachten Umquartierten einlaufen.

Schon in den wenigen Tagen seines Bestehens hat sich die Vermißtenzentrale segensreich ausgewirkt. Wir waren nur für kurze Zeit zugegen und wurden Zeugen freudig bewegter Augenblicke.

Da kam eine Frau von auswärts, die nach ihrer Mutter fragte. „Ich suche Frau Hartmüller“, sagte sie der Angestellten über den Tisch hin und in der Frage zitterten Hoffen und Bangen. Als ihr dann gesagt wurde, daß die Mutter sich in einem Nachbarort Kassels befände, da löste sich die schwere Spannung auf dem Gesicht der jungen Frau und die Tränen brachen hervor, Tränen der Freude.

Doch wir sahen auch Szenen, denen der Schmerz das Gepräge gab, wenn die Frage mit der Auskunft beantwortet werden mußte, daß der Gesuchte unter den geborgenen Toten gefunden worden war.

So eng beieinander finden sich Freude und Schmerz in der Vermißtenzentrale, in der zu wirken für die dort beschäftigten Männer und Frauen oft eine harte Belastung, aber häufiger doch eine Teilnahme an der Freude des Mitmenschen bedeutet.

pmp.

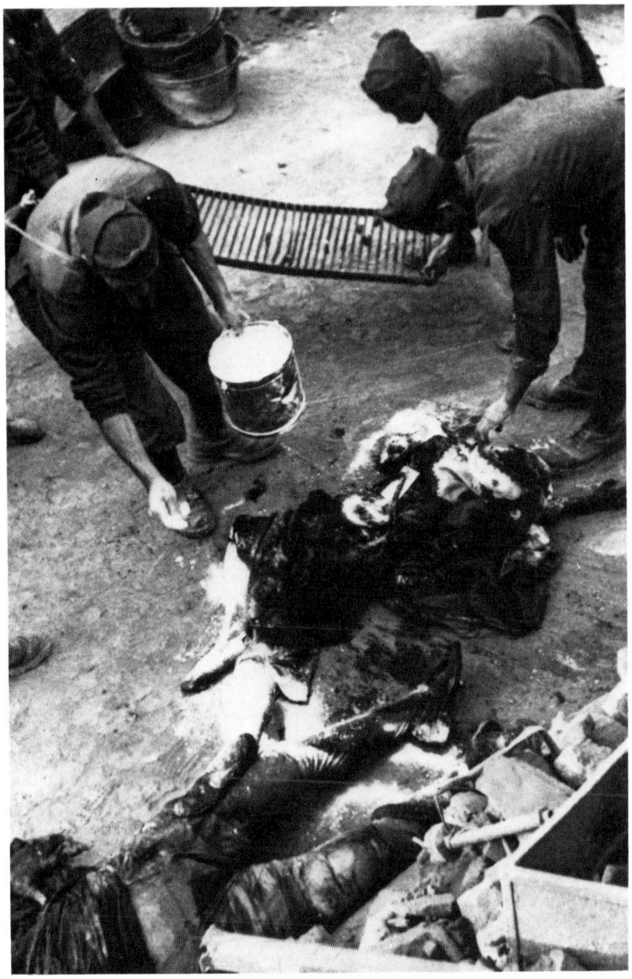

Oben: In den wenigsten Fällen war für ein Opfer ein Sarg vorhanden.

Links oben und unten: Opfer werden vor dem Abtransport zum Friedhof wegen Seuchengefahr mit Desinfektionsmitteln behandelt.

Mitte: Italienische Internierte sind zur Bergung der Opfer eingesetzt.

Unten: Geborgene Opfer werden identifiziert.

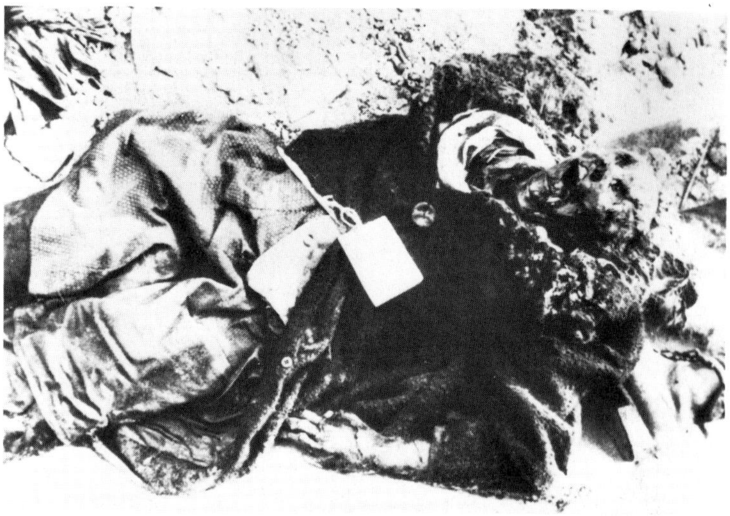

Bewohner
aus 73
alle tot
geborgen.
Ebert

Oben:
Verkohlte Leichen vor einem öffentlichen Schutzraum.

Links:
Massengrab auf dem Hauptfriedhof.

Entengasse 12
Fam. Loder
Günther Augskelis, Sohn
Richard Lohrenz
Otto Weigand
Vermisst oder Tot:
Gustav Augskelis
Luci " "
Gisela " " Tochter
Anna Lohrenz
Michael " " Söhnchen
Elfriede Weigand
Erika " "

Am 22.10.1943 starben
Albert Köhn 35 Jahre
Mathilde " 34 "
Herbert " 15 "
Luzie Ursula " 12 "
Heinz " 10 "
Walter " 6 "
Werner " 2 "
" 18 Monate

. . . Lastkraftwagen waren für den Transport der Toten zu den Kasseler Friedhöfen eingesetzt. Über neuntausend umgekommene Kasseler Bürger mußten innerhalb von drei Tagen beerdigt werden.

Gedenkfeier für die Opfer des Angriffs vor dem Hauptbahnhof.

Rechts:
Aus diesem Keller konnten nur noch Tote geborgen werden.

Links unten:
Aufräumungsarbeiten durch internierte italienische Soldaten der Badoglio-Armee in der Marktgasse. Die Straßen der Innenstadt wurden bereits nach kurzer Zeit geräumt.

Links:
Ein verschütteter Kellereingang wird gesucht.

Rechts:
Reichsarbeitsdienst wird eingesetzt.

Unten:
Die Untere Königsstraße mit der Ruine des Kaufhauses Hettlage.

Links:
Untere Königsstraße am Königsplatz.

Rechts und unten:
Die Ruine der Hauptpost am Königsplatz.

Trümmer an der Obersten Gasse.
Rechts das Elisabeth-Hospital.

Links:
Das Nahlsche Haus am Friedrichs-
platz.

Rechts:
Hauptbahnhof.

Links:
Hotel Fürstenhof am Bahnhofsplatz.

Rechts:
Henschel-Werksgelände.

Göttingen

Henschel

Links oben:
Die im Bericht des Polizeipräsidenten erwähnte Treppe von der Fuldabrücke zur Schlagd.

Links:
Die geborstene 'Osanna' im Fuße einer der Türme der Martinskirche.

Oben:
Blick von der Holländischen Straße in die Heinrichstraße.

Oben:
Frankfurter Straße zwischen Georgen- und Fünffensterstraße. Rechts das Landgrafenmuseum. Deutlich ist an den Rauchspuren der Sog des Feuersturmes in Richtung Altstadt zu erkennen.

Links:
Das Zeughaus in der Artilleriestraße am Morgen nach dem Angriff.

Rechts oben:
Steinweg mit Elisabeth-Hospital und Zwehrenturm nach dem Angriff.

Rechts unten:
Blick auf das Rathaus, von der Wilhelmsstraße aus.

Links:
Wilhelmsstraße in Richtung Ständeplatz. Links das Rathaus.

Links unten:
Bombeneinschlag zwischen Friedericianum und Kriegsschule.

Rechts:
Die Ruine der Karlskirche.

Unten:
Landgraf-Karl-Straße. Im Hintergrund die Wilhelmshöher Allee.

Links:
Das Verwaltungsgebäude der Firma Henschel und Sohn am Holländischen Platz am Morgen nach dem Angriff.

Unten:
Der Rathausvorplatz, auf dem gerade zwei Wochen zuvor eine Gedenkfeier für die bei dem Angriff vom 3. Oktober 1943 umgekommenen Kasseler Bürger stattgefunden hatte.

Rechts:
Bahnhofsvorplatz mit dem ausgebrannten Hotel Nordischer Hof. Im Vordergrund die Eingänge zum Bahnhofsbunker.

Unten rechts:
Propagandaminister Dr. Goebbels und SS-Obergruppenführer Erbprinz zu Waldeck während einer Besichtigungsfahrt durch die zerstörte Innenstadt.

Gauleiter Weinrich. Er wurde kurz nach dem Angriff seines Amtes enthoben.

Ein mobiles Postamt.

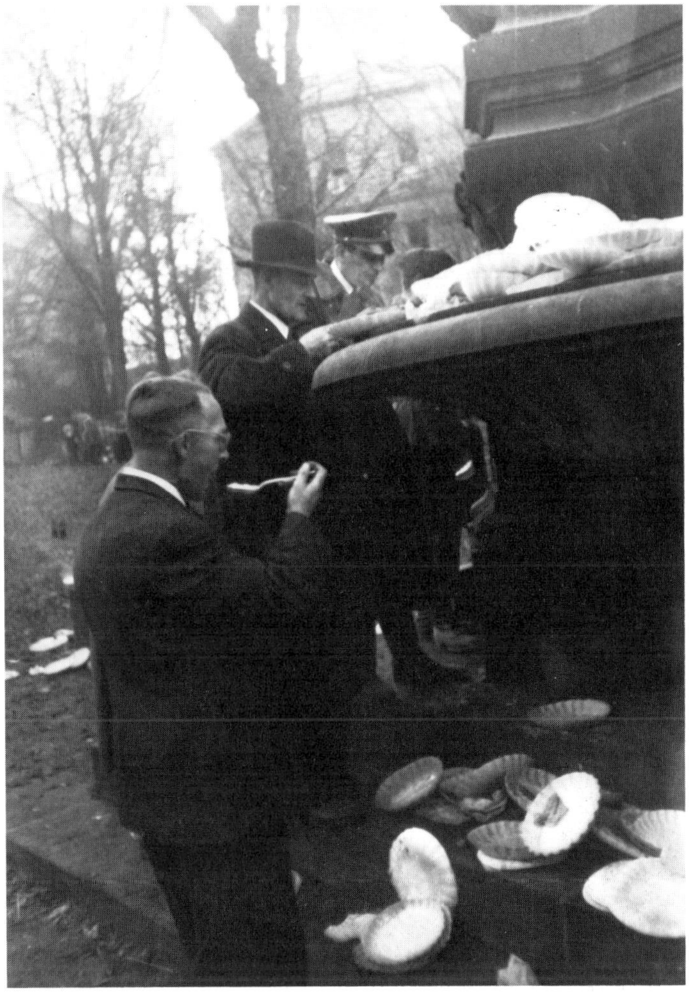

Verpflegungsstelle des Hilfszuges „Fuchs“ am Adolf-Hitler-Platz (jetzt Brüder-Grimm-Platz).

Oben:
Ein ausgebrannter Zug der Kasseler Straßenbahn am Königsplatz.

Oben:
Der verschüttete Eingang zum Hotel „Kasseler Hof".

Links:
Ein Löschwasserbecken auf dem Friedrichsplatz. Im Hintergrund die Oberneustadt.

Links unten:
Am Friedrichsplatz wird von einer Wehrmachtseinheit eine Fassade eingerissen.

Unten:
Friedrichsplatz mit verbrannten Baracken.

Rechts:
Der Grüne Weg zeigt die typischen Schäden eines Luftmineneinschlags.

Die Fuldabrücke in Richtung Altmarkt. An der Schlagd ist die Fußgängerbrücke zu sehen, die gerade einen Tag vor dem Angriff als Fluchtweg für die Altstadtbewohner fertiggestellt wurde. Tausende von Menschen konnten sich auf diesem Weg in Sicherheit bringen.

Blick vom Turm der Lutherkirche auf die zerstörte Altstadt. Das Bild wurde kurz nach Kriegsende 1945 aufgenommen.

Blick auf den Garde-du-Corps-Platz. Links das Königstor. Am oberen Bildrand der Ständeplatz mit Landeskreditanstalt.

Rechts:
Blick auf die Altstadt vier Wochen nach dem Angriff.

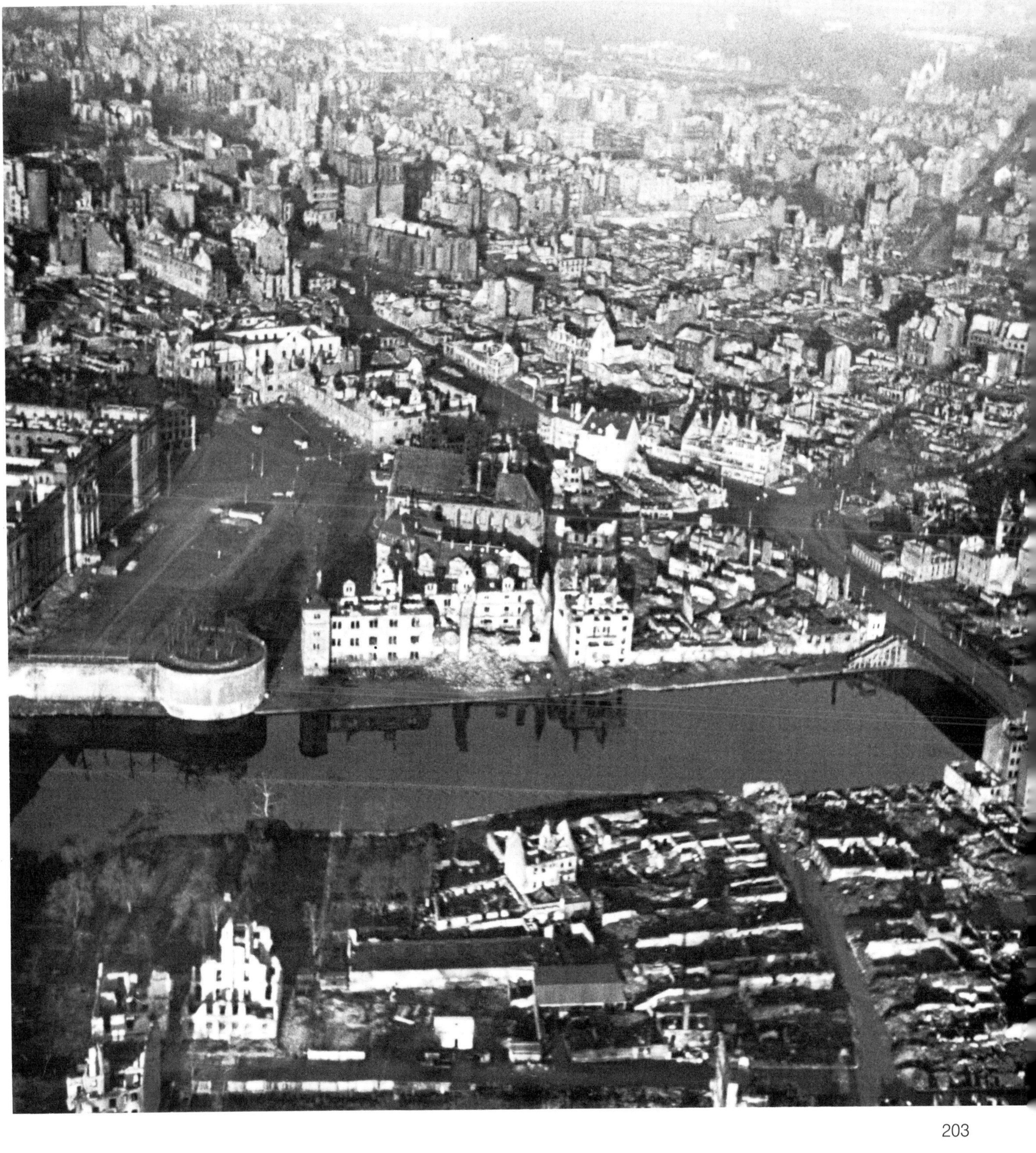

Oben:
Blick von der Oberneustadt auf das Stadtzentrum ca. einen Monat nach dem Angriff.

Rechts:
Die Kasseler Altstadt einen Monat danach. Die Straße am rechten Bildrand ist der Pferdemarkt.

Das Zentrum der Oberneustadt. In der Bildmitte die Ruine der Karlskirche.

Blick von der Altstadt in Richtung Hauptbahnhof. Im Vordergrund verläuft die Untere Königsstraße.

Der Kasseler Westen. Im Vordergrund die Hauptwache der Feuerwehr in der Nebelthaustraße.

Der Ständeplatz von Südwesten gesehen. Im Vordergrund beginnt die Hohenzollernstraße (Friedrich-Ebert-Straße). Rechts im Bild die Ruine der Landeskreditkasse.

Auszug aus dem Tagebuch des Luftwaffenhelfers Gebhard Niemeyer zur Bombennacht.

Ich ziehe mich um; etwa um 12 Uhr verlassen wir die Stellung: Urlaub bis morgen früh 8 Uhr! Durch Obervellmar, dann die Landstrasse. Überall kommen uns Flüchtlinge entgegen: Schrecklich anzusehn: zerzaust, die Augen gerötet. Manche eine Decke unter dem Arm, andere eine Tasche, einen Koffer. Zu beiden Seiten der Strasse sehen wir einmal Teile eines abgeschossenen Flugzeuges.

Von Jahn hatte ich inzwischen auch Einzelheiten erfahren: Nachts habe unser Haus lichterloh gebrannt, am Morgen sei es heruntergebrannt gewesen! Ein kleiner Lieferwagen, den wir anhalten, nimmt uns mit. Es geht nach Kassel hinein. Schäden überall. Einmal kommen an einer sehr wüst aussehenden Schadenstelle vorbei; da sagt mir Jahn, so sehe es in der ganzen Innenstadt aus! Das ist ja nicht vorstellbar! So die ganze Innenstadt?! Dann müssen wir eine Umleitung fahren, ein Blindgänger blockiert die Holländ. Str. Und was man sieht: Zertrümmerte Häuser; grosse und kleine, heruntergebrannt bis unten hin, soweit die Fassaden nicht zusammengestürzt sind, ragen sie mit rauchgeschwärzten Fensterhöhlen, drohend jeden Augenblick zusammenzustürzen, in den Himmel. Die Strassen grösstenteils verschüttet, für den Verkehr notdürftig freigeschaufelt, und alles bedeckt mit einer dicken rötlichen Staubschicht, die in dichten Wolken aufgeweht wird, sich schwer auf Augen und Lungen legt. Donnernd und holpernd fährt der Wagen über Schuttberge, über Bretter, die die unendlich vielen Feuerwehrschläuche schützen sollen; überall brennt es noch; überall Löschmannschaften, überall Menschen, verschmutzt und verdreckt, mit aufgelösten Haaren, mit kleinen, geröteten Augen, verstaubten und zerschlissenen Kleidern. So geht die Fahrt am Hauptfriedhof vorbei, der Blick zum Holländ. Platz gibt nur Trümmer frei, verheerend! Durch die Mombachstrasse. Wie es vorher beschrieben ist, so sieht man hier die Häuser; die Friedhofskirche zerstört! Nur Trümmer und nochmals Trümmer. So geht es nach Rothenditmold hinein. Und stets dasselbe. Trümmer, Trümmer! Hier verlassen wir dann den Wagen und suchen uns durch versperrte Strassen den Weg über die Gleisanlagen zum Tannenwäldchen. - Zwischen den meist kleinen Häusern Rothenditmolds herrscht eine fast unerträgliche Hitze, Qualm steigt hoch, der Staub; alles in allem wirkt furchtbar auf Augen, auf Lungen und auf die Seele!!

Entstellte Menschen, kaum zu erkennen, begegnen uns! Sie kommen wohl aus dem Chaos, wir gehen hinein! Durch die unversehrte Schenckendorffstrasse. Dann geht es durch die Köln. Str, durch eine Reihe Nebenstrassen: Parkstasse, dann Hohenzollernstr. Überall nur Trümmerfelder, die Häuser bis unten hin zerstört. Soweit ich die Hohenzollernstr. entlang sehen kann, nur Trümmer und Brände und dann verliert sich alles Weitere im Rauch und Qualm und Staub. So komme ich in die Kronprinzenstrasse: Alles vernichtet, rechts und links! Am schrecklichsten ist es, dass ich im unteren Teil der Strasse gar nichts mehr finde. Ich kann dort nach rechts hinüberschauen bis zum Übersichtsturm der Hauptwache Nebelthaustrasse, bis zu den Schornsteinen der Kasernen, dazwischen stehen auch keine Fassaden mehr, nein man sieht nur Trümmer. Geradeaus fällt der Blick auf das schwerbeschädigte Polizeipräsidium, teils ausgebrannt bis zum Erdgeschoss. Ich gehe um die Ecke herum:

Da stehe ich dann vor unserer völlig ausgebrannten Wohnung: Königstor 32 !!! Links davon ein einziges Trümmerfeld, qualmend und brennend. Dann das grosse, mächtige Doppelhaus 30/32. Ausgebrannt bis auf den ersten Stock herunter; alles ist herabgestürzt, nur die rauchgeschwärzte Fassade steht da, mahnt mich! Ich trete in den Hauseingang Königstor 25, unserem Hause gegenüber. Dort stehen die Hausbewohner: Jacobj's, Schaumlöffels, Allwardt's. Ich höre dann also: Die Eltern u. Ruthchen, die Lieben sie leben; sie sind in Oberkaufungen! Gott sei Dank!

Ich sehe dieses Unglück: Unser Haus, das mir die 16 Jahre meines Lebens meine Wohnung war, in dem ich gute und auch schlechte Tage, Tage und Jahre des Friedens und des Krieges verlebte; in dem meine Eltern seit Winter 1926/27 wohnten; dieses Haus, das alle meine kleinen Besitze, meine Tagebücher, Kriegstagebücher und alles barg, es ist nicht mehr! Schmerzlich ist es! Aber fort mit diesen Gedanken! Wenn es überhaupt nötig ist, dann ein ander' Mal! Diese Stätte der Vernichtung duldet keine solchen Gefühle. Etwas aus dem Keller zu retten, ist noch nicht möglich, denn das Haus brennt ja noch! So bleibe ich nicht lange! Es mag etwa ½ 14 Uhr sein! Einzelne Häuser stehen noch: Die 3 Häuser zwischen Weigel= u. Nahlstr., die Häuser auf der linken Seite von 28 bis zur Ecke Karthäuserstrasse. Der Ecke gegenüber auch Hunstein's Haus.

Karthäuserstr., Jordanstr. überall die furchtbaren Brände! Ich schleiche vorsichtig am ausgebrannten Gerhard'schen Haus vorbei, in den Hof; die kleinen Häuser alle niedergebrannt; unser Gartenhäuschen, dieses herrlichste, geliebteste Eckchen, dieses kleine Idyll, alles vernichtet. Die Mauern hinab in den Keller gestürzt! Das halbverbrannte Holzdach seitlich herabgerutscht: alles kaputt! Das eine Stück der halbverbrannten Leiter liegt da! Der Garten sieht furchtbar aus, die Zäune z.T. weg, nach Rosenstocks Kohlenhaufen hin. Die haben gebrannt! Die Fabrik selbst ist völlig zerstört! Dies ist ein harter Stoss für mich, wie ein Schnitt ins Herz trifft es mich! Dieser Garten, diese teuerste Erinnerung an unsere Jugend, so zerstört!!

Karthäuserstr., Hohenzollernstr. - Postamt zerstört, Ständeplatz: Landeskreditbank, Jakob-Grimm-Schule, Ständehaus, Hotel Schirmer, Kurfürstenstrasse, Bahnhofsplatz mit dem völlig ausgebrannten Bahnhofsgebäude, Bahnhofstrasse (Palasttheater) mit den ganzen Ausblicken auf die Nebenstrassen, Lutherplatz (Lutherkirche ist zerstört); ja es ist einfach alles zerstört und ausgebrannt. Diese einzelnen Gebäude nannte ich nur mit Namen, weil es bekannte Stätten waren; nicht etwa, dass nur sie zerstört seien, nein alles!! Hohentorstrasse (Dort treffe ich Herrn Diebich aus Melsungen, der aus Melsungen herbeordert wurde: Er hat die Aufsicht über ein Aufräumungskommando!) Ich komme durch die Untere Königstrasse, ich erstarre fast: Tod und Vernichtung! Ich komme immer mehr zu dem Schluss:

Kassel ist nicht mehr!

Kassel ist in dieser grauenvollen Nacht dem Erdboden gleichgemacht worden. Ein ungeheuerer Betrieb, eine Organisation von gewaltigen Ausmassen zeigt sich in Form des Wehrmachteinsatzes. Auf schweren und schwersten LKW's brausen sie durch die Stadt, auf ganz schmalem Weg, den man durch die Trümmer gebahnt hat.

Die Königstr. zum Holländ. Platz, der Platz selbst, Bremerstr.; überall derselbe entsetzliche Anblick. Der Martinsdom ist diesmal restlos vernichtet worden nur stumpf überragen die Reste der Türme, die einstigen Wahrzeichen der Stadt, die Trümmer der Altstadt. Denn was sich hier offenbart, von der Bremerstr. aus und ebenso später vom Friedrichsplatz und von überall einfach aus: Die Altstadt ist dem Erdboden im wahrsten Sinne des Wortes gleichgemacht: Hier und da ein Schornstein; stellenweise einmal eine Fassade, die von einem massiveren Hause stammt, das eigentlich nicht in die Altstadt gehört. Sonst nur Trümmer; ein schwelendes, brennendes, qualmendes Trümmerfeld: Die Altstadt von Kassel. Erschüttert gehe ich durch die Strassen: Artilleriestr., Altmarkt, Freiheiter Durchbruch, Brüderstrasse nur durch gewaltige Schutthalden, vorbei an der früheren Cyriakrius (Brüder)Kirche, schwer beschädigt; der Marstall zerstört, Renthof und das riesige Justiz oder Regierungsgebäude zerstört. Hinauf zum Friedrichsplatz. An keiner seiner Randstrassen steht mehr ein Gebäude: Kriegsschule, Preuss. Staatstheater, ausgebrannt und teils eingestürzt, die Landesbibliothek erneut getroffen. Grosse Sprengtrichter auf der Strasse. Aus diesem Sprengtrichter empfängt ein Feuerwehrschlauch seine Nahrung. In gewaltigen Mengen stehen auf dem Platz die Löschzüge, von weither. Mit einem Mann, der im Rahmen dieses Feuerlöscheinsatzes von Darmstadt(!) her kam, kam ich ins Gespräch: Er sei in Saarbrücken (Juli 42), in Mainz (Aug. 42), er sei jetzt kürzlich auch in Frankfurt und Schweinfurt und auch in Nürnberg und Mannheim eingesetzt gewesen. Er meinte, seiner Meinung nach sei die Zahl der Toten in Kassel ganz erheblich; sie sei ein vielfaches der Opferzahl in Mannheim: Dort seien es 600 gewesen.

So ging ich über den Friedrichsplatz, versuchte die vollkommen zusammengestürzte Frankf. Str. durchzukommen, es endete jedoch in wirren Trümmerhaufen und geradeaus in Qualm und Staub! Ich ging deshalb die westliche Randstrasse des Friedrichsplatzes entlang, nur Trümmer säumten die Strasse. Da lagen dann auf dem oberen Friedrichsplatz Nähe Karlstrasse etwa 50 Tote auf der Erde, in einer Reihe nebeneinander. Männer, Frauen, Kinder, Soldaten und Kriegsgefangene. Es wären jedoch auch nötigenfalls Gesichtszüge zu erkennen gewesen. Die Toten waren stark verdreckt und boten einen traurigen Anblick, war es doch für mich das erste Mal, eine so grosse Zahl Toter zu sehen!

Ich ging die Obere Königstrasse hinauf, nur verwüstete Strassenzüge, wohin ich auch sah: Wilhelmstrasse, Blick auf die völlig zerstörte Karlskirche, das zerstörte und ausgebrannte Rathaus mit seinem umgeknickten Uhrturm. Und weiterhin nur Trümmer: Auch der Blick durch die Fünffensterstrasse und Friedrichstrasse: Alles zerstört! Die Kasseler Post steht ziemlich unversehrt! Ausgebrannt sind Oberpräsidium am Adolf Hitler ~~Strasse~~ Platz und Murhardbibliothek am Weinberg. Die Wilhelmshöher Allee bietet den gleich traurig, verheerenden Anblick: Wilhelms-Schule ausgebrannt, Blick über schwer getroffene Marienstr. Dann stehen ab und zu einmal ein Haus unversehrt. Paul-v. Hindenburgschule ist schwer getroffen, in dieser Gegend überhaupt alles zerstört. Die ganze Wilhelmshöher Allee weiter; am Wilhelmsplatz sehe ich ins Königstor hinein: Es sieht furchtbar aus! Die Kreuzkirche ist vollständig in sich zusammengestürzt, das grosse Finanzgebäude hat gebrannt! Die Schönfelderstr. hinab, dann Kohlenstr. - Überall kleinere Schadensstellen, das Vernichtungszentrum scheint vorbei zu sein. Das Haus 41 (Wohnung meines Kameraden Peter) ist ausgebrannt, vor Nr. 40 liegen Blindgänger - abgesperrt (Wohnung von Heinz Georg Werner) In der Friedenstr. suche ich die Familie Hebch auf (Eltern eines Kameraden). - Kirchweg, Wilhelmshöher Allee aufwärts: Überall kleinere Schadenstellen! Starke Zerstörungen im Raume des Bahnhofs Wilhelmshöhe. Gehe weiter aufwärts. Treffe dort ebenfalls ausgebrannte Strassenzüge (man sagt: Landgraf Karl u. Kaiser Friedrichstr. an.

Tante Lotte Schulin und Ernst begegnen mir, mit ihnen gehe ich zurück, nachdem ich unser Unglück erzählt habe! Eigenartigerweise stehen ~~das~~ Generalkommando u. Heinrich-Schütz-Schule unversehrt! Später durch Germaniastr. dort wieder viele Brandstätten: Adventkirche ausgebrannt.

Die letzten Häuser des ~~Häu~~ Skageralkplatzes hat es noch mit erwischt; von dort ab beginnt das Vernichtungszentrum: Murhard-, Admiral Scheer-, Nebelthaustr.; letztere Strasse gingen wir durch. U.a. ist das Eckhaus, der „Elefant", worin Greis Wohnung beim Nachtangriff am 27/28. Aug. 42 ausbrannte, jetzt bis auf den Grund ausgebrannt. Der Luisenplatz ist furchtbar verwüstet. Die grosse Mietskaserne Luisenstrasse 2 bis auf den Grund abgebrannt; nur noch Schornsteine ragen hoch. Die Bürgerschule 3/4 an der Luisenstrasse ist auch getroffen. Von hier ab sieht man über einen wüsten Trümmerhaufen bis zu der schwer getroffenen Kronprinzenstrasse. Dazwischen sind die Wohnviertel des Königstors vollkommen verwüstet. Durch die Hermannstrasse zur Wilh. Allee; dort von Schulins verabschiedet! Wieder zurück ins Königstor, ich gehe noch einmal an unserem Haus vorbei, dann durch Königstor, alles ausgebrannt! Durch die vollständig zerstörte Wilhelmstrasse gehe ich; springe über grosse Schuttberge, Keine Menschenseele sehe ich in dieser toten Strasse. Durch Königstrasse, über den Friedrichsplatz zum Schlossplatz, nur an Trümmern vorbei. Am Schlossplatz stieg ich auf einen Wehrmachts-LKW; durch Brüderstr., über die Fuldabrücke, durch die vollständig flache da liegende Unterneustadt, hier ist es genau wie in der Altstadt. Keine Fassaden mehr, nein nur Trümmer- und Schutthalden. Zerstört auch die Kirche am Unterneustädter Kirchplatz, ebenso kurz vorher an der Fulda das Kastell (Bann 83 der HJ) Durch die zerstörte Leipziger Strasse zum Bahnhof Bettenhausen; an einer Stelle ist eine grössere Umleitung über Wiesen u. Feldwege nötig. Durch weitere zerstörte Gebiete kam ich also zum Bahnhof Bettenhausen! Auf dem Bahnhof selbst auch grössere Zerstörungen durch Spreng- u. Brandbomben. Ohne Karte steige ich in den bereitstehenden Zug, der

Zaun ist Kaputt, man schreitet frisch drauflos ~~in~~ auf den Bahnsteig; das erzähle ich nur so als Stimmungsbild. In den langsam herabsinkenden Abend leuchten überall wieder die Brände auf, eine starke Feuerwand noch über der Stadt!

Es ist unendlich schwer zu sagen und zu schildern, was ich bis zur Abfahrt des Zuges so an menschlichem Leid und Elend erlebte: Nur so kleine Beispiele: Über und über voll war der Zug; und immer neue Mengen strömten heraus. Bepackt mit Gott welchen Habseligkeiten. Taschen Koffer, Betten usw. So drängen die Menschen sich herein, laut Klagend und teils mit weinerlicher Stimme, wenn's nicht sofort klappt! Als eine Frau sich redlich müht, ihren Kram alle in den Zug zu bekommen, meint ein Soldat -- sachlich, mit einem gewissen Mitleid: Ja, Ihr habt eben zuviel gerettet! Aufgeregte Stimmen alter Leute, die sich nicht zu recht finden Können; nur allzu verständliches Aufseufzen usw.

Endlich geht es fort. Gegen 19 Uhr etwa bin ich in Oberkaufungen in Grossmutters Wohnung. Wie froh bin ich; die lieben Eltern und Ruthchen treffe ich bei Grossmutter gesund an! Und wie erleichtert sind sie erst!

Nun sind wir wieder alle beisammen nach ausgestandener Not und Angst.

Dann wird erst einmal für den Magen gesorgt!

An diesem Abend sprechen wir noch lange zusammen: Über vergangene Jahre in unserer alten Wohnung.

Viele schmerzliche Erinnerungen tauchten auf; manches Lachen Kam auch von unseren Lippen!

Wir müssen neu anfangen mit allem!

Kamerad Jahn sagte heute, vormittags, zu mir (er war heute nacht u.a. im Reichsbahnbunker, dem „Einsatzbunker", von wo aus der Gauleiter den Einsatz leitete) der Gauleiter habe gesagt, dieser Angriff sei einer der s c h w e r s t e n A n g r i f f e gewesen, der je gegen eine deutsche Stadt geflogen wurde!

Heute abend hat derselbe Kamerad (ich erfuhr dies aber erst Tage später!!) vor diesem Bunker in einem Wagen den

Reichsmarschall gesehen!

Mit Spannung hatte ich auch den Heeresbericht erwartet: Nach den Verheerungen, die ich in der Innen- u. Altstadt gesehen hatte, glaubte ich etwa folgendes hören zu Können.

In der vergangenen Nacht Angriffe Kassel u. Frankfurt/M. Schwere Verwüstungen in den Wohngebieten der Stadt Kassel Öffentliche Gebäude und viele Kirchen vernichtet. Schwere Verluste der Zivilbevölkerung.

So war ich erstaunt und fast enttäuscht, als ich um 20[00] den Heeresbericht mit der Meldung vom schweren Terrorangriff auf Kassel vernahm:

„Britische Bomberverbände flogen in der vergangenen Nacht in Mittel- und Südwestdeutschland ein und führten vor allem einen schweren Terrorangriff auf die Stadt Kassel, wo Zerstörungen in Wohnvierteln angerichtet wurden. Unter der Bevölkerung entstanden Verluste. Luftverteidigungskräfte vernichteten nach bisher vorliegenden Meldungen 48 schwere Bomber."

Abends 22 Uhr hörte ich dann das Kommunique des Londoner Rundfunks; etwaer Wortlaut:

Britische Bomberverbände griffen in der letzten Nacht das Rüstungszentrum K a s s e l an. Der Angriff wurde Konzentriert durchgeführt: Über dem Zielgebiet wurden 1500 000 Kg. Spreng- u. Brandbomben abgeworfen. Nach dem Angriff stand eine 6000 m. hohe Rauchwolke über der Stadt. Die britischen Flieger beobachteten drei gewaltige Explosionen. Luftaufnahmen während des Angriffs zeigten, dass der Angriff ein voller Erfolg war. Die britischen Bomber hatten beim Anflug gegen Vereisung und starke Wolkenbildung anzuKämpfen; die Sicht über dem Ziel war Klar. 44 britische Kampfflugzeuge und ein Jäger Kehrten nicht zurück. Mehrere deutsche Nachtjäger wurden abgeschossen. Ausgedehnte Brände wurden beobachtet. Es war der zweite schwere Nachtangriff auf Kassel in diesem Monat. Insgesamt wurden bei beiden Angriffen 3 000 000 Kg. Bomben abgeworfen.

Kassel ist der Sitz des Henschellokomotivbaues und der Fieselerwerke: Herstellung der Me 109 und von Übungsflugzeugen für die Luftwaffe.
Weiter wurden Ziele in Frankfurt am Main sowie von Mosquito-Schnellbombern im Raume Köln angegriffen.

An diesem Morgen fuhr ich kurz nach 7 Uhr mit dem vollen Zug nach Kassel-Bettenhausen. Von Bettenhausen ausging ich zu Fuss zur Fuldabrücke, den Freiheiter Durchbruch hoch fuhr ich schon auf einem LKW der Wehrmacht, der neue Mannschaften in die Stadt brachte. Bis zur Königstrasse fuhr ich mit, lief dann hinunter zum Holländischen Platz. Dort hielt eine LKW-Kolonne, ich fragte den Transportführer, einen Uffz. der Luftwaffe, und er nahm mich mit! Durch die Holländische Strasse. An einer Stelle hielt der Wagen, hier lagen an einer Stelle einige Leichen vor einem Haus, ebenso wie ich. im Freiheiter Durchbruch etwa 10, und von der Königstrasse aus in einer linken Nebenstrasse etwa 100 Tote hatte liegen sehen.

Von dem Fahrer des Wagen, in dem ich fuhr, hörte ich, dieser Transport sei aus Münster/W. (Toll, so weit her!) Er sagte mir auf meine Frage auch, dass die Zerstörungen in Münster nicht so furchtbar und nicht so konzentriert seien. – Übrigens sah man in den Strassen sehr viele Wehrmachts= und auch Zivilkraftfahrzeuge im Katastropheneinsatz.
Ich fuhr mit bis zur Endhaltestelle der Strassenbahn Linie 1. Von dort ein Stück zu Fuss. Dann in einem anderen LKW bis in unsere Flakstellung Obervellmar.

An diesem Morgen also konnten wiederum 4 Bombengeschädigte (darunter auch Eberhard, dessen Wohnung dieses Mal nun wiederum z.T. abgebrannt ist) nach Kassel. Wir fuhren von Obervellmar aus, wo wir einen Lieferwagen anhielten und der uns mitnahm, bis in die Stadt hinein. Wiederum durch die verwüstete Nordstadt, dann durch den Westring, wo ungeheuere Kohlenvorräte brennen, und durch das ebenfalls restlos verwüstete Viertel zwischen Güterbahnhof und Hauptbahnhof, dort steht auch fast nichts mehr! Es sind fürchterliche Trümmerberge, in denen Soldaten arbeiten und schuften. Wir fuhren durch die Viktoriastr. Akazienweg; dort sprang ich ab und lief die Karthäuserstr. hinab, als ich unten in die Hohenz. Strasse kam, da wurden im Hause der „Zeppelin" Gaststätte unten in die Wände der schauerlich bis zum 4. Stock aufragenden Eckfassade Löcher gebohrt: Sprenglöcher. Ich will das jetzt vorwegnehmen: Abends hörte ich in unserer Nähe Sprengungen – wie man sie übrigens andauernd in der ganzen Stadt hören kann – und als ich später nocheinmal vorbeikam, da sah ich nur noch Trümmer!!

Ich kam ins Königstor zu unserer einstigen Wohnung. Da traf ich Weissbeckers aus Königstor 30; sie sagten mir: man könne in die Keller und bergen. Wie war ich so froh! So dankbar. Am vergangenen Sonnabend hatten wir in Oberkaufungen schon damit gerechnet, dass der Keller evtl. noch ausbrennen könne und wir das Letzte noch verlören. Deshalb sagte ich den Eltern, ich wolle am gestrigen Sonntag nach Hause und gegebenenfalls löschen. Deshalb traf mich die Gemeinheit des Dobberkau auch so bis ins Innerste!!

So schnell ich konnte, zog ich mich im Hausgarten hinter unserem Haus um, und wollte gerade anfangen zu bergen, hatte unseren Keller aufgebrochen und den schmalen Kellergang von Bänken u. Kisten freigeräumt. Da sah ich, wie ich eine alte Frau dauernd auf den Trümmern des Hauses 34 herumsuchte. Sie bat inständig, ob ich wohl aus ihrem Keller noch etwas herausholen könnte. Natürlich sagte ich zu und liess mir den Keller, dessen Zugänge ja verschüttet waren, erläutern. Es war nämlich innen vollständig dunkel und ich konnte nicht anders herankommen als durch den niedrigen Mauerdurchbruch von Schaumlöffels Keller (Königstor 32)
Ich kletterte hinein, eine Taschenlampe erleuchtete mir notdürftig den Weg, der mir beschrieben war. Ich kam zum ersten Mauervorsprung, da sah ich es im Keller brennen, eine ungeheuere Rauchentwicklung für diesen kleinen Raum hinderte Atmen und Sehen. Ich wich wieder zurück und sagte der hoffenden Frau, der Keller brenne; um ihre Hoffnungen aber nicht zu jäh zu zerstören, sagte ich ihr, ich wolle löschen: Sie müsse nur Wasser über die Strasse herholen. Sie eilte los und schaffte heran, was ihre Kräfte vermöchten, eine andere Frau aus diesem Hause half mit, ein Mann half mir beim Löschen. Ich holte die Luftschutzhandspritze aus unserem Keller und dann gab uns die alte Frau noch nasse Taschentücher. Also ran an den Feind! Wir kletterten wieder in den Keller. Machte man etwas den Kopf zu hoch, so stach der Rauch erbärmlich in die Augen, dazu kam eine tolle Hitze, die mir den Kopf bald ziemlich umnebelte und die mir den Schweiss gewältig laufen liess. Ich legte mich flach auf den Kellerboden und empfand die dortige Luft als eine Labe!

Hatte ich von Zeit zu Zeit einmal zu viel Rauch geschluckt so wischte ich mir mit dem nassen Taschentuch durchs Gesicht und hielt evtl. auch das ganze Gesicht ins Wasser. Der Mann hinter mir pumpte unermüdlich, ich leitete den dünnen Wasserstrahl. Als nun der Brand eingeengt war, konnte ich der alten Frau ihre letzten Habseligkeiten aus ihrem kleinen Keller bergen. Wie glücklich war sie und wie dankbar; nun ging ich mit Eimern gegen den Brand vor, wie es schien, schwelte links ein Kohlenhaufen. Den offenen Brand hatten wir zunächst eingedämmt. Meinen „Gefährten" dem Mann aber musste ich aber dann sagen, was ich allmählich ganz klar erkannte: Der Keller vor mir, also sein Keller, war ~~zu~~ zusammengestürzt. Ich gab ihm noch den Rat er solle doch versuchen, von der Strasse aus die Kellerzugänge freizulegen. Dann verabschiedeten wir uns.....

Kurhessische Landeszeitung

FÜR KRIEGSDAUER VEREINIGT MIT DER »KASSELER POST«

Gauorgan der NSDAP · Amtsblatt der kurhessischen Behörden

Postschließfach Nr. 295. Fernruf: Verlag: Sammel-Nummer 241 11, Schriftleitung: Sammel-Nummer 242 01. Postscheckkonto: Gauverlag Kurhessen GmbH., Frankfurt am Main Nr. 34 48. Anzeigenpreisliste Nr. 13. Für fernmündlich aufgegebene Anzeigen und bestimmte Erscheinungstermine keine Gewähr. Anzeigen-Annahmeschluß: 18 Uhr am Tage vor Erscheinen. Erfüllungsort und Gerichtsstand nur Kassel

HESSISCHE VOLKSWACHT

Erscheint wöchentlich sechsmal als Morgenzeitung. Bezugspreis monatlich RM 1.90 zuzügl. 30 Pf. Trägerlohn, durch die Post RM 2.36 (einschl. 18,6 Pf. Überweisungsgebühr und 36 Pf. Bestellgeld). Einzelpreis 10 Pf., Sonntags 15 Pf. Verlag: Gauverlag Kurhessen GmbH., Kassel, Kölnische Straße 14 (NS-Pressehaus). Schriftleitung: Kölnische Straße 10¹. Rotationsdruck: Kurhessenland Druck u. Verlag GmbH., Kassel

Zweite gemeinsame Notausgabe mit den Kasseler Neuesten Nachrichten

Nr. 250 | Montag, den 25. Oktober 1943 | 14. Jahrgang

Kasseler Volksgenossen!

Ihr habt bei den harten Terrorangriffen unserer Feinde Schweres erlebt.

Eure Opfer an Leben, Gesundheit, Hab und Gut sind groß. In den Städten und Dörfern des Gaues Kurhessen seid Ihr in die Obhut der NSDAP. genommen, die alles tun wird, Euer Los zu erleichtern.

Es soll alles geschehen, Euch möglichst gut unterzubringen, zu verpflegen und — soweit es möglich ist — Verlorengegangenes zu ersetzen. Bei dem Ausmaß der Katastrophe müßt Ihr Geduld haben, denn die Schäden können nur sehr langsam behoben werden.

Berücksichtigt aber auf der anderen Seite, daß Ihr keine Ansprüche auf besonderen Komfort stellen könnt, Ihr müßt unseren Quartiergebern helfen und damit auch die für sie schwierige Situation überwinden. Indem Ihr Hand anlegt bei der Arbeit in Haus, Garten und Landwirtschaft, schafft Ihr nicht nur Vertrauen bei den Quartiergebern, sondern helft Euch selbst über die Schwere Eures Schicksals hinweg

An die Betreuer der Umquartierten!

Niemand von Euch kann ermessen, was die Bevölkerung Kassels bei dem schweren Terrorangriff durchgemacht hat und welch' tapfere Haltung sie in den Stunden zeigte, da Tausende von Bomben fielen und Feuerstürme in der Innenstadt wüteten.

Beispiellos ist die tapfere Bewährung von Frauen, Männern, Jungen und Mädeln, die den Flammen Einhalt zu gebieten versuchten oder Verschüttete aus brennenden und zusammenstürzenden Häusern retteten. Ihr besitzt noch alles, Eure Wohnung, Eure Möbel, Euer Bett, Euren Herd und all' die kleinen Erinnerungen, an denen Ihr hängt. Bedenkt das und weist keinen Obdachlosen ab! Versucht im Gegenteil, den Obdachlosen die ungewohnte Umgebung zu erleichtern! Ihr werdet dankbare Herzen finden!

An die Dienststellen von Partei und Staat ergeht die Weisung, ohne bürokratische Hemmungen die Betreuung der Obdachlosen zu jeder Zeit vorzunehmen. Niemand darf über Paragraphen stolpern, wenn es gilt, das Los der Menschen zu erleichtern, die vom Schicksal so hart betroffen sind.

Weinrich

Gauleiter und Reichsverteidigunskommissar

Kurhessische Landeszeitung

FÜR KRIEGSDAUER VEREINIGT MIT DER »KASSELER POST«

Gauorgan der NSDAP · Amtsblatt der kurhessischen Behörden

Postschließfach Nr. 295. Fernruf: Verlag: Sammel-Nummer 2 41 11, Schriftleitung: Sammel-Nummer 2 42 01. Postscheckkonto: Gauverlag Kurhessen GmbH., Frankfurt am Main Nr. 34 48. Anzeigenpreisliste Nr. 15. Für fernmündlich aufgegebene Anzeigen und bestimmte Erscheinungstermine keine Gewähr. Anzeigen-Annahmeschluß: 18 Uhr am Tage vor Erscheinen. Erfüllungsort und Gerichtsstand ist Kassel

HESSISCHE VOLKSWACHT

Erscheint wöchentlich sechsmal als Morgenzeitung. Bezugspreis monatlich RM 1.90 zuzügl. 30 Pf. Trägerlohn, durch die Post RM 2.36 (einschl. 18,6 Pf. Überweisungsgebühr und 36 Pf. Bestellgeld). Einzelpreis 10 Pf., Sonntags 15 Pf. Verlag: Gauverlag Kurhessen GmbH., Kassel, Kölnische Straße 14 (NS-Pressehaus). Schriftleitung: Kölnische Straße 10¹. Rotationsdruck: Kurhessenland Druck u. Verlag GmbH., Kassel

Dritte gemeinsame Notausgabe mit den Kasseler Neuesten Nachrichten

Nr. 251 | Dienstag, den 26. Oktober 1943 | 14. Jahrgang

Kassels Bevölkerung verhielt sich vorbildlich

Sitzung beim Reichsverteidigungskommissar

Unter dem Vorsitz des Reichsverteidigungskommissars fand gestern morgen eine Besprechung des erweiterten Einsatzstabes statt, in der alle beteiligten Stellen dem Reichsverteidigungskommissar Bericht erstatteten. Die Sitzungsteilnehmer, die mitten aus dem praktischen Einsatz zusammenkamen, gaben einen Ueberblick über die Lage und über die auf Anordnung des Gauleiters durchgeführten und eingeleiteten Maßnahmen. Aus allen Berichten ging hervor, daß das Verhalten der Kasseler Bevölkerung bei dem schweren Terrorangriff über alles Lob erhaben war. Der Gauleiter dankte am Schluß der Sitzung allen Teilnehmern und gab seiner Genugtuung darüber Ausdruck, daß die Bevölkerung Kassels sich dem Geist der Front ebenbürtig erwiesen hat.

Der Reichsbahn-Personenverkehr

Der Personenverkehr ist vorerst wie folgt geregelt:

Strecke Frankfurt a. M.: Ab Bhf. Wilhelmshöhe in Pendelzügen bis Treysa.

Strecke Bebra: Ab Bhf. Wilhelmshöhe.

Strecke Hannover und Halle: Ab Ihringshausen und Pendelverkehr mit Hann.-Münden.

Strecke Warburg (Rheinland und Westfalen): Ab Harleshausen.

Strecke Eschwege: Ab Bhf. Wilhelmshöhe.

Strecke Volkmarsen Korbach: Ab Harleshausen.

Zwischen Kassel-Stadt und den Abgangsbahnhöfen besteht Kraftomnibuspendelverkehr.

Der Reichsbahn-Güterverkehr

Das Reichsbahn-Verkehrsamt gibt bekannt:

Die Verkehrstreibenden werden aufgefordert, sich sofort mündlich mit den Güterabfertigungen über die Abholung ihrer dort lagernden und noch zu erwartenden Sendungen — auch die Abfuhr ihrer Wagenladungen — und über die künftige Abwicklung ihres Güterverkehrs zu verständigen, da die ankommenden Sendungen sonst an den Absender zurückgesandt oder anderweitig verwertet werden. Zustellung durch die bahnamtlichen Rollfuhrunternehmer ist zur Zeit nicht möglich.

Ärztliche Hilfe und Apotheken

Anordnung des Kreisleiters

1. Das Ausmaß der Katastrophe bedingt außergewöhnliche Maßnahmen. Grundsatz ist, daß in allen Lagen entschlossen und verantwortungsfreudig gehandelt wird. Wenn die getroffenen Maßnahmen dem gesunden Menschenverstand entsprechen, werden sie unter allen Umständen gedeckt.
2. Durch den vollständigen Ausfall einiger

Lengemann, Dörnbergstraße 12.

West, Reichsbahnbunker.

Mitte, Ehrenhof des Ehrenmales Schöne Aussicht.

Messerschmidt wird von Nord mit betreut.

Wesertor, Ecke Gartenstraße-Ysenburgstraße.

Altstadt, bei der OG. Wehlheiden, Wilhelmshöher Allee 118.

Unterneustadt, Bürgerschule 7, an der Drahtbrücke.

Süd, Frankfurter Straße 75.

Soweit die Ortsgruppen noch Hinweisschilder für neue Geschäftsstellen aufzustellen haben, ist dies sofort an genügend auffallenden Plätzen nachzuholen. Anordnungen, die von allgemeinem Interesse sind, müssen auch im Ortsgruppenbereich durch Plakatanschläge (auf Schreibmaschinenblätter an alten Türen und dergleichen befestigt) bekanntgegeben werden. In allen Zweifelsfragen ist durch enge Verbindung mit mir bzw. meinem Vertreter Bergener entweder durch persönliche Fühlungnahme oder Melder eine schnelle Entscheidung herbeizuführen. Ich erwarte auch weiter die restlose Einsatzbereitschaft aller Politischen Leiter zur Abwendung der außergewöhnlichen Not, die über unsere Stadt hereingebrochen ist.

Bei den Ortsgruppen sind sofort Vermißtensuchstellen einzurichten, bei denen die Anträge von Volksgenossen auf Feststellung des derzeitigen Aufenthaltsortes von Angehörigen entgegengenommen werden. Die Ortsgruppen reichen diese Anträge dann an die Sammelstelle der Stadt Kassel, Stadthalle, weiter, wie umgekehrt auch Anträge von außerhalb wohnender Volksgenossen durch die Stadtverwaltung an die einzelnen Ortsgruppen zur Nachprüfung weitergegeben werden.

Dr. Fischer, Kreisleiter.

bei Kiew am 16. Oktober unser einziger, innigstge-
er Sohn

stud. jur.

Kurt Moeller

tnant und Kompanieführer einem Panzer-Gren.-Regt. des Panzer-Sturmabzeich. Alter von 21 Jahren sein s, hoffnungsvolles Leben ein Vaterland.

tiefster Trauer, im Namen Hinterbliebenen:
med. Carl Moeller, wine Moeller, geb. Stieten- th.

l, Herkulesstr. 1/2, im De- er 1943.

Durch feindlichen Terrorangriff am 22. Okt. verlor ich meine lieben der, Schwiegertochter und viegersohn sowie Enkel- er, unseren lieben Bruder Schwager, Schwester und vägerin

Kaufmann

Ferdinand Riehm

45 Jahre,

Hedwig Riehm

. Jesinowski, 44 Jahre

Horst Riehm

19 Jahre

Helga Riehm

15 Jahre

Herbert Riehm

12 Jahre

Fuhrunternehmer

Erwin Kappes

45 Jahre

Elisabeth Kappes

eb. Riehm, 38 Jahre

Günther Kappes

16 Jahre

Giesela Kappes

15 Jahre

Egon Kappes

12 Jahre

tiefer Trauer:
we. Elise Riehm, geb. ter. Hans Riehm und au, geb. Bruhns. August ehm u. Frau, geb. Neu- Adolf Lengemann und au, geb. Riehm. Friedrich ich u. Frau, geb. Riehm. argarete Riehm.

el-R., Honemannstr. 94.

Durch Terrorangriff am 22. Oktober auf Kassel verloren wir re innigstgeliebte Tochter, vester und meine liebe, ergeßliche Braut

ieselotte Nöding

vor Vollendung ihres Geburtstages.

tiefem Schmerz:
olf Nöding und Frau arie, geb. Nöding (als tern), Gusti, Rudi und ani (als Geschwister), lmut Rausch (als Bräu- am), u. alle Verwandten, vie Fam. Wilhelm Rausch s Schwiegereltern).

el-Wilhelmshöhe, Lange e 29.

Beisetzung fand Diens- den 26. Oktober, auf dem dhof Wahlershausen statt.

Bei dem Terrorangriff am 22. Okt. verloren mir unseren lieben er, Onkel, Schwager und n, den

Fleischermeister

Otto Stöhr

72 Jahre

e liebe Schwägerin e und Patin

Agnes Stöhr

Nothnagel, 57 Jahre

stiller Trauer, im Na-

Obergefr. in einem Inf.-Regt.
im 24. Lebensjahr bei den schweren Abwehrkämpfen im Osten am 1. 10. schwer verwundet wurde, an deren Folgen er noch am selben Tag verschied,

Willi Wollenhaupt

Gefr. in einem Jäger-Batl.

im 19. Lebensjahr am 13. 10. an der Ostfront den Heldentod fand. Sie folgten beide nach 10 Monaten ihrem lieben Bruder Heinrich, der auch den Heldentod im Osten fand. Sie waren unsere ganze Hoffnung.

In tiefer Trauer:
Joh. Wollenhaupt u. Frau, geb. Schneider, z. Zt. Wanfried, Windgasse 5, Willi Appel, z. Zt. Osten, und Frau, geb. Wollenhaupt, Heinz Persch, z. Zt. im Westen, und Frau, geb. Wollenhaupt, Adolf Sunkel, z. Zt. Norwegen, und Frau, geb. Wollenhaupt, Hilde Wollenhaupt u. Verlobter, Karl-Heinz Schneider, z. Zt. im Osten, Erich Wollenhaupt u. alle Verwandten.

Kassel, Fliegengasse 7, Kassel-B., Wanfried, Eschwege, Oberkaufungen.

Durch Terrorangriff am 22. 10. 43 verloren wir unsere geliebten, herzensguten Eltern

Frau

Marie Stange

geb. Brandenstein, 49 Jahre

Hermann Stange

45 Jahre

Wir haben das Liebste, was wir besaßen, verloren.

In tiefer Trauer:
Gustel Stange (Sohn) und Frau Anni, nebst Söhnchen Wolfgang, Ruth Stange (Tochter), Familie Gg. Brandenstein und alle Angehörigen.

Kassel, Unt. Königstr. 65, z. Zt. Uhlandstr. 2, und Kassel-Ki., Großalmerode.

Durch den feindlichen Terrorangriff vom 22. 10. 1943 sind uns von unseren lieben Angehörigen genommen worden:

Buchbinder

Karl Kaiser

Dorothea Kaiser

geb. Mildner

Dorte Kaiser

Erna Kaiser

geb. Weinreich

Wolfgang Kaiser

Für die trauernden Angehörigen:
Hptw. August Mildner

Kassel, Ihringshausen, Gudensberg, Gieselwerder, Heiligenrode u. Nordhausen a. H. den 15. November 1943.

Nunmehr wurde mir zur Gewißheit, daß mein heißgeliebter, herzensguter, so sehr um mich besorgter, unvergeßlicher Mann, unser lieber, treusorgender Vater, unser guter Sohn, mein einziger, treuer Bruder, unser liebevoller Schwiegersohn und Schwager, unser lieber Hermann, der

Obergefreite

Hermann Weidel

am 24. 5. 43 im Osten im blühenden Alter von 32 Jahren den Heldentod fand.

Im Herzen voller Trauer beugen sich dem Willen Gottes:
Marie Weidel geb. Hauschild, Heinrich und Hermann Weidel (Kinder), Familie Jakob Weidel (Eltern), Wachtmstr. Heinrich Weidel, z. Zt. im Osten (Bruder) und Braut Elise Hauschild, Familie Johannes Hauschild (Schwiegereltern), Minna Hauschild (Schwägerin) Familie Heinrich Köhler.

ücken, über Fritzlar,

Durch Terrorangriff am 22./23. 10. 43 verlor ich alles und mein Liebstes, meine innigstgeliebte treusorgende Frau

Anna Möser

geb. Müller, 38 Jahre
meinen Sohn

Horst

mein Stolz und meine Freude, 16 Jahre, mein über alles geliebtes Töchterchen

Marion

mein Sonnenschein, 7 Jahre, sowie meine liebe, gute Schwiegermutter

Philippine Müller

geb. Dippel, 60 Jahre
meinen lieben Schwager

Heinrich Müller

33 Jahre
und meine lieben Eltern

Hans Möser

68 Jahre

Anna Möser

geb. Preßler, 55 Jahre

In unsagbarem Schmerz:
Lorenz Möser, z. Zt. im Felde, u. alle Anverwandte

Sandershausen, Kassel.

In der schicksalsschweren Nacht zum 23. Oktober verlor ich meinen lieben Schwiegersohn und unseren lieben Schwager u. Onkel

Franz Heer

im Alter von 49 Jahren, sowie meine liebe Tochter und unsere liebe Schwester, Schwägerin und Tante

Luise Heer

geb. Braun
im Alter von 38 Jahren.

In tiefem Schmerz:
Witwe Marie Braun, geb. Dippel, Wilh. Koch u. Frau Sophie, geb. Braun, Georg Braun u. Frau Rosa, geb. Schweinsberg, Fritz Homburg und Frau Marie, geb. Braun, Heinrich Braun u. Frau Luise, geb. Schröder, Georg, Elisabeth, Helmut, Kurt, Georg u. Gisela (als Neffen und Nichten.

Calden, 12. November 1943.
Die Beerdigung fand bereits in Calden am 27. Okt. 1943 statt.

Hart und schwer traf mich das Schicksal! Durch Feindeinwirkung verlor ich meine liebe, gute Frau, meiner Kinder treusorgende Mutter

Frau

Gertrud Beate

geb. Imming, geb. 20. 1. 12, mein liebes Töchterchen

Liselotte Beate

geb 7. 3. 37
mein goldiges Söhnchen

Manfred Beate

geb. 2. 2. 42
meinen lieben Vater

Invalide

Ernst Beate

geb. 6. 12. 71

Im Namen der Hinterbliebenen:
Ernst Ed. Beate, z. Zt. Wehrmacht, Familie Karl Imming, Familie Fritz Siebert, Familie Willi Sevöster, Familie Justus Kinnback.

Kassel, Obere Schäfergasse 12, III., Dortmund, Felsberg.

Im festen Glauben an Führer und Vaterland ließ am 8. 9. 1943 südlich Tschepel/Donez unser lieber, hoffnungsvoller Sohn, Bruder und Schwager

Grenadier

Kurt Kindt

sein junges Leben im Alter von

Familie Anna Dietrich, Frieda Gerhold und Kinder sowie alle Verwandten, Freunde und Bekannte.

Die Beisetzung hat in aller Stille stattgefunden.

Kassel (Sophienstr. 23), jetzt Kurhausstr 50.

Durch Terrorangriff auf Kassel am 22 10. 1943 verlor ich meinen ältesten, lieben, treuen Sohn, unseren lieben Bruder, Schwager, Onkel und Paten

Obergefreiten

Edmund Gunkel

im 33. Lebensjahre, welcher gerade in Urlaub war, in seiner Wohnung Holzmarkt 9, mit seiner lieben Frau

Liesel Gunkel

geb. Bera
im 35. Lebensjahre und seinen beiden herzigen Kindern

Horst

8 Jahre

Wolfgang

8 Monate alt.

In tiefem Weh:
Witwe Eleonore Gunkel (Mutter), Obgefr. Heinrich Gunkel (z. Zt. im Westen) und Familie, Obgefr Erich Gunkel, z. Zt. im Osten, Gefr. Horst Gunkel, z. Zt. Lazarett, Eleonore Blum, geb. Gunkel, Hildegard Harte, geb. Gunkel (Geschwister).

Kassel (Obere Königstraße 19), z. Zt. Spangenberg (Klosterstraße 72), den 14. Nov. 1943.

Durch den feindlichen Terrorangriff auf Kassel am 22. 10. 43 verloren wir unseren lieben Vater, Schwiegervater, Großvater und Onkel

Georg Büchling

im Alter von 78 Jahren. Dem gleichen Angriff fielen zum Opfer unser lieber Bruder, Schwager, Kusin und Onkel

Hans Büchling

im Alter von 48 Jahren, sowie seine liebe Ehefrau, unsere liebe Schwester, Schwägerin, Tante, Kusine u. Godel

Sophie Büchling

geb Träbing
im Alter von 46 Jahren., und jüngster Sohn und Enkel

Günter Büchling

im Alter von 14 Jahren. Sie folgten alle unserem lieben Neffen, Enkel, Kusin und Onkel dem

Maschinen-Maat

Heinz Büchling

im Alter von 20 Jahren, der von einer Feindfahrt nicht zurückkehrte. Nun sind sie im Tode alle vereint.

In tiefer Trauer:
Wilhelm Büchling (z. Zt. im Felde) u. Frau, Adolf Enslein und Frau, geb. Büchling, Familien Paul Ackermann, Willy Siegel, Karl Siegel, Entzebach, Hartmann, Heinrich Träbing u. Jakob Otto sowie alle Angehörigen, Verwandten und Bekannten.

Kassel, Kiel-Gaarden, Kleinalmerode u. Witzenhausen.

Durch den Terrorangriff am 22. Oktober 1943 auf Kassel verloren wir unsere einzige Tochter, meine liebe Mami, unsere liebe Schwester, Enkelin und Nichte

Irmgard Schötter

geb. Hansmann, 24 Jahre,
und unser jüngstes Enkelchen, mein liebes Brüderchen, Neffe, Urenkel und Patchen

Alwin Schötter

Alles, sowie meinen treuen, stets für uns fo Mann, Schwiegervater, vater, Schwager, Onk Bruder

Wilhelm Keh

im 57. Lebensjahre, und lieben, hoffnungsvollen und Bruder

Harald

im 15. Lebensjahr.

In stiller Trauer:
Frau Elisabeth Keh Krone, Familie Rudol Familie Georg Elmer Verwandten.

Frankenhain über Soode dorf (früher Westring 5

Dem Terrorangr 22. Okt. 1943 au fiel unsere hei Tochter, unsere Schwester, meine geliebte unser liebes Enkelkind, Godel, Tante, Schwäger Schwiegertochter

Kath. Elisabeth Wag

im Alter von 18 1/2 Jah Opfer.

In tiefer Trauer:
Heinrich Wagner un geb. Siebert (Eltern), rete Brede, geb. (Schwester), Ferdinan ner (als Bruder), Wagner (als Sc Richard Lengemann gam), Fritz Brede (und Söhnchen Harin alle Verwandten u.

Ellenberg, Holzhausen Vorschütz, Dennhausen, gen, Euskirchen, den zember 1943.

In der Terr vom 22. zum verlor ich mein ben, ältesten Sohn

August Riesch

38 Jahre
meine liebe Tochter

Annemarie Hen

geb. Riesch, 25 Ja
sowie deren Töchterche nen Sonnenschein

Renate Henric

2 1/2 Jahre
und die Schwiegereltern

Wilhelm und

Paula Henrich

Im Namen der Hinterbliebenen:
Minna Riesch, geb. hauer, sowie alle rigen.

Kassel, Schomburgstra Mittelgasse 33, z. Zt. berg, bei Siebert, gasse 103.

Bei dem schwere rorangriff auf am 22. Oktobe wurde uns mein übe geliebter Mann, unser Vater, Schwiegervater der und Onkel, der

Kaufmann

Karl Mattern

im 54. Lebensjahre u sere liebe Mutter, Sc mutter, Großmutter

Witwe

Katharina Hildeb

geb. Werner
im 83. Lebensjahre durch den unerbittlich entrissen.

In tiefer Trauer:
Elisabeth Mattern Hildebrandt. An Dienemann, geb. Irmgard Mattern, Dienemann, Famili Söder, Reinh. Heinr. Schütz, Will tern. Heinr. Mattern Dienemann nebst al

Kurhessische Landeszeitung vom 4. November 1943

6000 Menschen bekleidet – 60000 Portionen Essen!

Was Hilfszug „Fuchs" der Luftwaffe in zehn Tagen leistete

Manche deutsche Kleinstadt hat nicht mehr als 6000 Einwohner. Ebensoviele Menschen aber hat der Hilfszug „Fuchs" der Luftwaffe, der seit dem Sonntag nach dem Terrorangriff seine Zelte in Kassel aufgeschlagen hat, in seine Obhut genommen und getreulich versorgt.

Es ist hier in Worten gar nicht erschöpfend darzustellen, was diese Wagenburg während der Tage ihres Einsatzes in Kassel geleistet hat. Dazu hätte man jeden einzelnen befragen müssen, der infolge des Luftpiratentums der Briten um seine sämtliche Habe gebracht, nun Hilfe suchend zu dieser Stelle kam. Für ihn war hier der Ort, an dem er wieder neuen Lebensmut schöpfte, an dem er wieder neu anfing.

Wir haben oft genug beobachtet, wie bei mancher Frau und manchem Mann Angst und Not der durchlebten Nacht noch auf den Gesichtern zu lesen standen, wenn sie zum Hilfszug kamen. Und hier dachten sie womöglich zuerst daran, daß es wohl mit einem Formular sein Bewenden haben würde, mit einem Schein, der ihnen zwar ein Recht zugesteht, für sie aber noch kein neuer Mantel oder Anzug, kein neues Kleid oder Unterwäsche war.

Umso erstaunter und fast ungläubig schauten sie drein, als die Türen der Wagen geöffnet wurden und ihnen herausgereicht wurde, was sie am nötigsten brauchten. Das war wirklich eine erste Hilfe, eine die Hand und Fuß hatte und wir können verstehen, wenn sich Gauamtsleiter Dr. Benzing von der NSV diese Unterstützung so lange wie möglich sicherte.

Rund 600 Personen, Männer, Frauen und Kinder, wurden seit dem 24. Oktober täglich voll eingekleidet, insgesamt also 6000 Menschen sind es bis heute, die dem Hilfszug „Fuchs" der Luftwaffe dafür danken, daß er ihnen wieder zu Kleidung und Wäsche verhalf.

Das ist eine Leistung, die einen wohlorganisierten und ausgestatteten Kaufhause zur Ehre gereichen würde, wobei wir zu bedenken haben, daß beim Hilfszug in Wagen untergebracht ist, was im Geschäftshaus in großen Räumen an Stangen hängt, in Regalen liegt und im Keller lagert.

Zweimal hat der Hilfszug seine Bestände aus seinem „Hauptlager" ergänzen müssen, zweimal war er also schon „ausverkauft"! Es mag heute, da der Hilfszug das Dutzend der Tage in Kassel voll macht, so scheinen, als hätte der Andrang nachgelassen. Dem ist aber nicht so, es ist nur etwas mehr Ordnung und Lenkung in die Abfertigung gekommen, die sich während der ersten Tage des Ansturms kaum erwehren konnte. Durch Ausgabe von Nummern aber ist dafür gesorgt, daß sowohl die mit der Versorgung verbundenen Schreibarbeiten als auch die Bekleidung der Bedürftigen selbst ruhig und sorgfältig erledigt werden können. Wirtschaftsamt und NSV auf der einen und Arbeitsdienst und BDM auf der anderen Seite haben mit „Fuchs" gut zusammengearbeitet. Die einen als Vertreter der Stadt und der Partei, die andern als willige und eifrige Hilfskräfte bei der Ausgabe der Bekleidung.

Aus den großen Kesseln des Hilfszuges aber wanderten täglich 6000 Portionen schmackhaften Essens in die Näpfe und Schüsseln der Hungernden. Das Feuer unter den sechs Kesseln ging kaum aus. Und damit ist auch gesagt, daß die Arbeit der Männer des Hilfszuges vom ersten Morgendämmern bis zum sinkenden Abend dauerte. Zu den 6000 Essensportionen kommen für jeden Tag noch mindestens 900 Liter an heißem Getränk, davon dreiviertel Punsch, der besonders in den frischen Morgenstunden den Kasselanern gut bekam.

Um die Wassermenge heranzuschaffen, war ständig ein Wasserwagen in Betrieb, der rund 120 000 Liter Wasser herbeischaffte. Denn außer für Speise und Trank wurde ja auch für die Reinigung der Kessel und Töpfe, der Essenträger und vielen Geschirre Wasser gebraucht. Sauberkeit aber ist einer der hervorstechendsten Merkmale des Hilfszuges, und wer kurze Zeit nach erfolgter Essenausgabe an den Küchenwagen vorübergeht, der möchte kaum glauben, daß von hier aus eben erst Tausende von Menschen versorgt wurden.

Die Kessel blitzen und blinken, die Geräte hängen an ihrem Platz, der Boden wird frisch gescheuert, die Tische sind gereinigt, kurz, es sieht aus wie in Mutters Küche am Sonnabendnachmittag, wenn sie mit der letzten Arbeit fertig ist und meint, daß es nun Sonntag werden könne. Es ist eben ein Fuchsbau, in dem größte Ordnung und Reinlichkeit herrschen. Sie bilden auch für diese Einrichtung unserer Wehrmacht eine der selbstverständlichen Grundlagen der Arbeit.

Kassels Bevölkerung wird die Schrecken der Terrornacht nie vergessen. Sie wird aber stets der Unterstützung gedenken, die unserer Stadt mit der Ankunft des Hilfszuges „Fuchs" der Luftwaffe zuteil ward und besonders dankbar empfinden, daß die NSV. diese tatkräftige Hilfe herbeirief. pmp.

Wer an Ort und Stelle ißt, bekommt einen Pappteller. Aufn.: Ickeltraht

Erlebnisberichte

Die folgenden Berichte wurden bei der Vermißtensuchstelle der Stadt Kassel zu Protokoll gegeben. Etwa 120 dieser erschütternden Dokumente persönlicher Schicksale befinden sich im Stadtarchiv.

Kassel, 14.3.1944 — Pferdemarkt 9, Martinskirche

Es erscheint Frau K., Ottilie (Glaserei) ehemals Pferdemarkt 9, jetzt Steinhöferstr. 8 (geb. 22.10.1893, also am Terrortag) und sagt aus:

Wir wollten uns gerade zum Abendessen setzen, als die Sirene ertönte. Haben dann unsere bereitstehenden Koffer und die Garderobe, die im Schrank bereit hing, mit in den Keller genommen. Wasser und Sand waren anscheinend in genügender Menge da und eigentlich nahm man ja an, daß es nicht so ernst werden würde. Bis dann die ersten Bomben fielen, deren Erschütterung wir selbst in dem Keller spürten, trotzdem er 3,60 mit der Sohle unter der Straße liegt. Über dem Luftschutzkeller war eine Luke, die in die Garage führte und ursprünglich als Ausstieg gedacht war, durch den Luftdruck flog der Deckel immer hoch und setzte sich wieder fest. Wir duckten uns immer und dachten, jetzt kommts runter. Dann hörten wir auch, wie die Glaskisten über uns umschlugen, so daß wir es vorzogen, mehr nach vorne in den Keller zu gehen – nach der Straße zu. Im Keller waren alle Hausbewohner und unser Lehrmädchen mit ihrer Freundin und ein Soldat, der bei uns gearbeitet hatte. Die waren wieder zurückgekommen von der Straße, weil sie sich bei uns sicherer glaubten. Die Leute waren eigentlich ruhig, unterhielten sich noch von allem Möglichen, bis es natürlich etwas stärker wurde. Als garnicht mal eine Schießpause einsetzte und die Bomben fielen, wurden sie ängstlich. Inzwischen waren einige Hausbewohner auf dem Boden gewesen, hatten festgestellt, daß einige Brandbomben durchgekommen waren, so daß die Wohnung im 3. Stock brannte. Die Männer unternahmen noch Löschversuche, soweit Wasser verfügbar war, denn die Wasserleitung versagte schon. Als sie dann zum Fenster raus sahen, stellten sie fest, daß bereits die ganze Altstadt ein Flammenmeer war. Sie kamen runter in den Keller und mahnten, wir sollten uns bereit machen, den Keller zu verlassen, weil keine Möglichkeit zum Löschen war und das Feuer immer tiefer kam. Wir steckten dann Decken und Tücher in die Bottiche, schlugen uns die Decken um, nahmen die Tücher vor Mund und Nase, nahmen unsere Gasmasken. Inzwischen wurde das elektrische Licht immer dunkler. Jetzt kamen aus den anderen Kellern vom Pferdemarkt und aus der Schäfergasse die Leute rauf und fragten, was zu tun wäre. Sie kamen durch die Kellerdurchbrüche und suchten nach einem Ausweg. Wir sagten ihnen, daß bei uns die beste Möglichkeit wäre, weil man schräg über die Straße zur Kasernenstraße laufen konnte und dann zum Martinsplatz. Die meisten achteten nicht darauf und krochen weiter durch die Keller. Inzwischen war das Licht ganz ausgegangen und es wurde höchste Zeit, den Keller zu verlassen. Wir hatten Taschenlampen und kleine Petroleumlampen, die auch noch brannten. Jetzt waren natürlich alle sehr ängstlich geworden, der Angriff war gerade zu Ende, gegen halb 10 Uhr. Trotzdem blieben die Leute ruhig. Meine Tochter mit ihrer Freundin machte nun den Anfang, sie trieben: „Nun macht los, wir wollen doch nicht ersticken!" Da ließen sie sich von mir die Ausweispapiere aus dem Mantel geben, ich gab ihnen noch meine Einkaufstasche mit, mit unseren Bestecken und Brot und Butter. Sie sollten zum Martinsplatz oder Lutherplatz laufen, wo sie genügend Luft fanden. Wir sahen sie dann noch aus dem Hausflur zur Kasernenstraße hineilen, unter ihren nassen Decken. Und das war das Letzte, was wir von ihnen gesehen haben (Hoch, nach der Martinskirche zu). Ich selbst wurde durch verschiedene Hilfeleistungen im Keller noch hingehalten und konnte nicht nachkommen, hatte auch meine Mutter noch mit nach oben genommen und wir rannten dann auch los. Inzwischen brannten die oberen Stockwerke der Häuser, es war eine wahnsinnige Hitze, aber man konnte eben noch einigermaßen sicher durchkommen. An der Ecke war ein Sandhügel, der Hügel war noch leer. Kinder habe ich da nicht gesehen. Als ich in der Kasernenstraße merkte, daß meine Mutter nicht mehr hinter mir war, wollte ich erst noch mal umkehren, es stürzte aber ein Ziegel runter, da bin ich weiter gelaufen. Ich wußte ja doch, daß noch alle Hausbewohner zurück waren. Da später die Kassette meiner Mutter vor Moltkestr. 1 gefunden wurde, vermute ich, daß sie wohl zu ihrer Schwester, Frau W. in Moltkestr. 5, gewollt hat. Denn sie hatte sich den ganzen Abend schon um sie gesorgt. Ob sie noch hingekommen ist, können wir nicht feststellen, da hier auch niemand mehr von lebt. (Mutter: Frau Aug. R., geb. K.)

Ich selber wurde von dem Feuersturm zur Martinskirche getrieben und mußte dort bleiben, weil kein Weiterkommen möglich war. Nach und nach kamen noch 5 Hausbewohner da rauf, zuletzt auch mein Mann, der sagte, daß die anderen nicht mitgewollt hätten. Es war eine Familie mit vier Kindern, die erst zwei Abende vorher von Treysa zurückgekommen waren (Familie Pf. mit 4 Kindern, von ihnen fehlt jede Spur. Sie waren bis dahin evakuiert.) Auch die anderen Hausbewohner sind umgekommen, zwei und der Soldat sind im Keller festgestellt worden. Meine Tochter und ihre Freundin sind spurlos verschollen. Wir nehmen an, daß sie versucht haben zum Wesertorviertel durchzukommen, wo die Freundin Erika wohnte (Franzgraben 22).

Eine Panik war nicht im Keller, auch die Kinder konnten wir immer wieder beruhigen. Wir mußten drei Stunden in der Martinskirche bleiben, bis sie uns über dem Kopf abbrannte. Die Orgel brannte, der Chor, das Dach, die große Glocke war heruntergestürzt. In der Kirche waren 200 bis 300 Menschen, so daß die Räumung nachher auch ohne Panik vor sich ging, trotzdem verschiedene Türen schon von stürzenden Balken verrammelt waren. Dann standen wir am Philippsdenkmal, dann hat uns die Wehrmacht gelotst durch die Philippsstraße, Königsstraße bis Friedrichsplatz. Wir konnten nichts sehen, kaum unsere Augen aufkriegen, sie waren rauchverqualmt. Wir stolperten über die Drähte und Trümmer vorwärts. Am Friedrichsplatz konnten wir zum ersten Mal wieder so ein bißchen freier atmen. Nach verschiedenen Versuchen zum Weinberg und nach der Wilhelmshöher Allee zu kommen, was aber infolge der Hitze und

Brände unmöglich war, blieben wir bis gegen Morgen in einem Tor des Theaters stehen. Da sahen wir den Justizpalast runterbrennen und einen Reitstall. Am anderen Morgen sind wir durch die Königsstraße, vorüber an verkohlten Leichen, zum Pferdemarkt. Da sahen wir dann die Trümmer.

Jetzt bin ich mit meinem Mann alleine, es war unsere einzige Tochter.

Das Geschäft ist jetzt im Freiheiter Durchbruch 12, dem einzigen dort erhaltenen Haus eröffnet.

Die Wagen am Friedrichsplatz, welche die Leute abfuhren, die fuhren die Schöne Aussicht entlang. Es war immer ein Sturm auf Wagen und es wurde ausgerufen, wer nach Zwehren wollte oder in die Richtung Nordshausen . . . Fritzlar, Gudensberg.

Vom Pferdemarkt leben vielleicht noch 40 Menschen. Neben uns in Nr. 11 sind 11 Kinder geblieben, angeblich sind hier 33 Schädel gefunden worden. Auch hier haben wir gewarnt, die Familien müßten raus, mit den Kindern, sämtliche Hausbewohner sind drin geblieben. Die Geschäftsleute am Pferdemarkt, von oben bis unten, sind weg.

Kassel, den 23.3.1944 — Franziskusstraße 1, Wildemannsgasse 30

Es erscheinen Frau Dorothea P., geb. H. (geb. 23.11.1914) und Frau Martha S., geb. Sch. (geb. 8.1.1921) und sagen aus:

(ehemals Franziskusstraße 1, jetzt Hilgershausen, Kreis Melsungen)

Das Radio ging weg, da habe ich Frau P. zugerufen: „Es gibt Alarm." Da haben wir uns angezogen und die Kinder angezogen und dann gingen wir in den Keller. Wir machten noch Spaß: „Paß auf, ich habe alles reine gemacht, heute kommt der Tommy." Mein Junge war noch mittags aus der Schule gekommen und hat gesagt: „Mutti, auf Kassel ist ein Großangriff geplant!" „Warum denn das?" „Gucke mal, an der Fuldabrücke haben sie eine Treppe runtergebaut, als Fluchtweg."

Frau P. hatte vier Kinder bei sich und eine kranke Schwester, die ist auch gerettet, aber drei Wochen nach dem Angriff gestorben. Das ist ihr zu nah gegangen, denn unsere Eltern sind im Steinweg 10 gefallen, mitsamt der Schwägerin und ihren zwei Kindern und meiner Tochter Margarethe R.

Frau S. hatte drei Kinder mit und eine Mutter.

Wir haben keinen eigenen Keller gehabt, darum sind wir immer in die Wildemannsgasse gegangen, in Nr. 30. Als wir im Keller drin waren und die Bomben fielen, da kamen aus dem Nebenhaus 32 die Leute in unseren Keller, weil dort gleich alles brannte. Es waren: Frau P. (gefallen in Fischmanns Keller, Tochter von Frau P. hat sich gerettet), Frau M. mit einem Jungen und andere. Von 28 kam eine Familie Pf., G. und andere. Frau Pf. hatte in der Nacht ein Kind verloren, aber dann wieder gefunden. Dann kam unser Hauswart, Herr H. und sagte: „Wir müßten raus, das ganze Haus brennt schon, aber macht nur keine Aufregung". Dann ist ein Mann durch den Durchbruch gegangen, um einen Fluchtweg zu suchen. Da rief der Mann: „Es ist unmöglich, hier steht alles in Flammen." Da ist er selber noch mal durch und fand eine Brandbombe in dem Keller M., die hat er gelöscht. Dann sind wir Frauen und Kinder zuerst durch den Durchbruch raus. Und dann ist er selber noch über die Straße mit seiner Familie gelaufen, hat noch ein anderes Kind gerettet und sich auch. Er war verwachsen, aber so in Ordnung, wenn alle so gewesen wären, dann wäre bestimmt nicht so viel Unglück passiert. Nun sind wir weiter in einen anderen Keller zu F. (Hinter der Waage). Dann wollten wir bei F. raus auf die Straße, da ist der Phosphor die Treppe runtergelaufen. Da sind wir wieder zurückgelaufen. Hinter uns war Frau Pf.

Da war ein Mann im Keller, der sprach: „Wenn ihr euch retten wollt, dann müßt ihr hierher laufen." Da sind wir in den Nebenkeller und bei M. raus auf die Straße, das war an der Fischgasse, Hinter der Waage. Bei F. haben wir uns 10 Minuten lang untergestellt, denn das Haus brannte noch nicht. Aber dann mußten wir uns wieder einen Keller suchen. Dann sind wir eine halbe Stunde in der Straße rumgelaufen, im Feuersturm, und dann haben wir einen Keller gefunden, wo die Stadt ihr Reinigungszeug drin hat – unter der Straße. Da kam die Polizei und Feuerwehr: Wir sollten rauskommen, sonst werden wir verschmoren! Da sprachen viele: „Wir wollen warten, bis ein Auto kommt." „Da könnt ihr lange warten." Dann war da noch eine Frau in diesem Keller, die mußte entbinden. Und weil keiner da war, der ihr helfen konnte, war da ein Mann, der hat sich die Hände gewaschen und wollte ihr helfen. Mehr weiß ich nicht von dieser Frau. Frau P. stand vorne mit drei Kindern. Da kam einer und sagte, sie sollte gleich raus, er würde das andere Kind, das hinten im Keller stand noch mitbringen. Sie aber hat sich geweigert und sagte: „Ohne mein Kind gehe ich hier nicht weg." Da haben sie mir geholfen, alle Kinder rüber zu tragen. Dann sind wir den Notsteg bei der Fuldabrücke runter. Auch Ausländer haben uns hier geholfen und die Kinder runtergebracht. Dann sind wir über die Schlagd. Am Rondell haben wir gesehen, wie hinten im Renthof die Polizei zusammengestürzt ist. Als wir dann oben auf das Rondell kamen, stand da eine Frau mit einem Kind auf den Armen. Sie erklärte, „Das Kind hat mir einer in die Hand gedrückt, das gehört mir garnicht." Hier haben wir die ganze Nacht gestanden. Um 6 Uhr kam Herr H., ein Arbeitskollege meines Mannes, der hat uns mit in die Aue genommen. Am Rondell sahen wir, wie die ganze Altstadt und Unterneustadt in hellen Flammen stand. Das Kastell brannte lichterloh. Die Papiere flogen hier nur so brennend durch die Luft aus dem großen Gebäude raus. In der Aue haben wir an der Hessenkampfbahn gelegen, bis es Morgen wurde. Als ich nach meinen Eltern suchen wollte, da ist meine kranke Schwester mit einem Auto nach Witzenhausen gefahren worden. Da haben wir gesehen, wie sie die Verletzten von der Pinne anbrachten, auf Bahren. Das war gegen 12 Uhr und früher. Die Kinder, die aus der Pinne geborgen wurden, waren meist in Tücher eingewickelt, wir konnten sie deshalb nicht so erkennen. Auch die Gesichter waren meist entstellt. Vom Steinweg wissen wir nichts, mein Mädel ist nun auch für tot erklärt worden, aber wo es gefunden wurde, wissen wir nicht. Auch von den Eltern ist nichts gefunden worden. Sie sind alle verschollen.

Kassel, den 17.4.1944

Pinne
Kastenalsgasse 34

Es erscheint Frau Gretel S., ehemals Kastenalsgasse 34, jetzt Kepplerstraße 17, geb. W., 22.9.1914, und erklärt:

Das war folgendermaßen, passen Sie auf. Während dem Alarm war gleich auf „Gasthof Sommer" im Graben ein Volltreffer gekommen. Und da sage ich noch zu meiner Oma: „Sieh mal, die Leute sehen alle so schwarz aus, die da durch einen Schacht rauskommen", und da habe ich mich verführen lassen, zum ersten Mal in die Pinne zu gehen. Wenn ich bei uns geblieben wäre, dann wäre ja alles gut gewesen. Denn mein Mann hat als Hauswart 73 Mann gerettet. Ich bin nun mit der Oma und meinen beiden Kindern, Irmgart und Brigitte, in die „Pinne" gelaufen. Frau Sch. aus unserem Haus war auch noch mit. Was in der Pinne los war, das kann ich gar nicht so gut erzählen, weil ich als ohnmächtig wurde, und wenn ich wieder aufgewacht bin, dann hat meine Tochter geschrien: „Mutti, ich ersticke," die lag unter lauter Toten da im Keller. Und ich hatte meine Jüngste als auf dem Arm und das Kind hat noch bis 6 Uhr morgens gelebt. Um diese Zeit wurde ich ohnmächtig, dann bin ich wieder aufgewacht. Da lag das Kind vor meinen Füßen. Und ich wollte meine Nachbarin fragen, ob die Streichhölzer hätte, da war die Frau schon tot und kalt. Und meine Kleine schrie immer noch, das war wohl gut. Aber weil ich kein Licht hatte, konnte ich sie nicht finden. Weil die Große immer geschrien hat, darum bin ich immer wieder aufgewacht und am Leben geblieben. Den Morgen gegen 7 oder halb 8 Uhr wurde angefangen mit ausgraben. Ich wurde da wach. Passen Sie auf, da wurde so ein Stückchen freigelegt. Ich rief: „Lieber Mann, helfen Sie mir doch, das Kind rauszuziehen." Ich konnte mich garnicht stellen, weil die Toten alle vor meinen Füßen lagen. Da kamen zwei Soldaten rein. Und habe geschrien: „Lieber Mann, helfen Sie mir doch mal, das Kind rausziehen." Dann haben die das große Kind rausgeholt und mich. Das Kleine war schon eisekalt. Dann wurde ich auch auf die Hessenkampfbahn gebracht. Und dann bin ich aufgewacht und habe meine Große gesucht und habe meinen Mann in der Schule am Wall gefunden. Da habe ich dann geschrien: „Die Kinder, die Kinder." Und dann haben wir die Große auf der Hessenkampfbahn gefunden. Sie war verbunden am Auge und rechten Bein und hatte Phosphorverbrennungen, ich weiß nicht woher.

Sie lag dann 4 Wochen im Krankenhaus in Münden und ist Gottseidank wieder hergestellt. Die Kleine haben wir nach 3 Tagen dann gefunden vor der Pinne und einen Zettel drangehängt. Denn ich durfte das Kind nicht mit rausnehmen, weil es tot war.

Auf der Hessenkampfbahn lag ein Kind neben meiner Irmgart, das war ein Mädchen von 11 Jahren und suchte seine Mutter. Ob sie ihre Mutter gefunden hat, weiß ich nicht zu sagen.

Im Gasthaus „Zur Pinne" befand sich ein Öffentlicher Schutzraum.

Kassel, den 18.4.1944 Wolfhager Straße 38

Es erscheint der Drahtzaunfabrikant Anton Sch., geb. 12. 3. 1894 zu Olpe bei Meschede in Westfalen, ehemals Wolfhager Str. 38, jetzt Wurmbergstraße 75, und erklärt:

Ich war an dem Bombenabend mit meiner Frau zu Hause. Wir waren allein, denn unser Sohn steht als Soldat im Osten. Nach dem Abendessen hörte ich den Rundfunk, der aber gegen 7.40 Uhr aussetzte. Ich hatte schon die ganzen Tage vorher mit einem Terrorangriff gerechnet, ich hatte das so im Gefühl. Und habe nach dem Aussetzen des Radios zum erstenmal während des Krieges Koffer und meine sonstige Habe in den Keller des vierstöckigen Wohnhauses gebracht. Das Heruntertragen war mir sehr beschwerlich, und hat bisher stets meine Frau besorgt, weil ich beinamputiert und dadurch im Tragen stark behindert bin. Ich habe meiner Frau gleichzeitig sehr eindringlich aufgegeben, sich luftschutzfertig zu machen, da meines Erachtens mit einem Angriff auf Kassel gerechnet werden mußte. Nach meinen Beobachtungen über die kurze Zeit vorher erfolgten Terrorangriffe auf andere Städte, sind diese alle kurz nach der Dämmerung erfolgt. Meine Frau aber wehrte ab: „Was du immer nur hörst!" mehr wohl, um sich selbst Mut zuzusprechen, als die Möglichkeit des Angriffs abzulehnen. Sie bereitete sich aber trotzdem für alle Fälle ausnahmsweise frühzeitig vor. Nachdem nun die Sachen in den Keller transportiert waren, gingen wir wieder in die Wohnung im ersten Stockwerk. Ich ging auf den Balkon, von wo ich den südwestlichen Himmel beobachten konnte. Nach einigen Minuten – es mochte gegen 20 Uhr sein – hörte ich starke Flugzeuggeräusche in der Luft. Und um die gleiche Zeit ertönte die Sirene auf der Bürgerschule in der Wörthstraße. Der Himmel war dunkel und bewölkt. Man hörte noch Fußgänger auf der Straße wie zu gewöhnlichen Zeiten. Das Propellergeräusch hielt in starkem Maße an und ich hatte den Eindruck, als handelte es sich um Überflüge feindlicher Maschinen, weil von hier aus keinerlei Lichtzeichen am Himmel zu sehen waren. Trotzdem wurde mir unheimlich und ich sagte zu meiner Frau: „Komm, wir wollen in den Keller gehen, es liegt so was in der Luft, ich glaube, es stimmt nicht." Mit diesen Worten schlugen wir die Wohnungstür zu und gingen die Treppe runter. Hier war noch kein Mensch. Wir waren die ersten im Schutzraum. Fast im gleichen Augenblick, als wir den Keller betraten, öffneten sich die Schleusen der Hölle über dem Himmel von Kassel zu einem halbstündigen Unwetter, wie es sich die kühnste Phantasie nicht hätte ausmalen können. Ohne Pause und Unterbrechung hörte man es zischen, pfeifen, gurgeln, brausen, krachen, donnern, schlagen, schmettern und hämmern, daß man glauben konnte, der Weltuntergang wäre gekommen. Die übrigen Hausbewohner kamen fluchtartig in den Keller gestürzt. Die meisten nur mit ein wenig Handgepäck und zum Teil auch unzureichend bekleidet. Der allgemeine Schrecken war auf sämtliche Gemüter derart lähmend geschlagen, daß weder Groß noch Klein einen Angstlaut ausstoßen konnten. Von den unzähligen Brandbomben, die in unmittelbarer Nähe niederfielen, haben wir im Keller nichts gehört. Markerschütternd aber war das Pfeifen und Gurgeln der schweren Bomben und Minen, die mit ohrenbetäubendem Krachen detonierten. Es sind nach den späteren Zählungen im Umkreis des Kellers von 50 - 100 Metern bis zu 12 schweren Bomben und Minen aufgeschlagen, die ich in der ersten halben Stunde im Keller gezählt habe. Eine 20 Zentnerbombe kam als Blindgänger nieder und lag dann 15 Meter abseits vom Haus. Die hat mein Sohn später auf dem angrenzenden Fabrikgelände von Beck und Henkel im Schutt gefunden. Das war 4 Wochen nach dem Angriff während des Bombenurlaubs meines Sohnes.

Der Luftschutzkeller war nach menschlichem Ermessen gut vorgerichtet, die Kellerlöcher, die zu Vierfünftel unterirdisch lagen, waren vorschriftsmäßig zugemauert und ebenso war ein Notausgang am äußersten Ende des Kellerganges durch die starke Außenwand des Hauses gebrochen, wieder mit einem steinstarken Mauerwerk zugemauert und etwa ein Meter davon, eine starke Schildmauer mit der ordnungsmäßigen vorgeschriebenen Betondecke errichtet worden. Bei den ersten Bombenwürfen gegen 20 Uhr 25, flogen die Mauersteine der Kellerlöcher und des Durchbruches wie Schuttbrocken im Keller herum, ohne allerdings Schaden anzurichten. Nun erfolgte nach jedem nahen Einschlag ein Staub- und Luftwirbel durch die Kellerlöcher, daß man jeden Augenblick glauben mußte, das Haus stürzt in sich zusammen. Von draußen hörte man das Klirren der Scheiben und der Dachziegeln, die auf das Pflaster schlugen. Das Bersten und das Einkrachen der nahe gelegenen Häuser drang schauerlich herein, das furchtbare Donnern von zwei umfallenden Fabrikschornsteinen, die beide auf Nachbargrundstücken umschlugen. Ein Blick durch das Kellerloch gab nur einen kleinen Teil des Himmels frei, der glutrot erstrahlte. Nach einer dreiviertel Stunde etwa wurde es stiller. Es war eine Feuerpause eingetreten. Da haben sich zwei Männer des Hauses nach draußen gewagt. Sie kamen aber sofort zurück mit der Schreckensbotschaft: „Alle Häuser, die ganze Nachbarschaft brennt!" Das eigene Haus aber brannte noch nicht. Nach weiteren 10 Minuten war wieder eine kleine Feuerpause, da machten sie den Kontrollgang durchs Haus. Sämtliche Türen, Scheiben, waren rausgerissen und versperrten zum Teil auch das Treppenhaus. Trotzdem wurde der Kontrollgang bis zum 3. Stockwerk durchgeführt. Hier brannten nun zwei Zimmer in der Wohnung von H.. Auch unsere Vorgangstüre brannte und eine Stabbrandbombe lag im Schlafzimmer meines Sohnes. Diese Brände sind alle mit Sand und Wasser gelöscht worden. Inzwischen erhob sich ein orkanartiger Sturm, das war der Feuersog, der fauchte und fegte durch die Straße und Häuser hindurch. Er brachte einen Funkenregen. Es war das reinste Schneegestöber mit Feuerflocken. Dieser Funkenregen setzte die Feuerfünkchen in den Wohnungen ab und die fraßen sich dann in die Holzgegenstände, und so entzündete sich auch unser Haus von diesem Sturm der kleinen Funken. Es war vielleicht gegen 21.30 Uhr. Im Keller herrschte immer noch lähmendes Entsetzen bei allen Bewohnern. Die Hitze der gewaltigen Brände ringsum machte den Aufenthalt im Schutzraum unerträglich. Es wurde uns nun klar, daß wir diesen Aufenthalt verlassen mußten. Ich habe mich nach oben begeben, um mir selbst ein Bild von der Lage zu machen, habe bei der Gelegenheit auch im Büro, das im Erdgeschoß gelegen war, noch einige Akten geborgen und in den Keller gebracht. Die einzige Sorge, die mich bewegte, war die, wie kommen wir von hier aus ins Freie? Im Keller hätten wir unweigerlich verschmoren müssen. Als ich diese Meinung im Keller bekannt gab, setzte eine allgemeine Unruhe ein. Draußen fielen weiterhin die Bomben. Die Kinder schrien jetzt und ein vierjähriges Mädchen fing laut an zu beten und rief ihr verstorbenes Brüderchen an: „Rudolf, du bist im Himmel, du mußt uns retten!" Andere wieder legten sich lang auf die Erde, eine Frau hielt sich den Kopf mit beiden Händen und zog die Jacke über die Ohren. Die kleine Marga rief immer: „Müssen wir sterben? Gehen wir jetzt tot?" Dann sagte die Kleine wieder: „Bete du auch, ihr sollt alle beten." Einer sagte: „Hier kommen wir nicht mehr raus, es brennt überall!"

Auch meine Frau sagte: „Wir müssen hier raus, es brennt überall, die Brandmauer kommt auf uns zu." Denn sie war nochmal oben in der Wohnung gewesen und sah nun das Durcheinander in den Räumen. Sie dachte aber, wenn wir nicht durch Funkenflug angesteckt werden, dann ist das Haus noch zu retten. Aber wir konnten nicht dableiben, wir wären im Rauche erstickt und in der Hitze verschmort. Sie ist nochmal durch die Wohnung gegangen. Die schöne Filetdecke lag noch auf dem Tisch, aber die Lampe war draufgefallen. Überall lagen die Splitter. Die Türe zum Herrenzimmer war noch geschlossen. Hier war noch alles in Ordnung, nur die Scheiben kaputt. Alles stand und hing an seinem Platz. Die Wanduhr tickte noch, als wäre garnichts geschehen. Im Schlafzimmer waren Scheiben und Spiegel zerbrochen, aber sonst war alles noch am Platz. Dann kam sie in das Zimmer von Karlheinz. Hier lag eine Stabbrandbombe vor dem Kleiderschrank. Sie war schräg durchs Fenster eingefallen. Sie hat sie mit der bloßen Hand angefaßt und zum Fenster rausgeschmissen. Dann ist sie in die Küche. Da stand der Küchenherd quer im Raum. Aber die Möbel waren alle am Platz, nur die Scheiben und Spiegel waren kaputt. Und dann ist sie wieder die Treppe runtergestürzt. In dem Moment bekam sie einen Balken ins Kreuz vom Fenster. Inzwischen rief der Herr M., der Luftschutzwart: „Frau Sch., ich gebe Ihnen den Befehl runter zu kommen!" Aber sie hat gedacht: „Blas mich auf den Kopf, was ich retten kann, das rette ich" und hat Betten und Kleider runtergeschleppt. Die anderen Hausbewohner M. und O. und H. haben sich nach ihr auch raufgemacht, um zu retten.

Jetzt war der Angriff vorbei. Nun lief alles nach oben und guckte sich die beschädigten Wohnungen und die Trümmer an und alle sahen ein, daß wir das Haus verlassen mußten, weil hinter uns die Fabrik brannte und die Brandmauer auf uns zukam. Und dann ist sie in den Laden, ins Geschäft, da lag die Polstertüre um. Und hier im Büro waren ungefähr 50 Menschen, die sich da reingeflüchtet hatten. Und ein Soldat sprang immer auf die Straße und guckte hoch, ob der Dachstuhl noch nicht brannte: „Es brennt noch nicht," rief er, „es brennt noch nicht – jetzt brennt's!" Überall da saßen die Menschen auf der Erde, auf dem Schreibtisch. Und wie nun der Dachstuhl brannte und bei H. brannte es auch schon, da sind wir heraus. Da haben wir erst mal einen Anlauf genommen mit Koffern und Kleidern bewaffnet. Da sahen wir zu unserem Entsetzen, daß sämtliche Straßen brannten. Dann haben wir alles runter in den Keller gebracht und alles schön zugeschlossen. Und dann haben wir es nochmal ohne Sachen versucht und sind wieder umgekehrt. Und dann haben wir unsere Decken naß gemacht, den Hut ins Wasser getaucht und ihn als Schöpfer benutzt und die Kindermäntelchen ins Wasser getaucht. Das Kleine von O. haben wir in den Kinderwagen gelegt und dann, wir voran, mit einer Basttasche in der Hand, eine putschnasse Decke über'm Kopf.

Ehe wir aus dem Keller sind haben wir, um uns Courage zu machen, jeder einen Schluck Cognac getrunken. Es war französischer Hennessy. Den hatten wir aufgehoben, wenn mal Not am Mann wäre. Und dann haben wir ihn getrunken, ehe wir raus sind und ruck zuck noch einen Schluck und dann sind wir raus.

Ich hatte den Regenumhang von Karlheinz um und den Hut. Und wie es so brannte und die Leute wollten wieder zurück in den Keller, da sagte ich: „Dann können wir auch auf der Straße sterben!"

Der erste Blick auf die Straße war ein Blick in die Hölle. Alle Häuser brannten, fast jeder Pflasterstein brannte, die Federstahlfabrik stürzte schon zusammen, aus den Häusern schlugen links und rechts die Flammen wie mit Sauerstoffgebläsen angetrieben. Ich mußte den Mantel wegwerfen. Wir wandten uns nach rechts, zum Unterstadtbahnhof zu. Teilweise lag da hohes brennendes Gerümpel und Geröll auf der Gehbahn und dem Pflaster. Wir ließen den Kinderwagen auf der Straße stehen, er war nicht durchzubringen. Das Kind nahm der Vater auf den Arm. Wir stiegen langsam über die Barrieren und brennenden Barrikaden weg, ich rief: „Ich komme mit meinem Bein nicht durch, wenn nur der Holzhachsen nicht anfängt zu brennen!"

Auch die schönen blauen Schuhe meiner Frau waren vorne angebrannt. In der Not habe ich den Regenumhang weggeworfen und habe ein nasses Tuch vor den Mund gehalten.
Nun haben wir trotzdem noch Glück gehabt, daß die Straße so breit war, sonst hätten wir uns nicht mehr retten können. So kamen wir auf den Unterstadtbahnhof, wo schon viele Menschen waren. Wir glaubten jetzt erst mal Luft schnappen zu können, Luft, Luft, Luft! Der Funkenflug aber war hier noch größer. Von dem eigentlichen Brand der Stadt Kassel konnte man kaum was sehen, weil alles in Brand und Rauch gehüllt war. Um uns ein Bild des Entsetzens. Mütter mit ihren kleinen Kindern hockten auf der nackten Erde und sanken um vor Erschöpfung. Eine Frau rief nach ihrem Mann: „Habt ihr nicht meinen Mann gesehen?" „Liebe Frau, wie soll ich Ihren Mann kennen?" „Ja, so'nen einzelnen Mann."
Eine andere Frau rief immer: „Heinrich wo bist du? Heinrich du bist gestorben heute. Heinrich du bist im Himmel, Heinrich du bist oben. Siehst du mich? Heinrich? Ich habe deine Schuhe an! Deine Schuhe sind vorne abgebrannt."
Eine andere Frau schrie immerzu: „Ich habe alles verloren, ich habe alles verloren!"

„Ach machen Sie uns nicht auch noch verrückt, seien Sie still, wir haben auch alles verloren."

Wir hatten die Taschen voll Äpfel gesteckt. Ich hatte einen Apfel in der Hand und gab der kleinen Marga auch einen. Da kam eine Frau „Ach lassen Sie mich doch nur mal beißen!" Da hat sie mir den Apfel fast weggerissen. Der Durst war unerträglich.

Unterdessen brannte eine Eisenbahnlohre nach der anderen ab. Auch die Lagerschuppen von der Güterabfertigung brannten völlig aus. Tausende von Zentnern Kohlen brannten in den großen Lagern der Kasseler Kohlenhändler ab. Angeblich waren es 2 000 Zentner.

Es rußte und rauchte fürchterlich. Der Funkenflug war so, daß wir immer weitergetrieben wurden, von einem Waggon zum anderen kauerten wir uns und suchten Schutz. „Weitergehen auf den Friedhof!" Hieß es immer in der Nacht. Die Augen brannten fürchterlich. Wir hatten nasse Tücher bei uns. Die Leute haben sie uns aus der Hand gerissen. Wir hatten kein Wasser, keinen Tropfen konnten wir auftreiben. Dann flüchteten wir in einen Schuppen. Da lag eine Frau. Es war das Güterkassengebäude. Es war keine Scheibe mehr ganz, aber das Haus hatte bis jetzt gehalten. Hier standen die Menschen wie die Heringe. Aber es klagte keiner. Nur die Verwundeten schrien nach Wasser. Eine Dame hatte furchtbare Verbrennungen. Sie rief immer: „Helft mir doch, habt ihr keine Pillen? Ich habe Durst." Zum Glück hatte meine Frau ihre Luftschutztasche bei sich. Sie konnte ihr schmerzstillende Pillen geben. Ein Herr gab ihr dazu ein Glas Wein, das hatte er aus der Wohnung des Bahnhofvorstehers geholt. Sie dankte meiner Frau und sagte: „Du bist wohl Laienhelferin?"

Und dann haben wir einen Träger gesucht, der die Frau wegholen konnte. Aber sie mußte eine Stunde lang noch liegen in der Nacht, bis einer von den Trägern kommen konnte. Die hatten alle Hände voll zu tun und konnten es nicht schaffen.

In dem Augenblick als wir zuguckten, wie die Häuser alle abbrannten, da kam ein Mann, der rief immer: „Meine schönen Zigarren, meine guten Zigarren!" Es war ihm wichtiger als das ganze Haus. Und dann sagte ich: „Guck mal, die ganzen Häuser brennen, nur die 'Eiserne Ecke' die brennt nicht." Das Wort bewahrheitet sich wirklich. Aber später ist die 'Eiserne Ecke' durch Funkenflug dann doch noch abgebrannt. Frau O. stand da mit dem Kind. Das hatte nichts zu trinken, da ist der Vater, wer weiß wie weit, losgelaufen und hat einen Tropfen Milch und eine Dose Kekse erstanden. Und unterdessen ist ein Omnibus gekommen und hat die Leute fortgeholt. Inzwischen kommt der Vater zurück und die Leute vom Omnibus rufen und winken und er läuft weg, statt hinterher, aus Angst, die Leute wollten ihm das Bißchen abnehmen. Und da ist eine vom Omnibus runtergestiegen und hat ihn zurückgeholt und ihn beruhigt, er sollte nur kommen, seine Familie wäre mit im Wagen.

Und dann die Begrüßungen mit den Nachbarn: „Ach Gott, sind sie auch da? Sie auch da?" Und dann kam Fräulein H., wo wir unsere Garage hatten und sagte: „Ihr Auto ist auch verbrannt."

Und dann war da Herr L., der legte sich lang auf die Erde und weinte. Wir fragten: „Wo ist ihre Tochter und ihr Junge?" „Ich weiß von nichts, ich weiß von nichts! Sie haben sich gerettet, aber mit schweren Verbrennungen."

Herr O. wollte uns mit dem Auto wegbringen. Aber das kam garnicht durch. Unsere Hoffnung war, wir hätten wenigstens die Sachen im Keller gerettet. Hier hatten wir alles runtergeschafft: Geschirr und Betten und Decken und Kleider und Hüte und Schuhe und Pelze und die ganze Buchhaltung mit zwei Schreibmaschinen, die Kasse und Kassette. Das hat alles der Churchill geholt, der Sauhund!

Nun kam der Morgen mit einem herrlichen Sonnenschein. Aber sie kam durch den Rauch durch, gegen halb 9 Uhr. Das vergesse ich nicht. Dann kamen Omnibusse und nahmen uns mit. Da merkte meine Frau, daß sie einen schlimmen Fuß hatte, weil sie die Treppe runtergestürzt war, als der da unten anfing zu brüllen. Und dann kam ein Omnibus, der fuhr uns in die Landschaft bis nach Calden. Und hier wurden wir liebevoll aufgenommen. Aber schlafen konnten wir nicht. Wir haben uns erst mal gewaschen – denn wir sahen aus wie die Zigeuner – und waren doch froh, der Hölle entronnen zu sein.

Wir sind in der Hoffnung weggefahren erstmal trinken und schlafen zu können. Und dann am anderen Tage wollten wir noch mal in unser Haus und die Sachen aus dem Keller retten. Aber es war alles ein Rauch und wir konnten nicht hinein. Ist auch alles verbrannt. Das ganze Haus ist dann später eingestürzt. Nach drei Tagen standen wir dann vor den Trümmern unseres Hauses und unserer Habe und hielten die Hausschlüssel in der Hand. Die haben wir heute noch.

Im Hinterhaus sind die Leute, welche nicht rausgehen wollten, alle erstickt und haben dann als Leichen verkohlt auf der Straße gelegen. So wäre es uns auch gegangen, wenn wir nicht rechtzeitig den Flammen entronnen wären.

Kassel, den 10.5.1944 Jägerstraße 9 u. 5

Es erscheint Frau Elisabeth Sch., geb. A. (geb. 26.1.1908 zu Vollmarshausen) und erklärt:

Mein Mann war in Urlaub, es war etwas lebhaft bei uns und wir hatten den Alarm nicht gleich gehört und dann sind wir in den Keller gegangen, mein Mann mit den drei Kindern und ich. Und da konnten wir nicht lange bleiben. Die ganzen Hausbewohner waren hier mit unten. Wir hörten Einschlag auf Einschlag. Wir dachten, es stürzte alles über uns zusammen. Rauch kam noch nicht rein, auch kein Kalkgeruch, aber nach Dreck roch es schon. Und da sind wir durch den Durchbruch durch 7 durch und gleich nach 5, weil da ein öffentlicher Luftschutzraum war. Und da haben wir 'ne Zeit gestanden und mal in die Ecke und mal in die Ecke gegangen, und die Männer haben dann versucht, ob wir nicht mal raus konnten und wo denn das Licht ausging, da sagt mein Mann ich sollte mich mit der Kleinen da hinsetzen. Er ist immer noch da rumgelaufen und hat versucht, wie er uns retten könnte. Zuletzt, als er nicht mehr konnte, sagte er: „Komm, wir legen uns da hin, es hat keinen Zweck." Die Menschen in dem Raum waren ziemlich ruhig, nur die kleinen Kinder schrien furchtbar. Da haben wir uns auf ein Luftschutzbett gelegt, mein Mann, das Kleine und ich, und der Junge von 12 Jahren legte sich so oben her, und das Mädchen unten vors Bett, und da bin ich eingeschlafen. Ich weiß dann weiter garnichts mehr. Ich bin dann am Sonnabend in der Jägerstraße aufgewacht, wie wir auf der Straße lagen. Ich konnte mich nicht hochmachen und da kam ein Soldat und fragte, wie ich hieß. Und dann haben sie mich weggetragen an den Lutherplatz und von da aus bin ich ins Rote Kreuz gekommen. Am anderen Morgen hatte ich so'nen Jammer nach meinen Lieben und da habe ich versucht, ob ich laufen konnte, und da ging's leidlich, da sollte ich mit nach Witzenhausen zum Transport, da habe ich gesagt: „Ich muß erste mal sehen, wo meine Kinder und mein Mann sind!" Nun bin ich vom Roten Kreuz bis zur Jägerstraße alleine gelaufen, halb ohnmächtig. Das war am Sonntag vormittag. Und da lag mein Mann tot auf der Straße. Und da hieß es, es wäre Fliegeralarm, da mußten wir weg. Da bin ich in den Bunker an der Schlagd gelaufen. Und wie der Alarm vorbei war, da bin ich nochmal da hingegangen. Und wie ich an die Jägerstraße kam, da lag mein Junge als erster, den hatten sie in der Zwischenzeit erst rausgeholt. Da habe ich so geschrien, da haben sie mich weggeschickt. Ich bin dann nach Vollmarshausen zu meinen Geschwistern und habe mich ins Bett gelegt. Und meine Geschwister haben jeden Tag in Kassel geguckt und auf dem Friedhof und haben jedes Auto sehen abladen, und immer sagten sie, die beiden Mädchen sind nicht dabei (11 und 4 Jahre). Und wo sie dann garniemand fanden, da haben sie alle Krankenhäuser abgesucht. Und da haben sie die Kleine in Kirchditmold gefunden. Im Katharinenstift. Und nun muß doch die Margret auch leben, wenn sie zwischen den Toten nicht gewesen ist. Sie würde nun im März 11 Jahre alt sein.

Wir waren mit den Kindern bei meiner Schwester in Vollmarshausen gewesen und weil mein Mann am 10. Oktober auf Urlaub kam, sind wir nach Kassel in unsere Wohnung gefahren und da hat es uns ereilt.

Aus dem Keller sind sie alle rausgeholt worden und nicht verbrannt und mein Mann und der Junge sind als bekannt beerdigt und die Leute in der Jägerstraße haben sie doch alle gekannt. Sie muß doch noch am Leben sein. Eine Frau hat mir erzählt, sie hätte meinen Mann auf der Straße sterben sehen, warum sind die erst am Sonntag rausgeholt worden? Mein Mann war jung und stark, der hätte sicher noch gelebt.

Kassel, ein Jahr nach dem Angriff

Die nachfolgenden Fotos wurden etwa ein Jahr nach dem Angriff vom 22. Oktober 1943 aufgenommen. Die Farbqualität entspricht dem damaligen Fotomaterial.

Blick auf Druselturm und Martinskirche

Oben:
Untere Kölnische Straße zwischen Spohrstraße und Friedrich-Wilhelms-Platz (Scheidemannplatz).

Links:
Die Gießbergstraße in Richtung Wolfhager Straße. Rechts der Eingang zur damaligen Heeresbäckerei.

Links:
Das Rathausportal.

Unten:
Das Rathaus, von der Frankfurter Straße aus gesehen.

Links:
Blick vom Kaufhof über die Königsstraße hinweg zur Karlskirche. Im Hintergrund die Schöne Aussicht.

Rechts: Hauptbahnhof.

Rechts:
Der Altmarkt in Richtung Wolfsanger. Rechts die Fulda.

Rechts:
Blick von der Großen Rosenstraße in Richtung Ständeplatz. In der Mitte das Hotel Schirmer.

Ruinen von Wohnhäusern an der Murhardstraße

Oben:
Oberste Gasse vor dem Angriff.

Links:
Die Oberste Gasse in Richtung Martinskirche. Rechts das Elisabeth-Hospital. 4 Wochen nach dem Angriff.

Links oben:
Zwehrenturm und Elisabeth-Hospital.

Links unten:
Friedrichsplatz mit Staatstheater und Elisabethkirche.

Oben: Marställer Platz.

Rechts:
Das Regierungsgebäude am Schloßplatz.

Fuldabrücke mit Kastell

Der Pferdemarkt in Richtung
Untere Königsstraße

Der Pferdemarkt vor dem Angriff

Oben:
Die Schlagd.

Rechts:
Die Schlagd. Im Hintergrund das Gerichtsgebäude.

Links:
Friedrichsplatz mit Fridericianum und Kriegsschule.

Links unten:
Ruine des Roten Palais am Friedrichsplatz.

Rechts:
Das nördliche Torwachtgebäude am Adolf-Hitler-Platz.

Unten:
Martinsplatz und Martinskirche. Der Martinsplatz war der Zielpunkt des Angriffs.

Die Schöne Aussicht wird mit dem Trümmerschutt aus der Innenstadt verbreitert

Innenstadt Kassel 1945, Zerstörungskarte

Die Eskalation des Luftkrieges

1917

Feldmarschall Sir Douglas Haig unterstützte die Meinung, daß „die Bombardierungen dichtbesiedelter Gebiete ebenso zu rechtfertigen wie auch erfolgreich sein können, wenn es darum geht, den Feind für gleiche, vorausgegangene Taten zu bestrafen und deren Wiederholung damit zu verhindern", fügte aber hinzu: „Ist ein derartiger Konflikt erst einmal ausgebrochen, dann müssen wir auch moralisch wie materiell darauf vorbereitet sein, den Feind zu übertreffen."(6)

Die Entwicklung einer britischen Offensivstrategie im Luftkrieg gegen die Deutschen fand 1917 im damaligen Munitionsminister Winston Churchill einen beredten Gegner. Sein Einwand: „Es ist unwahrscheinlich, daß irgendwelche Terrorakte gegen die Zivilbevölkerung durch Angriffe aus der Luft die Regierung eines großen Landes dazu zwingen könnten, den Kampf aufzugeben. Die Gewöhnung an Bombardierungen, ein gutes Unterstand- und Bunkersystem sowie strenge Kontrollen seitens der Polizei und der militärischen Führung dürften vielmehr ausreichen, die Kampfkraft des eigenen Landes unbeeinträchtigt zu erhalten. An uns selbst konnten wir sehen, wie der Kampfgeist unseres Volkes durch die deutschen Luftangriffe eher gewachsen ist und keineswegs erstickt wurde. Nichts von dem, was wir bisher über die Fähigkeit der deutschen Bevölkerung, Leiden zu ertragen, erfahren haben, berechtigt uns zu der Annahme, wir können sie durch solche Methoden so weit einschüchtern, daß sie den Kampf aufgeben und nicht mit noch verzweifelterer Entschlossenheit zurückschlagen würde. Deswegen sollte unsere Luftoffensive uneingeschränkt auf Schläge gegen jene Stützpunkte und Nachschublinien gerichtet sein, von deren Netz die Kampfkraft ihrer Armeen und ihrer Flotten zu Wasser und in der Luft abhängen. Werden bei Verfolgung dieser Strategie Zivilisten in Mitleidenschaft gezogen, so muß dieser Umstand allerdings als zufällig und unvermeidlich angesehen werden."(7)

1918

Der Chef des britischen Luftwaffenstabes am 27.06.1918 an das Kriegskabinett:

„Das Ziel solcher Angriffe wären ständige Alarme, erhöhte Spannung, Einbußen in der Industrieproduktion. Sie würden generell dazu führen, daß die Interessen des Militärs, des Finanzwesens und der Industrie in einen Konflikt gerieten...

Die massierte Bombardierung dichtbesiedelter Industriezentren würde dazu führen, daß die Moral der Arbeiter zusammenbräche."(8)

Die Bilanz am Ende des Ersten Weltkrieges: deutsche Flieger warfen 9 000 Bomben mit einem Gesamtgewicht von 280 Tonnen über Großbritannien ab; davon ungefähr 50 allein auf London. Bei den Angriffen kamen 1413 Menschen ums Leben, darunter 670 Einwohner Londons.

Britische und französische Fliegerangriffe töteten 746 Deutsche und verwundeten 1843. Doch der indirekte Effekt alliierter Bombenangriffe auf Deutschland machte auf die Briten den größten Eindruck: „Die Ausfälle in der Kriegsgüterproduktion und auch der Zusammenbruch des moralischen Widerstandes im Lande können gar nicht ernst genug eingeschätzt werden."(9)

1928

Der Stabschef der Royal Air Force, Sir Hugh Trenchard war der Ansicht, daß die Royal Air Force beim Feind durch Bombenangriffe ein solches Maß an Panik erzeugen könne – und dies auch weit außerhalb des direkt betroffenen Bereichs –, daß die Arbeit in den Städten praktisch zum Erliegen käme.

„Die bloße Möglichkeit nächtlicher Luftangriffe wird Tausenden den Schlaf rauben."(10)

1935

Italienische Luftangriffe auf die Zivilbevölkerung bei der Besetzung Abessiniens.

Winston Churchill kündigte im Juni 1935 seinen Widerstand an gegen „dieses verabscheuungswürdige Konzept, durch Terror gegen die hilflose Zivilbevölkerung und Massaker an Frauen und Kindern feindliche Länder zur Unterwerfung zu zwingen." Aber, kaum zum Mitglied des Ausschusses des britischen Empire zur Untersuchung der Luftverteidigung geworden – und das war im Juni 1935 – da setzte er sich für den Fall eines Krieges mit dem Deutschen Reich für eine Bombardierung des Ruhrgebietes ein: „Wenn die deutsche Regierung glaubt, durch Zerstörung der Großstädte und Niederschlachten der Zivilbevölkerung ein Land zum Betteln um Frieden zwingen zu können, bevor die Armeen der Alliierten mobilisiert worden und materiell in Vorteil gekommen sind, dann könnte dies durchaus dazu führen, daß wir die Feindseligkeiten allein mit dem Einsatz der Luftwaffe beginnen müssen."(11)

1936

wurden von der Royal Air Force Vorschriften für den Bau eines schweren, viermotorigen Bombers herausgegeben, die bei den viermotorigen Sterling-, Halifax- und Lancasterbombern berücksichtigt wurden.

1937

Spanischer Bürgerkrieg. Einsatz von Teilen der deutschen Bomberstreitmacht. Deutsche Flugzeuge bombardierten und zerstörten die baskische Stadt Guernica am 26.04.1937. Es wurden Bombenangriffe durch die spanischen Nationalisten und ihre Luftwaffe auf Barcelona, Tarragona und Madrid durchgeführt.

1939

Allein im Januar 1939 mußte diese Stadt nicht weniger als 180 Bombenangriffe der Nationalisten hinnehmen, wobei Hunderte von Einwohnern getötet wurden.

Unterdessen wurden die Bombenangriffe auf Zivilisten fortgesetzt. Zur gleichen Zeit, da die deutsche Luftwaffe die Zivilbevölkerung Spaniens heimsuchte (und mehr Menschen tötete als in Guernica: 378 in Alicante, mehr als 1000 während dreier Angriffe auf Barcelona), vollführten die Japaner unter den Nichtkombattanten Chinas wahre Massaker. Zwölf japanische Angriffe auf Kanton zwischen Mai und Juni 1938 kosteten rund 3 000 Zivilisten das Leben. Nach eigenen Angaben des japanischen Hauptquartiers wurden im Mai 1938 nicht weniger als 1800 Luftangriffe auf chinesische Städte geflogen.

„Am erschreckendsten daran", protestierte ein britischer Unterhausabgeordneter, „ist die Tatsache, daß die öffentliche Weltmeinung sich an diese Dinge zu gewöhnen beginnt und daß die Regierungen nichts unternehmen, dem ein Ende zu machen."[12]

In einer Unterhausdebatte im Juni 1938 verwies Chamberlain auf die drei Regeln des Völkerrechts, die für alle drei Arten der Kriegführung – zu Wasser, zu Lande und in der Luft – anwendbar seien:

1. Es verstoße gegen internationales Recht, Zivilisten anzugreifen und Attacken gegen die Zivilbevölkerung bewußt zu planen.
2. Angriffsziele aus der Luft müßten eindeutig militärischer Natur und als solche erkennbar sein.
3. Angemessene Rücksicht sei geboten, wenn jene militärischen Objekte bombardiert würden, die in unmittelbarer Nachbarschaft ziviler Wohnungen gelegen seien.

Nachdem die Deutschen im März 1939 den Rest der Tschechoslowakei besetzten, wurde der britischen Regierung klar, daß ein Krieg mit Deutschland unvermeidlich wird.[12]

Am 1. September 1939 appellierte der amerikanische Präsident Roosevelt an alle kriegführenden Nationen, „ihre Entschlossenheit zu versichern, daß die bewaffneten Kräfte in keinem Fall und unter keinen Umständen Bombardierungen aus der Luft gegen Zivilbevölkerung oder unbefestigte Städte unternehmen, und zwar unter dem Einvernehmen, daß die Regeln der Kriegführung von allen beteiligten Gegnern aufs genaueste eingehalten werden."

Adolf Hitler gab noch am selben Tag seine Zustimmung zu dieser Grundsatzerklärung bekannt, und am Tag darauf folgte eine ähnliche anglo-französische Deklaration.[13]

Der Chef des britischen Luftstabs erklärte am 24. September 1939: „Angesichts der deutschen Handlungen in Polen sind wir nicht mehr an die Vorschriften des Luftfahrtministeriums vom 22. August gebunden; gleiches gilt für unsere Zustimmung zum Appell von Präsident Roosevelt. Unser Vorgehen wird jetzt nur noch von den Erwägungen der Zweckmäßigkeit bestimmt."[14]

Für die RAF bestand 1939 keine Aussicht auf größere Tagesoperationen über Deutschland. Die ersten bei Tage geflogenen Angriffe erwiesen sich als so aufwendig, daß sie fast sofort wieder eingestellt werden mußten. Die Nachtflüge bewiesen dagegen, daß man praktisch keine Verluste zu gewärtigen hatte. Folglich ließen sich die Stunden der Dunkelheit genauso gut für Bombenangriffe benutzen. Die Rechtmäßigkeit solcher Angriffe, bei denen man die Ziele nicht mit Sicherheit ausmachen konnte, blieb als Problem bestehen.[15]

Die Vorbehalte gegen nächtliche Bombenangriffe auf Städte waren überall größer als die gegen Tagesangriffe. Sogar die Deutschen hatten während des Polenfeldzuges nie auf Nachtbombardements zurückgegriffen.

1940

Hitler meinte später dazu: „Ich habe im Polenkrieg keinen Nachtangriff auf polnische Städte ausführen lassen. Man kann in der Nacht das einzelne Objekt nicht so genau treffen. Ich ließ daher im wesentlichen nur bei Tag angreifen und immer nur militärische Ziele. Ich habe dasselbe in Norwegen getan. Das gleiche tat ich auch in Holland, in Belgien und in Frankreich. Da fiel es Herrn Churchill plötzlich ein, mit Nachtangriffen die deutsche Bevölkerung heimzusuchen."[16]

Am 28. April 1940 kamen das britische Luftfahrtministerium und der Luftwaffenstab überein, keine Bomberoffensive zu starten, ehe nicht die Deutschen in die Beneluxstaaten einmarschiert seien.

Keine zwei Wochen später fand die Invasion statt. Die große Verwüstungen anrichtende Bombardierung Rotterdams durch deutsche Mittelstreckenbomber am 14. Mai 1940 lieferte den Verantwortlichen Großbritanniens genau den Vorwand, den sie seit dem Winter 1939 gesucht hatten. Churchill befahl eine strategische Bomberoffensive, die zunächst auf Ziele östlich des Rheins gerichtet sein sollte, und knüpfte daran alle die Hoffnungen, die bereits Lord Trenchard in bezug auf die moralischen Auswirkungen beim Feind ausgedrückt hatte, und nahm dabei all die Leiden in Kauf, die vor den Augen der Welt an Zivilisten bereits verursacht worden waren.[17]

Im August 1940 traf ein verirrter deutscher Nachtangriff das Zentrum Londons. Darauf starteten am 25. August 81 Flugzeuge der RAF zu einem Vergeltungsangriff gegen Berlin. Weitere Angriffe auf das Reichsgebiet folgten.[18]

Hitler am 4. September 1940: „Während die deutschen Flieger Tag für Tag über englischem Boden sind, kommt ein Engländer bei Tageslicht überhaupt kaum über die Nordsee herüber. Darum kommen sie in der Nacht und werfen ihre Bomben wahllos und planlos auf zivile Wohnviertel, auf Bauernhöfe und Dörfer . . .

Ich habe das drei Monate nicht beantworten lassen, in der Meinung, sie würden diesen Unfug einstellen. Herr Churchill sah darin ein Zeichen unserer Schwäche. Sie werden es verstehen, wenn wir jetzt Nacht für Nacht die Antwort geben, und zwar in steigendem Maße." Und er fügte hinzu: „Und wenn sie erklären, sie werden unsere Städte in großem Ausmaß angreifen – wir werden ihre Städte ausradieren!"[19]

Entgegen der offiziellen Version vom Überfall auf das Deutsche Reich, das diesen Krieg nicht gewollt hat, verkündet Hitlers Propagandaminister jetzt in Prag: „Die Auseinandersetzung, die wir mit ihnen heute vornehmen, ist auf lange Sicht geplant. Wir haben ihr vorher eine innerpolitische Revolution vorausgehen lassen. In dieser innerpolitischen Revolution haben wir alle die Kräfte zu Boden geworfen, die uns bei dieser großen militärischen Auseinandersetzung irgendwo oder irgendwie im Wege stehen konnten. Ich gebe zu, wir sind dabei manchmal hart verfahren; aber wo gehobelt wird, da fliegen nun einmal die Späne."

Goebbels ist in seinem Element. Berauscht vom Sieg und getrieben, Rausch zu erzeugen, rechnet er die Siegeschancen vor: „Wenn ich aber heute Sieg und Niederlage gegeneinander abwäge und mir vor Augen halte, was hat England noch für Chancen, was haben wir für Chancen, so wird man mir zugeben: ein Volk mit 90 Millionen gegen 40 Millionen, – ein Volk, das den ganzen Kontinent beherrscht, und ein anderes, das nur auf einer Insel verbannt lebt, – ein Volk, das seit Jahrhunderten die beste Armee der Welt besitzt, und ein anderes, das da mühsam so eine bessere Feuerwehr zusammengetrommelt hat, – ein Volk, das sich seit sieben Jahren auf diese Auseinandersetzung vorbereitet hat, und ein anderes, das nur noch mit seinen Rohstoffquellen prahlt, aber kaum noch an sie herankommt, – ein Volk, das ernährungsmäßig gar nicht mehr zu treffen ist, während bei dem anderen schon die Lagerhäuser brennen, in Flammen aufgehen, – ein Volk, das von einer klaren und zielsicheren politischen Führung geführt wird, und ein anderes, das da – ich möchte fast sagen – Dutzendgestalten an die Oberfläche geschwemmt hat, die sich in einem alten Herostratentum vor der Nation präsentieren, – wenn diese beiden Völker aufeinanderprallen und das chancenlose Volk auch noch eine alte, vermoderte Welt repräsentiert, und das junge, große und chancenreiche Volk eine moderne Weltanschauung repräsentiert, wer kann dann noch fragen, wer gewinnen wird. Da liegt der Sieg auf unserer Seite!"

„... denn wir waren der Meinung, die Rache ist ein Gericht, das wird kalt genossen!" Und England soll wissen: „Wir wissen ganz genau, wenn der Schlag auf England niedersaust, dann wird England zusammenbrechen! Es wird jetzt mürbe geprügelt, und zwar Tag um Tag, Nacht um Nacht! Wenn die Herren Engländer heute in der Welt die Mär und die Legende verbreiten, wir streckten Friedensfühler aus, sie werden so lange geschlagen, bis sie um Frieden betteln kommen!"[20]

Hitler am 8. November 1940 im Münchener Löwenbräukeller: „Herr Churchill, der noch vor acht und sechs Monaten erklärte: 'Wir haben in einem Monat 50 von Hundert ihrer U-Boote vernichtet' – konnte im nächsten Monat ihnen nicht noch einmal 50 von Hundert sagen, weil sonst keines mehr dagewesen wäre. Im nächsten Monat waren es daher nur noch 30 von Hundert. Einen Monat später konnte er nicht 20 von Hundert, sondern mußte 10 von Hundert behaupten. Jetzt beginnt nun dieser Generallügner der Weltgeschichte zuzugeben, daß unsere U-Boote mehr zu sein scheinen, als sie vorher waren ..."

„Und so, nachdem er an sich das nicht mehr bestreiten kann, hat sich dieser genialste Stratege, der bisher geboren wurde, auf den Luftkrieg gestürzt. Denn es ist schon eine geniale Idee gewesen von Mr. Churchill, ausgerechnet mit der Waffe, mit der England uns gegenüber am allerschwächsten ist, den Luftkrieg anzufangen."[21]

1940/41

Deutsche Luftangriffe auf England 1940/41:

Coventry	14.11.1940	568 Tote
Birmingham	19.11.1940	683 Tote
Clydebank	14.03.1941	528 Tote
Coventry	08.04.1941	474 Tote
Birmingham	09.04.1941	410 Tote[22]

Anweisung von Generalleutnant W. S. Douglas an den britischen Luftwaffenstab:

„Das Entfachen von Bränden im Zielgebiet selbst oder in dessen näherer Umgebung sollte die Aufgabe der ersten Einsätze sein. Demnach müssen die Flugzeuge zu einem großen Teil mit Brandbomben bestückt werden. Die nächsten Angriffswellen sollten dafür sorgen, daß durch Verschärfung der Angriffe das Feuer ausgeweitet und somit verhindert wird, daß es die Feuerwehren des Feindes unter Kontrolle bekommen könnten. Jede Möglichkeit zur weiteren Verbreitung der Brände muß genutzt werden."

Damit verabschiedete sich der britische Luftwaffenstab endgültig von der Vorstellung, es nur auf eindeutig identifizierbare militärische Ziele abgesehen zu haben.

Die Ironie der Geschichte wollte es, daß Reichsmarschall Görings schwere Bomber über der englischen Industriestadt Coventry auftauchten und einen Angriff starteten, für den Generalleutnant Douglas Weisungen die Blaupause hätten abgeben können – und dies noch bevor die RAF auch nur einen erfolgreichen Angriff nach dieser Methode durchgeführt hatte.

Es gab tatsächlich genau zugewiesene Ziele in Coventry, nämlich die Flugzeug- und Flugzeugmotorenfabriken. Doch die ersten Angriffswellen waren mit Brandbomben bestuckt, und die folgenden bombardierten alles, was sie gerade ins Blickfeld bekamen.

Am folgenden Morgen standen große Teile der Stadt in Flammen – sie hatte den bisher schlimmsten Bombenangriff des Krieges erlebt. Mehr als 568 Menschen fanden den Tod.

So ging der brutale deutsche Angriff in die Geschichte ein. Coventry wurde – wie später Dresden und Hiroshima – zum Symbol der Unmenschlichkeit zwischen Menschen. Die fragwürdige RAF-Direktive, die allem vorausgegangen war, wurde nur am Rande zur Kenntnis genommen.[23]

Im Dezember 1940 einigte sich das Kabinett auf sogenannte konzentrierte Zerstörungsangriffe auf eine bestimmte Stadt, ausgeführt von einer großen Anzahl an Bombern. Ziel: Größtmögliche Zerstörungen bebauter Gebiete – ein Versuch, sich von der früher behaupteten Taktik einer Konzentrierung auf militärische Objekte zu entfernen. Am 16. Dezember 1940 wurde zum ersten Mal und ausdrücklich das Zentrum einer deutschen Stadt als Angriffsziel genannt: Mannheim.[24]

1941

Lord Trenchard im Mai 1941 an Churchill: „Wenn wir unsere Bomben über Deutschland abgeworfen haben, dann helfen jene 99 Prozent, die ihre militärischen Ziele verfehlen, dabei, Tod, Zerstörung und Schrecken nach Deutschland zu tragen, oder die Deutschen zumindest aufzustören."

Während der letzten Jahreshälfte 1940 und der ersten Hälfte 1941 warf die deutsche Luftwaffe 55 000 Bomben über Großbritannien ab; 41 000 Menschen kamen ums Leben, 45000 wurden verletzt.(25)

Mit wachsender Erfahrung wurde immer deutlicher, daß die Nachtbomber der RAF genaue Ziele, wie Fabriken und Ölraffinerien, nicht zu treffen vermochten: die Ziele mußten einfach größer werden, so groß wie die Städte selbst.

„Die Ziele der feindlichen Nachschubsysteme liegen in starkbevölkerten Gebieten und in enger Nachbarschaft zu Arbeiterwohnungen. Folglich wird ein Angriff auf sie bei einem beträchtlichen Teil der deutschen Bevölkerung direkte Wirkungen zeitigen."(26)

Das jeweilige Zielgebiet wurde mit größter wissenschaftlicher Genauigkeit ausgesucht. Ein Dozent für Städteplanung an der Universität London erhielt den Auftrag, deutsche Städte in Zonen einzuteilen, und zwar in eine zentrale Zone (womit gewöhnlich der alte „Kern" gemeint war), in eine Wohnzone (die die zentrale umschloß, aus eher moderneren Bauten bestand und eine besonders hohe Bevölkerungsdichte aufwies), eine Fabrikzone und schließlich in ein vorstädtisches Wohngebiet. Die Geheimdienstleute des Luftfahrtministeriums gaben dann Karten mit den entsprechenden Zonen heraus; außerdem wurde ein umfassendes Handbuch, das den offiziellen Namen „The Bombers Baedeker" erhielt, über Bombenziele in Deutschland zusammengestellt.(27)

1942

Im Februar 1942 erging an das Bomberkommando eine neue Direktive: „Es wurde entschieden, daß sie bei ihren Operationen das Hauptgewicht auf die moralische Zerstörung der feindlichen Zivilbevölkerung, insbesondere auf die der Industriearbeiter, legen sollen."(28)

In dieser Direktive waren im Anhang deutsche Städte als Ziele vorgesehen. Darunter auch Kassel.

Ein neuer Luftmarschall, Sir Arthur Harris, leitete jetzt die Offensive.

„Maßvolles Vorgehen ist im Krieg gleichbedeutend mit Schwachsinn." Lord Fisher – Flottenadmiral.(29)

Einführung der Flächenbombardierungen

Die Entscheidung, die Ende 1941 getroffen wurde, bedeutete, daß, solange eine Stadt das höchstmögliche Moment darstellte, das britische Fliegerbesatzungen in einer Nacht unter durchschnittlichen Bedingungen zu treffen vermochten, das Bomber Command seine Bemühungen, Präzisionsziele zu treffen, ebensogut aufgeben könnte, um sich einfacherweise nur noch der Bombardierung von Wohngebieten in Deutschland zuzuwenden. Obwohl für den Rest des Krieges auch weiterhin unregelmäßig Präzisionsangriffe stattfanden, fielen drei Viertel der gesamten Bombenmenge, die das Bomber Command während seiner gesamten Einsatzzeit abwarf, auf Flächenziele. Das macht deutlich, welch überragende Bedeutung der Flächenangriff für die Kriegsführung des Bomber Command hatte.(30)

Der erste große Bombenangriff unter Harris' Leitung fand am 28. März 1942 auf Lübeck statt. Die Stadt war ohne Verteidigung. Nach Harris' Worten war sie „eher wie ein Feueranzünder als ein Wohnort für Menschen gebaut."

Lübeck hielt man für ein besonders geeignetes Ziel, um die Auswirkungen eines sehr schweren Angriffs mittels Brandbomben zu untersuchen. 312 Menschen fanden den Tod.(31)

Einige Wochen später verursachte ein Angriff auf den Ostseehafen Rostock ähnlich schwere Zerstörungen.

Lord Cherwell, wissenschaftlicher Berater des britischen Premierministers, schrieb am 30.3.1942 an Churchill:

„Folgendes scheint eine einfache Methode zu sein, zu ermitteln, was wir durch die Bombardierung Deutschlands erreichen können:

Eine sorgfältige Analyse der Folgen der Luftangriffe auf Birmingham, Hull und andere Gegenden hat ergeben, daß im Durchschnitt eine Tonne Bomben, über bebautem Gebiet abgeworfen, ausreicht, um 20 bis 40 Wohnhäuser zu zerstören und 100 bis 200 Menschen obdachlos zu machen. Aus unseren Erfahrungen wissen wir, daß wir bei jedem produzierten Bomber mit nahezu 14 Einsatzflügen rechnen können. Die durchschnittliche Bombenlast, von der wir in den nächsten 15 Monaten ausgehen können, wird um die drei Tonnen liegen. Daraus folgt, daß jeder dieser Bomber während seiner Einsatzdauer ungefähr vierzig Tonnen Bomben abwerfen wird. Wenn diese auf besiedeltes Gebiet fallen, werden sie 4 000 bis 8 000 Menschen obdachlos machen.

1938 lebten 22 Millionen Deutsche in 58 Städten mit mehr als 100 000 Einwohnern, die mit moderner, technischer Ausrüstung leicht zu finden und zu treffen sein dürften. Die zu erwartende Produktion an schweren Bombern (einschließlich Wellingtons) von diesem Zeitpunkt bis Mitte 1943 liegt ungefähr bei 10 000. Wenn auch nur die Hälfte der Gesamtladung von 10 000 Bombern auf bebaute Gebiete dieser 58 Städte fallen würde, hätte die Mehrheit ihrer Einwohner (ca. ein Drittel der deutschen Bevölkerung) kein Dach mehr über dem Kopf.

Genaue Untersuchungen scheinen auch zu zeigen, daß ein zerstörtes Heim die Moral stark beeinträchtigt. Es scheint die Leute mehr zu treffen, als der Tod von Freunden oder Verwandten. Nach den obengenannten Zahlen sollten wir in der Lage sein, in den 58 wesentlichen deutschen Städten zehnmal soviel Schaden anzurichten. Es ist kaum daran zu zweifeln, daß dies den Willen der Menschen brechen wird."(32)

Seit April 1942 hatte sich Goebbels fortwährend für Vergeltungsangriffe ausgesprochen, zu deren Ausführung die Luftwaffe überhaupt nicht in der Lage war.

„Inzwischen sehe ich es als absolut notwendig an, daß wir die rigorosen Vergeltungsangriffe weiterführen. Ich sehe auch ein, daß mit Luftangriffen auf Munitionszentren nicht viel erreicht werden kann. Wie die Engländer, müssen auch wir die Zentren des kulturellen Lebens angreifen, insbesondere solche mit wenig Luftverteidigung. Diese Zentren sollten zwei- oder dreimal hintereinander angegriffen und dem Erdboden gleichgemacht werden; dann werden die Engländer vielleicht keine Freude mehr daran finden, uns mit ihren Terrorangriffen in Angst und Schrekken zu versetzen."(33)

Am 30. Mai 1942 wurde Köln von mehr als 1000 Bombern angegriffen. 474 Zivilisten wurden getötet.

Die erste wichtige Neuerung der Royal Air Force, um mit dem technischen Stand der deutschen Luftwaffe Schritt zu halten, wurde im August 1942 mit dem Pfadfinderverband eingeführt. Von nun an wurde bei fast jeder militärischen Operation den Hauptverbänden des Bomber Command der Pfadfinderverband (PFF) zum Ziel vorausgeschickt, der Streckenmarkierungen abwarf, um den Bomberstrom über Deutschland zu leiten und dann, mit Hilfe einer Reihe von immer ausgefeilteren Methoden, zum Teil visueller Art und zum Teil 'blind' durch Radar, das Ziel zu markieren.(34)

In der Frankfurter Zeitung vom 17. August 1942 hieß es, daß mit dem Abzug des Hauptteils der deutschen Luftwaffe von der Ostfront den Engländern Dinge passieren würden, die sie sich in ihren schlimmsten Träumen nicht vorzustellen vermöchten. Ihre ganze Insel würde zu einer einzigen, riesigen Feuersbrunst, und die Angriffe von 1940 würden gegenüber dem, was dann komme, zu einem Kinderspiel. Moralische Erwägungen gab es nun keine mehr, weder auf deutscher, noch auf britischer Seite; jetzt zählten nur noch große Worte und Statistiken. Am 7. Juli gab die NSDAP eine geheime Anweisung heraus, nach der das Wort „Terrorangriff" zwar geeignet sei, das kriminelle Verhalten des Feindes auf den Begriff zu bringen, für deutsche Angriffe auf Großbritannien aber durften sie keineswegs angewendet werden – diese seien vielmehr als „Vergeltungsmaßnahmen" anzusehen.(35)

Am letzten Tag des Jahres 1942 bekundeten die britischen Stabschefs in einer gemeinsamen Erklärung erneut ihre Überzeugung, daß das Hauptziel der Bomberoffensive in der „Unterminierung der feindlichen Moral liegt – bis zu dem Punkt, da seine Fähigkeit zum bewaffneten Widerstand entscheidend geschwächt ist."(36)

1943

Der erste amerikanische Luftangriff auf ein deutsches Ziel fand am 27. Januar 1943 auf Wilhelmshaven statt.

„Erst Anfang 1943 war das Bomber Command endlich mit der neuen Generation von Funk- und Radarhilfen ausgerüstet, durch die ein schlagkräftiges Vorgehen gegen Deutschland ermöglicht wurde und welche die Bomberoffensive aus ihrem Stadium der Kleinfabrikation in das Zeitalter der automatisierten Massenvernichtung überleiteten."(37)

Als sich die alliierten Stabschefs Anfang 1943 in Casablance trafen, drehte sich die am heftigsten umstrittene Frage um die Art der gemeinsamen Luftkriegsführung gegen Deutschland; gemeinsamen, da sich die amerikanischen Bombergeschwader nunmehr anzuschließen bereit waren. Einige Vertreter der RAF und die gesamte Royal Navy begannen bereits, den Wert von Flächenbombardements auf die deutsche Zivilbevölkerung in Frage zu stellen. Am Ende der Casablanca-Konferenz wurde an beide Luftwaffen eine Direktive herausgegeben. Danach lauteten ihre gemeinsamen Hauptziele:

1. fortschreitende Zerstörung und Erschütterung des militärischen, industriellen und wirtschaftlichen Systems in Deutschland,
2. die Unterminierung der Moral des deutschen Volkes bis zu einem Punkt, da seine Fähigkeit zu bewaffnetem Widerstand entscheidend geschwächt sei.(38)

Churchill und Roosevelt prägten während der Konferenz von Casablanca im Januar 1943 die Formel von der bedingungslosen Kapitulation Deutschlands.

Sie hat entscheidend dazu beigetragen, in Deutschland den Widerstand gegen Hitler zu schwächen.

Die nationalsozialistischen Führer spielten innenpolitisch den Trumpf aus und peitschten zu einem verzweifelten Existenzkampf auf.

Goebbels brauchte sich im Februar 1943 im Berliner Sportpalast nur noch die Vollmacht zu holen. Er formulierte zehn Fragen an die Nation zum totalen Krieg, darunter die bekannte 4. Frage: „Ich frage euch, wollt ihr den totalen Krieg? Wollt ihr ihn, wenn nötig, totaler und radikaler, als wir ihn uns heute überhaupt noch vorstellen können?"

Schon nach der ersten Frage scholl Dr. Goebbels ein einstimmiges JA entgegen.

Er gab die Parole: „Nun, Volk steh auf und Sturm brich los!"(39)

Am 16. Mai 1943 wurden die Möhnetalsperre und die Edertalsperre zerstört.

Eine neue Taktik, das Abwerfen von Stanniolstreifen, die die Angreifer gegen das Störfeuer deutscher Luftabwehr praktisch immun machte, erlaubte dem Bomberkommando Ende Juli 1943 vier schwere Schläge gegen Hamburg. Die Flugzeuge konnten über Radar die Hafenanlagen deutlich ausmachen.

Zuerst wurden Sprengbomben geworfen, die die Dächer aufreißen und die Fenster zum Platzen bringen sollten, damit der Feuersturm hindurchziehen konnte. Dann wurden ganze Teppiche von Brandbomben über dem Stadtgebiet ausgestreut, um die beschädigten Häuser in Feuer aufgehen zu lassen. Die Stadt versank in einem Inferno. Mehr als 40000 Einwohner Hamburgs, größtenteils Zivilisten, starben in diesem ersten Feuersturm der Geschichte – einem aus dem Zusammenspiel von Natur und menschlicher Anstrengung entstehenden Phänomen, das langsam mit einem glühenden Funkenregen beginnt, dann im Zentrum des Feuers eine Gewalt entfacht, die Bäume entwurzelt, Dächer von den Häusern fegen und fliehende Menschenmassen samt Habe selbst aus entfernten Straßen mitten in den Flammenherd hineinziehen kann.[40]

Drei Monate später erlitt Kassel ein ähnliches Schicksal.

Anmerkungen

1. Irving: Von Guernica nach Vietnam, Heyne-Verlag, 1982, Seite 24
2. Jones: The War in the Air, Oxford 1934, Bd.VI, Seite 102, Irving, a.a.O., Seite 21
3. Irving, a.a.O., Seite 24
4. Irving, a.a.O., Seite 25
5. Hastings: Bomber Command, Pan Books Ltd., 1981, Seite 49
6. Sir Douglas Haig: Report on a Separate Air Service, 15.09.1917, in: Jones: The War in the Air, Oxford 1934, Bd.VI, Anhang Seite 15
7. Zitat in: Jones, a.a.O., Bd.VI, Anhang Seite 19; ebenso: Webster & Frankland: The Strategic Air Offensive against Germany, (im folgenden zit. S.A.O.) Bd.I, Seite 47
8. S.A.O., Bd.I, Seite 46
9. Irving, a.a.O., Seite 19
10. Irving, a.a.O., Seite 28
11. Memorandum an das Committee of Imperial Defence on Air Defence Research vom 28.07.1935, zit. in Churchill: The Second World War, Bd.I, Seite 136; Irving, a.a.O., Seite 36
12. Irving a.a.O., Seite 39/40; Noel-Baker am 21.06.1938 in: Hansard, House of Commons, Official Report, Bd.337, Sp. 920 f
13. Abgedruckt in: J.R.M. Butler, Grand Strategy, Bd.II, Seite 567, London 1957 (Anhang) und zit. in Telegramm Nr. 532 an den Reichsaußenminister vom 01.09.1939 (Quelle: Weißbuch); Irving, a.a.O., Seite 47
14. Zitat in: Butler, a.a.O., Anhang I, Seite 567 f
15. Irving, a.a.O., Seite 52
16. Irving, a.a.O., Seite 52; Hitler-Rede in München, 08.11.1940
17. Irving, a.a.O., Seite 53; S.A.O., Bd.I, Seite 144 f
18. Irving, a.a.O., Seite 55
19. Max Donarius: Hitlers Reden und Proklamationen, Bd.II
20. Goebbels-Rede in Prag, November 1940
21. Donarius, a.a.O., Seite 1605
22. Irving, a.a.O., Seite 68
23. S.A.O., Bd.IV, Seite 128; Irving, a.a.O., Seite 61/62
24. Irving, a.a.O., Seite 64
25. S.A.O., Bd.I, Seite 170; Irving, a.a.O., Seite 71
26. Irving, a.a.O., Seite 69/70
27. Irving, a.a.O., Seite 75
28. Direktive von Bottomley an den amtierenden Oberbefehlshaber des Bomberkommandos vom 14.02.1942, Zitat in S.A.O., Bd.IV, Anhang 8, Seite 146
29. Hastings, a.a.O., Seite 144
30. ebd., Seite 144
31. Irving, a.a.O., Seite 85
32. Hastings, a.a.O., Seite 150
33. ebd., Seite 274; Goebbels-Tagebücher, Seite 138
34. ebd., Seite 224
35. Irving, a.a.O., Seite 87, zit. in U.S.S.B.S. Report Nr. 64 b
36. Irving, a.a.O., Seite 89
37. Hastings, a.a.O., Seite 223
38. Irving, a.a.O., Seite 90; Konferenz von Casablanca, Direktive vom 21.01.1943
39. Goebbels-Rede im Berliner Sportpalast, 18.02.1943
40. Irving, a.a.O., Seite 94

Politische und militärische Ereignisse des Jahres 1943

12. Januar

Deutsche Truppen räumen den Kaukasus.

14. – 26. Januar

Auf der Konferenz von Casablanca beschließen Churchill und Roosevelt, den Luftkrieg gegen Deutschland zu verschärfen und den Mittelmeerraum zurückzuerobern.

Die bedingungslose Kapitulation der Achsenmächte (Deutschland, Italien, Japan) wird gefordert.

18. Januar

Den Sowjets gelingt es, den Belagerungsring um Leningrad zu sprengen.

27. Januar

Die amerikanische Luftwaffe unternimmt von Großbritannien aus den ersten Luftangriff gegen Deutschland.

Die „Round the clock"-Bombardierung beginnt. Die US-Air Force greift tagsüber an, die Royal Air Force nachts.

28. Januar

„Totale Mobilisierung": Alle Männer zwischen 16 und 65 Jahren sowie alle Frauen zwischen 17 und 45 Jahren, werden zum Einsatz in der Reichsverteidigung verpflichtet.

02. Februar

Kapitulation der 6. Armee im Kessel von Stalingrad. Eine 3tägige Staatstrauer wird angeordnet.

04. Februar

Geschäfte für Artikel, die nicht lebensnotwendig sind, werden weitgehend geschlossen.

08. Februar

Die Japaner räumen die Salomonen-Insel Guadalcanal.

11. Februar

Höhere Schüler werden als Luftwaffenhelfer eingezogen.

13. Februar

Auf Hitlers Veranlassung wird bei Familien, die fünf oder mehr Söhne haben, ein Sohn vom Kriegsdienst zurückgestellt, um den Fortbestand der Familie zu sichern.

18. Februar

Goebbels verkündet im Berliner Sportpalast den Beginn des „totalen Krieges".

10. März

Für Beamte wird die 56-Stunden-Woche eingeführt.

21. März

In seiner Rede im Berliner Zeughaus anläßlich des Heldengedenktages beziffert Hitler die Anzahl der bei der Wehrmacht Gefallenen auf 452000.

19. April – 19. Mai

Die Juden im Warschauer Ghetto organisieren einen Aufstand, der von SS- und Polizeiverbänden niedergeschlagen wird.

01. Mai

Trotz des totalen Kriegseinsatzes ruht auch in diesem Jahr die Arbeit.

13. Mai

Der letzte Widerstand der Achsenmächte in Tunesien ist zusammengebrochen. 130000 deutsche und 120000 italienische Soldaten geraten in alliierte Kriegsgefangenschaft.

17. Mai

Britische Flugzeuge zerstören die Edertal- und die Möhnetalsperre. In den Fluten kommen über 700 Menschen ums Leben.

31. Mai

Einschließlich der Kriegsgefangenen arbeiten innerhalb des Reichsgebietes 12,1 Mio. ausländische Arbeiter in der deutschen Kriegswirtschaft.

05. Juni

Rüstungsminister Speer erklärt im Sportpalast, daß es in den beiden vorausgegangenen Jahren gelungen sei, eine Steigerung der Rüstungsproduktion bis um das Zehnfache zu erreichen, wobei die Anzahl der Rüstungsarbeiter und der Verbrauch kostbaren Materials nur geringfügig erhöht wurde.

10. Juni

Beginn der in Casablanca beschlossenen „Gemeinsamen Bomberoffensive" gegen Deutschland:

Präzisionsangriffe der US-Luftwaffe am Tage und Flächenangriffe der RAF bei Nacht.

30. Juni

Amerikanische Marine-Infanteristen landen auf Neu-Guinea.

10. Juli

Die alliierten Truppen landen auf Sizilien.

24. Juli – 3. August

„Operation Gomorrha". Bei 7 schweren Luftangriffen auf Hamburg kommen mindestens 42000 Menschen ums Leben, und 225000 Wohnungen werden zerstört.

24. Juli

Mussolini wird von den Faschisten überstimmt und verhaftet.

26. Juli

Marschall Badoglio wird neuer Ministerpräsident Italiens und löst die Faschistische Partei auf.

28. und 30. Juli

Erste amerikanische Tagesangriffe auf Kassel.
Das Industriegebiet Bettenhausen wird schwer getroffen.

17. August

Die letzten deutschen Truppen räumen Sizilien.

03. September

Britische Truppen landen auf dem italienischen Festland.

08. September

Amerikanische Truppen landen in der Bucht von Salerno.
Italien kapituliert.

09. September

Ungarn schließt einen geheimen Waffenstillstand mit den westlichen Alliierten.

12. September

Mussolini wird von deutschen Fallschirmjägern befreit.

17. September

In einer Rede vor dem Kongreß bemerkt Roosevelt zu der Behauptung Hitlers, er habe Europa in eine Festung verwandelt, daß dieser jedoch vergessen hätte, die Festung mit einem Dach zu versehen.

30. September

Für den Transport von Hausrat und Möbeln ist ab sofort eine Genehmigung erforderlich.

03. Oktober

Auf einer Veranstaltung zum Erntedanktag im Berliner Sportpalast gibt Joseph Goebbels bekannt, daß aufgrund der ungewöhnlich guten Ernte die Brotration pro Monat um 400 Gramm auf 9600 Gramm erhöht werden kann.

03./04. Oktober

Schwerer britischer Luftangriff auf Kassel. Durch einen Zielfehler werden in Bettenhausen, Wolfsanger und Sandershausen umfangreiche Schäden verursacht.

08. Oktober

Deutsche Truppen räumen den Kuban-Brückenkopf.

13. Oktober

Das Italien Badoglios erklärt Deutschland den Krieg.

14. Oktober

Bei einem Tagesangriff auf Schweinfurt verlieren die Amerikaner 65 Bomber. Die Fortsetzung der Luftoffensive bei Tage ist in Frage gestellt.

22. Oktober

Die RAF zerstört Kassel.

06. November

Kiew wird von sowjetischen Truppen zurückerobert.

18. November

Starke alliierte Luftangriffe gegen Berlin beginnen.

28. November

Die Alliierten beschließen in Teheran, im Mai 1944 die Invasion Frankreichs zu beginnen. Durch die zweite Front soll die Sowjetunion entlastet werden.

24. Dezember

Eisenhower wird zum Oberbefehlshaber der Invasionstruppen bestimmt.

Liste der Toten vom 22. Oktober 1943

Die folgende Liste wurde nach dem Angriff mit laufenden Ergänzungen von der Stadt Kassel erstellt und vom Verlag alphabetisch geordnet. Sie enthält nur die identifizierten und namentlich erfaßten Toten und kann keinen Anspruch auf Vollständigkeit erheben.

Das Original befindet sich im Archiv der Stadt Kassel.

Abaura, Hans
08. 01. 1942
Hinter der Wage 5

Abel, Wilhelm
27. 04. 1870
Marktgasse 15

Achenbach, geb. Fachinelli, Anna
31. 12. 1879
Orleansstraße 8

Achenbach, Elisabeth
21. 02. 1922
Orleansstraße 8

Achlen, André
25. 08. 1923 Paris
gef. Ob. Königsstraße 10

Achlen, Frl.
25. 08. 1925
Obere Königsstraße

Ackermann, Alfred

Ackermann, Anna
Töpfenmarkt 11

Ackermann, J.
Wolfhager Straße 34

Ackermann, Ingrid
1869
Töpfenmarkt 11

Ackermann, Marie
30. 05. 1875
Moltkestraße 2

Adam, Liesel
Gräfestraße 8,
gef. Marktgasse 19

Adenau, geb. Braumüller, Elfriede
04. 10. 1896
Marktgasse 5

Aderhold, Luise
10. 08. 1878
Krankenhaus Hersfeld

Adler, geb. Föse, Johanna
12. 02. 1892
Gartenstraße 2 3/4

Adler, Willi
04. 04. 1862
Moritzstraße 2

Adolf, Auguste
24. 12. 1894
Jägerstr. 15, gef. Mauerstr. 24

Adolf, Frieda
09. 05. 1916
Graben 41

Adolf, Gustav
18. 11. 1889
Schäfergasse 15

Adolph, geb. Schuchardt, Käthe
22. 02. 1888
Pferdemarkt 28

Adolph, geb. Thurm, Betty
17. 07. 1903
Obere Schäfergasse 15

Adolph, Gustawa
02. 09. 1926
Obere Schäfergasse 15

Adolph, Gustav
16. 04. 1888
Pferdemarkt 28

Adomat, Otto
Leipziger Straße 214

Ahlert, geb. Berger, Senta
29. 09. 1898
Mittelgasse 5

Ahlert, geb. Hoffmann, Julie
21. 03. 1882
Hohentorstraße 35

Ahrendt
Rothenditmolder Straße 11

Albert, geb. Ullmann, Erna
26. 11. 1916
Holländische Straße 32

Albrecht
gef. Pferdemarkt 28

Albrecht, Hans
09. 10. 1918
Moritzstraße 6

Albrecht, geb. Noll, Minna
04. 05. 1910
Marktgasse 6

Albrecht, Sophie
09. 09. 1869
Marktgasse 6

Albrecht, Waldemar
27. 10. 1905
Densenstraße

Albrecht, Walter
Marktgasse 6

Alfmeier, Elisabeth
Wildemannsgasse 17

Alheit, geb. Lotzgesell, Kath.
03. 06. 1905
Entengasse 11

Alheit, Therese
16. 01. 1927
Entengasse 11

Almeyer, Alfred
Fliegengasse

Allendorf, Lena
1893
Freiheiter Durchbruch 19

Allmeyer, Waltraud
1938
Wildemannsgasse 17

Altekrüger, geb. Hischer, Else
05. 01. 1898
Moltkestraße 7

Alten, geb. Sölle, Martha
16. 03. 1891
Graben 45

Alten, Wilhelm
14. 10. 1876
Graben 45

Althans, Heinrich
06. 12. 1881
Steinweg 11

Althans, Johannes
06. 12. 1881
Steinweg 11

Althans, geb. Wenzel, Klara
04. 06. 1886
Holzmarkt 9

Althans, Oskar
22. 03. 1885
Holzmarkt 9, gef. Holzmarkt 10

Altmeier (Schüler)

Altmeyer, Alfred
26. 12. 1900
Fliegengasse 5

Altmeyer, Asta
17. 07. 1929
Christophstraße 1/2

Altmeyer, Elisabeth
1896
Wildemannsgasse 17

Altmeyer, Wilfried
1931
Wildemannsgasse 17

Altrock, Max
08. 10. 1898
Holländische Straße 2

Altrock, Max
Rothenditmolder Straße 19

Altvater, Heinrich
Obere Karlsstraße 30
(gef. Orleansstraße 17)

Altvater, Lina
1873
Karlsstraße 20,
(gef. Holl. Straße 8, Mels.)

Ameln, Elisabeth
15. 05. 1903
Ständeplatz 3

Amelung, Fritz
19. 12. 1884
Holländische Straße

Amelung, geb. Hildebrandt, Johanna
17. 02. 1873
Waisenhausstraße 40

Amelung, geb. Rogge, Ottilie
05. 09. 1880
Garde du Corps Platz 3 ½

Amelung, Theobald
Garde du Corps Platz

Amend, Anna
01. 03. 1896
Guntershausen
(gef. Große Rosenstraße)

Amend, Karl
Große Rosenstraße 19

Amenit, Katharina
Ziegengasse 7

Anacker, Frau
Mittelgasse 26

Anacker, Gertrud
25. 08. 1906
Mittelgasse 2

Anacker, Heinrich
25. 08. 1930
Mittelgasse 2

Anderle, Josef
20. 04. 1893

Andreas, Georg
23. 02. 1892
oder 25. 02. 1893
Hohenzollernstraße 15

Andreas
geb. in Frommenhausen
Schäfergasse 9

Andrecht, geb. Schade,
Anna Katharina
23. 09. 1908
Marktgasse 3

Andrecht, Anneliese
19. 02. 1933
Marktgasse 3

Andrecht, Bruno
08. 01. 1940
Bettenhäuser Straße 1

Andrecht, Elisabeth
15. 03. 1883
Graben 43

Andrecht, Hildegard
13. 09. 1927
Marktgasse 3

Andrecht, Liselotte
21. 03. 1936
Bettenhäuser Straße 1,
gef. Marktgasse 19

Andrecht, Margarete
03. 10. 1931
Marktgasse 3

Andrecht, Wally
04. 09. 1912
Marktgasse 19

Angel, Frau
1898
Marktgasse 45

Aniol, Anna
1879
Entengasse 27

Aniol, Annemarie
27. 04. 1920
Entengasse 27

Aniol, Franz
28. 08. 1891
Entengasse 27

Aniol, Rosemarie
1939
Entengasse 27

Annacker, Frau
Oberste Gasse 30

Annacker, Sohn
1935
Oberste Gasse 30

Antrecht, Bruno
08. 01. 1940
Marktgasse 19

Anschütz, Emilie
07. 03. 1911
Bleichenweg 20

Anschütz, Heinrich
20. 03. 1891
Mauerstraße 13

Anschütz, Heinrich
02. 04. 1906
Pinne

Anschütz, Luise
Wildemannsgasse 25

Anschütz, geb. Heß, Martha
01. 08. 1898
Mauerstraße 13

Anschütz, geb. Müller, Mathilde
30. 11. 1903
Wildemannsgasse 25

Anschütz, Pauline
28. 10. 1890
Bleichenweg 20

Ansorg, Emmi
27. 12. 1897
Oberste Gasse 34

Antheropp, Arthur
Pferdemarkt 28, Bettenhausen

Antonenko, Günther
16. 06. 1929
Westring 56

Antonenko, Terrenti
28. 09. 1888
Westring 56

Antonik, Dowfja
1915
Reißberg

Apel, Auguste
gef. Graben 21

Apel, Günther (Kind)
gef. Graben 21

Apel, Gustav
1895
Gießbergstraße 15½

Apel, Heinrich
07. 06. 1874
Jägerstraße 3

Apel, Karl-Heinz
Entengasse 21

Appel, Friedrich
25. 02. 1881
gef. Gießbergstraße 27

Appel, Karoline
21. 12. 1893
Pinne

Appel, Margarete
21. 04. 1888
gef. Gießbergstraße 27

Appel, Reinhardt
13. 08. 1884
Mittelgasse

Arbter, geb. Brzybylla, Elisabeth
02. 10. 1918
Mittelgasse 38

Arend, August
06. 01. 1886
Rothenditmolder Straße 11

Arend, geb. Becker, Elisabeth
01. 12. 1888
Sack 1

Arend, Mann
Holländische Straße 38

Arend, geb. Nöltin, Marie
12. 06. 1898
Rothenditmolder Straße 11

Arends, geb. Salzmann, Christine
21. 06. 1903
Gießbergstraße 17

Arendt, Emilie
08. 12. 1868
Frankfurter Straße 22

Arendt, Frau
Holländische Straße 38

Arendt, Günther
Holländische Straße 38

Arendt, Horst
1933

Arendt, Lina
Moltkestraße, gef. Hohentorstraße 1

Armbrust, Margarete
22. 06. 1896
Wuppert.-Barmen
(gef. Am Hange 18)

Arndt, Emilie
08. 12. 1868
Frankfurter Straße 22

Arndt, Heinrich
Holländische Straße 38

Arndt, Lina
Moltkestraße

Arnemann, geb. Maurer, Anna
28. 02. 1908
Töpfermarkt 2

Arnemann, Rosa
28. 03. 1939

Arnold, Irma
14. 03. 1908
Steinweg 8

Aschemann, Alfred
1869
Untere Königsstraße 74

Aschenbach, Auguste
21. 06. 1874
Kunoldstraße 35

Aspern, van, Aartocrnelis
15. 04. 1913
Müllergasse 17

Attendorn, Johannes
21. 09. 1900
Wolfsanger Straße 127

Aubel, geb. Meywirth, Anna
17. 04. 1879
Kastenalsgasse 10

Aubel, geb. Thiele, Elisabeth
17. 12. 1863
Kruggasse 11

Aubel, Heinrich
05. 02. 1878
Kastenalsgasse 10

Aubels, Mann
Kruggasse 9-11

Aucin, geb. Nehl, Alwine
31. 01. 1893
Königsstraße 76

Aucin, Gustav
01. 07. 1880
Königsstraße 76

Aucin, Hans-Jürgen
08. 07. 1933
Königsstraße 76

Auel, Edith
28. 08. 1928
Müllergasse 21

Auel, geb. Nälke, Elli
07. 07. 1900
Hohentorstraße 19

Auel, Johannes
01. 01. 1869
Hohentorstr. 20, gef. Marktgasse 15

Augskelis, Gisela
20. 11. 1926
Entengasse 12

Augskelis, Gustav
20. 12. 1887
Entengasse 12

Augskelis, geb. Höllger, Lucie
12. 06. 1896
Entengasse 12

Aupel, Johannes
05. 08. 1863

Aurin, Erich
06. 05. 1892
Mauerstraße 22

Avril, Georges
19. 08. 1914
Struthbachweg (Henschel-Lager)

Ax, Reinhard
30. 08. 1884
Nat.-Museum

Axt, geb. Wagner, Sabine
22. 11. 1886
Steinweg 10

Babe, Frau
Wildemannsgasse 32

Backhausen, Rudolf
12. 01. 1929
Bärenkammer

Bach, geb. Wöste, Auguste
23. 08. 1897
Entengasse 2

Bach, Ehrhard
1929
Oberste Gasse 63

Bach, Erika
Entengasse 2, gef. Mittelgasse 35

Bach, Hans
25. 10. 1897
Entengasse 2

Bach, Hermann
1931
Oberste Gasse 63

Bach, Horst
1938
Oberste Gasse 63

Bach, Ingrid
6 Jahre
Königsstraße (gef. Haus Chartier)

Bach, Margarete
1893
Oberste Gasse 63,
gef. Keller Chartier

Bach, Werner
1921
Oberste Gasse 63

Bach, Werner
1940
Haus Chartier

Bachmann, Anna
03. 08. 1890
gef. Hohenzollernstraße 56

Bachmann, Berta
16. 12. 1888
Gießbergstraße 15½

Bachmann, geb. Eichmann, Doa
18. 04. 1886
Mittelgasse 32

Bachmann, geb. Arp, Friederike
26. 02. 1882
Kastenalsgasse 8

Bachmann, Heinrich
18. 04. 1871
Oberste Gasse 4,
gef. Nat.-Museum

Bachmann, Ilse
1911
Müllergasse 2

Bachmann, Kaspar
27. 07. 1866
Kastenalsgasse 8

Bachmann, Lotti
Wildemannsgasse 20,
gef. Marktgasse 1-3

Bachmann, Margret
10. 10. 1902
Oberste Gasse 4

Bachmann, geb. Fürst, Marie
28. 11. 1873
Oberste Gasse 4,
gef. Nat.-Museum

Bachmann, Martha
17. 02. 1904
Graben 19

Bachmann, Rudi
01. 09. 1908
Wildemannsgasse

Bachmann, Susanne
1869
Schlagd 4a

Bachmann, Wilfried
Wildemannsgasse 3

Backhausen, Brunhilde
27. 07. 1926
Pferdemarkt 12

Backhausen, Elfriede
23. 01. 1925
Pferdemarkt 12

Backhausen, Ignatz
Mauerstraße 20

Backhausen, Liesel
09. 08. 1906
Pferdemarkt 12

Bade, Gertrud
02. 07. 1916
Mittelgasse 11

Badenhausen, geb. Falk, Klara
14. 08. 1875
Weserstraße 27¾

Bader, Elisabeth
23. 12. 1935
gef. Mittelgasse 14

Bader, geb. Krieg, Elsa
06. 04. 1911
gef. Mittelgasse 14

Bader, geb. Reecker, Gertrud
14. 11. 1872
Sack 4, gef. Reitbahn

Bader, Helga
10. 12. 1932
Mittelgasse 14, gef. Sack 3

Bader, Ilse
24. 06. 1930
gef. Mittelgasse 14

Bader, Raimund
26. 11. 1941
gef. Mittelgasse 14

Bämpfer, Karl
28. 12. 1926
gef. Steinweg 10

Bänsch, geb. Michel, Elisabeth
Martinsplatz 2

Bänsch, Waltraud (Kind)
Martinsplatz 2

Bär, Helmuth
12. 01. 1942
Kastenalsgasse 5

Bär, Hildegard
22. 11. 1915
Kastenalsgasse 5

Bärwolf, Anna
04. 07. 1888
gef. Entengasse 20

Bärwolf, August
20. 07. 1886 od. 18. 08. 1889
gef. Entengasse 20

Bärwolf, weibl.
18. 09. 1893
Entengasse 20

Bäsken, geb. Wimmel, Irma
27. 12. 1920
Pferdemarkt 28

Baettge, Waldemar
04. 12. 1910
Fahrenbergstraße 8

Bagschinski, Lisabeth
Marktgasse

Bal, Karl
22. 04. 1923
(Holländer)

Ballof (ledig)
30-33 Jahre
Marktgasse 15

Bamer, geb. Wetzel, Gertrude
28. 09. 1878
Hohentorstraße 31

Bangert, geb. Flörke, Christine
25. 02. 1898
Moltkestraße 6

Bangert, Karl
13. 06. 1896
Moltkestraße 6

Bangert, Karl-Heinz
19. 03. 1937
Moltkestraße 6

Bangert, Kurt
06. 08. 1929
Moltkestraße 6

Bangert, geb. Vallbrecht, Marie
07. 08. 1872
Pferdemarkt 5

Bangert, Thea
25. 09. 1932
Moltkestraße 6

Bar, Friedrich
14. 10. 1895
Graben 43

Barchfeld, Liesel
Mittelgasse 27, gef. Nr. 35

Barnert, Dieter
18. 05. 1941
Pferdemarkt 23

Bartel (Ehefrau)
ca. 55 Jahre
gef. Graben 53

Bartel (Ehemann)
ca. 60 Jahre
gef. Graben 53

Bartel, Marie
19. 02. 1911
Zobelmühlenweg 25

Barth, Anna
12. 12. 1885
Marktgasse 6

Barth, Christian
19. 12. 1883
Marktgasse 6

Barth, Christine
gef. Pferdemarkt 28

Barthel, Amalie
01. 12. 1872
Jägerstraße 9

Barthel, Dina
17. 03. 1922
Im Kampe 11

Barthel, Elfriede
Hafenstraße 45

Barthel, Emma
08. 08. 1886
Bärenkammer

Barthelmay,
geb. Blumenauer, Adele
25. 10. 1874
Entengasse 19

Barthelmay, Margot
06. 12. 1920
Woermannstraße 18

Bartz, Karl
Kellnerstraße 8

Bartz, Sophie
06. 08. 1887
Kellnerstraße 8

Base, Ehefrau
65-70 Jahre
Graben 53, gef. Marktgasse 15

Batz, Elise
1908
Zeughausstraße 6

Batz, Heinrich
Zeughausstraße 6

Batz, Heinrich
9 Monate

Batz, Sabine
Zeughausstraße 6, gef. Pinne

Bau, (Ehefrau)
1878
Graben 53, gef. Marktgasse 15

Bauch, (Frau)
Obere Karlsstraße 28

Bauch, Henriette
18. 12. 1870
Karlsstraße 17

Bauer, August
Hinter der Waage,
gef. Bärenkammer

Bauer, Dieter
05. 1941
Pferdemarkt 23, gef. Nr. 13

Bauer, geb. Wetzel, Gertrude
02. 09. 1878
Hohentorstraße 31

Bauer, Heinrich
Hohentorstraße 31

Bauer, Karl Hermann
03. 01. 1928
Müllergasse 17b, gef. Nr. 13

Bauer, Marida
20. 05. 1927
Hohenzollernstraße 58

Bauer, Marie
01. 01. 1906
Hinter der Waage

Bauer, Paul
Hinter der Waage

Bauer, Wanda
20. 05. 1927
Hohenzollernstraße 58

Baum, Elisabeth
02. 11. 1890
Graben 40, gef. Marktgasse 16

Baum, Emma
25. 04. 1902
Marktgasse 15

Baum, geb. Fritz, Hildegard
21. 02. 1906
Moltkestraße 9

Baumann, Anna
26. 12. 1904
Orleansstraße 29

Baumann, geb. Röse, Anna
21. 10. 1904
Marktgasse 6

Baumann, Dietrich
06. 02. 1901
Marktgasse 16

Baumann, Franziska
Werkheim

Baumann, Georg
1928
Orleansstraße 25

Baumann, Ingrid
1941
Marktgasse 6

Baumann, Karl
gef. Pferdemarkt 28

Baumann, Karl
02. 07. 1903
Marktgasse 6

Baumann, Karola
29. 12. 1933
Marktgasse 6

Baumann, Karoline
gef. Pferdemarkt 28

Baumann, geb. Peter, Marie

Baumann, Wilhelm
Bahnhofsstraße 18

Baumann, Wilhelm
01. 01. 1900
Harrhausen, Ottostraße (Garage)

Baumann, Willi
01. 01. 1900
Orleansstraße 29

Baumarth
Jägerstraße 15

Baumhardt, Hans
12. 02. 1927
Kohlenstraße 29

Baumhausen, Auguste
Orleansstraße 25

Baumroth,
geb. Ackermann, Maria
02. 07. 1877
Wittichstraße 13

Bauschenk, Johannes
01. 08. 1862
Opernstraße 9

Bause, Karl-Heinz
1941
Jägerstraße 1

Bause, Heinz
1929
Jägerstraße 1

Bause, geb. Winter, Martha
Jägerstraße 1

Bax, geb. Schröder, Elisabeth
09. 10. 1896
Graben 43

Beate, August
Schäfergasse 13

Beate, geb. Finis, Emilie
26. 02. 1906
Schäfergasse 13

Beate, Erika
15. 02. 1940
Schäfergasse 13

Beate, Ernst
06. 12. 1871
Schäfergasse 1

Beate, geb. Imming, Gertrud
20. 01. 1912
Schäfergasse 12

Beate, Heinz
25. 07. 1926
Schäfergasse 15

Beate, Helga
21. 09. 1941
oder 10. 06. 1941
Schäfergasse 13

Beate, Herbert
26. 03. 1937
oder 31. 03. 1938
Schäfergasse 13

Beate, Kurt
10. 02. 1935
Schäfergasse 13

Beate, Lieselotte
07. 03. 1936
Schäfergasse 12

Beate, Manfred
02. 1941
Schäfergasse 12

Beate, Rosemarie
21. 09. 1930
Schäfergasse 13

Beate, Waltraud
22. 09. 1942
Schäfergasse 13

Beate, Werner
31. 03. 1933
oder 15. 02. 1932
Schäfergasse 13

Bechling
gef. Schomburgstraße

Bechmann, Karl
Klosterstraße 14, gef. Reithalle

Bechtel, geb. Loeser, Franziska
02. 05. 1855
Holländische Straße 32

Bechtel, (Frau)
Untere Königsstraße 73

Bechtel (Kind)
Untere Königsstraße 73

Bechthold, (Frau)
Große Rosenstraße 17

Bechthold (Mann)
Große Rosenstraße 17

Beck, Adolf
13. 01. 1899
Pferdemarkt 28

Beck, geb. Eyl,
verw. Reich, Elisabeth
11. 02. 1907
Marktgasse 6

Beck, geb. Kestner, Frieda
09. 05. 1915
Pferdemarkt 14

Beck, Georg
12. 11. 1876
Wörthstraße 21

Beck, Heinrich
Weserstraße 21,
gef. Nat.-Museum

Beck, geb. Thiel, Marie
02. 03. 1897
Weserstraße 21

Beckemann, (Frau)
gef. Holzmarkt 10

Becker, Alfred
26. 06. 1933
Ziegengasse 13

Becker, Alma
Obere Königsstraße 14,
gef. unbekannt

Becker, geb. Bube, Anna
01. 04. 1912
Kastenalsgasse 7

Becker, geb. Rüppel, Anna
24. 07. 1911
Marktgasse 24

Becker, Anni
01. 02. 1932
Ziegengasse 13

Becker, geb. Warenholz, Erna
Sack 4, gef. Sack 3

Becker, Ferdinand
05. 11. 1867
Holzmarkt 4

Becker, Fridolin
05. 11. 1867
Pferdemarkt 3

Becker, (Frau)
Marktgasse 11

Becker, geb. Auel, Frieda
10. 05. 1897
Holzhausen, gef. Moltkestraße

Becker, Friedrich
Mönchebergstraße 19½

Becker, Hans-Otto
22. 04. 1941
Graben 59, gef. Graben 63

Becker, Hedwig
24. 07. 1934
Ziegengasse 13

Becker, Heinrich
26. 09. 1894
Obere Karlsstraße 20

Becker, Heinrich
20. 04. 1936
Marktgasse 24

Becker, Hertha
26. 10. 1919
Moltkestraße 12

Becker, Horst
11. 07. 1942
Ziegengasse 13

Becker, Horst
1938
Marktgasse 24

Becker, Katharina
01. 11. 1863
Pferdemarkt 3

Becker, Konrad
14. 07. 1901
Müllergasse 15

Becker, Konrad
Marktgasse 11

Becker, Kurt
17. 05. 1904
Merseburg

Becker, geb. Hoffmann, Luise
14. 05. 1909
Ziegengasse 20

Becker, Margarethe
29. 04. 1931
Ziegengasse 20

Becker, geb. Kreuz, Marie
09. 01. 1902
Müllergasse 15

Becker, geb. Fischer, Martha
23. 01. 1900
Graben 59, gef. Graben 63

Becker, Rudolf
03. 03. 1915
Heilbach

Becker, geb. Schäfer, Sabine
26. 03. 1909
Ziegengasse 13

Becker, Samuel
16. 03. 1895
Moltkestraße 12

Becker, Ursula
21. 12. 1929
Müllergasse 15

Becker, Wilhelm
Rothenditmold

Beckmann, Karl
Klosterstraße 15

Beg, Margarethe
10. 03. 1910
Kölnische Straße 7

Begemann, Friedrich
25. 02. 1905
Sternstraße 10

Begemann, geb. Stockbeck, Käthe
09. 03. 1915
Sternstraße 10

Behling, Christian
Schomburgstraße 3

Behling, (Frau)
Schomburgstraße 3

Behrend, Maria Magdalena
05. 04. 1939
Pferdemarkt 10

Behrendt, Maria
16. 01. 1885

Behrens, Frieda
11. 01. 1896
Moltkestraße 8

Bein, Dora
19. 06. 1921
Königsstraße 83

Bekemann, (Frau)
Holzmarkt 10

Bekemann, Fritz
Holzmarkt 10

Belfi, Carmine
02. 08. 1915
Untere Königsstraße 84

Beller, Karl
30. 09. 1875
Mittelgasse 25

Bellof, Elisabeth
20. 07. 1939
Pferdemarkt 21

Bellof, geb. Herbold, Marie
1919
Hohentorstraße 24,
gef. Marktgasse 15

Bellof, geb. Prinz, Sophie
13. 02. 1920
Pferdemarkt 21

Bellon, Friedel
Friedrichsplatz 2

Benach, José
26. 04. 1912
Marktgasse 19

Benach, Alois
Marktgasse 19

Bende, (Frau)
Rothenditmolder Straße 8

Bendel, Elise (Rentnerin)
Untere Karlsstraße 5

Bender, Edeltraud
1919
gef. Große Rosenstraße 17

Bender, (Kind)
8-10 Jahre

Bender, Martha
Große Rosenstraße 17

Benedir, Johanna
09. 01. 1887
Rauchstraße 5

Bennewitz, Wilhelm
21. 10. 1880
Hinter der Waage 10

Benseler, geb. Ziegler, Marie
09. 07. 1883
gef. Westring 56

Benseler, Theodor
02. 04. 1882
gef. Westring 56

Bente, Marie
13. 12. 1867

Beon, Timmy
Jägerstraße 5

Berdel, Heinz
23. 09. 1928
Wildemannsgasse 26

Berg, geb. Göttgens, Grete
Kölnische Straße 7

Berg, Michael
12. 09. 1902

Berg, van den, Martinus
20. 03. 1909
Stadtpark

Berge, Franz
09. 03. 1878
Wilhelmshöher Allee 247

Berge, geb. Rupprecht, Minna
28. 09. 1890
Mittelgasse 34

Berger, geb. Günther, Emma
10. 02. 1879
Wilhelmshöher Allee 247

Berger, Ilse
06. 04. 1916
Hohentorstraße 29

Bergerhausen, geb. Müller, Helene
01. 08. 1903
Entengasse 3, gef. Mittelgasse 35

Bergerhausen, Urban
Entengasse 3, gef. Mittelgasse 35

Berghoff, (Ehefrau)
1893
Graben 29

Berghoff, Hilde
Druselgasse 27

Berghoff, Hilde
1922
Graben 29

Bergmann, geb. Reinhold
21. 10. 1894
Große Rosenstraße 4

Bernd, Edith
30. 09. 1940
gef. Pinne

Bernd, Erika
15. 08. 1910
Michelsgasse 3, gef. Pinne

Berndt, Kurt

Berndt, Maria
16. 01. 1885
Steinweg 7

Berneburg, Anna
1877
Hafenstraße 18

Bernhard, Anna
Hinter der Waage 12

Bernhard, Inge
22. 03. 1941
Frankfurter Straße 12

Bernhard, Karl
ca. 45 Jahre
Oberste Gasse

Bernhard, geb. Becke, Katharina
24. 07. 1903
Frankfurter Straße 12

Bernhard, geb. Mauer, Lissi
06. 12. 1910
Pferdemarkt 29

Bernhard, Wolfgang
1930

Bernhardi, geb. Eckert (Frau)
Graben 44

Bernhardi, Karl
Oberste Gasse 7

Bernhardt, Anna
1918
Bettenhäuser Straße 7

Bernhardt, Anna
Hinter der Waage 10

Bernhardt, Anton
Bettenhäuser Straße 5

Bernhardt, geb. Vogt, Dorothea
18. 12. 1898
Bettenhäuser Straße 5

Bernhardt, Erich
26. 07. 1939
gef. Schäfergasse 17

Bernhardt, Erna
09. 12. 1915
gef. Schäfergasse 17

Bernhardt, Gerda
1928
Bettenhäuser Straße 7, gef. Nr. 5

Bernhardt, Hanna
09. 01. 1928
Bettenhäuser Straße 5

Bernhardt, Ilse
09. 07. 1903
Frankfurter Straße 12

Bernhardt, Johannes
01. 02. 1874
Mittelgasse 28

Bernhardt, Margot
1939
Hinter der Waage 4

Bernhardt, Robert
05. 06. 1908
gef. Schäfergasse 17

Bernhardt, Willi
10. 12. 1936
gef. Schäfergasse 17

Bernhardt, Willi
Hinter der Waage 12

Bernhardt
1888
Schäfergasse

Bernheim, geb. Opfermann, Alma
01. 06. 1904
Sack 1

Bernheim, Oskar
17. 08. 1896
Sack 1

Bernpohl, Friederike
02. 03. 1880
Moltkestraße 4

Bernst, geb. Stippich, Anna
21. 06. 1892
Schäfergasse 7

Bernst, Horst
07. 01. 1928
Schäfergasse 7

Bernst, Walter
07. 07. 1923
Schäfergasse 7

Bernstein, geb. Bischling, Helene
22. 02. 1872
Altmarkt 1

Berthold, Ludwig
15. 02. 1884
Graben 60

Berths, geb. Riemann, Anna
08. 02. 1902
Kölnische Straße 10

Berths, Rosemarie
23. 03. 1931
Kölnische Straße 10

Beskel, geb. Wimmel, Irma
27. 12. 1919
Pferdemarkt 28,
gef. Nat.-Museum

Bettenhausen, Egon
10-12 Jahre
Kölnische Straße 12

Bettenhausen, geb. Siebert,
Elisabeth
26. 04. 1900
Kölnische Straße 12,
gef. Graben 4

Bettenhausen, Heinrich
Schomburgstraße

Bettenhausen, Karl
05. 07. 1899
Kölnische Straße 12, gef. Graben 4

Bettinghausen, Familie (3 Personen)
Müllergasse 12-16

Beuderoth, Justus
21. 05. 1897
Fasanenweg 21

Beute, Marie
23. 01. 1867
Rothenditmolder Straße 7

Beuthe, Renate
21. 12. 1941
Jägerstraße

Beutrodt, geb. Stemmer, Marie
14. 08. 1877
Orleansstraße 17

Beyer, Anna
23. 07. 1903
Töpfenmarkt 6

Beyer, Elfriede
02. 01. 1927
Sodensternstraße 10

Beyer, Emmi
30. 12. 1922
Töpfenmarkt 6

Beyer, Friedel
23. 01. 1914
Entengasse 20

Beyer, geb. Elißner, Luise
01. 03. 1911

Beyer, Marianne
12. 06. 1931
Töpfenmarkt 6

Beyreiß, Karl
ca. 42 Jahre
Untere Königsstraße 70

Beyreiß, Olga
ca. 42 Jahre
Untere Königsstraße 70

Bickert, Elise
19. 09. 1899
Marktgasse 20

Bickert, Horst
Marktgasse 20

Bickert, Karl-Heinz
24. 04. 1935
Marktgasse 20

Bickert, Margot
30. 07. 1925
Marktgasse 20

Bickert, Martha
Marktgasse 20

Biederbick, Elisabeth
26. 02. 1926
Graben 47

Biederbick, geb. Schäfer, Frieda
04. 02. 1895
Graben 47

Biederbick, Louis
03. 06. 1865
Moritzstraße 2

Biederbick, geb. Grau (Grein), Luise
16. 03. 1868
Moritzstraße 2

Biel, geb. Trolle, Hedwig
02. 02. 1906
Kruggasse 9

Biel, Karl
Hohentorstraße 5

Bielo, Hans
26. 07. 1900
Königsstraße 72

Bielo, Martha
07. 04. 1908
Königsstraße 72

Bier, Albert
20. 12. 1892
Moritzstraße 8

Biermann, Elise
22. 11. 1904
gef. Engelhardtstraße 4

Biermann, Frieda
05. 04. 1928
gef. Engelhardtstraße 4

Biermann, Heinz
31. 01. 1931
gef. Engelhardtstraße 4

Bierwisch, geb. Thiemann,
Elisabeth, Marie
26. 10. 1879
Rothenditmolder Straße 4

Bierwisch, Georg
12. 12. 1877
Rothenditmolder Straße 4

Bierwisch, Karl
25. 09. 1903
Rothenditmolder Straße 4

Biesch, August
10. 09. 1910
Schomburgstraße 2

Biethmüller, Elisabeth
1893
Oberste Gasse 40

Bildhäuser, Adam
Graben, gef. Graben 29

Billmann, Otto
05. 12. 1874
Graben 68

Bimber, Hannelore
1936
Bettenhäuser Straße 7

Bimber, Ursula
28. 10. 1914
Bettenhäuser Straße 7, gef. Nr. 5

Binde
18-20 Jahre
Töpfenmarkt 19½

Birkner, Charlotte
28. 01. 1922
Gießbergstraße 11

Bischoff, Gertrud-Anna
13. 02. 1897
Kölnische Straße 12

Blankemeier, Frieda
13. 06. 1874
Dörnbergstraße 21

Blaser,
geb. Wittich, Anna Elisabeth
18. 04. 1913
Friedrichsplatz 5

Blaser, Charles, Emil (Schweizer)
05. 03. 1910

Blieger, Heinrich
Wildemannsgasse

Bliner, (Frau)
1902
Rothenditmolder Straße 19

Bliner, Norbert
1936
Rothenditmolder Straße 19

Blinn, geb. Heerdt, Friederike
10. 04. 1902
Rothenditmolder Straße 19

Blinn, Norbert
02. 08. 1936
Rothenditmolder Straße 19

Blinzing, Bernhard
28. 12. 1889
Hohentorstraße 7

Block, Paula
1883
Graben 41, gef. Pferdemarkt 28

Blum, Elisabeth
1932
Entengasse 9

Blum, geb. Breitenstein, Elise
20. 05. 1867
Mittelgasse 66

Blum, Hans
2½ Jahre

Blum, Karl
14. 10. 1911
Heußnerstraße 1

Blum, Martha
16. 04. 1906
Entengasse 9

Blum, Paula
10. 02. 1910

Blum, Peter
13. 11. 1939
Entengasse 4

Blum, Ursula
Graben 41

Blum, Wilhelmine
21. 09. 1894
Mittelgasse 66

Blumenstein, Erich
Oberste Gasse 49

Blumenstein, Erika
Oberste Gasse 49

Blumenstein, (Frau)
Große Rosenstraße 15

Blumenstein, Mieze
26. 06. 1923
gef. Moltkestraße 14

Blumenstein, Willi

Blumenstein, Willi (Schüler)
09. 10. 1929
Brüderstraße 3

Blumenstein, Wilma
Oberste Gasse 49

Blunck, Brunhilde
30. 01. 1925
Marktgasse 15

Bobertin, geb. Riebeling, Ida
11. 04. 1881
Schöfferstraße 2

Bock, Anna
15. 10. 1879
Große Rosenstraße 9

Bock, geb. Wettläufer, (Frau)
20. 08. 1909
gef. Pferdemarkt 10

Bock, Jutta
28. 02. 1942
gef. Pferdemarkt 10

Bock, Walter
18. 02. 1939
gef. Pferdemarkt 10

Bockelmann, Elisabeth
Oberste Gasse 15

Bockelmann, Helga
15. 10. 1937
Oberste Gasse 15

Bockelmann, Hellmuth
29. 06. 1935
Oberste Gasse 15

Bockelmann, Irma-Ruth
28. 04. 1927
Oberste Gasse 15

Bode
Orleansstraße 6, gef. Jägerstraße 2

Bode, geb. Zschigler, Emma
24. 02. 1875
Orleansstraße 9

Bode, (Frau)
Orleansstraße 6

Bode, Heinz
29. 09. 1927
Große Rosenstraße 21

Bode, geb. Heine, Magdalene
08. 11. 1894
Mittelgasse 15

Bode, Marta
Orleansstraße 2

Bode, Max
13. 01. 1871
Orleansstraße 6

Böckelmann (Frau mit
2 Mädchen und 1 Junge)
Oberste Gasse 15, gef. Nr. 17

Böhling, geb. Moser, Johanna
26. 08. 1901
Pferdemarkt 26

Böhm, Anna
26. 05. 1890
Karlsstraße 24, gef. Bürgersäle

Böhm (Ehefrau)
1908
Jägerstraße 5

Böhm, geb. Holzapfel, Elisabeth
04. 04. 1889
Hohentorstraße 11

Böhm, Emil
Stephanstraße 16

Böhm, Käthe
12. 06. 1924
Obere Karlsstraße 24,
gef. Bürgersäle

Böhm, Rudolf
04. 01. 1907
Graben 52

Böhmer, Hedwig
24. 04. 1928
Wildemannsgasse 11

Böhmer, geb. Merbach, Luise
11. 04. 1911
Wildemannsgasse 11

Böhmer, Max
14. 09. 1887
Westring 59

Böhmermann,
geb. Liese, Auguste
11. 04. 1915
Kastenalsgasse 5

Böhmermann, Helmut
10. 04. 1938
Kastenalsgasse 5

Böker, geb. Küster, Magdalene
05. 02. 1883
Ziegengasse 21

Boelker, (Frau)
Ziegengasse 21

Bölter, geb. Löser, Marie
31. 08. 1908
Weißer Hof 3

Bönning, Dieter
Moltkestraße 9

Bönning, Ernst-Friedrich
13. 03. 1938
Moltkestraße 12

Bördmann, Susanne
60-62 Jahre
Vor der Schlagd 4a

Börger, geb. Leimbach, (Ehefrau)
10. 04. 1911
Sandershausen

Börger, Peter
19. 01. 1943
Sandershausen

Bösel oder Böse, Horst
Ziegengasse 23

Bösser, Ilse
28. 09. 1919
Wöhlerstraße 8

Bösunnel, Monika
Pferdemarkt 13

Bött, Frl.
gef. Schomburgstraße 10

Böttcher, geb. Zimmermann,
Johanna
14. 06. 1917
Pferdemarkt 37

Böttcher, Minna
02. 02. 1883
Kölnische Straße 20

Boettge, Wilhelm
14. 12. 1910
Ständeplatz 13

Böttner, Auguste
21. 05. 1876
Schäfergasse 8

Böttner, Gerhard
13. 03. 1927
Christophstraße 1

Böttner, (Herr)

Böttner, Lina
07. 11. 1920
Christophstraße 1

Böven, Christa
1933
gef. Müllergasse 13

Bogdan, Günther
13. 02. 1929
Westring 44

Bohlmann, Hedi
Untere Königsstraße 73

Bohlmann, Klaus-Peter
Untere Königsstraße 73

Bohn, Emil
Bremerstraße 16, gef. Reithalle

Bohne, Helene
09. 05. 1876
Sack 1

Bohne, Jacob
29. 06. 1881
Sack 1

Bokies, Emma
Oberste Gasse 28

Bollengier, Charles (Belgier)
1913
Gießbergstraße 15½

Bollerhey, geb. Vaupel, Elisabeth
26. 10. 1877
Mittelgasse 41

Bolte, Adolf
22. 05. 1930
Graben 29

Bolte, Heinrich
01. 02. 1858
gef. Renthof 4

Bolte, geb. Berndt, Helene
11. 07. 1886
Obere Karlsstraße 26

Bolte, Thomas, Peter
09. 11. 1941
Obere Karlsstraße 26

Bolten, Georg
14. 11. 1881
Hohenzollernstraße 4

Bolz, geb. Bering, Charlotte
19. 01. 1878
Orleansstraße 14

Bomburg, Anna
Pinne

Bonifa, Alma
1922
Altmarkt

Bonig, Joseph
10. 07. 1870
Pferdemarkt 21

Bonn, geb. Manegold, Else
20. 05. 1907
Entengasse 21

Bonn, Hans
24. 02. 1931
Entengasse 21

Bonn, Heinrich
23. 08. 1932
Entengasse 21

Bonn, Johanna
Graben 52

Bonn, Johannes
Graben 57

Bonn, Käthe
20. 11. 1877
Graben 52

Bonnat, Emilie
1907
Pferdemarkt 13

Bonnat, Georg
1895
Pferdemarkt 13

Bonne, Franz
13. 09.
Druselgasse 27

Bonnet, August
07. 06. 1876
Graben 3

Bonnet, geb. Heuser, Elli
27. 06. 1911
Graben 33

Bonnet, geb. Rudolph, Emilie
03. 10. 1915
Pferdemarkt 11

Bonnet, Günther
21. 01. 1939
Graben 31

Bonnet, Hans
1940
gef. Pferdemarkt 3

Bonnet, Heinrich
08. 10. 1908
Graben 33

Bonnet, Heinz
1937
gef. Pferdemarkt 13

Bonnet, Marion
13. 08. 1937
Graben 33

Bonnet, Monika
4 Wochen
Pferdemarkt 13

Bonnet, geb. Reinemann, Sophie
15. 09. 1878
Graben 31

Bonnet, (Reste)
gef. Pferdemarkt 13

Boos, geb. Becker, Anna
06. 04. 1876
Orleanstraße 6

Boos, Gisela
23. 01. 1930
Orleanstraße 8

Boos, Hannelore
15. 08. 1936
Orleanstraße 8

Boos, Inge
18. 03. 1935
Orleanstraße 8

Boos, Margot
24. 04. 1933
Orleanstraße 8

Boos, geb. Herwig, Marie
08. 05. 1911
Orleanstraße 8

Boreck, Karl
12. 12. 1918
Wischwitz

Bork, Mia
1899
Gießbergstraße 15½

Bornemann, (Frau in Hosen)

Bornemann, Dieter
30. 09. 1942
Kruggasse 9

Bornemann, Heinrich
Ständeplatz 16½

Bornemann, Irmgard
Marktgasse 18, gef. Marktgasse 20

Bornemann, geb. Schädel, Lilli
17. 02. 1923
Kruggasse 9, gef. Müllergasse 20

Bornschier, Karl
16. 06. 1901
Wilhelmshöher Allee 247a

Borscha (mit Säugling)
gef. Pinne

Bosch, van der, (Holländer)
gef. Schomburgstraße 11

Bosha, Horst
Druselgasse 27, gef. Graben 29

Bost, (Junge)
ca. 7 Jahre
Christophstraße 8

Bott, geb. Schade, Elisabeth
04. 11. 1879
Kastenalsgasse

Bottner, Gerhard
01. 03. 1937

Boxberger, geb. Siebert, Elisabeth
12. 12. 1891
Wildemannsgasse 36

Bracht, Willi
05. 08. 1907
Wolfsanger Straße 8½

Bräbing, geb. Köhler, Adele
01. 04. 1889
Wallstraße 6,
gef. Salztorstraße 6

Brandau, Adam
gef. Pferdemarkt

Brandau, Anna
Oberste Gasse 30

Brandau, Karl
Oberste Gasse 30

Brandenburger, Ernst
20. 07. 1895
Kölnische Straße 8

Brandenstein, geb. Prior, Elisabeth
28. 03. 1921
Obergasse 88

Brandstätter, vereh. Hammacher,
Sophie (Mädch.- u. Künstlername)
Schomburgstraße 7

Brandt, Martin
1883
Untere Königsstraße 63

Branz, geb. Knieling, Käthe
10. 12. 1899
Große Rosenstraße 21

Branz, Nikolaus
1930
Große Rosenstraße

Brassel, Katharina
12. 01. 1871
Klosterstraße 8

Brauburger, Ernst
20. 07. 1895
Kölnische Straße 8

Brauchler, geb. Eichert, Frieda
07. 05. 1922
Mittelgasse 11

Braumöller, Balthasar
02. 02. 1878
Hedwigstraße 8

Braumöller, Irmgard
06. 11. 1916
Hedwigstraße 8

Braumöller, geb. Sippel, Sabine
02. 01. 1881
Mauerstraße 6,
gef. Hedwigstraße 8

Braun, Adam
25. 08. 1884
Graben 58

Braun, geb. Hellmuth, Anna
07. 02. 1888
Graben 58

Braun, Emilie
Moltkestraße 12

Braun, geb. Rehbein, Luise
15. 03. 1904
Jägerstraße 10

Braun, Wilhelm
01. 01. 1923
Graben 58

Braunhardt, Hans
12. 07. 1920
Kohlenstraße 29

Braunhauer, Auguste
05. 12. 1889
Orleansstraße 25

Braunroth, Maria
02. 07. 1879
Wittichstraße 13

Brede, geb. Eisenhuth, Christine
17. 06. 1870
Mühlengasse 28

Brede, Dina
Obere Karlsstraße 17

Brede, Elisabeth
28. 10. 1917
Hohentorstraße 22

Brede, Heinrich
03. 12. 1905
Hohentorstraße 22

Brede, geb. Schmidt, Helene
12. 06. 1978
Hohentorstraße 22

Brede, geb. Dettmar, Margarete
31. 08. 1909
Müllergasse 11

Brehm, Fritz
Schäfergasse 9

Brehm, Heinrich
Entengasse 2

Brehm, Martha
Entengasse 2

Bremer, Ellen
1935
Wörthstraße 15

Bremer, Frieda
19. 07. 1923
Tager 13

Bremer, Gertrud
Graben 57

Bremer, Lina
1904
Wörthstraße 15

Bremer, geb. Volland, Martha
04. 02. 1896
Graben 67

Brencher, Elisabeth
24. 11. 1898
Entengasse 20

Brenisio (vermutl. unbekannt), Grete
Marktgasse 4

Breßler, Marie
01. 11. 1919
Oberste Gasse 43

Breßler, Minna
01. 07. 1880
Gießbergstraße 27

Breßler, Salome
Obere Karlsstraße 12

Breßler, Sophie
18. 02. 1885
Gießbergstraße 27

Brethauer, geb. Herstell, Maria
05. 03. 1869
Kasernenstraße 3

Bretscher, Heinrich Albert
07. 10. 1900
Kölnische Straße 20

Bretthauer, Aline
11. 04. 1925
Hebbelstraße 106

Bretthauer, geb. Manhardt,
Conradine
31. 07. 1889
Hebbelstraße 106

Bretthauer, geb. Hügel, Käthe
07. 08. 1907
Wildemannsgasse 17

Bretthauer, Konrad
30. 09. 1886
Wildemannsgasse 17, gef. Pinne

Bretthauer, Martha
31. 01. 1879
Jägerstraße 9, gef. Jägerstraße 5

Bretthauer, (Witwe)
1873

Breuer, Ellen
1938
Gießbergstraße 8

Breuer, Fritz
20. 02. 1920
gef. Marktgasse 19

Breuer, Lina
1914
Gießbergstraße 8

Breyer, Hildegard
12. 12. 1933
Mauerstraße 13

Breyer, geb. Fleißner, Luise
01. 03. 1911
Mauerstraße 13, gef. Lutherplatz

Brier, Elisabeth
Jägerstraße 5

Brier
1935

Brier, geb. Seibold, Elise
1895
Jägerstraße 3

Brier, Friedrich
01. 09. 1909
Steinweg 6

Brier, Fritz
1933
Jägerstraße 17

Brier, Fritz
08. 05. 1928
(Marburg) Sack 3

Brier, Georg
Jägerstraße 17

Brier, Heidemarie
11. 11. 1941
Sack 3

Brier, Helene
03. 06. 1933
Sack 3

Brier, Helene
22. 02. 1913
Steinweg 6

Brier, Horst
07. 01. 1934
Sack 3

Brier, Horst
07. 02. 1934
Steinweg 6

Brier, Waltraud
1933
Jägerstraße 5

Brill, Erika
1923
Graben 37, gef. Marktgasse 6

Brill, Frieda
1913
Graben 37

Brill, Fritz
23. 10. 1892
Schomburgstraße 10

Brill, geb. Brasse, Katharina
17. 12. 1881
Graben 37

Bringmann, Anna
10. 11. 1923
Hohenzollernstraße 44

Brinkmeyer, Alfred
24. 01. 1932
Holzmarkt 8

Brinkmeyer, geb. Haß, Anna
14. 05. 1911
Holzmarkt 8

Brinkmeyer, Hannelore
22. 03. 1938
Holzmarkt 8

Brod, Anne Martha
08. 03. 1874
Kruggasse 9

Brösnitz, geb. Sperl, Katharina
27. 01. 1897
Königsplatz 53

Broll, geb. Morch, Auguste
07. 01. 1883
Moltkestraße 12

Broll, geb. Strippel, Dina
1914
Moltkestraße 12

Broll, Walter
Moltkestraße 12

Broszeit, Eduard
09. 06. 1866
Oberste Gasse 4

Bruckler, (Frau)
Moltkestraße 6

Brückler, Frieda
06. 05. 1916
Hohentorstraße 31

Brückler, Hedwig
09. 05. 1911
Hohentorstraße 31

Brückmann, Hedwig
16. 06. 1918
Entengasse 9

Brückner, Egon
23. 11. 1936
gef. Hohentorstraße 27

Brückner, Emil
(Kind)
Hohentorstraße 27

Brückner, Helene
Hohentorstraße 21

Brückner, Irmgard
02. 09. 1941
Obere Karlsstraße 13

Brückner, Katharina
Hohentorstraße

Brückner, (männlich)
Müllerstraße 12-16

Brückner, Martha
24. 05. 1910
Obere Karlsstraße 13

Brückner, (weiblich)
Müllerstraße 12-16

Brühmann, Elise
Große Rosenstraße 21

Brühmann, Eva
27. 10. 1923
Hermannstraße 3

Brühmann, Peter
31. 08. 1925
Hermannstraße 3

Brükner, August
11. 06. 1883
Sack 3

Brünning, Joh.
06. 11. 1923
Entengasse

Brünning, Richard
15. 10. 1909
gef. Marktgasse 19

Brüßler, Georg
Marktgasse 21

Brug, van den, Johann
12. 02. 1920
Lager der Firma Fieseler

Brumer, Gertrud
07. 07. 1920
Graben 67

Brunsmann, Käthe
Große Rosenstraße 20

Brunsmann, Wilhelm
1867
Große Rosenstraße 20

Brust, geb. Brede, Anneliese
23. 03. 1920
Graben 70

Brust, Dieter
16. 02. 1933
Graben 70

Brust, Else
28. 04. 1913
(Leipzig), gef. Graben 70

Brust, Hans-Jürgen
19. 10. 1942
Graben 70

Brust, Rosemarie
03. 12. 1935

Bube, geb. Kallenbach, Else
08. 08. 1903
Hohentorstraße 16

Bube, geb. Raubert, Martha
18. 05. 1886
Kastenalsgasse 1

Bube, Rosemarie
11. 05. 1939
Kastenalsgasse 7

Bubel, Eugenie
28. 07. 1895
Orleansstraße 2

Bubel, Hannelore
05. 09. 1934
Orleansstraße 2

Bubel, Irmgard
01. 04. 1922
Orleansstraße 2

Bubel, Oswald
28. 03. 1888
Orleansstraße 2

Buchbach, Cinna
geb. 1933
Hohentorstraße 27

Buchbach, Emma
1883
gef. Kastenalsgasse 7

Buchbach, Karl
29. 11. 1878
Bahnhofstraße 15

Buchenau, Inge
16. 08. 1923
Marktgasse 16

Buchhold, Paul
25. 01. 1884
Sack 2

Buchmann, Erika
24. 03. 1910
Untere Königsstraße 44

Buchmann, Ernst
Königsstraße

Buchmann, Eva
27. 10. 1923

Buchmann, Gustchen
Königsstraße 44

Budde, Anna
Kastenalsgasse 13

Budde, geb. Mewes, Lissi
10. 01. 1917
Bahnhofsstraße 3

Bücher, geb. Tiggemann, Anna
Oberste Gasse 20

Bücher, Hermann
19. 09. 1914
Oberste Gasse 20

Büchling, geb. Poppenhäger, Anna
10. 07. 1913
Schäfergasse 9

Büchling, geb. Asthalter, Elisabeth
03. 12. 1905

Büchling, Georg
15. 09. 1865
Müllergasse 17

Büchling, Günther
07. 10. 1929
Müllergasse 17

Büchling, Hans
06. 01. 1895
Müllergasse 17

Büchling, Inge
11. 05. 1939
Rothenditmolder Straße 4

Büchling, geb. Träbing, Sophie
07. 03. 1897
Müllergasse 17

Büchling, geb. Beisheim, Wilhelmine
27. 07. 1898
Pferdemarkt 20

Büchling
(Familie 3 männl., 1 weibl.)
Müllergasse 2

Bückert, Martha, Margot
Marktgasse 20

Bücking, Elisabeth
09. 11. 1906
Schäfergasse 17

Bücking, Heinrich
31. 12. 1931
Schäfergasse 17

Bückling, Georg
15. 09. 1865
Müllergasse 17

Bükt, Heinrich
16. 10. 1885
Große Rosenstraße 19

Bülow, von, Karl-Gottfried
20. 09. 1885
Jordanstraße 1

Bültemann, Wilhelm
1863
Orleansstraße 25

Bürgel, Georg
01. 05. 1894
Oberste Gasse, gef. Sack 3

Bürger, Minna
Mittelgasse

Buhrau, Frida
Entengasse 28, gef. Graben 29

Buhre, Albert
26. 10. 1898
Gartenstraße 31

Buhren, geb. Löwe, Friederike
20. 03. 1880
Entengasse 29

Buhrx, Albert
26. 10. 1898
Gartenstraße 31

Bumbulis, Werner
Graben 57, gef. Pinne

Bumbulis, Inge
10. 02. 1934
Graben 57, gef. Pinne

Bunn, geb. Lohrer, Emma
25. 04. 1902
Marktgasse 15

Bunze, (Knabe)
1940
Entengasse 19

Bunzendahl, geb. Aurin, Anna
12. 12. 1918
Königsstraße 76

Bunzendahl, Hans-Jürgen
08. 01. 1942
Königsstraße 76

Bur, (Ehefrau)
65–70 Jahre
Graben 35

Burger, Minna
ca. 45 Jahre
Schäfergasse 8,
gef. Bärenkammer

Burger, Paul
Schäfergasse 8

Burghardt, Anneliese
13. 03. 1942
Jägerstraße 10

Burghardt, Heinrich
21. 06. 1870
Schäfergasse 24

Burghardt, Kurt
13. 12. 1926
Hohentorstraße 19

Burghardt, geb. Böttcher, Lissi
1911
Jägerstraße 10

Burghardt, Rudolf
23. 05. 1911
Jägerstraße 10

Burghardt, Theodor
Leipziger Straße 95

Burk, Heinrich
04. 08. 1900
Schäfergasse 17

Burk, Karl-Heinz
30. 00. 1942
gef. Schäfergasse 17

Burk, Margarethe
03. 02. 1906
gef. Schäfergasse 17

Bursche, Arestitis (Schüler)
Schomburgstraße 11

Burschel, geb. Schroeder,
Anna Kath.
02. 02. 1868

Burschel, Ernst
27. 03. 1866
Moltkestraße 12

Busch, geb. Müller, Agnes
24. 09. 1920
Graben 60

Busch, August
Kastenalsgasse

Busch, Karl
07. 07. 1913
Ostmannstraße 2

Busch, Richard
4 Jahre
Bärenkammer

Busch, Willi
03. 09. 1943

Buse, Hans
15. 10. 1922
Marktgasse 21

Busse, geb. Dorn, Beta
03. 11. 1869
Moritzstraße 4

Busse, geb. Papenheim, Sophie
24. 03. 1871
Untere Königsstraße 83

Bußwurm, Emmi
10. 11. 1910
Hohentorstraße 35

Butt, geb. Schad, Elis.
13. 11. 1879
Kastenalsgasse 7

Butte, (Frau)
in der Wohnung
Ottostraße 10 verbrannt

Butte, Heinrich
Druselplatz 6

Butte, Just.
in der Wohnung
Ottostraße 10 verbrannt

Butte, Margarete
19. 09. 1920

Buttstädt, geb. Quint, Berta
27. 01. 1903
Schomburgstraße 11

Buttstädt, Elisabeth
22. 03. 1867
gef. Schomburgstraße 11

Buttstädt, Karl
08. 10. 1901
Schomburgstraße 11

Cärth, Ludwig
29. 08. 1873
Sack 4

Camp, van, Jank
21. 12. 1911
Pferdemarkt 4

Carl, geb. Wagner, Mathilde
03. 05. 1911
Müllergasse 8, gef. Nr. 12-16

Carl, Willfried
15. 05. 1936
Müllergasse 8, gef. Nr. 12-16

Carstens, Anni
05. 10. 1920
Fiedlerstraße 58

Caspar, geb. Plümer, Gertrud
25. 06. 1885
Friedrichsplatz 4

Caspeken, Lina
29. 04. 1889
Marienstraße 2

Cassel, Anna
15. 01. 1913
Mittelgasse 13

Cassel, Ingrid
07. 07. 1938
Mittelgasse 13

Casselmann, Heinz
Oberste Gasse 51

Casselmann, Martha
Oberste Gasse 51

Cerny, geb. Blaha, Hermine
11. 12. 1913
Mittelgasse 40

Chaing, Chain
06. 05. 1906
Frankfurter Straße 45

Chaline, Albert
(franz. Kriegsgefangener)

Charles, Charli (Franzose)
Hohentorstraße 1

Christ, Heinrich
20. 04. 1882
Mattenbergstraße 2

Christ, geb. Stübe, Marie
09. 01. 1869
Faustraße 7

Christ, Ruth
Schomburgstraße 3

Christmann, Anna
Kölnische Straße 12, gef. Nr. 16

Christmann, Karl
1884
Kastenalsgasse 5, gef. Pinne

Claasen, Else

Classen, geb. Rumpf, Elisabeth
13. 04. 1880
Wildemannsgasse 29

Classen, Marie
Wilhelmsstraße 2

Claus, Ernst
19. 07. 1894
Sack 1

Claus, geb. Weinmeister, Sophie
02. 09. 1896
Sack 1

Clobus, geb. Nickel, Kätha
29. 10. 1889
Waisenhausstraße 28

Clobus, Marlies
24. 05. 1925
Waisenhausstraße 28

Clobus, Theodor
09. 01. 1888
Kaiserstraße 140

Cöster, Gretchen
Obere Karlsstraße 17

Cöster, geb. Menger, Irmgard
28. 07. 1924
Frankfurter Straße
(Gastwirt. Tuckrug)

Cöster, Minke (Kind)

Cöster, Reiner
1940

Cohnings, geb. Jepp, Johan
bei Klippert, Wilhelmsstraße

Cohnings, männlich,
(Bruder von Johan)
bei Klippert, Wilhelmsstraße

Collis, Rosemarie
05. 07. 1943
Fischgasse 12

Comoda, Augusto (Italiener)
Fuldabrücke 8

Conrad, Käte
11. 11. 1921
Obere Karlsstraße 26

Conrad, Paula
04. 05. 1922
Obere Karlsstraße 26

Conradi, geb. Tretzschock, Marie
18. 10. 1901
Graben 23

Constantin, Siegfried
gef. Schwabstraße 28

Corell, Konrad
15. 08. 1906
Webergasse 17

Cornelius, Günther
02. 01. 1930
Pferdemarkt 19

Cornelius, Inge
28. 12. 1937
Pferdemarkt 19

Cornelius, geb. Rüdiger, Lucie
28. 04. 1908
Pferdemarkt 19

Corsunowa (Mann)
geb. 1922

Coß, Albert
19. 10. 1882
Untere Königsstraße 71

Coß, geb Röver, Änne
09. 06. 1890
Untere Königsstraße 71

Coß, Annemarie
1918
gef. Königstor 73 oder 71

Coß, Elisabeth
1916
Untere Königsstraße 71

Credé, geb. Vogel, Anna Elis.
04. 04. 1889
Moltkestraße 9

Credé, Justus
06. 06. 1886
Moltkestraße 9

Cron, Karl
22. 08. 1886
Mauerstraße 20, gef. Moltkestraße 7

Curth, Lissi
01. 06. 1922

Curth, Ludwig
02. 08. 1875
gef. Nat.-Museum

Curth, Maria
Sack 4

Curth, Minna
Turmgasse 12

Czeke, Franz
24. 01. 1895

Czieloug, Hellmuth
04. 10. 1932
Mühlengasse 21

Czybik, Anneliese
02. 06. 1920
gef. Engelhardtstraße 4

Czybik, Gisela oder Gretchen
07. 09. 1938
Engelhardtstraße 4

Dach, Ursula
02. 12. 1931
Kölnische Straße 18

Dächer, Karl
07. 04. 1894
Kölnische Straße 8

Dahle, Emil
04. 11. 1891
Graben 65

Dahle, geb. Hyner, Hedwig
02. 03. 1893
Graben 65

Dambrowski, Anni
Turmgasse 12

Damm, Johannes

Dangmann, Georg
Mittelgasse 14

Danz, Emma
12. 05. 1902
Bettenhäuser Straße 6

Danz, Florenz
19. 10. 1929
Bettenhäuser Straße 6

Danz, Wilhelm
06. 02. 1911
Bettenhäuser Straße 10

Darge, Albert
Graben 31

Darge, geb. Hesse, Marie
16. 09. 1872
Graben 31

Darge, Marie
16. 09. 1942
Graben 31

Daum, Anna
Magazinstraße 3

Daun, Anna

Daun, Hildegard
10–12 Jahre

Daun, Paul
gef. Pinne

Daune, Helga
18. 05. 1939
Königsstraße 66

Daupenwolf, Hildegard
27. 03. 1916

Dause, geb. Bierwisch, Maria
01. 12. 1905
Rothenditmolder Straße 4

Dauser, Brunhilde
Schülerin
Rothenditmolder Straße 4

Dauser, Egon
Schüler
Rothenditmolder Straße 4

Dauser, Hilde
Rothenditmolder Straße 4

Dauser, Karl
Rothenditmolder Straße 4

Deahtier, Machelanie (Französin)
1920

Decher, geb. Klein, Else
22. 10. 1902
Kölnische Straße 8

Decher, Karl
Kölnische Straße 8

Dechert, geb. Sander, Antonie
26. 04. 1879
Mühlengasse 13

Decorte, Berta
1898

Decorte, Gustav
21. 08. 1912
Jägerstraße 5

Degenhardt, Adam
1883
Wildemannsgasse 28

Degenhardt, Christian
Wilhelmsstraße 27

Degenhardt, Christine
17. 12. 1939
Wilhelmsstraße 27

Degenhardt, geb. Gipp, Mimi
31. 07. 1905
Wilhelmsstraße 27

Degenhardt, Toni
20. 01. 1888
Wildemannsgasse 28

Degenhardt, Wilhelm
Frankfurter Straße 22

Degenhardt, Willi
27. 09. 1899
Wilhelmsstraße 27

Degrode, Berta
Zeughausstraße 8

Dehm (Frau)
1881

Dehnardt, Adolf
06. 09. 1896
Huttenstraße 7

Dehnert, Annemarie
22. 05. 1927
Kastenalsgasse 17

Dehnert, Elisabeth
gef. Pinne

Dehnert, Hans
22. 05. 1939
Kastenalsgasse 17

Dehnert, Heinrich
23. 08. 1923

Dehnert, Johanna

Dehnert, Johannes
28. 04. 1875
Hinter der Waage 10

Dehnert, geb. Heining, Minna
10. 11. 1905
Bremer Straße 24, gef. Graben 2

Dehnert, Waltraud
10. 07. 1933
Kastenalsgasse 17

Dehnert, Wolfgang
20. 05. 1923
Kastenalsgasse 7

Dehnert, Wolfgang
23. 05. 1927
Kastenalsgasse, gef. Pinne

Deichmann, August
19. 09. 1897
Jägerstraße 10

Deichmann, Elisa
1897
Graben 41, gef. Pferdemarkt 28

Deichmann, Ilse
05. 06. 1928
Jägerstraße 10

Deichmann, Minna
Graben 41

Deichmann, geb. Lehmann, Minna
19. 12. 1901
Jägerstraße 10

Deiclleres, geb. Ducamp, Madeleine
24. 06. 1920
Schäfergasse 33

Deig, Ingeborg
19. 11. 1931
Bettenhäuser Straße 7

Deis, Elisabeth
15. 10. 1897
Hohentorstraße

Delb, Erich
03. 09. 1909

Dempewolf, Charl.
12. 01. 1847

Dempewolf (Frau)
Hermannstraße 3

Dempewolf, Norbert
20. 09. 1939
Albrechtstraße 30a

Dempewolf, Wilhelm
Hermannstraße 3

Dempwolf, Hildegard
Mittelgasse 19

Demus, Anna
07. 04. 1884
Marktgasse 31

Demus, Marie
30. 10. 1914
Hinter der Waage 9

Demus, geb. Pfaff, Marie
01. 10. 1913

Demus, Wilhelm
24. 04. 1886
Marktgasse 31

Denert, Elisabeth
Hinter der Waage 10

Denn, Luise
1883
gef. Entengasse 10

Denn, geb. Hering, Sophie
25. 09. 1892
Entengasse 10

Dennis, Anna
17. 04. 1884
Marktgasse 31

Deochtier, Madelaine (Französin)
1920

Dersch, Adam
Gutenbergstraße 5

Detorenzo, Alfero
1941
Jägerstraße 5

Detorenzo, Elso
Jägerstraße 5

Detorenzo, Hannchen
Jägerstraße 5

Detrau, Valentin
Adamsstadt, Kreis Buchreis

Dettmar, geb. Licht, Emma
15. 01. 1876
Müllergasse 11

Deuling, Hermann (Holländer)
1916

Deune, Ferdinand
06. 08. 1877
Wilhelmshöher Allee 247a

Dick, geb. Horn, Katharina
24. 09. 1879
Wolfsanger Straße 15

Dick, Karl
17. 03. 1895
Mittelgasse 11

Dick, Wilhelm
24. 06. 1875
Wolfsanger Straße 135

Dickhaut, Anna
Bahnhofsstraße 15 (Hinterhaus),

Dickhaut, Auguste
01. 02. 1907
Bahnhofsstraße 15

Dickhaut, geb. Monk, Else
Moltkestraße 2

Dickhaut, Johanna
Bahnhofsstraße 15

Dickhaut, geb. Draude, Katharina
13. 06. 1866
Bahnhofsstraße 15

Dickhaut, Klara
02. 05. 1904
Hohenzollernstraße 41

Dickhaut, Wilhelm
26. 08. 1902
Königstor 21

Dickhaut, Wolfgang
19. 06. 1933
Königsstraße 21

Dickhauter
Westring 56

Dickhut, Johanna
13. 11. 1894
Bahnhofsstraße 15

Dickmann, Elfriede
22. 01. 1940
Moltkestraße 6

Dickmann, Elly
13. 02. 1914
Moltkestraße 6

Dickmann, Helga
14. 03. 1939
Moltkestraße 6

Dickmann, Wolfgang
13. 03. 1934
Moltkestraße 6

Diebel, geb. Fink, Charlotte
05. 09. 1897
Grüner Weg 15

Diehland, Anna
Bahnhofsstraße 15

Diele, Martha
Druselgasse 10

Dieling, geb. Kleinkauf, Anneliese
14. 05. 1922
Jägerstraße 10

Dieling (Frau)
Oberste Gasse b. Schneider,
gef. Nr. 30

Dieling, Georg
12. 01. 1888
Oberste Gasse 30

Dieling, Ingrid
02. 01. 1942
Jägerstraße 10

Dienermann, Änne
14. 11. 1900
Im Kampe 11, gef. Pinne

Diersmann, Wilhelm
17. 12. 1887
Marktgasse 15

Dieterich, Regina
Obere Karlsstraße 20

Dietrich, geb. Resrodt, Anna
07. 01. 1872
Orleansstraße 19

Dietrich, geb. Reitz, Anna
06. 01. 1908
Bettenhäuser Straße 5

Dietrich, Anna
09. 05. 1905
Graben 29

Dietrich, Albert
01. 11. 1935
Oberste Gasse 51

Dietrich, August
28. 03. 1925
Orleansstraße 19

Dietrich, Elisabeth
22. 11. 1928
Oberste Gasse 51

Dietrich, Elise
21. 09. 1891
Oberste Gasse 51

Dietrich, Ella
18. 05. 1904
Moltkestraße 10

Dietrich, Ferdinand
28. 09. 1904
Bettenhäuser Straße 5

Dietrich (Frau)
28. 06. 1895
Obere Karlsstraße 20

Dietrich, Helmut
31. 08. 1936
Graben 29

Dietrich, Hermann
20. 00. 1926
Mittelgasse 30

Dietrich, Karl
13. 01. 1908
Wildemannsgasse 34

Dietrich, Marie Elisabeth
30. 04. 1917
Wildemannsgasse 34

Dietrich, Margot
08. 05. 1927
Bettenhäuser Straße 5

Dietrich, Sophie
Tannenheckerweg 3

Dietrich, Sophie
13. 04. 1914
Wildemannsgasse 34

Dietrich, Theodor
Karlsstraße 20

Dietrich, Wilhelm
Obere Karlsstraße 20

Dietrich, Willi
25. 10. 1930
Bettenhäuser Straße 7, gef. Nr. 6

Dilche, Georg
19. 09. 1928

Dilchert, Lisa Dora
08. 04. 1927
Jägerstraße 3

Dilling, Frau
Müllergasse 12-16

Dippel, Ännchen
30. 08. 1903
Schäfergasse 13

Dippel, Elisabeth
28. 10. 1881
Jägerstraße 9, gef. Nr. 5

Dippel, Georg
22. 01. 1878
Jägerstraße 9

Dippel, Konrad
30. 09. 1887
(Raboldshausen)

Dippel, geb. Kaiser, Martha
01. 04. 1868
Schäfergasse 13

Dippel, geb. Bunendahl, Pauline
14. 02. 1892
Untere Königsstraße 76

Dippel, Wilhelm
28. 10. 1893
Untere Königsstraße 79

Dissemann, geb. Wicke, Anna
14. 11. 1900
Im Kampe 11

Dissen, von, Anna
30–40 Jahre
Schäfergasse 18

Dissen, von, Hans
Schäfergasse 18

Dissen, von, (Kind)
12. u. 20 Jahre
gef. Schäfergasse 18

Dittmar, Karl
Sack 3

Dittschar, geb. Keim, Anna
01. 06. 1892
Grüner Weg 18

Dittschar, Edeltraud
02. 07. 1933
Grüner Weg 18

Dittschar, Hans
02. 07. 1889
Grüner Weg 18

Ditzel, geb. Höhre, Anna
30. 10. 1878
Jägerstraße 5

Ditzel, Egon
17. 05. 1937
Jägerstraße 5

Döhn, Käthe
12. 06. 1924
Obere Karlsstraße 24

Döhne, Hedwig
16. 07. 1880
Große Rosenstraße 21

Döhne, Luise
22. 02. 1887

Döll, Andreas
28. 01. 1899
Heimboldshausen,
gef. Stadt Stockholm

Dölle, Georg
29. 12. 1896
Moltkestraße 18

Döllmer, Heinrich
15. 11. 1901
Marktgasse 1

Dönch, Ludwig
05. 10. 1877
Pferdemarkt 37

Dönch, Magdalena
02. 02. 1914
Pferdemarkt 37

Dönch, geb. Brede, Marie
21. 02. 1879
Pferdemarkt 37

Dönges, geb. Ravoir, Frieda
30. 06. 1897
Druselgasse 27

Dönges, Georg
30. 05. 1894
Druselgasse 27

Dönges, Hilde
Leipziger Straße

Döpke, geb. Prausch, Marie
02. 05. 1881
Breithauptstraße 4

Döring, Käthe
Mittelgasse 5

Döring, geb. Peter, Magdalene
04. 07. 1877
Kastenalsgasse 10, gef. Nr. 9

Dörr, Luise
28. 02. 1903
Oberste Gasse 4

Dötenbier, Brunhilde
01. 03. 1938
Obere Karlsstraße 13

Dötenbier, Tilly
04. 09. 1904
Obere Karlsstraße 13

Dötting, Albin
11. 06. 1897
Jägerstraße 7

Dolla, geb. Salzmann, Elise
01. 08. 1896
Hohentorstraße 20

Dolla, Max
12. 03. 1890
Hohentorstraße 20

Dolzi, Christa
1941
Marktgasse 16

Dolzi, geb Hecker, Lina
1911
Marktgasse 15

Dombrowski, geb. Dilcher, Anna
06. 12. 1906
Turmgasse 12

Don, geb. Baumgarten, Hedwig
13. 08. 1874
Jägerstraße 16

Dornemann, geb. Neurath, Marie
28. 11. 1913
Mittelgasse 68

Dorning, Alma
30. 07. 1875
Große Rosenstraße 2

Dorosinsky, Michel

Dosa, geb. v. d. Wall, Anna
20. 06. 1912
Graben 47

Dosa, Edeltraut
1936
Marktgasse 19

Dosa, Giesela
29. 11. 1931
Graben 47

Dosa, Hannelore
1942
Marktgasse 19

Dosa, Irene
07. 02. 1933
Graben 47

Dosa, Rolf
1941
Graben 17

Dotterweich, Heinrich
23. 11. 1884
Obere Schäfergasse 13

Dotterweich, geb. Nolte, Martha
28. 05. 1891
Obere Schäfergasse 13

Dotting, Alwin
11. 05. 1897
Jägerstraße 5

Dotting, geb. Weineck, Änne
21. 11. 1901
Jägerstraße 9

Dotting, Irmgard
26. 03. 1928
Jägerstraße 9

Dotting, Marianne
Jägerstraße 9

Draber, Adele
Wollstraße

Dräbing, geb. Köhler, Adele
01. 04. 1889
Wallstraße 6

Draude, Gisela
01. 04. 1939
Wittichstraße 13

Draude, geb. Nowtesy
(oder Thomas), Käthe
08. 09. 1908
Wittichstraße 13

Draude, Manfred
01. 09. 1940
Wittichstraße 13

Drebes, Gerda
28. 08. 1924
Marktgasse 19

Drees, Gustav
22. 03. 1919
Raiffeisenlager
Holländische Straße 209

Dreiling, Ingrid
30. 11. 1932
Wildemannsgasse 26

Dreiling, geb. Albert, Martha
13. 03. 1898
Wildemannsgasse 26

Dreiling, Michael
29. 09. 1863
Ziegengasse 22

Dreiling, Ruthilde
Wildemannsgasse 26

Dreisvogt, Lisa
28. 05. 1899
Wilhelmsstraße 21,
gef. Obere Karlsstraße 17

Dreke, Ursula
27. 06. 1925
Hohenzollernstraße 133

Drendt (Frau)

Drendt (Kinder, zwei)

Dressel, Hugo oder Richard
Pferdemarkt 24

Dressel
Pferdemarkt 24

Dreßler (Frau)
1909
Orleansstraße 12

Dreßler, Ilse
1928
Orleansstraße 12

Dreßler, Kurt
1937
Jägerstraße 1

Dreßler, Lina, Hedwig
13. 01. 1928
Orleansstraße 12

Drier, von, Greti
19. 05. 1924
Hedwigstraße 12

Dröder, Martha
29. 01. 1876
(kath. Ordensschwester
- Natalie -)

Drolla, Max

Drost, Hildegard
Wildemannsgasse 19

Drost, Wilhelm
02. 02. 1883
Wildemannsgasse 19

Drube, Elise

Drube, Martha

Duch, Elisabeth
29. 12. 1868
Hohenzollernstraße 47

Duch, Emmely
19. 03. 1873
Hohenzollernstraße 47

Dudardt, Klaus
Marktgasse 16

Dübler, Lotte
Entengasse 8, gef. Entengasse 10

Dülfer, Heinrich
Oberste Gasse 51

Dülfer, Helga
Oberste Gasse 51

Dülfer, geb. Schüler, Maria
09. 01. 1893
Oberste Gasse 51

Dumeier, Anni
14. 06. 1925
Mauerstraße,
gef. Müllergasse 27/28

Dux, Herbert
gef. Hohenzollernstraße 44

Dyard, Luzie (Französin)
07. 07. 1900
(Paris) gef. Graben 31

Eberhardt
ca. 60 Jahre

Eberhardt
03. 05. 1928
Grüner Weg

Eberhardt (Frau)

Eberhardt, Friedrich
17. 07. 1901
Marktgasse 15

Eberhardt, geb. Hofmann, Helene
gef. Jägerstraße 1

Eberhardt, Hertha
1937
gef. Jägerstraße 1

Eberhardt, Karl
02. 04. 1892
gef. Turmgasse 4

Eberling, geb. Weber, Christine
16. 02. 1896
Hohentorstraße 16

Eberling, geb. Döring,
Dorothea, Elise
18. 02. 1870
Hohentorstraße 16

Eberling, Heinrich
12. 07. 1871
Hohentorstraße 16,
gef. Marktgasse 19

Eberling, Margot
18. 01. 1931
Untere Karlsstraße 1,
gef. Königsplatz

Ebert, geb. Schnücker, Anna
09. 04. 1874
Jägerstraße 10

Ebert, geb. Kees, Emma
18. 10. 1885
Marktgasse 20

Ebert, Georg
01. 03. 1871
Jägerstraße 10

Ebert, Hermann
31. 07. 1864
Königsstraße 73

Ebert, Jean
25. 11. 1883
gef. Marktgasse 19

Ebert, geb. Pfleging, Martha
03. 01. 1865
Königsstraße 73

Eccarius, Elisabeth
21. 09. 1902
Marktgasse 31,
gef. Hinter der Waage

Eckardt, Friedrich
26. 06. 1873
Meyenfeldstraße 13

Eckardt, Helena
01. 07. 1938
Schomburgstraße 6

Eckardt, Herbert
12. 01. 1942
Schomburgstraße 6

Eckardt, Paul
04. 06. 1910
Westendstraße,
gef. Wildemannsgasse 23

Eckarins, Elisabeth
gef. Marktgasse 31

Eckerdt, Elise
20. 12. 1909
Mittelgasse 14,
gef. Reithalle

Eckert, Günther
Mittelgasse 14,
gef. Reithalle

Eckhardt,
geb. Gerstenbach, Anna
24. 09. 1918
Engelhardtstraße 6

Eckhardt, geb. Pfennig, Anna
07. 00. 1910
Schomburgstraße 6

Eckhardt, Auguste
01. 01. 1886
Mayenfeldstraße 11

Eckhardt, geb. Herzog, Auguste
19. 06. 1881
Agathofstraße 28

Eckhardt, geb. Althaus, Elisabeth
05. 11. 1891
Moltkestraße 8

Eckhardt, Friedrich
26. 06. 1873
Meyenfeldstraße 11

Eckhardt, Georg
14. 06. 1924

Eckhardt, Heinrich
29. 01. 1907
Untere Königsstraße 65

Eckhardt, Ingeborg
02. 10. 1933
Michelgasse 17

Eckhardt, Leni
01. 08. 1941
Engelhardtstraße 6

Eckhardt, geb. Becker, Martha
22. 12. 1908
Untere Königsstraße 65

Eckhardt, Ria
09. 05. 1937
Untere Königsstraße 65

Eckstein (Familie 4 Personen)
Müllergasse 12-16

Effer, geb. Krautkrämer, Huberta
04. 01. 1890
Töpfenmarkt 13, gef. Pinne

Egenolf, Alfons
16. 07. 1898
Waldstraße 2

Eggers, Günther
1939
Mittelgasse 14

Eggert, Elisabeth
gef. Mittelgasse

Eggert, Else
20. 01. 1909
Mittelgasse 14, gef. Reitbahn

Ehe, Horst
09. 06. 1929
Westring 56

Ehlers, geb. Ladewig, Martha
07. 09. 1870
Oberste Gasse 59

Ehret (Frau)
Untere Königsstraße 73

Ehret, Hermann
Untere Königsstraße 73

Ehrhardt, Friedrich
17. 07. 1901
Marktgasse 15

Ehrhardt, Heinz
03. 05. 1929
Grüner Weg 45

Ehrhardt, J.
ca. 60 Jahre

Eiche, Oskar
05. 06. 1868
Sack 1

Eichler, Robert
02. 06. 1925
Hebbelstraße 122

Eichwalder, Elisabeth
13. 11. 1899
Schäfergasse 15

Eichwalder, Willi
16. 11. 1920
Schäfergasse 15

Eicke, Wilhelm
31. 03. 1895
Schäfergasse 8

Eicke
1901
Schäfergasse 8

Eickhardt, Anna
1918
Engelhardtstraße 6

Eickhardt, Leni
12. 08. 1941
Engelhardtstraße 6

Eiffert, Hermann
27. 08. 1919
Moltkestraße 12

Eiffert, Klara
Moltkestraße 12

Eike, geb. Leonhardt, Anna
05. 03. 1865
Große Rosenstraße 11

Eike, Karl
11. 07. 1860
Große Rosenstraße 11

Eisenhut, Christ.
Zentgrafenstraße 62,
gef. Bürgersäle

Eisenhut, Fritz
22. 06. 1913
Moltkestraße 9

Eisenhut, geb. Schüttenhelm,
Gertrud
26. 09. 1927
Moltkestraße 9

Eisenhut, Ingrid
22. 03. 1941
Moltkestraße 9

Eisenhuth, geb. Hofmann,
Alma
02. 05. 1876
Obere Karlsstraße 22

Eisenhuth, Heinrich
Obere Karlsstraße 22,
gef. Bürgersäle

Eiser, geb. Ochs, Sophie
06. 01. 1869
Bettenhäuser Straße 10

Elbrecht, Adolf
13. 12. 1863
Obere Fuldagasse 2

Ellenberg, geb. Weinreich,
Wilhelmine
01. 03. 1886
Moltkestraße 7

Ellerkamm, geb. Lauerwald,
Anni
09. 01. 1911
Mittelgasse 14

Ellerkamm, Lucie
Mittelgasse 14

Elsebach, Anton
Hinter der Waage 5

Elsebach, Elsbeth
Hinter der Waage 5

Elsebach, Hilde
gef. Hinter der Waage 5

Elzinga, Trude
26. 01. 1920
gef. Marktgasse 15

Elzinger, Fedde
26. 01. 1920

Emde, Adelheid
1937
Töpfenmarkt

Emde, geb. Bitz, Auguste
gef. Töpfenmarkt 15

Emde, Harro
1940

Emde, Heinz
10. 06. 1940
Kettengasse 4

Emde, Liddy
06. 03. 1874
Hohentorstraße 27

Emmeluth, geb. Leffler, Elise
07. 09. 1908
Bettenhäuser Straße 6

Emmeluth, Heinrich
22. 04. 1931
Bettenhäuser Straße 6

Emmeluth, Horst
22. 03. 1932
Bettenhäuser Straße 6

Emmeluth, Ludwig
26. 05. 1911 oder 26. 03. 1911
Bettenhäuser Straße 6

Ende, Heinz
10. 06. 1940
gef. Marktgasse 19

Endemann, Ingrid
16. 10. 1928
Graben 21, gef. Graben 29

Endemann, Marie
21. 11. 1905
Graben 21, gef. Graben 29

Enders, Brunhilde, Martha
29. 11. 1925
Holländische Straße 4

Enders (Frau)
1885
gef. Pferdemarkt 4

Endrich oder Wendrich, Maria
30. 03. 1897
Mittelgasse 50

Enemann, Erika
04. 04. 1926
gef. Mittelgasse 14

Engel, Brunhilde
10. 07. 1939
Große Rosenstraße 11

Engel, geb. Pflüger, Emma
ca. 40 Jahre
Kastenalsgasse 28, gef. Pinne

Engel (Frau)
gef. Mittelgasse

Engel (Frau)
Hohentorstraße 19,
gef. Bärenkammer

Engel (Frau)
1898
Marktgasse 45

Engel, Gg.
11. 05. 1890
Schäfergasse 14

Engel, Heinrich
30. 12. 1889
Jägerstraße 3

Engel, Heinz
09. 03. 1932
gef. Gießbergstraße 18

Engel, Jakob
1913
gef. Marktgasse 15

Engel, geb. Kroitsch, Johanna
01. 03. 1908
Marktgasse 15

Engel, geb. Metz, Johanna
11. 01. 1874
Rosenstraße 11

Engel, Kätchen
07. 04. 1914
Oberste Gasse 30

Engel, Käte
1918
Pferdemarkt

Engel, Karl
28. 03. 1904
Marktgasse 15

Engel, geb. Hütterichs,
Maria
01. 06. 1918
Untere Fuldagasse 4

Engel, Marianne
(Kind)
Hohentorstraße 19,
gef. Bärenkammer

Engel, Marianne
ca. 87 Jahre
gef. Bärenkammer

Engel, geb. Klapp, Marie
Große Rosenstraße 11

Engel, Marie
01. 06. 1918
Schillerstraße 15

Engel, geb. Volze, Martha
25. 11. 1885
Schäfergasse 14

Engel, Ursula
28. 07. 1930
Marktgasse 15

Engel, Werner
23. 09. 1941
Große Rosenstraße 11

Engelbert, geb. Sauer, Anna
11. 04. 1902
Königsstraße 46

Engelbert, Lucie
18. 04. 1922
Königsstraße 46

Engelhardt, Anna
03. 01. 1892
Waisenhausstraße 15

Engelhardt, Christian
20. 05. 1911
Oberste Schäfergasse 5

Engelhardt, Elisabeth
Wilhelmsstraße 6

Engelhardt, Franziska
Bettenhausen

Engelhardt, Gustav
17. 09. 1908
Oberste Gasse 57

Engelhardt, Johannes
Mittelgasse 14

Engelhardt, Johannes
13. 11. 1942
Schäfergasse 3

Engelhardt, geb. Rosenthal, Klara
15. 11. 1899
Hohentorstraße 29

Engelhardt, geb. Burghardt, Luise
11. 11. 1890
Mittelgasse 14

Engelhardt, Marie
19. 05. 1911
Schäfergasse 5

Engelhardt, Oskar
Oberste Gasse 57

Engelhardt, Richardt
20. 01. 1903
Hohentorstraße 29

Engelke, geb. Koch, Emilie
04. 04. 1886
Jägerstraße 10

Engelke, geb. Schulz, Gertrud
23. 08. 1919
Königsstraße 64

Engelke, Rolf
04. 12. 1942
Königsstraße 64

Engenolf, Alfons
Moltkestraße 6

Engmann, Erika
04. 04. 1926
gef. Mittelgasse 14

Engmann, Georg
21. 03. 1928
Mittelgasse 14

Engmann, Marg.
29. 03. 1898
Mittelgasse 14

Erb, Charlotte
ca. 37 Jahre
gef. Moltkestraße 10

Erb, Ida
31. 01. 1901
gef. Orleansstraße

Erb, Laura
20. 05. 1897
gef. Orleansstraße 29

Erbe, geb. Schreiber,
Christine
09. 06. 1882
Mühlengasse 25,
gef. Mühlengasse 27/28

Erger, geb. Groling, Minna
03. 11. 1878
Kasernenstraße 2

Erhard, Heinz
03. 05. 1928
Grüner Weg 45

Erhardt, geb. Hunneck, Anna
16. 02. 1908
Freiheiter Durchbruch,
gef. Marktgasse 6

Erich, Heinrich
23. 03. 1902
Speele 71, gef. Diakonissenhaus

Erlbein, Heinz
Kastenalsgasse 3

Erler, geb. Schulze, Hedwig
16. 11. 1889
Moltkestraße 10

Erler, Robert
gef. Moltkestraße 10

Ernst, Beathe
26. 12. 1871
gef. Schäfergasse 12

Ernst, geb. Wenzel, Helene
05. 02. 1879
Wallstraße 6,
gef. Salztorstraße 6

Ernst, Hermann
04. 12. 1907
Große Rosenstraße 11

Ernst, geb. Walter, Magdalena
05. 01. 1869

Erteigen, van, Anton (Belgier)
22. 11. 1918
gef. Pferdemarkt 18

Ertmer, Karl
16. 10. 1926
Mittelgasse 30

Esb, Ida
Orleansstraße 25

Esche, Herma
10. 11. 1927
Sack 1

Esche, geb. Zinn, Martha
31. 12. 1866
Sack 1

Esche, Oskar
05. 06. 1886
Sack 1

Eschrich, geb. Kurzrock, Marie
26. 01. 1890
Pferdemarkt 7

Eska, Alfred
25. 07. 1898
gef. Hotel Stockholm

Eskuche, Ferdinand
Graben 31

Eskuche, Fred
20. 03. 1897
Graben 31

Eskuche, Hans
22. 09. 1929
Graben 31

Eskuche, Marie
25. 07. 1935
Graben 31

Espig, Hedwig
ca. 40 Jahre
gef. Bürgersäle

Etwin, Heinrich
20. 01. 1904
Köln, gef. Marktgasse 19

Etzel, geb. Liese, Anna
14. 06. 1901
Pferdemarkt 21

Etzel, Eduard
19. 10. 1901
Pferdemarkt 21

Etzel, Erika
30. 12. 1940
Pferdemarkt 21

Euie oder Enie (Frau)
ca. 45 Jahre
Königsplatz

Ewald, Hans
15. 11. 1892
gef. Jägerstraße 5

Ewald, Petronella
Jägerstraße 9

Ewers, Alwine
1903
Graben 66

Ewers, Georg
19. 09. 1873
Entengasse 21,
gef. Graben 19

Eybel, geb. Kaiser, Martha
19. 02. 1900
Mittelgasse 17

Eyerich, Johann
13. 05. 1911

Eyert, geb. Knöpfel, Elisabeth
28. 08. 1883
Mittelgasse 12

Faasch, Wilhelmine
14. 03. 1900
Kastenalsgasse 1

Faber (Frau)
Orleansstraße 25

Färber, August
12. 11. 1895
Wildemannsgasse 17,
gef. Pinne

Färber, Gusti
12. 06. 1910
Große Rosenstraße 4

Fäulbrich, Herbert
gef. Marktgasse 15

Fahlenberg, Erna
21. 05. 1867
Hohentorstraße 7

Falke, August
11. 09. 1883
Große Rosenstraße 22

Falke, geb. Weiß, Auguste
21. 03. 1899
Schäfergasse 5

Falke, Karl
06. 10. 1886
Schäfergasse 5

Falkenthal, Heinrich
04. 01. 1914

Fasche, Helene
gef. Schäfergasse 17

Fasche, Horst
23. 07. 1941
Schäfergasse 17

Fasse, Irmgard
1923
Ziegengasse 13

Fasse, Maren
April 1939
Ziegengasse 13

Fassete, Johannes
20. 09. 1920
(Rotterdam) gef. Marktgasse 15

Faßhauer, geb. Göbel, Dorothea
29. 07. 1885
Hohentorstraße 24,
gef. Graben 51-53

Faßhauer, Heinrich
04. 10. 1879
Hohentorstraße 24,
gef. Graben 51-53

Faste, Eduard
1934
Obere Karlstraße 26

Fatton, Bruno (Italiener)
Pinne

Fatton, Edda (Italienerin)
Pinne

Fattori, geb. Berla, Amelia
10. 10. 1902
Graben 57

Fattori, Elda
30. 08. 1927
Graben 57

Fattori, Fränker (Italiener)
Graben 57, gef. Pinne

Faubel, Kurt
1931
Weißer Hof,
gef. Freiheiter Durchbruch

Faubel, geb. Haras, Lisbeth
1903
Weißer Hof 6

Faust, Luise
Graben 57

Faust, geb. Bumbüllis, Luise
17. 11. 1911
Wildemannsgasse 17

Faust, Marianne
22. 02. 1939
Pferdemarkt 38

Feberg oder Faberg, Brigitte
gef. Pferdemarkt 12

Fechner, Bernhard
Graben 7

Fedridge, Alfred (Franzose)
ca. 30 Jahre
gef. Moltkestraße 6

Feerich, Erwin
07. 02. 1921
(Sonneberg)

Fehling, geb. Reyer, Anni
06. 03. 1907
Wildemannsgasse 15

Fehling, Hermann
18. 07. 1905
Wildemannsgasse 15

Fehr, Berta
1862
Gießbergstraße 4

Fehr, geb. Tamm, Elfriede
06. 04. 1899
Oberste Gasse 42

Fehr, geb. Waldeck, Therese
22. 07. 1877

Fehringer, Anna
1891
Marktgasse 16

Fehringer, Sophie
1927
gef. Marktgasse 16

Feix, Elise
19. 08. 1909
Hohentorstraße 25

Felle, geb. Ruppel, Auguste
06. 06. 1878
Pferdemarkt 3

Felle, geb. Helbig, Luise
30. 07. 1908
Kastenalsgasse 8

Felson, Artur
gef. Bettenhausen

Felson, Hilde
gef. Bettenhausen

Fenge, Anton
23. 07. 1888
Körnerstraße 9

Fengler, Franz
28. 02. 1909
Kruggasse 3,
gef. Mittelgasse 36

Fenring oder Feuring, Johann
(Soldat)
24. 10. 1894
(Dörnberg)

Ferch, Emmi
30. 06. 1886
Wörthstraße 6

Fester, Eduard
7-8 Jahre
Obere Karlsstraße 17

Fester, Friedel
April 1915
Schlachthofstraße,
gef. Bürgersäle

Fester, geb. Redetzki, Thea
17. 12. 1924
Holländische Straße 170

Fette, geb. Weinrich, Else
16. 10. 1908
Druselgasse 27

Fette, geb. Gürge, Marie
21. 05. 1887
Druselgasse 27

Fette, Walter
19. 04. 1932
Druselgasse 27

Fetz, geb. Schmalkalden, Berta
08. 07. 1897
gef. Gießbergstraße 8

Feuring, Fritz
07. 03. 1871
Orleansstraße 6

Fey, geb. Sturm, Katharina
18. 12. 1918
Graben 47

Ficher, geb. Kreyer, Franziska
23. 02. 1887
Pferdemarkt 2

Fichte, Irmgard

Fichtler, Hildegard
01. 03. 1906
Orleansstraße 25

Fichtler, Karl
27. 01. 1901
Orleansstraße 25

Fiebig, Genelosé
Jägerstraße 9,
gef. Obere Karlsstraße 17

Fiebig, Ingeborg
Wilhelmsstraße 31

Fiedler, Anna (oder Alma)
18. 05. 1935
gef. Hohentorstraße 33

Fiedler, Bernhard
11. 06. 1887
Mittelgasse 30

Fiedler, geb. Emde, Elisabeth
15. 03. 1902
Hohentorstraße 33

Fiedler (Frau)
Wilhelmsstraße 2

Fiedler, Friedrich
02. 07. 1918
Wolfhager Straße 21

Fiedler, Karin
07. 12. 1942
Hohentorstraße 33

Fiedler, Karl
30. 03. 1902
Hohentorstraße 33

Fiedler (Kind)
6 Monate
Wilhelmsstraße 2

Fiedler (Mann) bei Credé
ca. 38 Jahre
gef. Marktgasse 19

Fiedler, Ursula
01. 02. 1928
Hohentorstraße 33

Fiege, geb. Pforr, Else
20. 08. 1906
Graben 68

Fiege, Georg
17. 07. 1904
Graben 68

Fiege, Otto
28. 04. 1927
Wiesenfeld/Eichsfeld,
gef. Graben

Figge, Martin
20. 06. 1868

Figgele, van, Adrian
17. 07. 1900
Kettengasse 34a

Findt, Jakob
17. 06. 1874
Marktgasse 12

Finger, Gerhard
1938
Untere Königsstraße 64

Finger, geb. Ruschin, Hilde
23. 07. 1916
Untere Königsstraße 64

Finger, Klaus
1940
Untere Königsstraße 67

Finis, Anna
17. 05. 1924
Müllergasse 17,
gef. Müllergasse 13

Finis, geb. Hindemann, Elisabeth
19. 06. 1912
Weißer Hof 1

Finis, Inge
01. 08. 1934
Weißer Hof 1

Finis, Luise
06. 03. 1874
Weißer Hof 1,
gef. Kastenalsgasse 5

Finis, Waltraud
10. 03. 1940
Weißer Hof 1

Fink oder Link
gef. Oberste Gasse 17

Fink, Leni
18. 09. 1927
gef. Pinne

Fink, geb. Möller, Marie
Töpfenmarkt 10

Fink, Walter
gef. Altmarkt

Finke, geb. Langenhahn, Auguste
13. 02. 1860
Druselgasse

Finke, Georg
28. 11. 1897
Orleansstraße 55

Finning, geb. Kropf, Johanna
10. 02. 1922
Pferdemarkt 26,
gef. Nat.-Museum

Fischer, Adam
05. 08. 1899
gef. Stadt Stockholm

Fischer, geb Staub, Anna
22. 06. 1908
Christophstraße 1/2

Fischer, geb. Völker, Anna
01. 04. 1894
Ziegengasse 10

Fischer, Anna
29. 12. 1902
Gießbergstraße 3

Fischer, Brigitte
06. 07. 1943
Pferdemarkt 2

Fischer, Elisabeth
22. 01. 1889
Hinter der Waage

Fischer, geb. Rebula, Emilie
Gießbergstraße 3

Fischer, geb. Kalwa, Erna
06. 12. 1919
Holländische Straße 4

Fischer, Ernst
28. 04. 1927
Kölnische Straße 18

Fischer, geb. Müller, Eva
26. 06. 1866
Graben 59, gef. Nr. 63

Fischer (Frau)
gef. Pinne

Fischer, Frederike
12. 11. 1892
Bettenhäuser Straße 5

Fischer, Irmgard
22. 01. 1925
Pferdemarkt 2

Fischer, Joseph
03. 03. 1904
Ziegengasse 10

Fischer, Kaspar
1871
gef. Bettenhäuser Straße 4

Fischer (Kind)
1941
Gießbergstraße 3

Fischer, Klara
03. 06. 1876
Karlshospital

Fischer, Luise
08. 02. 1878
Freytagstraße

Fischer, Martha
17. 09. 1890
Töpfenmarkt 17

Fischer, geb. Böhm, Natalie
10. 07. 1878
Gießbergstraße 3

Fischer, Paul
24. 01. 1892
Kölnische Straße 18

Fischer, Ursula
1924
Große Rosenstraße 20

Fischer, Viktor
13. 08. 1925
Mittelgasse, Stadt Stockholm

Fischer, Wilhelm
06. 05. 1935
Christophstraße 1/2

Fischer (Witwe)
Marktgasse 19

Fischer, Wolf (oder Wilhelm)
10. 04. 1901
gef. Schäfergasse 18

Fischmann, Adolf

Fischmann (Frau)
Hinter der Waage 1

Fischmann, Gustav
gef. Hinter der Waage 3

Fitsch (Ehemann und 3 Jungen)
Hohentorstraße 15

Fix, Bruno
20. 06. 1908
(Rudolstadt)

Fleck, Elisabeth
gef. Wilhelmsstraße 11

Fleck, Kilian
Wildemannsgasse 21

Fleck (weiblich)
gef. Jägerstraße 5

Fleck, Wilhelm
gef. Wilhelmsstraße 11

Fleeschhouwer de,
geb. de Corte, Berta
21. 10. 1897
Schäfergasse 32

Flier, van der, Jan
06. 01. 1913
gef. Pinne

Floegel, Elisabeth
27. 08. 1906
Orleansstraße 2

Floegel, Gertrud
12. 01. 1938
Orleansstraße 2

Flörke, Hilda
09. 10. 1910
Gräfestraße 8

Flöther, Robert
29. 09. 1913
Wittichstraße 19

Flohr, Anneliese
15. 11. 1925
Graben 74

Flohr, geb. Schmidt, Elisabeth
23. 08. 1901
Graben 74

Flohr, Ruth
02. 01. 1931
Graben 74

Floren, Emma
Steinweg 16

Fluck, Andreas
18. 02. 1900
(Frankfurt/M.),
gef. Schomburgstraße 10

Flümer, Karl
29. 09. 1913
Mittelgasse 30

Fluge (Frau)
Mittelgasse 11

Föhse, Helga
1901
gef. Marktgasse 19

Föhse, Karl-Heinz
gef. Marktgasse 19

Förster, Auguste
Mittelgasse 15

Förster, geb. Schallau, Pauline
11. 10. 1883
Hohentorstraße 31

Foese, Erich
1903
Wildemannsgasse 5

Föse, Johanna
16. 01. 1888
Wildemannsgasse 5

Foese, geb. Reitz, Klara
31. 05. 1863
Mittelgasse 13

Foese, Ursula
20. 02. 1927
Wildemannsgasse 5,
gef. Marktgasse 19

Follmann, Martha
gef. Städt. Krankenhaus

Foohs, geb. Lange, Auguste
18. 12. 1909
Schäfergasse 9

Fräsdorf, geb. Trümper, Franziska
02. 12. 1908
Schäfergasse 15

Francke, Auguste
1904
Untere Königsstraße 64

Frank, geb. Weißenborn, Anna
22. 04. 1902
Kastenalsgasse 5

Frank, geb. Strohmeier, Auguste
04. 05. 1865
Kastenalsgasse 12

Frank, Dina
Kastenalsgasse 12

Frank, Ilse
Kastenalsgasse 12

Frank, Johannes
Mittelgasse 20

Frank, Karl
21. 03. 1930
Kastenalsgasse 5

Frank, geb. John, Martha
09. 09. 1921
Orleansstraße 45

Frank, Sabine
07. 04. 1896
Kastenalsgasse 12

Frank, Willi
25. 12. 1920
Orleansstraße 45

Frank, Willi
(aus Hersfeld)

Franke, Anna
24. 06. 1907
Oberste Gasse 15

Franke, geb. Meyer, Auguste
23. 09. 1901
Untere Königsstraße 64

Franke, Sabine
17. 04. 1896
Kastenalsgasse 8

Franke, Wilhelm,
08. 01. 1897
Untere Königsstraße 64

Franz, Adolf

Franz, geb. Hupfeld (Frau)
1901
Breithauptstraße 4

Franz, Käthe
10. 12. 1894
Mauerstraße 14

Franz, Nikolaus
13. 08. 1929
Mauerstraße 14

Franz, Olga
16. 06. 1909
Moltkestraße 9

Franz, Wilhelm
16. 02. 1911
Moltkestraße 9

Franzius (Frau)
1913
Schäfergasse 18

Freese, Anna
Töpfenmarkt 6, gef. Pinne

Freese, geb. Bost, Berta
1908
gef. Kruggasse 11

Freisvogt, geb. Kohlhase, Lisa
Wilhelmsstraße 31

Freitag
Mittelgasse 57,
gef. Pferdemarkt 28

Freitag, Alice
17. 12. 1919
Marktgasse 19

Freitag, geb. Däumigen, Auguste
09. 09. 1870
Mittelgasse 50

Freitag, Else
Marktgasse 29,
gef. Marktgasse 19

Freitag, Line
Mittelgasse 50,
gef. Pferdemarkt 28

Freitag, Walter
Mittelgasse,
gef. Pferdemarkt 28

Fremder, Friedel
22. 09. 1896
Hersfelder Straße,
gef. Königsplatz

Fremder, Fritz
02. 04. 1898
Hersfelder Straße,
gef. Königsplatz

Frenk, Gretel
1894
gef. Marktgasse 19

Frenzel, Werner
20. 09. 1901
Langenbeckstraße 34

Frenzen, geb. Schneider, Else
gef. Jägerstraße 9

Frese, Berta
ca. 35 Jahre
Kruggasse 11

Frese, Emma
10. 06. 1912
Rothenditmolder Straße 10

Frese, Harald
01. 04. 1942
Rothenditmolder Straße 10

Frese, Heinz
1933
Kruggasse 11

Frese, Martin
Frankfurter Straße 22

Frese, Ursula
09. 08. 1928
Marktgasse 26

Frese, Waltraud
1931
gef. Pferdemarkt 12

Freser (Frau)
1901
gef. Marktgasse 19

Freudenberg, Heinrich
Bunker bei Marienkrankenhaus

Freudenstein, Gertrud
04. 05. 1906
Untere Karlsstraße 1,
gef. Königsplatz

Freudenstein, Gertrud
Oberste Gasse 6

Freudenstein, Herbert
06. 07. 1937
Untere Karlsstraße 1

Freund, geb. Vogt, Anna
12. 09. 1904
Graben 27, gef. Marktgasse 19

Freund, geb. Rose, Charlotte
25. 01. 1919
Schäfergasse 7

Freund, Friedrich
25. 09. 1900
Graben 37

Freund, Karl-Heinz
13. 07. 1940
Schäfergasse 7

Freund, Luise
gef. Königsstraße 91

Freund, Margot
1938
Graben 37, gef. Königsplatz

Frey, geb. Hoffmann, Friederike
15. 04. 1887
Graben 57, gef. Graben 51

Freytag, Ernestine
Mittelgasse 56

Freytag, Ernst
Mittelgasse 56

Freytag (Kind)
1939
Mittelgasse 56

Freytag, Maria
gef. Orleansstraße 2

Freytag (Säugling)
2 Monate

Freytag, Walter
gef. Orleansstraße 2

Fricke, Anneliese
01. 04. 1929
Schäfergasse 13

Fricke, geb. Dippel, Minna
02. 03. 1889
Schäfergasse 13

Friedel, geb. Achenbach, Dina
22. 07. 1911
Orleansstraße 8

Friedel, Gisela
20. 09. 1934
Orleansstraße 8

Friedel, Lieselotte
25. 07. 1932
Orleansstraße 8

Friedel, Paul
16. 07. 1906
Orleansstraße 8

Friedrich, Bernhard
10. 12. 1938
Töpfenmarkt 14

Friedrich, Georg
19. 09. 1857
Schäfergasse 5

Friedrich, geb. Zöller, Hilde
02. 10. 1933
Schäfergasse 5

Friedrich, Hildegard
Henenhausen

Friedrich, Ludwig
24. 11. 1884
Kaufunger Straße 3

Friedrich, geb. Minotto, Martha
02. 08. 1914
Graben 58

Friedrichs, Helmut
02. 04. 1904
Westring 56

Friedrichs (weiblich)
gef. Hermannstraße 3

Fries, Emma
07. 10. 1906
Kasernenstraße 4,
gef. Mittelgasse 13

Fritsch, Emil
10. 05. 1869
Wurmbergstraße 25

Fritsch, Erna
1897
Gießbergstraße 15 1/2

Fritsch, Frieda
31. 08. 1874
Wurmbergstraße 25

Fritsche, Albert
07. 06. 1940
Kastenalsgasse 7

Fritsche, Emilie
17. 09. 1942
Kastenalsgasse 7

Fritsche, Ilse
06. 03. 1934
Kastenalsgasse 7

Fritsche, Karl
24. 04. 1938
Kastenalsgasse 7

Fritsche, geb. Wittich, Katharina
27. 07. 1909
Kastenalsgasse

Fritsche, Marie
21. 07. 1936
Kastenalsgasse 7

Fröhlich, geb. Klauer, Anna
04. 10. 1894
Schäfergasse 2

Fröhlich, Gerhard
24. 09. 1927
gef. Schäfergasse 2

Fröhlich, Wilhelm
19. 03. 1906
gef. Motzstraße 4

Fromme, Gisela
Obere Karlsstraße 24,
gef. Bürgersäle

Frünke, Hans Joachim
06. 01. 1941
Obere Schäfergasse 6

Frünke, geb. Neuber, Helene
20. 12. 1892
Obere Schäfergasse 6

Frünke, Otto Ernst
30. 11. 1892
Obere Schäfergasse 6

Frznieckie, Genia
Marktgasse 15

Fuchs Anna
Pferdemarkt 8

Fuchs (Frau)
gef. Holzmarkt 10

Fuchs (Frau)
gef. Oberste Gasse 9

Fuchs, Helene
17. 03. 1903
Königsstraße 91

Fuchs, geb. Amert, Maria
19. 05. 1915
Holzmarkt 10

Füger, Jean (Ausländer)
14. 02. 1910
Wilhelmshöher Allee 247a

Führer, geb. Schneider, Anna
17. 08. 1906
Moltkestraße 8

Führer, Bernhard
26. 04. 1936
Moltkestraße 8

Führer, Franziska
1932
Moltkestraße 8

Führer, Georg
04. 11. 1941
Moltkestraße 8

Führer, Irma
Moltkestraße 8

Führer, Konrad
1933
Moltkestraße 8

Führer, Rita
02. 08. 1929
Moltkestraße 8

Füll, geb. Wenderoth, Frieda
(Aschenreste)
18. 12. 1906
Rothenditmolder Straße 19

Füllgrabe, Else
29. 05. 1921
Gräfestraße 2

Fuhrmann, Ado
05. 05. 1941
Hohenzollernstraße 63

Fuhrmann, Adolf
Ziegengasse 7

Fuhrmann, Gisela
22. 01. 1934
Hohenzollernstraße 63

Fuhrmann, Günther
04. 03. 1936
Hohenzollernstraße 63

Fuhrmann, Klara
14. 04. 1900
Hohenzollernstraße 63

Fuhrmann, Marie
Ziegengasse 7,
gef. Marktgasse 20

Fuhs, geb. Siebert, Emma
17. 10. 1906
Kasernenstraße 4

Fuhse, Wilhelm
21. 03. 1874
Oberste Gasse 60,
gef. Martinsplatz 1

Fullbrecht, Horst
06. 05. 1934
Holländische Straße 38

Funk, Dieter
16. 06. 1942
Kruggasse 11

Funk, Ingrid (Irene)
29. 06. 1940
Kruggasse 11,
gef. Mittelgasse 21

Funk, Jean
05. 11. 1873
Pferdemarkt 20

Funk, Käthe, Marie
09. 11. 1922
Kruggasse 11

Funk, Martha
Hentzestraße 5,
gef. Schule am Wall

Funke, Anna
13. 11. 1925
Fliegengasse 11

Funke, geb. Herwig, Auguste
04. 06. 1886
Fliegengasse 11

Funke (Frau)
Oberste Gasse 59

Funke, Friedrich
27. 09. 1896
Mittelgasse 8

Fyal
13. 07. 1929
Wilhelmsstraße 2 1/2

Gabel, Christine
Jägerstraße

Gabel, Marie
Gießbergstraße 3

Gänke (Frau)
65-70 Jahre
Marktgasse 17

Gänzel, Frieda
27. 11. 1887
Wildemannsgasse 21

Gärtner, Hermann
03. 04. 1877
Weserstraße 36

Gall, Ilse
19. 03. 1919
Spiekershäuser Straße 44

Gall, Hans Peter
11. 07. 1942
Spiekershäuser Straße 44

Gallaus (Frau)
1899
Jägerstraße 12

Gallaus, Georg
25. 11. 1887
Jägerstraße 10

Gallaus, Ida
Jägerstraße 12

Gallinger, Karl
09. 11. 1903
Rauchstraße 5

Gammemann,
1893
Mittelgasse 16

Ganasinski, geb. Jogesowicz,
Anastasia
13. 01. 1867
Motzstraße 9

Ganns, Anni
20. 03. 1931
gef. Obere Karlsstraße 17

Ganns, Paula
09. 10. 1886
Große Rosenstraße 11

Gans, Elisabeth
gef. Obere Karlsstraße 17

Garth, Ludwig
29. 08. 1873
Sack 4, gef. Nat.-Museum

Garthe, Ernst
1893
Ziegengasse 21

Gasché, geb. Goebel, Anna
21. 08. 1881
Untere Königsstraße 91

Gasché, Paul
14. 01. 1908
Kaserne Hasenhecke

Gasché, Wilhelm
10. 07. 1882
Untere Königsstraße 91

Gathen, Heinz
29. 06. 1928
Müllergasse 17

Gathen, Willi
30. 06. 1929
Müllergasse 17

Gauglitz, Karl-Heinz
21. 06. 1942
Oberste Gasse 34

Gebauer, Anneliese
16. 05. 1910
gef. Schomburgstraße 11

Gebauer, Berta
28. 09. 1889
Wildemannsgasse 1,
gef. Marktgasse 16

Gebauer, geb. Wiegand,
Berta
28. 06. 1886
Wildemannsgasse 1

Gebauer, Günter
08. 11. 1936
Marktgasse 24

Gebauer (Frau)
1903
Mittelgasse 13

Gebauer, Margarete
22. 05. 1911

Gebauer, Margot
1931
Gef. Marktgasse 19

Gebauer, geb. Landgrebe, Minna
01. 10. 1908
Marktgasse 19

Gebauer, Peter
11. 05. 1938
Marktgasse 24

Gebauer, Wilhelm
09. 03. 1909
gef. Marktgasse 19

Geber, Otto
28. 04. 1900
Moltkestraße 9

Gebien, Emma
1882
Turmgasse 20

Gebien, Hermann
Turmgasse 20

Gechold, Fritz
Graben 31

Gecland, Ernst
17. 04. 1902
Wolfsangerstraße 104

Gehring, geb. Reimann, Hertha
24. 10. 1915
Bremer Straße 4 1/2

Geilmann, geb. Hupfeld, Anna
13. 07. 1885
Holzmarkt 8

Geilmann, Emma
17. 10. 1921
Holzmarkt 8

Geilmann, Wilhelm
12. 06. 1882
Holzmarkt 8

Geisert, geb. Aut, Katharina
03. 04. 1870
Wörthstraße 27

Geisselmann, Philipp
11. 09. 1890
Schäfergasse 13

Geißhardt, Konrad
31. 08. 1878
Kasernenstraße 2

Geißhardt, geb. Beyer, Elise
31. 05. 1877
Kasernenstraße 2

Gemotz, Egon (Belgier)

Generotzky, geb. Boev, Charlotte
18. 05. 1905
Jägerstraße 12

Generotzky, Ewald
10. 11. 1886
Jägerstraße 11

Genke, Adeline
65-70 Jahre
Marktgasse 17

Genzel, geb. Pfannenschmied,
Frieda
27. 11. 1887
Wildemannsgasse 21

Georg, Anna
06. 04. 1907
Obere Karlsstraße 20

Georg, Elsa
14. 02. 1930

Georges, Helmuth
27. 02. 1911
Töpfenmarkt 17

Gcorges, Karl
31. 03. 1907
Kassel-Wolfsanger

Georges, geb. Range, Marie
12. 04. 1908
Kassel-Wolfsanger

Georges, Ursula
03. 07. 1943
Kassel-Wolfsanger

Georges, Waltraud
17. 07. 1932
Kassel-Wolfsanger

Gerbold, Heinrich
20. 05. 1904
gef. Marktgasse 19

Gerhold, Benno
13. 12. 1937
gef. Graben 29

Gerhold, Eleonore
21. 09. 1942
gef. Graben 29

Gerhold, geb. Eysel, Ella
1903
gef. Graben 29

Gerhold, Friedrich
24. 07. 1933
gef. Graben 29

Gerhold, Hedwig
15. 06. 1912
gef. Graben 29

Gerhold, Julie
04. 11. 1900
Marktgasse 21

Gerhold, Martha
11. 05. 1924
Kaiser-Friedrich-Straße 8

Gerke, Paul
30. 10. 1915
Klosterstraße 9, gef. Pinne

Gerke, Paula
16. 10. 1895
Klosterstraße 9, gef. Pinne

Gerke, Wolfgang
06. 07. 1936
Klosterstraße 9, gef. Pinne

Gerlach, geb. Welch, Eugenie
Kastenalsgasse 27

Gerlach, Friedrich
16. 04. 1892
Westring 56a

Gerlach, Lena
Marktgasse 23 (bei Herbener)

Gerlach, Lina
Dittershausen

Gerland, Anneliese
gef. Wilhelmsstraße 13

Gerland, geb. Schäfer, Johanna
20. 03. 1911
Oberste Gasse 63

Gerland, Kurt
ca. 3 Jahre
gef. Wilhelmsstraße 13

Gerland, Rudolph
Oberste Gasse 63

Gerland, Wilhelmine (Überreste)
23. 09. 1920

Gerlasse, geb. Schäfer
1925
Oberste Gasse 68

Germandi, Elisabeth
07. 06. 1920
Kastenalsgasse 9

Germandi, geb. Lange, Gertrud
21. 11. 1890
Kastenalsgasse 9

Germandi, Karl
01. 07. 1892
Kastenalsgasse 9

Gernutz (Belgier)
1920

Gerstenberg, geb. Fiege, Anna
13. 05. 1909
Graben 33

Gerstenberg, Butzi
21. 08. 1915
Klosterstraße 7

Gerstenberg (Säugling)
Klosterstraße 7

Gerstenberg, geb. Breitenstein,
Wilhelmine
05. 12. 1861
Mittelgasse 66

Gerstenmeyer, David
13. 06. 1905
Jägerstraße 2,
gef. Königsstraße 91

Gerstenmeyer, geb. Weber (Frau)
Jägerstraße 2,
gef. Königsstraße 91

Gerth, Fritz
28. 03. 1875
gef. Oberste Gasse 17

Gerth, Luise
1880
Oberste Gasse 17

Geske, geb. Pinnau, Asta
09. 12. 1918
Untere Königsstraße 79

Gewicke, Christian
14. 03. 1888
Mauerstraße 20,
gef. Moltkestraße 6

Gewicke, geb. Vertgiwall,
Josephine
23. 03. 1890
Mauerstraße 20

Geyer, Dieter
02. 05. 1943
Orleansstraße 6

Geyer (Witwe)
1871
Orleansstraße 6

Gibhardt, Georg
16. 02. 1871
Waisenhausstraße 6

Gierth, geb. Schmidt, Anna
17. 11. 1890
Entengasse 29

Gierth, Franziska, Irmgard
19. 11. 1922
Entengasse 29

Gierth, geb. Kuhfuß, Martha
09. 01. 1900
Hinter der Waage 3

Giese, Anita
25. 01. 1943
Kasernenstraße 2

Giese, geb. Koch, Anna
18. 02. 1922
Kasernenstraße 2

Giese, Heinrich
01. 03. 1918
Kasernenstraße 2

Gieseler, Margarete
1894
Bettenhäuser Straße 23,
gef. Weserstraße 3

Gieseler, Udo
03. 10. 1939
gef. Ziegengasse 13

Gieseler, Uwe
04. 08. 1937
gef. Ziegengasse 13

Giesler, geb. Knippschild, Maria
25. 01. 1908
Pferdemarkt 13

Gieße, Georg
22. 10. 1943
Hafenstraße 16

Gießler, Minna
Pferdemarkt 37

Gilbert, Delegus (Franzose)
Henschellager, gef. unbekannt

Gilge, geb. Holzapfel, Erna
18. 09. 1916
Meyenfeldstraße 13

Gilge, Karin
09. 10. 1941
Spiekershäuser Straße 44

Ginn, Justus
Graben 39, gef. Pferdemarkt 28

Gischler, geb. Dickhaut, Margot
20. 02. 1923
Moltkestraße 2

Gisselmann, Philipp
11. 09. 1890
Schäfergasse 13

Gisselmann, Fritz
gef. Schäfergasse 13

Gisselmann, Heinrich
27. 07. 1876
Kaiserstraße 64

Gisselmann, Heinrich
26. 12. 1867
gef. Schäfergasse 18

Gißbers, Antonius
08. 02. 1920
Stadtpark

Gladitz, Kurt
19. 10. 1902
Landgraf-Philipp-Platz 1,
gef. Oberste Gasse 55

Glänzer, Heidi
03. 09. 1943
Hohentorstraße 17

Glahn, Rudolf
06. 11. 1896
Hohenzollernstraße 50,
gef. Kölnische Straße 11

Glaser, Karl
1866
Wörthstraße 25,
gef. Wörthstraße 21

Glauche, Alfred
11. 08. 1900
Holzmarkt 8

Glauche, geb. Schröder, Erna
25. 05. 1906
Holzmarkt 8

Glauche, Heinz
14. 00. 1934
Holzmarkt 8

Glei, Gerda
18. 09. 1916

Gleim, Adelheid
19. 10. 1928
Westring 56

Gleim, Andreas
12. 09. 1872
Wildemannsgasse 32

Gleisner, geb. Rose, Elisabeth
08. 05. 1881
Moltkestraße 10

Gleißner (Frau)
Bettenhäuser Straße 6

Gleißner, Georg
30. 08. 1874
Bettenhäuser Straße 8,
gef. Nr. 6

Gleißner, Gustav
15. 02. 1877
gef. Moltkestraße 10

Gleißner, geb. Hilgenberg, Sophie
25. 09. 1884
Bettenhäuser Straße 8

Glock, geb. Dölle, Helene
02. 11. 1883
Holländische Straße 126

Glometz (Grometz), Eugen
gef. Nat.-Museum

Glorius, Annemarie
11. 07. 1927
Wittichstraße 13

Gloßmann, Anna
1893
Mittelgasse 28

Gloßmann, geb. Krebs, Friederike, Sophie
10. 03. 1884
Mittelgasse 28

Gloßmann, Günther, Karl-Heinz
03. 12. 1938
Mittelgasse 28

Gloßmann, Heinrich
13. 03. 1877
Mittelgasse 28

Gloßmann, Irmgard
04. 01. 1924
Mittelgasse 28

Gloßmann, geb. Krebs, Martha, Elisabeth
04. 07. 1910
Mittelgasse 28

Gloßmann (verh. Israel), Minna
30-40 Jahre
Mittelgasse 28

Gloßmann, Paul
Mittelgasse 28

Glusa, Frieda
31. 08. 1917
gef. Pferdemarkt 28

Glusa, Heinz-Dieter
02. 08. 1940
gef. Pferdemarkt 28

Gnauer, Otto
1871
Frankfurter Straße 19,
gef. Obere Karlsstraße 17

Gnauert, geb. Klotner, Else
08. 08. 1910
Kastenalsgasse 10

Gnauert, Karl
29. 10. 1928
Hohentorstraße 15

Gnauert, geb. Sippel, Lina
13. 10. 1876
Frankfurter Straße 19

Gnauert, Otto
Frankfurter Straße 19

Gobi, geb. Heides, Marie
Untere Fuldagasse 1

Gockel, geb. Momberg, Dorothea
Oberste Gasse 43

Göbel, Anne-Marie
22. 07. 1917
Entengasse 12

Göbel, Charlotte
12. 07. 1912
Pferdemarkt 29

Göbel, Conrad
13. 10. 1895
gef. Kastenalsgasse

Göbel, Elisabeth
22. 06. 1906
Pferdemarkt 29,
gef. Müllergasse 12-16

Göbel, Hildegard
Wildemannsgasse 17

Göbel, Horst
05. 09. 1939
gef. Pinne

Göbel, Lieselotte
28. 06. 1929
Müllergasse 12-16,
gef. Pferdemarkt 29

Göbel, geb. Graf, Marie
15. 08. 1879
Entengasse 7

Göbel, Martha
31. 03. 1904
Pferdemarkt 29

Göbel, Sophie
03. 03. 1909
Wildemannsgasse 17

Göbel, Sophie
gef. Schäfergasse 11

Göller, Hannelore
01. 12. 1934
Druselgasse 27

Göllner, geb. Menne, Sophie
01. 09. 1893
Druselgasse 27

Göpel, Alice
19. 12. 1903
Moltkestraße 7

Göpel, Edith
30. 08. 1927
Moltkestraße 7

Göpel, Erika
06. 01. 1924
Moltkestraße 7

Göpel, Georg
08. 02. 1897
Moltkestraße 7

Göpel, Hugo
04. 04. 1906

Goerke, Gerda
12. 11. 1930
Grüner Weg 38

Goerke, Heinz-Dieter
24. 05. 1941
Grüner Weg 38

Goerke, Karl
26. 02. 1881
Grüner Weg 38

Goerke, geb. Pipcke, Margarete
28. 04. 1896
Grüner Weg 38

Görnermann, Käthe
08. 03. 1902
gef. Wildemannsgasse 26

Götte, Georg
03. 07. 1902
Schäfergasse 15

Götte, Helga
17. 12. 1941
Schäfergasse 15

Götte, geb. Knoll, Hildegard
06. 06. 1907
Schäfergasse 15

Götte, Ilse
22. 04. 1931
Schäfergasse 15

Goettgens, Elisabeth
27. 11. 1905
Kölnische Straße 7

Götting, Anna Luise
02. 06. 1910
Wegmannstraße 17

Götting, Heinrich
16. 01. 1938
Wegmannstraße 17

Goldbeck, Horst
1940
Weißer Hof 1, gef. Pinne

Golinski, Anna
27. 11. 1930
Kastenalsgasse 40, gef. Pinne

Golinski, geb. Friedrich, Elisabeth
16. 11. 1897
Kastenalsgasse 40

Golinski (Knabe)
Kastenalsgasse 40

Gondermann, geb. Forch, Auguste
13. 12. 1887
Mittelgasse 16

Gonnermann, Erika
25. 11. 1935

Gonnermann, Gisela
20. 09. 1934
Wildemannsgasse 24/26

Gonnermann, Käte
08. 03. 1902
Wildemannsgasse 26

Gorowikow, Dorothea
06. 04. 1880
Graben 67, gef. Pferdemarkt 28

Goßmann, Frieda
04. 04. 1897
Murhardstraße 19,
bzw. Kathenstraße 5

Goßmann, Jean
1867
Bettenhäuser Straße 9

Goßmann, Julie
12. 11. 1863

Goßmann, Oskar
28. 03. 1926
gef. Oberste Gasse 30

Gossov, Fritz
23. 04. 1916
Ottostraße 18

Gothe, Ernst
30. 05. 1872
Ziegengasse 21

Gotte, van der, Adolf
Marktgasse 20

Gotthard, Alfons
23. 10. 1928
Marktgasse 15

Gotthard, geb. Bach, Dina
03. 07. 1890
Marktgasse 15

Gotthard, Hermann
02. 12. 1915
Marktgasse 15

Gotthard, Maria
20. 05. 1912
Marktgasse 15

Gottschalk, geb. Mühle,
Gertrud
15. 04. 1916
Graben 23

Gottschalk, Helga
04. 11. 1934
Graben 23

Grabe, Fritz
06. 01. 1911

Grabeika, Adelheid
Wolfhager Straße 83

Grabfelder, Katharina
12. 02. 1863
Schillerstraße 13

Graf, geb. Eimer, Anna
28. 03. 1862
Mittelgasse 42

Graf, geb. Landau, Anna
1883
Hohentorstraße 31

Graf, geb. Stirn, Anna
14. 11. 1892
Mauerstraße 15

Graf, Ferdinand
14. 06. 1889
Marktgasse 13

Graf (Frau)
1898
Gießbergstraße 8

Graf, Heinrich
11. 04. 1909
Hohentorstraße 27

Graf, Heinrich
1911
Hohentorstraße 31

Graf, Heinz
Mittelgasse 11

Graf, Johann
20. 06. 1886

Grandjot, geb. Blume, Else
14. 01. 1897
Sandershäuser Straße 116b

Grasmeier, Tilli
SA-Siedlung

Grasse, geb. Vaupel, Lissi
06. 01. 1923
Graben 52-54

Grathoff, geb. Kaufmann, Selma
26. 06. 1912
Mauerstraße 22

Grau, geb. Mander, Anna
25. 01. 1910
gef. Jägerstraße 3

Grau, geb. Lauebfeld, Erna
27. 10. 1892
Jägerstraße 12

Grebe, Anna
1898
Frankfurter Straße 12

Grebe, Fritz
02. 05. 1933
Wolfhager Straße 21

Grebe, Herbert
07. 07. 1936
Kastenalsgasse 5

Grebe, Waltraud
26. 09. 1933
Kastenalsgasse 5

Gregor, Paul
26. 06. 1908
gef. Marktgasse 15

Grein, geb. Osterot, Emma
Königsplatz 42

Grein, geb. Horz, Friedel
28. 10. 1898
Marktgasse 21

Grenz, geb. Hupfeld, Ernestine
Sept. 1903
Breithauptstraße 4

Grenz, Heinz
Jan. 1929
Breithauptstraße 4

Greß, Leonhard
14. 12. 1881
Fichtnerstraße 35

Gries, August
12. 11. 1878
Müllergasse 12-16

Gries, geb. Götte, Elisabeth
17. 11. 1887
Müllergasse 12-16

Gries, Lieselotte
17. 06. 1930
Müllergasse 12-16

Griesel, geb. Horn, Charlotte
29. 10. 1882
Schäfergasse 10

Griesel, Karl
16. 11. 1886
Schäfergasse 10

Grieshaar, Else
05. 08. 1891
Entengasse 10

Grimm, Adolf
18. 07. 1880
Gießbergstraße 25

Grimm, Eduard
Wörthstraße 8

Grimm, Ernst
gef. am 27. 10. 1943
St. Krankenhaus

Grimm, Ernst
20. 04. 1900
Wolfhager Straße 21

Grimm, Karl
07. 12. 1925
Gießbergstraße 25

Grimm, Peter
09. 12. 1870
gef. Kastenalsgasse

Grob, Christine

Grob, Rudolf
Untere Königsstraße 76

Gröbel, geb. Gertz, Angelika
24. 07. 1904
Obere Karlsstraße 13

Größ, Elise
13. 04. 1911
Sack 4, gef. Naturalienmuseum

Grogmann, Christian

Grohmann, Leopold
02. 12. 1896

Grohs, Gustav
18. 04. 1872
Murhardstraße 21a

Gronau, geb. Schultze, Ella
14. 08. 1902
Orleansstraße 8

Gronau, Hertha
05. 10. 1938
Orleansstraße 8

Gropengießer (Frau)
gef. Müllergasse 12-16

Groschupp, Berta
09. 05. 1862
Tannenstraße 25

Groß, geb. Herburg, Anna
01. 12. 1892
Gottfried-Keller-Straße 1

Groß, Elisabeth
07. 12. 1927
Marktgasse 21

Groß, Elise
13. 04. 1917
gef. Steinweg 4

Groß, geb. Busch, Friderike
28. 06. 1872
Jägerstraße 15

Groß, Heinrich
21. 09. 1874
gef. Obere Karlsstraße 17

Groß, Heinrich
28. 03. 1872
Jägerstraße 15

Groß, Peter
01. 03. 1891
Gottfried-Keller-Straße 1

Grosse, Regina
1897
Schomburgstraße 6

Großkurth, Anni
Marktgasse 11

Großkurth, Else
Grüner Weg 15

Großkurth, geb. Schultz, Margarete
29. 10. 1885
Holzmarkt 8

Großmann, Christine
April 1941
gef. Obere Karlsstraße 17

Großmann, Lissy
01. 07. 1893
gef. Murhardstraße 19b

Grote, Hermann
gef. Moltkestraße 9

Gruber, Rudolf
11. 02. 1924
Marktgasse 21

Grüber, geb. Althans, Martha
14. 04. 1876
Müllergasse 18

Grümpel, Frieda
Turmgasse 18

Grümpel, Lieselotte
Turmgasse 18

Grünbaum, geb. Ritter, Elisabeth
23. 11. 1906
Gießbergstraße 13

Grünke, Eduard
29. 04. 1901

Grundel, Anna
23. 02. 1908
Bettenhäuser Straße 9

Grundel, Hannelore
29. 03. 1933
Bettenhäuser Straße 9

Grundel, Heinz
28. 10. 1934
Bettenhäuser Straße 9

Grundel, Horst
20. 02. 1940
Bettenhäuser Straße 9

Grundel, Karl
11. 05. 1893
Kruggasse 6

Grundel, Wilhelm
23. 06. 1938
Bettenhäuser Straße 9

Grundmann, Hildegard
Marienstraße 2

Grundpieper, Else
02. 07. 1886
Mittelgasse 56

Grundpieper, Karl
02. 04. 1879
Mittelgasse 50

Grunewald, Heinz
1929
Schäfergasse 18

Grunewald, Karl
06. 12. 1885
Jägerstraße 10

Grunewald, geb. Wilhelm, Martha
Jägerstraße 10

Grunewald, geb. Stieberitz, Olga
22. 03. 1883
Moltkestraße 2

Grunewald, Rosa
30-40 Jahre
Schäfergasse 18

Grunewald, Ruth
17. 10. 1912
Moltkestraße 2

Grunewald, Udo
19. 04. 1939
Moltkestraße 2

Gruß, Anna
29. 07. 1913
Mittelgasse 16

Gude, Hildegard
22. 08. 1925
Mühlengasse 24

Günther, Berta
01. 04. 1881
Oberste Gasse 38,
gef. Entengasse

Günther, geb. Oberender, Charlotte
01. 12. 1904
Mombachstraße 34a,
gef. Pinne

Günther, Emma
18. 09. 1904
Mühlengasse 22

Günther, Fritz
Oberste Gasse 61,
gef. Untere Königsstraße 51

Günther, Gustav
30. 10. 1861
Mühlengasse 22

Günther, geb. Zufall, Hedwig
14. 10. 1908
Hohenzollernstraße 47

Günther, Jean
Hohenzollernstraße 47

Gütgemann, Berta
26. 07. 1898
Graben 46

Gütgemann, Ernst
17. 07. 1900
Graben 46

Gütgemann, Renate
19. 03. 1940
Graben 46

Güth, Erika
18. 11. 1911
Marktgasse 20

Güth, Hannelore
28. 02. 1939
Marktgasse 20

Güth, Norbert
13. 10. 1940
Marktgasse 20

Güther, Georg-Helmut
22. 02. 1911
Töpfenmarkt 17, gef. Pinne

Guillert, Robert (Franzose)
02. 12. 1921
gef. Kastenalsgasse 13

Guise, Minna
21. 09. 1883
Untere Karlsstraße 3

Gunda, Charlotte
29. 01. 1927
Marktgasse 16

Gunda, Hildegard
23. 12. 1932
Marktgasse 16

Gunda, Klaus-Dieter
06. 01. 1940
Marktgasse 16

Gunda, Martha
04. 11. 1903
Marktgasse 16

Gundel, Heinz
1933
Bettenhäuser Straße 7

Gundersheim, Wilhelm
1867
Wörmannstraße

Gundlach, geb. Vollkopf,
Auguste
01. 01. 1886
Hohentorstraße 27

Gundlach, Elisabeth
27. 12. 1892
gef. Große Rosenstraße 16

Gundlach (Frau)
gef. Pinne

Gundlach, Heinrich
15. 07. 1882
Hohentorstraße 24

Gundlach, Heinrich
01. 08. 1886
Große Rosenstraße 20

Gundlach, Klara
25. 07. 1901
Wildemannsgasse 36

Gundlach, Ursel
Dez. 1932
gef. Große Rosenstraße 20

Gunkel, geb. Reichert, Anna
03. 10. 1871
Pferdemarkt 28

Gunkel, geb. Koch, Anna
12. 02. 1904
Große Rosenstraße 11

Gunkel, Arnold
31. 05. 1931
Bettenhäuser Straße 6

Gunkel, Bruno
02. 05. 1933
Bettenhäuser Straße 6

Gunkel, Edmund
14. 08. 1910
Holzmarkt 9

Gunkel, Elisabeth
Bettenhäuser Straße 6

Gunkel, geb. Link, Elise
09. 10. 1876
Oberste Gasse 36

Gunkel (Frau)
gef. Holzmarkt 9

Gunkel, Friedel
Oberste Gasse 30

Gunkel, Georg
19. 04. 1941
Bettenhäuser Straße 6

Gunkel, Heinrich
1892
gef. Bettenhäuser Straße 6

Gunkel, Herbert
1918
Hohentorstraße 16

Gunkel, Hermann
Oberste Gasse 30

Gunkel, Horst
18. 06. 1935
Holzmarkt 9

Gunkel, Karl
02. 12. 1896
Große Rosenstraße 11

Gunkel, geb. Siebert, Katharina
11. 10. 1899
Bettenhäuser Straße 6

Gunkel (Kind)
Oberste Gasse 30

Gunkel, Konrad
gef. Marktgasse 19

Gunkel, geb. Berg, Luise
21. 12. 1907
Holzmarkt 9

Gunkel, Maria
gef. Obere Gasse 30
(unbekl. weibl. Leiche)

Gunkel, Rolf
21. 01. 1923

Gunkel, Waltraud
06. 08. 1938
Bettenhäuser Straße 9

Gunkel, Wolfgang
16. 03. 1941
Holzmarkt 9

Guth, Georg
05. 03. 1901
Ziegengasse 14

Gutheil, Erhard
13. 12. 1879
Westring 56a

Gutheil, geb. Rosenstengel,
Margarethe
09. 08. 1894
Westring 56a

Gunkler, geb. Rosely, Josepha
16. 03. 1888
Jägerstraße 8

Guthmann, geb. Schmauch, Dina
22. 11. 1905
Entengasse 13

Guthmann, Edeltraud
10. 12. 1926
Entengasse 13

Guthmann, Rosemarie
13. 11. 1937
Entengasse 13, gef. Nr. 9

Gutsch, Agnes
29. 02. 1892
Zeughausstraße 8

Gutte, Anneliese
1 1/2 Jahre
Kastenalsgasse 13, gef. Nr. 11

Gutte, Annemarie
22. 11. 1923
Kastenalsgasse 13

Gutte, Margot
1 1/2 Jahre
Kastenalsgasse 13

Gutte, Marion

Gutte, geb. Eckhardt,
Maria Magdalena
21. 05. 1895
Kastenalsgasse 13

Haarbusch, geb. Müller, Katharina
13. 08. 1876
Schäfergasse 2

Haas, Egon
03. 11. 1941
Schützenstraße 6

Haas, Maria
21. 10. 1920
Schützenstraße 6

Haase, Claus
gef. Wörthstraße 25

Haase, geb. Kollmann, Else
25. 08. 1899
Oberste Gasse 61,
gef. Königsstraße 50

Haase, Gerhard
1930
Oberste Gasse 61

Haase, Irene
01. 04. 1940
Wildemannsgasse 21

Haase, Katharina
28. 10. 1902
Wildemannsgasse 21

Haase, Renate
01. 04. 1940
Wildemannsgasse 21

Haase, Waltraud
14. 08. 1925
Wildemannsgasse 21

Habedank, Emmi
gef. Pinne

Habermann, Otto
16. 11. 1928
Wolfsangerstraße 127

Habermann, Willi

Haborn, Ilse
gef. Bürgersäle

Hach, geb. Maus, Anna
04. 04. 1902
Pferdemarkt 21

Hach, Bruno
03. 10. 1928
Pferdemarkt 21

Hach, Karl-Heinz
29. 03. 1936
Pferdemarkt 21

Hachemeister, Emma
1908
gef. Gießbergstraße 8

Hachenberg, Franz
31. 12. 1873
Hedwigstraße 18

Hachenberg, geb. Bernhardt, Johanna
21. 12. 1877
Hedwigstraße 18

Hachmeister, Emmi
1908
gef. Gießbergstraße 15

Hädicker, Karl
05. 06. 1886
Entengasse 19, gef. Graben 29

Häger
Weinhausstraße

Häger, geb. Lehner, Helene
01. 04. 1905
Holländische Straße 32

Hägerich, Marie
Judenbrunnen 5, Hohentorstraße 33

Hägerich, geb. Schuch, Marie
01. 01. 1887
Müllergasse 2

Hämel, Elise
12. 10. 1885
Untere Königsstraße 62

Hämel, Willy
12. 03. 1885
Untere Königsstraße 62

Hämer, Hermann
10. 04. 1904
Schäfergasse 10

Hämmerich, geb. Wolf, Berta
15. 12. 1896
Kasernenstraße 9

Hämmerich, Martha
18. 03. 1915
Klosterstraße 9, gef. Pinne

Hämmerling, Edelgard
17. 11. 1932
Bettenhäuser Straße 10

Hämmerling, geb. Wendel, Elisabeth
22. 11. 1915
Bettenhäuser Straße 10

Hämmerling, Hans
03. 10. 1911
Bettenhäuser Straße 10,
gef. Nr. 6

Hämmerling, Ludwig
01. 05. 1937
Bettenhäuser Straße 10

Hämmrich, geb. Hey, Elisabeth
18. 09. 1873
Kastenalsgasse 5

Hämmrich, Karl
06. 02. 1894
Kasernenstraße 5

Hämmrich, Melchior
13. 04. 1873
Kastenalsgasse 5

Hänich, August
Bettenhäuser Straße 6

Hättich, Lina
gef. Moltkestraße 2

Hättich, Wilfriede
gef. Moltkestraße 2

Hagemüller, Hedwig
22. 11. 1886
Pferdemarkt 5

Hagemüller, Heinrich
19. 10. 1885
Pferdemarkt 5

Hagenbruch Harald
11. 12. 1929
Waisenhausstraße 1

Hagenbruch,
geb. Wollenhaupt, Minna
11. 08. 1906
Waisenhausstraße 1

Hahn, Adolf
18. 03. 1880
Graben 42

Hahn, Elisabeth
21. 12. 1903
Druselgasse 10

Hahn, Emmi
07. 07. 1909
Graben 42

Hahn (Frau)
gef. Müllergasse 12-16

Hahn, geb. Völker, Georgine
26. 07. 1886
Graben 42

Hahn, Helga
04. 10. 1939
Druselgasse 10

Hahn, geb. Weiß, Johanna
24. 05. 1911
Fichtnerstraße 37

Hahn, Wilhelm
gef. Wilhelmsstraße 13

Hake, Heinz
09. 03. 1928
Friedhofsweg 133, gef. Graben

Haldorn, geb. Orth, Martha
14. 01. 1898
Steinweg 7

Haldorn, Therese
Königsstraße 44

Haldorn, Walter
21. 02. 1933
Steinweg 7

Haller, Erna
Oberste Gasse 41

Hamberger, geb. Brüßler, Dorothea
15. 09. 1894
Ziegengasse 10

Hamberger, Elisabeth
09. 05. 1923
gef. Bärenkammer

Hamberger, geb. Senkler, Elisabeth
20. 01. 1913
Pferdemarkt 28

Hamberger, Helga
08. 02. 1938
Pferdemarkt 28

Hamberger, Hugo
27. 10. 1887
Pferdemarkt 28,
gef. Nat.-Museum

Hamberger, Karoline
1879
Pferdemarkt 28,
gef. Nat.-Museum

Hamberger, Käthe
18. 12. 1920
Ziegengasse 10

Hamberger, Lisa
Pferdemarkt 28,
gef. Nat.-Museum

Hamberger, Oskar
25. 01. 1891
Ziegengasse 10

Hamberger, Peter
07. 05. 1942
Ziegengasse 10

Hamel, Konrad
07. 01. 1896
Schomburgstraße 9

Hamenstädt, geb. Kling, Käthe
14. 08. 1896
Moltkestraße 1

Hamenstädt, Waltraud
24. 08. 1933
Moltkestraße 1

Hammacher oder Hanacher, Emilie
02. 02. 1904
Moltkestraße 7

Hammacher oder Hanacher, Erich
24. 05. 1929
gef. Moltkestraße 7

Hammacher oder Hanacher, Fritz
24. 05. 1929
Moltkestraße 7

Handergog
Pferdemarkt

Handtke, Emmy
05. 08. 1925
Kastenalsgasse 11

Hansbein, Alfred
Marktgasse 19

Hansbein, Lisbeth
Marktgasse 19

Hansbein, Marlis
Marktgasse 19

Hansch, Jürgen
24. 07. 1939
Hohenzollernstraße 58

Hansch, geb. Woermann, Toska
07. 06. 1906
Hohenzollernstraße 58

Hansch, Wanda
20. 05. 1927
Hohenzollernstraße 58

Hansch, Wilfried
23. 05. 1934
Hohenzollernstraße 58

Hanstein, Elfriede
13. 09. 1943
Oberste Gasse 10

Hanstein, Elisabeth
11. 11. 1913
Oberste Gasse 10

Hanstein, Marlene
06. 07. 1937
Oberste Gasse 10

Hanz, Marie
18. 03. 1942
Hinter der Waage 5

Hanz, Marion
08. 01. 1943
Hinter der Waage 5

Happel, Liselotte
11. 04. 1928
Waisenhausstraße 26

Harbeck, Ilse
05. 12. 1922
Bürgersäle

Harbusch, Lissy
29. 02. 1912
Franzgraben 3,
gef. Hohenzollernstraße 63

Harder, geb. Ebert, Erwine
16. 11. 1889
gef. Bürgersäle

Harder, Walter
02. 11. 1906
Fliegerhorststraße

Hardtke, Martha
28. 04. 1885
gef. Töpfenmarkt 19

Harges, Ludwig
04. 12. 1868
Westring 56

Harges, Marie
03. 01. 1900
Westring 56

Harkert, Paul
04. 04. 1911
Westendstraße 5

Harms, geb. Reis, Gertrud
21. 12. 1921
Parkstraße 47

Harnung, Arnim
06. 10. 1933
Mittelgasse 38

Harré, Walter
15. 11. 1911
Ziegengasse 25

Hartig, Fritz
1878
Königsstraße 50

Hartig, geb. Weber, Grete
1883
Königsstraße 50

Hartig, Rosalie
Frankfurter Straße 131

Hartmann, Andreas
10. 03. 1915
Lange Straße 42

Hartmann, Erich
20. 01. 1924

Hartmann, Karl
Müllergasse 17

Hartmann,
geb. Hammstädt, Maria
11. 09. 1895
Müllergasse 17,
gef. Müllergasse 13

Hartmann, geb. Henne, Marie
12. 07. 1882

Hartmann, geb. Henke, Marie
17. 10. 1868
gef. Marktgasse 19

Hartmann, Marie
Sack 2

Hartmann, Martha
17. 07. 1910
Schäfergasse 9

Hartmann, Martin
03. 11. 1912
Müllergasse 17

Hartmann, Willi
01. 05. 1894
gef. Marktgasse 19

Hartner, Charlotte
10. 11. 1893
Untere Königsstraße 62

Hartner, geb. Eichenberg, Marie
31. 08. 1863
Untere Königsstraße 62

Hartrügger, Anneliese
09. 10. 1922
Hinter der Waage

Hartwig, Else
15. 02. 1921
Schomburgstraße 9

Hartwig, geb. Grebe, Frieda
16. 04. 1896
Mittelgasse 74

Hartwig, Karin
1939
gef. Marktgasse 19

Hartwig, Karl
18. 06. 1927
gef. Graben 63

Hartwig, Karl Heinz,
29. 09. 1932
Jägerstraße 3

Hartwig, Lothar
18. 01. 1931
Mauerstraße 11

Hartwig, geb. Witthauer, Luise
Oberste Gasse 58

Haschke, Anna Elisabeth
07. 09. 1925
Steinweg 6

Haschke, Erika Anna
04. 05. 1923
Steinweg 6

Haschke, Heinz
20. 06. 1914
Steinweg 4

Haschke, geb. Kiewal, Hildegard
03. 04. 1920
Steinweg 4

Haschke, Marion
03. 10. 1943
Steinweg 6

Haschke, Martha
18. 08. 1888
Steinweg 6

Hasenauer, Else
18. 01. 1871
Mittelgasse 56

Haßler (weiblich)
1924
Turmgasse 20

Haßler, Werner
1938
Turmgasse 20

Hattern, Karl
28. 03. 1890
Bahnhofsstraße 22

Hattum, Josef
13. 11. 1924

Haucke, Arno
10. 12. 1870
Ziegengasse 12

Haucke, Paula
26. 06. 1905
Ziegengasse 12

Haupt, Else
Obere Karlsstraße 24,
gef. Bürgersäle

Haupt, geb. Völker, Käthe
14. 02. 1902
Gießbergstraße 15 1/2

Hauptmann, geb. Wagner, Walpurga
23. 11. 1920
Mittelgasse 14

Hausmann, geb. Grimm, Frieda
22. 09. 1901
Marktgasse 27

Haust, Marianne
22. 02. 1939
Pferdemarkt 28

Hebeler, Joachim
16. 06. 1941
Hohenzollernstraße 58

Hebestreit, Karl
gef. Pferdemarkt 28

Heck, Heinrich
bei Henschel/Sohn

Heck, Marie
Schäfergasse 20

Hecker, geb. Damm, Anna
1879
Marktgasse 16

Hecker, Helene
08. 12. 1885
Graben 50

Hecker, Hildegard
10. 04. 1923
gef. Marktgasse 19

Hecker, Julius
03. 06. 1875
gef. Marktgasse 19

Heckeroth, Justus
28. 12. 1872
Gießbergstraße 2

Heckeroth, Lucie
11. 08. 1911
Gießbergstraße 2

Heckeroth, Luise
04. 08. 1911
Gießbergstraße 2

Heckeroth, geb. Hafermehl,
Martha
12. 07. 1876
Gießbergstraße 2

Heckhof, Karl
Mauerstraße 14, gef. Nr. 18

Heckmann, Erika
18. 12. 1939
Hohentorstraße 29

Heckmann, Heinrich
Müllergasse 22

Heckmann,
geb. Schwenk, Helene
18. 07. 1882
Königsstraße 91

Heckmann, Martha
12. 02. 1915
Hohentorstraße 29

Heckmann, Wilfried
02. 05. 1937
Hohentorstraße 29

Hedderich,
geb. Salzmann, Martha
16. 08. 1879
Untere Fuldagasse 4

Hediger, geb. Eiser, Anna
27. 02. 1886
Entengasse 19

Hediger, Karl
05. 06. 1886
Entengasse 19, gef. Graben 29

Heer, Franz
06. 08. 1894
Obere Karlsstraße 20

Heer, Georg
Kastenalsgasse 9

Heer, Heinrich
1868
Kastenalsgasse 9

Heer, Luise
Obere Karlsstraße 24

Heer, geb. Zaun, Marie
16. 01. 1895
Kastenalsgasse 9

Heerd, Bernhard
gef. Königsplatz

Heerd, Johannes
Holländische Straße 115

Heerich, geb. Christ
gef. Schomburgstraße 3

Heerich, geb. Völbe (Frau)
Schomburgstraße 3

Heger, Martha
Orleansstraße 24

Heicken, geb. Winnecke, Konradine
21. 08. 1880
Oberste Gasse 9

Heide, geb. Flieger, Paula
01. 08. 1893
Kastenalsgasse 3

Heidelberg (Frau)
40-45 Jahre
Pferdemarkt 10

Heidelberg, Hermann
29. 04. 1888
Pferdemarkt 10

Heidenreich, Anneliese
23. 06. 1913
gef. Marktgasse 19

Heidenreich, geb. Drebes, Auguste
09. 07. 1818
Graben 49

Heidenreich, Ursula
05. 05. 1938
Graben 49

Heider, Johanna
16. 03. 1900
gef. Mittelgasse 26

Heidt, Ilse
10. 11. 1907
Obere Königsstraße 14

Heil, geb. Schäfer, Elisabeth
11. 06. 1901
Wildemannsgasse 21

Heil, Helene
29. 03. 1928
Wildemannsgasse 23

Heil, Leni
23. 03. 1925
Wildemannsgasse 21

Heilmann, Georg
20. 12. 1923
Oberste Gasse 34

Heimberger, Robert
17. 08. 1877
Mittelgasse 36

Heine, geb Held, Edith
29. 05. 1912
Ziegengasse 23

Heine, H. (junge Frau)
gef. Stadt Stockholm

Heine, geb. Steede, Liesel
04. 07. 1904
Kasernenstraße 11

Heine, Margot
11. 05. 1930
Kasernenstraße 11

Heine, Reinhard
13. 09. 1895
Königstor 59,
gef. Hohenzollernstraße 58

Heine, Werner
22. 04. 1940
Ziegengasse 23

Heine, Wilfried
20. 04. 1936
Ziegengasse 23

Heine, Wolfgang
24. 04. 1934
Kasernenstraße 11

Heinemann, Anneliese
Pferdemarkt 26

Heinemann, geb. Fischer, Auguste
22. 08. 1890
Mittelgasse 11

Heinemann, geb. Rölling,
Elisabeth
10. 11. 1906
Pferdemarkt 26

Heinemann, Gerhard
11. 01. 1927
Märchenweg 6

Heinemann, Gisela
Wildemannsgasse 1

Heinemann, Helmut
1934
Graben 31

Heinemann, Hildegard
Wildemannsgasse 1

Heinemann, Lothar (Kind)
Pferdemarkt 26

Heinemann, Marie
Wildemannsgasse 1
gef. Orleansstraße

Heinemann, Wolfgang
1942
Mittelgasse 15

Heinemann
(Straßenbahnschaffner)

Heinen, Nicolaus
01. 04. 1864
Wolfhager Straße 8 1/2

Heiner, Hermann
10. 04. 1904
Schäfergasse 10

Heiner, Hermann
1928
Schäfergasse 10

Heiner, Reinhard
gef. Hohenzollernstraße 58

Heinrich, Karl
10. 10. 1890
gef. Marktgasse 19

Heinz, Henriette
27. 06. 1888
Bleichenweg 18

Heinz, K. (Ehefrau)
gef. Jägerstraße 5

Heinz, Wilhelm
19. 02. 1873
gef. Gießbergstraße 15 1/2

Heinze, Albert
08. 06. 1879
Moltkestraße 7

Heinze, geb. Schröder, Anna
03. 03. 1880
Moltkestraße 7

Heinze, Dieter
09. 01. 1934
Wilhelmsstraße 31

Heinze, Friedel
1907
Graben 39

Heinze, Gisela
04. 03. 1941
Wilhelmsstraße 31

Heinze, Heinz
1936
Graben 39

Heinze, geb. Ohlwein, Liselotte
28. 05. 1909
Wilhelmsstraße 31

Heinze (Mädchen)
1934
Graben 39

Heinze, Waltraud
24. 04. 1935
Wilhelmsstraße 31

Heinzelmann, geb. Liese, Luise
07. 12. 1888
Wilhelmsstraße 2 1/2

Heinzelmann, Moritz
18. 04. 1888
Wilhelmsstraße 2 1/2

Heipel, Anni
17. 03. 1927
Moltkestraße 2

Heipel, Luise
09. 01. 1929
Moltkestraße 2

Heise, Elvira
09. 05. 1933
Kasernenstraße 11

Heits, geb Schäfer, Elisabeth
11. 06. 1901
Wildemannsgasse 21

Held, geb. Hämann, Martha
07. 07. 1879
Ziegengasse 23

Heldmann
17. 02. 1937
gef. Orleansstraße 15

Heldmann, Anna
20. 03. 1910
gef. Orleansstraße

Heldmann, Josefine
18. 02. 1928
gef. Orleansstraße 15

Helemann, Wilhelm
Hinter der Waage 10, gef. Pinne

Heller, geb. Sommer, Else
17. 12. 1904
Jägerstraße 13

Heller, Erna
Oberste Gasse 41

Heller, Hans-Dieter
15. 01. 1943
Mühlengasse 9

Heller, geb. Schäfer, Hedwig
07. 05. 1915
Mühlengasse 9

Heller, Heinrich
28. 10. 1909
Jägerstraße 13

Heller (Kind)
1941
Jägerstraße 13,
gef. Mauerstraße 20

Hellmund, Kurt
14. 06. 1927
Mittelgasse 30

Hellmund, Wilhelm
02. 09. 1890
Mittelgasse 30

Hellmuth, Wilhelm
25. 02. 1877
Mittelgasse 16

Hellwig, Anna
25. 06. 1914
Sack 4

Hellwig, Conrad
13. 05. 1891
Kruggasse 13,
gef. Kastenalsgasse 13

Hellwig, Rosemarie
21. 01. 1941
Sack 4, gef. Nat.-Museum

Helwig, Lene
Ständeplatz 3 1/2,
gef. Nat.-Museum

Helzer, Ella
Schäfergasse 22

Hengsbach, geb. Scholl, Helene
05. 06. 1891
Mittelgasse 21

Henke, Ida
16. 11. 1889
Pferdemarkt 21

Henke, Margar.
16. 04. 1925
Ständeplatz 16

Henke, Rudi
Bettenhäuser Straße 6

Henkehof, Anna
Kastenalsgasse 7

Henkel, Heinrich
09. 03. 1902
gef. Jägerstraße 5

Henkelmann, geb. Meuser,
Hermine
29. 05. 1904
Marktgasse 16

Henkelmann, Rolf
13. 12. 1936
Marktgasse 16

Henkler, geb. Mühlhausen, Else
gef. Marktgasse 19

Henkler, Waltraud
gef. Marktgasse 19

Henn, geb. Sende, Ida
30. 11. 1895
Pferdemarkt 25

Hennecke, geb. Kohlhase, Martha
03. 08. 1884
Sack 2

Hennemuth, Egon
31. 08. 1935
Moltkestraße 10

Hennemuth, geb. Böttner, Marie
28. 12. 1906
Moltkestraße 10

Hennemuth, Peter
20. 12. 1901
Moltkestraße 10

Henniges, geb. Israng, Anna
29. 06. 1899

Henniges, Theodor
28. 07. 1925

Henning, Heinrich
Turmgasse 12, gef. Königsplatz

Henning, Lilli
1922
Turmgasse 12, gef. Königsplatz

Henning, geb. Peterseim, Luise
14. 06. 1869
Moltkestraße 10

Henning, geb. Walger, Martha
05. 12. 1902
Turmgasse 12

Henning, Rudolf
06. 02. 1927
Turmgasse 12

Henning, Uta
1940
Turmgasse 12, gef. Königsplatz

Henrich, geb. Rick, Annemarie
01. 11. 1918
Mittelgasse 33

Henrich, Emilie
23. 07. 1895
Entengasse 10,
gef. Schäfergasse 12

Henrich, Paula
09. 11. 1881
Mittelgasse 33

Henrich, Renate
02. 04. 1941
Mittelgasse 33

Henrich, Wilhelm
02. 05. 1874
Mittelgasse 33

Hentze, geb. Laderig, Dora
04. 05. 1868
Oberste Gasse 59

Henze, Anneliese
1936
Ziegengasse 22

Henze, Auguste
28. 06. 1889
Graben 44

Henze, Auguste
21. 06. 1922
Graben 44

Henze, geb. Neusel, Elisabeth
06. 04. 1913
Ziegengasse 22

Henze, Josef
17. 10. 1889
Graben 44

Henze, Kurt
01. 07. 1936
Ziegengasse 22

Hepp, Manfred
22. 10. 1937
Pferdemarkt 21

Hepp, geb. Hesse, Maria
02. 11. 1900
Pferdemarkt 21

Hepp, Ursula
04. 03. 1928
Pferdemarkt 21

Herbener, Edith
20. 12. 1919
Marktgasse 23

Herbener, Hermann
25. 10. 1883
Marktgasse 23

Herbener, geb. Gerhold, Louise
23. 06. 1882
Marktgasse 23

Herbold, geb. Weitzel, Anna
09. 03. 1887
Kasernenstraße 9

Herbold, geb. Schaub, Katharina
1888
Hohentorstraße 24,
gef. Marktgasse 15

Herbold, geb. Rohde, Martha
26. 10. 1917
Moltkestraße 7

Herbold, Renate
16. 08. 1941
Moltkestraße 7

Herbold, Rolf
22. 09. 1935
Moltkestraße 7

Herbst (Fräulein)
Städt. Milchküche

Herdt, Bernhard
Langenbeckstraße 65

Herich, Karl
Ysenburgstraße 28,
gef. Hohentorstraße

Hering, geb. Krüger, Anna
20. 08. 1888
Große Rosenstraße 20

Herkel (Frau)
Grüner Weg 24

Herkert, Paul
04. 06. 1911
Westendstraße 5,
gef. Wildemannsgasse

Hermann, geb. Süße, Elsa
26. 07. 1903
Schäfergasse 5

Hermann, geb. Pfaff, Erna
08. 08. 1912
Hoheneicher Straße 12

Hermann, Fritz
Hohentorstraße 20

Hermann, Gertrud
1881
Bahnhofsstraße 22

Hermann, Günther
Karlsstraße 17

Hermann, Karl
12. 10. 1894
Schäfergasse 5

Hermann, Paul
Kastenalsgasse 8

Hermann, Peter
gef. Schomburgstraße 9

Hermann, Rudolf
23. 12. 1912
Engelhardtstraße 6

Hermann, Ruth
1935
Schäfergasse 5

Hermanns, Auguste
02. 12. 1939
Hohentorstraße 20

Hermanns, Fritz
17. 08. 1912
Hohentorstraße 20

Hermanns, Fritz
03. 07. 1941
Hohentorstraße 20

Hermanns, Gisela
16. 10. 1938
Hohentorstraße 20

Hermanns, Dr., Josef
Bahnhofsstraße 22

Hermanns (Knabe)
22. 10. 1943
Hohentorstraße 20

Hermanns, geb. Schmidt,
Margarethe
20. 05. 1917
Hohentorstraße 20

Herr, Heinz
1871
Gießbergstraße 26 1/2

Herrmann, geb. Ahrend, Anna
09. 05. 1897
Jägerstraße 6

Herrmann, Charlotte
10. 11. 1927
Jägerstraße 6

Herrmann, geb. Fischer,
Charlotte
06. 08. 1896
Königsstraße 74

Herrmann, Irmgard
01. 01. 1928
Kasernenstraße 4

Herrmann, geb. Trümper,
Katharine
27. 06. 1900
Kasernenstraße 4

Herrmann, Luise
17. 04. 1926
Kasernenstraße 4

Herrmanns, Marie
gef. Bahnhofsstraße 22

Herwig, geb. K(r)iefer, Anna
19. 07. 1916
Entengasse 26

Herwig, Anni
1936
Entengasse 2

Herwig, Auguste
1913
Entengasse 2

Herwig, geb. Schäfer,
Christine Martha Elisabeth
04. 06. 1902
Freiheiter Durchbruch

Herwig, Erika
Kastenalsgasse 40

Herwig, Heinz
1937
Entengasse 2

Herwig, Martha
27. 09. 1919
Lange Straße 31,
gef. Hohenzollernstraße 63

Herwig, Martha
1898
Freiheiter Durchbruch 21

Herwig, Ursel
1935
Entengasse 2

Herwig, Wilfried
1942
Entengasse 2

Herzer, Martha
06. 06. 1897
Mittelgasse 51

Herzing, Irma, Margot
13. 04. 1904
Friedrichsplatz 8

Herzing, Hans-Joachim
07. 06. 1927
Friedrichsplatz 8

Herzing, Reinhard
24. 03. 1929
Friedrichsplatz 8

Herzog, Brigitte
23. 11. 1935
Marktgasse 6

Herzog, Heinz
18. 09. 1902
gef. Marktgasse 6

Herzog, Martha
17. 08.
Marktgasse 21

Herzog, geb. Rohrbach, Minna
29. 07. 1906
Marktgasse 6

Herzog, Paul
gef. Nat.-Museum

Herzog, Wilfried
Entengasse 2

Hesse, geb. Gabrowsky, Antonia
03. 06. 1874
Marktgasse 30

Hesse, August
07. 09. 1866
Oberste Gasse 63

Hesse, Brigitte
20. 01. 1943
Entengasse 18

Hesse, Christine
Oberste Gasse 63

Hesse, geb. Wenzel, Elfriede
27. 04. 1907
Entengasse 18

Hesse, Elisabeth
Michelsgasse 3

Hesse, Emilie
10. 08. 1922
Hohentorstraße 22

Hesse (Frau)
gef. Pinne

Hesse (Frau)
50-60 Jahre
Oberste Gasse 63

Hesse, Gertrud
06. 02. 1888
Hohentorstraße 22

Hesse, Günther
26. 09. 1931
Entengasse 18

Hesse, Heinz
gef. Marktgasse

Hesse, Helmut
01. 09. 1900
Michelsgasse 3

Hesse, Helmuth
01. 09. 1940
Michelsgasse

Hesse, Hildegard
25. 08. 1924
Hohentorstraße 25

Hesse, Karl Heinz
21. 09. 1936
Marktgasse 30

Hesse, Leni
20. 08. 1925
Hohentorstraße 22

Hesse, Manfred

Hesse (Mann)
Blücherstraße 30b,
gef. Nat.-Museum

Hesse, Marlies
Blücherstraße 20,
gef. Nat.-Museum

Hesse, Ruth
05. 03. 1935
Entengasse 18

Hethe, Georg
27. 05. 1872
Gießbergstraße 8

Hettstedt, geb. Zaun, Irmgard
16. 11. 1919
Untere Königsstraße 81

Heubedick, Gertrud
26. 06. 1861
Orleansstraße 16

Heubedick, Walli
02. 10. 1930
Orleansstraße 16

Heuber, Horst
08. 02. 1938
gef. Hohenzollernstraße 58

Heucht (oder Feucht), Käthe
gef. Marktgasse 19

Heuer, Hans
1885
gef. Jägerstraße 5

Heupke, Friedrich
21. 05. 1898
Wildemannsgasse 15

Heupke, geb. Huy, Maria
14. 09. 1906
Wildemannsgasse 15

Heupke, Olga
24. 03. 1929
Wildemannsgasse 15

Heusner, geb. Schilling, Else
20. 05. 1916
Hohentorstraße 19

Heusner, Margot
31. 03. 1939
Hohentorstraße 19

Heusner, Peter Adam
01. 12. 1911
Hohentorstraße 19

Hewig, Elisabeth Luise
31. 12. 1930
Oberste Gasse 13

Hewig, geb. Fehling, Sophie
14. 08. 1899
Oberste Gasse 13

Heyde, geb. Hugo, Anna
08. 07. 1866
Moltkestraße 1

Heyde, von der, Clara
gef. Mittelgasse 64

Heyder, geb. Wagner, Friederike
03. 09. 1888
Untere Königsstraße 44

Heydrich, Anneliese
23. 06. 1913
gef. Marktgasse 19

Heyer, Artur
25. 02. 1904
Kastenalsgasse 7

Heyer, Dieter
02. 05. 1943
Orleansstraße 6

Heyer, Marie
14. 11. 1867
Orleansstraße 6

Heyn, Friedrich
Zwehrener Weg 37

Heyna, Hans-Heinrich
23. 01. 1927

Heyner, Hans
1929
Wolfhager Straße 40

Hilber, Richard
06. 02. 1879

Hild, geb. Huy (Frau)
01. 05. 1885
Bettenhäuser Straße 9

Hild, Karl
06. 09. 1868
Bettenhäuser Straße 9

Hildebrandt, geb. Fischer, Änne
08. 03. 1899
Mittelgasse 34

Hildebrandt (Frau)
Bahnhofsstraße 22

Hildebrandt (Frau)
1901
gef. Grüner Weg 27

Hildebrandt, Helga
08. 04. 1925
Mittelgasse 34

Hildebrandt, Horst
23. 10. 1933
Mittelgasse 34

Hildebrandt, Jakob
14. 10. 1872
Schäfergasse 18

Hildebrandt, Martha
07. 05. 1882
Schäfergasse 18

Hildebrandt, Philipp
11. 03. 1877
gef. Mittelgasse 51

Hildebrandt, Werner
12-15 Jahre
gef. Grüner Weg 27

Hildebrandt, Willi
1939
gef. Grüner Weg 27

Hilgenberg, Andreas
01. 08. 1876
Kasernenstraße 4

Hilgenberg, Annemarie
04. 03. 1929
Ziegengasse 29

Hilgenberg, Annemarie
gef. Hotel Stockholm

Hilgenberg, geb. Hoffmann, Ella
21. 07. 1942
Obere Karlsstraße 13

Hilgenberg, geb. Schubert, Emma
27. 11. 1881
Waisenhausstraße 6

Hilgenberg, geb. Nölke, Frieda
05. 12. 1906
Moltkestraße 7

Hilgenberg Georg
15. 04. 1887
Waisenhausstraße 6

Hilgenberg, Günther
03. 06. 1941
Moltkestraße 7

Hilgenberg, Hanny
10. 06. 1928
Pferdemarkt 23

Hilgenberg, Heinrich
16. 06. 1863
gef. Bürgersäle

Hilgenberg, Heinrich
25. 04. 1921
Pferdemarkt 28

Hilgenberg, Helene
gef. Hotel Stockholm

Hilgenberg, Helene
27. 07. 1907
Ziegengasse 29

Hilgenberg, geb. Gödecke, Johanna
04. 08. 1893
Pferdemarkt 23

Hilgenberg, Karl-Heinz
30. 05. 1935
Moltkestraße 7

Hilgenberg, Klara
28. 03. 1926
Ziegengasse 29

Hilgenberg, Konrad
16. 05. 1896
gef. Pferdemarkt 28

Hilgenberg, Luise
02. 10. 1885
gef. Pferdemarkt 28

Hilgenberg, Marga
17. 07. 1902

Hilgenberg, geb. Gorlt, Marie
28. 01. 1880
Kasernenstraße 4

Hilke, Edith
16. 10. 1937
General-Emmich-Straße 27

Hilke, Heinrich
03. 08. 1885
Steinweg 12

Hilke, Karl-Heinz
20. 01. 1939
General-Emmich-Straße 27

Hilke, geb. Müller, Liesette
27. 11. 1911
General-Emmich-Straße 27

Hilke, geb. Roseberger, Margarete
03. 12. 1888
Steinweg 12

Hill (Fräulein)
Hinter der Waage 7

Hill (Frau)
1873
Hinter der Waage 3

Hill, geb. Relmann, Irmgard
27. 03. 1911
Moltkestraße 4

Hille, geb. Drepper, Änne
26. 11. 1893
Schomburgstraße 8

Hillesheim, geb. Herrmann, Klara
18. 10. 1898
Hohentorstraße 27

Hilmer, Heinrich
20. 02. 1923
Bremen-Lesum,
gef. Schomburgstraße 10

Hils, Josef
24. 07. 1904

Hilse, Georg
Obere Karlsstraße 20

Himmelmann, Christa
04. 08. 1939
Jägerstraße 3

Himmelmann, Christa
1933
Untere Königsstraße 74

Himmelmann, Dorette
1913

Himmelmann, Dorothea
01. 10. 1910
Königstor 74,
gef. Jägerstraße 3

Himmelmann, Walter
15. 01. 1912
Untere Königsstraße 74,
gef. Jägerstraße 3

Hinz, geb. Weinmeister, Erna
04. 10. 1915
Mauerstraße 20

Hinze, Alwine
Ende 60
Rothenditmolder Straße 10

Hinze, Dora
1868
Oberste Gasse 59,
gef. Obersteg 54

Hinze, Elisabeth
26. 04. 1904
Graben 39

Hinze (Frau)
Rothenditmolder Straße 4

Hinze, Frieda
ca. 39 Jahre
gef. Graben 39

Hinze, geb. Knobel, Friedel
1908
Marktgasse 6

Hinze, Hildegard
03. 06. 1927
Graben 39

Hinze, Irmgard
1932
Graben 39

Hinze, Otto
1866
Oberste Gasse 59

Hinze, Otto-Heinz
1934
Graben 30

Hirsch, Friedrich
07. 11. 1876
Wilhelmshöher Allee 279

Hochbach
(unbekannte weibl. Leiche)
gef. Mittelgasse 36

Hochhuth, Auguste
24. 01. 1883
gef. Mittelgasse 19

Hochhuth, Friedrich-Karl
29. 06. 1884
gef. Mittelgasse 19

Hochhuth, Karl
14. 07. 1901

Hochhuth, geb. Schäfer, Luise
19. 02. 1870
Graben 31

Hochleitner, Alois
gef. Hermannstraße 3

Hochleitner (Frau)
gef. Hermannstraße 3

Hochleitner (Tochter)
gef. Hermannstraße 3

Höfer, Martha
12. 10. 1925
Tannenheckerweg 45,
gef. Marktgasse 19

Höhle, Konrad
14. 04. 1870
Holzmarkt 11

Höhmann, geb. Lohne, Anna
14. 06. 1911
Kastenalsgasse 10, gef. Nr. 5

Höhmann, Erwin
28. 07. 1930
Kastenalsgasse 10, gef. Nr. 5

Höhn, Käte
12. 06. 1924
Karlsstraße 14

Hölke, Olga
Marktgasse 19

Hölser, Kathr.
Schäfergasse 21

Hölterhoff, Edith
1934

Hölterhoff, geb. Raetzer (Frau)
1901
Rothenditmolder Straße 19

Hölterhoff, Paula
Rothenditmolder Straße 19

Hölterhoff, Werner
1930
Rothenditmolder Straße 19

Hönig, August
14. 09. 1897
Bettenhäuser Straße 8

Hördemann, Erika
1939
gef. Hohenzollernstraße 44

Hördemann, Margarete
Motzstraße 4

Hörnig, Leo
29. 04. 1893
Wilhelmshöher Allee 114

Hörschelmann, Ludwig
Rothenditmolder Straße 4

Hörschelmann, geb. Preßler,
Wilhelmine
14. 01. 1868
Rothenditmolder Straße 4

Hoffmann, Anny
06. 01. 1898
Möncheberg 26

Hoffmann, geb. Vach, Berta
Mauerstraße 24

Hoffmann, Eckhardt
6-7 Jahre
gef. Marktgasse 20

Hoffmann, Elfriede
29. 03. 1918
Druselgasse 27

Hoffmann (Frau)
gef. Müllergasse 12-16

Hoffmann, Heinz
Druselgasse 27, gef. Graben 29

Hoffmann, Helene
25. 03. 1937
Holzmarkt 8

Hoffmann, Helga
20. 10. 1930
Müllergasse 8

Hoffmann, Henriette
Graben 52

Hoffmann, Klara
1895
gef. Jägerstraße 5

Hoffmann (männlich)
gef. Müllergasse 12-16

Hoffmann, Marie-Mathilde
29. 08. 1910
Marktgasse 15

Hoffmann, Mathilde
Marktgasse 20

Hoffmann, Rudolf
11. 03. 1922
Arndtstraße 3

Hoffmann, Ruth
1930
Marktgasse 20

Hoffmann, Toni
05. 04. 1922
Jägerstraße 9

Hofmann, geb. Großkurth, Anni
02. 02. 1909
Holzmarkt 8

Hofmann, Bernhardt
14. 09. 1928
Lenaustraße 19

Hofmann, Christine
19. 05. 1926
Lenaustraße 19

Hofmann, Edmund
13. 01. 1890
Lenaustraße 19

Hofmann, Heinrich
05. 11. 1900
Oberste Gasse 38

Hofmann, Henriette
31. 01. 1890
gef. Pinne

Hofmann, Ingrid
31. 07. 1943
Breithauptstraße 4

Hofmann, geb. Großmann, Marie
gef. Jägerstraße 1

Hofmann, geb. Groß, Martha
30. 12. 1914
Breithauptstraße 4

Hofmann, geb. Bach, Paula
05. 08. 1906
Oberste Gasse 38

Hofmann, Ria
10. 12. 1930
Lenaustraße 19

Hofmeister, Bernhard
07. 03. 1873
Waisenhausstraße 13

Hofmeister, Leonhardt
07. 03. 1873
Waisenhausstraße 13

Hofmeister,
geb. Gisselmann, Lina
31. 08. 1872
Kruggasse 2

Hofmeister, Lissi
13. 07. 1925
Bahnhofsstraße 20

Hofsommer,
geb. Plackert, Auguste
27. 06. 1877
Steinweg 8

Hofsommer, Christian
15. 02. 1870
Steinweg 8

Hofsommer, Conny
06. 01. 1933
Steinweg 8

Hofsommer, Ellen
31. 10. 1928
Steinweg 8

Hofsommer (Frau)
gef. Jägerstraße 5

Hofsommer, Margot
23. 04. 1929
Steinweg 8

Hohenbruck (Tischler)
02. 07.

Hoherbrügge, Anneliese
09. 10. 1922
Hinter der Waage 8, gef. Pinne

Hohlbein, Arno
14. 09. 1932
Kastenalsgasse 5

Hohlbein, Franz
14. 01. 1927
Kastenalsgasse 5

Hohlbein, geb. Hämmerich, Frieda
01. 06. 1905
Kastenalsgasse 5

Hohlbein, geb. Hahn, Rosalie
29. 08. 1874
Moltkestraße 10

Hohlbein, Wilhelm
15. 06. 1867
Lilienthalstraße 150

Hohmann, geb. Erdmann, A.
Hinter der Waage 10

Hohmann, Heinrich,
Hinter der Waage 10

Hohmann, Hildebrand
16. 03. 1922
Paul-Krüger-Straße 44,
gef. Schomburgstraße 11

Hohmann, Karl
06. 08. 1863
Mittelgasse 7

Hohmann, geb. Goetze, Lina
10. 02. 1863
Mittelgasse 7

Hohmann, Paul
01. 01. 1874
Kastenalsgasse 8

Hohmann, Wilhelm
Tischbeinstraße 9, gef. Pinne

Hohmann, Wilhelm
Hinter der Waage 10, gef. Pinne

Hohnbeck, Cestmar
02. 07. 1922

Hohneker, Irmtraud
27. 07. 1931
Entengasse 20

Hohnkirchner, Hildegard
Hinter der Waage 7

Hoigt, Käthe
29. 11. 1896
Marktgasse 24

Hoigt, Otto
05. 05. 1897
Marktgasse 24

Holland, geb. Scheel, Hedwig
14. 12. 1903
Mühlengasse 25, gef. Nr. 27/28

Holland, Horst
17. 12. 1927
Mühlengasse 25, gef. Nr. 27/28

Holland, Sophie
03. 11. 1870
Graben 21, gef. Graben 20

Hollenroth, geb. Henkler, Anna
11. 04. 1911
gef. Marktgasse 18

Hollstein, Christine
28. 03. 1883
Oberste Gasse 38,
gef. Entengasse

Holubec, Cestmir
02. 07. 1922
Mittelgasse, Stadt Stockholm

Holzapfel, Anneliese
09. 02. 1938
Judenbrunnen 12

Holzapfel, Erika
27. 02. 1943
Judenbrunnen 20

Holzapfel, Ernst
18. 02. 1909
Hinter der Waage 20

Holzapfel, Friedrich Wilhelm
Judenbrunnen 20

Holzapfel, Konrad
04. 07. 1885
Meyenfeldstraße 13

Holzbauer, Jakob
18. 06. 1876
Hohentorstraße 24

Holze, Anna
17. 03. 1903
Engelhardtstraße 4

Holze, geb. Kramer, Anna
17. 03. 1903
Engelhardtstraße 4

Holze, Elisabeth
10. 04. 1903
gef. Kölnische Straße 16

Holze, Karl
17. 04. 1908
gef. Kölnische Straße 16

Holze, Lothar
02. 01. 1936
Kölnische Straße 10

Holzhauer, geb. Mogge, Anna
28. 04. 1906
Hohentorstraße 37,
gef. Graben 63

Holzhauer, Annemarie
29. 07. 1929
Hohentorstraße 37,
gef. Graben 63

Holzhauer, Herbert
31. 07. 1928
Hohentorstraße 37,
gef. Graben 63

Holzschneider, Franz
14. 06. 1900
Lüderitz

Homburg, Adam
16. 09. 1897
Kasernenstraße 9

Homburg, Annemarie
13. 11. 1924
Kasernenstraße 9

Homburg, geb. Deike, Else
27. 11. 1896
Kasernenstraße 9

Homburg (Frau)
Mittelgasse 11

Homburg, Günther
04. 04. 1939
gef. Hohenzollernstraße 58

Homburg, Heinrich
15. 09. 1919
Gießbergstraße 5

Homburg, Karl-Heinz
15. 05. 1934
Hohenzollernstraße 58

Homburg, Klara
10. 06. 1898
Hohenzollernstraße 58

Homburg, geb. Gerland, Martha
08. 09. 1913
Marktgasse 16

Homburg, Reinhard
19. 12. 1929
Mühlengasse 5

Hommes, Georg
27. 02. 1920
gef. Schomburgstraße 9

Hoppe, Albert
21. 06. 1894
Wilhelmsstraße 15

Horbrügge, Anneliese
09. 10. 1922
Hinter der Waage 8

Horch, Gertrud
Moritzstraße 4

Horchelhahn, geb. Zeuch, Ilse
22. 03. 1916
Schäfergasse 13

Horchelhahn, Ingrid
27. 10. 1940
Schäfergasse 13

Horchelhahn, Wolfgang
30. 01. 1937
Schäfergasse 13

Horchelmann (Mann)

Horejsi (männlich)
10. 11. 1919
gef. Gegend Altmarkt

Horn, geb. Horn, Anna
24. 09. 1898
Kölnische Straße 10

Horn, Christine
gef. Jägerstraße 9

Horn, Fritz
11. 07. 1903
Fünffensterstraße 4

Horn, Irma-Luise
24. 08. 1914
Rothenditmolder Straße 4

Horn, Konrad
01. 08. 1898
Kölnische Straße 10

Horn, Marie
23. 07. 1895
Bahnhofsstraße 22

Horn, Martha
20. 04. 1902
Jägerstraße 9

Horn, Renate
1927
gef. Pferdemarkt 28

Hornbrügger, Anneliese
Judenbrunnen bei Pabst

Hornung, Julius
Mittelgasse 38

Hornung, Karl
30. 04. 1925
Mittelgasse 38

Hornung, Marie
02. 07. 1885
Mittelgasse 38

Horschmann, Karl
11. 07. 1892
Grüner Weg 18

Horstmann, Erich
20. 01. 1924
gef. Marktgasse 19

Hortmann, Walpurga
30. 11. 1920
gef. Mittelgasse 13

Hose, Heinrich
25. 06. 1897
Holländische Straße 159

Hose, Irene, Wilhelmine
31. 12. 1938
Obere Karlsstraße 22

Hose, Johanna
26. 05. 1893
Töpfenmarkt 12

Hose, Rolf, Wilhelm
27. 01. 1940
Obere Karlsstraße 22

Hose, Wilhelm
22. 04. 1901
Grumelbachstraße 17

Hose, Wilhelm
Wilhelmsstraße 15

Hose, Wilhelm
11. 07. 1892
Altenbaunaer Straße 13

Hottenrodt, Konrad
27. 08. 1894
Kölnische Straße 9

Hubenthal (Frau)
Moltkestraße 9

Hubert, geb. Müserk, Christine
Mittelgasse 23

Hucke, Katharine
12. 02. 1888
Oberste Gasse 13

Hübener, Hermann,
16. 05. 1906
gef. Jägerstraße 5

Hübner, Anton
1929
Huhnendorf 59, gef. Reitbahn

Hügel, Anna
Wildemannsgasse 3

Hügel, Anna
ca. 40 Jahre
Marktgasse 20

Hügel, Ernst
Marktgasse 20

Hügel, Ernst
Wildemannsgasse 3

Hühne, Karl Friedrich Wilhelm
07. 11. 1873
Waisenhausstraße

Hühne, Paula
02. 04. 1882
Waisenhausstraße 38

Hühnert, Anna
26. 01. 1904 oder 1907
Mittelgasse 25

Hühnert, Frieda
15. 05. 1903
Graben 49

Hühnert, Heinz
20. 03. 1928
Graben 49

Hühnert, Ingrid
13. 08. 1943
Mittelgasse 25

Hühnert, Kurt
15. 05. 1933
Graben 49

Hühnert, Margot
03. 05. 1928
Mittelgasse 25

Hühnert, Wilhelm
30. 01. 1931
Mittelgasse 25

Hünnerscheid, geb. Schliff,
Cäcilie
27. 03. 1915
Am Fasanenhof 12

Hüntze, Otto
02. 03. 1866
Oberste Gasse 59

Hüter, Lina
12. 12. 1896
Mauerstraße 6,
gef. Hedwigstraße 6

Hüter, geb. Warch, Martha
03. 05. 1863
Mauerstraße 6

Hüther, Gisela
20. 03. 1940
gef. Jägerstraße 9

Hüther, Max
10. 07. 1900
Bremer Straße 5, gef. Jägerstraße 9

Hüther, Wolfgang
gef. Jägerstraße 9

Hüttenrauch, Emil
19. 06. 1880
Friedhofsweg 7

Hütteroth, Christine
19. 12. 1890

Hütteroth, Martha
14. 11. 1920

Hütteroth, Werner
15. 04. 1887
Wittichstraße 13

Huffschmidt, geb. Backhaus, Anna
07. 11. 1882
Waisenhausstraße 28

Hugo, Hermine
1881
gef. Gießbergstraße 15

Hugo, geb. Neustiel, Katharine
29. 06. 1879
Pferdemarkt 20

Hugo, geb. Bluto, Käthe
27. 03. 1915
gef. Graben 53

Hugo, geb. Schmoll, Maria
22. 02. 1897
Kastenalsgasse 7

Huhn, Emma
Wolfhager Straße 83

Huhn, Frieda
23. 11. 1925
Mittelgasse 42

Huhn, Horst
08. 02. 1938
Würzburg,
gef. Hohenzollernstraße 58

Huhn, Maria
19. 08. 1931
Mittelgasse 42

Huhn, geb. Stilz, Maria
30. 10. 1893
Mittelgasse 42

Huhn, Marie
06. 12. 1907
Würzburg,
gef. Hohenzollernstraße 58

Huhn, Susanne
15. 12. 1927
Mittelgasse 42

Huhn, geb. Kesting, Wilhelmine
04. 04. 1885
gef. Bettenhausen

Hullin, Macel (Franzose)
26. 04. 1911
gef. Marktgasse 19

Humboldt, geb. Hohmann, Elisabeth
Entengasse 6

Humburg, Emilie
gef. Königsstraße 42

Humburg (Frau)
gef. Hedwigstraße 8

Humburg, geb. Strippel, Ruth
gef. Müllergasse 12–16

Humburg, Heinrich
gef. Königsplatz

Humburg, Heinrich
25. 10. 1873
Ziegengasse 15

Humburg (weiblich)
Mittelgasse 11

Hundertmark (Frau)
25. 09. 1886
Orleansstraße 6,
gef. Jägerstraße 6

Hunstock, Wilhelm
Turmgasse 14

Hupfeld, geb. Schönewolf, Marie
04. 07. 1898

Huszarick, Sophie
15. 05. 1908
Graben 18

Huth, Elfriede
05. 05. 1919
Pferdemarkt 17

Huth, geb. Berger, Frieda
17. 12. 1893
Pferdemarkt 7

Huther, geb. Urbach, Ida
28. 10. 1874
Jägerstraße 9,
gef. Jägerstraße 5

Huwendiek, Gertrud
26. 06. 1901
gef. Orleansstraße 16

Huwendiek, Manfred
05. 03. 1942
gef. Orleansstraße 16

Huwendiek, Walter
02. 10. 1930
gef. Orleansstraße 16

Huy, Heinrich
18. 01. 1880
gef. Kastenalsgasse 29

Iffert, geb. Holzhauer, Elisabeth
26. 07. 1901
Freiheiter Durchbruch 21

Iffert, Friedrich
03. 10. 1941
Freiheiter Durchbruch 21

Iffert, Wilhelm
01. 03. 1860
Freiheiter Durchbruch 21

Iffland,
geb. Dankelmann, Auguste
24. 05. 1874
Pferdemarkt 20

Iffland, Erika
18. 12. 1924
Pferdemarkt 30, gef. Nr. 28

Iffland, Karl
05. 11. 1899
gef. Marktgasse 28

Ille, Erich
gef. Schäfergasse 17

Ille, Erna
11. 09. 1925
Schäfergasse 9

Ille, geb. Kraut, Klara
12. 06. 1893
Schäfergasse 9

Ille, Wilhelm
17. 02. 1878
Schäfergasse 9

Illichmann, geb. Luck, Emilie
12. 10. 1915
Obere Karlsstraße 15

Illichmann, Heinz-Otto
07. 01. 1943
Obere Karlsstraße 15

Imgrund, Friedrich
04. 05. 1868
Oberste Gasse 51

Imgrund, geb. Forsthoff, Lina
26. 12. 1870
Oberste Gasse 51

Imhof, Elvira
26. 12. 1918
Holländische Straße 18

Imhoff, Norbert
10. 07. 1937
Holländische Straße 127,
gef. Marktgasse 15

Immendorf, Emmi
1893
Mittelgasse 21

Immendorf, Hildegard
Mittelgasse 21

Immendorf, Irma
Holländische Straße 74

Insolito, Angelo
20. 10. 1903
Sandershäuser Straße

Irsch, Hans
Wolfsschlucht 5

Isenberg, Anna
13. 09. 1884
Mühlengasse 32

Isenberg, Emma
Kasernenstraße 7

Isenberg, Helga
17. 06. 1928
Mittelgasse 8

Isenberg, Karl
13. 06. 1876
Mühlengasse 32,
gef. Marktgasse 15

Jackel, geb. Motz, Elise
Königsstraße 44

Jacob, geb. Klapp, Christiane
16. 03. 1881
Bahnhofsstraße 17

Jacob, Elise
Königsstraße 44

Jacob, Günther
17. 07. 1940
Graben 58

Jacob, Günther
18. 04. 1934
Entengasse 10

Jacob, Horst
06. 10. 1935
Graben 58

Jacobi, Thilo
30. 07. 1874
Jägerstraße 5

Jacobs, Dora
Zeughausstraße 10

Jacoby, Helmuth

Jäckel, Berthold
14. 08. 1856

Jäger, Christine
21. 02. 1906
Bremer Straße 9

Jäger, Christine
Lange Straße 12

Jäger, Grete
19. 08. 1939
Moltkestraße 12

Jäger, Heinz
27. 05. 1930
Entengasse 25, gef. Graben 29

Jäger, Helga
25. 03. 1936
Moltkestraße 12

Jäger, Käte
gef. Obere Karlsstraße 20

Jäger, geb. Engelbrecht, Käthe
20. 06. 1907
Moltkestraße 12

Jähn, geb. Mörper, Katharina
29. 12. 1893
Mittelgasse 55

Jagt, Fake
06. 12. 1920
Schomburgstraße 11

Jahn, Else
30. 11. 1940
Bettenhäuser Straße 7

Jahn, geb. Hofmann, Frieda
14. 01. 1888
Untere Königsstraße 62

Jahn, Gerhard
gef. Turmgasse 1

Jahn, Grete
Bettenhäuser Straße 7

Jahn, Helmuth
06. 10. 1933
Bettenhäuser Straße 7

Jahn, Ilse
Bettenhäuser Straße 7

Jahn, Katharina
29. 12. 1893
gef. Mittelgasse 72

Jahn, Lina
gef. Turmgasse 1

Jahn, geb. Goßmann, Margarethe
08. 06. 1906
Bettenhäuser Straße 7

Jahn, Margot
17. 05. 1928
Bettenhäuser Straße 7

Jahr, geb. Müller, Helene
28. 06. 1906
Langenbeckstraße 32

Jahr, geb. Leisel, Marie
13. 09. 1881
Langenbeckstraße 32

Jahr, Mechthild
02. 10. 1943
Langenbeckstraße 32

Jahr, Renate
22. 06. 1938
Langenbeckstraße 32

Jahr, Walter
19. 02. 1906
Langenbeckstraße 32

Jahr, Walter
08. 03. 1935
Langenbeckstraße 32

Jakob, Alfred
28. 07. 1929
gef. Entengasse 10

Jakob, Andreas
gef. Königstor 44

Jakob, Clara
gef. Pferdemarkt 12

Jakob, geb. Döll, Käthe
22. 06. 1896
Entengasse 10

Jakob, M. (weiblich)
gef. Martinskirche

Jakob, Walter
05. 12. 1897
Graben 47

Jancke, Erich
29. 08. 1929
gef. Marktgasse 14

Jangmann, Georg
Mittelgasse 14

Janker, Karl
13. 12. 1876
Mühlengasse 32,
gef. Marktgasse 15

Janneck, geb. Neumann, Adeline
07. 01. 1885
Graben 50

Jannik, Dieter
06. 01. 1943
Leipziger Straße 131a,
gef. Oberste Gasse 51

Jannik, geb. Tobic, Hildegard
07. 04. 1919
Leipziger Straße 131a,
gef. Oberste Gasse 51

Jannik, Marita
30. 12. 1938
Leipziger Straße 131a,
gef. Oberste Gasse 51

Jansen (Frau)
1878
Müllergasse 16,
gef. Hohentorstraße 33

Jansen, Frieda
Kastenalsgasse 13

Jansen, Heinrich

Jansen, Karola
Kastenalsgasse 13

Jansen, geb. Gießelmann, Käthe
12. 11. 1873
Kruggasse 2

Jansen, Lina
1900
Kruggasse 2,
gef. Hohentorstraße 33

Janus, Paula
09. 10. 1886
gef. Große Rosenstraße 11

Jareschewsky, geb. Burghard, Margarethe
05. 04. 1908
Hohentorstraße 29

Jaschek, geb. Böker, Gertrud
Ziegengasse 25

Jaschke, Alma
24. 05. 1933
Hohentorstraße 29

Jaschke, geb. Pschigozka, Helene (Polin)
10. 07. 1904
Hohentorstraße 29

Jauglitz, Elfriede
09. 07. 1921
Oberste Gasse 34

Jauglitz (Kind, weiblich)
gef. Oberste Gasse 34

Jeitner, Hertha
1919
Untere Königsstraße 64

Jemmerling, Ludwig
Bettenhäuser Straße 6

Jochheim, geb. Platte, Katharina
24. 08. 1873

Jochheim, Louis
07. 07. 1872
Entengasse 1,
gef. Oberste Gasse 47

Jockers, Johann
Ziegenhainer Straße 21

Jödecke, Friedrich
10. 01. 1904
Hinter der Waage 12

Jödecke, Heinz
Hinter der Waage 12

Jödecke, geb. Rost, Martha
10. 10. 1905
Hinter der Waage 12

Jödecke, Rosemarie
24. 01. 1936
Hinter der Waage 12

Johannson Axel
13. 07. 1893
Oberste Gasse 32

John, geb. Rehbein, Else
05. 05. 1908
Mittelgasse 56

John, Felix
05. 11. 1928
Turmgasse 1

John, Felix
03. 10. 1889
Turmgasse 1

John, Hans
29. 05. 1937
Turmgasse 1

John, geb. Völlgraf, Marie
16. 09. 1915
Moltkestraße 6

Joop (bei Klippert)
Wilhelmsstraße 11

Joop (Bruder)
gef. Wilhelmsstraße 11

Jordan, Albertine
02. 12. 1910
Untere Königsstraße 64

Jordan, Elisabeth
30. 11. 1895
Kastenalsgasse 8

Jordan, Emmilie
07. 04. 1881
gef. Hohentorstraße 1

Jordan, Erna
04. 06. 1923
Mauerstraße 20

Jordan, Georg
gef. Hohentorstraße 1

Jordan, geb. Alles, Helene
16. 11. 1887
Mauerstraße 20

Jordan, Ursula
01. 03. 1921
Mauerstraße 20

Jorn, Christian
31. 12. 1931
Bettenhäuser Straße 9

Jorn, Gisela
11. 11. 1940
Bettenhäuser Straße 9

Juckenburg, geb. Berndt, Berta
02. 11. 1867
Entengasse 20

Jüngst, Ernst
1913
Mittelgasse 50

Jugl, geb. Kornrumpf, Anna
22. 03. 1907
Oberste Gasse 36

Jugl, Franz
16. 05. 1906
Oberste Gasse 36

Jugl, Hildegard
14. 05. 1939
Oberste Gasse 36

July, geb. Hartwig, Else
17. 11. 1878
Oberste Gasse 28

Jung, Achim
24. 11. 1928

Jung, geb. Wather, Aenne
25. 03. 1888
Große Rosenstraße 11

Jung, Anna
06. 08. 1871
Wildemannsgasse 19,
gef. Pinne

Jung, Anton
29. 10. 1928
Orleansstraße 10

Jung, geb. Bach, Dorothea, Friederike
15. 11. 1873
Friedrichsplatz 2

Jung, Elisabeth
25. 05. 1880
gef. Große Rosenstraße 21

Jung, Elisabeth
30. 10. 1872

Jung, Frieda
15. 11. 1873
Friedrichsplatz 2

Jung, Ingeborg
26. 08. 1927
gef. Kastenalsgasse 7

Jung, Katharina
28. 11. 1903
Orleansstraße 10

Jung, Lilli
07. 03. 1922
gef. Kastenalsgasse 7

Jung, Margarete
24. 03. 1920
Schomburgstraße 10

Jung, Robert
06. 07. 1866
gef. Klosterstraße 28

Jungclas
1918
Entengasse 6, gef. Nr. 12

Junge, Annemarie

Junge, Günther
(mit Frau + 2 Kindern)
05. 04. 1908
gef. Kruggasse 9

Junge, Horst
1932

Junge, Liesbeth
1907

Junghans, Lissa (oder Lina)
20. 05. 1903
Oberste Gasse 61

Junghans, Manfred
06. 11. 1932
Oberste Gasse 61,
gef. Untere Königsstraße

Jungk, geb. Rausch, Anna
1867
Orleansstraße 23, gef. Nr. 25

Jungren, Kurt
05. 06. 1913
Bachstraße 2

Junker, Albert
gef. Schomburgstraße 9

Just, Elise
Töpfenmarkt 6, gef. Pinne

Just, Paul
Jordanstraße 13

Just, Wilhelm
Töpfenmarkt 6

Käckel, geb. Täuber, Babette
14. 10. 1903
Engelhardtstraße 6

Käckel, geb Schröter, Emilie
02. 06. 1861
Engelhardtstraße 6

Käckel, Engelhardt
Jan. 1890
Engelhardtstraße 6

Kähler, Henriette
Obere Karlsstraße 26

Kähler, Minna
gef. Orleansstraße 17

Kämpfer, geb. Hofmeister, Emilie
17. 06. 1900
Mittelgasse 18

Käuffelin, geb. Rada, Anna
25. 09. 1882
Mittelgasse 50

Käuffelin, geb. Pohl, Anna
23. 10. 1910
Freiheiter Durchbruch 10

Käuffelin, Camillo
07. 02. 1878
Mittelgasse 50

Käuffelin, Elli

Kaiser, geb. Keim, Anna
29. 03. 1914
Zeughausstraße 8

Kaiser, Dora
gef. Rothenditmolder Straße 4

Kaiser, Erna
25. 01. 1935
Jägerstraße 2

Kaiser, Erna
gef. Töpfenmarkt 10, Pinne

Kaiser (Frau)
1893
gef. Pferdemarkt 10

Kaiser (Frau)
gef. Rothenditmolder Straße 4

Kaiser, Gisela
02. 02. 1936
Moltkestraße 4

Kaiser, Hans
24. 05. 1910
Jägerstraße 2

Kaiser, Heinrich
im Bunker bei Marienkrankenhaus
verstorben

Kaiser, Herr
1893
gef. Pferdemarkt 10

Kaiser, Karl,
Rothenditmolder Straße 4

Kaiser, geb. Bathen, Katharina
11. 05. 1911
Jägerstraße 2

Kaiser (Kind)
Hohentorstraße 29-31,
gef. Bärenkammer

Kaiser, Luci
gef. Oberste Gasse 30

Kaiser, Luise
04. 02. 1892
Entengasse 9

Kaiser, Margarethe
07. 01. 1920
Hohentorstraße 29-31,
gef. Bärenkammer

Kaiser, Wolfgang
gef. Pinne

Kalas, Lieselotte
01. 07. 1923
Mittelgasse 56

Kalb, Georg
26. 05. 1887
Wolfhager Straße 155,
gef. Jägerstraße 5

Kalbreier (Frau)
Gießbergstraße 25

Kalbreier (männlich)
Kind
Gießbergstraße 25

Kalbreier (weiblich)
Kind
Gießbergstraße 25

Kallenbach, Inge
18. 02. 1929
Hohentorstraße 16

Kambach, Alfred
24. 08. 1876
Graben 25

Kambach, geb. Weppe, Auguste
29. 09. 1871
Graben 25

Kampe, geb. Kleber, Leni
gef. Orleansstraße 7

Kampfer (Frau)
Marktgasse 31

Kann, Adolf
Adolfstraße 9

Kann, Adolf
Kastenalsgasse 28

Kannengießer,
geb. Höhle, Elisabeth
17. 11. 1898
Holzmarkt 8

Kannengießer, geb. Molitor, Marie
Kasernenstraße 9

Kannengießer, Wilhelm
09. 10. 1895
Holzmarkt 8

Kannstein, geb. Kappel, Eva
20. 05. 1922
Philosophenweg 36

Kanold, Louis
1881
Marktgasse 6

Kanold, geb. Hilpert, Minna
1889
gef. Marktgasse 6

Kantelhardt, geb. Seidenfaden,
Änne
10. 08. 1899
Brüderstraße 17

Kantelhardt, Georg
Brüderstraße 17

Kantelhardt, Lieselotte
25. 10. 1922
Brüderstraße 17

Kanun, Erna
18. 06. 1925
Mittelgasse 17

Kapler, Albin
02. 09. 1924
Marktgasse 17

Kapler, Franz
04. 01. 1922
gef. Marktgasse 19

Kappes, Egon
25. 12. 1931
Jägerstraße 5

Kappes, geb. Riehm, Elisabeth
02. 03. 1905
Jägerstraße 7, gef. Nr. 5

Kappes, Erwin
1898
gef. Jägerstraße 5

Kappes, Gisela
1923
gef. Jägerstraße 5

Kappes, Günther
16. 01. 1927
gef. Jägerstraße 9

Kappes, Hildegard
31. 03. 1918
Wildemannsgasse 24

Kappes, Richard
08. 11. 1912
Wildemannsgasse 24

Kapping, Gerd
1931
gef. Jägerstraße 5

Kapping, Hans-Jürgen
1939
gef. Jägerstraße 5

Kapping, Martha
1918
gef. Jägerstraße 5

Kappler, Alwine
Marktgasse 17

Kappler (Ehefrau)
1885
gef. Marktgasse 19

Kappler, Josef
1883
gef. Marktgasse 19

Karch, geb. Löber, Maria
1903
Gartenstraße 1

Karl, Elise
20. 08. 1887
Wildemannsgasse 32

Karl, geb. Wagner, Mathilde
03. 05. 1911
gef. Müllergasse 12-16

Karl, Wilfried
15. 05. 1936
gef. Müllergasse 12-16

Karli, Charles
Lyon, Rue de Fontaines

Karls, Johannes
21. 08. 1871
Rothenditmolder Straße 19

Karls (Mann)
1870
Rothenditmolder Straße 19

Karls, geb. Horn, Martha
26. 11. 1900
Rothenditmolder Straße 19

Karolewa, Raesa
Juli 1923
bei Dr. Jorns,
Kleine Rosenstraße 6

Karsch, Emma
11. 08. 1905
gef. Wildemannsgasse 17

Karsch, Josef
13. 10. 1864
Wildemannsgasse 17

Karsch, geb. Meere, Pauline
26. 06. 1869
Wildemannsgasse 17

Kasch, Elfriede
Mittelgasse 6

Kasch, Monika
Säugling
Mittelgasse 6

Kasper, Anneliese
02. 01. 1932
Graben 56

Kasper, geb. Schmidt, Christine
09. 10. 1912
Graben 56

Kasper, geb. Pfeiffer, Elisabeth
19. 11. 1912
Melsungen, gef. Marktgasse

Kasper (Frau)
gef. Graben 31

Kasper, Hermann
08. 03. 1937
Graben 56

Kasper, Wolfgang
15. 08. 1941
Graben 56

Kaßler
Große Rosenstraße

Kaste, geb. Kosel,
28. 05. 1915
Wildemannsgasse 26

Kasten, geb. Gute (Frau)
Pferdemarkt 29

Kasten, Karl
30. 06. 1894
Pferdemarkt 29

Kaufhold, Christine
Kastenalsgasse 40

Kaufholz, geb. Eskuche, Elfriede
23. 07. 1904
Schäfergasse 9

Kaufholz, Hella
05. 12. 1922
Schäfergasse 9

Kaufholz, Ursel
22. 02. 1926
Schäfergasse 9

Kaufmann, Adam
Jägerstraße 3

Kaufmann, geb. Kulmke, Else
29. 11. 1914
Ziegengasse 6

Kaufmann, Katharina
Juni 1865
Orleansstraße 4, gef. Nr. 2

Kausch, Willi
Steinweg

Kayser, Margarete
07. 01. 1920
gef. Bärenkammer

Kehm, Elfriede
Bahnhofsstraße 18

Kehm, Else
Bahnhofsstraße 18

Kehr, Harald oder Heinrich
01. 05. 1929
Westring 56

Kehr, Wilhelm
04. 11. 1886
Westring 56

Keidel, Lina
Hohentorstraße 29

Keil, geb. Schönewolf, Anna
08. 04. 1891
Ziegengasse 14

Keilich, Erich
25. 01. 1912
Wolfhager Straße 15

Keim, Emma
24. 06. 1898
Obere Karlsstraße 20

Keim, Ilse
22. 09. 1923
Obere Karlsstraße 20

Keiner, Horst
Mauerstraße 22

Kell, Lieselotte
17. 12. 1921
Lutherstraße 9

Keller, Hilda
06. 02. 1886
gef. Pinne

Kellner, Hugo
27. 02. 1893
gef. Oberste Gasse 27

Kemper, Alma
gef. Hohentorstraße 33

Kemper, Hans
gef. Hohentorstraße 33

Kepper, Ludwig
24. 11. 1866
Hohentorstraße 10

Keppler, geb. Schön, Elisabeth
05. 09. 1910
Müllergasse 2

Keppler, Franz
04. 01. 1922
gef. Marktgasse 19

Kerl, Heinrich
10. 10. 1890
Hohentorstraße 24

Kerl, geb. Pook, Karoline
06. 10. 1891
Hohentorstraße 24

Kersten, Ida
Moritzstraße 4

Kersten, Ida
10. 10. 1912
gef. Engelhardtstraße 4

Kersten, Hermine
09. 01. 1889

Kersten (männlich)
17. 08. 1887

Kesper, Dina
Graben 41

Kesper, Gerda
12. 05. 1914
Graben 31

Kesper, Hans
09. 02. 1933
Graben 41

Kesper, Horst
01. 08. 1930
Graben 41

Keßler, Adolf
Mittelgasse 11

Keßler, Berta
18. 07. 1895
Mittelgasse 11

Keßler, Elise
04. 07. 1893
Karlsplatz 3

Keßler, Helene
Königsstraße 12

Keßler, Jakob
14. 12. 1869
Mittelgasse 11

Keßler, Liselotte
11. 02. 1927
Karlsplatz 3

Keßler, Luise
1872
Mittelgasse 11

Keßler, Margarete
20. 01. 1900
Mittelgasse 11

Keßler, Margrit
14. 10. 1932
Mittelgasse 11

Keßler, Robert
19. 01. 1914
Wolfhager Straße 132

Keßler
1888
gef. Orleansstraße 12

Keßner, Else
18. 02. 1935
Oberste Gasse 16

Kestner, geb. Salzmann, Elise
06. 02. 1888
Pferdemarkt 14

Kestner, Hans
12. 03. 1937
Oberste Gasse 16

Kette, Else
04. 09. 1864
Kronprinzenstraße 8

Kettenriß, Anton

Kettenriß (Frau)

Ketterer, Hilde
1921
Freiburg, gef. Schäfergasse 15

Kiefer, Margot
11. 08. 1930
Hohentorstraße 31

Kiel, Karl
Hohentorstraße 5

Kielborn, geb. Limmrott,
Elisabeth
03. 02. 1904

Kielborn, Horst
28. 04. 1930
Pferdemarkt 3

Kieppe
(Frau von Wilhelm Kieppe)
55-60 Jahre

Kieppe, Wilhelm
Obere Karlsstraße 23

Kiesenberg, Helene
11. 08. 1907
Orleansstraße 32,
gef. Pferdemarkt 28

Kiewel, Otto
19. 06. 1887
Steinweg 4

Kilian, geb. Thran, Anna
1893
Hinter der Waage 1

Kilian, Edith
30. 04. 1929
Mühlengasse 25, gef. Nr. 27/28

Kilian, Elisabeth
02. 07. 1888
Graben 31

Kilian, geb. Mentel, Else
20. 09. 1912
Mühlengasse 25, gef. Nr. 27/28

Kilian, Friedrich
1891
Hinter der Waage 1

Kilian, Günther
02. 05. 1933
Mühlengasse 25, gef. Nr. 27/28

Kilian, Helga
29. 05. 1935
Mühlengasse 25, gef. Nr. 27/28

Kilian, Helmut
11. 01. 1940
Mühlengasse 25, gef. Nr. 27/28

Kilian, Karl
06. 02. 1914
Packhofstraße 12

Killig, August

Kimpel, Martha
Gutenbergstraße 8 III

Kindermann, Ingeborg
04. 07. 1924
Jägerstraße 7

Kindermann, Karl
1892
gef. Jägerstraße 7

Kinkel, Susi
gef. Langenbeckstraße 32

Kinold, geb. Möller, Lina
10. 04. 1895
Jägerstraße 10

Kirchberg, Karl
15. 05. 1884
Ziegengasse 13

Kirchhof, Hermann
26. 03. 1895
Schomburgstraße 9

Kirchhoff, Albert
03. 07. 1884
Schäfergasse 7

Kirchhoff, geb. Walper, Else
05. 02. 1894
Schäfergasse 7

Kirchhoff, Georg
27. 03. 1890
Schäfergasse 7

Kirchhoff, Ruth
20. 04. 1933
Schäfergasse 7

Kirchner, geb. Debus, Elisabeth
20. 12. 1885
Graben 46

Kirchner, Karl
21. 12. 1899
gef. Jägerstraße 7

Kirchner, Karl
30. 09. 1918
gef. Marktgasse 15

Kirchner, Paul
Graben 46

Kiroff, Constantin Dinitroff
18. 01. 1908
gef. Am Wall

Kirscht, Paul
07. 01. 1897
Moltkestraße 12

Klappmann, Georg
08. 06. 1882
Deisel 190, gef. Marktgasse 19

Klauer, August
03. 09. 1930
gef. Pferdemarkt 28

Klauer, Elisabeth
25. 03. 1900
gef. Pferdemarkt 28

Klauer, Erna
31. 08. 1931
Pferdemarkt 28

Klauer, Ferdinand
16. 06. 1893
Pferdemarkt 28

Klauer, Herbert
02. 08. 1935
gef. Pferdemarkt 28

Klauer, geb. Beiser, Martha
25. 03. 1900
Pferdemarkt 28

Klaus, Renate
04. 04. 1939
Wilhelmshöher Allee 24

Kleber, Richard
02. 06. 1892
Obere Karlsstraße 26,
gef. Bürgersäle

Kleffel, Alfred
10. 04. 1927
Mittelgasse 26

Kleffel, August
02. 04. 1902
Mittelgasse 26

Kleffel, Käthe
26. 06. 1902
Mittelgasse 26

Kleim, geb. Vogt, Erna
06. 07. 1910
Hohentorstraße 24

Kleim, Käte
Bettenhäuser Straße 6

Kleim, Lucie
24. 07. 1926
Bettenhäuser Straße 6

Kleim, Mira
05. 02. 1931
Hohentorstraße 24

Kleim, Walter
09. 02. 1932
Hohentorstraße 24,
gef. Marktgasse 19

Klein, Emma
Obere Karlsstraße 20

Klein, Heinrich
Jägerstraße 3

Klein, Ilse
Obere Karlsstraße 20

Klein, geb. Winkens, Marie
16. 09. 1899
Bettenhäuser Straße 6

Kleine-Limberger, Heinrich
20. 08. 1901
gef. Jägerstraße 1

Kleinenhagen, Emma
01. 08. 1866
Wilhelmshöher Allee 30

Kleinhans
11. 11. 1888
Grüner Weg 44

Kleinkauf, Albert
20. 06. 1900
Jägerstraße 10

Kleinkauf, Brunhilde
30. 01. 1937
Jägerstraße 10

Kleinkauf, Margot
13. 01. 1933
Jägerstraße 10

Kleinkauf, Winfried
15. 09. 1940
Jägerstraße 10

Kleinring, Bernhard
28. 12. 1889
Hohentorstraße 11

Kleinschmidt,
geb. Meyer, Johanna
12. 04. 1905
Knickgasse 2

Kleinschmidt, Renate
21. 12. 1940
Knickgasse 2

Kleinschmidt
(vier Familienangehörige)
Knickgasse 2,
gef. Ziegengasse 16

Kleinschmitt
Kastenalsgasse 12

Klemm, Johannes
Kastenalsgasse 7

Klett, geb. Held, Emma
13. 12. 1913
Königsstraße 65

Klett, Liselotte
20. 05. 1934
Königsstraße 65

Klett, Walter
15. 04. 1912
Königsstraße 65

Klett, Wanfried
21. 10. 1932
Königsstraße 65

Klimm, geb. Jung, Frieda
16. 09. 1885
Kastenalsgasse 7

Klimm, Johannes
Kastenalsgasse 7

Klimmeck, Herbert
21. 07. 1921

Kling, Anna
Untere Königsstraße 95

Klinge, geb. Asterot, Elfriede
09. 04. 1875
Königsplatz 42

Klingenberg, Freia
01. 08. 1932
Schäfergasse 6

Klingler, Arnim
22. 08. 1880
gef. Rothenditmolder Straße 11

Kleinkauf, Frieda
15. 06. 1916
Gießbergstraße 30

Kleinkauf, Helga
04. 03. 1936
Gießbergstraße 30

Klipp, Gustav
05. 05. 1931
(aus Hamburg-Altona)
gef. Ziegengasse 17

Klipp, Käthe
06. 12. 1902
Schomburgstraße 7, gef. Nr. 9

Klipp, Karl
05. 03. 1939
Schomburgstraße 7, gef. Nr. 9

Klipp, Margot
01. 10. 1928
Schomburgstraße 7, gef. Nr. 9

Klipp, Valentin
25. 02. 1900
Schomburgstraße 7, gef. Nr. 9

Klippert, Anneliese,
30. 12. 1937
Nürnberger Straße

Klippert, Bernd
07. 05. 1935
Nürnberger Straße 158

Klippert (Frau von Karl Klippert)
gef. Schomburgstraße 11

Klippert, Karl
28. 11. 1881
gef. Schomburgstraße 11

Klöffel, August
Mittelgasse 26

Klöffel (Frau)
Mittelgasse 26

Klötzer oder Glötzer, Rosemarie
Kind
Entengasse 27

Klooß, Elisabeth
05. 10. 1875

Kloppmann, Anneliese
26. 12. 1921
Mauerstraße 6, gef. Hedwigstraße 6

Kloppmann, Karl
26. 01. 1876
Rothenditmolder Straße 7

Kloppmann, Wilhelm
1875
gef. Gießbergstraße 18

Klubescheidt, geb. Koberstädt,
Friederike
05. 03. 1879
Marktgasse 9

Klubescheidt, Rudolf
05. 05. 1879
Marktgasse 9

Klug, Hyronimus
12. 03. 1878
Grüner Weg 45

Klugler (Frau)
gef. Rothenditmolder Straße 9

Kluß, Kurt
04. 07. 1904
Untere Königsstraße 73

Kluß, Lina
20. 05. 1900
Untere Königsstraße 73

Kluß, Walter
23. 11. 1931
Untere Königsstraße 73

Klute, Anton
01. 08. 1889
Mauerstraße 11

Klute, Willi
12. 12. 1902
Schützenstraße 11

Knabe

Knacke, geb. Frickmann, Martha
03. 08. 1891
Wilhelmsstraße 15

Knapp, Heinrich
29. 12. 1895
Sommergasse 18

Knatz, geb. Leitheiser, Anna
19. 02. 1889
Gießbergstraße 3

Knatz, Lieselotte
21. 12. 1920
Gießbergstraße 3

Knatz, Ludwig
27. 08. 1859
gef. Gießbergstraße 3

Knauer, Otto
Frankfurter Straße 19

Knauert, Else
08. 08. 1910
Kastenalsgasse 10

Knauf, Anne
Pferdemarkt 26

Knauf, Egon
Bochum-Sunden

Knauf, Karl
1933
gef. Pferdemarkt 26

Knauf, Kurt

Knauf, Otto
1931
Pferdemarkt 26

Knaust, Martha
19. 09. 1877

Knechtel, geb. Mergard, Anna
17. 12. 1888
Kasernenstraße 9

Knie (Fräulein)
Obere Karlsstraße 15

Knie, Hermann
Obere Karlsstraße 15

Knieper, geb. Werner, Erna
15. 10. 1908
Töpfenmarkt 6

Knieper, Klara
23. 03. 1933
Töpfenmarkt 6

Knieper, Wolfgang
08. 01. 1933
Töpfenmarkt 6

Knierim, Heinrich
29. 01. 1894
Wildemannsgasse 26

Knierim, Martha
08. 08. 1893
Kastenalsgasse 7

Knierim, geb. Lauterbach, Sabine
18. 06. 1898
Wildemannsgasse 26

Kniese, Anna
gef. Hohenzollernstraße 43

Knigge, Käthe
10. 09. 1882
gef. Turmgasse 16

Knipp (Frau)
Hermannstraße 3

Knipp Emil
Hermannstraße 3

Knipp (Tochter)
Hermannstraße 3

Knipper, Margaretha
16. 06. 1922
Königsplatz 42, gef. Nr. 36 1/2

Knirle (Frau)
gef. Nat.-Museum

Knobel (Frau)
Druselgasse 27

Knobel, Horst
Druselgasse 27

Knobel, Inge
1939
Druselgasse 27

Knobel, Margarete
13. 11. 1938
Graben 55

Knobel, Marlis
1940
Druselgasse 27

Knoch, Johann
20. 08. 1872
Kastenalsgasse 11

Knoke, Adolf
01. 07. 1889
gef. Wilhelmsstraße 11

Knop, Johannes
26. 08. 1872
Kastenalsgasse 11, gef. Nr. 5

Knorr, Johann
26. 08. 1872
Kastenalsgasse 11,
gef. Ziegengasse 16

Knothe, geb. Fostini, Elisabeth
26. 03. 1902
Graben 42

Knothe, Gerhard
6–8 Jahre
gef. Graben 42

Knothe (Kind)
8 Jahre
gef. Marktgasse 15

Koberstädt, Anna
15. 04. 1906
Hohentorstraße 29

Koberstädt (Frau)
40–50 Jahre

Koberstädt, Günther
19. 12. 1927
Hohentorstraße 29

Koberstädt, Manfred
12. 05. 1933
Hohentorstraße 29

Koch, geb. Zeidler, Anna
25. 05. 1915
Pferdemarkt 37

Koch, Anna
06. 03. 1883
Marktgasse 2

Koch, Anneliese
Jägerstraße 5

Koch, Babette
Sack 2

Koch, Christine
Graben 23, gef. Nr. 29

Koch, Eduard
13. 07. 1930

Koch, Egidins
22. 12. 1865
Untere Königsstraße 91

Koch, geb. Schumann, Elisabeth
03. 04. 1854
Müllergasse 6

Koch, geb. Hohmann, Emma
19. 12. 1882
Kölnische Straße 14

Koch, Erich
08. 10. 1931
Marktgasse 21

Koch, Erika
12. 02. 1928
Pferdemarkt 37

Koch, Franz
Marktgasse 2

Koch (Frau)
Kastenalsgasse 21

Koch, Frederike
04. 11. 1901
Graben 45, gef. Marktgasse 15

Koch, geb. Schulz, Frieda
1889
Schäfergasse 20

Koch, Gertrud
02. 06. 1908
Orleansstraße 23

Koch, Gertrud
22. 06. 1936
Pferdemarkt 37

Koch, Gisela
03. 12. 1930
Moltkestraße 10

Koch, Gustav
19. 06. 1865
gef. Bahnhofsstraße 22

Koch, Hannelore
02. 08. 1941
Pferdemarkt 37

Koch, Hans-Theo
14. 01. 1829

Koch, Heinrich
09. 08. 1880

Koch, Heinrich
12. 01. 1880
gef. Große Rosenstraße 16

Koch, Heinz
Kastenalsgasse 21

Koch, Hermann
1898
Marktgasse 21

Koch, Hermann
11. 04. 1904
Müllergasse 1

Koch, Hermine
09. 01. 1899
Oberste Gasse 15

Koch, Johann
25. 03. 1889
Pferdemarkt 26

Koch, geb. Meinberg, Johanna
22. 09. 1872
Ziegengasse 22

Koch, Johannes
Kastenalsgasse 21

Koch (Junge)
14–16 Jahre
Marktgasse 11

Koch, Karl
gef. Herkulesstraße 24

Koch, Karl
Mittelgasse 57,
gef. Pferdemarkt 14-16

Koch, Karl-Heinz
Kastenalsgasse

Koch, Konrad
Jägerstraße 5

Koch, Konrad
1873
Marktgasse 12

Koch, geb. Sebode, Luise
02. 05. 1868
Müllergasse 1

Koch, geb. Rohmeis, Luise
15. 07. 1896
Moltkestraße 10

Koch, Margarete
27. 05. 1900
Ziegengasse 22

Koch, Maria
22. 04. 1922
Graben 45

Koch, Marie
09. 11. 1873
gef. Hohentorstraße

Koch, geb. Dönges, Marie
04. 04. 1892
Pferdemarkt 26

Koch, geb. Wollborn, Marie
09. 02. 1911
Moltkestraße

Koch, Marie
09. 10. 1873
Pferdemarkt 20,
gef. Martinskirche

Koch, Martha
gef. Marktgasse 19

Koch, Martha
Mittelgasse 57

Koch, Martha
25. 05. 1938
Kastenalsgasse 21

Koch, geb Wiegand, Mathilde
Große Rosenstraße 20

Koch, Otto
29. 10. 1886
Grüner Weg 29, gef. Druselplatz

Koch, Rolf
Marktgasse 20

Koch (weiblich)
gef. Pferdemarkt 14

Koch, Wilhelm
18. 07. 1890
gef. Marktgasse 13

Koch, Wilhelm
Kölnische Straße 14, gef. Nr. 16

Koch, Wolfgang
10. 09. 1938
Moltkestraße 7

Kochensperger, Johanna
Veronika Therese
22. 10. 1902
Oberste Gasse 29

Koditz, Paul
19. 04. 1874
Moltkestraße 2

Köberich, August
15. 02. 1893
Königsstraße 48

Köberich, Paul
07. 07. 1867
Gießbergstraße 17

Köcher, geb. Schneider, Christa
17. 08. 1908
Humboldtstraße 19

Köcher, Lieselotte
20. 05. 1942
Humboldtstraße 11

Köditz, geb. Krüger, Marie
13. 06. 1872
Moltkestraße 2

Köhler, Anton
20. 12. 1886
Langenbeckstraße 32

Köhler, geb. Zilcher, Christine
23. 11. 1894
Langenbeckstraße 32

Köhler, geb. Isken, Elfriede
20. 08. 1898
Westring 56

Köhler, geb Müller, Elisabeth
19. 10. 1878
Kasernengasse 11

Köhler, geb. Neff, Maria
19. 02. 1909
Hohentorstraße 19

Köhler, Maria Denise
23. 07. 1932
Hohentorstraße 19

Köhler, Willi
Westring 56

Köhler, Winfried
22. 05. 1937
gef. Obere Karlsstraße 17

Köllen, geb. Ostmann, Berta
Pferdemarkt 21

Köllen, Hermann
10. 07. 1878
Pferdemarkt 13

Köllmann, Heinrich
07. 02. 1892
gef. Kunigundenhof 10

Kölschtzky, geb. Jungkurter,
Katharina
06. 07. 1884
Kruggasse 11

Kölschtzky, Anni
Kruggasse 11

Könemann, geb. Nieland, Julia
09. 04. 1865
Am Hange 18

König, Albert
01. 08. 1860
Zentgrafenstraße 121

König, geb. Knechtel, Anna
02. 07. 1911
Kasernenstraße 9

König, Franz
11. 06. 1932
Kasernenstraße 9

König, Franz
Turmgasse 16

König, Frieda
1897
Hinter der Waage

König, Gretchen
ca. 24 Jahre

König, Gustav
20. 06. 1897
Walshausen

König, Heinz
Mühlengasse 20

Königshof, Dorothea
16. 04. 1889
Holländische Straße 38

Königshof, Georg
Holländische Straße 38

Köppler, Karl
Oberste Gasse 30

Körber, Siegfried
Weserstraße 29, gef. Lindenhof

Kördel, Georg
17. 08. 1874
Graben 46, gef. Marktgasse 15

Körger, Marie
01. 01. 1868
gef. Oberste Gasse 48

Körner, Ferdinand
gef. Moltkestraße 10

Körner, geb. Hoffmann, Martha
19. 06. 1918
gef. Moltkestraße 10

Körtel, Anna
1903
Obere Schäfergasse 3

Körtel, geb. Raap,
Emma Katharina Dorothea
30. 10. 1894
Graben 46

Körtel, Georg
17. 08. 1879
Graben 46

Köster, Christian
12. 04. 1894
Bettenhäuser Straße 6

Köster, Elma
14. 04. 1934
Große Rosenstraße 20

Köster, Gretchen
Obere Karlsstraße 17

Köster, Heinrich
Obere Karlsstraße 17

Köster, Luise
1878

Köster, Manfred
01. 05. 1937
Große Rosenstraße 20

Köster, Minke
Kind

Köster, Toni
02. 02. 1913
Große Rosenstraße 20

Kogel, August

Kogel, geb. Wicke, Lisbeth
Hinter der Waage 8

Kohl, Paul
04. 11. 1865
Wörthstraße 4

Kohlhagen, geb. Marker, Emma
18. 03. 1905
Moltkestraße 14

Kohlhase, geb. Fießler, Marie
09. 08. 1873
Bettenhäuser Straße 10

Kohlhase, Martha
Bettenhäuser Straße 7

Kohlhase, Ursel,
17. 10. 1927
Bettenhäuser Straße 7

Kohlus (Mann)

Kolbe, Bernhard
Wildemannsgasse 38

Kolbe, Heinrich
17. 10. 1821

Kolberg, Helga
03. 11. 1942
Obere Karlsstraße 28

Kolberg, geb. Gerlach, Lina
18. 08. 1908
Obere Karlsstraße 28

Kolberg, Paul
09. 07. 1897
gef. Bürgersäle

Kolckhorst, geb. Döring, Emma
09. 12. 1878
Marktgasse 7

Kollmann, Heinrich
07. 02. 1892
Marktgasse 19

Kollmann, Heinrich
21. 06. 1880
Pferdemarkt 11

Kolosnikowa, Marie
gef. Michelsgasse 3

Kontzsch, geb. Kandelhardt,
Marta
18. 04. 1899
Graben 67, gef. Nr. 65

Koperstädt, Martha
04. 12. 1888

Kopp, Marlit
14. 01. 1935
gef. Hohenzollernstraße 58

Korn, geb. Fuhrmann, Maria
21. 05. 1873
Wittichstraße 49

Kornas, geb. Rohleder, Elisabeth
23. 09. 1922
Schützenhalle, Marktgasse 19

Kornrumpf, Berta
1867
gef. Pferdemarkt 10

Koscielny, Emilie
07. 04. 1896
Untere Königsstraße 64

Kosel, geb. Lumm, Minna
16. 02. 1886
Wildemannsgasse 26

Koslovsky, Ernst
19. 02. 1900
Jägerstraße 15

Koslovsky, geb. Groß, Frieda
09. 08. 1898
Jägerstraße 15

Kothe, Agnes
07. 05. 1915
Engelhardtstraße 4

Kothe, Heinrich
01. 09. 1887
Engelhardtstraße 4

Kothe, geb. Alberding, Hermine
05. 01. 1891
Engelhardtstraße 4

Kowalski, geb. Rapschinski,
Anneliese
1916
Marktgasse 19

Krael, Hans
07. 04. 1899
Pferdemarkt 28

Krämrath, Sophie
18. 10. 1920
Wolfhager Straße 16

Krämrath, Wilhelmine
29. 12. 1921
Wolfhager Straße 16

Kraft, Eleonore
16. 12. 1903
Obere Karlsstraße 20,
gef. Bürgersäle

Kraft, geb. Illert, Elisabeth
31. 09. 1904
Mittelgasse 11

Kraft, Heinrich
06. 09. 1866
Kochstraße 11

Kraft, Karl
05. 08. 1905
Mittelgasse 11

Kraft, Martha
09. 05. 1924
Koboldstraße 2

Kraft, Martin-Wilhelm
gef. Marktgasse 19

Kraft, Monika
17. 07. 1941
Obere Karlsstraße 20,
gef. Bürgersäle

Krah, Auguste
gef. Nat.-Museum

Krah, geb. Krönung, Auguste
26. 10. 1914
Steinweg 7, gef. Sack 3

Krah, Hellmuth
10. 07. 1942
Steinweg 7, gef. Sack 3

Krah, Werner
17. 02. 1939
Steinweg 7, gef. Sack 3

Kramer, Anna
10. 12. 1916
Turmgasse 18,
gef. Königsstraße 44

Kramer, geb. Kreuzhamm, Anni
07. 05. 1910
gef. Jägerstraße 12

Kramer, Friedrich
04. 04. 1883
Sack 3

Kramer, Gudrun
28. 09. 1943
Turmgasse 1,
gef. Königsstraße 44

Kramer, geb. Mergard, Johanna
21. 12. 1880
Wilhelmshöher Weg 43

Kramer, geb. Knöpfel, Minna
10. 07. 1883
Sack 3

Kranz (Frau)
ca. 70 Jahre
gef. Pferdemarkt 10

Kranz, geb. Althans, Liesel
02. 04. 1912
Grüner Weg 15

Kranz, Marlies
12. 10. 1943
Grüner Weg 15

Kranz, Minna
30. 12. 1873
Oberste Gasse 29

Kratz, geb. Wolf, Margarethe
31. 10. 1870
Ziegengasse 21

Kratzenberg,
geb. Nußbaum, Anna
16. 03. 1884
Oberste Gasse 63

Kratzenberg, August
24. 09. 1876
Oberste Gasse 63

Kratzenberg, Frieda
08. 08. 1897
Oberste Gasse 63

Kratzenberg, Irmgard
11. 11. 1919
Oberste Gasse 63

Kraus, Else
Steinweg 7

Kraus, Friederike
Marktgasse 15

Kraus, Hans
07. 04. 1899
Graben 69, gef. Nat.-Museum

Kraus, Hans
08. 11. 1905
Steinweg 7

Kraus, Herbert
Marktgasse 15

Kraus, Lina
20. 09. 1898
Graben 69, gef. Nat.-Museum

Kraus, Walter
25. 10. 1904
Marktgasse 15

Kraus, Werner
1939
gef. Orleansstraße 29

Krausbauer, Tilla
14. 05. 1892
Schomburgstraße 11

Krause, Alma
1919
Kasernenstraße 5,
gef. Pferdemarkt

Krause, Anni
29. 07. 1924
Pferdemarkt 20

Krause, Christine
1878
Holländische Straße 38

Krause, geb. Kniese, Elise
Steinweg 7, gef. Nat.-Museum

Krause (Fräulein)
1883
Holländische Straße 38

Krause, Ida
23. 12. 1892
Schäfergasse 14

Krause, Ilse
1915
Schäfergasse 8

Krause, Konrad
04. 03. 1891
Wildemannsgasse 28

Krause, Ludwig
07. 08. 1900
Pferdemarkt 20

Krause, geb. Schmidt, Luise
30. 07. 1875
Graben 44

Krause, Martha
1891
Schäfergasse 8

Krause, Waltraud
1924
Kasernenstraße 5,
gef. Pferdemarkt

Krauser, Eleonore
19. 05. 1895
gef. Pinne

Krauß, Alma
1919
gef. Kastenalsgasse 5

Krauß, Hilda
20. 04. 1928
Kasernenstraße 5

Krauß, geb. Erb, Maria
21. 12. 1895
Kasernenstraße 5

Krauß, Waltraud
1924
gef. Kasernenstraße 5

Kreipe, geb. Schneider, Ilse
21. 12. 1912
Kaiserstraße 90

Kreitz, geb. Lauterbach, Elise
08. 06. 1891
Wörthstraße 18

Krell, Gertrud
04. 05. 1902
gef. Königsstraße 83

Krell, Kurt
14. 02. 1927
Königsstraße 83

Krenz, Christine
Hohentorstraße 29

Krenz (Frau)
Hohentorstraße 29

Krenz, Gustav
Hohentorstraße 29

Kreß, Bernhard

Kreuter, Christel
25. 10.
Moltkestraße 8

Kreuter, Christian
11. 11. 1874
gef. Moltkestraße 8

Kreuz, geb. Maurer, Margarete
23. 11. 1890
Bettenhäuser Straße 5

Kreuzer (Frau)
50–55 Jahre
Orleansstraße 23, gef. Nr. 25

Kreuzer, Martha
Moltkestraße 8

Kreuzer, Rudolf
ca. 55 Jahre
Orleansstraße 23, gef. Nr. 25

Kreyza, Winzel
21. 09. 1898
Lange Straße

Krieg, Fritz
21. 08. 1895
Mühlengasse 24

Krieger, Lisette
26. 07. 1875
Orleansstraße 39

Kriep, August
10. 08. 1891
Jägerstraße 10

Kriep, geb. Herzog, Lina
15. 12. 1894
Jägerstraße 10

Kriep, Ursula
12. 04. 1923
Jägerstraße 10

Kriszyaka, Lucia
Lenaustraße 19

Kroch, Auguste
gef. Nat.-Museum

Kröcher, Wilhelm
gef. Mönchebergstraße 47

Kröger,
geb. Schweitzer, Dorothea
06. 12. 1899
Müllergasse 17

Kröger, Karl-Heinz
10. 03. 1929
Müllergasse 17, gef. Nr. 13

Krönchen, Wilhelm
30. 07. 1868
Mörikestraße 27

Kröper, Wilhelm
gef. Mönchebergstraße 47

Krogmann, Fritz
03. 07. 1938
Karlsplatz 3

Krohn, Wilhelmine
12. 07. 1865
Sedanstraße 37

Krollpfeifer, Amalie
24. 10. 1931
Mittelgasse 14

Krollpfeifer, Anneliese
24. 08. 1931
Mittelgasse 14

Krollpfeifer, geb. Hugo, Bertha
24. 10. 1909
Mittelgasse 14

Krollpfeifer, geb. Eberlein,
Elisabeth
29. 12. 1875
Marktgasse 7

Krollpfeifer (Fräulein)

Krollpfeifer, Peter
26. 12. 1942
Mittelgasse 14

Krone (Mann)
25–30 Jahre
gef. Druselgasse 30

Kronsbein, Elise
21. 09. 1874
Jägerstraße 7

Kropf, geb. Gerlach, Dora
Wilhelmsstraße 13

Kropf, geb. Moser, Dorothea
19. 02. 1892
Pferdemarkt 26

Kropf, Johann
30. 03. 1889
gef. Pferdemarkt 26

Krüffelin, Elli
1918
Marktgasse 19

Krüger, geb. Gernand, Charlotte
16. 04. 1920
Kruggasse 4

Krüger, geb. Oxen, Emma
07. 03. 1909
Pferdemarkt 14

Krüger, Emmi
20. 09. 1933
Kruggasse 4

Krüger (Frau)
gef. Hohentorstraße 33

Krüger (Frau)
Gießbergstraße 59

Krüger, Heidi
1940
Kruggasse 4

Krüger, Irmgard
gef. Hohentorstraße 53

Krüger, Liesel
gef. Orleansstraße 25

Krüger, geb. Weinreich, Maria
29. 09. 1895
Hohentorstraße 30

Krüger, Roswitha
1 1/2 Jahre
Kruggasse 4

Krüger, Vera
1935
Kruggasse 4

Krüsselin, Elli
1918
gef. Marktgasse 21

Krug, Anna
13. 07. 1875
Entengasse 27

Krug, Fritz
21. 08. 1885
Mühlengasse 24

Krug, Gertrud
11. 05. 1893
Mittelgasse 8

Krug, Jacob
25. 04. 1868
Vor der Schlagd 4a

Krug, geb. Bücher, Johanna
30. 12. 1890
Mittelgasse 8

Krug, geb. Semmelroth, Karoline
03. 06. 1904
Entengasse 27

Krug, Kaspar
26. 09. 1873
Grüner Weg 16

Krug, Marie
26. 02. 1896
Gießbergstraße 31

Krug, Waltraud
26. 05. 1936
Entengasse 27

Kruhm, geb. Schötensack, Gerda
03. 01. 1921
Wörthstraße 12

Kruit, Hendrik
04. 04. 1922
Wilhelmshöher Allee 273

Krummbein, Emmi
29. 08. 1929
Moltkestraße 4

Krupp, Emil
27. 07.
gef. Hermannstraße 3

Krupp, Kurt
gef. Hermannstraße 3

Kruse, Emilie
30. 06. 1881
Marktgasse 7

Kruse, geb. Röder, Klara
18. 08. 1880
Waisenhausstraße 28

Kruse, geb. Beck, Minna
07. 02. 1883
Marktgasse 7

Kuben, Elise
Obere Karlsstraße 20

Kubilis, Maria
14. 08. 1937
Graben 61

Kubilis, geb. Kaesler, Rosalia
12. 04. 1898
Graben 61

Kuch, Anni
30. 05. 1899
Mauerstraße 20

Kuch, geb. Redemann, Auguste
07. 02. 1871
Mauerstraße 20

Kuch, Johann Friedrich
26. 08. 1864
Mauerstraße 20

Küchle, geb. Dick, Marie
22. 06. 1905
Wolfsangerstraße 127

Kückel, geb. Christ, Susanne
25. 04. 1875
Frankfurt,
z. Zt. Langenbeckstraße 32

Kühlborn, Dina
Pferdemarkt 26

Kühlborn, Hans
15. 06. 1906
Pferdemarkt 26

Kühlborn, Heinrich
Engelhardtstraße 4

Kühlborn, Lisa
28. 02. 1905
Pferdemarkt 26

Kühlborn, Minna
1882
Engelhardtstraße 4

Kühlewind, Minna
02. 02. 1888
Wildemannsgasse 19

Kühn, Anni
Turmgasse 16

Kühne, geb. Zipprecht, Anna
16. 12. 1902
Töpfenmarkt 6

Kühne, Christoph
Töpfenmarkt 6

Kühne, Franz
02. 02. 1913
gef. Marktgasse 22

Kühne, Frieda
gef. Marktgasse 29

Kühne (Gefreiter)
Feldp.-Nr. 00453

Kühne, Ignatz
22. 11. 1880
gef. Mauerstraße 12a

Kühne, Manfred
06. 09. 1939
Marktgasse 22

Kühnemund (Frau)
1903
gef. Oberste Gasse 17

Kühnhold, Otto
Gießbergstraße 15 1/2

Kühte, Marie
1918
gef. Graben 29

Küllmer, Frieda
gef. Bürgersäle

Küllmer, Heinrich
Untere Karlsstraße 20

Küllmer, Karl-Heinz
25. 05. 1939
gef. Bürgersäle

Kümmel, geb. Hofmann, Anna
29. 03. 1885
Mittelgasse 11

Kümmel, Heinrich
21. 11. 1886
Mittelgasse 11

Kümmel, Irene
31. 01. 1927
Wolfhager Straße 187

Kümpel, geb. Hahn, Elisabeth
24. 02. 1908
Oberste Gasse 4

Kümpel, Karl Heinz
22. 05. 1930
Oberste Gasse 4

Künstler, Edith
12. 04. 1921
Wörthstraße 12

Künstler, geb. Sieburg, Erna
02. 12. 1893
Wörthstraße 12

Küster, Lothar
1940
Obere Karlsstraße 28

Kugler (Frau)
gef. Rothenditmolder Straße 9

Kuhn, Adele
11. 03. 1896
Entengasse 1

Kuhn, Elisabeth
Ständeplatz 14

Kuhn, Heinrich
14. 08. 1889
Hinter der Waage 12

Kuhn, Katharina
Hinter der Waage 12

Kuhnen, Wilhelm
14. 02. 1883

Kuhnke, Adolf
20. 04. 1936
Hinter der Waage 1

Kuhnke, geb. Kilian, Auguste
09. 06. 1916
Hinter der Waage 1

Kuhnke, Elisabeth
02. 10. 1937
Hinter der Waage 1

Kuhnke, Lothar
17. 09. 1942
Hinter der Waage 1

Kuiper, Hendrik (Holländer)
05. 09. 1918
Graben 31

Kukowski, Bruno
19. 04. 1929
Hohentorstraße 17

Kukowski, Ernst
Hohentorstraße 17

Kund, Anna
45–50 Jahre
Mönchebergstraße 56

Kunde, Klara
01. 03. 1897
Westring 56

Kundsen, Paul (Däne)
Mittelgasse 42,
gef. Graben 51

Kunkel, geb. Ritter, Anna
29. 05. 1920
Graben 44

Kunkel, Heinz Dieter
28. 05. 1941
Graben 44

Kunkel, Roswitha
11. 12. 1942
Graben 44

Kuntsch, Karl
02. 07. 1899
gef. Pferdemarkt 28

Kuntz, Franziska
02. 11. 1889
Hohentorstraße 29

Kuntz, Stephan
Hohentorstraße 29

Kunze, Erich
Hohenzollernstraße 37

Kunze, Hermann
24. 02. 1893
Untere Königsstraße 65

Kunze, geb. Degenhardt, Käthe
22. 06. 1907
Untere Königsstraße 65

Kunze, Lina
Hohenzollernstraße 37

Kunze, Toni
01. 05. 1865

Kurt, Minna
Turmgasse 12

Kurth (Frau)
07. 08. 1867
Hedwigstraße 8

Kurth, Hedwig
06. 07. 1902
Hedwigstraße 8

Kurth, Jean
07. 08. 1869
Hedwigstraße 8

Kurth, geb. Goebel, Karoline
15. 04. 1889
Kölnische Straße 8

Kurth, Mathilde
17. 04. 1869
Hedwigstraße 8

Kurth, Max
29. 07. 1884
gef. Wittichstraße 13

Kurth, Rudi
13. 04. 1911
gef. Wittichstraße 13

Kurtze, Hermann
12. 01. 1872
Heußnerstraße 1

Kurzenbaum, Udo
26. 07. 1910
Hohenzollernstraße 134

Kurzrock, August
13. 09. 1894
Graben 25

Kus (Frau)
ca. 45 Jahre
gef. Mittelgasse 73

Kutscher, Dietrich
10. 03. 1922
Rolandstraße 9

Kutscher, Hilde Erna
31. 12. 1893
Rolandstraße 9

Kutscher, Wolfgang
26. 07. 1897
Rolandstraße 9

Labassé, Albert
gef. Königsstraße 44

Labassé (Frau)
gef. Königsstraße 44

Labuhn, Arthur
1908
Graben 67

Labuhn, Arthur
10 Monate
Graben 67, gef. Nat.-Museum

Labuhn, Marga
1918
gef. unbekannt

Labuhn, geb. Knochel, Marianne
1921
Graben 67, gef. Nat.-Museum

Lachmann, Harald
1930
gef. Graben 37

Ladowski, August
Oberste Gasse 34

Ladowski, Brigitte
4 Monate
Oberste Gasse 34

Ladowski, Marie
1934
Oberste Gasse 34

Ladowski, Ursel
22. 01. 1939
Oberste Gasse 34

Laegel, Max
22. 08. 1877
Bahnhofsstraße 17

Lafontaine, Jakob
01. 09. 1920
gef. Marktgasse 19

Lambach, Else
25. 08. 1897
gef. Schäfergasse 18

Lambach, Fritz
08. 09. 1886
Untere Königsstraße 86 1/2

Lampe, geb. Ellrich, Hilde
10. 11. 1908
Wallstraße 6

Lampe, geb. Budde, Katharina
19. 03. 1878
Waisenhausstraße 30

Lamsbach, geb. Heiter, Elisabeth
25. 09. 1897
Schäfergasse 18

Lanatowitz, Inge
15. 08. 1937
Wörthstraße 24

Lanatowitz, Robert
17. 09. 1896
Graben 59

Landau, geb. Elftmann, Adeline
09. 11. 1885
Hohentorstraße 31

Landau, Anni
30. 10. 1933
Hohentorstraße 31

Landau, geb. Meißner, Berta
Hohentorstraße 31

Landau, Rosel
17. 10. 1939
Hohentorstraße 31

Landefeld, Andreas
18. 02. 1928
Mittelgasse 16

Landefeld, August
14. 09. 1871
Königsstraße 63

Landefeld, geb. Schmidt (Frau)
20. 01. 1875
Königsstraße 63

Landefeld, Karl-Heinz
19. 04. 1939
Mittelgasse 14

Landefeld, Walter
29. 11. 1933
Mittelgasse 16

Landgraf, geb. Wagner, Anna
21. 07. 1877
Wildemannsgasse 29

Landgrebe, Elvira
1940
gef. Marktgasse 19

Landgrebe, Erika
18. 12. 1859
Marktgasse 13

Landgrebe (Frau)
1906
gef. Marktgasse 19

Landgrebe, Frieda
Graben 49

Landgrebe, Heinrich
11. 09. 1878
Jägerstraße 6

Landgrebe, Hermann
1929
Graben 49

Landgrebe, Irmgard
1931
Graben 49

Landgrebe, Karl
1907
gef. Marktgasse 15

Landgrebe, geb. Wolff, Karoline
21. 06. 1875
Jägerstraße 6

Landgrebe, M.
Graben 49

Landgrebe (Mädchen)
Graben 49

Landgrebe, Manfred
18. 03. 1941
Marktgasse 13

Landgrebe, Margarete
29. 08. 1927
Marktgasse 13

Landgrebe,
geb. Haase, Margarete
26. 01. 1902
Marktgasse 13

Lange, geb. Wilke, Anni
30. 12. 1903
Gießbergstraße 3

Lange (Frau)
1878
gef. Marktgasse 19

Lange, Gottlieb
05. 06. 1874
Graben 60

Lange, Günther
31. 07. 1931
Gießbergstraße 3

Lange, Horst
19. 11. 1933
Wildemannsgasse 28

Lange, Waltraud
Turmgasse 16

Lange, Werner
15. 01. 1933
gef. Gießbergstraße 3

Langefeld, Auguste
31. 01. 1854
Fünffensterstraße 12

Langefeld, Elisabeth
Mittelgasse 9

Langefeld, Irene
14. 07. 1932
Mittelgasse 9, gef. Nr. 15

Langefeld, Irma
Mittelgasse 9

Langefeld, geb. Giede, Johanna
10. 05. 1898
Kasernenstraße 9

Langefeld, Lisa
25. 08. 1897
Mittelgasse 9

Langefeld, Walter
Mittelgasse 16,
gef. Reithalle

Langenfeld, Auguste
30. 01. 1854
Fünffensterstraße 12

Langer, Hermann
16. 04. 1890
gef. Gegend Altmarkt

Langmann, Friedrich
10. 03. 1876
Hohentorstraße 19

Langner, Alfred
10. 01. 1911
Frankfurter Straße 15,
gef. Oberste Gasse 34

Langner, Gerd
30. 10. 1940
Frankfurter Straße 15,
gef. Oberste Gasse 34

Langner, Herbert
02. 04. 1939
Frankfurter Straße 15,
gef. Oberste Gasse 34

Langner, geb. Werner, Hildegard
04. 08. 1885
Moritzstraße 2

Langner, Paula
03. 11. 1907
Frankfurter Straße 15,
gef. Oberste Gasse 34

Lanze, M.
gef. Marktgasse 19

Lapp, geb. Dietrich, Elisabeth
10. 12. 1863
Wittichstraße 13

Lapp, Emilie
17. 02. 1892
Wittichstraße 13

Lasch (Frau)
gef. Hedwigstraße 18

Lassak, Genofeva
05. 07. 1924
Holländische Straße 95

Latusseck, Dorothea Sophie
05. 12. 1902
Graben 48

Lauschke, Elisabeth
18. 08. 1890
Oberste Gasse 10

Lauterbach, Karl
05. 02. 1902
Kolonnaden 6

Lauterwald, Emilie
10. 02. 1856
Wörthstraße 4

Le Roux, Gaston
02. 02. 1912
Kohlenstraße 131

Leal, Marcel
30. 03. 1924
gef. Pinne

Lebold, Horst
09. 07. 1925
Soldat

Lecke, Wolfgang
13. 03. 1934
Hohentorstraße 17

Leder, Anna
10. 01. 1860
Hinter der Waage 5

Leewe
1893
gef. Stadt Stockholm

Leffler, Willi
13. 12. 1927
Gießbergstraße 31

Lehmann, Ernst
15. 10. 1871
Jägerstraße 10

Lehmann, Hilda

Lehmann, Jaques

Lehmann, geb. Ramme, Sophie
26. 01. 1874
Jägerstraße 10

Lehnert, Henni
29. 12. 1910
Freiheiter Durchbruch 10

Leich, geb. Wellershaus, Hermine
07. 02. 1877
Steinweg 9

Leidheiser, Ludwig
1893
Gießbergstraße 3

Leim, Johanna

Leimann, Georg
40–45 Jahre
gef. Rothenditmold

Leimbach, geb. Röhler, Edith
29. 05. 1920
Langenbeckstraße 32

Leimbach Wilhelm
Orleansstraße 43,
gef. Wolfhager Straße 43

Leimkühler, Heinrich
05. 09. 1892
Oberste Gasse 16

Leimkühler, geb. Börner, Meta
02. 06. 1894

Leinhos, geb. Rittmeyer, Amalie
09. 02. 1889
Ständeplatz 3

Leinweber, Albert
06. 06. 1883
Inselweg 2

Leinweber, Lina
14. 09. 1888
Inselweg 2

Leißring, geb. Beier, Frieda
05. 02. 1883
Westring 54

Leister, geb. Schröder, Anna
Moritzstraße 2, gef. Nr. 4

Leister, Wilhelm
02. 12. 1889
Große Rosenstraße 7

Lemken, Karl
07. 09. 1908
oder 30. 06. 1892
Bettenhäuser Straße 6

Lengemann, Marga

Lenz, Christine
09. 09. 1897
Schäfergasse 26

Lenz, Dina
Schäfergasse 26

Lenz, Elli
15. 04. 1906
Dalwigstraße 9, bei Schulz,
gef. Jägerstraße

Lenz, Emma
18. 01. 1855
Königstor 13

Leonhardt, Grete
Weserstraße 25

Leonhardt, Käthe
Wörthstraße 4

Leopold, Horst
09. 07. 1925
gef. Königsstraße 64

Lerch, Johannes
01. 12. 1911
Mauerstraße 22

Lescen oder Lesceu, Louis
(Franzose)
gef. Rotes Kreuz

Lesch, geb. Hellwig, Marie
26. 08. 1906
Königstor 63

Lesch, Ruth
27. 10. 1934
Königstor 63

Lesebre, Robert (Franzose)

Leubold, Betty
Hohenzollernstraße 62

Leupold, geb. Winnhand, Elisabeth
02. 01. 1910
Müllergasse 7

Leupold, Walter
31. 07. 1901
Müllergasse 7, gef. Nr. 11

Leutenbach, Marie
Frankfurter Straße 6

Leuw, August
21. 01. 1941
Graben 21

Lezim, Emilie
13. 02. 1915
gef. Kastenalsgasse

Libilski, Hans
04. 11. 1939
Bettenhäuser Straße 9

Libilski, Kurt
Bettenhäuser Straße 9

Libilski, geb. Meinhardt, Marie
24. 04. 1913
Bettenhäuser Straße 9

Libilski, Werner
06. 03. 1943
Bettenhäuser Straße 9

Lichau, Dina
Grüner Weg 27

Lichau, Justus
45–47 Jahre
Grüner Weg 27

Licht, geb. Blumenstein, Leni
18. 09. 1914
Sandershausen

Licht, Lothar
13. 11. 1938
Sandershausen

Lieberknecht, Friedrich
1868
Mittelgasse 11

Liebetrau, Anna
06. 01. 1876
Westring 56

Liebetrau, Hermann
Westring 56

Liebisch, Ferdinand
10. 12. 1882
Moltkestraße 1

Liebisch, geb. Otto, Paula
06. 06. 1897
Moltkestraße 1

Liebrecht, Eduard
Hupfeldstraße

Liedke, Elfriede
Kohlenstraße 32

Liedtke, geb. Thiel, Elisabeth
01. 03. 1910
Jägerstraße 10

Liersch, Emilie
Hinter der Waage 7

Liersch, Paul
Hinter der Waage 7

Liersch, geb. Schröder, Rosemarie
24. 08. 1921
Hinter der Waage 7

Lies
14. 11. 1911

Lies, Karl-Heinz
11. 05. 1929
Marktgasse 15

Lies, Rainer
10 Wochen
gef. Marktgasse 19

Liese, geb. Ludolph, Christine
14. 07. 1876
Kastenalsgasse 5

Liese, geb. Röder, Elisabeth
26. 12. 1901
Kastenalsgasse 5

Liese, Heinrich
Wildemannsgasse 32

Liese, Horst
15. 02. 1930
Kastenalsgasse 5, gef. Pinne

Limberg, geb. Arnold, Anna
05. 10. 1914
Pferdemarkt 14

Limpe, geb. Budde, Katharina
13. 03. 1878
Waisenhausstraße 28

Lindemann, Franz
Große Rosenstraße 20, gef. Nr. 16

Linden, van der, (Mann) Holländer
08. 02. 1923
Stadtpark

Lindenroth, Anneliese
17. 01. 1917
gef. Marktgasse 19

Ling, Christine
11. 02. 1892
Oberste Schäfergasse 3

Ling, geb. Ullrich, Elisabeth
17. 02. 1864
Oberste Schäfergasse 3

Ling, Martha
15. 09. 1902
Oberste Schäfergasse 3

Lingnau, geb. Schallenberg, Lina
24. 08. 1877
Lutherstraße 9

Link
gef. Oberste Gasse 17

Link, Theodor
26. 02. 1866
Müllergasse 8

Linker, Anneliese
07. 01. 1930
Kruggasse 4

Linker, geb. Utell, Ernestine
03. 06. 1908
Kruggasse 4

Linker, Helmut
10. 04. 1933
Kruggasse 4

Linker, Renate
02. 07. 1941
Kruggasse 4

Lipphardt, Albert
25. 11. 1883
Breithauptstraße 4

Lipphardt, Christian
1898
gef. Orleansstraße 12

Lipphardt, Dorothea
17. 10. 1887
Breithauptstraße 4

Lipphardt, geb. Schmidt, Elise
1895
Orleansstraße 12

Lipphardt, geb. Breuer, Frieda
27. 07. 1906
Steinweg 12

Lipphardt, Irene
Schäfergasse 14

Lipphardt, geb. Pfläging, Johanna
1905
Schäfergasse 2

Lipphardt, Johanna
26. 01. 1925
Wildemannsgasse 29

Lipphardt, Justus
18. 01. 1882
Bernhardistraße 2

Lipphardt, Karin
12. 08. 1938
Breithauptstraße 4

Lipphardt, Lore
1930
gef. Orleansstraße 12

Lipphardt, Ludwig
26. 09. 1935
Moltkestraße 9

Lipphardt, geb. Ditzel, Margarethe
04. 02. 1914
Moltkestraße 9

Lipphardt, Marie
1938
Breithauptstraße 4

Lipphardt, Rudolf
28. 08. 1911
Moltkestraße 9

Lissi (Dienstmädchen
bei Gastwirt Rohleder)
Schützenhalle

Lobzin, Luise
Kleine Rosenstraße 11

Löber, Anneliese
28. 01. 1927
Hohenzollernstraße 58

Löber, geb. Marowky, Annemarie
25. 08. 1905
gef. Hohenzollernstraße 58

Löber, Helga
gef. Hohenzollernstraße 58

Löffelholz, Angelika
14. 06. 1906
Wittichstraße 13

Löffelholz, Heinz
19. 03. 1927
Wittichstraße 13

Löffler, Hermann
Töpfenmarkt 4, gef. Pinne

Lömke, geb. Dambeck, Antonie
02. 04. 1890
Adolphstraße 14,
gef. Moltkestraße 7

Löschburg, geb. Thomas,
Anna Dora Friedel
09. 05. 1919
Gießbergstraße 15 1/2

Löser, Anna
07. 05. 1905
Marktgasse 22

Löser, Christian
1913
gef. Marktgasse 22

Löser, Günther
1931
Marktgasse 22

Löser, geb. Döring, Hildegard
13. 02. 1909
Marktgasse 22

Löser, Horst
18. 06. 1927
Marktgasse 22, gef. Königsstraße

Löser, Julius
1889
Marktgasse 22

Löwe, Heinrich
1883
gef. Schäfergasse 15

Löwe, geb. Sonnenschein, Marie
13. 01. 1887
Schäfergasse 15

Löwer, geb. Reinbold, Anna
16. 01. 1913
Oberste Gasse 16

Löwer (Fräulein)
Untere Königsstraße 67

Loewer, geb. Schumann, Gertrud
23. 07. 1914
Töpfenmarkt 6

Löwer, Rosemarie
10. 08. 1940
Töpfenmarkt 6

Lohfink, Conrad
Große Rosenstraße 20

Lohmann, Herbert
11. 05. 1928
Bettenhäuser Straße 8

Lohne, Christa
gef. Mühlengasse 13

Lohne, Doris
1937
gef. Mühlengasse 13

Lohne, Helga
1941
gef. Mühlengasse 13

Lohne, geb. Schmidt, Luise
31. 07. 1877
Oberste Gasse 44

Lohne, Marie
gef. Mühlengasse 13

Lohne, Robert
1938
gef. Mühlengasse 13

Lohne, Walter
27. 12. 1906
Untere Karlsstraße 1

Lohr, Konrad
13. 03. 1888
Lutherstraße 9

Lohrengel, Karl
02. 09. 1882
Salztor 6,
gef. Bettenhäuser Straße 5

Loos (Frau)
Orleansstraße 6

Lorenz, Eduard
Große Rosenstraße 10

Lorenz, Fritz
17. 12. 1876

Lorenz, Otto
23. 03. 1891
gef. Pferdemarkt 28

Lorenz, Paula
18. 12. 1891

Lorenzen, M. (alte Frau)
gef. Pinne

Lorenzo, de, Aloer
20. 02. 1941
Jägerstraße 5

Lorenzo, de, Elso
22. 12. 1913
Jägerstraße 5

Lorenzo, de,
geb. Wagner, Johanna
15. 07. 1917
Jägerstraße 5

Losemann, Harold

Loskampf, Ria
1913
Oberste Gasse 40

Lotz (Frau)
1891
gef. Gießbergstraße 15 1/2

Lotze, Gustav
20. 06. 1906
gef. Königsplatz

Lotze, Rickchen
Turmgasse 20

Lotze, Ruthchen
Turmgasse 20

Louis, Josef
21. 08. 1903

Lubadel, Philipp
19. 04. 1878
Annastraße 14

Luban, Christine
Untere Königsstraße 73

Luban, Oskar
Untere Königsstraße 73

Luck, Astrid
11. 10. 1937
Kastenalsgasse 10

Luck, Ursula
15. 11. 1933
Kastenalsgasse 10

Ludolf, Heinz
20. 07. 1932
Steinbergweg 3

Ludolph, Inge
19. 11. 1943

Ludwig, Berthold
15. 02. 1884
gef. Marktgasse 19

Ludwig, Wilhelm
08. 10. 1929
Mühlengasse 29

Lüber, Lina
03. 03. 1887
gef. Pferdemarkt 22

Lück, geb. Wedekind, Berta
12. 02. 1897
Oberste Gasse 4

Lück, Georg
17. 04. 1895
Oberste Gasse 4

Lück, Hedwig
16. 03. 1913
Kastenalsgasse 10

Lücking, Elisabeth
09. 11. 1906
gef. Schäfergasse 17

Lücking, Heinrich
31. 12. 1931
Schäfergasse 17

Lümphen, Karl
Bettenhäuser Straße

Lüttebrandt, geb. Trebing, Berta
27. 09. 1880
Bettenhäuser Straße 9

Lüttebrandt, Karl
04. 02. 1886
Bettenhäuser Straße 9

Lumpe, geb. Greier, Erna
Moltkestraße 7

Lumpe, Hans
gef. Moltkestraße 7

Lumpe, Marlis
29. 07. 1940
gef. Moltkestraße 7

Luphen, Karl
Bettenhäuser Straße

Luthardt, Friedel
1931
Vor der Schlagd 4a

Luthardt, Gertrud
1933
Vor der Schlagd 4a

Luthardt, Marienette
1898
Vor der Schlagd 4a

Luthardt, Martha
Vor der Schlagd 4a

Luther, geb. Nürnberger,
Elisabeth
06. 03. 1889
Marktgasse 15

Lutteropp, Artur
gef. Pferdemarkt 28

Lutteropp, Heinz
30. 08. 1929
Pferdemarkt 30

Luttropp, Otto
20. 04. 1899
Sodensternstraße 99

Luysterburg, Adr.
31. 12. 1922
gef. Marktgasse 19

Lyding, Johannes
25. 03. 1938
Fichtnerstraße 35

Lyers, August
03. 03. 1899
Pferdemarkt 10

Lyers, Henry
28. 06. 1924
Pferdemarkt 10

Lytpaerts, Franz
01. 11. 1884
gef. Graben 29

Maas, Elisabeth
12. 10. 1918
Wilhelmsstraße 15

Maas, Johann

Machmar, geb. Lotz, Minna
1913
gef. Gießbergstraße 15 1/2

Mack, Paulus (Holländer)
06. 07. 1875
gef. Henschel-Flugmotor

Mackenroth, Anneliese
04. 10. 1922
Schäfergasse 3

Mackenroth, Hilde
20. 10. 1926
Schäfergasse 3

Macuga, Janusz Edward
19. 12. 1923
Druselgasse 27

Märkl (Frau)
Grüner Weg 24

Mätzold, Marie
04. 02. 1921
Zeughausstraße 12

Mätzold, Waltraud
22. 09. 1937
Zeughausstraße 12

Maeyers, de (Mann) Franzose
01. 01. 1914
bei Junkers Nr. 9891

Magersuppe (Frau)
Königsplatz 36

Magersuppe, Heinrich
Königsplatz 36

Magersuppe, Willi
Jägerstraße 3

Magert, Otto
08. 07. 1896
gef. Marktgasse 19

Mai, Christian
11. 05. 1895
Mittelgasse 10

Mai, Hellmuth
20. 08. 1933

Mai, Käthe
26. 10. 1898
Pferdemarkt 28

Mai, Karl Heinz
12. 06. 1932
Mittelgasse 26

Mai, Walter
18. 11. 1933
Graben 67

Maier, Antonie
08. 10. 1894
gef. Schomburgstraße 11

Mainzer, August
1913
Marktgasse 19

Mainzer (Frau)
55–60 Jahre
gef. Marktgasse 19

Maler, geb. Möller, Elisabeth
gef. Pinne

Malkus, geb. Haukel, Anna
21. 05. 1906
Wildemannsgasse 15

Malkus, geb. Hebeler, Else
21. 05. 1866
Wildemannsgasse 15

Malkus, Gisela
03. 08. 1932
Wildemannsgasse 15

Mallinkrodt, Mathilde
12. 05. 1919
Turmgasse 20

Mallinkrodt, Renate
12. 05. 1900

Malsch, geb. Drost, Erna
02. 06. 1917
Westring 64

Maluvius (Junge)
1936
Graben 23, gef. Nr. 29

Maluvius (Mädchen)
Graben 23

Maluvius, Meta
17. 09. 1913
Graben 23

Mammerts, Jakob
gef. Kastenalsgasse 7

Mandel, Heinrich
01. 03. 1890

Mander, Emilie
Jägerstraße 3

Mander, Fritz
Jägerstraße 3

Mander, Justus
29. 08. 1876
gef. Jägerstraße 3

Mangold, Christian
19. 07. 1866
Jägerstraße 12

Mangold, Christian
01. 07. 1896
Jägerstraße 12

Mangold, Fritz
07. 08. 1914
Marktgasse 19

Mangold, geb. Marseille, Klara
Mittelgasse 64

Mangold, Kurt
13. 01. 1929
Mittelgasse 64

Mangold, geb. Kaufmann, Lina
17. 10. 1896
Jägerstraße 12

Mangold, geb. Hupfeld, Luise
14. 01. 1907
Mittelgasse 64

Mannartz, geb. Reisen, Franziska
19. 05. 1902
Kastenalsgasse 22

Mannerts, Jakob
gef. Kastenalsgasse 7

Mannesschmidt, Dieter
29. 01. 1939
gef. Marktgasse 19

Mannesschmidt, Edith
01. 10. 1941
Wildemannsgasse 5

Mannesschmidt, geb. Hinkler, Ottilie
05. 10. 1904
Wildemannsgasse 5

Mannesschmidt, Peter
29. 01. 1939
Wildemannsgasse 5

Manns, geb. Gundlach, Auguste
Ziegengasse 18

Manns (Frau)
gef. Pinne

Manns, Heinz
gef. Ziegengasse 18

Mans, geb. Wenderoth, Auguste
31. 12. 1870
Druselgasse 23

Mans, Ludwig
21. 09. 1918
Druselgasse 23,
gef. Marktgasse 15

Mans, Maria
21. 09. 1926
Jägerstraße 10

Mantel, Anneliese
15. 12. 1919
Jägerstraße 1

Mantel, Günther
17. 09. 1942
gef. Jägerstraße 1

Mantel, Heinrich
21. 03. 1890
gef. Große Rosenstraße

Mantel, Heinrich
02. 10. 1899
gef. Moltkestraße 6

Mantsche (Mann)
1910
gef. Marktgasse 19

Mantz, geb. Schinkel, Emma
26. 01. 1890
Kastenalsgasse 9

Mantz, Martin
29. 12. 1935
Kastenalsgasse 9

Mantz, Martin
22. 04. 1896
Kastenalsgasse 9

Margeroth, Marie
Karlsstraße 17

Margraf, Anna
Hermannstraße 3

Margraf, Ludwig
Hermannstraße 3

Marienfeld (Fräulein)
Ständeplatz 16

Markert, geb. Herbach, Amalie
05. 05. 1870
Graben 33

Markert, Auguste
01. 10. 1893
Graben 33

Markert, Berta
1914
gef. Marktgasse 15

Markert, Brigitte
1941
Marktgasse 15

Markert (Frau)
ca. 45–50 Jahre
gef. Pferdemarkt 10

Markert, Karl
1928
gef. Marktgasse 15

Markert, Karl
30. 11. 1905
Marktgasse 15

Markert, Otto
08. 09. 1896
gef. Marktgasse 19

Markert, Rosi
1942
gef. Marktgasse 15

Marschenheim, Karl
15. 09. 1870
gef. Königstor 72

Marställer, Christian
11. 03. 1871
Rauschenberger Straße 4

Marth, geb. Bodewald, Emma
20. 02. 1899
Gießbergstraße 25

Marth, Rudolf
19. 10. 1856
Friedrichsstraße 6

Martin, Albin Theodor
15. 11. 1894
Oberste Gasse 48

Martin, Anna
29. 12. 1893
Mittelgasse 36

Martin, geb. Hilfert, Anna
24. 11. 1892
Oberste Gasse 48

Martin, geb. Matz, Elisabeth
10. 02. 1899
Schützenstraße 25 1/2

Martin, geb. Sülzner, Frieda
18. 04. 1895
gef. Jägerstraße 1

Martin, Georg Fritz
12. 11. 1892

Martin, Heinrich
07. 09. 1876
Mittelgasse 36

Martin, Hermann
05. 08. 1921
Oberste Gasse

Martin, Ilse
01. 02. 1905
Graben 69

Martin, geb. Zeising, Johanna
07. 11. 1876
Graben 69

Martin, Juliane
04. 09. 1874
Obere Karlsstraße 19

Martin, Konrad
1883
Mittelgasse 36

Martin, Margot
12. 03. 1926
Graben 46

Marx, Ernst
29. 11. 1897
Schlachthofstraße 33

Marx, Hugo
10. 05. 1914
gef. Marktgasse 19

Marx, Maria
gef. Pferdemarkt 28

Marx, Marie
26. 02. 1909
Graben 39

Marx, Marie
1873
gef. Graben 39

Marx, Walter
17. 11. 1943
Schomburgstraße 9

Mathe, Georg
07. 05. 1872
Gießbergstraße 8

Mattern, Karl
Bahnhofsstraße 22

Matthäus, Karl
Leipziger Straße 27

Matthäus (Mann)
gef. Marktgasse 19

Matzack, Ernst
1935
Orleansstraße 24, gef. Nr. 17

Matzack, geb. Kähler, Lotti
gef. Obere Karlsstraße 24

Maurer, Bertold
25. 04. 1912
Jena, Lichtenhain

Maurer, Frieda
26. 05. 1923
Bettenhäuser Straße 7, gef. Nr. 6

Maurer, Helene
gef. Königsstraße 85

Maurer, Herbert
05. 05. 1933
Mittelgasse 12

Maurer, Hermann
gef. Mittelgasse

Maurer, Marie
gef. Mittelgasse

Maurer, Mathilde
14. 02. 1886
Mauerstraße 24

Maus, Elisabeth
12. 10. 1918
Wilhelmsstraße 15

May, geb. Noll, Christiane
11. 05. 1895
Mittelgasse 10

May, Martha
1911

Mayer (Frau)
Hohenzollernstraße 43

Mayer, Hannelore
06. 09. 1927
gef. Hebbelstraße 106

Mayer, Helga
20. 02. 1931
Hebbelstraße 106

Mayer, geb. Fetzer, Luise
07. 12. 1883
Hohentorstraße 43

Mayer, de (Mann, Franzose)
01. 11. 1914
gef. Wilhelmsstraße 11

Mayfarth, Karl
05. 04. 1911
gef. Marktgasse 15

Maziak, Stanislaus
06. 04. 1915
Graben 21

Mecke, Karola
05. 06. 1910
Schäfergasse 14

Mecke, Lina
16. 03. 1936
Schäfergasse 14

Meez oder Menz, Ludwig
21. 09. 1918
Druselplatz, gef. Marktgasse 15

Mehlhorn, geb. Gurok, Anna
Obere Karlsstraße 24

Mehlhorn, Hermann
gef. unbekannt

Meier, August
08. 11. 1898
Druselgasse 27

Meier, Elisabeth
16. 06. 1926
Schützenstraße 37

Meier, Horst
03. 03. 1927
gef. Töpfenmarkt 19

Meier, Karl
16. 03. 1885
Altmarkt 1

Meier, Lina
01. 08. 1907
Töpfenmarkt 19

Meier, Marga
18. 04. 1924
gef. Töpfenmarkt 19

Meincke, Fritz
14. 09. 1865
Pferdemarkt 5

Meincke, Heinrich
07. 06. 1910
Marktgasse 3

Meincke, geb. Griesel, Käthe
29. 11. 1906
Marktgasse 3

Meise, Kath.
13. 07. 1866
gef. Stadt Stockholm

Meise, Willi
09. 03. 1929
gef. Graben 15

Meisen, geb. Peter, Else
06. 06. 1913
gef. Schäfergasse 18

Meisner, Hans
Hohentorstraße 29,
gef. an der Martinskirche

Meisner, Wolfgang
Hohentorstraße 29,
gef. an der Martinskirche

Meißenkothen, Auguste
09. 06. 1869
Holländische Straße 34

Meißner, Adolf
16. 03. 1904
gef. Hohentorstraße 24

Meißner, geb. Görnert, Elisabeth
28. 04. 1906
Hohentorstraße 29

Meißner, Gerhard
15. 06. 1936
gef. Hohentorstraße 24

Meißner, Herbert
11. 03. 1942
gef. Hohentorstraße 24

Meißner, Marion
26. 12. 1937
gef. Hohentorstraße 24

Meißner, geb. Siebrecht,
Wilhelmine
11. 11. 1911
gef. Hohentorstraße 24

Meißner, Willi
1933
Hohentorstraße 29,
gef. Martinskirche

Meißner, Wolfgang

Meister, Gertrude
27. 03. 1884
Pferdemarkt 16

Meisterfeld
1897
gef. Marktgasse 21

Meisterfeld (Frau)
45–46 Jahre
Marktgasse 21

Meisterfeld, Heinrich
Marktgasse 21

Meisterfeld, Horst
1941
gef. Marktgasse 21

Melcher, Heinrich
13. 04. 1874
Kastenalsgasse 5

Memel (Fräulein)
Obere Karlsstraße 15, gef. Nr. 17

Memel, Hans
20. 09. 1897
Graben 21

Meminger, Agnes
24. 02. 1911

Mengel, Helmuth
27. 05. 1929
Jägerstraße 10

Menne, Dieter
31. 01. 1940
Graben 21

Menne, Heinrich
28. 07. 1865
Graben 21

Menne, Johann
20. 09. 1897
Graben 21

Menne, Marie
26. 03. 1899
Graben 21

Menne, Werner
27. 02. 1931
Graben 21

Mensen, Gerhardin (Holländer)
21. 03. 1922
gef. Königsplatz

Mentel, Albert
11. 09. 1883
Mühlengasse 25,
gef. Mühlengasse 27/28

Mentel, August
12. 06. 1878
Große Rosenstraße 11

Mentel, geb. Flügel, Else
04. 06. 1886
Mühlengasse 25,
gef. Mühlengasse 27/28

Mentel, Heinrich
02. 10. 1899
Moltkestraße 6

Mentel, geb. Muschert, Johanna
17. 02. 1881
Große Rosenstraße 11

Mentenie, Renei

Mentzer, Richard
13. 02. 1876
Fischgasse 10, bei Fischmann

Menzel, (Fräulein)
Obere Karlsstraße 15

Menzel, Ingeburg
25. 06. 1939
Kasernenstraße 1

Menzel, geb. Sönning, Käthe
04. 04. 1908
Kasernenstraße 1

Menzel, Lieselotte
29. 09. 1929
Kasernenstraße 1

Menzel, Ursula
07. 10. 1932
Kasernenstraße 1

Mergard, E.
gef. Gießbergstraße 6

Mergard, geb. Brehm, Katharina
08. 01. 1898
Entengasse 26

Mergart, Heinrich
03. 05. 1884
Kurfürstenstraße 8

Mergell, Georg
Untere Königsstraße 73
(Apotheke)

Merkel, Dina
03. 02. 1924
Kruggasse 11

Merkel, geb. Träbing, Eleonore
12. 10. 1903
Kruggasse 11

Merkel, Erika
05. 05. 1933
Kruggasse 11

Merkel (Frau)
Grüner Weg 24,
gef. Orleansstraße 2

Merkel, Johannes
12. 04. 1899
Kruggasse 11

Merkel (Mann, Frau
und 3 Kinder)
gef. Kruggasse 9–11

Merkel, Marie
12. 10. 1903
Kruggasse 11

Merle, geb. Bolz, Änne
26. 02. 1899
Schatergasse 4

Merle, Christoph
06. 10. 1883
Obere Karlsstraße 26,
gef. Bürgersäle

Merle, Heinrich
18. 12. 1885
Schäfergasse 4

Merle, Irmgard
12. 04. 1938
Müllergasse 33

Merlechel, geb. Conrad, Elise
29. 05. 1898
Obere Karlsstraße 26,
gef. Bürgersäle

Mersbach, Grete
1918
Schäfergasse 10

Merten, Kurt
1891
gef. Pferdemarkt 20

Mertke, Bertha
26. 07. 1919
Schomburgstraße 2

Mertke, geb. Martini, Marie
27. 07. 1890
Schomburgstraße 2

Mertke, Wilhelm
09. 04. 1885
Schomburgstraße 2

Mertl, geb. Lusichy, Lydia
27. 04. 1882
Grüner Weg 15

Mertz, geb. Spütz, Maria
Brüderstraße 3

Mery, Berta
27. 07. 1912
Jägerstraße 10

Meßling, geb. Karenberg, Erna
05. 03. 1899
Wilhelmsstraße 2 1/2

Meßling, geb. Vorbach, Gerda
16. 07. 1885
Wilhelmsstraße 2 1/2

Meth, Gerhard
28. 05. 1937
Bernhardistraße 3

Methe, Georg
27. 05. 1872
Gießbergstraße 8

Metta, Emilie
27. 03. 1925
Lager Rothenditmold

Metz, Anna
1900
Hinter der Waage 5

Metz, (Ehefrau von Karl Metz)

Metz (Frau)
Kölnische Straße 10

Metz, Dr., Fritz
Obervellmarer Straße 45

Metz, Friedrich
06. 04. 1880
Jägerstraße 12

Metz, Georg
20. 10. 1872
Graben 53

Metz, Heinz
Moltkestraße 4

Metz, Helga
ca. 4 Jahre
Hinter der Waage 5

Metz, Karl
06. 03. 1898
gef. Jägerstraße

Metz (Knabe)
ca. 5 Jahre
Hinter der Waage 5

Metz, geb. Fieseler, Luise
02. 09. 1884
Jägerstraße 12

Metz (Mädchen)
ca. 7 Jahre
Hinter der Waage 5

Metz, geb. Rehrmann, Paula
Moltkestraße 4

Metz, Walter
Kölnische Straße 10

Metz, Wilhelm
Hinter der Waage 5

Metz, Wilhelm
gef. Kölnische Straße 16

Metz, Wolfgang
5 1/2 Jahre
Moltkestraße 6

Metzig, geb. Menkel, Minna
25. 03. 1902
gef. Wilhelmsstraße 2

Metzold (Frau)
Zeughausstraße 12

Meues, geb. Nöding
12. 10. 1891

Meuschel, geb. Ihrig, Emma
21. 01. 1896
Große Rosenstraße 2

Meuschel, Gustav
05. 09. 1868
Große Rosenstraße 2

Meutz, Richardt
13. 02. 1896
gef. Fischgasse 10b

Mewes, Albert
Untere Königsstraße 91,
gef. Jägerstraße

Mewes, geb. Stöhr, Gertrud
gef. Jägerstraße

Meyenberg, Hecktor (Franzose)
09. 02. 1896
Barackenlager
Gebr. Credé & Co.

Meyer, August
08. 11. 1891
Entengasse 27

Meyer, August
Druselgasse 27

Meyer, Gerald
08. 11. 1930
Rauchstraße 8

Meyer, Helene
13. 11. 1895
Druselplatz 27

Meyer, Hildegard
15. 04. 1924
Querallee 48

Meyer, Horst
03. 03. 1827
Töpfenmarkt

Meyer, Horst
1929
Druselgasse

Meyer, Karl
16. 03. 1885

Meyer, Lina
01. 08. 1907
gef. Pinne

Meyer, Marga
18. 04. 1929
Töpfenmarkt 19

Meyer, Marie
14. 11. 1867
gef. Jägerstraße 6

Meyer, Willi
18. 01. 1925
gef. Marktgasse 19

Meyer
11. 12. 1927
gef. Graben 29

Meyfarth, Karl
05. 04. 1911
Graben 40

Michaelis, Emma
12. 08. 1882
Moltkestraße 12

Michel, geb. Kersting, Anna
26. 08. 1880
gef. Hohenzollernstraße 58

Michel, Ferdinand
03. 04. 1899
gef. Moltkestraße 4

Michel, geb. Wilke, Marie
05. 09. 1895
Moltkestraße 4

Michels (Frau)
Oberste Gasse 30

Michels, Katharina
03. 11. 1873
Oberste Gasse 30

Middeke, geb. Schuchardt, Käthe
07. 05. 1912
Moltkestraße 7

Miehling, Agnes
24. 02. 1911
Jägerstraße 13,
gef. Mauerstraße 20

Miehling, August
05. 06. 1897
Mauerstraße 20

Miehling, Mathilde
26. 05. 1896
Mauerstraße 20

Miesen, geb. Peter, Else
06. 06. 1913
gef. Schäfergasse 18

Milkenberg (Frau)

Milker, Lina
1893
gef. Gießbergstraße 27

Milker, Wilhelm
1863
gef. Gießbergstraße 27

Milz, Anni
1913
Mittelgasse 6

Mink, Marianne
18. 05. 1938
Pferdemarkt 23

Mink, geb. Kahle, Martha
03. 10. 1914
Pferdemarkt 23

Mischler (Frau)
Kölnische Straße 9

Mißler, Alfred
21. 03. 1909
Schillstraße 17

Mißler, Hans-Dieter
19. 02. 1942
Orleansstraße 8

Mißler, Heinrich
21. 03. 1909
Schillerstraße 17,
gef. Kölnische Straße 16

Mißler, geb. Göbel, Käthe
07. 07. 1924
Orleansstraße 8

Mittelsternscheid
aus Düsseldorf zu Besuch
Wilhelmsstraße 2 1/2

Mittelsternscheid, Friedel
Wilhelmsstraße 2

Mittermaier, Josef
18. 05. 1913

Mittler, Elli
24. 04. 1913
Kölnische Straße 10

Mittler, Fritz
Kölnische Straße 10

Mittler, geb. Löbermann,
Katharina
01. 08. 1889
Kölnische Straße 10

Mittler, Nikolaus
Kölnische Straße 14

Mittrenga, Erna
26. 12. 1906
Mittelgasse 21

Mitz, Anni
13. 10.
Mittelgasse 6

Mock, Adeltraud
gef. Hohentorstraße 15

Mock, Christine
10. 12. 1899
Untere Königsstraße 64

Mock (Frau)
Hohentorstraße 15

Mock, Gudrun
26. 04. 1927
gef. Untere Königsstraße 64

Mock, Jakob
Untere Königsstraße 64

Mock, Karl-Heinz
gef. Hohentorstraße 15

Mock (Kinder:
2 Jungen, 1 Mädchen)
Hohentorstraße 15

Mock, Manfred
Hohentorstraße 15

Möbus, Albert
27. 05. 1868
Moltkestraße 14

Möbus, Friedrich
17. 04. 1882
Schäfergasse 18

Möbus, geb. Drauth, Lina
11. 02. 1901
Moltkestraße 14

Möll, Marie
11. 01. 1916
Engelhardtstraße 4

Möller, Adam
11. 04. 1872
Holländische Straße 34

Möller, Alma
05. 04. 1875
Wilhelmsstraße 4

Möller, geb. Schulze, Anna
07. 04. 1882
Ziegengasse 18

Möller, Eckhardt
14. 09. 1881
Kasernenstraße 4

Möller, geb. Ochs, Elisabeth
30. 03. 1886
Marktgasse 20

Möller, geb. Regenbogen, Elise
05. 12. 1874
Kasernenstraße 4

Möller, geb. Flötzer, Else
30. 01. 1919
Kasernenstraße 4

Möller, geb. Möller, Frieda
05. 06. 1882
Jägerstraße 2

Möller, geb. Heinemann, Hedwig
Hohentorstraße 20

Möller, Heinrich
19. 08. 1930
Hohentorstraße 20,
gef. Marktgasse 20

Möller, Heinrich
05. 02. 1880
Marktgasse 20

Möller, Heinrich
19. 08. 1913

Möller, Helene
25. 07. 1860
Mittelgasse 35

Möller, Irene
Mittelgasse 33

Möller, Irene
Marktgasse 19

Möller, Irene
13. 02. 1940
Hohentorstraße 20

Möller, Jakob
Pferdemarkt 12

Möller, Karl-Heinz
10. 09. 1930
Pferdemarkt 12b

Möller, Liesel
10. 05. 1938
Kasernenstraße 4

Möller, geb. Reuter, Lina
01. 10. 1894
Kasernenstraße 9

Möller, geb. Möller, Marie
11. 01. 1886
gef. Wörthstraße 25

Möller, geb. Gerstung, Marie
23. 04. 1896
Moltkestraße 7

Möller, geb. Urbach, Toni
24. 11. 1889
Grüner Weg 15

Möller, Wilhelm
09. 12. 1881
Ziegengasse 18

Möller, Wolfgang
26. 01. 1941
Kasernenstraße 4

Mönsch, Heinrich
28. 03. 1891
Waisenhausstraße 34

Möser, Anna
1888
Wildemannsgasse 1–3,
gef. Marktgasse 19

Mösinger, Marie
26. 04. 1872
Garde-du-Corps-Platz 6

Mohnsam, Anneliese
18. 08. 1930
Pferdemarkt 24

Mohnsam, geb. Schäfer, Frieda
15. 04. 1904
Pferdemarkt 24

Mohnsam, Hermann
1928
gef. Pferdemarkt 26

Mohnsam, Hildegard
01. 11. 1931
Pferdemarkt 24

Mohnsam, Sophie
Pferdemarkt 24

Mohnsam, Willi
17. 11. 1904
Pferdemarkt 24

Mohr, Antonie
07. 10. 1880
Wörthstraße 6

Mohr, geb. Vollmer, Bertha
26. 04. 1885
Königsstraße 72

Mohr, Christine
01. 02. 1927
Freiheiter Durchbruch 21

Mohr, geb. Pletzer, Clara
28. 05. 1895
Untere Königsstraße 79

Mohr, Eduard
24. 02. 1882
gef. Jägerstraße 5

Mohr, Gertrud
Mühlengasse 5

Mohr, Herta
05. 08. 1931
Mühlengasse 5

Mohr, Lieselotte
05. 10. 1929
Untere Königsstraße 79

Mohr, Luise
1901
gef. Gießbergstraße 15 1/2

Mohr, Margarethe
20. 05. 1895
Mühlengasse 5

Mohr, geb. Eisfeld, Marie
16. 04. 1908
Wörthstraße 6

Mohr, Waltraud
Mühlengasse 5

Mohr, Willi
22. 04. 1929
Freiheiter Durchbruch 21

Mohrmann, Elisabeth
11. 09. 1912
Lilienthalstraße 19

Mohrmann, Gunhild
11. 10. 1942
Lilienthalstraße 96,
gef. Hohenzollernstraße 58

Monchenheim, Karl
15. 09. 1870
Königstor 72

Mondry, Otti
ca. 33 Jahre
gef. Königsstraße 68

Monk, Konrad
12. 08. 1885
Jägerstraße 10b

Monteil (Franzose), René

Moor, Willi
1929
Freiheiter Durchbruch 21

Mootz, geb. Lange, Elisabeth
15. 01. 1895
Mühlengasse 11

Mootz, Heinrich
04. 10. 1927
gef. Königsplatz

Morche, Rudolf
24. 12. 1882

Morgenroth, Thea
24. 08. 1935
Waisenhausstraße 36

Morgenroth, geb. Schäfer,
Wilhelmine
12. 06. 1911
Waisenhausstraße 36

Morgenroth, Willi
09. 04. 1940
Waisenhausstraße 36

Morke, Albert
1888
Graben 31

Mosebach, Margarethe
05. 04. 1925
Schäfergasse 10

Mosebach, geb. Friedrich, Maria
28. 06. 1902
Schäfergasse 10

Most, geb. Möller, Martha
05. 08. 1872
Druselplatz 5

Motz, Heinrich
04. 10. 1927

Motz, Katharina
gef. Königsstraße 44

Motz, Wolfgang
5 1/2 Jahre
Moltkestraße 6

Mühl, Anna
08. 11. 1880
Untere Karlsstraße 9

Mühlenbacher, Emilie
21. 04. 1920
Moltkestraße 8

Mühlenbacher, Werner
04. 06. 1934
Moltkestraße 8

Mühlenstädt, Helmuth
04. 05. 1932
Mittelgasse 24

Mühlenstädt,
geb. Bechmann, Maria
20. 10. 1911
Mittelgasse 24

Mühlenstädt, Marianne
22. 06. 1939
Mittelgasse 24

Mühlenstädt, Rosemarie
04. 04. 1943
Mittelgasse 24

Mühlhaus, Margarete
22. 06. 1892
gef. Obere Karlsstraße 17

Mühlhaus, Margarete
16. 05. 1853
gef. Obere Karlsstraße 17

Mühlhausen, Elfriede
gef. Nürnberger Straße 165

Mühlhausen, Hans
28. 12. 1923
Försterhof

Mühlhofer, Hilmar
31. 01. 1935
gef. Graben 29

Mühlhofer, Irene
15. 06. 1938
gef. Graben 29

Mühlhofer, Irmgard
14. 09. 1911

Müller, geb. Kersting, Amalie
25. 10. 1896
Oberste Gasse 20–22

Müller, geb. Brede, Anna
23. 01. 1872
Kruggasse 11

Müller, geb. Reitz, Anna
18. 08. 1872
Königsstraße 86

Müller, August
15. 02. 1866
Philippistraße 22

Müller, August
1904
gef. Marktgasse 15

Müller, Berta
11. 08. 1881
Hohenzollernstraße 43

Müller, geb. Schwauer, Charlotte
30. 08. 1870
Schäfergasse 15

Müller (Ehefrau)
45–50 Jahre
gef. Altmarkt

Müller, Elisabeth
Marktgasse 20

Müller, geb. Reitz, Elisabeth
24. 08. 1918
Ziegengasse 1

Müller, Ellen
01. 09. 1928
gef. Wörthstraße 6

Müller, Elma
20. 12. 1887
gef. Wörthstraße 6

Müller, Else
1915
Kasernenstraße 4,
gef. Mittelgasse 13

Müller, Erich
10. 02. 1909
Sedanstraße 11,
gef. Entengasse 9

Müller, Erich
23. 03. 1937
Kasernenstraße 9

Müller, Erika
25. 02. 1917
Kasernenstraße 9

Müller, Erna
Graben 44

Müller, Erna
30. 12. 1903
Oberste Gasse

Müller, geb. Trube, Erna
17. 11. 1908
gef. Marktgasse 15

Müller, Franz
26. 09. 1889
Oberste Gasse 20–22

Müller, Franz Emil
04. 12. 1879
Ziegengasse 1

Müller (Frau)
Hohentorstraße 11

Müller (Frau)
1873
gef. Oberste Gasse 17

Müller (Frau)
gef. Oberste Gasse 5

Müller (Frau)
Vor der Schlagd 2

Müller, geb. Fuchs, (Frau)
gef. Oberste Gasse 9

Müller (Frau)
gef. Hohentorstraße 6

Müller, Friedrich
Untere Königsstraße 67

Müller, Friedrich
05. 05. 1869
gef. Post-Wagenhof,
Wolfhager Straße 52

Müller, Friedrich
16. 03. 1875
gef. Marktgasse 15

Müller, Fritz
22. 10. 1906
Müllergasse 11

Müller, Gottlieb
Adolf-Hitler-Straße 98

Müller, Gustav
03. 07. 1880
Graben 60

Müller, Heinrich
26. 11. 1910

Müller, Heinrich
11. 09. 1911
Graben 44

Müller, Heinrich
29. 09. 1910
gef. Marktgasse 19

Müller, Heinrich
14. 03. 1896
gef. Hinter der Waage 3,
bei Fischmann

Müller, Helmuth
02. 03. 1922
Graben 31

Müller, Helmuth
Kölnische Straße 6, gef. Nr. 18

Müller, geb. Mai, Hertha
1895
gef. bei Fischmann,
Hinter der Waage 3

Müller, Horst
1931
Hoheneichener Straße 4

Müller, Dr. med., Hugo
03. 05. 1865
Untere Königsstraße 63

Müller, Irma
15. 09. 1903
gef. Marktgasse 15

Müller, Jean
Wörthstraße 6

Müller, Johannes
29. 07. 1891
gef. Untere Königsstraße 64

Müller, Johannes
25. 08. 1877
gef. Pinne

Müller, Johannes
Holländische Straße 38

Müller, Julius
06. 07. 1931
Marktgasse 15

Müller, Julius
26. 08. 1874
gef. Marktgasse 15

Müller, Julius
14. 12. 1902
Schäfergasse 12

Müller, Käte
Marktgasse 15

Müller, Käte
1926
Graben 46

Müller, Käthe
1918
Graben 46

Müller, Karl
30. 12. 1914
Moltkestraße 1

Müller, Karl-Heinz
13. 06. 1937
Graben 44

Müller, Karl-Heinz
08. 01. 1925
gef. Marktgasse 15

Müller, geb. Voet, Katharina
26. 11. 1869
Pferdemarkt 22,
gef. Müllergasse 2

Müller, geb. Engel, Katharina
31. 05. 1894

Müller, Klaus
1934
Marktgasse 25,
gef. Hinter der Waage 3

Müller, Kurt
Wolfsangerstraße 59a

Müller, Liesel
1920
Kastenalsgasse 13

Müller, geb. Stölzel, Lotte
09. 06. 1873
Untere Königsstraße 63

Müller, geb. Emtmann, Lotti
03. 05. 1912
Müllergasse 11

Müller, geb. Murawski,
Margarete
12. 08. 1901
Graben 46

Müller, geb. Nedcella, Martha
02. 05. 1914
Moltkestraße 1

Müller, Martha
1878
Graben 59, gef. Nr. 43

Müller, Paul
09. 02. 1880
gef. Wörthstraße

Müller, Richard
25. 06. 1891
Obere Schäfergasse 15,
gef. Entengasse 10

Müller, Robert
Hohentorstraße 11

Müller, Sofie
1903
Ziegengasse 16

Müller, Wilhelm
13. 03. 1866
Schäfergasse 15

Mülverstedt, Auguste
12. 09. 1880
Orleansstraße 21

Mülverstedt, Frieda
19. 03. 1904
Orleansstraße 21

Mülverstedt, Horst
03. 04. 1936
Wilhelmshöher Allee 247

Mülverstedt, Karl-Heinz
13. 09. 1941
Wilhelmshöher Allee 247

Mülverstedt, geb. Völker, Lina
20. 01. 1888
Wilhelmshöher Allee 247

Mülverstedt, Wolfgang
31. 08. 1934
Wilhelmshöher Allee 247

Münch, Adolf
gef. Oberste Gasse 26

Münch, geb. Jungclas, Else
05. 12. 1888
Oberste Gasse 26

Münch, Margarete
17. 12.
Kastenalsgasse 9

Münd, Hans
Marktgasse 21

Münter, geb. Pohl, Elise
21. 06. 1876
Hohentorstraße 29

Mütze, Ludwig
02. 10. 1869
Bettenhäuser Straße 14

Mummer, Ernst
Orleansstraße 6

Mummer (Frau)
1893
Orleansstraße 6

Naber, Hans

Nachtwey
(vermutlich Zugführer)
gef. Schomburgstraße 9

Nagel, Emil
14. 01. 1869
gef. Murhardstraße 21a

Nagel, Heinz
1939
Mittelgasse 15

Nagel, geb. Kratzenberg,
Margarethe
01. 06. 1910
Hedwigstraße 18

Nagel, geb. Umbach, Marie
gef. Mittelgasse 15

Nagel, Marie
15. 01. 1882
Oberste Gasse 34

Nagel, Martha
Mittelgasse 15

Nagel, Rudi
08. 10. 1934
Ziegengasse 7

Nagel, Willi
10. 08. 1931
Ziegengasse 7

Namokel, geb. Grube
1905
Waldstraße 2

Namokel, Karl
1941
Graben 44

Namokel, Otti
Mai 1904
Graben 44

Nathan, Else
11. 04. 1939
Königsstraße 66

Nathan, Helene
10. 09. 1918
Königsstraße 66

Nathan, Käte
1922
gef. Pferdemarkt 4

Nathan, Sofie
Untere Königsstraße 66

Nathan, Wilhelmine
24. 06. 1909
Königsstraße 66

Nauber, Heinrich
03. 10. 1943
Göbenstraße 2

Nauber, Irmgard
28. 09. 1941
Goebenstraße 2

Nauber, Karl
11. 07. 1918
Goebenstraße 1

Nauber, Ursula
20. 05. 1921
Goebenstraße 2

Naumann, Anna
02. 10. 1904

Naumann, Elfi
Oberste Gasse 39

Naumann, Ingrid

Naumann, Karola

Neck, geb. Golga, Martha
01. 12. 1879
Mauerstraße 15

Nehl, Adolf
10. 12. 1867
Königsstraße 76

Nesselrodt, geb. Brünn, Minna
25. 07. 1867

Neu, Luise
Große Rosenstraße 10

Neubach, Hanna
Mittelgasse 13

Neubauer, geb. Schäfer

Neuber, Maria
28. 10. 1881
Obere Schäfergasse 6

Neubert
(Familie, 2 Personen)
gef. Müllergasse 12–16

Neubert, Gustav
gef. Müllergasse 20

Neubert, geb. Meiniger, Katharina
02. 02. 1922
Marktgasse 19

Neuenhaus, Heinrich
1891
Westring 56

Neuenhaus, Ursula
Westring 56

Neuhans, Fr. (Frau)
1918

Neuhaus, geb. Roberstädt
23–24 Jahre
Pferdemarkt 28

Neuhaus (männlich)
6 Monate
Pferdemarkt 26

Neuhaus, Marien
09. 05. 1939
Pferdemarkt 28

Neuhoff, geb. Hahn, Maria
28. 03. 1975
Oberste Gasse 40

Neuholz (Frau)
1898
gef. Jägerstraße 5

Neumann, Anna
1873
gef. Kasernenstraße 3

Neumann, geb. Heß, Auguste
12. 11. 1906
Leipziger Straße 25

Neumann, geb. Baissa, Elisabeth
02. 06. 1911
Marktgasse 12

Neumann, Gottfried
24. 10. 1910
Marktgasse 12, gef. Nr. 15

Neumann, Herbert
12. 10. 1931
Marktgasse 12

Neumann, Ingrid
09. 10. 1937
Marktgasse 12

Neumann, Jakob
10. 05. 1869
gef. Kasernenstraße 3

Neumann, Marion
25. 06. 1943
Marktgasse 12

Neumann (weiblich)
Oberste Gasse 30

Neumeyer, August
01. 04. 1892
Jägerstraße 11

Neumeyer, Olga
Jägerstraße 11

Neumeyer, Ursula
19. 09. 1928
Jägerstraße 11

Nic (Sohn)
13. 04. 1930
Große Rosenstraße 21

Nickel, Dora
02. 11. 1906
Oberste Gasse 10

Nickel, Karl L.
23. 11. 1935
Oberste Gasse 10

Nickel, geb. Müller, Maria
20. 11. 1912
Schäfergasse 30

Nickenich, Günther
21. 01. 1931
Untere Königsstraße 76

Nickenich,
geb. Braumann, Martha
11. 03. 1905
Untere Königsstraße 76

Nickenich, Rosemarie
15. 12. 1935
Untere Königsstraße 76

Nitsche, geb. Weber, Martha
09. 08. 1915
Untere Königsstraße 46

Nitschky
1935
Töpfenmarkt 4

Noack, Emma
Obere Karlsstraße 26,
gef. Bürgersäle

Noack, Hannelore
Obere Karlsstraße 26

Nobbe, geb. Gleim, Johanna
30. 08. 1898
Moltkestraße 1

Nobbe, Wilhelm
08. 03. 1890
Moltkestraße 1

Nöding, Liselotte
24. 11. 1923
Lange Straße 29

Nödler, geb. Grebe, Henriette
21. 04. 1868
Leipziger Straße 63

Nold, geb. Fehr, Elisabeth
22. 03. 1866
gef. Untere Königsstraße 48

Nold, Peter
04. 10. 1866
gef. Untere Königsstraße 48

Nolde, Walter
Wittichstraße 13

Noll
Holländische Straße 35

Noll (Frau)
1913
(Ehefrau von Ernst Noll)

Noll, Georg
Holländische Straße 35

Noll, Hertha
gef. Hinter der Waage 9

Noll, Hilde
Hinter der Waage 9

Noll, Horst
Hinter der Waage 9

Noll, Horst
Wildemannsgasse 54

Noll, Maria
gef. Hinter der Waage 9

Noll, Martha
Schäfergasse 58

Noll, Minna
04. 11. 1895
Bremerstraße 13

Noll, geb. Ochs, Wilhelmine
04. 11. 1895
Bremerstraße 13

Nolte, geb. Hartung, Alma
24. 04. 1891
gef. Jägerstraße 5

Nolte (Frau)
1871
gef. Wittichstraße 13

Nolte (Frau)
gef. Königsstraße 44

Nolte, Hartmann

Nolte, Heinrich
Jägerstraße 5

Nolting, Dr. von, Carl
1881
Kölnische Straße 11

Nolting, von, geb. Hohmann, Minna
1891
Kölnische Straße 11

Noordzy, Teunis
29. 02. 1920
Kruggasse 6

Norrmann, Helga
23. 03. 1933
Graben 55

Nostitz, Elly
Wilhelmsstraße 2

Oberlicht, Alfred
Oberste Gasse 30

Oberlist, Alfred
11. 11. 1916
Holländische Straße 149,
gef. Königsplatz

Obermeier, Alwine
Graben 17

Obermeier, Elisabeth
gef. Schomburgstraße 11

Obermeier, Sally
26. 06. 1888
Graben 14

Ochs, Dietrich
Hohentorstraße 33

Ochs, Erich
Hohentorstraße 33

Ochs, Maria
16. 06. 1884

Ochse, Dorothea
1897
Untere Königsstraße 64

Ochse, Elisabeth
1899
Untere Königsstraße 64

Ochse, Friedrich
30. 11. 1883
Müllergasse 21

Oderwald (Frau)
verstorb. in Eberschütz

Oehm (Frau)
1911
Gießbergstraße 3

Oehm, Grete
1881
Gießbergstraße 3

Oehm, Johannes
24. 09. 1891
Gießbergstraße 3

Oelgemöller, geb. Flade, Landine
28. 03. 1894
Kölnische Straße 18

Offermann, Hilde
gef. Hohentorstraße 15

Offermann, Horst
gef. Hohentorstraße 15

Ohlwein, Hedwig
02. 08. 1940
Pferdemarkt 11

Ohlwein, Heinz
04. 11. 1934
Pferdemarkt 11

Ohlwein, geb. Schmidt, Marie
07. 06. 1911
Pferdemarkt 11

Olckers, geb. Zeier, Anna
20. 12. 1871
Grüner Weg 17

Olckers, Franziska
25. 12. 1902
Grüner Weg 17

Oleinik, Wasely (Pole)
geb. 1924
gef. Reißberglager

Opfermann, geb. Winter, Frieda
05. 10. 1870
Hohentorstraße 37

Oppel, geb. Kollmann, Agnes
20. 09. 1914
Pferdemarkt 11

Oppel, geb. Möller, Anna
05. 11. 1883
Pferdemarkt 11

Oppel, Wilhelm Theodor
22. 11. 1885
Pferdemarkt 11

Oppermann,
geb. Burghard, Amalie
22. 12. 1919
Ziegengasse 14

Oppermann, geb. Nagel, Anna
24. 01. 1905
Schäfergasse 9

Oppermann, Christa
19. 09. 1939
Ziegengasse 14

Oppermann, Dieter
07. 09. 1941
Schäfergasse 9

Oppermann, Ella
13. 07. 1929
Schäfergasse 9

Oppermann, Ewald
gef. Hohentorstraße 33

Oppermann (Frau)
gef. Hohentorstraße 15

Oppermann (Frau)
gef. Hohentorstraße 33

Oppermann, geb. Studenroth,
Gertrud
02. 12. 1891
Mittelgasse 17

Oppermann, Günther
gef. Turmgasse 1

Oppermann, Günther
gef. Hohentorstraße 33

Oppermann, Hans
gef. Hohentorstraße 33

Oppermann (Junge)
gef. Hohentorstraße 15

Oppermann, Karin
04. 03. 1943
Ziegengasse 14

Oppermann, Liesel
gef. Turmgasse 1

Oppermann (Mädchen)
gef. Hohentorstraße 15

Oppermann, Reinhard
19. 10. 1938
Ziegengasse 14

Oppermann, Rolf

Oppermann, Walter
gef. Hohentorstraße 33

Oppitz
Oskarstraße 4

Ordensschwester kath., Burhandis
31. 12. 1886
Ständeplatz 16

Ordensschwester kath., Clementhia
Ständeplatz 16

Ordensschwester kath., Helena
Ständeplatz 16

Ordensschwester kath., Jadana
Ständeplatz 16

Ordensschwester kath.,
Oberin des Klosters
Ständeplatz 16

Ordensschwester kath., Columba
Ständeplatz 16

Ordensschwester kath., Natalie
29. 01. 1876
Ständeplatz 16

Orschekowski, Margarete
09. 10. 1895
Mittelgasse 14

Orth, geb. Kauerstein, Elise
30. 09. 1874
Steinweg 7

Orth, geb. Römer, Hedwig
16. 03. 1894
Waisenhausstraße 36

Orth, Wilhelm
10. 05. 1894
Waisenhausstraße 36

Orthmann, Berta
25. 03. 1894
gef. Pferdemarkt 13

Ortlepp (Frau)
gef. Müllergasse 12/16

Ortlepp, Hans-Dieter
16. 10. 1942
Müllergasse 8

Ortlepp (Mann)
gef. Müllergasse 12/16

Ortlepp, Nanni
25. 09. 1925
Müllergasse 8

Ortlepp, geb. Schaub, Liesel
08. 01. 1906
Müllergasse 8

Oschmann, Frieda
23. 12. 1911
Wildemannsgasse 5

Osten, geb. Portugal, Lina
10. 10. 1893
Moltkestraße 7

Osten, geb. Schuhmann, Paula
10. 04. 1923
Moltkestraße 7

Osterberg, Elvira
13. 07. 1927
Karolinenstraße 479

Osterberg (Frau)
Obere Karlsstraße 28

Osterberg, Heinrich
Obere Karlsstraße 28

Osterberg, Heinrich
09. 09. 1900
Karolinenstraße 848

Osterberg (Knabe)
12–13 Jahre
gef. Bürgersäle

Osterberg, Rosemarie
28. 09. 1940
Karolinenstraße

Osterhorn (Frau)
Moritzstraße 2

Osterhorn (Frau)
gef. Bettenhausen

Osterhorn, Oskar
Moritzstraße 2

Ottaviani, Guiseppe
10. 05. 1904
Entengasse 19

Otter, Kurt
20. 06. 1931
Wolfhager Straße 24

Otto, Ernst
05. 06. 1907
Mönchebergstraße 8 1/2

Otto (Frau)
Mauerstraße 24

Otto (Frau)
Marktgasse 11

Otto, Hans
09. 07. 1892
Wörthstraße 3

Otto, Hans
24. 08. 1890
Waisenhausstraße 13

Otto, Heinrich
24. 04. 1868
Ziegengasse 13

Otto, Heinrich
1871
Ziegengasse 13,
gef. Mittelgasse 15

Otto, Hermann
10. 06. 1936
Jägerstraße 9

Otto, geb. Preuß, Hildegard
16. 11. 1914
Marktgasse 11

Otto, Johannes
Mauerstraße 24

Otto, Karl
05. 06. 1908
Ziegengasse 13

Otto, Lorenz
23. 09. 1891
Pferdemarkt 28

Otto, Marga
31. 10. 1937
Marktgasse 11

Otto, geb. Spangenberg,
Margarethe
16. 06. 1872
Moltkestraße 1

Otto, Richard
10. 02. 1881

Otto, Wilhelm
10. 05. 1894
Waisenhausstraße 36

Oxen, Erika
14. 05. 1930
Pferdemarkt 14

Oxen, Friedrich
30. 11. 1883
Pferdemarkt,
gef. Hohentorstraße 29/31

Oxen, geb. Oxen, Marie
30. 07. 1898
Pferdemarkt 14

Oxenius, Herbert
17. 01. 1907
Marktgasse 4

Oxenius,
geb. Umbach, Margarete
22. 07. 1913
Marktgasse 4

Paack, Hans
26. 03. 1929
Grüner Weg 18

Paack, Martha
16. 01. 1891
Grüner Weg 18

Paar, Gerhard
20. 05. 1897
gef. Wildemannsgasse 11

Paar, Minna
07. 03. 1897
Wildemannsgasse 11

Paasch, geb. Czieloug, Martha
19. 09. 1891
Mühlengasse 21

Pabst, Maria
10. 10. 1889
Hinter der Waage 8

Pache, geb. Böker, Marie
16. 03. 1901
gef. Jägerstraße 13

Paglowiski, Else
Oberste Gasse 61

Palluch, Dora
1923

Paluch, Gusta
1904
Marktgasse 15

Pape (Frau)
Wildemannsgasse 32,
gef. Hinter der Waage

Pape, Friedrich
05. 02. 1896
Eulenburgstraße 5

Pape, Maria
Jägerhof, gef. Mauerstraße 20

Papko, Michael
1915
Reißberglager

Park, Hans
26. 05. 1929
Grüner Weg 16

Park, Magdalene
1892
Grüner Weg 16

Partmann, Wolfgang

Pasebooß, Elfriede
09. 10. 1911
Wörthstraße 12

Patoka, Stanislaus
03. 11. 1902

Paul, Cäcilie
Frankfurter Straße 20

Paul, Herbert
09. 05. 1931
Rommershäuser Straße 31

Paulmann, Heini
17. 09. 1929
Kunoldstraße 20

Paulsen, geb. Lorentzen,
Margarethe
16. 06. 1872

Paulsen, Peter
22. 08. 1924
Flakkaserne Hasenhecke

Paulus, Ottilie
27. 08. 1877
Marktgasse 15

Pausch, Anni
Winterbüren bei Rothwesten

Pechthold, geb. Riehm, Erika
Jägerstraße 5

Pechtold (Mann)
Große Rosenstraße 17

Pechtold, Meta
Große Rosenstraße 17

Pehnst, Paul
20. 12. 1920
Paris, gef. Marktgasse 20

Peik, Erika
11. 07. 1904
Jägerstraße 9

Peik, Hubert
08. 11. 1935
Jägerstraße 9

Pein, Eveline
29. 12. 1934
Karlsplatz 3

Pein, Frieda
13. 10. 1904
Karlsplatz 3

Pekar, geb. Leister, Ursula
09. 05. 1915
Große Rosenstraße 7

Pekar, Werner
01. 08. 1942
Große Rosenstraße 7

Pelle, Gerardus Franziskus

Peßler, geb. Wickert, Kath.
10. 08. 1893
Hebbelstraße 106

Peter, geb. Weber, Anna
16. 04. 1906
Marktgasse 33

Peter, Anna Elfriede
22. 10. 1936
Marktgasse 33

Peter, Erich
23. 11. 1912

Peter, Hans
gef. Moltkestraße 10

Peter, Helene
04. 04. 1901
Kastenalsgasse 11

Peter, Hermann
Schomburgstraße 9

Peter, Johann
17. 09. 1896
gef. Moltkestraße

Peter, Johannes
21. 05. 1876
Magazinstraße 25

Peter, Karin
17. 12. 1941
Kastenalsgasse 11

Peter, geb. Bögge, Katharina
03. 11. 1900
Hinter der Waage 5

Peter, geb. Gleim, Lina
15. 11. 1908
Kastenalsgasse 11

Peter, Marie
28. 05. 1898
gef. Moltkestraße 10

Peter, Renate
10. 06. 1935
Kastenalsgasse 11

Peter, Wilhelm
05. 07. 1902
Kastenalsgasse 11

Peter, Wilhelm
19. 04. 1914
Marktgasse 33

Peter, Wilhelm
20. 11. 1888
Mittelgasse 25

Peters, geb. Herchtmann, Anna
23. 06. 1867
Magazinstraße 16

Pethe, Christa
02. 07. 1937
Turmgasse 20

Pethe, Erna
27. 05. 1914
Turmgasse 20

Petri, Helene
20. 03. 1894
Entengasse 5

Petri, Louis
21. 05. 1863
gef. Entengasse 5

Petz (Frau)
1908
Orleansstraße 4

Petz, R.
gef. Orleansstraße 4

Petzelt, Anna
Schäfergasse 18

Petzelt, Elisabeth
03. 01. 1926
Schäfergasse 18

Petzelt, Günther
1929
Schäfergasse 18

Peuster (Frau)
Rothenditmolder Straße 19

Peuster, geb. Rommel, Frieda
21. 06. 1897
Rothenditmolder Straße 19

Peuster, Wilfried
20. 08. 1927
Rothenditmolder Straße 19

Pfaff (Fräulein)
Mittelgasse 26

Pfaffenbach, Fritz
gef. Mittelgasse

Pfahl, Artur
28. 04. 1894
Schomburgstraße 11

Pfahl, Charlotte
08. 01. 1893
Schomburgstraße 11, gef. Nr. 9

Pfahl, Lothar
05. 12. 1923
Schomburgstraße 11

Pfannkuch, August
02. 12. 1927
Mittelgasse 12

Pfannkuch, geb. Kollmann, Berta
31. 03. 1901
Mittelgasse 12

Pfannkuch, Georg
18. 02. 1935
Mittelgasse 12

Pfannkuch, Günther
24. 10. 1934
Gießbergstraße 4

Pfannkuch, Gustav
Mittelgasse 12

Pfannkuch, Heinrich
23. 01. 1904
Mittelgasse 12

Pfannkuch, Karl
28. 06. 1928
Rothenditmolder Straße 11

Pfannkuch, Marianne
06. 02. 1941
Rothenditmolder Straße 11

Pfannkuch, Marie
03. 06. 1885
Pferdemarkt 9

Pfannkuch, geb. Stengel
19. 09. 1906
Rothenditmolder Straße 11

Pfannkuch (weiblich)
03. 06. 1885
gef. Pferdemarkt 9

Pfannkuch, Wilhelm
15. 09. 1909
gef. Pferdemarkt 9

Pfannkuch, Willy
08. 12. 1902
Hohentorstraße 29

Pfeffer, geb. Schulze, Gerda
05. 03. 1908
Hohentorstraße 24

Pfeffer, Hildegard
03. 05. 1934
Hohentorstraße 24

Pfeffer, Ida, Irmgard
02. 06. 1926
Wildemannsgasse 36

Pfeffer, Julius
24. 09. 1886
Wildemannsgasse 36

Pfeffer, Liselotte
10. 05. 1923
Wildemannsgasse 36, gef. Pinne

Pfeffer, Margarete
Wildemannsgasse 36

Pfeiffer, Georg Friedrich
06. 10. 1905
Jägerstraße 12

Pfeiffer, Julia
gef. Hohentorstraße 1

Pfeiffer, Piepr
03. 07. 1910
gef. Bürgersäle

Pfeil (vermutlich Frau)
gef. Oberste Gasse 47

Pfeil, Helmut
Jägerstraße 10

Pferner, Arnim
04. 02. 1925

Pfetzing, Gerda
31. 03. 1918
Jägerstraße 10

Pfiffka's Haushälterin, Franziska
28. 02. 1888
gef. Graben 50

Pfisterer, geb. Lorenz, Lina
03. 06. 1903
Marktgasse 27

Pfläging, Anna
04. 05. 1907
Zentgrafenstraße 5

Pfläging, Christian
Holländische Straße 38

Pfläging, Christoph
Holländische Straße 35

Pfläging,
geb. Langnichel, Hedwig
31. 04. 1884
Zentgrafenstraße 5

Pflüger (Mann), Soldat
gef. Pinne

Pflüger, Margarethe
14. 01. 1899
Mauerstraße 24

Pflüger, Monika
17. 05. 1941
gef. Pinne

Pflüger, Peter
30. 04. 1942
Mauerstraße 24

Pflüger, Sophie
10. 04. 1918
gef. Pinne

Pflüger, geb. Stöckel, Sophie
05. 03. 1886
Pferdemarkt 30

Pflüger, Sophie
10. 04. 1880

Pflüger, Wernhard
16. 04. 1898
Mauerstraße 24

Pflüger, Wilhelm
23. 01. 1882
Pferdemarkt 30

Pflüger, geb. Klein, Wilhelmine
07. 08. 1884
Jägerstraße 8

Pflug, geb. Dietrich, Amalie
29. 05. 1899
Obere Karlsstraße 19

Pförtner, Friedrich
03. 01. 1860
Friedrichsplatz 6

Pförtner, Hans
25. 09. 1896
gef. Karlsstraße 17

Pförtner, Jochen
18. 06. 1943
gef. Karlsstraße 17

Pförtner, geb. Ofenbrügge,
Ottilie
30. 08. 1908
gef. Karlsstraße 17

Pforr, Alma
10. 10. 1931
gef. Jägerstraße 9

Pforr, Brigitte
1938
gef. Jägerstraße 5

Pforr, Giselinde
1939
gef. Jägerstraße 5

Pfurr, Karl
gef. Müllergasse 12–16

Pfurr, Kunigunde und Lotte
gef. Müllergasse 12–16

Phieler, geb. Berndt, Sophie
11. 11. 1876
Kölnische Straße 7

Philer, August
29. 07. 1876
Grüner Weg 29

Philipps, Katharina
04. 11. 1943
Hohenzollernstraße 45

Philipps, Rosemarie
25. 06. 1933
Hohenzollernstraße 45

Phris, Minoka
Mittelgasse 26

Pickert (Frau)
Marktgasse 20

Pickert, Horst
1929
Marktgasse 20

Pickert, Karlheinz
Marktgasse 20

Piechotta, Elisabeth
21. 07. 1891
Jägerstraße 5

Piechotta, Johannes
06. 07. 1890
gef. Jägerstraße 5

Piechulla, Klara
11. 02. 1923
Moltkestraße 2

Pieglowsky, Elsa
04. 04. 1882
Oberste Gasse 51

Pierowitz, geb. Raschel, Alwine
01. 09. 1912
Wildemannsgasse 34,
gef. Jägerstraße 9

Piesker, Bruno
Terrasse 26

Piezze, Euward (Franzose)
gef. Wilhelmsstraße 11

Pilzmann, K. (Frau)

Pinkert, August
16. 09. 1884
Wildemannsgasse 1

Pinkert (Frau)
1893
Wildemannsgasse 1

Pinzer, Hans

Pior, geb. Czerwinski, Anna
31. 05. 1906
Schäfergasse 7

Pior, Eduard
07. 01. 1931
Schäfergasse 7

Pior, Konrad
20. 03. 1935
Schäfergasse 7

Pippert, Anna
23. 03. 1886
Ziegengasse 18

Pippert, Heinrich
15. 08. 1862
Ziegengasse 18

Pippert, Ingeborg
06. 04. 1929
Kölnische Straße 7

Pippert, geb. Ehle, Wilhelmine
15. 07. 1901
Ziegengasse 18

Pisani, Esterino
28. 06. 1914
Fliegengasse 17

Piserni, Esetino (Italiener)
Helmholzstraße

Pistor, Bruno
26. 07. 1902
gef. Kölnische Straße

Pitsch, Fritz

Pitsch, Heinz
04. 06. 1928
Hohentorstraße 15

Pitsch, Konrad
gef. Hohentorstraße 15

Pitsch (Mann)
gef. Hohentorstraße 15

Pitsch, Minna
20. 04. 1890
Müllergasse 4

Pitsch, Walter
02. 03. 1933
Hohentorstraße 15

Plin, Eva
Karlsplatz 3

Plitzer (Frau)
gef. Müllergasse 12–16

Plitzer, Heinrich

Plitzer, Herta
05. 05. 1928
Leipziger Straße 25

Plitzner, Herta
1913
Oberste Gasse 34

Plock, geb. Holstein, Anna
17. 11. 1895
Rosenstraße 2

Ploen, geb. Becker, Charlotte
19. 05. 1871
Jägerstraße 6

Ploen, Charlotte
02. 09. 1930

Ploen, geb. Siebald, Martha
28. 08. 1907
Jägerstraße 6

Plücker, Manfred
17. 01. 1940
Kölnische Straße 18

Plümer, Heide
13. 12. 1941
Heideweg 1

Plümer, geb. Lohmann,
Hella-Isolde
10. 03. 1920
Heideweg 1

Plümer, Karl
29. 12. 1885

Poche, Anna
27. 08. 1886
Graben 65

Pockerete, Rudolph
19. 06. 1914
Holländische Straße

Podslowsky (Fräulein)
30–50 Jahre
Obere Königsstraße, Chartier

Poel, van de, Johannes
12. 06. 1917
Obere Königsstraße 14

Poel, van de,
geb. van de Crommet, Maria
03. 11. 1917
Obere Königsstraße 14

Pöppler, geb. Elsebach, Else
Oberste Gasse

Pöppler, Karl
Oberste Gasse 30

Poetsch, Christine
11. 06. 1905
Wilhelmsstraße 2

Poetsch, Emmy
26. 09. 1931
Wilhelmsstraße 2

Pohl, Karin
03. 03. 1940
Landaustraße 11

Pohl, Robert
02. 03. 1866

Polenkind

Pollmann (Frau)
Gießbergstraße 18,
gef. Jägerstraße 16

Polmann (Frau)
gef. im Krankenhaus

Polz, van der, Cornel
02. 02. 1909
Jägerstraße 3

Polzin, Luise
Große Rosenstraße 11

Pomnitz, Franz
25. 11. 1906
Kasernenstraße 11

Pomnitz, Ingeborg
25. 11. 1940
Kasernenstraße 11

Pomnitz, geb. Köhler, Maria
31. 10. 1910
Kasernenstraße 11

Poschmann, Emmi
gef. Marktgasse 19

Potaka, Stanislaus
03. 11. 1895

Potter, Lina
07. 01. 1920
Christophstraße 1,
gef. Altmarkt

Potz, Rosa
02. 04. 1901
gef. Mittelgasse 31

Pouliquen (Franzose)
gef. Friedhof

Powlowski, geb. Krieser,
Elisabeth
21. 05. 1908
Hohentorstraße 31

Powlowski, Heinz
12. 09. 1933
Hohentorstraße 31

Powlowski, Inge
27. 01. 1932
Hohentorstraße 31

Pracht, Willi
05. 05. 1907
Wolfsangerstraße 8 1/2

Pralle, Dieter
Bahnhofstraße 22, Heubach

Pralle, geb. Burgdorf, Hildegard
1911
Bahnhofstraße 22

Pralle, Ingrid
25. 07. 1936
Bahnhofstraße 22

Pralle, Kurt
Bahnhofstraße 22

Pralle, Sigrid
7 1/2 Jahre
Bahnhofstraße 22

Pralle, Walter
Wilhelmshöher Allee 279

Praus, Lina
28. 09. 1894
Pferdemarkt 28

Preis, geb. Malkus, Emma
14. 07. 1903
Hohentorstraße 25

Preis, Heinrich
12. 12. 1880
gef. Moltkestraße 5

Preis, Helga
03. 09. 1941
Hohentorstraße 25

Preiß, Johannes
05. 08. 1875
Graben 21

Preis, geb. Breininger, Pauline
02. 02. 1883
gef. Moltkestraße 5

Preßler, Adam
21. 05. 1862
Hohentorstraße 23

Preßler, geb. Mormann, Auguste
10. 02. 1923
Graben 55

Preßler (Frau)
Bettenhäuser Straße 6

Preßler, Georg
23. 10. 1934
Bettenhäuser Straße 6

Preßler, Karl
29. 09. 1896
Bettenhäuser Straße 6

Preßler, Karl-Heinz
29. 10. 1937
Bettenhäuser Straße 6

Preßler, geb. Holzhauer,
Katharina
24. 05. 1896
Bettenhäuser Straße 6

Preßler, Käthe
26. 05. 1927
Bettenhäuser Straße 6

Preßler, geb. Stichtenoth, Luise
02. 05. 1865
Hohentorstraße 23

Preßler, Willy
02. 08. 1910
Graben 55

Preuß, Ilse
13. 07. 1917
Marktgasse 11

Prieß, geb. Heiter, Herta
06. 03. 1920
Mittelgasse 26

Prieß, Monika
1942
Mittelgasse 26

Pries, Rosemarie
1935
gef. Jägerstraße 5

Prinz, Conrad
29. 01. 1938
gef. Graben 29

Prinz, Friedrich
gef. Pferdemarkt 17

Prinz, Georg
27. 02. 1874
Jordanstraße 13

Prinz, Georg
14. 11. 1884
Pferdemarkt 21

Prinz, Gertrud
11. 12. 1894
gef. Graben 29

Prinz, Hans
Graben 21

Prinz, Hansi (weiblich)
11. 12. 1925
gef. Graben 29

Prinz, geb. Berninger, Sophie
08. 12. 1882
Pferdemarkt 21

Prior, Else
11. 10. 1899
gef. Waisenhausstraße 29

Prior, Kurt
1929
Wilhelmsstraße 29,
gef. Schäfergasse 30

Prösel, Frieda
26. 09. 1853
Magazinstraße 25

Proesel, Friedrich
24. 02. 1859
Magazinstraße 25

Prorot, Maurice
07. 05. 1919
Hohentorstraße 1

Prost, Franz
08. 12. 1895
Mittelgasse 30

Prützibusch, Christel
ca. 16 Jahre
bei Rommel, Obere Karlsstraße 24

Puls, geb. Krommes, Elisabeth
12. 08. 1914
Moltkestraße 9

Pursche, Aristider
ca. 14 Jahre
gef. Schomburgstraße 11

Pussel, Johannes
01. 01. 1888
Mühlengasse 25

Pyschorra, Harald
26. 05. 1939
Schäfergasse 14

Pyschorra, Rudi
10. 10. 1931
Schäfergasse 14

Queiser, geb. Pfaff, Elisabeth
08. 07. 1877
Kastenalsgasse 8

Quentin, Wilhelm
13. 08. 1875
Wolfhager Straße 21

Quinta, Edith
22. 09. 1937
Untere Königsstraße 64

Quinta, Georg
ca. 23 Jahre
Untere Königsstraße 64

Quinta, Klara
1906
Untere Königsstraße 64

Quitter, Wilhelmine
26. 01. 1880
Mittelgasse 13

Raabe, Anni
ca. 34 Jahre
Felsenkeller, gef. Königsstraße
bei Krell

Raabe, Justus
18. 09. 1900
Kölnische Straße 2 1/2

Raabe, geb. Kropf, Käthe
12. 10. 1922
Pferdemarkt 26

Raabe, Luise
14. 09. 1891
Wolfsangerstraße 127

Raabe, Philipp
22. 09. 1886
Wolfsangerstraße 127

Rabe (Frau)

Rabenau, Lieselotte
15. 07. 1925
Grüner Weg 27

Rabenau, Lina
20. 06. 1912
Grüner Weg 27

Raczek, geb. Reich, Elisabeth
15. 05. 1904
Jägerstraße 3

Raczek, Elli
01. 03. 1937
Jägerstraße 3

Radegast, Brunhilde
16. 03. 1942
Wildemannsgasse 8

Räthe, Georg
15. 03. 1893
Grüner Weg 20

Räthe, geb. Hartung, Marie
11. 11. 1892
Grüner Weg 20

Räthke, Adam
1901
Wildemannsgasse 17

Räthke, Ella
Wildemannsgasse 17

Räthke, geb. Karsch, Martha
08. 12. 1901
Wildemannsgasse 17

Rätze, Ludwig
02. 10. 1869
Bettenhäuser Straße 4

Räuber, Bernhardine
gef. Marktgasse 6

Räuber, geb. Barchfeld, Elise
Marktgasse 10

Räuber, Franz
1868
gef. Marktgasse 6

Räuber, Marie
ca. 10 Jahre
gef. Marktgasse 19

Rahausen, geb. Pippert (Frau)
02. 10. 1900
Ziegengasse 18

Rahold, Henry (Franzose)

Rainer, Lies
10 Wochen

Raith, Adolf
1873
Kastenalsgasse 8

Raith, geb. Korsin, Sofie
26. 12. 1882
Kastenalsgasse 8

Rambaum, Heinrich
11. 11. 1923
Graben

Rambke, geb. Prinz, Franziska
27. 12. 1878
Rauhstraße 8

Ramenanius, Viktor (Belgier)
20. 03. 1923
gef. Graben 21

Ranft, geb. Held, Auguste
13. 07. 1902
Gießbergstraße 3

Range, geb. Schanze, Elise
07. 10. 1877
Wolfsangerstraße 120

Range, Gertrude
19. 03. 1904
Wolfsangerstraße 120

Range, Helga
11. 01. 1936
Wolfsangerstraße 120

Range, Sabine
24. 11. 1879
Moritzstraße 2

Rapschinski, Anneliese
1916
Marktgasse 19

Rapschinski, Emil
09. 10. 1880
Wildemannsgasse 5

Rapschinski, Helga
Marktgasse 19

Rapschinski (Kind)
Marktgasse 19

Rapschinski, Lisbeth
1878
Marktgasse 19

Rasch, Andreas
04. 03. 1899
Oberste Gasse 34

Rasch (Frau)
21. 07. 1892
gef. Pinne

Raßmann, Arno
17. 06. 1943
Graben 44

Raßmann, Karl Friedrich
14. 05. 1935
Graben 44

Raßmann, geb. Henze, Lina
23. 10. 1911
Graben 44

Raßmann, Marion
19. 10. 1940
Graben 44

Rast, Wilhelm
14. 03. 1883
Wildemannsgasse 28,
gef. Marktgasse

Ratgeber, geb. Troll, Anna
26. 04. 1883
Kastenalsgasse 7

Ratgeber, August
gef. Kastenalsgasse

Ratgeber, Nikolaus
09. 11. 1880
gef. Kastenalsgasse

Rathmann, Olga
50–60 Jahre
gef. Marktgasse 19

Ratti, Geneso (Italiener)
25. 01. 1906
gef. Pinne

Ratz, geb. Glorius, Dina
02. 08. 1903
Ziegengasse 14

Ratz (Frau)
Schäfergasse 18

Ratz, Maria
29. 08. 1935
Ziegengasse 14

Rauhe, Karl
16. 06. 1900
Mittelgasse 30

Rausch (Frau)
gef. Sack 2

Rausch, geb. Schnarrer, Frieda
30. 09. 1915
Steinweg 9

Rausch, Ludwig
1898
gef. Gießbergstraße 15 1/2

Rausch, Wilhelm
21. 07. 1911
Steinweg 9

Rausch, Willi
Steinweg, gef. Mittelgasse

Raymond, Simon (Franzose)
05. 09. 1924
Bettenhäuser Straße 16, gef. Nr. 6

Rebensohn, Lusel
05. 09. 1920
gef. Pinne

Rebhahn, Maria
gef. Königsplatz

Reckert, Emil
30. 07. 1881
Entengasse 20

Reffer, Liselotte
10. 05. 1923
Wildemannsgasse 36

Regel, geb. Steinecke, Anna
10. 06. 1911
Engelhardtstraße 4

Rehbein, Anna
1883
Oberste Gasse 17

Rehbein, Anna
25–30 Jahre
Wildemannsgasse 1

Rehbein, Elfriede
30. 07. 1924
Wildemannsgasse 1

Rehbein, Fredi
Oberste Gasse 17

Rehbein, Lina
Oberste Gasse 17

Rehbein (weiblich)
1938
gef. Oberste Gasse 17

Rehmann, Willi
22. 09. 1875
gef. Moltkestraße 4

Rehrmann, geb. Prinz, Else
15. 09. 1908
Moltkestraße 4

Rehrmann, geb. Schreiber, Marie
30. 01. 1887
Moltkestraße 4

Rehs, Andreas
Orleansstraße 27

Reichert, Justus
01. 04. 1928
Oberste Gasse 28

Reichert, Karl
12. 07. 1931
Oberste Gasse 28

Reichert, Marlies
20. 01. 1940
Oberste Gasse 28

Reichert, geb. Müller, Martha
30. 12. 1911
Oberste Gasse 28

Reichert, Walter
26. 03. 1933
Oberste Gasse 28

Reichhard, geb. Brühl, Luise
Pferdemarkt 29

Reichhardt, geb. Freitag, Emilie
11. 09. 1873
Pferdemarkt 29

Reichhardt, Philipp
Pferdemarkt 29

Reichhold, Holgar
45–50 Jahre
Schillerstraße 34

Reichhold, Liesel
Große Rosenstraße 17

Reidelbuch, Rudi
gef. Graben 29

Reif, Elise
08. 12. 1921
Marktgasse 6

Reif, Lisa
08. 12. 1921
gef. Marktgasse 6

Reihs, Dietrich
03. 10. 1880
Pferdemarkt 15

Reihs, geb. Dieling oder
Diling, Emma
19. 05. 1898
Pferdemarkt 15

Reimann, Kurt
25. 04. 1893
Orleansstraße 25

Reimann, Manfred
1939
gef. Pferdemarkt 28

Reimer, Adelheid
27. 03. 1942
Essiggasse 5

Reinbold, Dieter
27. 09. 1942
Oberste Gasse 16

Reinbold, geb. Schröder, Dina
25. 01. 1907
Marktgasse 2

Reinbold, Edelgard
1933
Graben 67, gef. Pferdemarkt 28

Reinbold, Emilie
1905
Graben 67, gef. Pferdemarkt 28

Reinbold, Erika
4 1/2 Jahre
Graben 47

Reinbold, Georg
16. 03. 1895
Ihringshäuser Straße 88

Reinbold, Georg
17. 01. 1905
Ziegengasse 13

Reinbold, Heinz
06. 09. 1943
Marktgasse 2

Reinbold, Lieselotte
23. 03. 1939
Marktgasse 2

Reinbold, geb. Kolbe, Lisbeth
25. 08. 1914
Ziegengasse 13

Reinecke, Mia
Obere Königsstraße 12

Reinemann, Charlotte
14. 05. 1925
Friedensstraße 18

Reinemann, Inna
14. 12. 1909
Graben 67

Reinemann, Manfred
1939
Graben 67, gef. Pferdemarkt 28

Reinemann, Wolfgang
1928
Graben 67, gef. Nat.-Museum

Reinemann, Wolfgang
1925
gef. Pferdemarkt 28

Reiner, Horst
28. 03. 1926
Jägerstraße 15

Reinhard, Emma
25. 06. 1884
Königsstraße 63

Reinhardt, Christian
01. 01. 1868
Schillerstraße 14

Reinhardt, Georg
16. 03. 1893

Reinhardt, Heinz
10. 05. 1887
gef. Kastenalsgasse 14

Reinhardt, Hermann
03. 02. 1916
Adolfstraße 6b

Reinhardt, geb. Boßmann, Marie
11. 04. 1883
Kastenalsgasse 14

Reinhold, geb. Döll, Auguste
24. 10. 1887
Untere Karlsstraße 16

Reinholdt, Emilie
1905
Graben 67

Reininger, Adalbert
27. 07. 1864
Grüner Weg 20

Reininger, geb. Eckhardt, Maria
20. 02. 1876
Grüner Weg 20

Reiß, Else
gef. Jägerstraße 3

Reiß, geb. Schneider, Katharina
24. 10. 1902
Hohentorstraße 19

Reiß, Ludwig
17. 11. 1903
Hohentorstraße 19

Reiße, geb. Wenning, Auguste
Graben 56

Reitsch, Adolf
1867
Kastenalsgasse 8

Reitz, Adam
Wildemannsgasse 19

Reitz, Anna
29. 07. 1900
Wildemannsgasse 19

Reitz (Frau)
gef. Wildemannsgasse 19

Reitze (Frau)
gef. Pinne

Reitze (Frau)
Turmgasse 22,
gef. Königsstraße 44

Reitze, Frida
05. 01. 1899
Rothenditmolder Straße 23

Reitze, Marianne
11. 08. 1926
Druselgasse 22

Remde, Franz
31. 12. 1891
Hafenstraße 18

Renand, Georges (Ausländer)
Mittelgasse

Renner, Albert
Untere Fuldagasse 1

Renner, Albert
23. 08. 1863
Obere Karlsstraße 17

Renon, Marcel
Kriegsgefangener

Renz, Johannes
1855
gef. Frankfurter Straße 17

Repperron, Louis
05. 09. 1920
gef. Pinne

Rest, Albert
02. 11. 1882
Pferdemarkt 8, gef. Nr. 10

Rest, geb. Rumpf, Mathilde
16. 09. 1889
Schomburgstraße 8,
gef. Pferdemarkt 10

Rest, Werner
05. 03. 1934
Jägerstraße 10

Rette, Else
1863
Kronprinzenstraße 8

Retz (Frau)
Schäfergasse 20

Reubert, geb. Schiont, Dora
gef. Untere Königsstraße 65

Reubert, Luis
gef. Untere Königsstraße 65

Reuger, Bernhardine
gef. Nat.-Museum

Reuper, Willy
25. 12. 1906
Marktgasse 10

Reuse, geb. Bauch, Helene
20. 02. 1898
Obere Karlsstraße 20,
gef. Bürgersäle

Reuß, Johann-Karl
30. 04. 1875
Leipziger Straße 20

Reuter, Marie
gef. Nat.-Museum

Reuther, Elise
gef. Nat.-Museum

Reuther, Franz
gef. Nat.-Museum

Reuther, Franz
gef. Pferdemarkt

Rewald, geb. Büchsenschütz, Elise
27. 07. 1893
gef. Jägerstraße 5

Rewald, Marion
06. 02. 1934
gef. Jägerstraße 5

Rexroth, geb. Selter, Auguste
08. 11. 1892
Obere Karlsstraße 28

Reyer, geb. Jäger, Emilie
02. 08. 1878
Töpfenmarkt 17

Reyer, Heinrich
1883
Hohentorstraße 20,
gef. Marktgasse 15

Reyher, geb. Helwig, Minna
25. 10. 1899
Mittelgasse 19

Reyher, Wilhelm
22. 08. 1900
Mittelgasse 19

Richard, Elisabeth
1883
Graben 47

Richardt, Otto
10. 02. 1881
Hindenburgplatz 132

Richter, geb. Kraft, Anna
16. 09. 1887
Steinweg 4

Richter, Egon
29. 03. 1935
Entengasse 29, gef. Graben 15

Richter, Elfriede
02. 11. 1925
Müllergasse 5

Richter, Elisabeth
01. 09. 1925
Kruggasse 13

Richter, Georg
gef. Hohentorstraße

Richter (Mann)
13. 05. 1908
Graben 19

Richter, Marie
13. 05. 1908
gef. Entengasse 29

Richter, Willi
gef. Mittelgasse

Richter, Willi
gef. Nat.-Museum

Richtler (Frau)
Heisterstraße 5

Ried, Erich
18. 08. 1883
gef. Königsstraße 70

Riede, Harry
16. 06. 1930
Kastenalsgasse 7

Riede, Hermann
23. 05. 1903
Motzstraße 4

Riede, Margarethe
31. 05. 1929
Kastenalsgasse 7

Riede, geb. Entzeroth, Martha
05. 06. 1906
Kastenalsgasse 7

Riedel, geb. Schanze, Anna
20. 03. 1902
Moltkestraße 7

Riedel, Anna
10–12 Jahre
gef. Altmarkt

Riedel, Ernst

Riedel, Helga
2–3 Jahre

Riedel, geb. Werther, Ida
21. 09. 1874
Große Rosenstraße 7

Riedel, geb. Heidrich, Klara

Riehl, geb. Soeder, Sophie
07. 01. 1881
Marktgasse 28

Riehm, Ferdinand
40–45 Jahre
Müllergasse 7, gef. Nr. 15

Riehm (Mann)
1925
Müllergasse 13

Riehmenschneider, Fritz
21. 07. 1881
Karlsplatz 3

Riehmenschneider, Margarete
09. 11. 1932
Steinweg 12

Riemann, geb. Deist, Luise
06. 01. 1889
Marktgasse 13

Riemann, Philipp
gef. Ziegengasse 11

Ries, geb. Scheffel, Marie
06. 05. 1873
Moltkestraße 7

Ries, Robert
14. 08. 1873
Moltkestraße 7

Riesch, August
10. 09. 1873
Schomburgstraße 2

Rinaldi, Guiseppe
06. 10. 1910
Graben 18

Rind, Alma
11. 09. 1910
Engelhardtstraße 6

Rind, Hermann
23. 12. 1892
Engelhardtstraße 6

Rindermann, Karl
1888
Jägerstraße 5

Ring, Else
Bettenhäuser Straße 11

Ring, geb. Lehmann, Hilde
15. 05. 1903
Königsstraße 85

Ring, Manfred
20. 08. 1933
Königsstraße 85

Ringelberg (Frau)
Hohentorstraße 13,
gef. Hohentorstraße 15

Rinkel, Susi
gef. Langenbeckstraße 32

Ristelberger, Johannes
02. 11. 1906

Ritter, geb. Kühne, Agnes
05. 05. 1888
Marktgasse 15

Ritter, Anna
Obere Karlsstraße 16

Ritter, Anneliese
30. 03. 1920
Marktgasse 15

Ritter, Anni
1920
Graben 46

Ritter, Franz
25. 07. 1879
Grüner Weg 45,
gef. Jägerstraße 9

Ritter (Frau)
10. 09. 1872
Gießbergstraße 15 1/2

Ritter, Heinrich
08. 12. 1880
Engelhardtstraße 6

Ritter, geb. Orth, Martha
08. 05. 1879
Engelhardtstraße 6

Ritter, Wilhelm
1898
Marktgasse 15

Rockert, Emil
30. 07. 1881
Entengasse

Rode, geb. Schmidt, Auguste
21. 06. 1870
Oberste Gasse 4

Rode, Emma
26. 11. 1891
Oberste Gasse 4

Rode, Friedrich
50–55 Jahre
Oberste Gasse 4, gef. Sack 3

Rode, geb. Biederbick, Marie
Moritzstraße 2, gef. Nr. 4

Röder, geb. Preßler, Else
09. 10. 1920
Wolfsangerstraße 17

Röder, Frieda
31. 08. 1911
Sedanstraße 5
oder Hinter der Waage 20

Röder, Fritz
15. 04. 1932
Hinter der Waage 20

Röder, Georg
29. 10. 1935
Hinter der Waage 20

Röder, Gerhard
30. 05. 1934
Hinter der Waage 20

Röder, Hildegard
02. 01. 1910
Hinter der Waage 20

Röder, Horst
16. 02. 1931
Hinter der Waage 20

Röder, Karl-Heinz
11. 04. 1933
Hinter der Waage 20

Röder, Wolfgang
08. 05. 1941
Hinter der Waage 20

Röhlen, Wilhelm
02. 10. 1923
gef. Marktgasse 15

Röhling, Katharina
08. 12. 1897
Niedervellmarscher Weg 2

Röhn, Albert
07. 12. 1908
Pferdemarkt 11

Röhn, Heinz
05. 09. 1933
Pferdemarkt 11

Röhn, Herbert
01. 12. 1928
Pferdemarkt 11

Röhn, Luzie, Ursula
15. 05. 1931
Pferdemarkt 11

Röhn, geb. Walter, Mathilde
25. 07. 1909
Pferdemarkt 11

Röhn, Walter
17. 08. 1937
Pferdemarkt 11

Röhn, Werner
23. 11. 1941
Pferdemarkt 11

Röhn, Wolfgang
12. 01. 1943
Pferdemarkt 11

Röhrig, Anna
Wildemannsgasse 34

Röhrig, Dieter
Wildemannsgasse 34

Röhrig, Helga
Wildemannsgasse 34

Röhrig, Irmgard
1927
gef. Pinne

Röhrig (Mann)
Pferdemarkt 13, gef. Nr. 9

Röhrig (Mädchen)
1929
Pinne

Römer, Christa
27. 03. 1940
Kruggasse 7

Römer, geb. Baist, Emmi
02. 05. 1900
Grüner Weg 17

Römer, Heinrich
05. 02. 1899
Grüner Weg 17

Römer, Margot
17. 07. 1926
Grüner Weg 17

Römhild, Christine
04. 08. 1888
Wildemannsgasse 1

Römhild, Frieda

Römhild, Manfred
Marktgasse bei Frischmann

Rönchild, Frieda

Rönisch, Ernst
1883
Wilhelm-Gustloff-Straße 4

Rössi (Franzose)
18. 02. 1910
gef. Kastenalsgasse

Röter, Wolfgang
Hinter der Waage 20, gef. Pinne

Röttger, Gertrud
07. 03. 1921
gef. Hohentorstraße 6

Röttger, Goldine
Hohentorstraße 11

Röttger (Kind)
gef. Hohentorstraße 6

Röttger, Rudolf
09. 03. 1874
Untere Königsstraße 85

Rötzel, geb. Voigt, Anna
23. 05. 1926
gef. Ziegengasse 1

Rötzel, Ewald
28. 07. 1918
gef. Ziegengasse 1

Roggendorf, geb. Hoffmann, Erna
1908
Kölnische Straße 20

Roggendorf, Irene
1931
Kölnische Straße 20

Roggendorf, Rosemarie
1924
Kölnische Straße 20

Roggendorf, Willi
1896
Kölnische Straße 20

Rohde, D. (Mann)
gef. Mittelgasse

Rohde (Frau)
1913
Müllergasse 13

Rohde (Frau)
16. 08. 1886
gef. Wörthstraße 8

Rohde, Gisela
08. 06. 1937
Müllergasse 15

Rohde, Helmut
20. 06. 1942
Müllergasse 15

Rohde, Hermann
25. 12. 1909
gef. Nat.-Museum

Rohde, Inge
29. 06. 1933
Müllergasse 15

Rohde, geb. Bieberbick, Marie
07. 05. 1906
gef. Moritzstraße 4

Rohde, geb. Neumann, Sophie
07. 03. 1912
Müllergasse 15

Rohleder, Friedrich
07. 02. 1897
Marktgasse 19

Rohleder, Katharina
07. 02. 1897
Marktgasse 19

Rohleders, Lissi
Schützenhalle, Dienstmädchen

Rohrbach, geb. Banze, Elise
16. 04. 1874
gef. Marktgasse 8

Rohrbach, Martha
16. 04. 1904
Kölnische Straße 4

Rohrbach, Wilhelm
02. 09. 1895
Moritzstraße 8

Rommeis, geb. Blumenstein, Käthe
05. 05. 1916
Marktgasse 21

Rommeis, Leni
16. 08. 1943
Marktgasse 21

Rommeis, Martin
29. 09. 1938
Marktgasse 21

Rommel, geb. Wiegand, Auguste
04. 12. 1911
Karlsstraße 26

Rommel, Berta
gef. Töpfenmarkt

Ronetzel oder Ronzel, Ewald
Oberste Gasse 30,
gef. Ziegengasse 1

Rose, Bernhard
gef. Marktgasse 19

Rosemensen, Hedwig
21. 01. 1941
Sack 4

Rosenkranz
1929
Hinter der Waage 12

Rosenkranz, Anneliese
Hinter der Waage 12

Rosenkranz, Elise
Hinter der Waage 12

Rosenkranz, Erika
Hinter der Waage 12

Rosenkranz, Gustav
30. 06. 1893
Hinter der Waage 12

Rosenkranz, Ursel

Rosenwanger (Fräulein)
angestellt bei Cons,
Untere Königsstraße

Rosenwanger, Hertha Lucie
01. 06. 1903 oder 1906
Untere Königsstraße 71

Roß, Franz
18. 02. 1912
Wolfhager Straße 154

Roß, geb. Kirchner, Marie
27. 06. 1904
Schäfergasse 20

Rossel, Walter
1938
Wildemannsgasse 1–3

Roßt, Anna
Hohentorstraße 29

Roßt, Berthold
Hohentorstraße 29

Roßt, Helga
Hohentorstraße 29

Roßt, Irmchen
Hohentorstraße 29

Rost, Günther
16. 02. 1936
Hinter der Waage 8

Rost, Hermine
08. 03. 1898
Hinter der Waage 8

Rost, Wilhelm
14. 03. 1883
Wildemannsgasse 28

Rothauge, geb. Wilhelm, Emilie
30. 07. 1870
Entengasse 29

Rothauge, Fritz
01. 09. 1869
Entengasse 29

Rothe, Caspar
Marktgasse 20 bei Stutenroth

Rothstein, Conelius
19. 07. 1882
Schäfergasse 10

Rothstein, Martha
14. 02. 1886
Schäfergasse 10

Rotzler, Adolf
29. 12. 1873
Moltkestraße 12

Rotzler, Auguste
19. 12. 1872
Graben 52

Rotzler, geb. Staubitz, Elisabeth
28. 05. 1876
Moltkestraße 12

Rotzler, Minna
04. 07. 1900
gef. Graben 52/54

Roveda, Ettore
29. 12. 1908
Schäfergasse 4

Rudloff, Alma
26. 01. 1877
Untere Königsstraße 69

Rudloff, Erna
22. 05. 1880
Untere Königsstraße 69

Rudolf, Friedrich
10. 04. 1891
Mittelgasse 7, gef. Nr. 8

Rudolf, Gisela
1931
Marktgasse 19

Rudolf, geb. Diehl, Helene
09. 03. 1893
Mittelgasse 7, gef. Nr. 8

Rudolf, Justus
22. 09. 1877
gef. Marktgasse 19

Rudolph, Erika
16. 12. 1936
Holländische Straße 32

Rudolph, Esther
12. 04. 1924
Mauerstraße 22

Rudolph, Georg
28. 03. 1905
Holländische Straße 32

Rudolph, Gustav
07. 06. 1943
Holländische Straße 32

Rudolph, Johannes
29. 08. 1895
Moltkestraße 11

Rudolph, geb. Großklaus, Rosa
09. 04. 1896
Moltkestraße 11

Rübenkönig, Anneliese
1936
Moltkestraße 11

Rübenkönig, Lieschen
1913
Moltkestraße 11

Rümpel, Frieda
Turmgasse 18

Rümpel, Liselotte
Turmgasse 18

Rüppel, Bernt-Günther
24. 01. 1942
Kölnische Straße 11

Rüppel, geb. von Nolting,
Waltraud
03. 11. 1919
Kölnische Straße 11

Rüssel, Erich
10. 09. 1938
Marktgasse 24

Rüssel, Luise
17. 01. 1910
Marktgasse 24

Rüssel, Walter
10. 09. 1938
Marktgasse 24

Rüßler, Georg
15. 07. 1903
gef. Marktgasse 19

Rüsteberg, Anna
Bettenhäuser Straße 5

Rüsteberg, Annemarie
Bettenhäuser Straße 5

Rüsteberg, Irmgard
Bettenhäuser Straße 5

Rüsteberg, Martha
Bettenhäuser Straße 5

Rüsteberg, Wilhelm
01. 10. 1938
Bettenhäuser Straße 5

Ruff, Otto
Hohenzollernstraße 42

Ruhm, Heinrich
14. 08. 1889

Ruhm, Kath.
ca. 37 Jahre
Hinter der Waage 12

Rump, Christa
16. 02. 1943
Moltkestraße 8

Rump, geb. Mühlenbacher, Else
31. 05. 1918
Moltkestraße 8

Rumpf, geb. Krieg, Anna-Luise
27. 03. 1893
Gießbergstraße 31

Runzhausen, Elisabeth
12. 03. 1920
Wildemannsgasse 36

Rus (Frau)
gef. Mittelgasse 72

Ruschin, geb. Höhl, Gertrud
15. 03. 1890
Untere Königsstraße 64

Ruschin, Wilhelm
09. 01. 1888
Untere Königsstraße 64

Rußwurm, Anni
11. 10. 1910
Hohentorstraße 35

Rust, Gertrud
18. 08. 1934

Rust, Lina
10. 06. 1905
Kastenalsgasse 15

Rymenanz, Viktor
20. 08. 1923
Druselgasse 27

Sabedot, geb. Schröder, Johanna
26. 07. 1902
Müllergasse 18

Sabel, Ewald
24. 11. 1941
Schäfergasse 18

Sabel, Josef
02. 05. 1911
Schäfergasse 18

Sablin (Mann)
03. 04. 1920

Sack, Karl
24. 04. 1923
gef. Pferdemarkt 13

Sack, Winfried
07. 01. 1928
Pferdemarkt 13

Sacre, Marcel (Franzose)
18. 10. 1918
Henschellager, gef. Möncheberg

Saegel, Max
22. 08. 1877
Bahnhofsstraße

Sänger, geb. Löbermann, Berta
18. 07. 1894
Pferdemarkt 26,
gef. Nat.-Museum

Sakert, Erich
1903

Salomon (männlich)
Hinter der Waage 16

Salzmann (Frau)
1913
Oberste Gasse 30

Salzmann, Heinrich
1878
Graben 46

Salzmann, Liselotte
21. 04. 1928
gef. Oberste Gasse 30

Salzmann, geb. Gombert,
Maria Anna Elena
11. 05. 1899
Grüner Weg 19

Salzmann (2 Mädchen)
ca. 15 Jahre

Samuel, Moritz
Steinweg 4

Sand, Heinrich
15. 01. 1882
gef. Oberste Gasse 11

Sander, Anna
01. 01. 1891
Jägerstraße 12

Sander, Anni
1922
gef. Graben 41

Sander, Gustav
gef. Gartenstraße 2

Sander, Heinrich
10. 02. 1893
Jägerstraße 12

Sander, Heinz
Töpfenmarkt 19, gef. Pinne

Sander, geb. Reinemann, Ilse
gef. Jägerstraße 11

Sander, Irmgard
29. 05. 1926
gef. Jägerstraße 12

Sander, geb. Herwig, Martha
05. 04. 1909
Kasernenstraße 2

Sandrock, geb. Wachsmuth, Martha
08. 08. 1913
Oberste Gasse 6

Sandrock (weiblich)
gef. Sack 3

Sapinski, Ladislaus
25. 12. 1905
Glischaustraße 44

Sari (Junge)
1931
gef. Pferdemarkt 22

Saro, Anna
10. 01. 1909
Altmarkt 1

Sasse, geb. Mewes, Herta
20. 04. 1913

Satowz, Artur
08. 08. 1927

Sauer, Alma
1937
gef. Marktgasse 19

Sauer, geb. Spanknepel, Anna
28. 04. 1895
Hedwigstraße 12

Sauer, Anna
31. 12. 1886
kath. Ordensschwester
„Burhandis"

Sauer, August
27. 05. 1889
Engelhardstraße 6

Sauer, Auguste
28. 05. 1893
Engelhardstraße 6

Sauer (Frau)
Holzmarkt 10

Sauer, Georg
03. 05. 1894
Holzmarkt 10

Sauer, Hildegard
1933
Große Rosenstraße 20

Sauer, geb. Hornung, Ida
27. 08. 1896

Sauer, Irma
02. 11. 1909
Engelhardstraße 6

Sauer, Karl
25. 02. 1901
Orleansstraße 23, gef. Nr. 25

Sauer, Lieselotte
10. 04. 1926
Holzmarkt 10

Sauer, Liselotte
10. 04. 1926
Holzmarkt 10

Saucr (Mann)
gef. Holzmarkt 10

Sauer, Marie
24. 03. 1904
Orleansstraße 23, gef. Nr. 25

Sauer, Valentin
1891
Hedwigstraße 12

Sauerbeck, Lissi
Schomburgstraße 3

Sauerbeck, geb. Behling,
Magdalena
gef. Schomburgstraße 3

Sauerbeck, Margret
Schomburgstraße 3

Sauerbrei, Anni
01. 09. 1915
General-Emmich-Straße 51,
gef. Steinweg 10

Sauerbrei, Eleonore
17. 04. 1939
General-Emmich-Straße 75,
gef. Steinweg 10

Sauerbrei, Lothar
23. 12. 1936
gef. Altmarkt bei Fischmann

Saure, geb. Mewes, Hertha
gef. Jägerstraße

Savory,
1920
gef. Moltkestraße 10

Schaar, Julius
30. 08. 1926
gef. Pferdemarkt 26

Schabacker,
geb. Schienbein, Else
Entengasse 14

Schabacker, Johanna
06. 01. 1914
Entengasse 14

Schabacker, Sophie
08. 04. 1936
Entengasse 14

Schaberick, geb. Hauß (Frau)
01. 10. 1888
Moltkestraße 6

Schaberick, Friedrich
Moltkestraße 6

Schaberick
15. 08. 1927

Schad, Ottilie
12. 02. 1923
Kastenalsgasse 7

Schade (Frau)
Mittelgasse 31

Schade, Hermann
gef. Pferdemarkt 28

Schade, Hermann
25. 11. 1901
Wilhelmsstraße 4,
gef. Marktgasse 6

Schade, Hildegard
27. 12. 1939
Marktgasse 6

Schade, Johannes
27. 05. 1915
Jägerstraße

Schade (Junge)
Mittelgasse 31,
gef. Ziegengasse 16

Schade, Lina
16. 01. 1919
gef. Marktgasse 6

Schade (männlich)
Mittelgasse 30

Schade
Mittelgasse 31

Schade, Paula
23. 03. 1917
Jägerstraße

Schade, Werner
05. 10. 1941
Jägerstraße

Schadmatz, Friedrich
22. 01. 1863
Moltkestraße 6

Schädl, geb. Brod, Käthe
17. 02. 1900
Kruggasse 9,
gef. Müllergasse 20

Schädl, Karl-Heinz
02. 03. 1937
Kruggasse 9,
gef. Müllergasse 20

Schäfer, Alfred
01. 03. 1924
Weserstraße 13 1/2

Schäfer, geb. Meister, Amalie
10. 05. 1906
Schomburgstraße 8

Schäfer, geb. Thomas, Anna
18. 08. 1881
Mühlengasse 9

Schäfer, Auguste
10. 12. 1890

Schäfer, geb. Schreyer, Berta
07. 04. 1906
Marktgasse 30

Schäfer, geb. Gundlach, Berta
15. 11. 1900
Moltkestraße 6

Schäfer, geb. Leimbach, Charlotte
27. 01. 1874
Mittelgasse 31

Schäfer, geb. Hilke, Christiane
26. 08. 1883
Müllergasse 11

Schäfer, Christine
08. 08. 1878
gef. Orleansstraße

Schäfer, Dieter
1938
Moltkestraße 6

Schäfer, Doris
23. 12. 1931
Hohentorstraße 31

Schäfer, geb. Stiel, Ella
18. 08. 1911
Orleansstraße 14

Schäfer, Fanny
Mittelgasse

Schäfer (Frau)
Kastenalsgasse 13

Schaefer (Frau und 1 Kind)
gef. Kruggasse 9–11

Schäfer, Frieda
09. 05. 1905
Schomburgstraße 10

Schäfer, Georg
13. 06. 1880
Mühlengasse 9

Schäfer, Georg
08. 11. 1908
gef. Marktgasse 19

Schäfer, Hans
18. 10. 1900
Wörthstraße 1

Schäfer Hans Karl
10. 10. 1900
Schomburgstraße 8

Schäfer, Hedi
1903
Moltkestraße 6

Schäfer, Heinrich
11. 08. 1887
Marktgasse 24

Schäfer, Helmut
11. 08. 1887
Wildemannsgasse 5

Schäfer, Ilse
1925
Moltkestraße 6

Schäfer, Klara
Ziegengasse 26,
gef. Stadt Stockholm

Schäfer, Liselotte
1925
gef. Königsplatz

Schäfer, Ludwig
17. 08. 1880
gef. Mombachstraße 11

Schäfer, Luise
gef. Schomburgstraße 2

Schäfer, geb. Böglmüller,
Margarete
04. 11. 1901
Mauerstraße 22

Schäfer, Marlu
17. 09. 1935
Orleansstraße 14

Schaefer, Philipp
23. 07. 1911
Vollmarshausen

Schäfer, Sabine
03. 10. 1919
gef. Oberste Gasse 30

Schäfer, Ursel
1926
Fünffensterstraße 9

Schäfer, Walter
Große Rosenstraße 20

Schäfer, Wilhelm
18. 11. 1882
Müllergasse 11

Schäfer, Wilhelm
11. 12. 1877
Schäfergasse 12

Schäler, Liborius
11. 03. 1875
Graben 31

Schäler, Marie
06. 07. 1873
gef. Graben 29

Schagler (Mann) Unteroffizier
06. 06. 1920
Orleansstraße 6

Schaitza, Margarete
Schwanenweg 3

Schake, Wilhelm
11. 11. 1868
Wehlheider Straße 7

Schaller, geb. Heußner, Marie
29. 05. 1890
Sack 2

Schaller, Wilhelm
22. 07. 1887
Sack 2

Schanze, geb. Walther, A.-Marie
29. 08. 1861
Moltkestraße 7

Schanze, Erich
12. 11. 1908
Schäfergasse 18

Schanze (Frau)

Schanze (Frau)
Waisenhausstraße 28

Schanze, Heinrich Wilhelm
1935
gef. Schäfergasse 8

Schanze, Heinz
03. 02. 1929
Schäfergasse 4

Schanze, geb. Berg, Helene
23. 11. 1903
Schäfergasse 4

Schanze, Marie
Wildemannsgasse 10

Schanze, Marie
1918
Wildemannsgasse 30

Scharfenberg, Andreas
30. 11. 1904
gef. Große Rosenstraße 11

Scharfenberg, Elise
21. 03. 1874
gef. Große Rosenstraße 11

Scharfenberg, Friedrich
28. 05. 1873
gef. Große Rosenstraße 11

Scharfenberg, Hildegard
20. 08. 1934
gef. Große Rosenstraße 11

Scharfenberg, Klara
27. 01. 1903
gef. Große Rosenstraße 11

Scharff, Andreas
26. 11. 1867
Müllergasse 11

Scharff, geb. Hohmann, Katharina
05. 06. 1877
Müllergasse 11

Scharmann, Ferdinand
24. 08. 1903
gef. Wilhelmshöher Allee 29

Scharmann, Walter
Wilhelmshöher Allee 29

Schau, Kurt
30. 05. 1930
Marktgasse 6

Schau, geb. Erger, Marie
07. 09. 1888
Marktgasse 6

Schaub, Erich
12. 04. 1907
Engelhardstraße 6

Schaub (Frau)
19. 11. 1909
Engelhardstraße 6

Schaub, Heinz
1939
gef. Pferdemarkt 26

Schaub, Hermann
1907
Engelhardstraße 4

Schaub, Johann
18. 11. 1872
gef. Gießbergstraße 8

Schaub, Katharina
13. 01. 1882
Ständeplatz 3

Schaub, Lina
10. 02. 1893
Gießbergstraße 8

Schaub, Margarete
27. 06. 1904
Ständeplatz 3

Schaub, Marga
1936
gef. Pferdemarkt 26

Schaub, Margarete
27. 08. 1934
Engelhardstraße 6

Schauenburg, Hermann
Obergefreiter, Berlin

Schaufuß, Richard
30. 08. 1898
Mittelgasse 12

Schaufuß, geb. Kappes, Susanne
09. 02. 1900
Mittelgasse 12

Schaufuß, Ursel
gef. Mittelgasse

Schaumann, Albert
11. 01. 1921
Mühlengasse 25, gef. Nr. 27/28

Schaumann, Ludwig
12. 08. 1885
Mühlengasse 25, gef. Nr. 27/28

Schaumann, geb. Flügel, Minna
27. 08. 1891
Mühlengasse 25, gef. Nr. 27/28

Schaumberg, Heinrich
19. 03. 1882
Naumburger Straße 18a

Schaumberg, Wilhelmine
29. 09. 1889
Untere Königsstraße 77

Schaumburg, geb. Gerlach, Elli
26. 07. 1916
Oberste Gasse 44, gef. Druselgasse

Schaumburg, geb. Schladitz, Elli
01. 11. 1889
Kölnische Straße 18

Schaumburg, Helga
17. 01. 1942
Oberste Gasse 44,
gef. Druselgasse

Schaumburg, Hermann
1908
Mittelgasse 11

Schaumburg (Mann)
Kölnische Straße 18

Schaumburg, Marie
Kölnische Straße 18

Schaumburg, Wanda
Mittelgasse 11

Schauß, geb. Martens, Irene
17. 10. 1910
Gießbergstraße 15 1/2

Schauwale, Heinz
1933
Schäfergasse 18

Scheffer, Anem.
21. 07. 1899
Mittelgasse 32

Scheffer, geb. Novotny, Anna
31. 07. 1909
Mittelgasse 32

Scheffer, Doris
23. 12. 1931
Hohentorstraße 31,
gef. Marktgasse 15

Scheffer, Ludwig
17. 08. 1887
Michelgasse 7

Scheidemann, geb. Lang, Elli
29. 10. 1916
Moltkestraße 7

Scheidemann (Frau)
Ehering mit Datum 10. 06. 1930

Scheidemann, Heinrich
02. 01. 1900
Jägerstraße 7

Scheidemann (junge Frau)
Oberste Gasse

Scheidemann, Kurt-Hans
28. 11. 1915
Moltkestraße 7

Scheidemann, Ursula
12. 09. 1942
gef. Moltkestraße 7

Scheidl, geb. Daum, Auguste
28. 10. 1883
Mauerstraße 22

Scheldt, Alfred
31. 01. 1898
Marktgasse 28

Scheldt, geb. Riehl, Else
26. 02. 1902
Marktgasse 28

Scheldt, Helmut
11. 02. 1929
Marktgasse 28

Schell, geb. Bod, Käte
17. 12. 1900
Kruggasse 9

Schell, Karl-Heinz
02. 03. 1937
Kruggasse 9

Schellenberg, Johannes
24. 04. 1889
Schomburgstraße 8,
gef. Hohentorstraße 19

Scheller, Wilhelm
22. 02. 1887
Sack 2

Schellhaas, Elise
09. 07. 1877
Jägerstraße 12

Schellhaas, Konrad
26. 11. 1875
Jägerstraße 12

Schenk, Bernhard
29. 05. 1889
gef. Oberste Gasse 30

Schenk, geb. Brill, Emma
10. 05. 1914
Hermann-Göring-Straße 3 1/2

Schenk, Mathilde
10. 05. 1914
Sandershausen

Schenk, Peter
16. 07. 1941
Freiheiter Durchbruch

Schenk, Uta
15. 05. 1940
Freiheiter Durchbruch

Schenkiewitz, Evamaria
11. 03. 1934
Marktgasse 4

Schenkiewitz, Hans
31. 01. 1906
Marktgasse 4

Schenkiewitz, geb. Aßmann, Martha
13. 05. 1905
Marktgasse 4

Scherb, Elfriede
Hinter der Waage 12

Scherb, geb. Schäffer, Elisabeth
14. 01. 1896
Hinter der Waage 12

Scherb, Heinz
gef. Hinter der Waage 12

Scheucher (Frau)
1907
Marktgasse 19

Scheuschner, Elli
08. 11. 1933
Graben 47

Scheuschner, Margot
18. 12. 1936
Graben 47

Scheuschner, geb. Wunderlich, Minna
02. 01. 1909
Graben 47

Scheuschner, Monika
07. 12. 1942
Graben 47

Scheuschner, Richard-Arnold
15. 11. 1939
Graben 47

Schiachra, Else
gef. Wilhelmsstraße 13

Schick (vermutlich) (Frau)

Schick, Ida
Wilhelmsstraße 31

Schick, geb. Stark, Lina
09. 08. 1885
gef. Gießbergstraße 15 1/2

Schick, Liselotte
16. 09. 1926
Wilhelmsstraße 31

Schick, Maria
29. 04. 1898

Schick
gef. Moritzstraße 4

Schiefer (Frau)
Kruggasse 9–11

Schiefer (Kind)
Kruggasse 9–11

Schieke, Hannelore
08. 03. 1924
Marktgasse 27

Schierenberg, Wolfgang
28. 05. 1938
Jägerstraße 7

Schilke, Rainer
20. 07. 1941
gef. Obere Karlsstraße 17

Schill, Luise
Kruggasse 7

Schilling, August

Schilling (vermutlich), Gustav
gef. Schomburgstraße 9

Schilling, Wilfriede
08. 08. 1918
Kölnische Straße 17,
gef. Gießbergstraße 15

Schimke, Paul
Steinhöferstraße 3

Schindler, Ida
1883
Grüner Weg 27

Schinike, Christ.
1863
gef. Orleansstraße 21

Schinkel (Frau)
01. 11. 1898
Obere Karlsstraße 20, gef. Nr. 17

Schinköth, geb. Ortlepp, Else
14. 09. 1899
Fichtnerstraße 44

Schinzer, geb. Kreß, Christine
Hohenzollernstraße 62

Schirmer, Elise
28. 06. 1914
Kastenalsgasse 7

Schirmer, geb. Röder, Marie
Kastenalsgasse 7

Schirmer, Martha
04. 11. 1938
Kastenalsgasse 7

Schladitz, Kurt
19. 10. 1902
Landgraf-Philipp-Platz 1,
gef. Oberste Gasse

Schlag, Frieda
08. 07. 1870
Wildemannsgasse 11

Schledorn, von, Margret
gef. Filmbühne

Schlegel, Elisabeth
gef. Pferdemarkt 31

Schlegel, Paul
06. 11. 1898
Schomburgstraße 7

Schleich, geb. Stallmann,
Friederike
28. 01. 1869
Sack 1

Schlicht, Kurt
19. 10.
Oberste Gasse 59

Schlitt, Anna
30. 10. 1916
Obere Karlsstraße 21

Schlitt, Joseph
18. 04. 1880
Obere Karlsstraße 21

Schloesser, Franz
11. 04. 1906
Panzer-Grenadier, Jena

Schmachalla, Max
10. 06. 1899
Beiseförth

Schmahl, geb. Müller, Elisabeth
gef. Marktgasse 19

Schmahl, Hannelore
1926
gef. Marktgasse 19

Schmahl, Karl
05. 03. 1903
Marktgasse 19

Schmahl, Karl
08. 09. 1932
Marktgasse 19

Schmahl, Wilfriede
1939
Marktgasse 19

Schmalfeld, Elisabeth
26. 04. 1892
Moritzstraße 6

Schmalz, Friedrich
03. 01. 1887
Bettenhäuser Straße 9

Schmalz, Margreth

Schmaus, Kurt
02. 02. 1903
gef. Wildemannsgasse 29

Schmelz, Bernhard
Oberste Gasse 17,
gef. Nat.-Museum

Schmelz, Frieda
05. 01. 1887

Schmerer, Ursula
30. 08. 1924
Steinweg 11, gef. Pinne

Schmid, Elisabeth
02. 04. 1942
Bettenhäuser Straße 9

Schmid (Frau)
1868
gef. Orleansstraße 12

Schmidt, Albert
1903
Entengasse

Schmidt, Albert
05. 07. 1885
Frankfurter Straße 38

Schmidt, Anita

Schmidt, geb. Metsch, Anna
14. 09. 1884
Friedrichsplatz 8

Schmidt, Anna
18. 09. 1873
Grüner Weg 16

Schmidt, Anna
1908
Ziegengasse 3

Schmidt, Anna
Obere Karlsstraße 24,
gef. Nr. 17

Schmidt, geb. Anhalt, Anna
07. 01. 1902
Mauerstraße 13

Schmidt, August
31. 08. 1905
Wildemannsgasse 22

Schmidt, geb. Ebe, Christel
Orleansstraße

Schmidt, Christel
1909
gef. Marktgasse 6

Schmidt, Christina
gef. Nat.-Museum

Schmidt, geb. Eisen, Christine
03. 10. 1901
gef. Orleansstraße 25

Schmidt, Dieter
02. 08. 1936
Wildemannsgasse 22

Schmidt, Dora
gef. Kruggasse

Schmidt, geb. Stemmer, Dorothea
05. 05. 1883
Orleansstraße 17

Schmidt, Eduard
28. 12. 1931
Mauerstraße 20

Schmidt, Elfriede
08. 11. 1940
Wildemannsgasse 22

Schmidt, geb. Mendel, Elisabeth
01. 09. 1859
Salztorstraße 2, gef. Nr. 6

Schmidt, geb. Kramer, Elisabeth
20. 08. 1905
Jägerstraße 12,
gef. Kunigundishof

Schmidt, Elise
Kastenalsgasse 27, gef. Pinne

Schmidt, Elli
12. 08. 1922

Schmidt, Emilie
1897
gef. Hohentorstraße 15

Schmidt, Ferdinand
11. 04. 1884
Graben 45, gef. Pinne

Schmidt (Frau)
Wolfhager Straße 48

Schmidt (Frau)
1893
Marktgasse 19

Schmidt (Frau)
Kruggasse 1, gef. Müllergasse 20

Schmidt (Frau)
01. 01. 1859
Salztorstraße 2

Schmidt (Frau)
Oberste Gasse 41

Schmidt (Frau)
(Mutter von Hans Schmidt)
1874
Kastenalsgasse 5

Schmidt, Friedrich
19. 01. 1914
Obere Karlsstraße 23

Schmidt, Friedrich
24. 12. 1887
Kölnische Straße 9

Schmidt, Friedrich
22. 07. 1868
Kastenalsgasse 7

Schmidt, Hannelore
21. 12. 1941
gef. Jägerstraße 5

Schmidt, Hannelore
Kastenalsgasse 12

Schmidt, Hans
1907
Kastenalsgasse 5

Schmidt, Heinrich
29. 08. 1896
Wolfhager Straße 48,
gef. Mombachstraße 72

Schmidt, Heinrich

Schmidt, Heinz
23. 04. 1924
Huthstraße 8

Schmidt, Hildegard
05. 09. 1925
Graben 65

Schmidt, Horst
15. 02. 1929
Graben 65

Schmidt, Ilse
22. 02. 1928
Graben 65

Schmidt, Inge
1931
Kastenalsgasse 27

Schmidt, Johann
07. 09. 1905
Kruggasse 10

Schmidt, Johannes
30. 12. 1876
Mittelgasse 19

Schmidt, Karl
01. 07. 1909
Oberste Gasse 41

Schmidt, Karl
Pferdemarkt 18

Schmidt, Karl-Heinz
25. 04. 1924
Huthstraße 8

Schmidt (Kind)
gef. Kruggasse 9–11

Schmidt, Kurt
05. 03. 1927
Jägerstraße 10

Schmidt, Liesel
Oberste Gasse 41

Schmidt, Lorchen
05. 09. 1931
Jägerstraße 12

Schmidt, Ludwig
gef. Moltkestraße 10

Schmidt, geb. Gelyke, Luise
01. 11. 1908
Kastenalsgasse 5

Schmidt (Mann)
1868
Orleansstraße 12

Schmidt (Mann)
Oberste Gasse 41

Schmidt (Mann)
Frankfurter Straße 32

Schmidt, geb. Junghans,
Margarethe
Mauerstraße 20

Schmidt, Maria
März 1919
Schäfergasse 26

Schmidt, geb. Luft, Maria
03. 04. 1909
Wildemannsgasse 22

Schmidt, geb. Lübeck,
Maria-Elisabeth
18. 10. 1877
Mittelgasse 19

Schmidt, Marianne
gef. Jägerstraße 3

Schmidt, Marie
29. 03. 1925
Pferdemarkt 18

Schmidt, geb. Eisenhuth, Marie
gef. Hohenzollernstraße 47

Schmidt, geb. Keller, Martha
08. 04. 1892
Jägerstraße 10

Schmidt, geb. Schollmeier, Minna
29. 11. 1903
Oberste Gasse 26

Schmidt, Peter
1939
gef. Jägerstraße 5

Schmidt, Philipp
gef. Nat.-Museum

Schmidt, Samuel
26. 07. 1885
Untere Königsstraße

Schmidt, Siegfried
29. 00. 1935
Plötzweg 3

Schmidt, geb. Göbel,
Sophie-Lotte
26. 10. 1891
Königsstraße 77

Schmidt, Walther
10. 12. 1888
Ludwig-Mohr-Straße 8

Schmidt, geb. Gabel, Wera
gef. Kruggasse 11

Schmidtmann, Elisabeth
25. 12. 1874
Untere Karlsstraße 12

Schmiedt, Heinrich
Oberste Gasse 32

Schminke, Christian
1863
gef. Orleansstraße 28

Schminke, Christine
1863
Orleansstraße 21

Schminke oder Schnicke, Emil
Orleansstraße

Schminke oder Schmucke, Friedrich
18. 02. 1892
Oberste Gasse 6

Schmitt, geb. Gießler, Christine
05. 05. 1885
Entengasse 4

Schmitt, geb. Hellwig, Emmi
04. 05. 1912
Marktgasse 2

Schmitt, Hannelore
3 1/2 Jahre
Marktgasse 2

Schmitt, Joseph
08. 10. 1914
Schäfergasse 26

Schmitt, geb. Rödiger, Maria
10. 03. 1919
Schäfergasse 26

Schmitt, Peter
12. 05. 1879
Entengasse 4

Schmitt, Renate
23. 04. 1942
Marktgasse 2

Schmitz, Anitta
1893
Bonifatiusgasse 2,
gef. Müllergasse 20

Schmitz, Hedwig
29. 03. 1898

Schmoll, Anna
13. 10. 1908
Marktgasse 4

Schmoll, geb. Wittich, Elisabeth
27. 08. 1879
Marktgasse 4

Schmorbusch, Johann
24. 07. 1899

Schnabel, Georg
24. 09. 1892
Leipziger Straße 66, gef. Sack 3

Schnauß, Brigitte
14. 03. 1939
Wildemannsgasse 29

Schnauß, Helga
08. 06. 1935
Wildemannsgasse 29

Schnauß, geb. Martens, Irene
17. 10. 1910
Gießbergstraße 15 1/2

Schnauß, Kurt
02. 02. 1903
Wildemannsgasse 29

Schnauß, geb. Baumann, Martha
06. 01. 1905
Wildemannsgasse 29

Schnauß, Walter
29. 08. 1937
Wildemannsgasse 29

Schnedler, Heinrich oder
Friedrich
1893
gef. Schäfergasse 18

Schneeweiß, Helene
10. 07. 1910
Töpfenmarkt 19 1/2

Schneeweiß, Roswitha
17. 03. 1941

Schneeweiß, Wolfgang
04. 07. 1938

Schnegelsberg, Karl-Heinz
03. 05. 1926
Wolfhager Straße 91

Schneider, geb. Kniese, Anna
26. 02. 1904
Oberste Gasse 31

Schneider, Anna
gef. Wilhelmsstraße 7

Schneider, Dora
Untere Königsstraße 69

Schneider, geb. Hohle, Elfriede
02. 11. 1895
Jägerstraße 3

Schneider, geb. Schwab, Elisabeth
21. 03. 1885
Gießbergstraße 6

Schneider, Elisabeth
24. 01. 1901
gef. Hermannstraße 3

Schneider, Elise
06. 02. 1867
Obere Karlsstraße 26

Schneider, geb. Haupt, Else
02. 12. 1906
gef. Obere Karlsstraße 17

Schneider, Erich
15. 07. 1922
Gefreiter im Nachr.-Ers.-Batl.

Schneider, Ernestine
gef. Pferdemarkt 29

Schneider, Ernst
15. 09. 1864
Pferdemarkt 29, gef. Müllergasse

Schneider, Franz
05. 09. 1904
Hermannstraße 3

Schneider (Frau)
Kasernenstraße 1

Schneider (Frau)
02. 12. 1912
Untere Königsstraße 65

Schneider (Frau)
Hermannstraße 3

Schneider (Frau)
Untere Königsstraße 69

Schneider (Frau)
gef. Marktgasse 19

Schneider, Gertrud
23. 04. 1872
Westring 56

Schneider, geb. Koch, Gertrud
05. 12. 1869
Wilhelmsstraße 9

Schneider, Gustel
1931
Jägerstraße 9

Schneider, Heinz
05. 07. 1931
Untere Königsstraße 65

Schneider, Hildegard
10. 09. 1938
Mittelgasse 13

Schneider, Ingrid
ca. 3 Jahre
Bürgersäle

Schneider, Johannes
gef. Westring 56

Schneider, Karl
Moltkestraße 8

Schneider, Karl
09. 05. 1913
gef. Jägerstraße 5

Schneider, geb. Müller, Klara
21. 08. 1898
Ständeplatz 3

Schneider, Klaus
03. 01. 1935
Kölnische Straße 5

Schneider, Konrad
17. 03. 1870
Jägerstraße 4

Schneider, Lina
13. 04. 1892
Wilhelmsstraße 9

Schneider, geb. Bertsche, Lini
27. 12. 1910
Mittelgasse 13

Schneider (Mann)
gef. Hermannstraße 3

Schneider, Richard
gef. Marktgasse 19

Schneider, Rudolf
03. 09. 1908
gef. Orleansstraße 17

Schneider, Rudolf
Obere Karlsstraße 26

Schneider, Sabine
30. 11. 1936
Kölnische Straße 5

Schneider, Ursula
14. 01. 1925
Jägerstraße 3

Schneider, Werner
05. 12. 1924
Gefreiter

Schneider, Wilhelm
Untere Königsstraße 69

Schneider, Wilhelm
23. 05. 1886
Holländische Straße 23

Schneidmüller, Dorothea
09. 07. 1877
Albrechtstraße 75

Schnell (Frau)
gef. Marktgasse 20

Schnell, geb. Fischer, Marie
02. 04. 1864
Oberste Gasse 6

Schnell, Max
20. 12. 1863
Oberste Gasse 6

Schnell, Wilhelm
1883
Marktgasse 20

Schnellhardt, Thilo
15. 04. 1896
Gartenstraße 16 1/2

Schnieger, Fritz
ca. 62 Jahre

Schnitzer, Margarete
Schwanenweg 3

Schnödler, Heinrich
1893
gef. Schäfergasse 18

Schodel (Frau und 4 Kinder)
gef. Kruggasse 9–11

Schöbel, Rudolf
20. 02. 1921
gef. Marktgasse 19

Schöck, Antonie
21. 06.
gef. Schomburgstraße 11

Schöck, Wilhelm
17. 04. 1870
gef. Schomburgstraße 11

Schömber, Justus Adolf
Kölnische Straße 9

Schön (Frau)
Kruggasse 7

Schön, Horst
1936
Kruggasse 7

Schön (Kind, weiblich)
Kruggasse 7, gef. Müllergasse 20

Schönboom, Anneliese
28. 11. 1943
Hohenzollernstraße 56

Schönewolf (Frau)
gef. Oberste Gasse 35

Schönewolf, Heinz
Kölnische Straße 16

Schönhoven, Anneliese
28. 11. 1911
gef. Hohenzollernstraße 56

Schönhoven, Heinrich
04. 11. 1901
gef. Hohenzollernstraße 56

Schöniger, Wiebke
07. 08. 1921
Moltkestraße 12

Schoenthal, Erich
gef. Königsplatz

Schönwolf
Kölnische Straße 1

Schöpke, Stanislaus
10. 07. 1927

Schötter, Alwin
09. 09. 1942
Schäfergasse 26, gef. Nr. 16

Schötter, geb. Hansmann, Irmgard
19. 11. 1919
Schäfergasse 26, gef. Nr. 16

Scholl, Anton
1918
Pferdemarkt 13,
gef. Hohentorstraße 29–31

Scholl, Ilse
1928
Bettenhäuser Straße 6

Scholl, Karl
11. 04. 1895
gef. Marktgasse 6

Scholl, geb. Herbusch, Martha
30. 04. 1898
gef. Marktgasse 6

Schollhas, Elise
09. 07. 1877
gef. Jägerstraße 12

Schollhas, Konrad
26. 11. 1875
Jägerstraße 12

Scholz, Anne
07. 06. 1893
Hohenzollernstraße 83

Scholz, Dina
28. 01. 1895
Kastenalsgasse 9

Scholz, Else
10. 03. 1928
Bettenhäuser Straße 10

Scholz, Gertrud
04. 05. 1922
Jägerstraße 15

Scholz, Karla
19. 04. 1926
Bettenhäuser Straße 10,
gef. Nr. 6

Scholz, Paul
23. 08. 1874
gef. Schäfergasse 18

Schomber, Klara
29. 10. 1893
Kölnische Straße 11

Schomberg, Helga
20. 04. 1935
Hohentorstraße 37

Schomberg, geb. Bahrens, Lydia
16. 09. 1906
Hohentorstraße 37

Schomburg (Mann)
1878
Naumburger Straße 18a

Schomhardt, Hertha
08. 03. 1910
gef. Schomburgstraße 7

Schomhardt, Karl
21. 01. 1864
gef. Schomburgstraße 7

Schoppach, Else
10. 10. 1891
Hohenzollernstraße 58

Schorr, Julius
30. 08. 1926
gef. Pferdemarkt 26

Schott, Ingeborg
29. 11. 1933
Entengasse 19

Schotte, Käte
02. 01. 1927
Kasernenstraße 9

Schotte, geb. Hesse, Marie
10. 04. 1893
Kasernenstraße 9

Schrader, geb. Viereck, Elise
24. 12. 1880
Bahnhofsstraße 20

Schrader (Frau)
Bahnhofsstraße 22

Schrader, Kätchen
30. 03. 1906
Obere Königsstraße 23

Schrader, geb. Krug, Klara
30. 03. 1906
Obere Königsstraße 23

Schrader, Rudolf
10. 10. 1906
Obere Königsstraße 23

Schrader, Wolfgang, Heinrich,
Wilhelm
13. 09. 1935
Obere Königsstraße 23

Schramm, Horst
18. 01. 1930
gef. Jägerstraße 5

Schramm,
geb. Fischer, Margarete
Jägerstraße 5

Schramm, Margot
Bettenhäuser Straße 7

Schramowski, geb. Dreiling,
Auguste Leonie
11. 04. 1906
Pfarrstraße 16

Schreiber, geb. Kallenbach, Anna
29. 08. 1882
Müllergasse 4

Schreiber, Carl
1929
Pferdemarkt 32

Schreiber, geb. Storch, Dora
29. 04. 1887
Pferdemarkt 32

Schreiber, geb. Ratgeber,
Elisabeth
04. 10. 1893
Graben 44

Schreiber, geb. Tülla, Emma
05. 04. 1921
Michelgasse 3

Schreiber, geb. Klingenberg,
Frieda
24. 12. 1894
Schäfergasse 6

Schreiber, Frieda
27. 10 1902
Graben 44, gef. Marktgasse 19

Schreiber, Friedrich
17. 10. 1902
Graben 44, gef. Marktgasse 19

Schreiber, Heinz
1930
Graben 44, gef. Marktgasse 19

Schreiber, Irmgard
30. 12. 1923
Pferdemarkt 32

Schreiber, Manfred
31. 12. 1940
Michelgasse 3

Schreiber, Martha
25. 03. 1888
Rothenditmolder Straße 10

Schreiber, Ottilie
27. 12. 1898
Untere Königsstraße 74

Schreiber, geb. Butt, Pauline
30. 03. 1897
Gießbergstraße 25

Schreiber, Trude
27. 10. 1902
Graben 44

Schreiber, Ursula
11. 06. 1925
Graben 44, gef. Marktgasse 19

Schreiber, Wilhelm
13. 09. 1881
Graben 43

Schreiber (2 Personen)
nähere Angaben unbekannt,
gef. Müllergasse 12–16

Schreier, geb. Berkert, Auguste
10. 11. 1878
Graben 67,
gef. Brasselsberg 23

Schreiner, Emma
26. 10. 1900
Wörthstraße 6

Schreiter, geb. Vollmar, Henriette
22. 02. 1899
Mittelgasse 34

Schreiter, Martha
1884
Kasernenstraße 1

Schreiter, Max Paul
21. 06. 1870
Kasernenstraße 1

Schreiter, Otto
05. 11. 1900
Mittelgasse 34

Schröder, Adam
05. 10. 1895
Mittelgasse 23

Schröder, Adam
Oberste Gasse 30

Schröder, Anna
1871
gef. Pferdemarkt 26

Schröder, Anna
18. 12. 1896

Schröder, Anton
27. 05. 1892
Mittelgasse 24

Schröder, Elfriede
1898
gef. Graben 29

Schröder, Elisabeth
29. 09. 1910
Weserstraße 8

Schröder, geb. Engel, Elisabeth
09. 06. 1892
Mittelgasse 24

Schröder, geb. Beyer, Elise
30. 06. 1886
gef. Wörthstraße 25

Schröder (Frau)
Oberste Gasse 30

Schröder, Frieda
08. 09.
Entengasse 25, gef. Graben 29

Schröder, Friedrich
29. 08. 1898
Entengasse 25

Schröder, Georg
31. 03. 1897
gef. Marktgasse 19

Schröder, Grete
gef. Große Rosenstraße

Schröder, H.
(Trauring Dez. 1890)
gef. Graben 51

Schröder, Hermann
01. 09. 1898

Schröder, Karl
12. 04. 1874
Müllergasse 18

Schröder, Karl-Heinz
06. 02. 1936
Weserstraße 8

Schröder, Margarete
15. 08. 1920
Marktgasse 21

Schröder, Marianne
25. 05. 1933
Weserstraße 8

Schröder, Marie
ca. 45 Jahre
gef. Graben 43

Schröder, Rosemarie
Hinter der Waage 7

Schröder, Werner
04. 09. 1919
Marktgasse 21

Schröder, Wilhelm
Untere Königsstraße 63

Schröder oder Schröter, Wilhelm
11. 12. 1877
Schäfergasse 15

Schröder, Wilhelm
Am Graben 25

Schubert, August

Schubert, Dora
Hinter der Waage 5

Schubert, Hanne
1936

Schubert, Josef
ca. 60 Jahre
Schomburgstraße 7

Schubert, Käte
20. 01. 1928
Rauchstraße 8

Schubert, geb. Bernhard,
Lina Dora
18. 01. 1909
Philosophenweg 26

Schuchardt, Adolf
Huttenstraße 7

Schuchardt, Grete
Kruggasse 7

Schühe, Maria
10. 01. 1889

Schüler, Frieda
22. 02. 1907
Behringerrode

Schüler, Gerhardt
02. 04. 1931
Entengasse

Schümann, Margarete
26. 07. 1925
Königsstraße 63

Schüßler, Elfriede
04. 08. 1922
Kasernenstraße 1

Schüßler, Heinrich
23. 05. 1865
Schäfergasse 8

Schüßler, Lieselotte
30. 06. 1927
Kasernenstraße 1

Schüßler, geb. Welch, Minna
24. 05. 1895
Kasernenstraße 1

Schütrumpf, Hermann
gef. Hedwigstraße 18

Schütt (Frau)

Schütte (Frau)
Schomburgstraße 3

Schütte, Karl
04. 01. 1866
Schützenstraße 18

Schütte, Thea
Druselplatz 6

Schüttenhassel (Frau)
gef. Oberste Gasse 59

Schüttenhassel, Paul
gef. Oberste Gasse 59

Schütz, geb. Lapp, Anna
12. 10. 1911
Holländische Straße 4

Schütz, Elisabeth
28. 07. 1876
Hohenzollernstraße 63

Schütz, Dr., Hermann
15. 11. 1878
Große Rosenstraße 7

Schütz, Karl
22. 08. 1908
Holländische Straße 4,
gef. Kastenalsgasse 5

Schütz, geb. Leister, Margarete
13. 07. 1887
Große Rosenstraße 7

Schütz, Rosemarie
08. 07. 1943
Holländische Straße 4

Schütz, Theodor
21. 04. 1873
Hohenzollernstraße 63

Schütz, Wilhelm
Hohenzollernstraße 14

Schütze, geb. Vogt, Marie
20. 01. 1889
Kastenalsgasse 21

Schuhmann, geb. Dressel, Paula
04. 07. 1898
gef. Königsstraße 63

Schuhmann, Ruth
29. 12. 1926
gef. Königsstraße 63

Schule, Gisela
30. 08. 1935
Schäfergasse 14

Schule, Kurt
05. 06. 1933
Schäfergasse 14

Schule, Maria
01. 11. 1911
Schäfergasse 14

Schule, Wilhelm
30. 05. 1931
Schäfergasse 14

Schultheiß, Anna
11. 11. 1901

Schultheiß, Eugen
Große Rosenstraße 11

Schultheiß, Jacob
25. 04. 1904

Schultheiß, geb. Munk, Käte
19. 12. 1907

Schultheiß, Marie
04. 11. 1908
Wolfsschlucht

Schultheiß
Oberbannführer

Schultheiß, Ruthilde
07. 08. 1939

Schultheiß, Wilfriede
06. 03. 1933

Schultz, geb. Ackermann, Emilie
13. 07. 1886
Pferdemarkt 14

Schultz, Wilhelm
08. 01. 1882
Pferdemarkt 14

Schulz, Bernhard
Oberste Gasse 15

Schulz (Frau)
1858
Orleansstraße 25

Schulz, geb. Czybik (Frau)
05. 06. 1907
Ziegengasse 23

Schulz, Frieda
22. 02. 1907
gef. Entengasse 1

Schulz, Gerhardt
02. 04. 1931
gef. Entengasse 1

Schulz, Otto
1936
gef. Entengasse 1

Schulze
70–75 Jahre
gef. Marktgasse 20

Schulze, Alfred
17. 02. 1902
gef. Schomburgstraße 9

Schulze, geb. Engel, Anni
01. 01. 1917
Schäfergasse 14

Schulze, Berbel
19. 01. 1943
gef. Schomburgstraße 9

Schulze, Doris
21. 01. 1940
gef. Schomburgstraße 9

Schulze, Eduard
18. 11. 1907
Pferdemarkt 28

Schulze-Ehlers, Ella
Oberste Gasse 59

Schulze (Frau)
1903
Gießbergstraße 8

Schulze, Gisela
30. 08. 1935
Schäfergasse 14

Schulze, Herbert
19. 12. 1934
gef. Schomburgstraße 9

Schulze, Herbert
05. 06. 1933
Schäfergasse 14

Schulze, geb. Rudolf, Käte
25. 02. 1891
Hohentorstraße 13

Schulze, Katharina
1858
gef. Orleansstraße 25

Schulze, Kurt
05. 06. 1933
Schäfergasse 14

Schulze, Kurth
1898
Marktgasse 20

Schulze, Manfred
30. 06. 1932
gef. Schomburgstraße 9

Schulze, geb. Frohl, Maria
01. 11. 1911
Schäfergasse 14

Schulze, Rolf
09. 01. 1934
gef. Schomburgstraße 9

Schulze, Wilhelm
30. 09. 1931
Schäfergasse 14

Schulze, Wolfgang
16. 12. 1930
gef. Schomburgstraße 9

Schumann, Fritz
25. 09. 1890
Weserstraße 30

Schumann, Margarete
26. 07. 1925
gef. Königsstraße 63

Schumann, geb. Dressel, Paula
04. 07. 1898
gef. Königsstraße 63

Schumann, Ruth
29. 12. 1926
Königsstraße 26

Schußmann, Willi
Mittelgasse 34

Schust, Ruth
Schomburgstraße 3

Schuwald, Heinz
1933
Schäfergasse 18

Schwab (Schwarz), Erna
1908
gef. Pferdemarkt 26

Schwach, Hans-Werner
01. 11. 1919

Schwan, August
13. 05. 1888
Obere Karlsstraße 19

Schwarz, geb. Hilgenberg, Anna
05. 06. 1879
Leipziger Straße 1

Schwarz, Auguste
20. 09. 1907
Mittelgasse 62

Schwarz, Ehrentraut
04. 08. 1934
Marktgasse 9

Schwarz, Elfriede
10. 11. 1910
Mittelgasse 62

Schwarz, geb. Jaworek, Elisabeth
06. 01. 1908
Marktgasse 9

Schwarz, Elisabeth
Mittelgasse 56

Schwarz, Elisabeth
28. 02. 1888
Untere Königsstraße 79

Schwarz (Schaub), Erna
1908
gef. Pferdemarkt 26

Schwarz, Heinrich
11. 10. 1897
Marktgasse 7

Schwarz, geb. Jäckel, Hildegard
02. 12. 1905
Marktgasse 7

Schwarz, Johann Heinrich
02. 04. 1862
Untere Königsstraße 79

Schwarz, Julius
15. 11. 1874
Leipziger Straße 1

Schwarz, Katharina
13. 01. 1891
Untere Königsstraße 79

Schwarz, Luise
18. 10. 1941
Kruggasse 6

Schwarz, Roswitha
06. 12. 1942
Kruggasse 6

Schwarzlose, geb. Tepping, Alma
13. 08. 1884
Jägerstraße 15

Schwedes, geb. Körtel, Anna
09. 12. 1906
Jägerstraße 2

Schwedes, Elise
23. 04. 1893
Hohentorstraße 24

Schwedes, geb. Hufschmidt, Erna
13. 12. 1912
Sack 1

Schwedes, geb. Schulz (Frau)
09. 04. 1913
Leipziger Straße 3

Schwedes, Heinrich
07. 04. 1865
Moltkestraße 14

Schwedes, Klaus
19. 07. 1939
gef. Jägerstraße 2

Schweiger, Auguste
10. 11. 1878
Graben 67

Schweinberg, geb. Wagner, Konradine
22. 05. 1905
Unterneustädter Kirchplatz 5

Schweinebraten, Elisabeth
21. 04. 1908
Rosenstraße 19

Schweinsberg, Dina
gef. Mittelgasse

Schweinsberg, Irmgard
01. 03. 1938
Unterneustädter Kirchplatz 5

Schweizer, Gisela
20. 04. 1943
gef. Pinne

Schweizer, Karl
20. 06. 1935
gef. Pinne

Schweizer, Siegfried
07. 05. 1940
gef. Pinne

Schwerdtner, Ruth
10. 08. 1925
Diakonissenstraße 2,
gef. Königsplatz 62

Schwieder, Anna
06. 02. 1874
Jägerstraße 12

Schwieder, geb. Daube, Dora
27. 04. 1901
Jägerstraße 12

Schwieder, Friedrich
08. 11. 1871
Jägerstraße 12

Schwieder, Hannelore
01. 11. 1934
gef. Jägerstraße 12

Schwieder, Martha
21. 06. 1898
Jägerstraße 12

Schwieger, Fritz
1881

Schwing, Minna
01. 09. 1898
Große Rosenstraße 11

Schwinn, Jakob
18. 05. 1901
Frankfurt/Main

Seebach, Adam
18. 01. 1892
Steinweg 24

Seebach, geb. Böttner, Anna
09. 01. 1905
Müllergasse 12–16

Seebach (Familie 3 Personen)
gef. Müllergasse 12–16

Seebach, Rolf
10. 12. 1930
Müllergasse 12–16

Seebach, Wilhelm
07. 10. 1903
Müllergasse 12–16

Seeber, geb. Martin, Elisabeth
15. 10. 1902
Marktgasse 13

Seeber, Elise
1878
Kasernenstraße,
gef. Mittelgasse 13

Seeber, Jakob-Horst
20. 02. 1939
Marktgasse 13

Seeber, Klara
10. 06. 1897
Schlachthofstraße 12

Seeberger, Annemarie
ca. 6 Jahre
Kastenalsgasse 45

Seeberger, Sofie
gef. Kastenalsgasse

Seeger, geb. Hauß, Auguste
06. 08. 1889
Untere Königsstraße 73

Seeger, Heinrich
06. 08. 1889
Untere Königsstraße 73

Seeger, Margarete
18. 05. 1912
gef. Schäfergasse 17

Seemann, Georg
gef. Entengasse

Seemann, Heinrich
14. 04. 1869
Pferdemarkt 29

Seemann, Hildegard
20. 04. 1926
gef. Entengasse 9

Seemann, Manfred
1939
gef. Entengasse

Seemann, geb. Kuitter, Maria
15. 11. 1878
Pferdemarkt 29

Seguin, geb. Schröder, Auguste
29. 09. 1887
gef. Hohenzollernstraße 47

Sehrt, Marie
10. 08. 1884
Druselplatz 6

Sehrt, Wilhelm
30. 06. 1900
Druselplatz 6

Seibold,
28. 10. 1916
Moritzstraße 4

Seidel, geb. Braunholz, Anna
14. 08. 1892
Mittelgasse 31

Seidel, August
17. 10. 1888
Mittelgasse 31,
gef. Grüner Weg 8

Seidenfaden, geb. Gerlach, Ida
17. 04. 1877
Obere Karlsstraße 28

Seitz, Else
1928
Jägerstraße 6

Seitz, Erna
22. 09. 1924
Kastenalsgasse 5

Seitz (Frau)
1898
Jägerstraße 6

Seitz (Frau)
Moltkestraße 11

Seitz, Günter
07. 06. 1927
Oberste Gasse 61

Seitz, Käthe
13. 01. 1902
gef. Jägerstraße 5

Seitz, Konrad
1891
Jägerstraße 6

Seitz, Luise
1903
gef. Haus Chartier,
Oberste Gasse 61

Seitz, Maria
20. 03. 1866
Willhelmsstraße 13

Selbmann, Ingeborg
31. 12. 1919
Kölnische Straße 9

Selbmann, geb. Divour, Martha
19. 02. 1882
Kölnische Straße 9

Selbmann, Paul
23. 04. 1875
Kölnische Straße 9

Sell (Frau)
Obere Karlsstraße 23,
gef. Bürgersäle

Sell, geb. Schütz, Martha
01. 04. 1889
Pferdemarkt 23

Sellin, Hans-Otto
ca. 4 Jahre
Freiheiter Durchbruch 10,
gef. Marktgasse 19

Sellin, Marie
30–35 Jahre
Freiheiter Durchbruch 10

Sellin, Peter
22. 12. 1942
Freiheiter Durchbruch 10,
gef. Marktgasse 6

Selmerer, Ursula
30. 08. 1924
Steinweg 11

Semmelroth, Ernst August
22. 05. 1913
Würzberg 2

Semmelroth, Luise
02. 04. 1907
Oberste Gasse 13, gef. Sack 3

Semmelroth, geb. Schulte, Maria
08. 01. 1912
Parkstraße 8

Semmelroth, Marlis
16. 11. 1926
Oberste Gasse 13

Semmler, geb. Goldmann, Berta
12. 03. 1897
Untere Königsstraße 81

Semmler, Erich
25. 07. 1929
Untere Königsstraße 81

Semmler, Harald
1934
Schomburgstraße 8

Semmler, Hermann
28. 12. 1897
Untere Königsstraße 81

Semmler, Klara
Untere Karlsstraße 10

Semmler, Lisbeth
1908
Schomburgstraße 8

Semmler, geb. Osterberg, Lucie
05. 03. 1871
Ziegengasse 11

Semmler, Ursula
1928
Schomburgstraße 8

Send, Heinrich
15. 01. 1882
gef. Oberste Gasse 11

Senge, geb. Löbermann, Barbara
1897
Pferdemarkt 26

Senge, Rudolf
1898
Pferdemarkt 26

Sennhenn, geb. Kurz, Anna
21. 01. 1906
Moltkestraße 5

Sennhenn, Harald
08. 09. 1933
Pferdemarkt 3

Sennhenn, geb. Bernhardt, Liesel
10. 09. 1908
Pferdemarkt 3

Sennhenn, Walter
20. 05. 1935
Pferdemarkt 3

Serret, Juan
31. 12. 1883
Hohenzollernstraße 47

Serret, geb. Zind, Leonia
07. 01. 1884
Hohenzollernstraße 47

Seute, geb. Bogdorn, Marta
16. 02. 1908
Kruggasse 13, gef. Wall

Seydler, Grete
Karlsstraße 13

Sibilski, Hans
04. 11. 1939
Bettenhäuser Straße 9

Sibilski, Kurt
11. 04. 1938
Bettenhäuser Straße 9

Sibilski, geb. Meinhardt, Marie
24. 04. 1913
Bettenhäuser Straße 9

Sibilski, Werner
06. 03. 1943
Bettenhäuser Straße 9

Sieber, Klara
10. 06. 1897

Siebert, Alwine
Königsstraße 76

Siebert, Auguste
08. 08. 1898
Schäfergasse 4

Siebert, Brigitte
18. 11. 1942

Siebert, geb. Zyprecht, Elise
22. 06. 1880
Kasernenstraße 4

Siebert, Elke
17. 04. 1943
Wittigstraße 13

Siebert (Frau)
Frankfurter Straße 17

Siebert, geb. Schwinger, Frieda
10. 05. 1902
Kruggasse 13

Siebert, Gertrud
23. 06. 1875
Frankfurter Straße 17

Siebert, Lina
1868
gef. Pferdemarkt 25

Siebert, Louis
20. 12. 1870
Hohentorstraße 10

Siebert, Luise
02. 03. 1918
Wittichstraße 13

Siebert, geb. Leise,
Maria Magdalena
10. 01. 1864
Hohentorstraße 37

Siebert, Nikolaus
06. 02. 1869
Wolfhager Straße 46

Siebert, Walter
04. 10. 1930
Schäfergasse 4

Siebertz, Jakob
08. 10. 1910
gef. Marktgasse 21

Siebertz, Peter
09. 01. 1943
Wildemannsgasse 25

Siebertz, geb. Meil, Santina
05. 01. 1909
Wildemannsgasse 25

Siebrecht, Edmund
25. 11. 1887
Hupfeldstraße 11

Siebrecht, geb. Krüger, Irma
20. 02. 1897
Wildemannsgasse 5

Sieburg, Adele
10. 03. 1890
Schlachthofstraße 10

Sieburg
Schlachthofstraße 10

Siegeler, Heinrich
Graben 25

Siegeler, Luise
1908
gef. Graben 29

Siegeois, Simone
05. 03. 1923
Schäfergasse 33

Siegert, geb. Schmüker, Elise
55–60 Jahre
Graben 46

Siegert, Gustav
22. 06. 1878
gef. Marktgasse 15

Siegert, Heinz
15. 12. 1941
Kastenalsgasse 7, gef. Nr. 5

Siegert, Irmgard
13. 11. 1925
gef. Marktgasse 15

Siegert, Käthe
28. 12. 1933
Kastenalsgasse 7, gef. Nr. 5

Siekmann, geb. Neukel, Frieda
18. 11. 1897
Mittelgasse 29,
gef. Mittelgasse 35

Siekmann, geb. Wild, Margarete
09. 08. 1864
Mittelgasse 29
gef. Mittelgasse 35

Siekmann, Margarete
01. 12. 1928
Mittelgasse 29
gef. Mittelgasse 35

Siemon, geb. Schmidt, Christine
22. 03. 1903
Marktgasse 30–32

Siemon, Elise
Westring 56

Siemon, Georg
Steinweg

Siemon, Maria
30. 01. 1937
Untere Königsstraße 73

Siemon, Marianne
11. 04. 1935
Wildemannsgasse 25

Siemon, geb. Holzhauer, Martha
03. 01. 1872
Steinweg 12

Siemon, Michael
Westring 56

Siemon, Minna
Westring 56

Siemon, Raymund (Franzose)
05. 09. 1924
Bettenhäuser Straße 16

Siemon, Walter
Westring 56

Sievers, geb. Rolanda, Sophie
28. 09. 1897
Pferdemarkt 25

Siffelmann, Heinrich

Sigeller, Margarete
19. 04. 1913
Obere Karlsstraße 13

Silber, Fritz
13. 11. 1876
Westring 56

Silber, geb. Wagner, Luise
14. 09. 1883
Westring 56

Siller, geb. Deinwitz, Anna
13. 09. 1883
Wildemannsgasse 19

Simon, Anna
16. 04. 1934
Schäfergasse 24

Simon, geb. Paul, Berta
1902

Simon, Berta
ca. 30 Jahre
gef. Marktgasse 19

Simon, geb. Blum, Elise
24. 04. 1875
Westring 56

Simon, Erich
ca. 35–37 Jahre
Marktgasse 30

Simon, geb. Lange, Gretel
08. 07. 1915
Schäfergasse 24

Simon, Helga
10–12 Jahre
Hinter der Waage 12

Simon, Helga
Kastenalsgasse 3

Simon, Jean
Kastenalsgasse 10

Simon, Joni
Kastenalsgasse 3

Simon (Junge)
gef. Pinne

Simon, Karl Heinz
18. 06. 1942
Schäfergasse 24

Simon, Lina
Kastenalsgasse

Simon (männlich)
Untere Königsstraße 73

Simon, Meta
Kastenalsgasse 3

Simon, Michael
29. 04. 1867
Westring 56

Simon, geb. Messe, Minna
11. 05. 1899
Westring 56

Simon, Ruth
1933
Kastenalsgasse 3

Simon, Waltraud
03. 03. 1936
Schäfergasse 24

Simoske, Ewald
1928
gef. Turmgasse

Sinning (Frau)
gef. Ziegengasse 13

Sinning, Georg
gef. Ziegengasse 13

Sinning, Manfred
gef. Ziegengasse 13

Sippel, geb. Malinkkrodt, Anna
11. 04. 1909
Pferdemarkt 15

Sippel, geb. Busch, Elisabeth
10. 02. 1874
Schäfergasse 4

Sippel, Gertrud
09. 09. 1928
Pferdemarkt 15

Sippel, Günther
14. 07. 1937
Pferdemarkt 15

Sippel, Helmuth
13. 08. 1939
Kasernenstraße 4

Sippel, Herbert
20. 10. 1926
Kasernenstraße 4

Sippel, Ingeborg
Graben 15

Sippel, Ingeborg
Pferdemarkt 15

Sippel, geb. Krug, Martha
03. 05. 1900
Kasernenstraße 4

Sistek, geb. Dierhut, Aloisia
25. 05. 1905
Freiheiter Durchbruch

Sistek (Frau)
1903
Freiheiter Durchbruch 19

Skolimowski, geb. Neumann, Helene
Wildemannsgasse 15

Skolimowski, Johann
21. 06. 1860
Wildemannsgasse 15

Skolimowski, Konrad
07. 03. 1893
Wildemannsgasse 15

Skutta (Frau)
Schomburgstraße 3

Smit, Peter
29. 12. 1920
Oberste Gasse 15

Smit, geb. Verburg, Rinie
21. 01. 1926
Oberste Gasse 15

Smits, Alfons

Soeder, geb. Adolph, Katharina
22. 01. 1883
Kastenalsgasse 7

Söder, Ludwig
25. 05. 1890

Solf, Karl
07. 10. 1904
Sack 4

Solf, geb. Stephan, Luise
25. 07. 1904
Sack 4

Solf, Wally
09. 03. 1926

Sommer, Elisabeth
05. 11. 1903
gef. Pferdemarkt 31

Sommer, Elisabeth
Graben 52

Sommer, geb. Bürmann, Frieda
Jägerstraße 5

Sommer, Friedrich
09. 04. 1867
Jägerstraße 13

Sommer, Heinrich
19. 01. 1895
gef. Jägerstraße 5

Sommer, Heinrich
Graben 52

Sommer, geb. Daun, Juliane
16. 02. 1899
Graben 52

Sommer, Konrad
19. 07. 1873
gef. Mauerstraße 22

Sonntag, geb. Stal, Grete
gef. Rotes Kreuz

Sonntag, geb. Daume, Henriette
28. 05. 1895
Königsstraße 66

Sonntag, geb. Weil, Margarete
07. 01. 1898
Mittelgasse 50

Sonntag, geb. Driever, Paula
27. 02. 1912
Jägerstraße 9

Sonntag, Wilhelm
1910
Pferdemarkt 7,
gef. Müllergasse 20

Sonntag, Wilhelm
29. 05. 1875
Pferdemarkt 7

Sorrwig, Elfriede
01. 01. 1922

Sostmann, Albert
22. 12. 1905
gef. Oskarstraße 13

Sostmann, Günther
14. 09. 1927
Graben 37

Sostmann, Harald
gef. Nat.-Museum

Sousson, geb. Buchenau,
Margarethe
26. 12. 1906
Weißer Hof 3

Spahn, Monika
1916
Hinter der Waage 5

Spahn, Monika
18. 03. 1941
Hinter der Waage 5

Spangenberg, geb. Felle,
Anna Elisabeth
08. 09. 1914
Pferdemarkt 3

Spangenberg, Dorothea
01. 10. 1894
Pferdemarkt 3

Spangenberg, Elisabeth
09. 07. 1903
Pferdemarkt 15

Spangenberg, Georg
20. 06. 1915
Pferdemarkt 3

Spangenberg, Heinz
01. 01. 1935
Pferdemarkt 3

Spangenberg, Helga
09. 03. 1940
Pferdemarkt 3

Spangenberg, Liesel
29. 12. 1937
Pferdemarkt 3

Spangenberg, Peter
08. 10. 1875
Pferdemarkt 15

Spangenberg, Waltraud
28. 01. 1936
Pferdemarkt 3

Spangenberg, Willi
31. 07. 1910
Pferdemarkt 3

Spanntig, Dorothea
Wildemannsgasse 19

Spanntig, Heidemarie
Wildemannsgasse 19

Sparenberg, Helmuth
gef. Hohentorstraße 19

Speck, Anna
1889
gef. Graben 29

Speck, geb. Schade, Dorothea
26. 10. 1893
Graben 53

Speck (Frau)
Druselgasse 27, gef. Graben 2

Speck, Gretchen
14. 11. 1923
Schäfergasse 9

Speck, geb. Warneke, Helene
04. 06. 1896
Schäfergasse 9

Speck, Theodor
02. 04. 1893
Graben 53

Speich, Paul
09. 09. 1922
gef. Lutherplatz 5

Spengler, Willi
25. 02. 1907
gef. Stadt Stockholm

Sperber, H.
15. 09. 1929
gef. Graben 51

Sperber, Henny
19. 01. 1902
Graben 49

Sperber, Karl
11. 01. 1904
Graben 49

Sperber, Karl
11. 01. 1906
Graben 49

Sperber, Karl
1931
Graben 49

Sperber, Karla
25. 05. 1932
Graben 49

Sperber,
geb. Höcker, Margarethe
09. 08. 1866
Graben 49

Sperber, geb. Landgrebe,
Margarete
17. 05. 1909
Graben 49

Sperber, Oswald Hansi
17. 12. 1935
Graben 49

Sperk, H.
gef. Graben 51

Sperling, geb. Decker (Frau)
02. 02. 1878
gef. Jägerstraße 5

Sperling, Hildegard
14. 06. 1908
gef. Jägerstraße 5

Sperling, Walburga
1878
Jägerstraße 9

Spesat, Hans
1928

Spiegler, Heinrich
08. 05. 1936
Pferdemarkt 13

Spiegler, Hildegard
29. 09. 1910
Kastenalsgasse 7

Spieling, Sofie
13. 10. 1912
gef. Pferdemarkt 4

Spies, Helene
04. 10. 1902
Untere Königsstraße 65

Spies, Hugo
29. 12. 1871
Untere Königsstraße 65

Spies, geb. Dönges, Martha
10. 01. 1869
Untere Königsstraße 65

Spieß, geb. Heere, Minna
23. 09. 1895
gef. Jägerstraße 1

Spilling, Elli
gef. Pferdemarkt 2

Splinter, Wilfried (Friedrich?)
03. 04. 1925
Marktgasse 21

Spoddig, geb. Kohlmeier, Martha
29. 11. 1896
Kastenalsgasse 9

Spohr, geb. Creutzburg (Frau)
14. 11. 1886
Untere Königsstraße 85

Spohr, geb. Herber, Maria
35–40 Jahre
Untere Fuldagasse 1

Spohr, Wilhelm
13. 02. 1894
Untere Königsstraße 84

Sprenger (Frau)

Sprenger (Frau)
Moritzstraße 4

Sprenger, Helmuth
21. 08. 1932
Jägerstraße 10

Sprenger, Ingeburg
26. 03. 1936
Jägerstraße 10

Sprenger, Julius

Sprenger, geb. Bremer, Minna
15. 12. 1910
Jägerstraße 10

Sprenger, Tekla
28. 03. 1871

Sprengler, Helene
ca. 28 Jahre
Kastenalsgasse 7

Sputz, Maria
29. 12. 1917
gef. Schönfelder Straße 76

Stabegast, Brunhilde
Freiheiter Durchbruch

Stach, Elfriede
Mittelgasse 6,
gef. Nat.-Museum

Stäbe, Georg
1871
Ziegengasse 16

Stäbe, geb. Reuter, Gertrud
1867
Ziegengasse 16

Ständer (Frau)
gef. Nat.-Museum

Ständer, Horst
31. 03. 1933
Müllergasse 4

Ständer, Horst
gef. Nat.-Museum

Ständer, Käthe
12. 12. 1902
Müllergasse 4

Staffel, Anna
1889
Schomburgstraße 6

Staffel, Karl
09. 12. 1892
Schomburgstraße 6

Stahl, Jacob
24. 11. 1915
Schäfergasse 5

Stahl, Johannes
28. 08. 1870
Schäfergasse 9

Stahl, geb. Sippel, Marie
02. 11. 1874
Schäfergasse 9

Stange, Hanna
gef. Hohentorstraße 33

Stange, Hermann
18. 02. 1898
Untere Königsstraße 65

Stange, geb. Brandenstein, Marie
06. 06. 1894
Untere Königsstraße 65

Starke, Albert
1888
Graben 41, gef. Nr. 29

Stasch, Elfriede
09. 10. 1928
Trinkenstraße 23

Staub, Friedrich
02. 11. 1878
Christophstraße 1/2

Staub, Fritz
1893
gef. Bettenhäuser Straße 6

Staub, Günter
1940
gef. Kölnische Straße 12

Staub, Thea
Kölnische Straße 14

Staub, Waltraud
1935
Kölnische Straße 14

Steckhahn, Clara
Wilhelmsstraße 13

Stedefeld, Gisela
20. 03. 1942
Moltkestraße 9, gef. Nr. 7

Stederfeld, Willi
26. 03. 1928
gef. Mittelgasse 51

Stederoth, Elisabeth
07. 07. 1916
Miramstraße 41

Stederoth, Maria
29. 08. 1918
Miramstraße 41

Steeg, geb. Fritz, Emilie
17. 10. 1904
Huttenstraße 4

Stefaniak, oder Stefanisk, Franz
14. 12. 1888
Admiral-Scheer-Straße 8

Steffen, Elisabeth
Rolandstraße 9, bei Kutscher

Steffen, Elisabeth
Werder, Kugelweg 46,
gef. Kassel

Stegmann, Elise
gef. Schäfergasse 20

Stegmann, Richard
Schäfergasse 20

Stehsen, Martha
29. 12. 1884
Kölnische Straße 12

Stein, Erika
22. 05. 1912
Schäfergasse 18

Stein, Nikolaus
23. 11. 1914
Schäfergasse 18

Steinacker, geb. Cott, Dina
17. 06. 1885
Mittelgasse 4

Steinacker (Frau)
Ziegengasse 13

Steinacker, Friedrich
12. 02. 1881
Mittelgasse 4

Steinacker, Karl
Ziegengasse 13

Steinbach, geb. Emde, Emma
11. 04. 1894
Obere Karlsstraße 15

Steinbach, Gretel
15. 03. 1925
Wilhelmshöher Allee 92

Steinbach, Karl
18. 02. 1930
Hohentorstraße 11

Steinbrück, Bruno
09. 12. 1887
gef. Franzgraben 7

Steindecker, Anni
10. 08. 1931
Gießbergstraße 4, gef. Nr. 8

Steindecker, geb. Schaub, Else
1912
Gießbergstraße 4, gef. Nr. 8

Steindecker, Fritz
14. 03. 1894
Gießbergstraße 4, gef. Nr. 8

Steindecker, Hilde
1866
Gießbergstraße 8

Steindecker, Hilde
1926
Gießbergstraße 4, gef. Nr. 8

Steinecke, Klara
02. 05. 1923
Engelhardstraße 4

Steinecke, geb. Schild, Marie
08. 06. 1880
Engelhardstraße 4

Steiner, geb. Schreiber, Amalie
25. 11. 1899
Moltkestraße 10

Steiner, Max
04. 11. 1897
Moltkestraße 10

Steiner, Waldraut
09. 02. 1923
Moltkestraße 10

Steinhäuser, Otto

Steinmaar, Martha
22. 11. 1880
gef. Bärenkammer

Steinmann, Hedchen
1940
Müllergasse 17

Steinmann, Martha
16. 11. 1916
Mauerstraße 11

Steinmann, Martha
Bettenhäuser Straße

Steinmetz, Dieter (Kind)
Marktgasse 25,
gef. Hinter der Waage

Steinmetz, Fritz
Marktgasse 25

Steinmetz, geb. Rosenbauer,
Gerda Elisabeth Emmi
16. 10. 1915
Obere Karlsstraße 22

Steinmetz, Heinrich
26. 05. 1905
gef. bei Fischmann,
Hinter der Waage 3

Steinmetz, Martha
Marktgasse 25, gef. bei Fischmann,
Hinter der Waage

Steinmetz, Roswitha
1941
Marktgasse 25

Steinnagel, Karl
02. 12. 1894
Rothenditmolder Straße 11

Steinröder, Heinrich
11. 03. 1881
Pferdemarkt 10

Steinröder, geb. Heyer, Katharina
09. 06. 1884
Pferdemarkt 10

Stemmler, Else
12. 08. 1924
Waisenhausstraße 24

Stemmler, geb. Knuth, Lydia
22. 06. 1890
Waisenhausstraße 24

Stemmler, Marie
02. 08. 1868
Oberste Gasse 51

Stender, Karl Emil
gef. Engelhardstraße 4

Stender, geb. Graub, Lina
29. 01. 1885
Engelhardstraße 4

Stengler, Willi
25. 02. 1907
gef. Stadt Stockholm

Stenzing, geb. Hassenpflug, Elise
20. 03. 1891
Mittelgasse 34

Stephan, geb. Wiederhold, Emilie
09. 05. 1915
Moltkestraße 6

Stephan, Friedrich
25. 12. 1916
Hohenzollernstraße 47

Stephan, Günter
05. 11. 1942
Moltkestraße 6

Stephan, Hanny
Moltkestraße 2

Stephan, Johanna
Jägerstraße 5

Stephan, Johanna
10. 08. 1890
Untere Königsstraße 85

Stephan, Katharina
10. 01. 1915
Hohenzollernstraße 47

Stephan, Richard
09. 05. 1915

Steube, geb. Scharf, Bertha
12. 02. 1889
Ashachstraße 2

Steuben, Lena
Obere Karlsstraße

Steuer, Artur
13. 09. 1935
Hohenzollernstraße 45

Steuer, Karl
23. 05. 1899
gef. Hohenzollernstraße 45

Steuer, Helga
14. 07. 1940
Hohenzollernstraße 45

Steuer, geb. Hertel, Henriette
03. 04. 1904
Hohenzollernstraße 45

Sticker, August
18. 10. 1898
gef. Wilhelmsstraße 11

Stieberitz, geb. Michel,
Katharina
Mittelgasse 14

Stiele oder Thiele, Martha
Turmgasse 10

Stieler (Mann)
1873
Breithauptstraße 4

Stienes, geb. Ringk, Katharina
Wilhelmsstraße 2

Stienes, Martha
08. 08. 1922
Wilhelmsstraße 2

Stillecke, Elvira
03. 06. 1941

Stillecke, Maria
22. 07. 1907
Mauerstraße 20

Stock, Käthe
23. 04.
Karlsstraße 13 oder 15,
gef. Bürgersäle

Stockbeck, geb. Günther, Käthe
29. 10. 1886

Stockheck, Hermann
gef. Weserstraße

Stockhuhn, Hermann
gef. Nat.-Museum

Stöcher (Frau)
gef. Obere Königsstraße 10

Stöcker, Adam
16. 10. 1912

Stöhr, geb. Notnagel, Agnes
09. 11. 1886
Holzmarkt 9

Stöhr, geb. Heimbecher, Anna
05. 10. 1911
Königsstraße 77

Stöhr, Otto
08. 03. 1871
Holzmarkt 9

Stoermer, Anna Martha
04. 11. 1938
Kastenalsgasse 7

Störmer, Martha
04. 11. 1943
Kastenalsgasse 7, gef. Pinne

Stohs, Elise
13. 04. 1911
Steinweg 4

Stolze, Ella
11. 07. 1901
gef. Oberste Gasse 59

Stolze, geb. Borscha (Frau)
gef. Pinne

Stolze, geb. Borseda, Karoline
gef. Klosterstraße 7

Straseger, Bronislawa (Polin)
01. 03. 1924
verstorben im Res.-Lazarett

Straßmann, Gerhard
Mai 1941
Wildemannsgasse 32

Strauch, Georgine
Oberste Gasse 30, gef. Königsplatz

Strauch
Oberste Gasse 30, gef. Bürgersäle

Strauch, Willi
Oberste Gasse 30, gef. Königsplatz

Strauß, Hans
Steinweg 7, gef. Nat.-Museum

Streichel, Johanna
Jägerstraße 12

Strippel, Frida
gef. Müllergasse 12–16

Strippel, Leopold
gef. Müllergasse 12–16

Strippel, Norbert
gef. Müllergasse 12–16

Strippel, verh. Humburg, Ruth
gef. Müllergasse 12–16

Strober, Erna
10. 02. 1924
Pferdemarkt 28

Strohberg, geb. Weber, Elisabeth
27. 08. 1903
Gießbergstraße 21

Strube, Christian
1923
Vogelfang 19

Strube (Frau)
Kastenalsgasse

Strube, Grete
Kastenalsgasse 34,
gef. Hinter der Waage

Strube, Otto
1936
Borken

Strube, Walter
16. 02. 1912
gef. Pinne

Struttwolf, Herbert
28. 04. 1926
Friedrichsplatz 18

Stuber, geb. Merkel (Frau)
15. 10. 1914
Grüner Weg 20

Stuber, Karin
21. 09. 1942
Grüner Weg 20

Stuckenroth
überführt nach Eschwege

Studenroth, Adam
14. 11. 1884
Mühlengasse 30

Studenroth, geb. Fehringer,
Anneliese
17. 01. 1917
gef. Marktgasse 19

Studenroth, Arthur
16. 05. 1910
Mühlengasse 30

Studenroth, Edith
15. 05. 1938
gef. Marktgasse 19

Studenroth, Elisabeth
12. 12. 1910
Marktgasse 20

Studenroth, geb. Wiegand, Else
24. 08. 1887
Mühlengasse 30

Studenroth, Günther
gef. Schäfergasse 13

Studenroth, Karl Heinz
30. 04. 1928
Waisenhausstraße 14

Studenroth (Mann)
gef. Schäfergasse 11

Studenroth, Margot
10. 03. 1928
Mittelgasse 17

Studenroth, geb. Rickstein, Marie
04. 02. 1884
Schäfergasse 13

Studenroth, Ursula
26. 02. 1925
Schäfergasse 13

Studenroth, Wilfried
1937
gef. Schäfergasse 11

Studenroth, Wilhelm
1900
gef. Schäfergasse 11

Stübecke (Frau)
1907
Graben 58, gef. Nr. 70

Stübecke, Karl-Heinz
1928
Graben 58

Stübecke, Wilhelm
1905
Graben 58

Stück, Anni
Holländische Straße 4

Stückrath, Wilhelm
16. 10. 1888
Eschwege, Wend. Markt,
gef. Schomburgstraße

Stümpel, Dieter
1938
Jägerstraße 7

Stümpel, Margarete
1900
Jägerstraße 7

Stürmer (Mann)
Kastenalsgasse 7

Stuhlmann (Fräulein)
Wilhelmsstraße 15

Stumpf, Julius
1870
Graben 17

Stumps, Johannes
27. 02. 1916
Flakkaserne Hasenhecke

Sturm, Hilde
26. 05. 1926
gef. Obere Karlsstraße 17

Sturm, Robert
Obere Karlsstraße 17

Stybese, Karol (Holländerin)
06. 01. 1920
Breslau

Suchard, geb. Erich, Auguste
31. 08. 1893
Wildemannsgasse 22

Suchard, Marliese
14. 07. 1931
Wildemannsgasse 22

Suchhardt, Frieda
Wildemannsgasse 22

Suck (Frau)
1876
gef. Gießbergstraße 15 1/2

Suck, Fritz
18. 09. 1881
Gießbergstraße 15 1/2

Suhr, Anna
1905
Mittelgasse 21

Suhr, geb. Walther, Anna-Marie
27. 10. 1904
Mittelgasse 21

Suhr, Günther
22. 03. 1936
Mittelgasse 21

Suhr, Hella
03. 05. 1933
Mittelgasse 21

Suhr (Kinder 2 Stück
von Anna Suhr)
Mittelgasse 21

Surowy, Arthur
02. 08. 1927
Moritzstraße 4

Surowy, Ernst
17. 09. 1918
Moltkestraße 10

Surowy, Paul, Wolfgang
Schlachthofstraße 38,
gef. Moltkestraße 10

Suzie, Djard (Franzose)
07. 07. 1900
gef. Graben 31

Sypnetzky, geb. Schüler, Gertrud
20. 03. 1893
Holländische Straße 32

Szabo, geb. Burghardt, Anna
06. 11. 1882
Wallstraße 6

Szepan, geb. Tottleben, Auguste
13. 02. 1869
Mittelgasse 19

Szlazas, geb. Wagner, Elisabeth
13. 11. 1909
Steinweg 10

Szlazas, Karl
19. 08. 1905
Steinweg 10

Szukasky, Hedwig-Marianne
10. 01. 1925

Szumiak, Brunhilde
26. 07. 1938
Steinweg 12

Täger, Günther
1938
gef. Graben 29

Täger, Horst
1946
gef. Graben 29

Täger, Lisbeth
1913
gef. Graben 29

Täubert, geb. Zeichner, Hildegard
28. 10. 1920
Westring 56a

Talmon, Wilhelm
04. 02. 1906
Hinter der Waage 10

Talmon, Wolfgang
03. 10. 1942
Hinter der Waage 10

Tammert, Helga
1931
Ziegengasse 12

Tammert, Helmuth
30. 03. 1929
Ziegengasse 12

Tammert, Rudolf
30. 05. 1929
Ziegengasse 12

Tangermann, Heinz
19. 08. 1921
Marktgasse 21

Tauber, Ruth
07. 09. 1921
gef. Hohenzollernstraße 44

Teberg oder Taberg, Brigitte
gef. Pferdemarkt 12

Teich, Käte
27. 12. 1893
Oberste Gasse 42

Teiwes, geb. Zillinger, Gertrud
09. 11. 1905
Entengasse 19

Teiwes, Hans
24. 06. 1928
Entengasse 19

Teller, Hans, Fritz
gef. Pferdemarkt 10

Teller, Käte
ca. 35 Jahre
Pferdemarkt 10

Tenge, geb. Hornung, Anna
28. 12. 1919
gef. Mittelgasse 38

Tenge, Helga, Marianne
21. 07. 1939
gef. Mittelgasse 38

Tepper, Samuel
10. 07. 1878
Graben 57

Tetzner, Margot
21. 04. 1940
Untere Königsstraße 81

Teubert, geb. Möller, Marie
26. 11. 1887
Mittelgasse 33

Teweleit, Elise
18. 04. 1867
Oberste Gasse 4

Thauer, Anna
14. 05. 1903
Bettenhäuser Straße 5

Thauer, Hildegard
11. 03. 1941
Bettenhäuser Straße 7, gef. Nr. 5

Theile, geb. Jähn, Alwine
26. 11. 1920
Große Rosenstraße 11

Theile, Detlef
01. 02. 1943
Große Rosenstraße 11

Theile, geb. Löwe, Katharina
10. 05. 1880
Große Rosenstraße 11

Theile, Wilhelm
01. 09. 1877
Große Rosenstraße 11

Theis (Frau)
gef. Pferdemarkt 28

Theis, Margot
09. 04. 1933
Moltkestraße 10

Theis, Rudolf
20. 08. 1919
Moltkestraße 7

Theune, Anna
Mittelgasse 50

Theune, Ferdinand
06. 08. 1877
Wilhelmshöher Allee 247a

Theune, Inge
1911
gef. Graben 44

Theune, Karl
20. 11. 1871
gef. Marktgasse 15

Theune, geb. Heußner, Marie
09. 04. 1872
Graben 44

Thiel, geb. Appel, Anna
17. 07. 1888
Kastenalsgasse 9

Thiel, geb. Mantz, Lotti Emmi
20. 12. 1922
Kastenalsgasse 9

Thiele, geb. Koch, Anna
07. 01. 1896
Töpfenmarkt 19

Thiele, Anna Marie
05. 01. 1928
Obere Karlsstraße 12

Thiele, August
01. 05. 1872
Hohenzollernstraße 66

Thiele, Dora
15. 05.
Augustastraße 17

Thiele, geb. Liedke, Emma
28. 06. 1885
Obere Karlsstraße 19

Thiele, Karl
18. 12. 1887
Töpfenmarkt 19

Thiele, geb. Wagner, Lina
04. 04. 1890
gef. Jägerstraße 5

Thiele, Marie
14. 07. 1907
Obere Karlsstraße 12,
gef. Bürgersäle

Thiele, Martha
Druselplatz 1,
gef. Königsplatz

Thiele, Walter
Obere Karlsstraße 19

Thieler, August
29. 07. 1876
Grüner Weg 29

Thies (Frau)
1913
Wildemannsgasse 1

Thies, Günther
1933
Wildemannsgasse 1

Thies, Inge
1938
Wildemannsgasse 1

Thies, Karl
Wildemannsgasse 1,
gef. Marktgasse 20

Thies, Willi
Wildemannsgasse 1

Thöne, Luis

Thöne, geb. Busch, Luise
12. 12. 1899
Jägerstraße 12

Thöne, Magdalena
14. 04. 1939
Schäfergasse 4

Thöne, geb. Schmoll, Maria
13. 01. 1871
Wildemannsgasse 15

Thöne, geb. Führer, Martha
27. 01. 1898
Schäfergasse 4

Thom, geb. Bergfeld, Else
10. 02. 1903

Thomas, Minna
19. 11. 1894
gef. Gießbergstraße 15 1/2

Thomas, geb. Kalkhof,
Wilhelmine, Kath.
29. 11. 1894
Gießbergstraße 15 1/2

Thomke, Elfriede
15. 05. 1919
Turmgasse 20

Thormeyer, Werner
26. 04. 1913

Thüre, Anna
18. 06. 1897
Moritzstraße 4

Tietz, Karl
17. 03. 1895
Mittelgasse 11

Tiggele, van, Adrian
17. 07. 1900
Wilhelmshöher Allee 335/336

Timming, geb. Kropf, Johanna
10. 02. 1922
gef. Pferdemarkt 28

Tischer, Wilhelm
16. 04. 1901
gef. Schäfergasse 18

Tischmann, Sophie
1899
Hinter der Waage 3

Tobie, geb. Aderholt, Auguste
19. 10. 1895
Oberste Gasse 51

Tochmann, Lucien
13. 10. 1922
Bädergasse 9

Todoroff, Todor (Bulgare)
12. 02. 1919
gef. Kastenalsgasse 13

Tölle, geb. Jäger, Anna
28. 10. 1910
Holländische Straße 32

Tölle, Erich
03. 09. 1909
Holländische Straße 34

Tömner, Konrad
21. 08. 1884
Murhardstraße 21a

Töpfer, Margarete
01. 05. 1930
gef. Oberste Gasse 10

Töppler, Karl
gef. Oberste Gasse 30

Tolf, Luise
26. 06. 1904
gef. Steinweg 4
(verkohlte Leiche)

Tolle, geb. Tülfer, Amanda
04. 10. 1885
Mittelgasse 15

Tolle, Hermann
30. 05. 1881
Mittelgasse 15

Tomesda, August
Fuldagasse 8

Tomschick, Franz
26. 04. 1897

Trampedach,
geb. Sülzner, Elisabeth
01. 10. 1898
Jägerstraße 1

Trampedach, Willi
15. 10. 1898
Jägerstraße 1

Trappl, Wally
gef. Mittelgasse 36

Trautz, Bruno
04. 01. 1896
Marktgasse 19

Trebing, Günther
08. 09. 1930
Oberste Gasse 10

Trebing, geb. Plischke, Helene
24. 12. 1906
Oberste Gasse 10

Trebing, geb. Pleschke, Johanna
Oberste Gasse 10,
gef. Nat.-Museum

Trebing, Wolfgang
17. 01. 1932
Oberste Gasse 10

Treichel, geb. Müller, Elisabeth
02. 08. 1876
Heinrichstraße 4

Treichel, Liesel
1878
Jägerstraße 12

Treichel, Selma
Jägerstraße 22, gef. Nr. 12

Trenck, Gretel

Trescher, geb. Gandes, Anna
29. 10. 1878
Mittelgasse 8

Treuder, geb. Güldenstein, Martha
15. 06. 1889
Klosterstraße 13

Triebe, Ferdinand
14. 06. 1928
gef. Marktgasse 19

Triebel, Hermann
06. 09. 1884
Kastenalsgasse 7

Triebel, geb. Kirschner, Kunigunde
17. 05. 1878
Kastenalsgasse 7

Triepitz, Elly
Kirchweg 17, Sack 2

Trieschmann, geb. Fromm, Emmi
21. 06. 1920
Steinweg 7

Trieschmann, Gerhard
27. 10. 1940
Steinweg 7

Trinsch, Else
12. 04. 1898
gef. Bahnhofsstraße 22

Trinter, geb. Aul, Frieda
20–21 Jahre
Altmarkt 1

Tritt, Dieter
29. 11. 1941
Pferdemarkt 21

Tritt, Hans
07. 01. 1907
Pferdemarkt 21

Tritt, geb. Zinn, Marie
16. 09. 1905
Pferdemarkt 21

Tritt, Renate
27. 11. 1937
Pferdemarkt 21

Tritt, Walter
29. 09. 1929
Pferdemarkt 21

Tritt, Waltraud
11. 02. 1931
Pferdemarkt 21

Trömner, geb. Göbel, Elisabeth
22. 03. 1891
Murhardstraße 21a

Tröschel, Emil
12. 08. 1899
Mittelgasse, Stadt Stockholm

Trost, Arthur
20. 04. 1868
Untere Königsstraße 50

Trost, Charlotte
09. 02.
Untere Königsstraße 50

Trost, Christine
03. 08. 1877
Untere Königsstraße 50

Trost, Gisela
13. 12. 1942
Untere Königsstraße 50

Trost, geb. Chartier, Marie
18. 05. 1872
Untere Königsstraße 50

Trost, Wilhelm
02. 02. 1893
Wildemannsgasse 19

Trotha, von, Max
03. 09. 1878
Murhardstraße 15

Trott, Brigitte
(Kind)
Bettenhäuser Straße 9

Trott, Helga
(Kind)
Bettenhäuser Straße 9

Trott, Margot
30. 08. 1927
Bettenhäuser Straße 9

Trott, Minna
(Frau)
Bettenhäuser Straße 9

Trube, Albert
1898
Graben 44, gef. Marktgasse 15

Trube, Ella
29. 06. 1922
Graben 44

Trube, Ferdinand
14. 06. 1928
gef. Graben 44

Trube (Frau)
04. 03. 1900
gef. Graben 44

Trube, Karl
24. 09. 1924
Gartenstraße 11

Trube, geb. Kersten, Martha
27. 02. 1902
Hohentorstraße 29

Tryzninkie, Genia
1913
Marktgasse 15

Tuger, Jean (holl. Arbeiter)
14. 02. 1910
Wilhelmhöher Allee 247

Turke, Waldemar
07. 01. 1897

Turkt oder Tuk (Fräulein)
1918
gef. Marktgasse 15

Twirdy, Maria
07. 02. 1918
Moltkestraße 1

Uderstadt, Christian
24. 01. 1887
Untere Königsstraße 74

Uderstadt, geb Heyer, Katharina
09. 03. 1888
Untere Königsstraße 74

Uebe, Luise
10. 01. 1900
Moltkestraße 6

Uetz, Karl
06. 03. 1898
Moltkestraße 4,
gef. Jägerstraße

Uetz, Leni
01. 09. 1908
gef. Moltkestraße 8

Uetz, Wolfgang
23. 11. 1928
Moltkestraße 8

Uhlemann, geb. Schütz, Mathilde
17. 06. 1863
Wildemannsgasse 36

Uhlendorf, Heinrich
26. 04. 1854
Oberste Gasse 6

Uhlendorf, Klara
16. 04. 1881
Oberste Gasse 6

Uhlmann, geb. Becker (Frau)
47–48 Jahre
Kellnerstraße 8

Uhlmann (Mann)
12. 03. 1887
Kellnerstraße 8

Ulloth, geb. Sennhenn, Martha
18. 12. 1903
Oberste Gasse 21

Ullrich, Dora
05. 10. 1881
Bremerstraße 4

Ullrich, Eduard
07. 10. 1897
Pferdemarkt 23

Ullrich (Frau)
gef. Pferdemarkt 23

Ullrich, Maja
28. 07. 1895
gef. Jägerstraße 5

Umbach, Anna
gef. Westring 56a

Umbach, Erna
1929
Rothenditmolder Straße 19

Umbach, Frieda
22. 02. 1931
Ziegengasse 22

Umbach, geb. Ehe, Frieda
13. 09.
Westring 56

Umbach (Frau)
36 Jahre
Rothenditmolder Straße 19

Umbach, Gertrud
04. 08. 1881
Mittelgasse 13

Umbach, geb. Erdmann, Henny
03. 05. 1898
Ziegengasse 22

Umbach, Irma
Westring 56

Umbach, Philipp
02. 07. 1871
Grüner Weg

Umbach (Mann)
Bergshausen

Umbach, geb. Tölle, Marie
23. 11. 1871
Grüner Weg 17

Umbach (weiblich)
10 Jahre
gef. Mittelgasse 9

Umbach (weiblich)
45 Jahre
Mittelgasse 15, gef. Graben

Umbach (weiblich)
25 Jahre
gef. Mittelgasse 9

Umbach, Wilfried
Vor der Schlagd 4a

Unruh, Frieda
1863
Jägerstraße 12

Unterhuber, Adelheid
Steinweg 10

Unterhuber, Apolonia
Steinweg 10

Urban, Ernestine
30. 04. 1890
Untere Königsstraße 81

Urban, Franziska
Graben 50

Urban, Robert
01. 02. 1895
gef. Marktgasse 19

Urbanek, Wilhelm
07. 04. 1912
Waisenhausstraße 28

Uschkoreit, Franz
19. 03. 1889
Hohentorstraße 24

Uschkoreit, geb. Rothkanne,
Martha
26. 12. 1895
Hohentorstraße 24

Vabahn, Franziska
28. 02. 1888
Graben 50, gef. Marktgasse 19

Vahlbusch, Ilse
28. 11. 1923
Weserstraße 21

Vallai, Anna
Mittelgasse 13

Vallai, Anneliese
25. 02. 1932
Mittelgasse 13

Vallai, Hildegard
Mittelgasse 13

Vallai, Katharina
Mittelgasse 13

Vallai, geb. Hornung, Luise
14. 03. 1915
Entengasse 13,
gef. Mittelgasse 38

Vallai, Walter
18. 08. 1933
Mittelgasse 13

Van der Velte (Mann) Holländer
Druselgasse 27, gef. Graben 29

Vandepoche (Frau)
gef. Obere Königsstraße

Vandepoche, Johanna
12. 06. 1917
gef. Obere Königsstraße

Vanderszwan, Jakobus
(Holländer)
14. 08. 1916
gef. Moltkestraße 6

Vandervries, Jan
06. 10. 1913

Vandieren-donck, Mauriz
(Belgier)
23. 01. 1924

Vandierendanck, Maureé
(Belgier)
25. 01. 1931
gef. Marktgasse 19

Vasserot, geb. Jäger, Sophie
27. 12. 1885
Ziegengasse 1

Vasserot, Wilhelm
26. 05. 1883
Ziegengasse 1

Vater, geb. Etzel, Anna
21. 07. 1895
Jägerstraße 5

Vaupel, Egon
29. 03. 1935
Entengasse 29

Vaupel, Elise
Turmgasse 26

Vaupel, Elise
04. 12. 1905
Untere Karlsstraße 1

Vaupel, geb Saame, Elise
22. 04. 1875
Waisenhausstraße 9

Vaupel, Friedrich
04. 05. 1869
gef. Marktgasse 19

Vaupel, Hans
28. 01. 1911

Vaupel, Heinrich
05. 08. 1895
Entengasse 6

Vaupel, Karl
Holzmarkt 10

Vaupel, Karl
29. 12. 1871
Waisenhausstraße 9

Vaupel, Lisel
gef. Holzmarkt 9

Vaupel, Lorenz
14. 04. 1895
Große Rosenstraße 21

Vaupel, geb. Franke, Ottilie
08. 07. 1896
Graben 52–54

Vaupel, Reinhilde
ca. 4 Jahre
Turmgasse 14

Vaupel, Walter
01. 04. 1935
gef. Marktgasse 19

Veck, Martha
1883
gef. Gießbergstraße 8

Vehringer, Anna
1891
gef. Marktgasse 16

Veith, Adam
gef. Hohentorstraße

Velmar, Edith
1931
Moritzstraße 4

Velmar (Frau)
Moritzstraße 4

Velte, geb. Hunderer (Frau)
15. 02. 1897
gef. Kölnische Straße 16

Velte, Julius
23. 07. 1892
Kölnische Straße 16

Velte, Siegfried
30. 08. 1929
gef. Kölnische Straße 16

Ventzki, Edgar
21. 08. 1884
Waisenhausstraße 36

Verk (Frau)
1880
Gießbergstraße 8

Vermeer, Nelly
13. 07. 1918
Bernhardistraße –
Henschellager

Vesety, Franz
25. 07. 1910
Graben 59

Vesper, Alexander
14. 03. 1930
Töpfenmarkt 8,
gef. Wildemannsgasse 33

Vesper, Brigitte
28. 12. 1939
Töpfenmarkt 8,
gef. Wildemannsgasse 33

Vesper, Marlies
23. 01. 1928
Töpfenmarkt 8,
gef. Wildemannsgasse 33

Velte, geb. Weinrich, Else
16. 10. 1908
Graben 29

Vette, geb. Gürge, Maria
21. 05. 1887
Graben 29

Vetterl, Ingrid
03. 04. 1942
Oberste Gasse 44

Vetterl, geb. Reyer, Tony
19. 10. 1905
Oberste Gasse 48

Veubelott, Leon
04. 12. 1904

Viereck, geb. Gimbel, Dorothea
27. 12. 1872
Wildemannsgasse 21

Viereck, geb. Reuter, Elisabeth
26. 10. 1896
Wildemannsgasse 21

Viereck, Elsa
1897
Willhelmsstraße 13

Viereck, Margot
14. 12. 1921
Willhelmsstraße 13

Viering, Fritz
28. 09. 1871
Mittelgasse 32

Viering, geb. Greve, Selma
29. 06. 1879
Mittelgasse 32

Vignato, Cirillo
19. 08. 1890
Schäfergasse 4

Vitt, Käthe
ca. 30 Jahre
Engelhardstraße 4

Vitt, geb. Appel, Maria
25. 06. 1894
Untere Königsstraße 76,
bei Nickenich

Vockenroth,
geb. von Proudzinski, Franziska
29. 11. 1884
Graben 19

Völker, Adam
Graben 25

Völker, Berta
1915
Marktgasse 19

Völker, Elfriede
16. 04. 1910
Obere Karlsstraße 15

Völker, Elly
1923
Marktgasse 17

Völker, Erna
1893
Graben 25

Völker, Helga
18. 04. 1931
Oberste Gasse 24

Völker, Ida
05. 03. 1898
Oberste Gasse 24

Völker, Jochen
1940
Marktgasse 17

Völker, Jürgen
1940
Marktgasse 17, gef. Nr. 19

Völker, Renate
1937
Marktgasse 17

Völkers, Luise
03. 03. 1876
gef. Obere Karlsstraße 17

Völlmer, Heinrich
15. 11. 1901
Marktgasse 3,
gef. Oberste Gasse 59

Völlmer, Juliane
11. 08. 1898
Graben 52/54, gef. Pinne

Vogel, Elise
1878
Müllergasse 6

Vogel, Erna
1926
Kastenalsgasse 5

Vogel, Georg
26. 06. 1896
Graben 66

Vogel, Marie
04. 04. 1901
Hohenzollernstraße 45

Vogel, geb. Sippel, Otti
10. 01. 1921
Marktgasse 21

Vogelsberger, Dr. med., Ernst
Hohenzollernstraße 14

Vogelsberger (Frau)
Hohenzollernstraße 14

Vogt, Anneliese
02. 01. 1928
Pferdemarkt 16

Vogt, Heinrich
19. 08. 1899
Zentgrafenstraße 9 1/2

Vogt, Manfred (Kind)
Wilhelmsstraße 31

Vogt, Peter (Kind)
Wilhelmsstraße 31

Vogt, Sophie
15. 09. 1904
gef. Pferdemarkt 16

Vogtlaender, geb. Busse (Frau)
06. 12. 1900
Untere Königsstraße 83

Vogtländer, Heinz
06. 11. 1899
Untere Königsstraße 83,
gef. Jägerstraße 5

Vohwinkel, Friedel
10. 06. 1913
gef. Marktgasse 19

Voigt, Katharina
11. 11. 1904
gef. Ziegengasse 1

Voigt, Lotti
06. 06. 1914
Königsplatz 53

Voigt, Margarete
Wilhelmsstraße 31

Voigt, geb. Bodewald, Ruth
05. 05. 1918
Gießbergstraße 25

Volker, Else
1931
gef. Marktgasse 19

Volker, Fritz
Moltkestraße 14 auf Urlaub

Vollak, Josef
01. 12. 1892
gef. Stadt Stockholm

Vollau, Anna
Mittelgasse 13, gef. Nr. 15

Vollau, Hildegard
11. 10. 1943
Mittelgasse 13, gef. Nr. 15

Vollau, Katharina
14. 08. 1905
gef. Mittelgasse 15

Vollau, Walter
18. 08. 1933
Mittelgasse 13, gef. Nr. 15

Vollmann, Konrad
05. 04. 1890

Vollmar, Anny
15. 06. 1925
gef. Graben

Vollmeiler, Johann
Hinter der Waage 3

Vollmer, Anni
15. 06. 1925
Marktgasse 19

Vollmer, Edith
21. 05. 1937
Graben 52–54

Vollmer (Frau)

Vollmer, Maria
Marktgasse 25

Vollweiler, Johann
Hinter der Waage 9

Volmar, Anni
04. 04. 1921
Hohentorstraße 24

Volmar, Günther
20. 10. 1942
Hohentorstraße 24

Volmari, geb. Brede, Anni
13. 01. 1909
Holländische Straße 43

Volze, Georg
11. 10. 1895
Moltkestraße 12,
gef. Schäfergasse 18

Vonholdt, geb. Reich, Anna
15. 09. 1909
Marktgasse 7

Vorbach, August
22. 08. 1899
Wilhelmsstraße 2 1/2

Vorhauer, A. (Mann)
Schomburgstraße 2

Vorhauer, Bruno
22. 09. 1914
Marktgasse 17, gef. Nr. 19

Vorhauer, Helga
20. 12. 1938
Mühlengasse 1

Vorhauer, Lotte
04. 05. 1933
Mühlengasse 24

Vorhauer, geb. Stampf, Martha
06. 02. 1898
Mühlengasse 24

Vorhauer, Sophie
22. 07. 1873
gef. Marktgasse 19

Vorisek, Josef
gef. Mittelgasse 30

Vorländer, Wilhelm
03. 12. 1902
Sandkopf 3

Vormschlag, Elli
01. 05. 1880
Graben 70

Vorsatz, Fritz
22. 12. 1902
Moltkestraße 7

Vorwinkel,
geb. Schwesinger, Friedel
10. 06. 1913
Landaustraße 11

Vorwinkel, Renate
24. 01. 1941
Landaustraße 11

Vos, Hendrik (Holländer)
07. 12. 1920
Wittnerstraße 12

Vries, de, Dominikus
17. 10. 1921

Vun de Ven, Karl (Belgier)
01. 03. 1923
Wolfstraße 16

Wachsmuth, Anna
1914
gef. Hohentorstraße 23

Wachsmuth, Anna
21. 02. 1900
Obere Karlsstraße 28

Wachsmuth, Christel

Wachsmuth, Christoph
15. 09. 1893
Karlsstraße 28

Wachsmuth (Frau)
Freiheiter Durchbruch 13

Wachsmuth (Frau)
gef. Hohentorstraße

Wachsmuth, Horst
28. 12. 1939
Oberste Gasse 6

Wachsmuth (Junge)
Freiheiter Durchbruch 13

Wachsmuth (Junge, Bruder)
Freiheiter Durchbruch 3,
gef. Marktgasse

Wachsmuth (Junge)
Freiheiter Durchbruch 3,
gef. Marktgasse

Wachsmuth (Kind)
4–5 Jahre
gef. Hohentorstraße

Wachsmuth, geb Busch, Luise
02. 05. 1879
Oberste Gasse 6

Wachsmuth (Mann)
Freiheiter Durchbruch 13

Wachsmuth, Peter
4 Wochen
gef. Hohentorstraße 23

Wacker, Georg
29. 07. 1887
Ihringshäuser Straße 27

Wacker, Luise
Weidestraße 33

Wackert, Käte
Müllergasse

Wademann (Mann)
15. 06. 1922

Wagener, Anna
1898
gef. Gießbergstraße 8

Wagener, Berta
28. 12. 1887
gef. Gießbergstraße 17

Wagner, Anna
09. 10.1905
Schäfergasse 18

Wagner, geb. Schmidt, Anna
28. 12. 1874
Moltkestraße 7

Wagner, geb. Landgraf, Berta
27. 09. 1901
gef. Pinne

Wagner, geb. Stollberg, Elisabeth
ca. 75 Jahre
Brüderstraße 14

Wagner, geb. Jakob, Elisabeth
17. 06. 1884
Schäfergasse 17

Wagner, Elly
10. 04. 1933
Schäfergasse 10, gef. Nr. 18

Wagner, Else
10. 08. 1886
Mittelgasse 51

Wagner, Engelhard
17. 10. 1906

Wagner (Frau)
17. 06. 1884
gef. Schäfergasse 17

Wagner, geb. Landgraf (Frau)
27. 09. 1901
Mittelgasse 14

Wagner, Friedrich
28. 10. 1869
Bettenhäuser Straße 9

Wagner, G. (Frau)
ca. 30 Jahre
Obere Karlsstraße 23

Wagner, Heinz
23. 05. 1915
gef. Gießbergstraße 8

Wagner, Heinz
29. 01. 1930
Schomburgstraße 9

Wagner, Heinz
Schomburgstraße 9

Wagner, Horst
Schäfergasse 10

Wagner, Johannes
21. 11. 1888
gef. Schomburgstraße 9

Wagner, Johannes
18. 06. 1893
Dörnbergstraße 14a

Wagner, Justus
18. 12. 1883
gef. Graben 17

Wagner, Karl
04. 08. 1922
Schäfergasse 17

Wagner, geb. Paul, Karoline
18. 09. 1892
Graben 17,
gef. Marktgasse 19

Wagner, Katharina Elisabeth
27. 03. 1925
Große Rosenstraße 7, gef. Nr. 11

Wagner, Klara
16. 03. 1895
Hinter der Waage 5

Wagner, geb. Schleicher, Marie
06. 06. 1903
Mittelgasse 20

Wagner, Marie
gef. Hinter der Waage 5

Wagner, Martha
07. 05. 1882
Orleansstraße 23, gef. Nr. 25

Wagner, Selmar
26. 10. 1895
Spohrstraße 13

Wagner, geb. Fehr, Sophie
20. 09. 1897
gef. Schomburgstraße 9

Wahler, Jacob
05. 12. 1897
Graben 47

Wahler, Karoline
18. 09. 1893
Graben 47

Wahler, Klara
16. 03. 1895
Hinter der Waage 5

Wahn, Luise
Weserstraße 33,
gef. Nat.-Museum

Wahrenholz, August
05. 11. 1881
Sack 4

Waldeck (Fräulein)
03. 03. 1871
gef. Obere Königsstraße

Waldeck,
geb, Hammling, Hedwig
06. 07. 1910
Turmgasse 2

Waldeck, Siegmund
13. 11. 1874
Turmgasse 2

Waldmann, Heinrich
1878
Marktgasse 15

Walf (Fräulein)
Turmgasse 17

Wall, von der, geb. Henkel,
Elisabeth
30. 03. 1914
Kastenalsgasse 7

Wall, von der, geb. Schäfer,
Elise
03. 05. 1905
Graben 47

Wall, von der, Hans Günther
09. 03. 1942
Kastenalsgasse 7

Wall, von der, Klara
12. 08. 1936
Kastenalsgasse 7

Wall, von der (männlich, ungetauft)
18. 10. 1943
Kastenalsgasse 7

Wallei, geb. Hornung, Luise
14. 03. 1915
Entengasse 13

Wallenfels, Arthur
22. 04. 1904
Müllergasse 9

Walter, Erna
01. 08. 1914
Graben 58

Walter, Luise
24. 01. 1923
Karlsstraße 16

Walther, geb. Knierim, Dorothea
05. 04. 1864
Große Rosenstraße 11

Walther, Dr., Konrad
1885
Wilhelmsstraße 13

Walther, Margarete
Hohenzollernstraße 56

Walther, Marie
1898
Obere Schäfergasse 3

Walther, Willi
1890
Obere Schäfergasse 3

Walz, Bernhard
11. 06. 1885
Fliegengasse 19

Wambach, geb. Garbelmann,
Adolfine
08. 12. 1874
Graben 43

Wambach, August
08. 12. 1874
Graben 43

Wambach
58–60 Jahre
gef. Marktgasse 15

Wander, geb. Uloth, Marie
14. 09. 1887
Rothenditmolder Straße 9

Wander, Rudolf
27. 09. 1911
Rothenditmolder Straße 9

Wanitzek, Sigr.
21. 09. 1928
Heideweg 1

Warenholz, Sabine
1883
Sack 4

Warnecke, Heinrich
07. 09. 1899
gef. Haus Chartier

Warnecke, Heinrich

Waschin, Albert (Franzose)
21. 02. 1918

Wassermann, Anna
Pferdemarkt 25

Wassermann, Heinrich
04. 03. 1902
gef. Pferdemarkt 23

Wassermann, Wilhelm
22. 10. 1914

Waßmuth, Anna
32–35 Jahre
Vor der Schlagd 49,
gef. Altmarkt

Waßmuth, Annemarie
gef. Vor der Schlagd 4a

Waßmuth, Anni
01. 01. 1921
Steinweg 4, gef. Marktgasse 19

Waßmuth (Frau)

Waßmuth (Frau)
gef. Vor der Schlagd 4a

Waßmuth, Georg
01. 05. 1901
Durchbruch

Waßmuth, Heinz
1935
Vor der Schlagd 4a

Waßmuth, Helmut
6–8 Jahre
Vor der Schlagd 4a

Waßmuth, Horst
12–14 Jahre
Vor der Schlagd 4a, gef. Altmarkt

Waßmuth (Junge)
1933

Waßmuth, Otto
Obere Karlsstraße 20

Webel, Sophie
13. 06. 1899
Müllergasse 13

Weber, Anna
1901
gef. Marktgasse 19

Weber, Anna
1894
Marktgasse 10

Weber, geb. Berndt, Anna
02. 10. 1896
Wittichstraße 13

Weber, Brigitte
5 Monate
Große Rosenstraße 9

Weber, Bruno
Kölnische Straße 4

Weber, Bruno
11. 06. 1886
Untere Karlsstraße 1

Weber, geb. Weber, Elise
14. 01. 1891
Oberste Gasse 24

Weber, Elise
29. 07. 1886
Obere Karlsstraße 26

Weber, Emil
1888
gef. Entengasse 11

Weber, Erna
Töpfenmarkt 2

Weber, Erna
Kastenalsgasse 15

Weber (Frau)
Kölnische Straße 4

Weber (Frau)
gef. Große Rosenstraße 9

Weber (Frau)
1893
Wörthstraße 29

Weber, Hans

Weber, Helga
03. 09. 1937
Mittelgasse 32

Weber, Ingrid
3 1/2 Jahre
Obere Karlsstraße 17,
gef. Bürgersäle

Weber, Josef
1915
Obere Schäfergasse 3

Weber, Karl
ca. 70 Jahre
Marktgasse 14

Weber, Karl Wilhelm
16. 01. 1868
Marktgasse 14

Weber, Margarete
10. 07. 1885
Hohenzollernstraße 63

Weber, geb. Lingnau, Margarethe
14. 11. 1899

Weber, Sophie
13. 06. 1890
Müllergasse

Weber, Ursula
20–21 Jahre
gef. Oberste Gasse 30

Weber, geb. Möller, Walli
09. 09. 1911
Mittelgasse 32

Weber, Waltraud
26. 12. 1822
Wittichstraße 13

Weber, Wilhelm
02. 10. 1895
Wittichstraße 13

Weber, Wilhelm
19. 09. 1896
Marktgasse 19

Weber, Wilhelm
30. 09. 1885
Obere Karlsstraße 26

Weckert, Käthe
Müllergasse

Weckesser, geb. Rothe, Anna
17. 12. 1879
Christophstraße 3/4

Weckesser, Günter
gef. Turmgasse

Weckesser
Kruggasse 1

Weckesser, Ludwig
Wildemannsgasse 23,
gef. Hinter der Waage

Weckesser, Luise
Wildemannsgasse 23

Wehnhardt, Elise,1858
gef. Graben 29

Wehnhardt
15. 06. 1905
Obere Karlsstraße 26

Wehrbein, geb. Weber, Elisabeth
28. 04. 1873
Orleansstraße 8

Wehrbein (Frau)
Wilhelmsstraße 15

Wehrlein, geb. Klipp, Elli
gef. Ziegengasse 13

Wehrlein (Frau)
Mittelgasse 26

Wehrlein, Gisela
gef. Ziegengasse 15

Wehrlein, Ingrid
16. 03. 1900
gef. Ziegengasse 15

Weidauer, geb. Michalski, Frieda
10. 09. 1883
Kasernenstraße 11

Weidauer, Willi
22. 06. 1882
Kasernenstraße 11

Weide, Georg
14. 10. 1904
Frankfurter Straße 313

Weide, Georg
Frankfurter Straße 326

Weidemann, Alwine
Wörthstraße 4

Weidemann, geb. Wagner,
Anna Elisabeth
Kirchweg 77

Weidemann, Else
Wörthstraße

Weidemann (Frau)
1907
Wörthstraße 4

Weidemann, Georg
15. 06. 1922

Weidemann, Gustav
23. 10. 1898
Gießbergstraße 3

Weidemann, Marie
25. 01. 1894
Wörthstraße 4

Weidemann, Paul
Wörthstraße 4

Weidemann
31. 07. 1909
Töpfenmarkt 6

Weider, Else
Schäfergasse 26

Weidmann, Gustav
23. 10. 1892
Bernhardistraße 1–2

Weigand, Ludwig
gef. Königsstraße 46

Weigt, geb. Dietzler, Marie
25. 12. 1918
Augustastraße 8

Weil, Conrad-Wilhelm
27. 02. 1870
gef. Orleansstraße 25

Weil, Sofie
gef. Orleansstraße 29

Weil, Wilhelm
Orleansstraße 29

Weiland, Charlotte
04. 02. 1943
Pferdemarkt 29

Weiland, geb. Reichhard,
Margarethe
17. 05. 1923
Pferdemarkt 29

Weiler, Else
01. 05. 1901
gef. Schäfergasse 26

Weiler, geb. Krämer, Marie
18. 10. 1869
Hohentorstraße 20

Weimann, Erika
1938
Graben 41

Weimann (Frau)
Müllergasse 17

Weimann (Frau)

Weimann
gef. Graben 41

Weimann, Martha
28. 01. 1906
Graben 41

Weinemann, Joh.
Graben 39, gef. Pferdemarkt 28

Weinemann, Martha
Graben 39, gef. Pferdemarkt 28

Weinholz, geb. Kaschel, Doris
23. 06. 1908
Jägerstraße 5

Weinholz, Rosemarie
1929
gef. Jägerstraße 5

Weinke, geb. Stöhr, Frieda
14. 08. 1924
Kölnische Straße 10,
gef. Marktgasse 7

Weinreich, geb. Kreuzer, Elfriede
1911
Orleansstraße 23, gef. Nr. 25

Weinreich, Reinhard
1942
Orleansstraße 23, gef. Nr. 25

Weinreich, Wilfried
1938
Orleansstraße 23, gef. Nr. 25

Weiß, Andreas
17. 04. 1873
Müllergasse 8

Weiß, geb. Wenzel, Dora
17. 03. 1871
Müllergasse 8

Weiß (Frau)
gef. Müllergasse 12–16

Weiß, Lisa
Mauerstraße 22

Weiß, geb. Mentel, Martha
05. 03. 1886
Müllergasse 8

Weißgerber, Georg
05. 03. 1923

Weißleder, Christian
22. 02. 1878
Marktgasse 7

Weiz, geb. Wendt, Anna
15. 03. 1876
Steinweg 4

Weiz, Margarethe
31. 07. 1896
Steinweg 4

Weiz, Samuel
18. 06. 1867
Steinweg 4

Weldner, Johannes
22. 01. 1928

Welke, geb. Dettmar, Gertrud
31. 10. 1912
Müllergasse 11

Welke, Reinhard
12. 10. 1939
Müllergasse 11

Wellner, geb. Kühn, Louise
07. 07. 1877
Schomburgstraße 7

Weltner, Heinz
geb. 1928
Kastenalsgasse 7

Welzbacher (Frau)
Orleansstraße 59

Welzbacher, Ludwig
Orleansstraße 59

Wendel, geb. Theune, Erna
25. 01. 1894
Bettenhäuser Straße 10

Wendel (Kind)
Bettenhäuser Straße 6

Wenderoth, Gertrud
16. 11. 1884
Holländische Straße 32

Wenderoth, Hedwig
26. 07. 1910

Wenderoth, Werner
10. 09. 1874
Rothenditmolder Straße 19

Wenderoth, geb. Kraft, Therese
03. 03. 1889
Ziegengasse 21

Wendrich, geb. Schenk, Marie
30. 03. 1897
gef. Neue Welt

Wendt, geb. Mootz, Anna
07. 12. 1910
Marktgasse 6

Wendt, Günther
23. 08. 1940
Marktgasse 6

Wendt, Herbert
21. 04. 1939
Marktgasse 6

Wendt, Karin
11. 12. 1942
Marktgasse 6

Wengefeld, geb. Kranz, Helene
24. 02. 1904
Oberste Gasse 29

Wenkel, Gustav
05. 02. 1910
gef. Marktgasse 19

Wenzel, Amalie
07. 08. 1864
Ottostraße 18

Wenzel, E. (Fräulein)
Sängelsrain 34

Wenzel, Elisabeth
1869
gef. Pferdemarkt 28

Wenzel, geb. Gundlach, Henriette
13. 02. 1900
Oberste Gasse 18, gef. Nr. 29

Wenzel, Irmgard
06. 01. 1921
gef. Oberste Gasse 29

Wenzel, Karl-Heinz
24. 11. 1919

Wenzel, Marga
13. 04. 1917
Wolfsschlucht

Wenzel, Margarethe
1891
Wolfsschlucht

Wenzel, Walter
08. 01. 1894
Wolfsschlucht

Werhahn, Lisa
06. 04. 1913
Kölnische Straße 157

Werlein, Albert
20. 07. 1874
Mittelgasse 21

Werlein, geb. Gottmann, Dora
24. 08. 1874
Mittelgasse 21

Wermann, Josef
29. 01. 1872
Bahnhofsstraße 22

Werner, Beate
31. 03. 1933
Schäfergasse 13

Werner (Frau)
ca. 45 Jahre

Werner, geb. Koch, Gertrud
06. 07. 1859
Lutherstraße 9

Werner, Gisela oder Ursula
Kruggasse 12

Werner, geb. Liebisch, Hannelore
07. 08. 1920
Moltkestraße 1

Werner, Hedwig
1889
Große Rosenstraße 19

Werner, Heinrich
11. 09. 1863
Lutherstraße 9

Werner, Karl
23. 02. 1926
Mittelgasse 10

Werner, Minna
gef. Kastenalsgasse 5

Werner, Otto
10. 06. 1878
Johannesstraße 7

Werner, Sigrid
28. 04. 1930
Weserstraße 29

Werner, Therese
06. 08. 1858

Werner, geb. Koch, Wilhelmine
22. 12. 1892
Kastenalsgasse 5

Wernhöfer, Elli
25. 05. 1922
Mühlengasse 29

Wernhöfer, geb. Wollmert
18. 09. 1868
Mühlengasse 29

Wernicke, geb. Ziegler, Anna
08. 09. 1896
Mittelgasse 11

Wernicke, Friedrich
01. 02. 1896
Mittelgasse 11

Werning, geb. Regel, Emma
22. 05. 1909
Gießbergstraße 15 1/2

Werning (Frau)
gef. Hedwigstraße 18

Werning, Renate
1934
gef. Gießbergstraße 15 1/2

Werning, Ursula
12. 03. 1939
gef. Gießbergstraße 15 1/2

Wessely, Franz
25. 07. 1910
gef. Marktgasse 19

Westermann, geb. Spaar, Frida
16. 09. 1895
Schäfergasse 2

Westweber, Johann
20. 02. 1896

Weterlein (Mann)
04. 05. 1905
Mittelgasse 26

Wetterauer, Elise
02. 03. 1894
Marktgasse 15

Wettlaufer, Ludwig
18. 04. 1874
Entengasse 4

Wetzel, Eduard
20. 08. 1890
Mittelgasse 30

Wetzel, Maria
8–9 Jahre
Vor der Schlagd 4,
gef. Altmarkt

Wicke, Fridericke
Mittelgasse 37

Wicker, geb. Hund, Elisabeth
26. 01. 1912
Jägerstraße 10

Wickert, Bernhard
12. 11. 1934
Graben 72, gef. Nr. 70

Wickert, geb. Maier, Karoline
10. 11. 1911
Graben 72, gef. Nr. 70

Wickert, Martin
28. 05. 1896
Graben 70

Wickert (Mädchen)
06. 06. 1939
Graben 72, gef. Nr. 70

Wickesser (Mann)
Wildemannsgasse 23,
gef. Hinter der Waage 33

Widdekind, Heinz

Wieddekind, Heinz Günther
04. 01. 1936
Töpfenmarkt 6

Wiederhold, Georg
11. 03. 1911
Turmgasse 12

Wiederrecht, Annemarie
28. 01. 1926
Kantstraße 2

Wiegand, Adalbert
22. 10. 1896
Wittichstraße 35

Wiegand, geb. Lockemann, Anna
09. 10. 1874
Pferdemarkt 16

Wiegand, Dieter
02. 05. 1943
gef. Jägerstraße 6

Wiegand, Edith Marie
11. 03. 1938
Hohentorstraße 37

Wiegand, geb. Iserlohn, Elisabeth
27. 06. 1869
Kunigundishof 11

Wiegand, Emmi
16. 09. 1927
gef. Jägerstraße 6

Wiegand, Emmy
12. 04. 1903

Wiegand (Frau)
gef. Hohentorstraße 15

Wiegand (Frau)
04. 01. 1865
Wittichstraße 35

Wiegand, Friedrich
07. 10. 1921
Marktgasse 24

Wiegand
gef. Marktgasse 19

Wiegand, Gretchen
1903
gef. Kasernenstraße 3

Wiegand, Günther Heinrich
26. 09. 1941
Hohentorstraße 37

Wiegand, Hannelore
21. 10. 1934
Grüner Weg 27

Wiegand, Hans Heinrich
28. 08. 1885
gef. Jägerstraße 1

Wiegand, Heinrich
22. 02. 1912
Hohentorstraße 37

Wiegand, Johanna
12. 09. 1882
gef. Ziegengasse 13

Wiegand, Karl Ferdinand
11. 10. 1886
Pferdemarkt 21

Wiegand, Maria
18. 09. 1908
Grüner Weg 27

Wiegand, geb. Reinemann,
Marie, Katharine
Hohentorstraße 37

Wiegand, geb. Etzold, Martha
09. 05. 1872
Oberste Gasse 32

Wiegand, Martha
12. 03. 1902
gef. Jägerstraße 6

Wiegand, Regine
1873
Kasernenstraße 4

Wiegand, Renate
20. 04. 1943

Wiegand, Ruth
15. 10. 1929

Wiegand, Waltraud Käthe
21. 01. 1934
Hohentorstraße 37

Wiegel, Albert
07. 11. 1869
Große Rosenstraße 21

Wiegenstein, geb. Fischer, Luise
15. 08. 1911
Mittelgasse 1

Wiek, Gesine
01. 01. 1943
Untere Karlsstraße 16,
gef. Oberste Gasse 19

Wielebinski, geb. Walczak, Sophie
17. 10. 1890
Ziegengasse 22

Wienecke, Elis. Marie
08. 05. 1924
Ständeplatz 16

Wienes, geb. Gibber, Auguste
15. 11. 1899
gef. Jägerstraße 5

Wienes, Wera
10. 07. 1929
gef. Jägerstraße 5

Wieprecht, Karl-Heinz
1935
gef. Pferdemarkt 28

Wiesemann (Familie, 3 Personen)
gef. Müllergasse 12–16

Wild, Hans
1867
Moltkestraße 5

Wild, von der, Klara
Kastenalsgasse 7

Wilderding, Dr., Lisa
16. 12. 1913
Königsstraße 86

Wilhelm, Charlotte
1908
Graben 51

Wilhelm, Elisabeth
06. 08. 1907
Marktgasse 19

Wilhelm, Ferdinand
03. 09. 1911
Grüner Weg 20

Wilhelm, Georg
29. 03. 1860
gef. Wörthstraße 25

Wilhelm, Hans
1907
Graben 51

Wilke, Ludwig
24. 11. 1922
Zentgrafenstraße 114

Wilkening, geb. Erbe, Martha
11. 08. 1886
Müllergasse 4

Wille, geb. Orth, Elisabeth
06. 08. 1907
Marktgasse 15

Wille, Günther
01. 04. 1941
Marktgasse 15

Wille, Horst
16. 03. 1935
Marktgasse 15

Wille, Justus
Königsstraße 81

Wille, Justus
1883
Moltkestraße 1

Willesheim, Helmuth
10. 05. 1931
gef. Hohentorstraße 27

Williges, Karl
24. 03. 1881
gef. Grüner Weg 11

Willt, Marie
06. 08. 1876
gef. Moltkestraße 7

Wimmel, Heinrich
24. 06. 1915
Schäfergasse 24

Windisch, geb. Schütz, Johanna
03. 05. 1919
Untere Königsstraße 85 I

Windolph, Frieda
21. 01. 1888
Fuldatalstraße

Windolph, geb. Kohl, Therese
Fuldatalstraße

Wink, Elisabeth
26, 08. 1892
Rosenstraße 23

Wink, Justina
20. 10. 1894
Rosenstraße 23

Winkler, Friedrich
15. 03. 1888
Moltkestraße 5

Winter, Bernhardt
16. 11. 1893
gef. Jägerstraße 5

Winter, geb. Dippel, Dina
06. 08. 1872
Moltkestraße 4

Winter, Georg
31. 08. 1870
Moltkestraße 4

Winter, Hermann
Wildemannsgasse 32

Winter, geb. Junker, Johanna
Holländische Straße 190

Winter, geb. Schmidt, Luise
26. 07. 1887
Wildemannsgasse 32

Winzenborn, Charlotte
30. 01. 1880
Entengasse 23

Winzenborn, Heinrich
30. 04. 1875
Entengasse 23

Wiprecht (männlich)
6 Monate
Pferdemarkt 28

Wisker, Heinrich
12. 05. 1898
gef. Lilienthalstraße 3

Wissel, geb. Gryratz, Else
06. 07. 1912
Holzmarkt 10

Wissel, Heinrich
20. 09. 1902
Holzmarkt 10

Witkamp, geb. Holl, Arie
gef. Pinne

Witt, de, Benjamin
26. 11. 1912
gef. Orleansstraße 12

Wittekind, geb. Buttlar, Hedwig
27. 09. 1894
Jägerstraße 8

Wittekind, Heinz-Günther
Hafenstraße 18

Wittekind, Walter
28. 04. 1894
Jägerstraße 8

Wittich, Christine
27. 07. 1900
Müllergasse 17

Wittich, Christine
02. 08. 1911
Müllergasse 17

Wittich, Heinrich
04. 10. 1875
Schäfergasse 12

Wittich, Wilhelm
Schäfergasse

Wittinghofer, geb. Probst, Meta
20. 06. 1892
Kleine Rosenstraße 1

Wittkopp, Elisabeth
1920
gef. Oberste Gasse 17

Wittrock, Gustav
26. 06. 1874
gef. Hohentorstraße

Wittrock, Käthe
Hohentorstraße 32

Wittrock, Luise
1918
Sack 3

Witz (Frau)
gef. Bärenkammer

Witzig, Robert
10. 11. 1886

Wlotzek, Wolfgang
03. 10. 1940
Pferdemarkt 23

Wlotzek, geb. Paar, Ida
23. 09. 1907
Pferdemarkt 23

Wölke, Katharina
03. 02. 1905
gef. Hohenzollernstraße 58

Wöngmann, Georg
Mittelgasse 14

Wohlgemuth, Heinrich
Hohentorstraße 33

Wolf, Arthur
17. 03. 1902
Schäfergasse 12

Wolf, geb. Frei, Dorothea
12. 12. 1890
Kastenalsgasse 9

Wolf (Frau)
26. 07. 1904
gef. Schäfergasse 12

Wolf (Frau)
20. 07. 1909
Schäfergasse 12

Wolf (Junge)
Graben 65, gef. Nr. 70

Wolf, Luise
Turmgasse 12

Wolf, Renate
Mai 1943
Schäfergasse 12

Wolf, Inge
1935
gef. Schäfergasse 12

Wolfram, Anneliese
01. 02. 1930
Wildemannsgasse 13

Wolfram, geb. Kranz, Gertrud
27. 03. 1874
Kastenalsgasse 5

Wolfram, geb. Benke, Martha
05. 10. 1907
Wildemannsgasse 13

Wolfram, Wilhelm
01. 08. 1935
Wildemannsgasse 13

Wolgemuth, Paul
gef. Hohentorstraße 33

Wollenhaupt, geb. Langefeld, Elise
17. 06. 1881
Mühlengasse 30

Wollenhaupt, Heinz
1930

Wollenhaupt, Karl
gef. Pinne

Wollenhaupt, geb. Trube, Luise
1894
Graben 45

Wollenroth, geb. Henkler, Anna
11. 04. 1911
Müllergasse 18

Wollnick, Werner
18. 01. 1937
Moltkestraße 10

Wollnik, Hildegard
1937
gef. Marktgasse 10

Wollnik, Lina
10. 01. 1911
gef. Moltkestraße 11

Worch, Adolf
19. 02. 1877
Obere Königsstraße 14

Worch, Marie
02. 12. 1875
Obere Königsstraße 14

Wormann, Bertha
16. 03. 1904
gef. Jägerstraße 5

Wornig (Frau)
gef. Hedwigstraße 18

Wosko, Sofie

Wühler, Jakob
05. 12. 1897
Graben 47, gef. Marktgasse 15

Wüseke, geb. Neidhardt, Elsa
09. 09. 1888
Königsstraße 81

Wüseke, Hermann
09. 09. 1888
Königsstraße 81

Wulfert (Fräulein)
Kölnische Straße 12

Wunsch, Luise
07. 09. 1903
Hinter der Waage 7

Zabbee (Junge)
ca. 8 Jahre
gef. Pinne

Zabbee
18 Jahre
Kastenalsgasse, gef. Pinne

Zabbeé, Reinhard
1886
Gen.-Emmerich-Straße 31,
gef. Pinne

Zänglein, Hildegard
21. 04. 1943
Hohentorstraße 19

Zänglein, geb. Nölke, Käthe
23. 04. 1909
Hohentorstraße 19

Zammert, Anna
1908
gef. Ziegengasse 18

Zammert
ca. 5 Jahre

Zammert, Helga
Untere Königsstraße 36

Zammert, Helmuth
ca. 12 Jahre

Zammert, Manfred
gef. Ziegengasse 12

Zammert, Rudolf
30. 03. 1929
gef. Garnisonskirche

Zapf, Charlotte
ca. 20–30 Jahre
Rothenditmolder Straße 19

Zapf (Frau)
ca. 50 Jahre
Rothenditmolder Straße 19

Zapf, Hedwig
10. 09. 1883
Mittelgasse 62

Zapf, Karl
Hinter der Waage 12

Zapf, Karl Martin
20. 06. 1876
Hinter der Waage 12

Zapf, Leni
ca. 20–30 Jahre
Rothenditmolder Straße 19

Zarth, Bertha
1874
Graben 42

Zarth, Hanny
1923
Graben 42

Zarth, Hedwig
1902
Graben 42

Zaumer, Anna
1908
Ziegengasse

Zaun, Christian
31. 12. 1933
Bettenhäuser Straße 9

Zaun, geb. Werner, Elfriede
17. 03. 1913
Bettenhäuser Straße 9

Zaun, geb. Pfeffermann, Elisabeth
13. 05. 1916
Kruggasse 12

Zaun, Gertrud Anna
22. 05. 1883
Bettenhäuser Straße 9

Zaun, Gisela
11. 11. 1940
Bettenhäuser Straße 9

Zaun, geb. Gies, Katharina
21. 05. 1892
Untere Königsstraße 81

Zaun, Rolf, Dieter
02. 02. 1943
Kruggasse 12

Zaun, Theodor, Karl-Heinz
17. 10. 1933
Kruggasse 12

Zaun, Ursula
08. 02. 1937
Kruggasse 12

Zaun, Waltraud
10. 01. 1931
Bettenhäuser Straße 7, gef. Nr. 6

Zaun, Wilhelm
28. 09. 1889
Untere Königsstraße 81

Zausch, Gerhard
11. 08. 1923
Eulenburgstraße 1

Zdarsky, Emil
15. 01. 1909
Graben 13, gef. Stadt Stockholm

Zedler, Arthur
30. 06. 1887
Karlsstraße 21

Zedler, geb. Sänger, Philippine
20. 01. 1891
Karlsstraße 21

Zeet, Jean (Holländer)
08. 08. 1920
gef. Schomburgstraße 11

Zeichner, geb. Riemenschneider, Auguste
18. 07. 1885
Westring 56

Zeichner, Jürgen
18. 03. 1943
Westring 56a

Zeihs, Frieda
23. 01. 1892
Königsstraße 49

Zeiß, Ewald
Große Rosenstraße 19

Zeiß, Otto Ferdinand
15. 10. 1893
Mauergasse 16

Zeiß, Trude
Königsstraße 44

Zenge, Wilhelm
23. 12. 1883
Naumburger Straße 19

Zeuch, H. (Junge)
Wildemannsgasse 34

Zeuch, Lilli
13. 01. 1904
Wildemannsgasse 34, gef. Pinne

Zeuch, Rudolf
07. 02. 1927
Wildemannsgasse 34, gef. Pinne

Zickler, Helmut
01. 06. 1926
Adolf-Hitler-Straße 27,
gef. Sack 3

Ziegler, Alice
08. 05. 1924
Entengasse 1

Ziegler, geb. Schiont, Anna
Hebbelstraße 44

Ziegler, Christian
30. 01. 1883
gef. Entengasse

Ziegler, Christine
30. 01. 1883
Entengasse 1

Ziegler, Elise
13. 04. 1907
Marktgasse 4

Ziegler, geb. Hintze, Emma
04. 11. 1911
Oberste Gasse 59

Ziegler (Frau)
Kölnische Straße 8

Ziegler, Grete
Kruggasse 13, gef. Pinne

Ziegler, geb. Löhr, Helene
12. 11. 1908

Ziegler, Justus
Kölnische Straße 8

Ziegler, geb. Fett, Luise
04. 08. 1887
Entengasse 1

Ziegler, Lutz
05. 09. 1936

Ziegler, Peter
07. 03. 1935

Zielinski, Eva
Gießbergstraße 4

Zielinski, Gerda
Gießbergstraße 4

Zielinski, Gerhard
Gießbergstraße 4

Zielinski, Helga
Gießbergstraße 4

Zielinski, Horst
08. 03. 1943
Gießbergstraße 4

Ziemke,
geb. Hofsommer, Hedwig
22. 10. 1920
Untere Königsstraße 85

Ziepprecht, Edith
Jägerstraße 1

Ziepprecht, Heinrich
Jägerstraße 1

Zieter, geb. Mai, Frieda
Altmarkt 1

Zigler, Helmut
01. 06. 1926
Adolf-Hitler-Straße 27,
gef. Sack 13

Zillinger, Ursula
05. 10. 1934
Mauerstraße 1b

Zimmermann, Alwine
25. 07. 1893
Pferdemarkt 37

Zimmermann (Frau)

Zimmermann, Hans-Martin
27. 09. 1900

Zimmermann, Heinrich
22. 12. 1897
Herkulesstraße 85

Zimmermann, Heinrich
30. 11. 1929
Mühlengasse 3

Zimmermann, Karl
Wörthstraße 6

Zimmermann, Lucie
21. 10. 1924
Naumburger Straße 14d

Zimmermann, geb. Hübenthal, Luise
13. 10. 1896
Pferdemarkt 37

Zimmermann, geb. Möller, Martha
30. 05. 1888
Fuldagasse 7

Zimmermann, Rosel
Wörthstraße 6

Zimmermann, Wilhelm
Kölnische Straße 11

Zinn, Elisabeth
18. 05. 1901
Grüner Weg 12,
gef. Orleansstraße

Zinn, Erika
15. 08. 1928
Grüner Weg 18

Zinn, Heinrich Herbert
09. 11. 1933
Grüner Weg 18

Zinn, Helmut
03. 03. 1932
Grüner Weg 18

Zinn, Justus
1873
Graben 39

Zinn, Katharina
05. 04. 1872
Mittelgasse 19

Zinngräbe, August
16. 07. 1898
Königsstraße 66

Zintegall, Elisabeth
1915
Ziegengasse 29, gef. Mittelgasse

Zintigall, geb. Korowsky, Anna
26. 07. 1874
Mittelgasse 16

Zintigall, Gisela
Ziegengasse 29

Zintigall, Käte
27. 01. 1893
Marktgasse 27

Zintigall, Richard
09. 05. 1873
Mittelgasse 16

Zirnite, Henriette
ca. 86 Jahre
Untere Königsstraße 95

Zoef, Jean
08. 08. 1920
gef. Schomburgstraße 11

Zorn, Christian
31. 12. 1931
Bettenhäuser Straße 9

Zorn, Gisela
11. 11. 1940
Bettenhäuser Straße 9

Zucka, Georgev (Bulgare)
1922

Zucker, Martha
16. 08. 1879
Mittelgasse 15

Zülch, geb. Streckhardt,
Anna Elisabeth
Jägerstraße 12

Zülch, geb. Pfaff, Auguste
08. 07. 1877
Marktgasse 7

Zülch, Elisabeth
18. 02. 1906
Zeughausstraße 12, gef. Pinne

Zülch, Heinrich
30. 10. 1892
Jägerstraße 12

Zülch, Wilhelm
29. 12. 1869
Marktgasse 7

Züllich, Gertrud
04. 06. 1920
gef. Schomburgstraße 9

Zufall, Dora
03. 04. 1895
Kölnische Straße 16

Zufall, Dorothea
24. 10. 1901

Zufall, Erna
07. 04. 1922

Zufall, Horst
30. 12. 1942

Zufall, Klara
15. 06. 1899
Kölnische Straße 16

Zufall, Minna
20. 11. 1893
Kölnische Straße 16

Zufall, Theodor
15. 04. 1892
Kasernenstraße 11

Zug, Andreas
gef. Schäfergasse 9

Mahnmal auf dem Kasseler Hauptfriedhof. Hier sind 4500 der Opfer beigesetzt.

Zur steten Mahnung an die Heimsuchung unserer Stadt durch den Luftangriff am 22. Oktober 1943, dem mehr als 8000 Einwohner zum Opfer fielen.

Literaturverzeichnis

Die im Text verwendeten britischen Dokumente stammen aus den AIR-Akten des PUBLIC RECORD OFFICE in London.

Aders, Gebhard:
GESCHICHTE DER DEUTSCHEN NACHTJAGD 1917/1945
Stuttgart 1977

Allen, H. R.:
THE LEGACY OF THE LORD TRENCHARD
London 1972

Bardua, Heinz:
STUTTGART IM LUFTKRIEG 1939–1945
Stuttgart 1968

Barker, Ralph:
DIE R.A.F. IM KRIEG
Amsterdam 1982

Bekker, Cajus:
ANGRIFFSHÖHE 4000 – KRIEGSTAGEBUCH DER DEUTSCHEN LUFTWAFFE
Oldenburg-Hamburg 1964

Bergander, Götz:
DRESDEN IM LUFTKRIEG
Köln Wien 1977

Boberach, Heinz (Hrsg.):
MELDUNGEN AUS DEM REICH
Auswahl aus den geheimen Lageberichten des Sicherheitsdienstes der SS 1939-1944
Neuwied 1965

Boelcke, Willi A. (Hrsg.):
WOLLT IHR DEN TOTALEN KRIEG?
Die geheimen Goebbels-Konferenzen 1939–1943
Stuttgart 1967

Bowyer, Chaz:
PATHFINDERS AT WAR
Shepperton 1977

Brunswig, Hans:
FEUERSTURM ÜBER HAMBURG
Stuttgart 1978

Campbell, James:
THE BOMBING OF NUREMBERG
London 1973

Domarus, Max:
HITLER
Reden und Proklamationen 1932-1945, Bd. II
Neustadt a. d. Aisch 1963

Euler, Helmuth:
ALS DEUTSCHLANDS DÄMME BRACHEN
Stuttgart 1979

Feuchter, Georg W.:
DER LUFTKRIEG
Vom Fesselballon zum Raumfahrzeug
Frankfurt 1962

Frankland, Noble:
BOMBER OFFENSIVE AGAINST GERMANY
London 1965

Galland, Adolf:
DIE ERSTEN UND DIE LETZTEN
Darmstadt 1953

Garbett, Mike und Goulding, Brian:
THE LANCASTER AT WAR
Shepperton 1971

Gibson, Guy:
ENEMY COAST AHEAD
London 1955

Halpenny, Bruce Barrymore:
ACTION STATIONS
2. Military Airfields of Lincolnshire and the East Midlands
Cambridge 1981

Hampe, Erich:
DER ZIVILE LUFTSCHUTZ IM ZWEITEN WELTKRIEG
Frankfurt 1963

Harris, Sir Arthur:
BOMBER OFFENSIVE
London 1947

Hastings, Max:
BOMBER COMMAND
London 1979

Hüttenberger, Peter:
BIBLIOGRAPHIE ZUM NATIONALSOZIALISMUS
Arbeitsbücher zur modernen Geschichte, Bd. 8
Göttingen 1980

Irving, David:
UND DEUTSCHLANDS STÄDTE STARBEN NICHT
Zürich 1963

Irving, David:
DER UNTERGANG DRESDENS
Hamburg 1967

Irving, David:
VON GUERNICA BIS VIETNAM
Dokumentarbericht
München 1982

Jacobsen, Hans-Adolf:
1939–1945. DER ZWEITE WELTKRIEG IN CHRONIK UND DOKUMENTEN
Darmstadt 1959

Johnen, Wilhelm:
DUELL UNTER DEN STERNEN
Düsseldorf 1956

Kirchner, Klaus:
FLUGBLATTPROPAGANDA IM 2. WELTKRIEG
Bibliographiekatalog, Bd. 5,
Flugblätter aus England G-1943, G-1944
Erlangen 1979

Koch, Horst-Adalbert:
FLAK. DIE GESCHICHTE DER DEUTSCHEN FLAKARTILLERIE UND DER EINSATZ DER LUFTWAFFENHELFER
Bad Nauheim 1965

Kurowski, Franz:
DER LUFTKRIEG ÜBER DEUTSCHLAND
Düsseldorf und Wien 1977

Lawrence, W. J.:
NO. 5 BOMBER GROUP R.A.F.
London 1953

Lux, Eugen:
DIE LUFTANGRIFFE AUF OFFENBACH
Offenbacher Geschichtsverein Heft 21, 1970

Merz, Walter:
FEUERWERKER.
NAMENLOSE HELDEN DER BOMBENNÄCHTE
Rastatt 1970

Middlebrook, Martin:
THE NUREMBERG RAID
London 1973
deutsch:
DIE NACHT, ALS DIE BOMBER STARBEN.
Frankfurt, Berlin 1975

Middlebrook, Martin:
HAMBURG JULI 43
Frankfurt, Berlin 1983

Mistele, Karl-Heinz:
DIE GESCHICHTE EINES LUFTANGRIFFS AUF HEILBRONN (4. Dezember 1944)
In: Jahrbuch für schwäbisch-fränkische Geschichte 27, 1973

Moolman, Valerie:
DER WEG NACH KITTY HAWK
Amsterdam 1981

Nevin, David:
DER AUFBAU DER LUFTSTREITKRÄFTE
Amsterdam 1982

Nicolaisen, Hans-Dietrich:
DIE FLAKHELFER
Berlin 1980

Niehaus, Werner:
DIE RADARSCHLACHT 1939–45
Stuttgart 1977

Paul, Wolfgang:
DER HEIMATKRIEG 1939–1945
Esslingen a. N. 1980

Piekalkiewicz, Janusz:
LUFTKRIEG 1939–1945
München 1978

Price, Alfred:
INSTRUMENTS OF DARKNESS
London 1973
deutsch:
HERRSCHAFT ÜBER DIE NACHT. SPIONE JAGEN RADAR.
Gütersloh 1968

Price, Alfred:
BATTLE OVER THE REICH
Shepperton 1973

Price, Alfred:
HANDBUCH DEUTSCHE LUFTWAFFE 1939–1945
Stuttgart 1979

Price, Alfred:
BOMBER IM 2. WELTKRIEG
Entwicklung – Einsatz – Technik
Stuttgart 1980

Revie, Alastair:
. . . WAR EIN VERLORENER HAUFEN
Die Geschichte des Bomber Command der Royal Air Force 1939–1945
Stuttgart 1974

Rumpf, Hans:
DER HOCHROTE HAHN
Darmstadt 1952

Rumpf, Hans:
DAS WAR DER BOMBENKRIEG
Oldenburg 1961

Schnatz, Helmut:
DER LUFTKRIEG IM RAUM KOBLENZ 1944/45
Boppard am Rhein 1981

Sharp, C. M. und Bowyer, M. J. F.:
MOSQUITO
London 1967

Speer, Albert:
ERINNERUNGEN
Frankfurt am Main, Berlin, Wien 1969

Struss, Dieter:
DAS WAR 1943
München 1983

Verrier, Anthony:
BOMBEROFFENSIVE GEGEN DEUTSCHLAND 1939–1945
Frankfurt am Main 1970

Webster, Sir Charles und Frankland, Noble:
THE STRATEGIC AIR OFFENSIVE AGAINST GERMANY
1939–1945
4 Bde., London 1961

Wiener, Ludwig:
SCHWEINFURT SOLLTE STERBEN
Schweinfurt o. J.

Bildnachweis

Breidenbach, Kassel, 2
„Der Adler", 2
Dettmar, Vellmar, 4
Eberth, Kassel, 7
Friedhofsverwaltung, Kassel, 2
Hansmann, Kassel, 21
Held, Koblenz, 7
Imperial War Museum, London, 51
Dr. Mohr, Kassel, 2
Nonnenmacher, Eppstein, 5
Public Rekord, Office, London 5
Richardson, Salisbury, 2
Riediger, Albstadt, 11
Stadtarchiv, Kassel, 60
Stadtbildstelle, Kassel, 26
Stadtmuseum, Kassel, 1
Stäudlen, Vellmar, 3
Thieme, Lahntal, 1
Thompson, Newark, 5
University of Keele, 3
Vermessungsamt, Kassel, 12

Abkürzungsverzeichnis

BDM — Bund Deutscher Mädel
Bf — Bayrische Flugzeugwerke (Messerschmitt)
DAF — Deutsche Arbeitsfront
DRK — Deutsches Rotes Kreuz
DTM — District Target Map (Bezirks-Zielkarte)
ESS — Erweiterter Selbstschutz
fdl — feindlich
Flak — Fliegerabwehrkanone
Allg. Bezeichnung für Boden-Flugabwehr
FuMG — Funkmeßgerät (Radar)
FW — Focke Wulf
H2S — Bodensichtradargerät der RAF
HJ — Hitlerjugend
I-Dienst — Instandsetzungsdienst
JU — Junkers
Krad — Motorrad
K-Staffel — Kraftfahrstaffel
L — Luftgefahr
lb — pound (0,453 kg)
LGK — Luftgaukommando
LO — Luftschutzort
LS — Luftschutz
LSAK-Ost — Luftschutzabschnitt Kassel-Ost
LS.-Abt. mot. — Motorisierte Luftschutzabteilung
LSP — Luftschutzpolizei
LSW — Luftschutzwarndienst
Me — Messerschmitt
mot. — motorisiert
NSDAP — Nationalsozialistische Deutsche Arbeiterpartei
NSKK — Nationalsozialistisches Kraftfahrerkorps
NSV — Nationalsozialistische Volkswohlfahrt
ÖLSR — Öffentlicher Luftschutzraum
OT — Organisation Todt
PFF — Path Finder-Force (Pfadfinderverband)
R — Richtung
RAD — Reichsarbeitsdienst
RAF — Royal Air Force
RBD — Reichsbahndirektion
RLB — Reichsluftschutzbund
RMdL — Reichsminister der Luftfahrt
RdLuObdL — Reichsminister der Luftfahrt und
Oberbefehlshaber der Luftwaffe
SHD — Sicherheits- und Hilfsdienst
SN-2 — Bordradargerät
TI — Target Indicator (Zielmarkierung)
TN — Technische Nothilfe

Persönliche Notizen: